U0492870

本书是国家社会科学基金项目“马克思辩证法的历史语境与当代视域”（13BZX005）结项成果

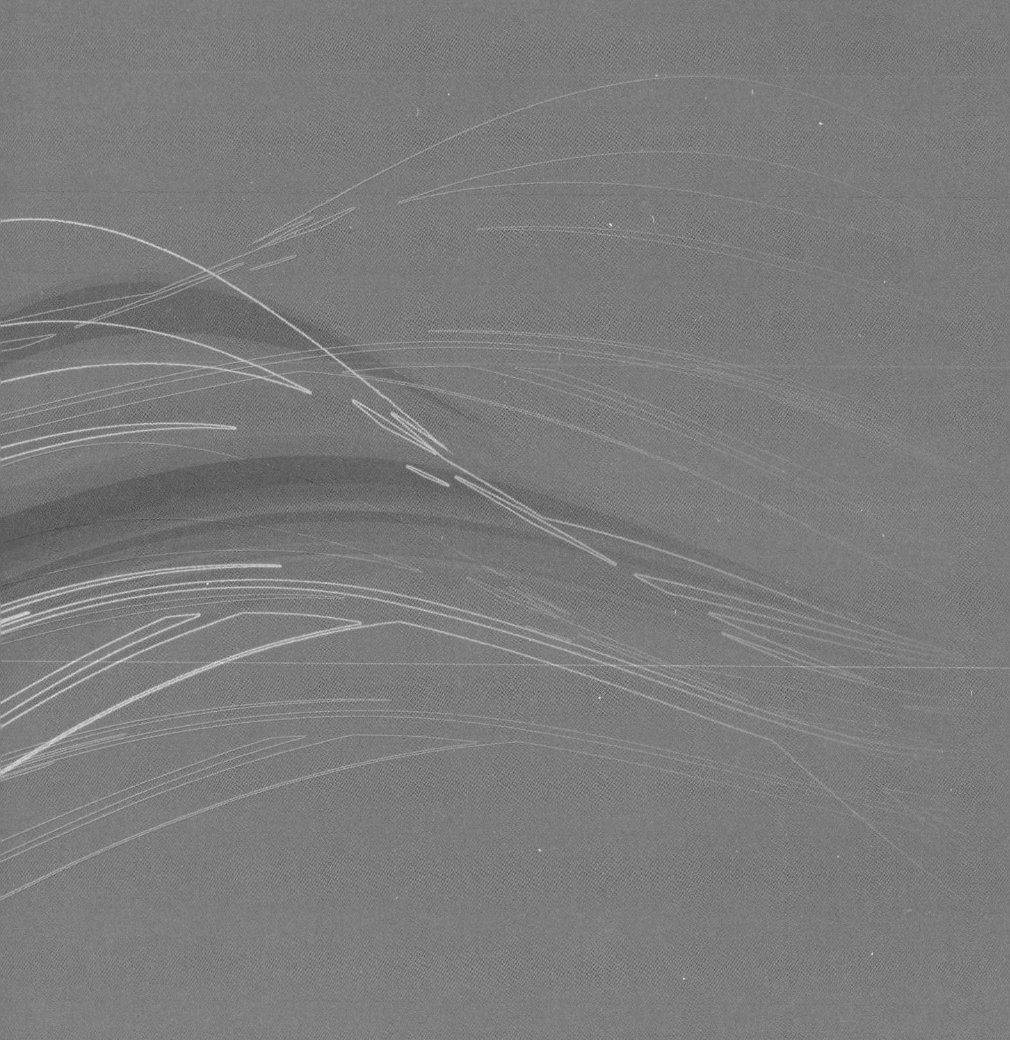

马克思辩证法的历史语境与当代视域

Historical Context and Contemporary Horizon of Marx's Dialectics

李西祥 著

社会科学文献出版社
SOCIAL SCIENCES ACADEMIC PRESS (CHINA)

目 录

序　言

对马克思主义哲学以至于整个马克思主义来说，如何理解和把握辩证法是一个具有根本性的重大问题，以至于列宁在20世纪初说过，由于不理解辩证法，所以，“半个世纪以来，没有一个马克思主义者是理解马克思的!”时至今日，列宁的这一论断对我们仍有警示作用，并启示我们，应当高度重视对马克思主义辩证法，即唯物主义辩证法的研究。然而，如果检视当前的马克思主义哲学研究，就会发现，辩证法这一极其重要的研究领域却被淡化了、忽视了甚至被遗忘了。新生代的学者很少把唯物主义辩证法作为一个课题进行深入而系统的研究，原来注重研究唯物主义辩证法的学者近年来也很少关涉这一研究领域，而是转向了其他研究领域，唯物主义辩证法研究似乎成了一个“被爱情遗忘的角落”，成了一个“人迹罕至”的荒漠之地。

问题在于，如果缺失对唯物主义辩证法的深入研究、深刻把握，就无法真正理解和把握马克思主义哲学以至于整个马克思主义；同样，无视唯物主义辩证法在历史发展中经历的变迁及其种种阐释，就会限制我们的理论视野和思想深度，无法把马克思的辩证法与当代思想的发展融合起来。因此，在历史语境和当代视域中重新解读马克思的辩证法思想，重新阐释马克思辩证法的当代意义，就成为一个具有重大理论意义和现实意义的课题。李西祥博士敏锐而深刻地把握住这一重大问题，并向我们奉上了这部《马克思辩证法的历史语境与当代视域》。

我注意到，马克思高度重视辩证法，不仅提出了一系列重要的辩证法观点，而且明确提出了“否定性的辩证法”、“科学辩证法”和“合理形态”的辩证法这三个重要概念。① 然而，由于种种原因，马克思又没有充分展开、系统论证这些重要观点，并使之体系化、形态化，也没有留下专门阐述辩证法的著作。正因为如此，长期以来，我们对唯物主义辩证法的理解主要是依据恩格斯的论述。恩格斯不仅是马克思主义辩证法的创立者之一，而且是马克思主义辩证法的第一个解释者；不仅首次明确提出了“唯物主义历史观”这一概念，而且首次明确提出了“唯物主义辩证法”这一概念②；不仅在《反杜林论》《路德维希·费尔巴哈和德国古典哲学的终结》中以较大的篇幅阐述了辩证法的观点，而且写下了《自然辩证法》这样专门阐述辩证法的著作。考茨基认为，恩格斯的《反杜林论》出版以后，人们才开始较为深入地研究“马克思主义的思维方式”，才开始出现一个“马克思主义的学派”③。莱文指出，对于马克思主义的理论来说，“如果说马克思是原稿，恩格斯就是神圣的注解”；“恩格斯开创了马克思主义思想的一个重要的解释学派”④。考茨基、莱文的这一观点具有较大的合理性。可以说，没有恩格斯，也就没有马克思主义历史上的那些传奇的故事，恩格斯的辩证法思想是唯物主义辩证法以至于整个马克思主义研究绕不过去的思想要塞。

一　恩格斯关于辩证法的三个定义及其关系

在《反杜林论》《路德维希·费尔巴哈和德国古典哲学的终结》《自然辩证法》中，恩格斯从不同方面、不同层次阐述了唯物主义辩证法，但从总体上看，恩格斯的辩证法思想主要体现在三个命题上：一是辩证法是

---

① 《马克思恩格斯全集》第42卷，人民出版社1979年版，第163页；《马克思恩格斯选集》第3卷，人民出版社2012年版，第16页；《马克思恩格斯全集》第44卷，人民出版社2001年版，第22页。

② 《马克思恩格斯选集》第2卷，人民出版社2012年版，第8页；《马克思恩格斯全集》第21卷，人民出版社1965年版，第337页。

③ 引自〔民主德国〕克利姆编著《恩格斯文献传记》，中央编译局译，湖南人民出版社1986年版，第477页。

④ 〔美〕莱文：《辩证法内部对话》，张翼星等译，云南人民出版社1997年版，第8页；《马克思与恩格斯主义中的黑格尔》，臧峰宇译，北京师范大学出版社2018年版，第20页。

关于普遍联系的科学；二是辩证法是关于自然、社会和思维运动的普遍规律的科学；三是辩证法是关于外部世界和人类思维运动的一般规律的科学。

“辩证法是关于普遍联系的科学。”[①]这一定义是针对“形而上学的思维方式”而言的。按照恩格斯的观点，撇开普遍联系和相互作用去考察事物，这种方法被培根和洛克从自然科学移植到哲学之后，就形成了形而上学的思维方式，并造成了几个世纪的思维的局限性。实际上，当我们深思熟虑地考察我们生活其中的世界时就会发现，一切都处在相互联系和相互作用之中，一切都处在运动、变化、产生和消失的过程中。在恩格斯看来，这是古希腊哲学的世界观，是朴素的但实质上是正确的世界观，这一世界观反映并体现了客观存在的矛盾运动，即“矛盾辩证法”。因此，应自觉地在现代自然科学的基础上“回到辩证法”[②]，并“阐明辩证法这门和形而上学相对立的、关于联系的科学的一般性质”[③]，这就是，“辩证法在考察事物及其在头脑中的反映时，本质上是从它们的联系、它们的连结、它们的运动、它们的产生和消失方面去考察的”[④]。

同时，恩格斯又敏锐地看到，现代自然科学不仅能够说明自然界各个领域内的联系，而且能够说明各个领域间的联系，从而使科学本身成为关于事物发生和发展普遍联系的科学了。在恩格斯看来，“一旦对每一门科学都提出了要求，要它弄清它在事物以及关于事物的知识的总联系中的地位，关于总联系的任何特殊科学就是多余的了。于是，在以往的全部哲学中还仍旧独立存在的，就只有关于思维及其规律的学说——形式逻辑和辩证法。其他一切都归到关于自然和历史的实证科学中去了”[⑤]。

显然，恩格斯的这两个观点，即辩证法是关于普遍联系的科学和关于总联系即普遍联系的特殊科学是“多余”的，存在着逻辑矛盾。为了消除这种逻辑矛盾，恩格斯又提出，辩证法是关于自然、社会和思维运动的普遍规律的科学。

① 《马克思恩格斯全集》第 20 卷，人民出版社 1971 年版，第 357 页。
② 《马克思恩格斯选集》第 3 卷，第 841 页。
③ 《马克思恩格斯全集》第 20 卷，第 401 页。
④ 《马克思恩格斯全集》第 20 卷，第 25 页。
⑤ 《马克思恩格斯全集》第 20 卷，第 28 页。

“辩证法不过是关于自然、人类社会和思维的运动和发展的普遍规律的科学”。[①]这一定义是对“辩证法是关于普遍联系的科学”这个定义的深化，是相对具体的自然科学和历史科学而言的。这是因为，规律是本质的联系、必然的联系和稳定的联系，把握住自然、社会和思维运动的“普遍规律”，也就从根本上把握了世界的“普遍联系”。更重要的是，任何一门科学都以发现和把握某种规律为己任，任何一种学说要成为科学，就必须发现和把握某种规律。在恩格斯看来，辩证法要成为科学，或者说，要具有科学性，就必须以发现和把握某种规律为己任。相对于具体的自然科学和历史科学研究具体领域的具体规律来说，辩证法所要研究和把握的规律，就是自然、社会和思维运动的“普遍规律”或“一般规律”。

但是，仅仅从“最普遍规律”“最一般规律”并具有“最大适用性”来理解辩证法与科学的区别，是远远不够的。既然现代自然科学的发展已经凸显出“自然过程的辩证性质”，既然自然科学本身已经成为关于普遍联系的科学，那么，它就必然要研究和把握普遍规律，即一般规律，系统论所研究和把握的就是系统联系、系统规律。因此，把辩证法规定为关于自然界、社会和人类思维运动的普遍规律的科学，并没有凸显和真正把握作为“辩证哲学”的辩证法的本质特征。所以，恩格斯又提出一个重要命题，即辩证法是关于外部世界和人类思维运动的一般规律的科学。

辩证法是关于外部世界和人类思维运动的一般规律的科学。这一定义是对上述两个定义的综合和深化，实际上是从哲学基本问题，即思维和存在关系问题的视角规定辩证法的，突出的是辩证法的哲学性质，即“辩证的哲学”。按照恩格斯的观点，思维和存在的关系问题是全部哲学，特别是近代哲学的“基本问题”和“最高问题”，因此，哲学既不能脱离存在去研究思维，也不能脱离思维去研究存在，而是从总体上研究思维和存在的“关系”问题。因此，作为“辩证的哲学”，辩证法不仅要关注客观辩证法，而且要研究主观辩证法，更重要的是，要发现和把握主观辩证法与客观辩证法的关系。

---

① 《马克思恩格斯全集》第20卷，第154页。

在黑格尔的哲学中，辩证法是概念的自我发展；在马克思的哲学中，概念辩证法是现实世界矛盾运动的自觉反映。因此，当“我们重新唯物地把我们头脑中的概念看做现实事物的反映，而不是把现实事物看做绝对概念的某一阶段的反映。这样，辩证法就归结为关于外部世界和人类思维的运动的一般规律的科学，这两个系列的规律在本质上是同一的，但是在表现上是不同的”①。恩格斯由此认为，“唯物主义辩证法”所关注、所要解答的，就是这两个系列规律的“关系”问题，就是人们关于外部世界的思想对这个世界本身的“关系”问题，就是主观辩证法和客观辩证法的“关系”问题。在笔者看来，从思维和存在、人类思维运动规律和外部世界运动规律关系的视角去阐述辩证法，这是恩格斯辩证法思想的显性的主题。

我不能同意这样一种观点，即恩格斯的辩证法就是客观辩证法或自然辩证法，关注的是辩证法的实证性，而不是批判性。这是一种误读和误判。毫无疑问，恩格斯高度重视辩证法的唯物主义基础，并认为脱离了客观辩证法的主观辩证法、概念辩证法只能是思辨的辩证法。但是，恩格斯又敏锐地观察到，现代自然科学本身已经在进行“辩证综合”了，已经使关于总联系的任何特殊科学成为“多余”的了。“这样，对于已经从自然界和历史中被驱逐出去的哲学来说，要是还留下什么的话，那就只留下一个纯粹思想的领域：关于思维过程本身的规律的学说，即逻辑和辩证法。”② 这就是说，作为“辩证的哲学”，辩证法并不是脱离主观辩证法去研究客观辩证法，而是研究主观辩证法是如何形成、如何运动、如何反映客观辩证法的，并用“概念的辩证运动”自觉地反映外部世界的辩证运动。

因此，恩格斯不仅从人的认识本性上阐述了认识的有限性与无限性的关系，而且从认识的个体和类的关系上阐述了思维的至上性与非至上性的关系；不仅分析了真理与谬误的关系，而且阐述了真理与常识的关系；不仅分析了知性思维与理性思维的关系，而且阐述了形式逻辑与辩证逻辑的关系。也正因此，恩格斯极为重视“辩证思维的主要形式”“辩证思维的基本规律”以及“辩证逻辑和认识论”问题，并把辩证法“归结为”关

① 《马克思恩格斯全集》第 21 卷，第 337 页。

② 《马克思恩格斯全集》第 21 卷，第 352 页。

于外部世界和人类思维运动的一般规律的科学。

更重要的是，在恩格斯的视野中，作为“辩证的哲学”，辩证法是对理论思维的前提批判。恩格斯自觉地意识到，“我们的主观的思维和客观的世界服从于同样的规律，因而两者在自己的结果中不能互相矛盾，而必须彼此一致，这个事实绝对地统治着我们的整个理论思维。它是我们的理论思维的不自觉的和无条件的前提”[①]。科学，无论是自然科学，还是历史科学，都“不自觉”地把“主观的思维”和“客观的世界”具有同一性作为理论思维的“无条件的前提”，去研究客观世界的不同领域。但是，科学，无论是自然科学，还是历史科学，都不反思理论思维的这个“不自觉的和无条件的前提”，相反，都把这个前提当作不言而喻、不证自明的东西。爱因斯坦所说的，“借助于思维（运用概念、创造并且使用概念之间的确定的函数关系，并且把感觉经验同这些概念对应起来），我们的全部感觉就能够整理出秩序，这是一个使我们叹服的事实，但却是一个我们永远无法理解的事实”[②]，实际上是从科学的视角肯定了理论思维的这个“不自觉的和无条件的前提”。

与科学不同，哲学恰恰就是要追问、反思这个“使我们叹服的事实”，使其从无法理解变为可以理解。换言之，作为“认识的认识”“思想的思想”，哲学就是要把理论思维的这个“不自觉的和无条件的前提”作为自己的反思的对象，去反思“主观的思维”和“客观的世界”，即思维和存在统一的根据。在恩格斯看来，辩证法正是在这一反思的过程中产生的，在这个反思过程中产生的辩证法反过来又批判理论思维的这个“不自觉的和无条件的前提”。不存在任何最终的、绝对的真理，除了运动和变化、生成和灭亡、不断地由低级上升到高级的过程，什么都不存在，这就是辩证法的批判本性和“革命性质”。概而言之，作为“辩证的哲学”，辩证法就是理论思维的前提批判，正是“这种理论思维的前提批判构成了辩证法的批判本性”[③]。

---

① 《马克思恩格斯全集》第 20 卷，第 610 页。

② 《爱因斯坦文集》第 1 卷，商务印书馆 1976 年版，第 343 页。

③ 孙正聿：《理论思维的前提批判》，北京师范大学出版社 2017 年版，第 56 页。

正是由于深刻地把握了辩证法的批判本性和“革命性质”，恩格斯得出一个重要结论，即“每一时代的理论思维，从而我们时代的理论思维，都是一种历史的产物，在不同的时代具有非常不同的形式，并因而具有非常不同的内容。因此，关于思维的科学，和其他任何科学一样，是一种历史的科学，关于人的思维的历史发展的科学”①。这里，恩格斯融为一体的辩证性思维和历史性思维跃然纸上。恩格斯的理论思维前提批判的思想，犹如要放在传统哲学阵营中的“特洛伊木马”，从内部、从根本上摧毁了形而上学的思维方式，使人们自觉地“回到辩证法”。

二　恩格斯辩证法思想中的主体和客体的辩证法

从马克思主义历史上看，首先指责恩格斯脱离了主体和客体的相互作用，脱离了实践谈论辩证法的是卢卡奇。在“西方马克思主义的圣经”《历史与阶级意识》中，卢卡奇明确指出，恩格斯“对最根本的相互作用，即历史过程中的主体和客体之间的辩证关系连提都没有提到，更不要说把它置于与它相称的方法论的中心地位了”②。卢卡奇实际上为西方马克思主义预设了一条误读恩格斯辩证法思想的“不归路”。卢卡奇之后，几乎所有的西方马克思主义者都沿着这条“不归路”一路狂奔，“慷慨赴死”，施密特、萨特、列斐伏尔、哈贝马斯、布洛赫……都从辩证法起源于和存在于主体与客体相互作用的视角否定恩格斯的辩证法思想。实际上，这是一种误读和误判。认真研读恩格斯的著作可以看出，恩格斯以实践为基础，以人与自然的关系为核心，并结合社会制度阐述了主体和客体的辩证关系。

人与自然的现实关系建立在劳动的基础上，并受制于社会关系。按照恩格斯的观点，动物是依靠自己的本能活动适应自然界，以维持自己的生存，人则是通过自己的实践活动改变和支配自然界，并使自然界为自己的目的服务，以维持和实现自己的生存与发展。这是人同动物的本质的区

---

① 《马克思恩格斯全集》第 20 卷，第 382 页。

② 〔匈〕卢卡奇：《历史与阶级意识》，杜章智、任立、燕宏远译，商务印书馆 1999 年版，第 51 页。

别，而“造成这一区别的还是劳动”[①]。同时，人是社会存在物，因此，需要建立一种新的社会组织，从而“在社会关系方面把人从其余的动物中提升出来，正象一般生产曾经在物种关系方面把人从其余动物中提升出来一样”[②]。

“自在之物”在人的实践活动中转化为“为我之物”。按照恩格斯的观点，人的实践活动既然能够制造出某一自然过程、某一自然事物，并使它为人们的目的服务，那么，“‘自在之物’就变成了为我之物了”[③]。这实际上说明了“自在之物”与“为我之物”的辩证关系，说明了人的实践活动扭转了乾坤，使物成为客体，人本身成为主体，主体和客体都是在实践活动中生成的。恩格斯关于“自在之物”与“为我之物”的论述，实际上是以一种新的形式重申了他和马克思在《德意志意识形态》中共同确认的观点，即在实践活动过程中，人与自然的关系转化为“为我而存在”的关系。

人属于和存在于自然之中，但又能超越自然。按照恩格斯的观点，人属于自然界，存在于自然界之中，是在自然之中改造自然的。因此，要合理地改造自然，就必须认识和正确运用自然规律。“我们对自然界的整个统治，是在于我们比其他一切动物强，能够认识和正确运用自然规律”，从而在实践活动中引发自然界本身不可能发生的运动，并给“这些运动以预先规定的方向和规模”[④]。这里，恩格斯既强调了自然规律的客观性，又指出了主体的能动性及其自然的超越性。

人是在自然之中征服自然的，人在征服自然的同时会产生自然对人的“报复”问题。在《论权威》中，恩格斯就提出了人靠科学征服自然，自然也对人进行“报复”的问题，并认为自然界会按照人利用自然的程度“报复”人，“使人服从一种真正的专制”。在《自然辩证法》中，恩格斯重申了这一观点，并认为：“我们不要过分陶醉于我们对自然界的胜利。

① 《马克思恩格斯全集》第20卷，第518页。
② 《马克思恩格斯全集》第20卷，第375页。
③ 《马克思恩格斯全集》第21卷，第317页。
④ 《马克思恩格斯全集》第20卷，第519、573页。

对于每一次这样的胜利，自然界都报复了我们。每一次胜利，在第一步都确实取得了我们预期的结果，但是在第二步和第三步却有了完全不同的、出乎预料的影响，常常把第一个结果又取消了。”①

当代实践和科学的发展证实了恩格斯的这一观点深刻的真理性和巨大的超越性。在人的实践活动中产生的人化自然，仍然不可避免地要参与、加入由自然规律支配的整个自然界的运动过程。在这个过程中，或者是自然界本身的运动以其强大的力量强行铲除人化自然的痕迹，使人的活动成果趋于淡化和消失，或者是由于人化自然的存在改变了自然界本身平衡的基础，突破了人与自然之间物质变换和能量变换的底线，产生对人而言的负面效应，即“报复”人。这的确是使人最后不得不服从的“真正的专制”。自然界对人的“报复”的思想，实际上说明了人的实践活动中的“自然的退缩”和“自然的进攻”的辩证法，说明了主体和客体相互作用的辩证法，说明了主体及其活动存在着确定的界限。

人与自然的关系影响社会状态，同时又受制于社会制度。人不仅是在自然之中改造自然的，而且是在特定的社会中改造自然的，因此，生产活动既会产生自然影响，又会产生社会影响，而且这两种影响又相互影响。在恩格斯看来，哥伦布发现了美洲，却“复活”了在欧洲早已绝迹的奴隶制，“奠定”了贩卖黑奴的基础，而蒸汽机的出现则改变了“全世界的社会状态”。因此，我们不仅要学会估计生产活动的直接的、比较远的自然影响，而且要学会认清生产活动的间接的、比较远的社会影响，从而控制和调节这些影响。

但是，恩格斯同时认为，“要实行这种调节，单是依靠认识是不够的。这还需要对我们现有的生产方式，以及和这种生产方式连在一起的我们今天的整个社会制度实行完全的变革”②。在恩格斯看来，只有改变资本主义的生产方式和社会制度，人们才能成为自己的社会结合的主人，从而成为自然界的真正的主人。这就是说，人与自然的关系不是纯粹的自然关系，而是打上了社会关系烙印、具有社会关系内涵的自然关系。正因此，要变

---

① 《马克思恩格斯全集》第 20 卷，第 519 页。

② 《马克思恩格斯全集》第 20 卷，第 521 页。

革人与自然的关系，就要变革生产方式，变革人与人之间的社会关系。这是对主体和客体辩证关系的深刻阐明。

以实践为基础理解人与自然的相互作用、主观辩证法与客观辩证法的辩证关系。按照恩格斯的观点，“自然主义历史观”只看到“自然界作用于人，只是自然条件到处在决定人的历史发展，它忘记了人也反作用于自然界，改变自然界，为自己创造新的生存条件”①；自然科学和传统哲学一样，忽视了人的活动对人的思维的决定性影响，实际上，“人的思维的最本质和最切近的基础，正是人所引起的自然界的变化，而不单独是自然界本身；人的智力是按照人如何学会改变自然界而发展的”②；客观辩证法就是自然界本身的矛盾运动，而主观辩证法不过是这种客观辩证法在人的头脑中的反映。这就是说，实践是人与自然相互作用的基础和中介，是客观辩证法反映到人的头脑、转化为主观辩证法的基础和中介。在恩格斯的视野中，辩证法理解和把握人与自然关系的出发点和基础，对理论思维前提批判的根据和标准，就是人的实践活动。

由此可见，恩格斯并非像卢卡奇所说的那样，“连提都没提到”主体和客体的辩证关系，相反，恩格斯多次提到并以实践为基础，结合社会历史阐述了人与自然的辩证关系，即主体与客体的辩证关系；恩格斯也并非像莱文所说的那样，仅仅把黑格尔的辩证法与启蒙运动的科学进展结合起来，仅仅把辩证法与自然科学“进行综合”，相反，恩格斯关注着人与自然关系的实践性质和社会内涵。尽管恩格斯没有明确提出、全面阐述主体和客体的辩证法，但是，恩格斯的人与自然的辩证法蕴含着主体和客体的辩证法。如果说从思维和存在关系的视角阐述辩证法是恩格斯辩证法思想的显性的主题，那么，以人与自然的辩证法为核心的主体和客体的辩证法就是恩格斯辩证法思想的隐性的主题。在笔者看来，恩格斯的辩证法思想就是这双重主题的变奏。

当然，我注意到，在恩格斯辩证法思想的整个交响乐中存在某些不和谐的音响，这就是，恩格斯只是把实践归结为“实验和工业”，而没有深

① 《马克思恩格斯全集》第 20 卷，第 574 页。
② 《马克思恩格斯全集》第 20 卷，第 573 ~ 574 页。

入分析和阐述实践活动本身的辩证法，以及主观辩证法、客观辩证法和实践辩证法的关系，自然辩证法、历史辩证法和实践辩证法的关系；恩格斯和马克思一样，高度重视辩证法的“唯物主义基础”，但恩格斯更为关注的似乎是如何把自然科学、历史科学和哲学本身发展的思想内容“加到旧唯物主义的持久性的基础上”[①]，而马克思更为关注的是如何从实践、“从主体方面去理解”“对象、现实、感性”，以克服旧唯物主义的“主要缺点”，即仅仅从客体的形式去理解“对象、现实、感性”，而不是把它们“当做人的感性活动，当做实践去理解，不是从主体方面去理解”，从而为新唯物主义提供新的“立脚点”[②]。我断然拒绝这样一种观点，即“马克思反对恩格斯：可悲的骗局”。但是，我又不能不指出，这里确实存在理论关注点、理论视角的不同，存在一定的思想的差异。

“实践的观点不仅克服了思辨的观点，而且带来了根本的历史尺度，而这一点恩格斯在这些著作中没有充分强调。但他从来没有完全忽略掉。”恩格斯“毕竟本着马克思的精神”强调了人对自然的能动关系，“恩格斯当时在解释主体和客体关系时所依据的基本观点，仍然是实践的观点”[③]。弗兰尼茨基的这一评价中肯而深刻。恩格斯的长处与短处、成就与局限，共同证明这样一个基本道理，这就是，必须深入探讨实践本身的辩证法，探讨实践活动所造成的自在自然与人化自然的矛盾关系、自然对人的本源性与人对自然的超越性的矛盾关系、历史运动的规律性与人的活动的能动性的矛盾关系、人的活动的合规律性与合目的性的矛盾关系……以实践辩证法为基础探讨主体和客体的辩证关系、自然辩证法和历史辩证法的关系、主观辩证法和客观辩证法的关系、概念辩证法和辩证法理论体系的关系，从而建构本质上是“批判的和革命的”辩证法。这是建构“合理形态”的辩证法的“绝对命令”，或者用列宁的话来说，这是马克思主义辩证法的“绝对要求”。

---

① 《马克思恩格斯选集》第 3 卷，第 517 页。

② 《马克思恩格斯选集》第 1 卷，人民出版社 2012 年版，第 137、140 页。

③ 〔南斯拉夫〕弗兰尼茨基：《马克思主义史》第 1 卷，胡文建等译，黑龙江大学出版社 2015 年版，第 225、229 页。

三　重新理解恩格斯的《自然辩证法》

我注意到这样一种现象，这就是，恩格斯的辩证法思想在苏联马克思主义中得到了充分的肯定，但在西方马克思主义中却遭到了彻底的否定，这种否定又集中体现在对恩格斯的《自然辩证法》的否定上。因此，要真正理解和把握恩格斯的辩证法思想，真正理解和把握唯物主义辩证法，还需要了解和把握恩格斯写作《自然辩证法》的思想背景，以及《自然辩证法》的性质和特点。

1865 年，杜林出版了《自然辩证法：科学和哲学的新的逻辑基础》(简称《自然辩证法》)。马克思注意到杜林的“自然辩证法”，并认为这是“反对黑格尔的‘非自然’辩证法”[①] 的。马克思的这一判断激发了恩格斯关注杜林的《自然辩证法》，并自觉地意识到应当批判杜林的《自然辩证法》。从内容上看，恩格斯的《自然辩证法》与杜林的《自然辩证法》有相似之处。但是，相似不等于相同。研读恩格斯的《自然辩证法》可以看出，恩格斯实际上是在“自然辩证法”的名下，力图阐述“辩证法的一般问题”、“辩证法的基本规律”以及“辩证逻辑和认识论”，力图阐述唯物主义辩证法。因此，恩格斯写作《自然辩证法》并不是仅仅为了批判杜林的《自然辩证法》，而是有着广阔的思想背景。

恩格斯写作《自然辩证法》是为了总结现代自然科学的发展成果。19 世纪中叶，在西方科学界、哲学界出现了一种奇怪的现象，这就是，正当自然科学的发展使得经验主义者也意识到“自然过程的辩证性质”，再也不能回避“辩证综合”的时候，人们却抛弃了辩证法，陷入形而上学的思维方式。实际上，于自然科学来说，辩证法是“最重要的思维形式”，只有辩证法才能为自然界中所发生的发展过程和普遍联系“提供说明方法”。因此，应当从形而上学的思维方式“反转”到辩证的思维方式，“回到辩证法”。恩格斯写作《自然辩证法》，就是想“表明辩证法的规律是自然界的实在的发展规律，因而对于理论自然科学也是有效的”[②]。

---

① 《马克思恩格斯全集》第 32 卷，人民出版社 1974 年版，第 18 页。

② 《马克思恩格斯全集》第 20 卷，第 402 页。

恩格斯写作《自然辩证法》是为了阐明现代唯物主义的本质特征。恩格斯认为，他和马克思一起“拯救”了黑格尔的辩证法，并把它“转化”为唯物主义的自然观和历史观，而无论是在自然观上，还是在历史观上，“现代唯物主义都是本质上辩证的”[①]。既然如此，现代唯物主义与黑格尔辩证法的关系就需要阐明。按照马克思的观点，在黑格尔那里，辩证法是“倒立”着的，必须把它“倒过来”，使其“合理内核”建立在“唯物主义基础”之上，成为“合理形态”的辩证法。恩格斯是熟知马克思的这一观点的，并力图阐明“黑格尔的辩证法同合理的辩证法的关系”[②]。但是，在恩格斯看来，要把黑格尔的辩证法“倒过来”，首先就要把它“倒”在自然界上，“倒”在现代自然科学上。这是因为，“自然界是检验辩证法的试金石，而且我们必须说，现代自然科学为这种检验提供了极其丰富的、与日俱增的材料，并从而证明了，自然界的一切归根到底是辩证地而不是形而上学地发生的”[③]。正因为如此，恩格斯较为系统地进行了“自然科学研究工作”，探讨了“自然科学的辩证法”，并认为只要把黑格尔的辩证法“倒过来”，“倒”在自然界上，那么，其神秘的辩证法规律就会变得“朗若白昼”了。

恩格斯写作《自然辩证法》是为了阐释马克思政治经济学的方法论特征和科学社会主义的“自然史基础”。恩格斯注意到马克思在《资本论》中所运用的“一系列的辩证方法”，并认为马克思的功绩就在于，“第一个把已经被遗忘的辩证方法、它和黑格尔辩证法的联系以及它和黑格尔辩证法的差别重新提到显著的地位，并且同时在《资本论》中把这个方法应用到一种经验科学的事实，即政治经济学的事实上去。他获得了很大的成功”[④]。

同时，恩格斯认为，科学社会主义与辩证法也具有内在的关联。科学社会主义的产生，除了必须有英国和法国发达的经济关系和政治关系外，还“必须有德国的辩证法”。“科学社会主义本质上是德国的产物，而且也

---

① 《马克思恩格斯全集》第 20 卷，第 28 页。

② 《马克思恩格斯全集》第 20 卷，第 388 页。

③ 《马克思恩格斯全集》第 20 卷，第 25 页。

④ 《马克思恩格斯全集》第 20 卷，第 387 页。

只能产生于古典哲学还生气勃勃地保存着自觉的辩证法传统的国家，即产生于德国。唯物主义历史观及其在现代的无产阶级和资产阶级之间的阶级斗争上的特别应用，只有借助于辩证法才有可能。如果说，德国资产阶级的教师们已经把关于德国大哲学家和他们所创立的辩证法的记忆淹没在一种无聊的折衷主义的泥沼里，而且已经做到这样一种程度，以致我们不得不引用现代自然科学来证明辩证法是存在于现实之中的”。①

我们应该注意这样一个事实，那就是，马克思在致恩格斯的信中对达尔文进化论的评价：达尔文的进化论“为我们的观点提供了自然史的基础”，“可以用来当作历史上的阶级斗争的自然科学根据”②。在笔者看来，恩格斯写作《自然辩证法》，并以“自然科学的辩证法”为形式阐述辩证法，实际上就是为了落实马克思的“指示”，为科学社会主义提供“自然史的基础”“自然科学的根据”。正因此，恩格斯的《自然辩证法》从天体、地球、生命和人类四大起源及其演化的全方位视角，描绘了一幅既是自然界的发展过程，又超出自然界的范围而达到人类社会领域的辩证图景。如果说恩格斯写作《家庭、私有制和国家的起源》是为了执行马克思的“遗言”③，那么，写作《自然辩证法》则是为了落实马克思的“指示”；如果说《家庭、私有制和国家的起源》为科学社会主义提供了原始社会史的基础、“原始历史学”的依据，那么，《自然辩证法》则为科学社会主义提供了“自然史的基础”“自然科学的依据”。尽管莱文从总体上否定恩格斯的《自然辩证法》，但他敏锐地观察到，在《自然辩证法》中，“恩格斯通过证明变化是一切事物所固有的，寻求从理论上使工人主张合法化，即资本必定变化，并被社会主义所代替”④。

由此产生一个难以回避的问题，那就是，恩格斯的《自然辩证法》是属于自然科学，还是属于自然哲学。在笔者看来，《自然辩证法》是恩格斯“自然科学研究工作”的“草案”“札记和片段”的集结，是恩格斯“自然

① 《马克思恩格斯全集》第 19 卷，人民出版社 1963 年版，第 346 ~ 347 页。

② 《马克思恩格斯全集》第 30 卷，人民出版社 1975 年版，第 131、574 页。

③ 《马克思恩格斯全集》第 21 卷，第 29 页。

④ 〔美〕莱文：《辩证法内部对话》，第 124 页。

科学研究工作”的存底，是恩格斯构思“自然科学的辩证法”[1] 以至于唯物主义辩证法的印迹，同时也是恩格斯重建自然哲学的努力和心灵记录。无疑，恩格斯的《自然辩证法》有不少突破自然哲学体系的新思想，但它本身又的确具有凝重的自然哲学色彩，以至于马克思把它称为“关于自然哲学的著作”[2]。

按照恩格斯的观点，自然哲学产生于古代，并同当时的自然知识融为一体，其特点就在于，通过直观、猜测、想象甚至幻想的形式描述自然界的总联系，把握自然界“总画面的一般性质”。换言之，描述自然界的总联系，描绘这种总联系的“总画面”，是古代自然哲学的任务，而说明这幅“总画面的各个细节”则是后来的自然科学的任务了。问题在于，随着自然科学的独立化，并从自然哲学中分化出去，随着现代自然科学的发展，其本身就能以“系统的形式”描绘一幅关于自然界总联系的“总的图画”，自然哲学又演变成一种与自然科学分离、处在自然科学“之外和之上”的特殊科学了，实际上成了一无所有的李尔王。

同时，恩格斯又认为，辩证法是“最高的思维形式”，只有辩证法才能为自然界的发展过程和普遍联系“提供说明方法”，只有辩证法才能为自然科学本身所建立的理论“提供一种尺度”。因此，应当“沿着实证科学和利用辩证思维对这些科学成果进行概括的途径”[3] 重建自然哲学。正因此，恩格斯在《自然辩证法》中力图阐述“各种科学的联系”“各门科学及其辩证内容”，从而说明一切运动的“最普遍的规律”。显然，这是一种以现代自然科学为依据、具有凝重的自然哲学色彩的“自然辩证法”。

然而，随着对现代自然科学、黑格尔的自然哲学和辩证法研究的不断深化，恩格斯对自然哲学以及自然辩证法本身的认识发生了重大变化，即“关

---

① 在 1876 年 5 月 28 日致马克思的信中，恩格斯提到了他的“自然科学研究工作”，以及正在构思的“自然科学研究”的著作；在 1882 年 12 月 8 日致马克思的信中，恩格斯告知马克思，他将“重新从事自然科学的研究”。恩格斯把这种研究的结果概括为“自然科学的辩证思想”“自然科学的辩证法”（《马克思恩格斯全集》第 21 卷，第 311 页；《马克思恩格斯全集》第 34 卷，人民出版社 1972 年版，第 20 页；《马克思恩格斯全集》第 35 卷，人民出版社 1971 年版，第 121 页；《马克思恩格斯全集》第 33 卷，人民出版社 1973 年版，第 82 页；《马克思恩格斯全集》第 20 卷，第 591 页）。

② 《马克思恩格斯全集》第 34 卷，第 229 页。

③ 《马克思恩格斯全集》第 21 卷，第 311 页。

于总联系的任何特殊科学都是多余的”。这是因为，描绘自然界总联系的总画面曾是自然哲学的任务，而在现代则是自然科学本身的任务了。现代自然科学不仅研究各个领域、各种过程内部的“各个细节”、内部联系，而且研究各个领域、各种过程之间的“各种联系”、系统联系，“关于自然界的所有过程都处于一种系统联系中这一认识，推动科学到处从个别部分和整体去证明这种系统联系”①。这就是说，现代自然科学已经能够描绘自然界总联系的总画面，已经从理论上呈现出“自然过程的辩证性质”，因而自然科学本身已经成为关于自然界的系统联系或普遍联系，即总联系的科学了。这样，“自然哲学就最终被清除了。任何使它复活的企图不仅是多余的，而且是一种退步”②。

随着“自然科学研究工作”的不断深化，恩格斯清醒地认识到并反复重申这一点，并在 1885 年写的《反杜林论》中明确指出，“也许理论自然科学的进步，会使我的工作的绝大部分或全部成为多余的”③。正因此，恩格斯放弃了通过对自然科学成果进行“辩证综合”，以描绘自然界普遍联系的计划，终止了《自然辩证法》的写作，《自然辩证法》也因此成为一部“未完成的交响乐”。认识到恩格斯思想的这一重要转变，我们就既不会固执地坚守“自然辩证法是马克思主义的自然哲学”，并力图重建自然辩证法，也不会简单地判定恩格斯的辩证法思想中存在逻辑矛盾，即既认为辩证法是关于普遍联系的科学，又认为现代科学的发展使这种关于普遍联系的特殊科学成为“多余”的。

但是，我们应当明白，恩格斯否定了自然哲学，终止了《自然辩证法》的写作，绝不意味着恩格斯放弃了贯穿《自然辩证法》始终的辩证思维、辩证方法。恩格斯在评价“马克思的整个世界观”时指出，这里提供的不是教义，而是方法；不是现成的教条，而是进一步研究的出发点和供这种研究使用的方法。在笔者看来，这一评价同样也适合恩格斯本人的“整个世界观”。当代自然科学的发展的确证伪了《自然辩证法》中的一些具体观点、具体论断，但它同时又的确证实了贯穿《自然辩证法》始终的

① 《马克思恩格斯全集》第 20 卷，第 40 页。
② 《马克思恩格斯全集》第 21 卷，第 340 页。
③ 《马克思恩格斯全集》第 20 卷，第 15 页。

辩证思维、辩证方法仍然具有"普遍有效性"，具有当代价值。判断恩格斯的《自然辩证法》是否具有当代价值，不能仅仅以《自然辩证法》与当代西方科学哲学是否具有所谓的共同"问题域"为依据，而应以当代实践为基础，以《自然辩证法》的基本方法对于当代自然科学研究是否仍然有效为依据。① 当卢卡奇否定恩格斯的《自然辩证法》时，他所忽视的正是《自然辩证法》的基本方法，即辩证的方法，他所忘掉的恰恰是他自己的重要观点，即"马克思主义问题中的正统仅仅是指方法。它是这样一种科学的信念，即辩证的马克思主义是正确的研究方法"，即使"新的研究完全驳倒了马克思的每一个个别的论点"，即使"放弃马克思的所有全部论点"，而没有放弃辩证的方法，就仍然是"正统马克思主义者"。②

四 《马克思辩证法的历史语境与当代视域》的特点

我注意到，几乎所有的西方马克思主义者都认为，马克思否定自然辩证法。实际上，这是一种误判。的确，马克思一生都没有在肯定的意义上使用过"自然辩证法"这一概念③。但是，我们不能由此就认为马克思否定自然辩证法，即自然界本身的矛盾运动，相反，马克思以明确的表述肯定了自然辩证法的存在。

按照马克思的观点，一切存在物只有通过运动才能得以"存在"，而矛盾不同方面的共存、斗争和融合构成了"辩证运动的实质"，"对立统一规律"是"自然界的基本奥秘之一"④。在《资本论》中，马克思更为明

① 恩格斯指出，写作《自然辩证法》是为了"表明辩证法的规律是自然界的实在的发展规律，因而对于理论自然科学也是有效的"（《马克思恩格斯全集》第 20 卷，第 402 页）。

② 参见〔匈〕卢卡奇《历史与阶级意识》，第 48 ~ 49 页。

③ 研读马克思的著作可以看出，马克思一生只有两次在否定的意义上提到"自然辩证法"：一次是在 1868 年 1 月 11 日致恩格斯的信中，马克思以嘲讽的口气提到，杜林"写了一本《自然辩证法》来反对黑格尔的'非自然'辩证法"（《马克思恩格斯全集》第 32 卷，第 18 页）；另一次是在 1868 年 3 月 6 日致库格曼的信中，马克思再次提到杜林的《自然辩证法》，并指出杜林"出版过一本（以凯里的观点为出发点）《国民经济学说批判基础》（约五百页），和一本新《自然辩证法》（反对黑格尔辩证法的）。我的书（《资本论》第一卷。——编者注）在这两方面都把他埋葬了"（《马克思恩格斯全集》第 32 卷，第 525 页）。

④ 《马克思恩格斯全集》第 12 卷，人民出版社 1998 年版，第 113 页；《马克思恩格斯全集》第 9 卷，人民出版社 1961 年版，第 109 页。

确地指出，“在这里，也象在自然科学上一样，证明了黑格尔在他的《逻辑学》中所发现的下列规律的正确性，即单纯的量的变化到一定点时就会转化为质的差别”①。胡克认为，“马克思本人从未谈到一种自然辩证法，虽然他十分知道在物理学和化学的基本单位中，量的渐变产生出质变”②。胡克看到了一个合理的事实，即马克思从未在肯定的意义上使用过“自然辩证法”，但他把这个合理的事实溶解于不合理的理解之中了。马克思没有使用“自然辩证法”的术语，并不等于没有谈过自然辩证法的内容，“量的渐变产生出质变”不正是自然辩证法吗？

这表明，马克思虽然关注着历史辩证法，但他并没有否定自然辩证法，相反，肯定了自然辩证法的存在；马克思虽然关注着历史科学，但他并没有忽略自然科学，相反，马克思既反对自然科学对哲学的“疏远”，也反对哲学对自然科学的“疏远”，因而也较为系统地研究过自然科学，并认为“自然科学是一切知识的基础”③。莱文认为，在恩格斯那里，自然辩证法之所以存在，是因为这个“独立于思想之外的领域本身按辩证规律运转”，在马克思这里，自然辩证法之所以存在，是因为这个“独立于思想领域之外的领域被纳入了思想之中”④，这是莱文制造的“骗局”；科拉科夫斯基认为，恩格斯的自然辩证法是“自然主义进化论”、马克思的历史辩证法是“人类中心说”⑤，这是科拉科夫斯基头脑中的虚构，二者都是以一种新的形式制造马克思和恩格斯对立的神话⑥。

我无意否定恩格斯的辩证法思想和马克思的辩证法思想之间存在着差

---

① 《马克思恩格斯全集》第 20 卷，第 137 页。

② 〔美〕悉尼·胡克：《对卡尔·马克思的理解》，徐崇温译，重庆出版社 1989 年版，第 330 页。

③ 《马克思恩格斯全集》第 47 卷，人民出版社 1979 年版，第 572 页。

④ 〔美〕莱文：《辩证法内部对话》，第 14 页。

⑤ 〔波兰〕科拉科夫斯基：《马克思主义的主要流派》第一卷，唐少杰等译，黑龙江大学出版社 2015 年版，第 410 页。

⑥ 关于马克思和恩格斯对立的神话，并非西方马克思主义的首创和“专利”，实际上，早在马克思主义诞生之日起就已经被制造出来了。恩格斯指出：“1844 年以来，关于凶恶的恩格斯诱骗善良的马克思的小品文，多得不胜枚举。它们与另一类关于阿利曼 - 马克思把奥尔穆兹德 - 恩格斯诱离正路的小品文交替出现。”（《马克思恩格斯全集》第 36 卷，人民出版社 1975 年版，第 14 页）无论是 19 世纪的马克思和恩格斯“对立论”，还是 20 世纪的马克思和恩格斯“对立论”，其意都在“肢解”马克思主义。

别，不同的人生经历、理论道路、知识结构必然使恩格斯和马克思在理论研究、理论关注、理论表述上各具自己的特色和风格。但是，这种差别并未构成本质的不同、根本的对立。我不能同意马克思和恩格斯“对立论”。在笔者看来，恩格斯和马克思既是两个人，又是“一个人”，即同为马克思主义哲学的创始人。在《德意志意识形态》中，恩格斯就和马克思一起，共同确认了辩证法的唯物主义前提，即自然界对人的活动、人类社会具有“优先地位”，共同确认了自然史与人类史的“相互制约”，共同确认了人对自然的实践关系和理论关系，以及“人对自然以及个人之间历史地形成的关系”，共同确认了“历史的自然”和“自然的历史”的辩证关系，一句话，共同确认了实践基础上的主体和客体的辩证关系。从根本上说，恩格斯的辩证法思想和马克思的辩证法思想是一致的。看不到这一点，那是理论近视。

因此，我们应当深入而全面研究恩格斯的辩证法思想和马克思的辩证法思想的关系，而要真正把握恩格斯的辩证法思想和马克思的辩证法思想的关系，就要在当代实践、科学和哲学本身发展的基础上重新解读马克思的文本，重新理解、重新阐释马克思的辩证法思想。西祥博士的《马克思辩证法的历史语境与当代视域》，就是在重新解读马克思文本的基础上，重新理解、重新阐释了马克思所说的“合理形态”的辩证法，并将之贯彻在对历史唯物主义的理解中；重新理解、重新阐释了马克思的辩证法与黑格尔的辩证法的关系，并在马克思主义发展史的语境中展开与西方马克思主义、后马克思主义和东欧新马克思主义的对话，然后对当代中国语境中的马克思的辩证法进行分析和评价。正如这部著作的题目所指明的，其意就是既对“历史语境”中的马克思的辩证法进行重新解读和重新阐释，也对“当代视域”中的马克思的辩证法进行重新解读和重新阐释，从而深刻把握马克思辩证法思想的本质特征，重新阐释唯物主义辩证法。正因为如此，这部著作既有“史”的厚重，又有“论”的力度，一个新的唯物主义辩证法研究的地平线由此展现在我们面前。

《马克思辩证法的历史语境与当代视域》的第一部分，即第一、二章从马克思思想发展史的视角，考察了从《博士论文》到《资本论》马克思辩证法思想的发展历程，探讨了马克思辩证法和黑格尔辩证法的关系，并以此为基础对马克思辩证法的基本内涵进行了概括，从而说明西方马克思主义与苏联马克思主义在如何理解和把握马克思辩证法问题上的分歧所在。

第二部分，即第三、四、五章考察了西方马克思主义代表人物卢卡奇、萨特、阿多尔诺对马克思辩证法思想的解读。卢卡奇极为重视马克思的辩证法，其代表作《历史与阶级意识》的副标题就是“关于马克思主义辩证法的研究”。卢卡奇强调了辩证法在马克思主义中的核心地位，并把马克思的辩证法理解为主体和客体的辩证法，即“总体性辩证法”。萨特批判了卢卡奇的“总体性”思想，强调了历史发展的“整体化”过程，并将历史发展置于个体发展之上，强调个体实践活动是辩证法的出发点，总体化的社会实践是以个体实践为基础的，从而提出了“人学辩证法”，建构了存在主义的马克思主义。阿多尔诺提出“否定的辩证法”，认为辩证法本质上是对非同一性的始终不变的指涉，否定的辩证法的“否定”不是以肯定为目的的否定，而是绝对的否定，是“瓦解的逻辑”“崩溃的逻辑”。阿多尔诺激烈地批判了所谓的辩证法中的“黑格尔—马克思传统”，实际上并没有正确理解否定与肯定的真实关系。无论是卢卡奇，还是萨特，抑或是阿多尔诺，肯定的都是所谓历史辩证法，否定的都是自然辩证法。

第三部分，即第六、七、八章分析了后马克思主义代表人物拉克劳和齐泽克的辩证法思想，东欧新马克思主义代表人物赫勒、科西克和马尔科维奇对马克思的辩证法思想的探索。拉克劳批判了黑格尔的辩证法，提出了自己的奠定在偶然性基础上的霸权逻辑，即“霸权的辩证法”，致力于所谓多元激进民主，实际上是致力于具体领域的革命，悬置了社会整体的革命。齐泽克采取了更为激进的立场，强调拉康后期的驱力和行动的思想，并用拉康的理论来阐释黑格尔的辩证法，建构了所谓“行动的辩证法”，从而“更新”了对马克思辩证法的理解。赫勒从“经典”马克思主义立场转向了后马克思主义立场，反对传统的历史哲学，反对线性历史观和历史目的论，并将哲学的落脚点放在伦理学上。科西克的“具体的辩证法”和马尔科维奇的辩证法理论都强调实践辩证法，强调人在社会发展中的主体作用。科西克的“具体的辩证法”与马克思早期思想中的辩证法思想较为接近，而马尔科维奇强调马克思辩证法思想中的黑格尔因素，认为马克思的辩证法与黑格尔的辩证法“相似”，但本质上不同，即黑格尔的辩证法是绝对精神的辩证法，而马克思的辩证法是实践活动的辩证法，关注的是现实的人及其发展过程。

第四部分，即第九、十章回归到当代中国的语境中，在探讨马克思主义辩证法在中国语境中发展的同时，对国内学术界对马克思主义辩证法的理解和阐释路径进行了分析和评价。同时从一个新的视角对党的一切从实际出发、实事求是的思想路线进行了深入解读，提出党的一切从实际出发、实事求是的思想路线，是马克思主义辩证法在中国的一种表现形态，或者说，是中国化的马克思主义辩证法。

《马克思辩证法的历史语境与当代视域》在研究思路上，按照历史与逻辑相统一的原则，时间和空间相结合，较为具体地探讨了马克思辩证法思想的本质特征和基本内涵，并把对马克思辩证法思想的研究与马克思主义史、西方马克思主义、后马克思主义以及东欧新马克思主义的研究结合起来，这是对国内马克思主义辩证法研究的一个重要的补充。更重要的是，这部著作对马克思辩证法思想的存在论理解和阐释，具有理论创新意义。对辩证法的理解，国内学术界主要是从认识论的视角，把辩证法理解为与“形而上学的思维方式”相对立的一种“辩证的思维方式”，从而窄化了马克思的辩证法思想。实际上，在马克思那里，“合理形态”的辩证法并不是局限在思维方式，而首先是一种世界观，一种存在论。从根本上说，马克思的辩证法是以实践为基础的存在论的辩证法。

正是这种以实践为基础的存在论辩证法把马克思的辩证法与黑格尔的辩证法从根本上区别开来。可以说，只有从以实践为基础的存在论的意义上来理解马克思的辩证法思想，才能达到马克思本人所理解的高度，从而为唯物主义辩证法奠定坚实的根基。也只有从这种以实践为基础的存在论的意义上理解马克思的辩证法思想，才能同现象学、存在主义、结构主义、解构主义等当代哲学思潮展开有效的“对话”。在笔者看来，这部著作基本厘清了从马克思到西方马克思主义，从西方马克思主义到后马克思主义，从东欧新马克思主义到中国马克思主义，这样一个历史语境和当代视域中的唯物主义辩证法的演变历程，从而深化了对马克思的辩证法以至于整个马克思主义哲学的研究。

当然，我注意到，《马克思辩证法的历史语境和当代视域》也存在缺憾，在对马克思的辩证法思想的理解上仍然存在很大的深化和扩展的空间。阐释马克思的辩证法思想，研读马克思的文本当然重要，但研究恩格斯和列宁的文本同样重要。如前所述，恩格斯是马克思主义辩证法的创立者之一和第一个解释者，是马克思主义辩证法研究绕不过去的思想要塞，但这部著作对恩格斯辩证法思想的研究和阐述显然不够，正因此，我在这篇序言中用了较大篇幅阐述了恩格斯的辩证法思想；列宁的辩证法思想构成了马克思主义辩证法历史上的列宁阶段，这部著作对列宁的辩证法思想的研究和阐述也显然不够；西方马克思主义、后马克思主义、东欧新马克思主义对马克思的辩证法思想的研究固然重要，苏联马克思主义对马克思主义辩证法的研究的广度和深度同样不应忽视，但这部著作基本没有涉及苏联马克思主义对马克思主义辩证法的研究。同时，这部著作对国外马克思主义相关人物的辩证法思想及其与马克思辩证法思想的关系，存在重描述、轻评论，乃至不能将其放在马克思主义发展史的流程中进行批判性解读的问题。

在笔者看来，这是学术研究中的正常现象。马克思说过，一切发展中的事物都是不完善的，西祥博士对马克思的辩证法思想的研究正是“发展中的事物”，他的这部著作因而也是“不完善”的。追求完善，这是学者应有的品格；要求完善，这是对学者的刻薄。西祥博士的这部著作研究目标明确，研究思路清晰，研究成果丰富，是一部严肃的、出色的学术著作，是激活马克思辩证法思想活力的一次成功的“思想实验”。

西祥博士 2007 年毕业于中国社会科学院，其博士论文就是《马克思历史辩证法研究》。2010 年，他又到北京师范大学跟随我做博士后研究。这部著作的原型就是其同名出站报告《马克思辩证法的历史语境与当代视域》。博士后出站后，2013 ~ 2017 年，西祥博士对其博士后出站报告进行了深刻反思、不断修改和大量补充。可以说，这部著作既衔接着西祥博士博士生期间的研究，同时也是他博士生毕业后十余年研究的积累和总结，体现着他对马克思辩证法思想的独到见解和思维空间，为我们打开了理解马克思辩证法思想的新视野和新维度。

西祥博士的《马克思辩证法的历史语境与当代视域》即将出版，邀我为之作序，我有感而发写下了这个长篇序言，并不禁想起了《神曲》中的诗句：

> 在真理的脚边冒出疑问，
> 像嫩芽冒出了地面；
> 就是这东西推动着我们
> 越过重重的山脊而直登最高的顶峰。

杨 耕

于北京世纪城

导　论

一　问题的提出

什么是哲学？什么是马克思哲学？什么是马克思主义哲学？如何理解马克思主义哲学？这些基本问题远没有被解决，仍然在困扰着学术界，尤其是困扰着马克思主义哲学界。近代以来中国学术界对马克思主义哲学的研究，在很大程度上是对马克思主义哲学的正名，是对马克思主义哲学基本性质的反复探讨。在对马克思主义哲学基本性质的指认中，我们把马克思主义哲学理解为辩证唯物主义，而把辩证唯物主义又理解为辩证法加唯物主义。同时，我们追随苏联的理解，将辩证唯物主义应用到历史中去，从而历史唯物主义就是辩证唯物主义的推广和应用。最近 40 年来的哲学探讨则对这种推广论进行了彻底的辩驳，人们逐渐认识到，马克思主义哲学划分为辩证唯物主义和历史唯物主义并不符合马克思本人的认识，而把马克思哲学思想主要界定为一种广义的历史唯物主义成为学界认同的主流思想。在我们对马克思主义哲学的基本性质的探讨中，一个相对被忽视了的问题就是我们如何理解马克思的辩证法。似乎马克思的辩证法思想已经被言之凿凿地构成了定论，不再需要讨论了，又似乎马克思的辩证法在当前时代没有什么继续加以讨论的必要，辩证法研究似乎一度被打入了冷宫。但是，按照笔者的看法，我们对马克思的辩证法的认识，非但不应该结束，而且在当前这个时代中更应该予以加倍重视。不理解马克思的辩证法当然就无法理解马克思的整个哲学，这是显而易见的，同样，无视马克思的辩证法在历史发展中经历的变迁和种种阐释，同样会限制我们的理论视野和思想深度，使我们无法把马克思辩证法与当代世界的思想发展融合起来。因此，本书所提出的任务就是，探索马克思辩证法思想的内在意蕴，并在历史发展的语境和当代世界的思想视域中解读马克思辩证法。笔者期待这样一种解读能够开拓和深化我们对马克思辩证法的理解，激活马克思辩证法在当代中国和当代世界思想视域中的活力，在此基础上阐释和理解马克思主义哲学的当代意义。

辩证法一词在中国几乎家喻户晓，人人皆知，它几乎就是哲学的代名词。作为一个哲学上的范畴，辩证法的真实含义却被遮蔽了，它在中国的历史中曾经被简单化地解读为所谓“一分为二”或“合二为一”，甚至被无限地降格为一种变戏法式的诡辩术。确实，哲学不能脱离现实生活，不能离开大众文化和群众基础，但哲学也不能为了追求被理解和被运用而将自己屈尊降贵为简单化的理论教条。从哲学到生活的距离并不遥远，但哲学要被理解和接受甚至变为一种解放的力量，并不是可以用教科书式的教条来植入人们的头脑就能达到的。哲学意味着不懈的思考，意味着对现实的反思和批判，甚至意味着对任何思考的不妥协的反思和批判，这也就是辩证法在马克思那里的原初的理论意义之精髓。

本书也许无法达到对辩证法的一种批判性的重新阐释，但通过对辩证法在历史语境中的不断重释和解读，希望能够在对辩证法的理论阐释中达到对其本质内涵的一种开放式理解。拯救辩证法，这是我们对这一研究所提出的理论主题。辩证法这个曾经家喻户晓、风光无限的哲学范畴，在中国马克思主义哲学的理解史上所遭受的误解和歪曲也是最多的。辩证法在历史上曾经一度被魔化为充满机心与乡愿的“变戏法”，成为阶级斗争乃至人身攻击的工具。而今，辩证法似乎又被打入了冷宫，中国的学者们不再愿意讨论辩证法，西方的后现代和后马克思思潮则直接拒斥马克思和黑格尔意义上的辩证法。在一定意义上说，马克思和恩格斯当年对黑格尔哲学所说的“拯救辩证法”的话语，也适用于当代中国的哲学界。

二　对辩证法理解范式的反思

我国学界对辩证法的理解并没有形成统一的认识。如果对目前学术界存在的对辩证法的理解范式做一个考察，我们可以发现，实际上存在对辩证法的三种主要理解范式，即认识论理解范式、方法论理解范式、本体论与世界观理解范式。对辩证法的这三种理解范式，从不同的维度来理解和阐释辩证法，而各自都有充分的理由。

认识论理解范式把辩证法理解为一种思维方式。在这种理解范式看来，辩证法是一种同形而上学思维方式相对立的思维方式，即它对事物的理解不是孤立的、静止的、片面的，而是把事物理解为联系的、发展的、全面的，因而我们对待客观事物的思维方式也应该是联系的、发展的、全面的。我们通常说不能孤立、静止、片面地看问题，而应该联系、发展、全面地看问题，这里所谓看问题的方式，实际上正是强调辩证法作为一种思维方式的功能。不难看出，从思维方式的维度来理解辩证法确实是非常重要的，正是这种理解范式使我们观察世界的视角摆脱了形而上学的片面性。

方法论理解范式则把辩证法理解为一种方法，即观察处理问题坚持辩证法的观点，运用矛盾分析方法，具体问题具体分析，找到解决问题的办法。确实，马克思、恩格斯经常把辩证法称作方法，他们不止一次地强调辩证法是研究问题解决问题的指南，而不是教条。从方法论维度把辩证法理解为方法，强调了辩证法在人们观察世界、分析问题、待人处世等方面的作用。这种理解使辩证法的方法论功能凸显出来，更为合乎马克思哲学的辩证法改变世界的理论功能，凸显了马克思主义哲学的实践性质。

本体论与世界观理解范式则认为，辩证法是客观世界本身的存在方式、发展方式，具有本体论与世界观意义。在这种观点看来，世界本身不是形而上学地存在与发展着的，而是辩证地存在与发展着的。这里的本体论与世界观基本是在同一意义上使用的，即本体论就是世界观，世界观就是本体论。所谓本体论与世界观维度的理解，实际上也就是从本原的意义上来理解世界。把辩证法理解为本体论、世界观，从更深层次上指证了世界本身的辩证性质，是对辩证法更深刻的理解。

对辩证法的以上三种维度的理解，我们不难在目前的哲学论著中找到其痕迹。我们遗憾地发现，大部分论著强调的是前两种理解范式，而较少从第三种范式来理解辩证法。不同的理解范式标志着对辩证法理解深度的不同，并直接影响对马克思主义哲学的理解。我们认为，从本质上看，应该把辩证法理解为本体论与世界观，辩证法的世界观维度是更为本源性的，是辩证法的本质维度，它决定了其他维度的理解。因此，强调从本体论与世界观维度来理解辩证法，就是一个重要的理论问题。

在我国传统教科书体系中，辩证法是与物质论（本体论）、认识论、历史观、价值论等并列的一个范畴。在对辩证法的论述中，则主要讲三大规律和若干范畴。这样来安排辩证法在马克思主义哲学中的位置，给人的印象是辩证法是马克思主义哲学体系中的一个组成部分，从而消解了辩证法作为马克思主义哲学的核心与灵魂的作用。毋庸讳言，这样来理解辩证法的地位和作用与马克思本人对辩证法的理解有很大的不同，这种差异影响了对整个马克思主义哲学的理解。这里的关键仍然在于，对于辩证法的本体论与世界观维度没有给予足够的重视，没有在整个马克思主义哲学体系建构中贯彻辩证法。自 20 世纪 80 年代以来，学界对传统教科书体系批评甚多，批评的最大收获在我们看来乃是赋予了实践在马克思主义哲学体系中的基础性地位。但是，辩证法这样一个更为根本的问题，在对传统哲学体系的反思中却似乎被悬置了，我们对辩证法的理解并未达到马克思的深度，由此导致的结果是我们对马克思主义哲学的实践观以及马克思主义哲学的总体理解总是有隔靴搔痒之感。从本体论与世界观维度重新理解与阐释辩证法，是我们创新地理解马克思主义哲学的重要任务。如何从本体论与世界观维度来理解辩证法？换言之，从本体论与世界观维度来理解辩证法，可以使我们对辩证法的理解获得怎样的突破性认识呢？要说清楚这个问题，对本体论与世界观做一个简单界说是必要的。

本体论这一术语，本来是中国用来翻译西方哲学中的一门学科 ontology 的。但是，这一术语在中国当代哲学语境中却发生了重要的变化。人们几乎不约而同地把本体论看作研究追问世界本原的学问，这里可能存在一些对西方哲学的误解。现在，作为哲学术语的本体论与西方哲学的 ontology 的本义有着很大不同，哲学界基本上都是把本体论从研究世界的本原的意义上来理解的。有学者对本体论的这种理解进行了专门梳理，力图还原 ontology 术语的本来面目。但是，我们认为，由于哲学界几乎约定俗成地对本体论做了前述理解，那么我们不妨就按照这个含义来理解本体论，而对 ontology 从其本来意义上译为另外的名称（如存在论，这个译名实际上更接近 ontology 的本意）。[①] 毫无疑问，哲学中确实存在从这种意义上来理解的本体论部分，而且是极为重要的、作为某个哲学奠基的部分。只有从这个意义上来理解，学界近年来所做的有关马克思主义哲学的本体论的种种探讨才不是无意义的。

一般而言，世界观被认为是人们对世界的总的看法。在一定意义上，人们可以把哲学本身看作世界观。我们所熟知的定义即哲学是系统化理论化的世界观，也证明了哲学与世界观无法截然区别开来。在马克思主义哲学传入中国的过程中，前辈学者们对本体论与世界观没有做出区分，例如在艾思奇著作中，本体论与世界观就是同义的。这里隐含的意思是说，本体论是世界观的重要内容，世界观主要就是本体论。换言之，本体论所研究的是世界的本原问题，对世界本原的认识无疑构成世界观的重要内容；世界观所研究的是世界的本来面目究竟如何，人们应如何按照世界的本来面目认识世界，这无疑包含了世界的本体论这一重要问题。显然，在这一意义上来理解本体论与世界观，二者之间并无本质区别。我们对本体论与世界观的理解也正是在这样的语境中进行的。

从本体论与世界观维度来理解辩证法，我们可否为辩证法进行较为精确的与以往不同的一种新的界定呢？我们认为，这是非常有意义的也是极为重要的问题。

首先，从本体论与世界观维度来理解辩证法，我们就应该把辩证法理解为世界、事物本身所具有的一种本源性规定。因此，人们之所以应该辩证地认识事物和世界，之所以要在认识和改造世界时遵循辩证法，之所以要在社会生活乃至人际交往中依据辩证法，仅仅是由于事物本身就是一种辩证存在。正是因为辩证法是世界的本源性的存在方式，是世界本身固有的规定性，所以我们在社会生活中才不得不按照辩证法来办事。由此可见，对辩证法所做的认识论理解和方法论理解，都是奠基于辩证法的本体

① 参见杨学功《马克思哲学与存在论问题》，载叶汝贤、孙麾主编《马克思与我们同行》，中国社会科学出版社 2003 年版。

论与世界观理解之上的。

其次，从本体论与世界观维度来理解辩证法，辩证法就不能仅仅被规定为自然、社会和人类思维所共有的最普遍的规律，也不能仅仅被理解为认识论或者最普遍而无片面性的理论思维，尽管这都是重要的；我们更应该从本体论和世界观意义上来界定辩证法。有的学者对此进行了一些探讨，把辩证法与哲学基本问题集合起来理解，从世界观、认识论和方法论的统一来理解辩证法，这实际上也就是从本体论与世界观维度来理解辩证法。[①] 也有学者指出："辩证法就是马克思主义的世界观，就是马克思主义的认识论，就是马克思主义的历史观。在世界观层次，我们要讨论现实感性世界的辩证本质。这一辩证法有其纵向线索，就是实践中的主客体关系；又有其横向线索，就是讨论从主客体关系研究中抽象出来的辩证法规律；纵横结合，构成辩证法的世界观或世界观的辩证法。这一辩证法在认识论和历史观层次，由抽象上升到具体，成为认识论的辩证法和历史观的辩证法。由此可知，全部马克思主义哲学是辩证法与世界观、认识论、历史观相统一的哲学，在一定意义上说，马克思主义哲学就是马克思主义辩证法哲学。"[②] 这种论述在一定程度上也触及了辩证法的本体论与世界观性质。

我们可以把辩证法做以下界定：辩证法是世界（包括自然界、人类社会、精神世界）的一种本源性的存在方式和状态，它强调世界的联系、变化、运动、发展，把事物、世界如其本身所是的那样看作关系、过程的集合。这是辩证法的最根本的规定，由此出发，辩证法的认识论和思维方式、辩证法的方法论理解、辩证法的历史观理解才获得了本体论根基。

也许有人会说，对辩证法所做的这样一种理解并没有新意，因为在传统哲学理解中，我们实际上也对辩证法做了本体论与世界观维度的理解，而且这种理解一直作为一种前提性的理解存在着。对此笔者并不否认，因为辩证法的本体论与世界观维度绝不能说是笔者的发明，它本身乃是马克

---

① 参见孙正聿《马克思辩证法理论的当代反思》，人民出版社 2002 年版，第 33～36 页。

② 陆剑杰：《"实践的唯物主义"在中国现当代实践中的确证》，《中国社会科学》1996 年第 5 期。

思主义哲学的辩证法本身的重要内涵。问题只是在于，传统理解对这一重要维度隐而不彰，使我们的理解严重偏离了马克思主义哲学的本真的辩证法。如果追问产生这一后果的原因，我们认为可能在于我们对辩证法的理解主要导源于恩格斯、列宁和斯大林，而不是从马克思本人那里理解辩证法；更为深刻的原因则是，对马克思的继承者的理解，也没有达到深层理解，而只是从表面上理解，拘泥于论者字句的表层，而未能从总体上全面深刻地联系起来理解，以致把辩证法表面化、庸俗化。真正从本体论与世界观维度理解辩证法，我们必须追问到马克思本人，因为马克思正是从本体论与世界观维度来理解和阐述辩证法的。

笔者认为，作为马克思主义哲学的灵魂与核心的辩证法，其本质乃是本体论与世界观维度的辩证法。只有从这一本质维度出发，我们才能理解作为认识论和方法论的辩证法。同样，只有从这一本质维度出发，我们才能理解作为马克思主义哲学的历史唯物主义，其本质同时也是历史辩证法。历史辩证法并不是外在于历史唯物主义的东西，而是历史唯物主义的实质与核心，是马克思主义哲学的灵魂。

三 原初语境中的马克思辩证法思想

在马克思的原初理论语境中，辩证法的本质如何？在马克思那里，辩证法作为一个重要的理论问题并未得到系统的阐述，但是，正如学界众所周知的，马克思确实曾经有全面的阐述其辩证法思想的一个理论计划。正因为马克思从未实现这一计划，所以为后人理解马克思的辩证法留下了宽广的余地，马克思的辩证法也被一次次地加以重新阐释。在马克思主义发展历史上，从恩格斯到列宁和斯大林，从卢卡奇到后现代主义思想家，对马克思的辩证法思想从自己的维度进行了一次次的重新解读和阐释。这是一个辩证法的历史，对这样一个历史我们无从进行全面和详尽的考察，因为这几乎是全面和详尽地写出一部马克思主义的理论发展史。至关重要的是我们必须从马克思本人那里，对马克思本人的原初语境中的辩证法思想进行全面和深入的解读，唯有如此，我们才能过滤掉对马克思辩证法的一些误解和曲解，直达马克思本人的思想深处。对于我们具有重要意义的文本，首要的是《1844 年经济学哲学手稿》和马克思晚年的巨著《资本论》及其手稿。当然，从马克思的思想发展历史来看，马克思的其他主要哲学著作如《关于费尔巴哈的提纲》《德意志意识形态》等，也具有不可忽略的重要价值。为什么强调《1844 年经济学哲学手稿》和《资本论》及其手稿呢？在笔者看来，《1844 年经济学哲学手稿》是马克思思想的发源地，隐含着马克思思想的全部秘密，是作为一个革命家和哲学家相结合的马克思的出发点；而《资本论》及其手稿乃是马克思思想的归宿，是马克思思想的归纳和总结，最为显著地表现了马克思思想的全部思想构架。因此，从《1844 年经济学哲学手稿》到《资本论》及其手稿的发展路径，可以比较准确地概括马克思哲学思想的线索。从叙述的表层来看，二者都突出了政治经济学批判，是马克思经济学著作的起源点和归宿；但是从叙述的逻辑来看，二者都是对辩证法思想的一种诠释。因此，将两者相互结合来解读马克思的辩证法思想，成为我在解读马克思辩证法时的某种理论的支配性线索。换言之，我把马克思的哲学著作也是置于这样一条发展线索之中来考察的。

在《1844 年经济学哲学手稿》中，马克思对黑格尔的辩证法思想做了如下批判："因为黑格尔根据否定的否定所包含的肯定方面把否定的否定看成真正的和惟一的肯定的东西，而根据它所包含的否定方面把它看成一切存在的惟一真正的活动和自我实现的活动，所以他只是为历史的运动找到抽象的、逻辑的、思辨的表达，这种历史还不是作为一个当作前提的主体的人的现实历史，而只是人的产生的活动，人的形成的历史。"① "黑格尔的《现象学》及其最后成果——辩证法，作为推动原则和创造原则的否定性——的伟大之处首先在于，黑格尔把人的自我产生看作一个过程，把对象化看作非对象化，看作外化和这种外化的扬弃；可见，他抓住了劳动的本质，把对象性的人、现实的因而是真正的人理解为他自己的劳动的结果。"② 这是马克思对黑格尔辩证法提纲挈领的批判。在这里，马克思一定意义上肯定黑格尔的辩证法对现实世界与事物所做的理解，即以抽象的、

① 《1844 年经济学哲学手稿》，人民出版社 2000 年版，第 97 页。
② 《1844 年经济学哲学手稿》，第 101 页。

逻辑的、思辨的形式表达了历史运动，而黑格尔之所以能够做到这一点，在于他认识到了否定的否定的积极意义，把否定的否定包含的肯定看成真正的肯定，把否定的否定包含的否定的方面看成一切存在的唯一真正的活动和自我实现的活动。马克思把这种辩证法称作“作为推动原则和创造原则的否定性的辩证法”。在马克思看来，这种否定性的原则不是思维的原则，不是人们赋予世界的，而是世界本身所固有的原则。换言之，这种否定性辩证法是世界本身的存在原则。

在《资本论》及其手稿中，对辩证法思想的这一理解，作为一种贯穿《资本论》及其手稿的原则，实际上贯穿了有关《资本论》的所有研究活动之中。在《资本论》第二版跋中，马克思对辩证法思想做了简明扼要的阐述。马克思写道：“我的辩证方法，从根本上来说，不仅和黑格尔的辩证方法不同，而且和它截然相反。在黑格尔看来，思维过程，即甚至被他在观念这一名称下转化为独立主体的思维过程，是现实事物的创造主，而现实事物只是思维过程的外部表现。我的看法则相反，观念的东西不外是移入人的头脑并在人的头脑中改造过的物质的东西而已。”① 这里，马克思把自己的辩证法与黑格尔辩证法从根本上区别开来。以往我们对这段话的理解是，马克思的辩证法是对黑格尔辩证法的颠倒，黑格尔辩证法是唯心主义的，而马克思的辩证法是唯物主义的。这诚然是正确的，马克思确实对黑格尔辩证法的唯心主义做了批判，并把自己的辩证法奠基于唯物主义之上。但是仅仅做这样的理解还是不够的。我们应该注意的是，马克思的唯物主义并不是机械的唯物主义，换言之，不能在费尔巴哈的基础上理解马克思对黑格尔之颠倒，实际上，马克思对黑格尔辩证法的批判是双重的。即使在黑格尔那里，现实事物也不是与人无涉的纯粹客观事物，而是人的视域内的客观事物，不能脱离人；因此，对黑格尔的唯物主义颠倒不能是把黑格尔颠倒为机械的唯物主义，或者费尔巴哈意义上的感性的唯物主义，而应该是颠倒为历史唯物主义，即以现实的人为根本出发点的唯物主义。在这一基础上，我们才能更为精确地理解马克思的下述论断。马克

① 《马克思恩格斯选集》第2卷，人民出版社2012年版，第93页。

思指出："辩证法在黑格尔手中神秘化了，但这决没有妨碍他第一个全面地有意识地叙述了辩证法的一般运动形式。在他那里，辩证法是倒立着的。必须把它倒过来，以便发现神秘外壳中的合理内核。"[①] 那么这一合理内核是什么呢？马克思的下面一段话恰恰是对合理内核的说明："辩证法，在其合理形态上，引起资产阶级及其空论主义的代言人的恼怒和恐怖，因为辩证法在对现存事物的肯定的理解中同时包含对现存事物的否定的理解，即对现存事物的必然灭亡的理解；辩证法对每一种既成的形式都是从不断的运动中，因而也是从它的暂时性方面去理解；辩证法不崇拜任何东西，按其本质来说，它是批判的和革命的。"[②] 可以看出，在马克思看来，辩证法的合理内核就在于辩证法的批判性与革命性，在于对事物的肯定性理解中包含的否定性理解，即事物的运动性、暂时性，这也正是事物的辩证性。马克思这里虽然讲的是对事物的理解，实际上更是对现实事物的描述，即现实事物本身的存在方式。正是现实世界本身的辩证存在，才要求我们对现实事物做辩证法的理解，现实世界的辩证法乃是理解世界的辩证法的前提。所以，马克思对辩证法合理内核的这种阐释也只有从本体论与世界观维度来理解才能领会其内在意蕴。否则，将会错失马克思所说的辩证法的本义。这里并不需要我们特别指出的是，难道对辩证法的这一本质规定和马克思在《1844 年经济学哲学手稿》中对黑格尔的批判中所指出的辩证法的本质不是一脉相承的吗？

在这里我们再次应该注意的是，马克思的这种辩证法思想绝不是偶然的。实际上，从马克思青年时期到晚年时期，对辩证法的这一理解已经深深地铭刻在马克思思想深处。当然，马克思对辩证法思想的发展有一个历史过程，但对辩证法思想的理解却是逐步加深的，把马克思的辩证法思想理解为一种与人无涉的决定论，或者理解为一种纯粹自然界的发展规律，都是离开了马克思本人的辩证法思想的。这并不是说自然界完全不符合辩证法，而是说，在马克思那里，这不是作为理论主题来思考的范畴。在《关于费尔巴哈的提纲》中，马克思在最后一条中提出的"问题在于改变

---

① 《马克思恩格斯选集》第 2 卷，第 94 页。
② 《马克思恩格斯选集》第 2 卷，第 94 页。

世界”的哲学宣言以及在《德意志意识形态》中关于“对实践的唯物主义者即共产主义者来说，全部问题都在于使现存世界革命化，实际地反对并改变现存的事物”[①] 的论断和“共产主义对我们来说不是应当确立的状况，不是现实应当与之相适应的理想。我们所称为共产主义的是那种消灭现存状况的现实的运动”[②]的论断，难道不是马克思的辩证法思想在历史领域和社会领域的贯彻吗？由此可见，辩证法的思想乃是马克思历史观和社会观的首要前提，没有辩证法，马克思的历史唯物主义就会遭到致命的误解。但是，如果把辩证法脱离开历史唯物主义理解，那也只能导致对辩证法理解的致命的曲解。从这一意义上说，辩证法思想在马克思主义发展史上确实是危机重重，误解和曲解的危险始终存在。这也造成了在历史语境中马克思的辩证法被掩盖上重重迷雾。

四 历史语境中的辩证法：国外马克思主义的辩证法研究

在国外思想界，在显性的层次上，辩证法也不是一个积极和正面的术语，许多哲学家甚至明确地反对辩证法。问题在于，反对辩证法就能够脱离辩证法吗？难道对辩证法的反对不会导致一种走形的异样的辩证法，导致一种反－辩证法，而不是非辩证法？在笔者看来，事实确实如此，对辩证法的拒斥并不能否定辩证法本身，或者只能导致对辩证法的一方面内涵的相对突出，或者导致辩证法的一方面内容的瓦解和崩溃，而辩证法本身作为一个哲学范畴却不能被取消。闭口不谈辩证法并不能取消辩证法，声称辩证法的无效也不能拒斥辩证法，因为辩证法本身乃是哲学的别名，是思想本身的别名。从这一意义上说，从卢卡奇到后马克思主义的国外马克思主义的发展历史也是对马克思辩证法的积极发展，当然这需要我们加以论证和理解。

基于对第二国际经济决定论的不满，卢卡奇决心恢复辩证法在马克思哲学理解中的前提性、先决性地位，因而诉诸黑格尔的辩证法思想。恢复黑格尔在对马克思主义理解中的优先性，破除对马克思主义的理解的费尔

---

① 《马克思恩格斯选集》第1卷，人民出版社2012年版，第155页。
② 《马克思恩格斯选集》第1卷，第166页。

巴哈的优先性，这是青年卢卡奇的《历史与阶级意识》中的理论主题和重要贡献。但是，卢卡奇矫枉过正地将马克思主义拉回到了黑格尔主义，在某种意义上，将黑格尔对马克思的影响扩大化和全面化，以致成为黑格尔式的马克思主义。在总体性辩证法对经济范畴的优先性的名义下，卢卡奇激进地将无产阶级的阶级意识看作历史发展的唯一动力，将无产阶级的阶级意识看作某种无根基的可以从外部能够输入的东西，实际上将马克思辩证法的现实历史维度在历史之名下取消了。作为历史唯物主义的基础和出发点的“现实的个人”，被卢卡奇的总体性辩证法消解为纯粹的阶级意识，以辩证法的名义消解了历史唯物主义的基础。总体观虽然在马克思那里也具有至关重要的地位，但卢卡奇的总体是没有现实基础的、脱离了物质生产的总体，或者说，不是历史唯物主义基础上的总体性，因而成为一种唯心主义的空洞的总体性。卢卡奇诚然对历史唯物主义（广义的历史唯物主义）有所觉悟，但归根结底仍然处于一种狭义理解的历史唯物主义的总问题式的笼罩之下。卢卡奇晚年著作《关于社会存在的本体论》，固然修正了早期的黑格尔主义倾向，但由于其庞杂繁复、前后矛盾等问题而未能达到其全面构建历史唯物主义的本体论的设想。马克思的辩证法思想虽然在卢卡奇的理论研究中取得了重要地位，但再一次将马克思辩证法思想的原初意义遮蔽起来了。

与卢卡奇同时代的著名思想家萨特，作为马克思主义的同路人，一度接近马克思主义的辩证法思想。在其《辩证理性批判》中，萨特力图以人学辩证法来补充马克思的辩证法。在他看来，马克思的辩证法只看到作为阶级的集体的人，而没有看到作为个体的人，只看到作为集体的阶级斗争实践，而看不到作为个体的人的实践的重要地位，因此必须以人学辩证法来补充马克思的辩证法。萨特的批评针对卢卡奇的辩证法理论，但充斥着对马克思辩证法思想的误解和曲解。马克思主义那里何曾存在一个人学空场呢？如果马克思的哲学从一开始就是脱离现实的人的实践的，那么马克思主义的革命性又从哪里谈起呢？如果马克思哲学没有个体人的实践，那么马克思主义的人类解放的理论归宿又有何意义呢？实际上，萨特所批判的与其说是马克思本人，不如说是以卢卡奇为代表的激进的极左的马克思主义、歪曲了马克思思想的第二国际以及苏联的正统马克思主义。但是，萨特的人学辩证法使马克思历史辩证法中的人学维度凸显出来，值得我们加以重视。

萨特和卢卡奇对马克思的辩证法的解释并未脱离正统的马克思主义，他们承认黑格尔-马克思辩证法中的形而上学意义和理性主义谱系。换言之，他们所理解的辩证法仍然是处于黑格尔辩证法的总问题之中的，本体论与世界观的辩证法。阿多尔诺则成为这一线索上的异端，他激进地批判以黑格尔-马克思为代表的形而上学-理性主义和同一性哲学，将辩证法理解为否定的辩证法。否定的辩证法不是否定一般意义上的辩证法，而是否定黑格尔-马克思传统中的以否定之否定为肯定的、最终归于同一性哲学谱系的辩证法。在他看来，否定不是否定之否定意义上的否定，而是激进的、绝对的否定，是不追求肯定的否定，因而，否定的辩证法是非同一性的哲学。阿多尔诺的非同一性哲学貌似一种纯粹思辨的哲学，但有着十分现实的指向，它是对纳粹主义的历史现实批判，也试图构建一种星丛式的历史观和解放的乌托邦。阿多尔诺虽然是马克思主义发展史的异端，但作为法兰克福学派的主将，他开了社会批判理论和意识形态批判的先河，并且对后马克思主义产生了重大的影响，直接衔接着后马克思主义的发展。

当代的国外马克思主义诚然有着各种各样的流派，但最为昭彰显著的乃是后马克思主义，它声称要对经典马克思主义进行解构，即对马克思主义进行批判和重建。后马克思主义是在后现代思潮、精神分析理论、语言哲学、现象学等20世纪哲学思潮影响下出现的思潮，其代表人物是拉克劳和齐泽克。后马克思主义用拉康派精神分析理论和马克思主义相结合来阐释马克思主义，试图构建一种新的马克思主义，从而对社会历史进行新的解释。拉克劳提出了其霸权建构的后马克思主义理论，在他看来，马克思主义的线性历史观和客观主义历史观已经被历史证明是错误的，而阶级斗争也不能说明现实的马克思主义发展历史，只有霸权理论能够说明真正的现实历史。在笔者看来，霸权理论实际上也是对传统辩证法的一种替代方案，我们可以称之为霸权的辩证法。作为拉克劳的朋友和论敌的齐泽克，既受到拉克劳思想的影响，又反对拉克劳的激进民主想象，提出了对社会历史发展的不同观点。也许最能说明其思想立场的观点乃是其行动的辩证法理论。齐泽克以拉康的精神分析理论来对社会历史进行阐释，他以拉康来阐释黑格尔，又以黑格尔来重释拉康，在这一语境中，对马克思主义进行了解构式的重建，并提出以回到列宁来发展马克思主义。在笔者看来，齐泽克的思想虽然庞杂，但他对社会历史发展的理论阐释也是一种改头换面的辩证法，在齐泽克那里，毋宁说是悖论式的辩证法，它包括对意识形态的悖论的揭示，包括对象 a 的辩证法在现实生活中的全面揭示，包括解构社会现实和历史的幻象逻辑的辩证法，包括穿越幻象的激进行动的辩证法等方面。拉克劳和齐泽克的辩证法思想晦涩深刻，具有极强的逻辑性和说服力，可以说全面深化并颠覆了我们对传统辩证法的理解。

以赫勒和南斯拉夫实践派为主要代表的东欧新马克思主义，既是以卢卡奇为代表的经典西方马克思主义的后继者，又受到了现当代西方哲学，特别是现象学和存在主义思潮的影响，形成了不同于经典西方马克思主义的理论。卢卡奇的学生赫勒早期追随卢卡奇，其思想基本上是经典西方马克思主义。但是，随着时代的发展，赫勒的思想逐渐发生了变化，形成了一种与传统马克思主义不同的“后马克思主义”，其特点是倾向于将理论归结为伦理学。在其重要的历史著作《历史理论》中，赫勒对历史哲学进行了批判，提出作为一种不完整的或未完成的历史哲学的历史理论，其目的是悬置历史前进的目标，而只是强调人们的义务和责任，即要归结到一种伊壁鸠鲁的、斯多葛主义的伦理学。赫勒自己把“历史的社会主义理论”标榜为历史唯物主义的一种新版本，然而，马克思的历史唯物主义对社会历史发展的未来是确信的，是持乐观和坚定的态度的，因而提出，人类只能提出自己能够完成的历史任务。而对赫勒而言，人类的未来是不确定的，因而乌托邦只能作为一种理念，永远不可能实现，因而对社会发展的未来是怀疑的，甚至是悲观的，因而人类只能退回到伦理学上，从价值维度上来规范人的行动，提出人类只能遵守和坚持自己所预设的价值。这意味着，赫勒从根本上远离了马克思的历史哲学的辩证法，陷入了空想的社会主义的乌托邦。在这个意义上，赫勒的马克思主义与拉克劳的激进民主的后马克思主义有相通之处，它们都把马克思主义的革命无限延迟了。

东欧新马克思主义的一个理论贡献是对实践概念的强调，在对实践概念强调的基础上来理解马克思的辩证法，其代表人物是科西克和马尔科维奇。科西克的《具体的辩证法》和马尔科维奇对辩证法的研究都具有这样的特点。科西克的“具体总体的辩证法”的基本思想与马克思早期的思想非常接近，实际上贯穿了马克思在《关于费尔巴哈的提纲》中的思想，其精神尤其暗合《关于费尔巴哈的提纲》的第八条，即“全部社会生活在本质上是实践的。凡是把理论引向神秘主义的神秘东西，都能在人的实践中以及对这种实践的理解中得到合理的解决”①。可以说，具体总体的辩证法思想乃是对马克思这个精神的具体展开。马尔科维奇则强调了马克思辩证法和黑格尔辩证法的共同方面，认为二者具有相同的基本概念，并且在精神实质上保持了同一，尽管二者也具有显著的区别。其区别在于，黑格尔的辩证法所描述的是绝对精神的发展，而马克思所描述的却是以实践为基础的现实的人及其历史的发展过程。因此，我们可以看出，马尔科维奇的实践辩证法和我们前面所说到的科西克的具体辩证法在实质上也是很接近的。

从卢卡奇到后马克思主义的辩证法思想发展，既是对马克思的辩证法的理论阐释的不断深化，又是对马克思的辩证法理论发展的不断解构和重构的过程。在笔者看来，马克思辩证法的这一发展历史并不能颠覆原初语境中的马克思思想，相反，它只是使马克思的辩证法思想深刻化和复杂化了。对马克思辩证法思想的简单化理解，实际上将马克思的辩证法思想退化为常识。对马克思辩证法思想的深刻化和复杂化的解读，使我们理解到，辩证法思想本身的深刻性和辩证性抵制任何一种机械论和简单化的解释，但又不能不在现实生活甚至常识中显现出来。这正是辩证法的魅力和魔力之所在。

五　重思和拯救辩证法：当代中国马克思主义哲学的理论课题

虽然在我国学术界一向不缺乏辩证法的理论阐述，但辩证法在不同的意义上被歪曲着。正如我们在本导论开篇就提到的，辩证法这个曾经家喻户晓、风光无限的哲学范畴，在中国马克思主义哲学的理解史上所遭受的

---

① 《马克思恩格斯选集》第 1 卷，第 135 ~ 136 页。

误解和歪曲也是最多的。辩证法在历史上曾经一度被魔化为充满机心与乡愿的“变戏法”，成为阶级斗争乃至人身攻击的工具。而今，辩证法似乎又被打入了冷宫，中国的学者们不再愿意讨论辩证法，西方的后现代和后马克思思潮则直接拒斥马克思和黑格尔意义上的辩证法。辩证法在中国既承载着哲学之辉煌，也承载着哲学之沉重。从我国学术界目前的研究来看，辩证法研究似乎已经成为一个无人问津的空白区，十分萧条。笔者注意到，2012 年的国家社科基金指导项目中，在“马克思主义、科学社会主义”这一分类中，没有提及辩证法；在“哲学”这一类别中，仍然没有提及辩证法。而在 2012 年所有申报成功的国家社科基金课题中，在上述两类栏目中以辩证法研究（或涉及马克思的辩证法为专题）的课题也极为鲜见。从这里可以窥见，辩证法的研究在中国学术界实际上极为萧条。

然而，没有辩证法就没有哲学，没有马克思的辩证法，又何来马克思的历史唯物主义呢？进而言之，如果我们抛弃了作为马克思主义的核心和灵魂的辩证法思想的话，我们的马克思主义理论研究特别是我们的马克思主义哲学研究之合法性又从何谈起呢？我们所做出的枝节之论，我们所得到的一些命题的合理性又立足于何处呢？毋庸讳言，辩证法在当代马克思主义哲学研究中的边缘化和被冷落的境遇，意味着当代马克思主义哲学自觉地远离了马克思的核心思想，而靠拢了常识之见，无论这个常识之见在多大意义上具有真理性，如果不能被马克思的辩证法所检验，它的真理性就始终是值得质疑的。如此看来，我们提出拯救辩证法这个哲学主题并不是危言耸听，而是确有其必要性，是时代的迫切要求。

恩格斯在《反杜林论》中写道：“马克思和我，可以说是唯一把自觉的辩证法从德国唯心主义哲学中拯救出来并运用于唯物主义的自然观和历史观的人。”① 拯救辩证法的任务是马克思和恩格斯自觉地提出并争取完成的，这是毋庸置疑的。这一拯救的任务在马克思那里开端，也许恩格斯也做了最大的努力，但是，在我们看来，这一任务始终没有最终完成。恩格斯的提法本身就包含一种误解，将黑格尔的辩证法从唯心主义中拯救出来

① 《马克思恩格斯选集》第 3 卷，人民出版社 2012 年版，第 385 页。

运用于自然观和历史观这一不加辨析的说法，将问题简单化的同时，也把问题复杂化了。说它简单化，是因为恩格斯在此将自然观和历史观简单地并置起来，暗示出一种从自然观到历史观的进化论的倾向，这导致了后来所谓推广论的历史唯物主义；说它复杂化，是因为恩格斯的这种思路在马克思主义发展史上产生了巨大的影响，对第二国际的思想家、苏联的马克思主义者以及后来的西方马克思主义者都造成了理解的失误，而遮蔽了原初语境中的辩证法理解。拯救辩证法的任务不但没有彻底完成，反而走上了曲折之路，导致了对马克思辩证法理解的重重阻碍。毋庸讳言，恩格斯的提法在我国也影响深远。所谓三大规律和若干范畴的机械化的辩证法的理解，现在不是还在我国的大多数哲学教科书中被奉为经典吗？由此看来，拯救辩证法仍然是一个未完成的任务。

然而，如何拯救辩证法，我们如何能够完成这个历史使命呢？在笔者看来，这既是一个理论问题，也是一个现实问题，进而言之，是与中国特色社会主义事业的伟大社会实践息息相关的问题。对这一问题进行全面的论述和展开不是在此能够完成的任务。在此，我们仅从中国马克思主义的发展史中撷取两个命题对辩证法的中国式表达及其意义进行一个开放式的论述，这两个命题即“解放思想”和“实事求是”。这两个命题是中国马克思主义发展的独特成果，也是辩证法思想与中国的特殊文化和特殊国情相结合而产生的成果。虽然这两个命题已经写进党章，在每一次的会议中都被无数次提及，但我们认为仍然有加以论证和展开的必要。解放思想，实事求是，是中国特色的马克思辩证法的表达，它的含义不应该被非辩证化，不应该固定化和僵化，或者被禁锢起来。它们的理论意义是辩证的，用马克思的话说，解放思想、实事求是乃是辩证法的批判性、否定性、革命性的中国化表达。

六 本书的结构和基本思路

本书的主要任务是通过对原初语境中马克思辩证法思想的重新梳理，辨明马克思辩证法的基本内涵，在此基础上，通过对马克思的辩证法在历史语境中所得到的理解，主要是西方马克思主义者和当代中国的理解，将马克思的辩证法放置到世界历史的思想语境和当代中国社会主义革命和建设的视域中，来激活马克思辩证法在当代的活力，赋予马克思辩证法以当代意义，从而为马克思主义哲学的当代意义奠定基础。本书包括四个部分。第一部分是对马克思辩证法思想内涵的解读。这里包括对原初语境中马克思辩证法思想的重新解读，并在此基础上，主要通过对马克思辩证法与黑格尔辩证法思想之间的关联，辨明马克思辩证法思想的革命性和超越性。这构成了本书第一章和第二章的内容。第二部分则是对马克思在历史语境中的理解和发展，这里主要是西方马克思主义者对马克思主义思想的理解和解读，其中包括卢卡奇、萨特和阿多尔诺等具有代表性的西方马克思主义者对马克思辩证法思想的理解。这构成了本书第三、四、五章的内容。第三部分是当代国外马克思主义者对马克思辩证法的理解，主要是后马克思主义者拉克劳、齐泽克和东欧新马克思主义者。这构成了本书第六、七、八章的内容。第四部分是对当代中国语境中辩证法思想的发展，在此基础上重新对马克思辩证法的基本内涵和当代意义进行论述。这构成了本书第九、十章的内容。

对于辩证法这样一个重要的哲学范畴和马克思主义哲学的重要思想领域，本书的论述只能是一个初步的尝试。在阅读和研究过程中，笔者逐渐形成了这样一种基本观点，即不仅国外马克思主义者对马克思的辩证法思想十分重视，从多个角度对马克思的辩证法进行了理解和阐释，而且当代西方的许多哲学家也在不同程度上对马克思辩证法思想以或隐或显的方式进行了一些解读和阐释。例如，海德格尔的存在论和德里达的结构主义，如果我们换一个视角来看，它们就是在不同的语境中阐释辩证法思想。当然，这需要我们从马克思主义哲学的视角进行阐释。由此笔者认为，将马克思主义哲学放置到世界历史的语境中，把马克思主义哲学与当代世界思想文化发展的新成果链接起来，从对马克思辩证法思想的角度切入这个课题，无疑是一个可行的方案。无疑这将是对马克思主义哲学研究创新的重要生长点，也是西方哲学研究与马克思主义哲学结合的一个重要路径，同时，也将使西方哲学思想更为切近中国现实和中国语境。我们期待着，马克思主义哲学研究能够在这一方面有所突破。

第一章
马克思辩证法的原初理论语境

第一节　广义历史唯物主义与马克思辩证法的理解

众所周知，辩证法是马克思主义哲学的核心范畴之一。而马克思主义哲学曾经一度被冠以“辩证唯物主义”之名，虽然后来又被以“历史唯物主义”予以补充，将马克思主义哲学称为“辩证唯物主义与历史唯物主义”，但辩证唯物主义始终在前面，可见在马克思主义哲学中，辩证法这个范畴确实一度风光无限。随着历史的发展，我国学术界对来自苏联教科书体系的这种划分产生了不满和质疑，而曾经被称为“辩证唯物主义和历史唯物主义”的马克思主义哲学也一再遭到诟病，后来人们试图以“实践唯物主义”、“历史唯物主义”或者“辩证的、实践的、历史的唯物主义”来称呼马克思主义哲学，但从来没有人质疑辩证法乃是马克思主义哲学中核心的范畴之一。马克思主义哲学到底是什么，或者给予马克思主义哲学以怎样的命名，看似轻轻巧巧无关紧要，其实却蕴含着对马克思主义哲学理解方向性、核心性的重大问题。虽然我们的核心并不在于讨论这个问题，但我们首先要声明一点，即我们所赞成的是这样一种思想，即马克思主义哲学是广义的历史唯物主义。

为何称之为历史唯物主义？为何又在历史唯物主义之前加上“广义”的限制词？之所以将马克思主义哲学称为历史唯物主义，是因为在我们看来，马克思主义哲学不是别的，它只不过是对社会历史的一种认识，是历史观。它是唯物主义的历史观，而它的哲学就是历史唯物主义。之所以在历史唯物主义之前加上“广义”这一限制词，是因为我们认为，历史唯物主义并不仅仅是社会历史观，它在社会历史观的框架之内还包含了自然观、世界观、人生观等，它的历史范畴含义极为宽泛。而最为重要的一点，是我们用广义历史唯物主义一词，来与传统马克思主义哲学的推广论加以区别。在传统马克思主义哲学中，或者我们也可以说是在受苏联教科书体系影响的马克思主义哲学体系中，历史唯物主义从属于辩证唯物主义，历史唯物主义是辩证唯物主义在历史领域中的推广。而我们的广义历史唯物主义与此针锋相对，认为马克思主义哲学首先是历史唯物主义，然后才是辩证唯物主义，就此而言，传统马克思主义哲学体系中辩证唯物主义所涵盖的一些范畴，如自然观、物质观、辩证法等，都需要被置于历史唯物主义框架中来理解。不存在纯粹的自然，只存在历史领域中的不脱离人的自然；不存在所谓纯粹的物质，而只存在为人的历史和实践所中介了的社会之物，即历史之物。

这与我们所讲的辩证法有什么关系？笔者认为，这样一个对马克思主义哲学理解的历史转向，对于理解辩证法理论具有极为重要的意义。因为在广义历史唯物主义的思维框架内来看马克思的辩证法理论，那就只能把马克思的辩证法理解为历史辩证法，而非自然辩证法。自然辩证法不是与马克思无关，但自然辩证法确实只有在历史框架内来理解，才符合马克思主义哲学的本义。在阅读马克思著作的时候，我们能够强烈地感受到这一点。马克思的辩证法，不是与人无涉的、社会历史之外的辩证法，而是在人类历史之内的、人类历史发展的辩证法，也就是历史辩证法。

在此我们澄清一个误解。可能有人认为，马克思的辩证法既然是历史辩证法，那么恩格斯的《自然辩证法》《反杜林论》中对辩证法的研究，似乎与马克思没有任何关系。在这里很可能会引申出马克思和恩格斯的对立。笔者认为，这种理解并无道理。马克思与恩格斯在理解问题的方向、旨趣上是有区别的，这毋庸置疑。但是这并不代表着二者的对立。恩格斯对辩证法所做的研究，并不是与马克思的历史辩证法思想相反，毋宁说，二者恰恰具有互补性。站在对立的角度上来看待二者的关系，我们只能得到一些哲学史上争论的肤浅论断；而将二者结合起来理解辩证法，却可以获得马克思主义辩证法的真理。虽然如此，但我们在理解辩证法理论的时候，仍然是立足马克思本人的立场来理解恩格斯的辩证法理论，而不是站在恩格斯的立场上来理解马克思的辩证法理论。理由很简单，传统教科书体系已经将恩格斯的辩证法理论讲得很到位了，但错失了马克思历史辩证法的视角，无论是对三大规律还是几大范畴，都只能是在狭义的恩格斯的视角内甚至是机械唯物主义视角内来理解辩证法，这种理解甚至没有达到黑格尔辩证法的水平。由此看来，从广义历史唯物主义视角来重新界定马克思的辩证法，是坚持和发展马克思主义急需解决的理论课题。

第二节 思辨辩证法批判：《博士论文》与《1844 年经济学哲学手稿》

辩证法当然不是马克思的独创，它作为一个哲学范畴发端于古希腊的苏格拉底。在哲学史上，辩证法经历了一个漫长的历史发展过程。而在马克思那里，辩证法取得了特殊的意义。① 我们来看青年马克思是如何来理解辩证法理论的。

一 马克思《博士论文》时期的辩证法思想

马克思第一次集中探讨辩证法理论，是在其博士论文中。这篇博士论文题目为《德谟克利特的自然哲学和伊壁鸠鲁的自然哲学的差别》（简称《博士论文》），是马克思登上哲学舞台的第一部学术著作，这篇论文详细探讨了伊壁鸠鲁和德谟克利特原子论哲学之间的关系，并对二者做了详细评述。马克思对德谟克利特的原子论持否定态度，而对伊壁鸠鲁哲学则持肯定态度。何以如此？原因在于，德谟克利特的哲学强调了必然性，把原子运动看作必然的，没有任何偶然性；而伊壁鸠鲁的哲学则强调偶然性，

① 参见李西祥《马克思历史辩证法研究》，中国社会科学出版社 2012 年版，第二章。

认为原子运动必定有一个偏斜，因而具有偶然性。如果一切皆是必然，那就没有偶然性，也没有人的自由存身之地。所以，德谟克利特的哲学不能为人的自由而论证，这对于马克思来说是不能接受的。伊壁鸠鲁的哲学则相反，他认同偶然性，因而为人的自由和自我意识留下了一片土壤。

> 在伊壁鸠鲁那里，包含种种矛盾的原子论作为自我意识的自然科学业已实现和完成，有了最后的结论，而这种具有抽象的个别性形式的自我意识对其自身来说是绝对的原则，是原子论的取消和普遍的东西的有意识的对立物。相反，对德谟克利特来说，原子只是一般的、经验的自然研究的普遍的客观的表现。因此，对他说来，原子仍然是纯粹的和抽象的范畴，是一种假设，这种假设是经验的结果，而不是经验的推动原则；所以，这种假设也仍然没有得到实现，正如现实的自然研究并没有进一步受到它的规定那样。[①]

马克思对伊壁鸠鲁的哲学做了高度的评价，认为伊壁鸠鲁是最伟大的希腊启蒙思想家。

在这个时期，马克思推崇自我意识的哲学。马克思在序言中指出："人的自我意识是最高神性的一切天上的和地上的神。不应该有任何神同人的自我意识相并列。"[②] 这说明，此时的马克思的思想基本处于黑格尔式的自我意识的哲学笼罩之下。或者我们用阿尔都塞的说法，马克思处于黑格尔的问题式之中。在写作博士论文的过程中，马克思表现出对辩证法的独特兴趣。马克思对辩证法以抒情的笔调进行了赞扬。"死和爱是否定的辩证法的神话，因为辩证法是内在的纯朴之光，是爱的慧眼，是不因肉体的物质的分离而告破灭的内在灵魂，是精神的珍藏之所。"[③] 对青年马克思来说，他是不愿意让物质分离而使精神破灭的，他认为即使物质破灭了，精神依旧存在，这与他对人的自我意识的高度推崇是一致的。在这里辩证

---

① 《马克思恩格斯全集》第1卷，人民出版社1995年版，第64页。

② 《马克思恩格斯全集》第1卷，第12页。

③ 《马克思恩格斯全集》第40卷，人民出版社1982年版，第144页。

法与物质几乎没有什么关系，而只与精神有关联，是“精神的珍藏之所”。而且，马克思此时看到了辩证法的内在精神，即辩证法体现了一种革命的批判的精神，他写道：“于是关于辩证法的神话就是爱；但辩证法又是急流，它冲毁各种事物及其界限，冲垮各种独立的形态，将万物淹没在唯一的永恒之海中。于是关于辩证法的神话就是死。”① 辩证法既是爱又是死，这表明此时的马克思不仅看到了辩证法是对事物内在矛盾性质的反映，还看到了辩证法是事物的产生和消亡的根据。因此，马克思对辩证法做了充分的肯定：“辩证法是死，但同时也是精神花园中欣欣向荣、百花盛开景象的体现者，是盛着一粒粒种子的酒杯中冒出的泡沫，而统一的精神火焰之花就是从这些种子中萌发出来的。”② 诚然，这些美文式的描述还不能被看作严格意义上对辩证法内涵的哲学界定，但是已经看出，此时，马克思对发端于柏拉图而为黑格尔所充分发挥的辩证法高度重视和肯定，并有了自己的积极的发展——马克思对辩证法内在精神的理解，他把辩证法看作催生新生事物的根据，因而必然是革命的，这已经在一定程度上超越了黑格尔的辩证法。当然，在这一时期马克思对辩证法的理解还是处于黑格尔的绝对框架之中的，与真正马克思的辩证法相去甚远，但我们这里应该注意的是，在马克思那里，辩证法始终激荡着。

二 《1844年经济学哲学手稿》的黑格尔辩证法批判

马克思辩证法思想的真正飞跃发生在1844年，这一时期的重要文本《1844年经济学哲学手稿》（简称《手稿》）是马克思辩证法思想发生巨大转变的证明，也是马克思思想转向历史唯物主义和历史辩证法的重要环节。在这一文本中，“对黑格尔辩证法和整个哲学的批判”是重要的不可忽视的组成部分，正是在这里，马克思不仅对黑格尔辩证法，而且对黑格尔的整个哲学，乃至整个德国古典哲学进行了批判，廓清了历史唯物主义和历史辩证法的初始地平，为历史唯物主义的创立奠定了基础。对这一文本的全部意义进行点评显然不是在此能够完成的任务。我们只能对马克思

① 《马克思恩格斯全集》第40卷，第144~145页。
② 《马克思恩格斯全集》第40卷，第145页。

的黑格尔辩证法批判的要点和关键之处，进行提要钩玄式的指证。

其一，《手稿》以费尔巴哈哲学为基本的理论支持背景，对黑格尔的辩证法进行了具有原则高度的批判。这里尤其要注意的是，马克思视角下的费尔巴哈，与真正的费尔巴哈并不相同，毋宁说，马克思对费尔巴哈进行了历史唯物主义的重写。在马克思看来，费尔巴哈的主要哲学功绩在于，揭露了黑格尔辩证法的唯心主义本质，并试图建立一种真正的唯物主义哲学。费尔巴哈认为，黑格尔的辩证法是从宗教和神学出发的，它从绝对的和无限的东西出发，扬弃了绝对的和无限的东西，设定了有限的和特殊的东西，最终又复归于无限的东西和绝对的东西。黑格尔所谓最终环节的否定的否定，是绝对的肯定，是一种神学和宗教的东西。马克思认为，费尔巴哈对黑格尔的这种批判是正确的。通过对黑格尔的批判，费尔巴哈取得了哲学上巨大的成就。马克思写道：

> 费尔巴哈的伟大功绩在于：（1）证明了哲学不过是变成思想的并且通过思维加以阐明的宗教，不过是人的本质的异化的另一种形式和存在方式；因此哲学同样应当受到谴责；（2）创立了真正的唯物主义和实在的科学，因为费尔巴哈也使“人与人之间的”社会关系成了理论的基本原则；（3）他把基于自身并且积极地以自身为根据的肯定的东西同自称是绝对肯定的东西的那个否定的否定对立起来。①

马克思对费尔巴哈的哲学功绩的说明，是其时马克思自己哲学观点的基本说明。这里他指出了历史唯物主义的基本要点。黑格尔的哲学所表现的是异化的人的本质，应该恢复为真正的人的本质；真正的唯物主义和实在的科学，即马克思心中所想的历史唯物主义，以人与人之间的关系为基本的理论原则；不是以自称为绝对肯定的否定之否定为依据，而是以基于自身的并且积极的以自身为根据的肯定的东西为依据。前两点比较明确，第三点则比较晦涩。黑格尔辩证法的出发点和终结点都是否定之否定，即

① 《1844年经济学哲学手稿》，第96页。

自称为绝对肯定的否定；而费尔巴哈的理论出发点和终结点都是基于自身的并且积极地以自身为根据的肯定的东西。前者乃是神学思辨的结局，而后者则将前者拉回到人类现实世界，回退到人类自身。这个人类自身是什么呢？是费尔巴哈那里作为其哲学基本原则的感性。正是在这里，马克思与费尔巴哈的不同之处显示出来了。马克思对费尔巴哈这一由否定之否定回退到感性的确定性之肯定的做法是持保留态度的，毋宁说，持一种既肯定又批判的态度。下面的论述可以佐证这一点。

其二，《手稿》对黑格尔的批判要点在于，黑格尔的历史观和辩证法是抽象的、逻辑的、思辨的，不能展现和表达人类社会的现实历史发展。马克思的批判要点在以下论断中清晰可见：

> 因为黑格尔根据否定的否定所包含的肯定方面把否定的否定看成真正的和惟一的肯定的东西，而根据它所包含的否定方面把它看成一切存在的惟一真正的活动和自我实现的活动，所以他只是为历史的运动找到抽象的、逻辑的、思辨的表达，这种历史还不是作为一个当作前提的主体的人的现实历史，而只是人的产生的活动、人的形成的历史。①

在此马克思指出黑格尔辩证法的特点在于，他认为否定的否定是唯一的肯定，而否定性是一切存在的唯一真正的活动和自我实现的活动，黑格尔理解了历史活动的否定性运动即辩证的运动，但是其表达方式是抽象的、逻辑的、思辨的，而非现实的。这种历史是“人的产生的活动、人的形成的历史”，却“不是作为一个当作前提的主体的人的现实历史”。换言之，在马克思看来，真正的合理的辩证法不仅是人作为历史的产物的客体的产生和形成的历史，而且应该是作为前提的主体的人的现实历史；黑格尔只是把人看作历史的客体，而并未把人看作历史的现实主体，因而黑格尔的辩证法是思辨的，也是片面的。说得明确一点，马克思对人类历史发

---

① 《1844 年经济学哲学手稿》，第 97 页。

展的认识是这样的，现实的人乃是一切人类历史发展的前提，是历史发展的主体和客体之统一，而在黑格尔那里，现实的人则只是某种思辨历史性的承担者。在这段论述中，马克思肯定的是前者，即把历史发展看作一个辩证发展过程，看作否定之否定的历史发展；而反对的则是黑格尔的思辨性。

马克思以黑格尔的《精神现象学》为主要文本依据，对黑格尔辩证法的思辨性进行批判。概括而言，马克思对黑格尔的批判锋芒集中在以下两个方面：（1）黑格尔辩证法的纯粹唯心主义思辨立场；（2）黑格尔辩证法的非批判性。当然，这两者是相互联系着的，互为前提又互相支撑。由此对黑格尔辩证法的批判所达成的目标也有两个方面：（1）通过对黑格尔辩证法纯粹思辨唯心主义立场的批判，开显出基于历史唯物主义的现实的人类活动的辩证法；（2）通过揭露黑格尔辩证法的非批判性实质，开显出具有批判性和革命性的人类活动的辩证法。

黑格尔辩证法的纯粹思辨唯心主义的立场现在已经成为众所周知的常识，但是其确切含义对很多人来说仍然晦暗不明。在笔者看来，马克思《手稿》中对黑格尔哲学的批判基本上以此为鹄的。在黑格尔那里，精神、抽象思维、自我意识等，成为整个哲学的建构原则，以精神开始，还以精神结束。自然界和人则成为精神的一个环节，一个方面，是被扬弃的对象。例如，就抽象思维和自然界之间的关系来说，黑格尔就将自然界看作外化的抽象思维。“自然界对抽象思维来说是外在的，是抽象思维的自我丧失；而抽象思维也是外在地把自然界作为抽象的思想来理解，然而是作为外化的抽象思维来理解。”① 现实世界不过是抽象思维的外化，因而异化，例如财富、国家权力等同人的本质的异化，仅仅是思想范围内的异化。“异化……是自在和自为之间、意识和自我意识之间、客体和主体之间的对立，就是说，是抽象的思维同感性的现实或现实的感性在思想本身范围内的对立。”②

马克思指出，在黑格尔《精神现象学》中，人就是自我意识。马克思

① 《1844年经济学哲学手稿》，第98页。
② 《1844年经济学哲学手稿》，第99页。

对黑格尔《精神现象学》的主要批判以下述评论为前提：“主要之点就在于：意识的对象无非是自我意识；或者说，对象不过是对象化的自我意识、作为对象的自我意识。(设定人 = 自我意识。)”① 这就是说，对象是对象化的自我意识，是自我意识的对象化，并非客观实存的对象；人也不是现实的实际存在的人，而是等同于人的自我意识。如此一来，所有的一切都是在自我意识之中发生的。黑格尔的纯粹思辨唯心主义在这里是非常清楚的。马克思对《精神现象学》的思辨唯心主义进行了进一步的揭示。既然人就是自我意识，那么人的本质的异化也是自我意识的异化。“人的本质，人，在黑格尔看来 = 自我意识。因此，人的本质的全部异化不过是自我意识的异化。自我意识的异化没有被看作人的本质的现实异化的表现，即在知识和思维中反映出来的这种异化的表现。相反，现实的即真实地出现的异化，就其潜藏在内部最深处的——并且只有哲学才能揭示出来的——本质来说，不过是现实的人的本质即自我意识的异化现象。因此，掌握了这一点的科学就叫作现象学。”② 自我意识在黑格尔的辩证法中成为建构的原则，在黑格尔看来，即“自我意识的外化设定物性”。马克思批判黑格尔的这种思想，他认为自我意识所设定的物性，只能是物性，即只是抽象物，抽象的物，换言之，是思想物，而非现实的物。因此，在黑格尔那里，现实的人、现实的自然界、现实的物都是不存在的，而是自我意识的设定。

正因为黑格尔的立场是纯粹思辨的唯心主义，所以它是非批判的。但是这种非批判的实质具有一个批判的形式。黑格尔的《精神现象学》（简称《现象学》）具有隐蔽的革命性质，是法国革命的德国哲学。马克思对黑格尔的这种非批判的哲学进行了揭示。

> 在《现象学》中，尽管已有一个完全否定的和批判的外表，尽管实际上已包含着往往早在后来发展之前就先进行的批判，黑格尔晚期著作的那种非批判的实证主义和同样非批判的唯心主义——现有经验

① 《1844 年经济学哲学手稿》，第 102 页。

② 《1844 年经济学哲学手稿》，第 102 ~ 103 页。

在哲学上的分解和恢复——已经以一种潜在的方式，作为萌芽、潜能和秘密存在着了。[①]

黑格尔《现象学》的非批判的实质，归根结底与其唯心主义的思辨立场是一致的，而实证主义，即对现实的非批判态度，也是与黑格尔的思辨唯心主义立场一致的。揭露黑格尔的思辨唯心主义，拯救黑格尔辩证法的批判性和革命性，是马克思在《手稿》中试图完成的任务。

其三，马克思对黑格尔辩证法批判的积极成果的要点在于，对辩证法的否定性和批判性特征的肯定、对辩证法和人类历史的内在关联性的肯定，并至为关键地肯定了对象性活动和劳动，开显出人类现实历史实践活动的路向。马克思对黑格尔辩证法的积极肯定是：

因此，黑格尔的《现象学》及其最后成果——辩证法，作为推动原则和创造原则的否定性——的伟大之处首先在于，黑格尔把人的自我产生看作一个过程，把对象化看作非对象化，看作外化和这种外化的扬弃；可见，他抓住了劳动的本质，把对象性的人、现实的因而是真正的人理解为他自己的劳动的结果。人同作为类存在物的自身发生现实的、能动的关系，或者说，人作为现实的类存在物即作为人的存在物的实现，只有通过下述途径才有可能：人确实显示出自己的全部类力量——这又只是通过人的全部活动、只有作为历史的结果才有可能——并且把这些力量当作对象来对待，而这首先又只有通过异化的形式才有可能。[②]

在这段重要的论述中，我们可以辨识出马克思对黑格尔辩证法的肯定的几个关键点。首先，黑格尔的《精神现象学》最重要的成果和最后成果是辩证法。其次，黑格尔辩证法最重要的因素或特质是否定性，这是作为推动原则和创造原则的。再次，正是由于内在的作为推动原则和创造原则

---

① 《1844 年经济学哲学手稿》，第 99 ~ 100 页。

② 《1844 年经济学哲学手稿》，第 101 页。

的否定性，黑格尔才能把人的自我产生看作一个过程，把对象化看作非对象化，看作外化和这种外化的扬弃。最后，这种对象化和非对象化、外化和外化的扬弃，本质上是劳动，而劳动是人的本质，对象性的现实的人是自己劳动的结果。从这里我们看出，马克思沿着这样的致思路径对黑格尔辩证法的积极成果做了总结：辩证法—作为推动原则和创造原则的否定性—对象化和非对象化、外化和外化的扬弃—人的自身产生的过程—劳动—人的本质。可以看出，马克思最终将辩证法的否定性和人类的劳动联系起来了。这是对黑格尔辩证法的非常重要的指认，也是马克思辩证法的一个非常重要的飞跃，就是将黑格尔思辨的辩证法转向劳动，转向现实人的活动的辩证法。因此，无疑马克思对劳动的进一步论述也是至关重要的。作为现实的类存在物的人，人同作为类存在物的自身发展现实的、能动的关系，这种关系就是劳动。人显示自己的全部的类力量，并把自己的类力量作为对象来看待，前者无非就是劳动，后者则强调了人在劳动中的自我对象性，就是说，人具有自我意识，将自己的劳动看作自己的对象。而无论是劳动，还是把劳动看作自己的对象，劳动首先会作为异化劳动出现。这就是说，劳动本身虽然是对人的自我本质力量的确证，但必须经历一个辩证的过程。

但是，黑格尔的哲学并不能理解真正的劳动，黑格尔所理解的劳动不过是人的精神活动，真正的现实的人的活动是他所不能理解的。黑格尔的纯粹思辨的唯心主义束缚了其思维，将劳动完全囚禁在思想王国之中。因为物并不是实存的物，而是被设定的物，是物性，是作为思想的物，不是现实的物。“物性因此对自我意识来说决不是什么独立的、实质的东西，而只是纯粹的创造物，是自我意识所设定的东西，这个被设定的东西并不证实自己，而只是证实设定这一行动，这一行动在一瞬间把自己的能力作为产物固定下来，使它表面上具有独立的、现实的本质的作用——但仍然只是一瞬间。”① 这段晦涩的表述，只是说明了黑格尔的一个狡计：把设定作为主体，即把自我意识的设定活动作为主体。但是这种设定行动不可能

① 《1844年经济学哲学手稿》，第104~105页。

作为主体，它只能是一瞬间的存在。真正的主体是什么呢？马克思下面这段话做出了回答。

> 当现实的、肉体的、站在坚实的呈圆形的地球上呼出和吸入一切自然力的人通过自己的外化把自己现实的、对象性的本质力量设定为异己的对象时，设定并不是主体；它是对象性的本质力量的主体性，因此这些本质力量的活动也必须是对象性的活动。对象性的存在物进行对象性活动，如果它的本质规定中不包含对象性的东西，它就不进行对象性活动。它所以只创造或设定对象，因为它是被对象设定的，因为它本来就是自然界。因此，并不是它在设定这一行动中从自己的“纯粹的活动”转而创造对象，而是它的对象性的产物仅仅证实了它的对象性活动，证实了它的活动是对象性的自然存在物的活动。①

尽管这段话在学界已经耳熟能详，但其论述的真正意义和内涵尚未得到充分的阐述。在此我们仅能就我们的论题范围进行一点阐述。在马克思看来，真正的主体不是这种设定，真正的主体是现实的人，是对象性的本质力量。而人之所以是对象性的本质力量，能够进行对象性的活动，仅仅因为它的本质规定中包含了对象性的东西。这就是说，人这一主体本质上就是对象性的存在物。之所以能够设定存在物，能够创造或设定对象，是因为它本来就是自然界。在这里，马克思与黑格尔展开了激烈的思想论争，力图将黑格尔的自我意识设定物性的思辨唯心主义原则，改变为对象性的本质力量设定对象性的存在物的唯物主义原则。这一对象性的本质力量设定或创造对象性的存在物的活动，就是对象性活动。对象性活动是一个具有本质重要的原则的开启，它直接地衔接着马克思在后来所强调的实践。诚如吴晓明所论：“如果要用一句话来概述《巴黎手稿》——特别是‘对黑格尔辩证法和整个哲学的批判’——在哲学上的巨大成就与进展的话，那就是：‘对象性的活动’这一原则之具有决定意义的提出和开启。”②

---

① 《1844 年经济学哲学手稿》，第 105 页。

② 吴晓明：《形而上学的没落》，人民出版社 2006 年版，第 477 页。

我们看到，在《手稿》中，马克思提出的对象性活动这一范畴，实际上是其超越旧唯物主义和唯心主义的一次伟大的理论谋划，一个本质重要的思想跃迁。正是从这里，马克思才能开启对唯心主义（以黑格尔的思辨哲学为代表）和旧唯物主义（以费尔巴哈为代表）的真正超越。当然，在《手稿》中的措辞和后来的措辞有所不同。在《手稿》中，马克思是这样来表述其对唯心主义和旧唯物主义之超越的："彻底的自然主义或人道主义，既不同于唯心主义，也不同于唯物主义，同时又是把这二者结合起来的真理。我们同时也看到，只有自然主义能够理解世界历史的行动。"① 由于将对象性活动作为其哲学的原则，马克思从根本上超越了黑格尔的思辨辩证法，而开显出一种人类历史活动的辩证法。

其四，马克思对黑格尔辩证法批判的另一个重要成果是，对黑格尔的扬弃概念进行了深入的解读和批判，从而为历史唯物主义的扬弃概念奠定了基础。马克思指出，在黑格尔那里，扬弃起着重要的作用，成为其哲学的建构原则。但是，黑格尔的扬弃纯粹是在思想中进行的，因此黑格尔并不懂得真正的扬弃。马克思这样批判了黑格尔：

> 一方面，这种扬弃是思想上的本质的扬弃，就是说，思想上的私有财产在道德的思想中的扬弃。而且因为思维自以为直接就是和自身不同的另一个东西，即感性的现实，从而认为自己的活动也是感性的现实的活动，所以这种思想上的扬弃，在现实中没有触动自己的对象，却以为实际上克服了自己的对象；另一方面，因为对象对于思维来说现在已成为一个思想环节，所以对象在自己的现实中也被思维看作思维本身的即自我意识的、抽象的自我确证。②

这是对黑格尔辩证法中扬弃概念的具有原则高度的批判，批判的锋芒指向黑格尔扬弃概念的虚假的现实性，它是思想活动，是思想上的扬弃，却自以为是现实的扬弃，把思想活动等同于感性的现实的活动。而对象本

---

① 《1844 年经济学哲学手稿》，第 105 页。

② 《1844 年经济学哲学手稿》，第 111 ~ 112 页。

身则失去了其感性现实性，它被思想收编，成为思想的抽象的自我确证。因而，黑格尔貌似革命的扬弃都是在思想内部进行的，一切由思想开始，在思想内结束。但是，扬弃具有其积极的意义。抛弃黑格尔的思辨的唯心主义，拯救黑格尔的辩证法的扬弃思想，是马克思在这里力图完成的。

马克思是如何来论述黑格尔扬弃的积极一面的呢？首先，马克思指出，扬弃是人将自己异化的本质力量收回到自身的对象性的运动，因而是人消灭异化，现实地占有自己的对象性本质的一种运动。“扬弃是把外化收回到自身的、对象性的运动。——这是在异化之内表现出来的关于通过扬弃对象性本质的异化来占有对象性本质的见解；这是异化的见解，它主张人的现实的对象化，主张人通过消灭对象世界的异化的规定、通过在对象世界的异化存在中扬弃对象世界而现实地占有自己的对象性本质。”① 这就是说，扬弃是劳动的本质，通过作为扬弃的人类劳动，人类能够确认自身和生产自身。

其次，马克思指出，本质上是扬弃的劳动，在黑格尔那里，（1）是抽象的、形式的；（2）在其抽象形式上，这个运动作为辩证法，被看成真正人的生命；（3）这个运动的主体是绝对精神、观念，思想。② 虽然马克思是从否定的方面指出了黑格尔的扬弃的缺陷，但同时可以说相对地将扬弃进行了唯物主义的改造。作为本质是劳动的扬弃，黑格尔那里是抽象的、形式的，而在马克思看来，其原因在于黑格尔把人等同于自我意识，而不是活动的、现实的人。扬弃运动（劳动）本身就是辩证法的表现，而这种辩证法的表现是人的生命活动。但在黑格尔那里，扬弃运动被看作一种神性的活动。扬弃活动有一个主体，这个主体不是现实的人，而是绝对精神、自我意识。而实际上，在马克思看来，扬弃活动的主体、承担者应该是现实的人和现实的自然界。

在笔者看来，马克思对黑格尔扬弃范畴的批判和改造具有十分重要的意义。在马克思那里扬弃运动——本质上是人的劳动——被看作辩证法的实质，并将辩证法与人的存在联系和同一起来，把作为人之本质存在的扬

---

① 《1844 年经济学哲学手稿》，第 112 页。

② 《1844 年经济学哲学手稿》，第 113 页。

弃运动的辩证法看作人的本质规定和历史的本质规定。对于辩证法承担主体的颠倒这一点尤为重要。将黑格尔的辩证法的承担者、主体颠倒过来所得到的不是自然界和物，而是作为人的存在的现实的人和现实的自然界。正是这一点，在本质上颠倒了黑格尔的思辨辩证法，开启了辩证法思想的新维度，笔者称之为“人类本体的历史辩证法”。在此认真和深刻地再次回顾马克思这一颠倒——尽管与后期的颠倒侧重点或许有所区别，但实质是一样的——仍然有必要。马克思写道：

这个过程必须有一个承担者、主体；但主体只作为结果出现；因此，这个结果，即知道自己是绝对自我意识的主体，就是神，绝对精神，就是知道自己并且实现自己的观念。现实的人和现实的自然界不过是成为这个隐蔽的非现实的人和这个非现实的自然界的谓语、象征。因此，主语和谓语之间的关系被绝对地相互颠倒了：这就是神秘的主体－客体，或笼罩在客体上的主体性，作为过程的绝对主体，作为使自身外化并且从这种外化返回到自身的、但同时又把外化收回到自身的主体，以及作为这一过程的主体；这就是在自身内部的纯粹的、不停息的圆圈。[①]

如果说在马克思与黑格尔辩证法之间存在一个颠倒之谜的话，马克思这段论述则是辩证法的颠倒之谜的原初起源之地。在这里，马克思指出了黑格尔辩证法的谬误的根源所在：主语和谓语的绝对颠倒。本来应该是主语的东西（现实的人、现实的自然界，当然，这个现实的人和自然界都需要进一步地说明），在黑格尔那里变成了谓语。这里的主语和谓语当然不是纯粹语言学上的。马克思在此借助主语和谓语的说法，是在说明本来在本体论上是本源性的东西（主语、绝对主体），成了派生的、第二性的东西（谓语、象征）。因此，主体不是主体，而是神秘的主体－客体，即笼罩在客体上的主体性，换言之，具有主体神秘外衣的客体，绝对主体，亦

① 《1844年经济学哲学手稿》，第113～114页。

即绝对精神、自我意识。整个扬弃运动只是在主体内部（精神）的循环和圆圈式运动，这种运动并不能达到新东西的产生。因此，这种被颠倒的扬弃运动（辩证法）必须再次被颠倒过来，主语成为谓语，而谓语成为主语。这个颠倒的结果至关重要：通过这个颠倒，作为辩证法主体的绝对精神、自我意识被置换为现实的人和现实的自然界。这就使马克思的辩证法完全颠覆了黑格尔的思辨辩证法，把它置于历史唯物主义的视域之中，并且成为历史唯物主义的建构原则。从这里我们看出，马克思对黑格尔扬弃概念的批判和改造，实际上即对黑格尔辩证法的全面的批判和改造。认识这一批判和改造的过程，对于我们理解马克思主义哲学至关重要。

其五，马克思通过对黑格尔逻辑学的元批判，试图击穿黑格尔的形而上学的逻辑体系，将其进行存在论基础上的倒转，建立在现实的人和现实的自然界基础上的人类历史辩证法。或者也可以说，试图击穿黑格尔的知识论路向的形而上学之体系，复归于现实生活世界——前逻辑的、前反思的、前概念的世界——辩证法以之为基础的人类现实世界。所谓元批判，是指马克思对黑格尔的逻辑学的批判不是就其具体内容的批判，而是总体路向的批判，不是枝节之论，而是指向黑格尔逻辑学的存在论根基。这一批判在《手稿》中“对黑格尔的辩证法和整个哲学的批判”的最后几页尤为集中，遗憾的是，在马克思主义哲学研究中，这一解读几乎被忽视了。

马克思的批判首先指向黑格尔将人的自我产生活动归结为抽象形式、思维形式和逻辑范畴的做法：

> 关于第一：对人的自我产生的行动或自我对象化的行动的形式的和抽象的理解。因为黑格尔设定人 = 自我意识，人的异化了的对象，人的异化了的本质现实性，不外是意识，只是异化的思想，是异化的抽象的因而无内容的和非现实的表现，即否定。因此，外化的扬弃也不外是对这种无内容的抽象进行抽象的、无内容的扬弃，即否定的否定。因此，自我对象化的内容丰富的、活生生的、感性的、具体的活动，就成为这种活动的纯粹抽象，绝对的否定性，而这种抽象又作为抽象固定下来并且被想像为独立的活动，即干脆被想像为活动。因为

> 这种所谓否定性无非是上述现实的、活生生的行动的抽象的无内容的形式，所以它的内容也只能是形式的、抽去一切内容而产生的内容。因此，这就是普遍的，抽象的，适合于任何内容的，从而既超脱任何内容同时又恰恰对任何内容都有效的，脱离现实精神和现实自然界的抽象形式、思维形式、逻辑范畴。①

这段晦涩的论述，其意图无非是对黑格尔思辨逻辑的本质进行了进一步揭示。由于人等同于自我意识，那么人的异化了的本质，异化了的对象，都是自我意识的异化，是意识的异化，是异化的思想，即抽象的、无内容的、非现实的表现，即否定，而对异化的克服即对这种否定的否定，即否定的否定。这种否定的否定是绝对的否定，它是抽象形式、思维形式、逻辑范畴，它脱离现实的精神和现实的自然界，它既超脱任何内容又对任何内容都有效。马克思对黑格尔分析的整个段落的落脚点和结论就是：黑格尔对自我产生行动和自我对象化的形式和抽象的理解，最终是一种抽象思维、思维形式、逻辑范畴。这就意味着，黑格尔的整个扬弃活动是在思想范围内进行的，他并未找到真实的扬弃的道路，不能击穿意识的内在性，而达到人的现实历史和社会历史。马克思指出：

> 黑格尔在这里——在他的思辨的逻辑学里——所完成的积极的东西在于：独立于自然界和精神的特定概念、普遍的固定的思维形式，是人的本质普遍异化的必然结果，因而也是人的思维普遍异化的必然结果；因此，黑格尔把它们描绘成抽象过程的各个环节并且把它们联贯起来了。例如，扬弃了的存在是本质，扬弃了的本质是概念，扬弃了的概念……是绝对观念。然而，绝对观念究竟是什么呢？如果绝对观念不想再去从头经历全部抽象行动，不想再满足于充当种种抽象的总体或充当理解自我的抽象，那么绝对观念也要再一次扬弃自身。但是，把自我理解为抽象的抽象，知道自己是无；它必须放弃自身，放

① 《1844 年经济学哲学手稿》，第 114 页。

> 弃抽象，从而达到那恰恰是它的对立面的本质，达到自然界。因此，全部逻辑学都证明，抽象思维本身是无，绝对观念本身是无，只有自然界才是某物。[①]

黑格尔的逻辑学以之为终结的绝对观念，最终自己并不能满意自身，因此决心超出自身，而达到自然界。这又是一个奇特的颠倒，这是一个为黑格尔分子所极为头疼的颠倒，因为它颠覆了黑格尔本身的整个体系的建构原则，试图到达自然界。于是，黑格尔的哲学从逻辑学过渡到自然哲学。这个过渡，在黑格尔那里是从抽象（思维）到直观的过渡。马克思对黑格尔的贡献做了这样言简意赅的评价：

> 黑格尔用那在自身内部绕圈的抽象行动来代替这些僵化的抽象概念；于是，他就有了这样的贡献：他指明了就其起源来说属于各个哲学家的一切不适当的概念的诞生地，把它们综合起来，并且创造出一个在自己整个范围内穷尽一切的抽象作为批判的对象，以代替某种特定的抽象。[②]

黑格尔的抽象是一切抽象的综合，是对一切形而上学的巨大渊薮，因此，黑格尔的形而上学不是形而上学之一种，而是形而上学之一切。黑格尔试图超出绝对观念，进入自然哲学，进入自然界，但是其哲学体系本身就预示了这种努力将最终是失败的。从抽象思维转向自然界，在黑格尔那里表现为转向直观。

> 一部分是停留于最后的行动中，也就是在作为这些僵化的精灵的真实存在的外化中自身同自身相联系……一部分则由于这种抽象理解了自身并且对自身感到无限的厌烦，所以，在黑格尔那里放弃抽象的、只在思维中运动的思维，即无眼、无牙、无耳、无一切的思维，

---

① 《1844 年经济学哲学手稿》，第 114 ~ 115 页。

② 《1844 年经济学哲学手稿》，第 116 页。

便表现为决心承认自然界是本质并且转而致力于直观。[①]

黑格尔的直观是不能达到真实的自然界的，他至多只能达到对自然界的直观，他所直观到的自然界是自然界的抽象概念。正如马克思所说："被抽象地理解的，自为的，被确定为与人分隔开来的自然界，对人来说也是无。"[②] 黑格尔把自然界也归结为抽象的概念，使自然界从属于其逻辑学，这就完全把真实的自然界变成了无。"作为自然界的自然界，这是说，就它还在感性上不同于它自身所隐藏的神秘的意义而言，与这些抽象概念分隔开来并与这些抽象概念不同的自然界，就是无，是证明自己为无的无，是无意义的，或者只具有应被扬弃的外在性的意义。"[③] 作为自然界的自然界，自然界本身，只能是无。

马克思对黑格尔的自然界的概念的批判，实际上指出了一点，脱离现实的人的自然界，对人来说也是无，就是说，这种概念上的自然界根本就是一种抽象物，黑格尔式的抽象物。结合前面所说，马克思首先批判了黑格尔的抽象思维观念，脱离现实的人的抽象思维是无，而脱离人的自然界，即抽象的自然界，也是无。实际上，这是马克思超越黑格尔的唯心主义和旧唯物主义（脱离人的纯粹物质）的一次尝试。实际上，这里离马克思在《关于费尔巴哈的提纲》和《德意志意识形态》中的实践唯物主义思想已是一步之遥了。

黑格尔的辩证法之根本特点在于，这个辩证法运动是在思想范围内进行的，因此，思想或意识的内在性不能得到击穿，导致黑格尔的哲学最终是一种范畴论路向和知识论路向的哲学，而不是实践论路向和存在论路向的哲学。20 世纪 60 年代伽达默尔（又译加达默尔）在《20 世纪的哲学基础》中指证了德国唯心主义的全部天真性——断言的天真、反思的天真和概念的天真。[④] 这一指证在很大意义上就是针对黑格尔哲学，而马克思早

① 《1844 年经济学哲学手稿》，第 116 页。
② 《1844 年经济学哲学手稿》，第 116 页。
③ 《1844 年经济学哲学手稿》，第 118 页。
④ 〔德〕加达默尔：《哲学解释学》，夏镇平、宋建平译，上海译文出版社 2004 年版，第 121 页。

就对黑格尔哲学的这种天真性进行了有力的抨击。但是，这一意识内在性的击穿，直至今日仍然是哲学的艰巨任务。我们不时地看到，对马克思主义哲学乃至对整个哲学的理解，仍然在不时地回返到黑格尔的基地上，尽管这种返回很多时候是改头换面了的。马克思在《1844 年经济学哲学手稿》中对黑格尔辩证法的批判，值得我们不断深入地解读。

第三节　实践的辩证法与历史唯物主义：从《提纲》到《形态》

一　实践的辩证法：《关于费尔巴哈的提纲》的辩证法解读

《关于费尔巴哈的提纲》（简称《提纲》）虽然只有短短的十一条，只是一个提纲挈领式的草稿，但其在马克思思想发展史上的重要意义，却无论如何估计都不为过。这短短的十一条论纲，不仅是历史唯物主义的奠基之作，也是马克思辩证法的重要文本，毋宁说，在这一文本中，正是把辩证法贯穿到对哲学的理解中去，贯穿到对唯心主义和旧唯物主义的批判中去，才取得了如此富有意义的成果。没有辩证法，就不可能有《关于费尔巴哈的提纲》，就不可能有超越旧唯物主义和唯心主义的马克思历史唯物主义。

马克思的《关于费尔巴哈的提纲》第一条，对于我们来说，当然是耳熟能详的，但是其深刻的意义，未必得到了充分的认识。笔者认为，从广义历史唯物主义的视角看，马克思的这寥寥几句话，深刻揭示了马克思主义哲学的本质内涵所在，是广义历史唯物主义的初始地平。原因在于，正是在这一段话中，马克思极为深刻地揭示了广义历史唯物主义的实践观的内涵，从而廓清了马克思主义哲学的理论地平。马克思写道：

> 从前的一切唯物主义——包括费尔巴哈的唯物主义——的主要缺点是：对对象、现实、感性，只是从客体的或者直观的形式去理解，而不是把它们当做人的感性活动，当做实践去理解，不是从主体方面

去理解。因此，结果竟是这样，和唯物主义相反，唯心主义却把能动的方面发展了，但只是抽象地发展了，因为唯心主义当然是不知道现实的、感性的活动本身的。①

在这段文字中，马克思对以往的所有哲学进行了批判。首先，是对旧唯物主义（包括费尔巴哈的唯物主义）的批判。批判的要点在于，旧唯物主义对对象、现实、感性只是从客体的或直观的形式去理解，而不是把它们当作人的感性活动，当作实践去理解。虽然这里的意思貌似十分清楚，但我们认为由于以往学界对此较少深入阐释，仍然有进一步澄清的必要。何谓对象、现实、感性？这里使用了三个词，而我们在理解中往往将其当作一个词语，不加辨析。实际上，三个词语各有不同的所指，毋宁说，它们是极其晦暗不明的。如果对此仅仅采取一种想当然的态度将之忽视，则会引起对马克思主义哲学原则性的误解。在此我们不可能做过于深入的探讨，而仅仅做以下提示。对象，可以说是一般的物，进入我们人的视野范围的一切实在物，是物质实存。现实，则是我们的社会现实，是基于物的人与人之间的关系，是社会实存。感性，则是指费尔巴哈哲学的基础原则的感性，它既与所谓形而上学和宗教的超感性世界对立，也与所谓理性世界对立。在费尔巴哈那里，感性意味着所有的实存，但就其内在性质而言，主要是从人的感性维度强调的实存，是一种心理实存。简言之，对象是物质实存，现实是社会实存，而感性则是心理实存。何谓客体的或直观的形式？简言之，就是实证主义的无批判地对待的态度，就是说，仅仅是将对象如其所是的那样看作事物本身，而不是将其看作某种处于因果关系链条之中的事物，看作处于发展链条中的环节，即不是看作感性活动，看作实践。这里终于引出了实践概念。实践就是感性活动。这里的关键并不在于感性——就感性而言，马克思与费尔巴哈并无本质区别——而在于活动，马克思对对象、现实、感性都是从感性活动来理解，即将它们理解为实践、理解为感性活动。这里应注意的是，对象、现实、感性并不仅仅是

① 《马克思恩格斯文集》第1卷，人民出版社2009年版，第503页。

感性活动之结果，它们本身就是感性活动，就是实践。只有在这里，我们才能将马克思主义哲学的理解奠基于对旧唯物主义的彻底超越之上，从存在论上奠基了历史唯物主义。其次，是对唯心主义进行了批判。在马克思看来，唯心主义的错误在于，它抽象地发展了事物的能动方面，并且只是抽象地发展了——这里强调的是，唯心主义的所谓能动性，不是具体的、现实的能动性，不是作为现实感性活动的实践，而仅仅是抽象的能动性即主观思想，或者说思想自身。在此主观思想与感性活动形成尖锐的对立，主观思想不是事物自身，而是事物自身的对立面，这是费尔巴哈哲学所极力反对的，因为它缺乏感性的一面。但是，费尔巴哈对主观思想的批判仅仅是从感性来批判，不能达到作为感性活动的实践的原则高度，在批判主观思想的同时，它陷入了感性直观，未能真正超越旧唯物主义哲学的窠臼。问题在此十分明确，旧唯物主义（包括费尔巴哈的感性哲学）和唯心主义同样是马克思主义新哲学的对立面，二者都是新哲学所要超越的。但是，仔细揣摩的话就会很清楚，这里的关键并不在于对后者的批判，而在于对前者的批判。对旧唯物主义的批判在此是马克思主义哲学的首要任务，而对唯心主义哲学的批判，仅仅是附带的，甚至是着眼于借鉴和学习唯心主义的（能动性）。在马克思看来，问题很清楚，批判旧唯物主义而不是批判唯心主义成为建立新哲学的首要任务。这一点，在我们传统哲学教科书的理解中可以说被大大地忽视了。马克思在这里的批判至少被看成平均用力的均衡批判——所谓既批判旧唯物主义，又批判唯心主义——虽然原则上这种理解并不错误，却错失掉了马克思此处哲学批判的着力点。

毫无疑问，《提纲》的第一条是整个十一条论纲的总纲，它立足辩证法的观点对旧唯物主义和唯心主义进行了创造性的整合，并试图将辩证法运用到整个哲学中去。实践与辩证法，二者不能割裂开来：如果没有辩证法的运用，显然是不可能开显出实践活动这一根本原则的；而没有实践活动这一根本原则，马克思的辩证法就无从与旧哲学区别开来。可以说，正是实践与辩证法的结合，构成了马克思主义哲学的革命性超越。在此基础上，我们可以对整个《关于费尔巴哈的提纲》进行整体解读。

首先，立足感性活动—对象性活动—实践活动，对费尔巴哈哲学进行了总批判。整个《提纲》的主旨无疑是对费尔巴哈哲学的总批判，这一批判的根本原则和基础概念则是科学的实践观范畴。科学实践观范畴是立足对旧的唯物主义（机械唯物主义）和唯心主义的批判基础上的综合与创造。在此意义上，马克思在《提纲》中所凸显的实践概念不仅是《提纲》的核心范畴，而且是整个马克思哲学的核心范畴。这里我们应该注意到的是，从感性活动到对象性活动到实践活动的这一前进序列，表明了马克思的实践活动这一范畴不仅包含了费尔巴哈的积极因素（从感性对象到感性活动），而且包含了对黑格尔哲学的积极批判的因素（从对象性的意识到对象性活动）。因此，对实践范畴的理解，必须建立于对费尔巴哈哲学和黑格尔哲学的批判继承基础上。广义说来，就是要建立于对旧唯物主义的批判和唯心主义的批判基础上。如果不能在这一基础上理解马克思主义哲学，那就非常轻易地将马克思哲学沿着退行性的路径倒退回费尔巴哈和黑格尔之前，乃至退回康德之前，就是说，完全将整个德国古典哲学的全部哲学进步一笔抹杀。这种危险，实实在在地存在于马克思主义发展史之中。

其次，立足实践的辩证法，将认识论问题归结为存在论问题。从康德到黑格尔的德国古典哲学，其致思取向基本是局限在认识论的范畴之内。当然，这并不是说德国古典哲学不触及存在论问题，而是说，德国古典哲学的存在论问题是被笼罩在认识论的面纱之下的。在《提纲》中，马克思则明确地反对德国古典哲学的认识论的致思路径，而致力于将认识论问题归结为存在论问题——实践基础上的存在论。因此，在马克思看来，认识论不是一个单独的领域。《提纲》的第二条对这一点阐述得十分清楚。“人的思维是否具有客观的真理性，这不是一个理论的问题，而是一个实践的问题。人应该在实践中证明自己思维的真理性，即自己思维的现实性和力量，自己思维的此岸性。关于离开实践的思维的现实性或非现实性的争论，是一个纯粹经院哲学的问题。”[①] 将认识论问题归结为存在论问题，并进一步将存在论问题归结为实践问题，这是马克思在《提纲》中开启的一条重要的哲学理路。

---

① 《马克思恩格斯文集》第1卷，第503~504页。

最后，立足实践辩证法，将社会与人的本质归结为实践活动，将宗教批判归结为世俗批判，将哲学的使命归结为改变世界，由此突出了辩证法的革命维度，将辩证法改造为革命的实践辩证法。费尔巴哈将宗教本质归结为人的本质，将宗教世界归结为世俗世界，这具有十分重大的理论意义，但是，由于费尔巴哈不能理解实践活动，只是从感性、直观的维度来理解社会、人和世界，因此只能达到直观——根本上是一种实证的世界观。在此基础上，马克思迈出了决定性的一步，即在对人和社会的本质的理解上，进一步将人理解为社会关系的总和，将社会理解为实践。马克思指出，“人的本质不是单个人所固有的抽象物，在其现实性上，它是一切社会关系的总和”；“社会生活在本质上是实践的”。[①] 因此，社会生活的全部矛盾，人的生活的全部矛盾，都只能在实践中得以理解，并在实践中得以解决。这就凸显了实践的革命意义。实践活动本质上不是对任何现存事物的实证的认识，它意味着在实践活动中，对现实状况进行积极的改变，使之革命化——向着符合人类理想的模式而改变。马克思在《提纲》中自始至终都贯穿的那种革命的意向就不难理解了。例如，“环境的改变和人的活动的一致，只能被看做是并合理地理解为变革的实践”。将宗教世界还原为其世俗基础之后，更为关键的在于“对于这个世俗基础本身首先应当从它的矛盾中去理解，然后用消除矛盾的方法在实践中使之发生革命”；“凡是把理论诱入神秘主义的神秘东西，都能在人的实践中以及对这种实践的理解中得到合理的解决”。[②] 作为《提纲》结束语的第十一条，绝不是简单地附加的一笔，而毋宁说是对整个《提纲》的内在精神实质的总结。“哲学家们只是用不同的方式解释世界，而问题在于改变世界。”[③] 从解释世界到改变世界的转折，构成马克思哲学与历史上所有其他哲学的分水岭。这一“改变世界”的内在律令，使马克思哲学抛弃了任何实证主义立场，而坚决地以一种批判和革命的立场出现。由此看来，马克思毫无疑问地首先是一位革命家。立足实践活动的辩证法，在其本质上就是一种革命

---

① 《马克思恩格斯文集》第 1 卷，第 505 页。

② 《马克思恩格斯文集》第 1 卷，第 504 ~ 506 页。

③ 《马克思恩格斯文集》第 1 卷，第 506 页。

的哲学——当然，革命是在改变世界的极为宽泛的意义上讲的，而不是在狭义的暴力革命的意义上讲的。

二　辩证法的历史唯物主义语境：《德意志意识形态》的辩证法解读

《提纲》仅仅是对马克思辩证法的一个纲领式的概要，在《德意志意识形态》（简称《形态》）中，我们看到了立足实践活动的辩证法的进一步发展。在《形态》中，马克思（和恩格斯）对德国古典哲学及其变种进行了更为深入和全面的批判。这一批判的主要对手是黑格尔和费尔巴哈，而对二者的批判并不能割裂开来，马克思对二者进行了某种辩证的综合。《形态》的批判仍然是立足实践的辩证法，借重了在《提纲》中所获致的积极成果，并进行了积极的拓展与深化，这一拓展与深化是将实践辩证法运用到了历史观中，从而在实质上将实践辩证法发展为与历史唯物主义一体的历史辩证法。

学界的研究一般认为，《德意志意识形态》是马克思的历史唯物主义的奠基之作。笔者对此深表赞同。但是，笔者认为，从马克思辩证法的理解维度来思考《德意志意识形态》的哲学功绩，对于理解《形态》所提出的历史唯物主义哲学，具有至为重要的意义。换言之，只有从辩证法维度来重新思考马克思在《形态》中所奠基的历史唯物主义，才能真正将马克思的历史唯物主义与其他一切哲学区分开来，才能真正理解马克思在《形态》中所完成的哲学革命。那么，如何从辩证法维度来重新解读《形态》的哲学功绩呢？笔者认为，可以从以下几个方面来解读。

其一，《形态》对“现实的个人”进行了多角度全方位的理论定位，并把严格规定的“现实的个人”确定为马克思历史辩证法的主体，从主体角度彻底颠覆了黑格尔的思辨辩证法的唯心主义基础。“现实的个人”是《形态》取得的一个重要的理论成果，是马克思历史唯物主义哲学的重要范畴之一。在以教科书为代表的传统马克思主义哲学的理解中，对于这一重要范畴的强调远远不够。有血有肉的现实的个人经过一系列有意无意的还原之后，成为无血无肉的、干瘪瘪的抽象的人。“个人”前面的限制词也被轻轻一抹，变成了人。现实的个人是马克思历史观的出发点和归宿，也是马克思辩证法的体现，我们必须予以高度重视。

《形态》从以下方面对现实的个人进行了理论规定。第一，现实的个人具有自然属性。现实的个人是“有生命的个人的存在”，“因此，第一个需要确认的事实就是这些个人的肉体组织以及由此产生的个人对其他自然的关系”。第二，现实的个人具有精神属性或意识属性。“可以根据意识、宗教或随便别的什么来区别人和动物。”[①] 这就是说意识、宗教（以及其余人所独有的方面）使人与动物区别开来。但是，这并不是马克思哲学的特别之处，仅仅指出人不同于动物在于意识或精神，不过是说出了一个常识而已。第三，现实的个人是生产活动的存在。“一当人开始生产自己的生活资料，即迈出由他们的肉体组织所决定的这一步的时候，人本身就开始把自己和动物区别开来。人们生产自己的生活资料，同时间接地生产着自己的物质生活本身。”[②]在现实的生活中，人的存在方式、人的实践活动具体就表现为物质生产活动。这种生产活动是由其物质生产条件决定的。此外，马克思、恩格斯还对人进行了能动规定和发展规定。人不是完全受动的由外界决定的，人是能动的存在物，所以他们说人是在外部条件的制约下能动地表现自己的。同时，人还是处于发展过程中的，“是处在现实的、可以通过经验观察到的、在一定条件下进行的发展过程中的人”[③]。在对现实的个人进行了多层次的理论规定之后，马克思、恩格斯指出，只有从这样理解的人出发，我们才能真正理解历史。这里的关键在于，如何理解人。德国哲学是从想象的人出发的，而马克思、恩格斯的哲学是从现实的个人出发的。由现实的个人出发，就可以正确理解意识，正确观察和理解历史。“德国哲学从天国降到人间；和它完全相反，这里我们是从人间升到天国。这就是说，我们不是从人们所说的、所设想的、所想象的东西出发，也不是从口头说的、思考出来的、设想出来的、想象出来的人出发，去理解有血有肉的人。我们的出发点是从事实际活动的人。”[④]

---

① 《马克思恩格斯文集》第 1 卷，第 519 页。
② 《马克思恩格斯文集》第 1 卷，第 519 页。
③ 《马克思恩格斯文集》第 1 卷，第 525 页。
④ 《马克思恩格斯文集》第 1 卷，第 525 页。

在《形态》中，对现实的个人作为马克思历史观出发点的强调，可以说是俯拾皆是。在此我们不一一列举。至关重要的问题在于，马克思为什么如此不厌其烦，甚至是让人感觉到喋喋不休地强调现实的个人呢？在笔者看来，问题在于现实的个人构成了马克思的历史观的出发点，构成了马克思历史唯物主义的出发点，也构成了马克思历史辩证法的出发点；不仅如此，现实的个人构成了历史活动的主体，历史辩证法的承担主体，它既是对以黑格尔的绝对精神为主体的辩证法的颠覆，也是对费尔巴哈以感性为基础的庸俗的唯物主义的颠覆，还是对旧的以抽象物质为基础的机械唯物主义的颠覆。现实的个人构成马克思哲学颠覆一切哲学的本源处和奠基处。何以如此呢？在笔者看来，根本在于现实的个人最好地诠释了马克思辩证法，也是马克思辩证法的最高和最贴切的体现。现实的个人是物质和意识相交融，肯定和否定相统一，自在和自为为一体的辩证存在，作为现实的个人，它绝不是安于现状的实证存在，而是积极进取的否定存在，它是彻底批判和革命的存在。只有它才能承担起历史辩证法的主体，由此历史发展就不是盲目的发展，似乎一切都是偶然的，也不是神学目的论的发展，似乎一切都冥冥中自有天意，而是主动与被动、必然与偶然的辩证发展。

其二，《形态》以实践活动和生产活动作为现实的个人的本质理论规定，将《提纲》中的实践观进行了深化和拓展，把生产劳动看作实践活动的本质形式，从主客观统一的角度彻底颠覆了旧唯物主义的机械历史观。

现实的个人是历史的出发点，也是马克思历史辩证法的出发点。那么，现实的个人的最重要或最本源的规定是什么？马克思的回答是：实践活动和生产活动，更为具体地说，则是生产劳动。人类历史的第一个前提也即历史存在的第一个前提是生产劳动。因此，所谓现实的个人之现实性，归根结底只能用生产劳动来界定。这不但体现在一旦人们开始进行生产劳动，即生产自己的生活资料和物质生活本身时，就与动物区别开来，或者“个人怎样表现自己的生命，他们自己就是怎样。因此，他们是什么样的，这同他们的生产是一致的”[①]，而且更为重要地体现在，人们“为了

① 《马克思恩格斯文集》第1卷，第520页。

生活，首先就需要吃喝住穿以及其他一些东西。因此第一个历史活动就是生产满足这些需要的资料，即生产物质生活本身，而且，这是人们从几千年前直到今天单是为了维持生活就必须每日每时从事的历史活动，是一切历史的基本条件”[①]。生产劳动构成人之存在的本质规定，也构成一切历史的第一个活动。这就是说，实践活动的最根本和最本质的表现形式，是人类创造历史的生产劳动。这实际上揭示了一个历史的秘密，即历史是人们生产劳动创造的，是人们活动的产物，这里并不存在任何神秘的不可理解的东西。生产劳动不是主观活动，而是主客观统一的活动，是主观见之于客观的辩证活动。这种活动创造了历史，和那种机械唯物主义、庸俗唯物主义将历史理解为一个纯粹客观性的无人身的理性历史观是完全不同的，它颠覆了这种机械唯物主义的历史观。

其三，《形态》在以实践活动和生产劳动为基础的历史唯物主义的基础上，突出了唯物主义历史观的辩证法维度，将唯物主义历史观与辩证法的世界观和历史观融为一体，提出了唯物论与辩证法为一体的历史观。在此意义上，我们说，《形态》将《1844 年经济学哲学手稿》中所开启的辩证法的历史转向贯彻到底了，真正实现了辩证法的历史转向，将辩证法推进到以历史唯物主义为根基的历史辩证法的新阶段。《1844 年经济学哲学手稿》中的历史唯物主义还是不够具体和完善，还处在一种无意识的阶段。而在《德意志意识形态》中，马克思和恩格斯则主动地、有意识地阐述了历史唯物主义，将历史唯物主义推进到新的阶段。

首先，《形态》指出了历史科学是唯一的科学这一对马克思主义哲学具有重要意义的命题。马克思、恩格斯写道：

> 我们仅仅知道一门唯一的科学，即历史科学。历史可以从两方面来考察，可以把它划分为自然史和人类史。但这两方面是不可分割的；只要有人存在，自然史和人类史就彼此相互制约。自然史，即所谓自然科学，我们在这里不谈；我们需要深入研究的是人类史，因为

① 《马克思恩格斯文集》第 1 卷，第 531 页。

> 几乎整个意识形态不是曲解人类史，就是完全撇开人类史。意识形态本身只不过是这一历史的一个方面。①

这段在《手稿》中被删除的话，具有十分重要的意义。它表明，马克思、恩格斯在这里已经将历史科学作为自己哲学的唯一研究对象和领域，并且将人类历史作为唯一的领域。所谓对意识形态的批判，是把意识形态作为人类史的一方面来批判的。对意识形态批判的关键之处在于，将它对人类史的误解和曲解纠正过来。在对历史科学的这一界定下，马克思和恩格斯才指出，现实的个人是整个历史科学的逻辑出发点，是整个历史的出发点和前提。

其次，《形态》指出了实践、生活对意识的优先性，从而奠定了历史唯物主义的理论基础。马克思、恩格斯指出："德国哲学从天国降到人间；和它完全相反，这里我们是从人间升到天国。"② 所谓天国和人间的隐喻性说法，前者指思想的王国，后者指现实生活。这就是说，与黑格尔的思辨哲学不同，马克思、恩格斯的哲学是从现实生活上升到思想意识的。换言之，现实生活决定思想，而不是思想决定现实生活。这就不难理解马克思、恩格斯的下列论述了："道德、宗教、形而上学和其他意识形态，以及与它们相适应的意识形式便不再保留独立性的外观了。它们没有历史，没有发展，而发展着自己的物质生产和物质交往的人们，在改变自己的这个现实的同时也改变着自己的思维和思维的产物。不是意识决定生活，而是生活决定意识。"③ 一切意识形态的东西，思想领域的东西，都不是独立发展的，都必须追溯到现实生活（物质生产、物质交往等）。这一思想，在后来被马克思表述为："不是人们的意识决定人们的存在，相反，是人们的社会存在决定人们的意识。"这可以说是历史唯物主义的基本命题和基础命题。马克思还指出了这一思维转换的重大意义。"在思辨终止的地方，在现实生活面前，正是描述人们实践活动和实际发展过程的真正的实

---

① 《马克思恩格斯文集》第1卷，第516～519页，注释。

② 《马克思恩格斯文集》第1卷，第525页。

③ 《马克思恩格斯文集》第1卷，第525页。

证科学开始的地方。”① 所谓真正的实证科学，以及在这段话后所谓“真正的知识”和“对人类历史发展的考察中抽象出来的最一般结果的概括”，马克思、恩格斯说，这不是独立的哲学。历史唯物主义不是一种纯思想体系（意识形态），不是独立的哲学，而是实证科学和真正的知识，这都是针对黑格尔思辨体系和传统的形而上学的哲学来说的。历史唯物主义颠覆了传统的形而上学哲学，使之成为奠定在现实生活客观基础上的实证科学。这里的实证科学，真正知识，并不是马克思所批判过的无批判的对现实予以认可的实证，而是相对于思辨的实证。在不同的地方，马克思、恩格斯对这一思想做了几乎完全相同的论述。

> 这种历史观就在于：从直接生活的物质生产出发阐述现实的生产过程，把同这种生产方式相联系的、它所产生的交往形式即各个不同阶段上的市民社会理解为整个历史的基础……这种历史观和唯心主义历史观不同，它不是在每个时代中寻找某种范畴，而是始终站在现实历史的基础上，不是从观念出发来解释实践，而是从物质实践出发来解释各种观念形态……②

至此我们应该完全明白了，历史唯物主义乃是对历史的一种新的解释路径，从实践、生活、物质生产出发来解释思想，解释观念形态、意识形态，解释历史发展。

最后，《形态》强调了人类世界和人类历史的基础是实践活动和生产劳动。正是在这里，马克思的哲学和费尔巴哈哲学显示出根本的异质性。费尔巴哈的感性世界和马克思、恩格斯所论述的人类世界不同，前者是在感性直观和哲学直观之间的二重性直观中看到的感性直观的世界，而后者则是现实生活世界，是活生生的人类在自己的现实生活和感性实践活动中创造出来的世界。费尔巴哈不能理解人类世界的被创造性的本质。“他没有看到，他周围的感性世界决不是某种开天辟地以来就直接存在的、始终

① 《马克思恩格斯文集》第 1 卷，第 526 页。
② 《马克思恩格斯文集》第 1 卷，第 544 页。

如一的东西，而是工业和社会状况的产物，是历史的产物，是世世代代活动的结果……甚至连最简单的‘感性确定性’的对象也只是由于社会发展、由于工业和商业交往才提供给他的。”① 与费尔巴哈不同，在马克思、恩格斯看来，世界不是被给予的现成存在，而是被创造的人类世界，是历史性的人类存在。马克思、恩格斯写道：

> 甚至这个“纯粹的”自然科学也只是由于商业和工业，由于人们的感性活动才达到自己的目的和获得自己的材料的。这种活动、这种连续不断的感性劳动和创造、这种生产，正是整个现存的感性世界的基础，它哪怕只中断一年，费尔巴哈就会看到，不仅在自然界将发生巨大的变化，而且整个人类世界以及他自己的直观能力，甚至他本身的存在也会很快就没有了。②

费尔巴哈和马克思、恩格斯历史观的分歧的焦点和根源在于，前者只是把人看作感性对象，而后者则把人看作感性活动，前者所理解的人只能是感性的人（抽象的人），而后者理解的人则是“现实的个人”，处于实践活动中的、进行物质生产的个人。最终的结论则是，费尔巴哈在历史领域不是唯物主义者。

> 当费尔巴哈是一个唯物主义者的时候，历史在他的视野之外；当他去探讨历史的时候，他不是一个唯物主义者。在他那里，唯物主义和历史是彼此完全脱离的。③

到这里我们应该明白了，历史唯物主义所谓物绝不是机械唯物主义之物。在历史唯物主义那里，绝不存在或者说不讨论所谓人之外的物的问题，而只讨论历史领域和人类领域之内的物。在此基础上，《形态》对历

① 《马克思恩格斯文集》第1卷，第528页。

② 《马克思恩格斯文集》第1卷，第529页。

③ 《马克思恩格斯文集》第1卷，第530页。

史及其辩证发展进行了进一步的论述。

其四，《形态》在历史唯物主义和历史辩证法基础上，将辩证法应用于具体历史理论和社会发展理论，对异化及其扬弃进行了进一步探讨并深化和发展了世界历史理论和共产主义理论。

首先，《形态》对历史的辩证发展——异化及其扬弃的过程进行了进一步的阐释。异化思想是《1844年经济学哲学手稿》的核心内容，但是在《形态》中，对这一核心内容也有不少论述。在《1844年经济学哲学手稿》中，马克思已经指出了异化和异化的扬弃走的是同一条道路的思想。在《形态》中，他进一步指出，异化的产生及其扬弃是历史的必然过程。异化是人类特有的现象，对于动物而言，则不存在或无所谓异化与否的问题。异化是随着人类意识的产生而出现的。在人类的原始时期，人类对自然界存在一种类似动物的敬畏意识，同时已经进入人与人的交往关系中，但这一时期的意识还只能是最原始的意识。这时的分工只是天然的原始分工。只有发展到体力劳动和脑力劳动的分工之后，才具有真正人的意识，才出现了私人利益和共同利益之间的矛盾，才出现了私有财产，出现了异化现象。

> 只要分工还不是出于自愿，而是自然形成的，那么人本身的活动对人来说就成为一种异己的、同他对立的力量，这种力量压迫着人，而不是人驾驭着这种力量。①

这就是异化。这种异化只有在具备两个现实前提下才能消灭；更重要的在于，它只有以生产力的巨大增长和高度发展为前提才能消灭。“这种‘异化’（用哲学家易懂的话来说）当然只有在具备了两个实际前提之后才会消灭。要使这种异化成为一种‘不堪忍受的’力量，即成为革命所要反对的力量，就必须让它把人类的大多数变成完全‘没有财产的’人，同时这些人又同现存的有钱有教养的世界相对立，而这两个条件都是以生产力

① 《马克思恩格斯文集》第1卷，第537页。

的巨大增长和高度发展为前提的。"[①] 马克思、恩格斯把异化的扬弃归结为以生产力的巨大增长和高度发展为前提，具有极端重要的意义，诚如他们所指出的，如果没有生产力的巨大增长和高度发展，异化之扬弃就是虚假的；只会是共同的贫穷，只会是极端贫困的普遍化，一切为争夺必需品而进行的斗争要死灰复燃。正是在这一意义上，马克思的世界历史理论和共产主义理论可以被看作异化扬弃理论的具体化和两个具体维度——历史发展维度和社会形态维度对扬弃异化的具体论证。

其次，《形态》将辩证法运用于历史发展，深入阐释了世界历史理论。世界历史并不是指在地域范围上的世界历史，而是指不同地域，不同民族和国家随着生产力发展和人类交往的扩大，逐渐成为一个历史的过程，这预言了当今社会全球化的实际趋势。从辩证法的发展观来看历史，历史就不是单一民族的发展历史，而是由民族历史向世界历史生成的过程。

> 各个相互影响的活动范围在这个发展进程中越是扩大，各民族的原始封闭状态由于日益完善的生产方式、交往以及因交往而自然形成的不同民族之间的分工消灭得越是彻底，历史也就越是成为世界历史。……由此可见，历史向世界历史的转变，不是"自我意识"、世界精神或者某个形而上学幽灵的某种纯粹的抽象行动，而是完全物质的、可以通过经验证明的行动，每一个过着实际生活的、需要吃、喝、穿的个人都可以证明这种行动。[②]

民族历史或国家历史向世界历史的转变，是历史必然过程。在《形态》中，马克思、恩格斯不仅仅是对世界历史的形成过程进行定性的论断，而且进行了经验性描述，雄辩地证明了世界历史形成的过程。在此我们不能一一论述，仅就世界历史形成的条件与产物来看，则可从以下方面来看待世界历史形成：世界市场、普遍个人、普遍交往、机器大工业发展、资本的发展，等等。在此不可能对之做出更为全面和系统的论述，我

---

① 《马克思恩格斯文集》第 1 卷，第 538 页。

② 《马克思恩格斯文集》第 1 卷，第 540 ~ 541 页。

们仅指出一点：世界历史的形成是生产力和生产关系（在《形态》中则是交往关系、交往形式）之间的矛盾运动的结果，深刻体现了历史的辩证发展过程。

最后，《形态》将辩证法运用于社会理论，对共产主义理论进行了深入的论述。共产主义是一种社会形态，还是运动过程？或者二者兼而有之？在《1844 年经济学哲学手稿》中，马克思对共产主义做了以下论述：

> 共产主义是私有财产即人的自我异化的积极的扬弃，因而是通过人并且为了人而对人的本质的真正占有；因此，它是人向自身、向社会的即合乎人性的人的复归，这种复归是完全的，自觉的和在以往发展的全部财富的范围内生成的。这种共产主义，作为完成了的自然主义＝人道主义，而作为完成了的人道主义＝自然主义，它是人和自然界之间、人和人之间的矛盾的真正解决，是存在和本质、对象化和自我确证、自由和必然、个体和类之间的斗争的真正解决。它是历史之谜的解答，而且知道自己就是这种解答。①

在此，把共产主义看作一个过程，而不是一个实体。或者说，马克思的共产主义是过程论的，而非实体论的。换言之，马克思在此是从历史的运动过程中来阐释共产主义，从这里马克思已经与空想的共产主义划清了界限。马克思在私有财产的扬弃中找到了历史之谜的解答。《1844 年经济学哲学手稿》还指出：

> 共产主义是最近将来的必然的形式和有效的原则。但是，共产主义本身并不是人的发展的目标，并不是人的社会的形式。②

这说明，在《1844 年经济学哲学手稿》中马克思对共产主义的理解不是从社会形态来理解，而是从运动过程来理解的。在《形态》中，马克思

① 《1844 年经济学哲学手稿》，第 81 页。
② 《1844 年经济学哲学手稿》，第 93 页。

对共产主义理论进行了进一步深化，而这一深化是建立在历史唯物主义基础上的，是与上述的世界历史理论紧密相关的。在此我们仅仅对《形态》中的共产主义理论做以下提示。(1) 共产主义以生产力的巨大发展、世界历史的形成、普遍交往的建立、普遍个人为前提。(2) 共产主义只有在世界历史意义上才存在，其革命的主体无产阶级也只有在世界历史意义上才存在。(3) 共产主义运动以机器大工业发展为前提。(4) 共产主义是人类解放，也是个人的解放，其结果是扬弃偶然的个人，达到有个性的个人。(5) 共产主义运动具有经济的性质，是推翻旧的生产关系基础，自觉地把一切自发前提看作前人的创造，消除这些前提的自发性，使这些前提受联合起来的个人的支配。①

《形态》中共产主义理论丰富而深刻，它对《1844 年经济学哲学手稿》中的共产主义理论进行了进一步深化和发展，将其置于实践唯物主义、唯物主义历史观之上，并对共产主义的运动性、过程性维度进行了强调，仍然坚持了共产主义的辩证法维度。当然，《形态》中最为贴切地表达了马克思的共产主义思想的是下列论述：

> 共产主义对我们来说不是应当确立的状况，不是现实应当与之相适应的理想。我们所称为共产主义的是那种消灭现存状况的现实的运动。这个运动的条件是由现有的前提产生的。②

对于共产主义者，即实践的唯物主义者和历史唯物主义者而言，全部的任务不过是改变现存世界。

> 对实践的唯物主义者即共产主义者来说，全部问题都在于使现存世界革命化，实际地反对并改变现存的事物。③

---

① 《马克思恩格斯文集》第 1 卷，第 574 页。

② 《马克思恩格斯文集》第 1 卷，第 539 页。

③ 《马克思恩格斯文集》第 1 卷，第 527 页。

《提纲》和《形态》将马克思的辩证法贯彻到历史科学之中，创立了辩证法与唯物论为一体的历史理论和哲学理论——唯物主义历史观和历史唯物主义哲学，是对辩证法理论的全面推进和原创性的运用。马克思的辩证法思想彻底脱离了黑格尔的思辨框架，也彻底划清了与旧唯物主义的辩证法界限，成为以历史唯物主义为基础的历史辩证法。

第四节　合理形态的辩证法与革命的历史观：《资本论》解读

《资本论》是马克思一生最重要的著作，在一定意义上，甚至可以说是马克思思想的浓缩。传统马克思主义理论在学科划分的前提下，一般将《资本论》看作一部政治经济学著作，而较少将其看作重要的哲学著作。在笔者看来，这是对《资本论》的一种严重的误解，它不仅误解了《资本论》哲学的重要性，而且大大降低了《资本论》本身的理论价值，也导致了对《资本论》政治经济学思想的误解。这样一种误解是根深蒂固和影响深远的，而对马克思的重新解读必须将这样一种误解纠正过来，也就是说，不是把《资本论》看作在政治经济学的沙滩上散落着哲学的颗粒，而是把《资本论》看作本身就是哲学的著作，是披着经济学外衣的哲学，其最根本和最核心的思想是哲学的。由此也就把《资本论》看作对马克思辩证法进行阐释的重要著作，从根本上说，《资本论》是对马克思历史辩证法的具体化和深化。

一　作为政治经济学批判的《资本论》的哲学本质

对《资本论》之哲学本质的认定，可以从《资本论》的副标题中寻找到踪迹。《资本论》的副标题是“政治经济学批判”，而我们知道，马克思的所有著作，几乎都冠以批判之名。首先必须质疑和追问的一个问题是，何谓批判？我们知道，德国古典哲学是由康德哲学开启和奠基的，其最重要的哲学著作不是别的，就是被称为三大批判的《纯粹理性批判》《实践理性批判》《判断力批判》。自康德以来，德国古典哲学中的批判一词就获得了特定的哲学内涵。而作为德国古典哲学继承者的马克思则似乎对批判一词情有独钟，将自己的许多著作都冠以批判之名。此后，法兰克福学派的理论则直接被称为批判社会理论，萨特也模仿康德将自己的著作命名为《辩证理性批判》，足见批判的影响深远。那么，在康德那里，批判意味着什么？在马克思这里，批判一词又获得了何种内涵？在此，我们不可能做太详尽的分析，只能做一个概要式的考察分析。

在康德那里，批判哲学针对两种以前占统治地位的哲学，一种是莱布尼茨－沃尔夫的独断论体系，一种则是经验论的怀疑论。按照康德所说，其批判哲学的目的在于反思、批判、考察人类的认识能力，为人类的理性划定一个有效的范围，并指出其具有不可超越的界限。康德写道：“我所理解的纯粹理性批判，不是对某些书或体系的批判，而是对一般理性能力的批判，是就一切可以独立于任何经验而追求的知识来说的，因而是对一般形而上学的可能性和不可能性进行裁决，对它的根源、范围和界限加以规定，但这一切都是出自原则。”① 由此我们看出，在康德那里批判一词的内涵所在，即在原则的基础上，对一般理性能力，对一般形而上学的适用范围进行界限划定。这是康德批判哲学对批判的初始界定，也是批判的基本含义，可以简言之为“澄清前提，划定界限”。

毫无疑问，在康德那里，批判一词被限制在认识论之中，康德哲学本身乃是批判旧形而上学基础上的现代形而上学形式，这一现代形而上学形式在黑格尔那里达到了最终的完成。马克思使用批判一词，与康德哲学语境中的批判不完全相同，但仍然保留了康德批判的初始含义。问题的关键之处在于，在马克思那里，批判绝不是局限于认识论之中，而至关重要地关联着实践、历史和社会的维度。对马克思这段论述我们是耳熟能详的：

> 真理的彼岸世界消逝以后，历史的任务就是确立此岸世界的真理。人的自我异化的神圣形象被揭穿以后，揭露具有非神圣形象的自我异化，就成了为历史服务的哲学的迫切任务。于是，对天国的批判

---

① 〔德〕康德：《纯粹理性批判》，邓晓芒译，人民出版社 2004 年版，序言，第 3～4 页。

> 变成对尘世的批判，对宗教的批判变成对法的批判，对神学的批判变成对政治的批判。[①]

从这里我们不难看出，在马克思那里，批判是其重要的战斗方式和论证方式。马克思在此明确指出，他的批判与以往的批判不同之处，就在于他所批判的对象与以往哲学不同。以往哲学的批判对象乃是宗教、神学和天国，而马克思哲学的批判对象乃是尘世、法和政治，也许我们可以把它概括为世俗的生活世界，或者说是现实的社会历史以及现实社会历史语境中的人及其存在。下列论述显然极为关键地抓住了马克思哲学批判的实质："如果说在马克思那里，批判还从根本上关涉历史的和实践的向度，那么，这也就意味着澄清前提和划定界限不只是一个理论上的任务，而且还必然从本质上成为一个历史—实践的任务。"[②] 由此我们不难指认出马克思的批判概念之内涵，笔者将其概括为"拒绝实证，辩证否定"和"实践革命，改变世界"。

首先，在马克思那里，批判首先意味着以辩证法的思维方式来看待一切事物，拒绝对现有之物的实证化理解。在其原则高度上，批判意味着辩证的否定。在此意义上，我们甚至可以把批判看作辩证法的同义词。

> 辩证法在对现存事物的肯定的理解中同时包含对现存事物的否定的理解，即对现存事物的必然灭亡的理解；辩证法对每一种既成的形式都是从不断的运动中，因而也是从它的暂时性方面去理解；辩证法不崇拜任何东西，按其本质来说，它是批判的和革命的。[③]

在此意义上理解，批判就意味着对现存事物不仅仅是从其肯定性方面理解，把现实事物实证地理解为一种客观存在，即在认识论、知识论、实证主义的意义上理解现实事物，还要从其肯定中包含着否定，从其否定性

---

① 《马克思恩格斯选集》第 1 卷，第 2 页。
② 吴晓明：《论马克思对现代性的双重批判》，《学术月刊》2006 年第 2 期。
③ 《马克思恩格斯选集》第 2 卷，第 94 页。

方面即暂时性方面将其理解为变化中的事物，即在存在论、实践论和历史主义的意义上来理解。由此我们说，正是从批判开端，马克思的哲学实现了实践转向，也实现了从知识论、实证主义向存在论和历史主义的转向。

其次，但也是更具本质重要性的，马克思的批判还指向实践和革命，意味着现实地改变世界。这也就意味着，在马克思哲学的语境中，批判还意味着“实践革命，改变世界”。在此意义上，我们甚至也可以说，批判与实践、革命在马克思那里三位一体，不可分割。只要对《关于费尔巴哈的提纲》做稍微深入的审思就不难理解了，在那里，马克思提到了“革命的、实践批判的活动”，将世俗世界“在实践中使之革命化”，从批判出发导向的实践革命之结论，在《关于费尔巴哈的提纲》中，成为贯穿十一条提纲的红线。众所周知，马克思的批判所内含的这一“实践革命，改变世界”的意蕴，构成了马克思哲学异质于历史上所有其他哲学的本质区别，马克思主义哲学颠覆了一切实证主义和知识论路向的现代形而上学，开启了当代哲学的新视域、新境界。

批判是哲学的事业。无论是先哲苏格拉底所说的“未经反思的生活是不值得过的”，还是黑格尔所说的“自由的思想就是不接受未经审查其前提的思想”，抑或海德格尔所感叹的“思想的事业耽搁久矣”，都是在强调一种反思批判的重要性，其根本性质都是知识论性质的，只有马克思意义上的批判维度，才真正脱离和颠覆了这一知识论路径，颠覆了一切形而上学，开启了当代哲学境域。在此三重维度中理解马克思的批判概念，方始彰显出马克思批判所具有的真正的原则高度，方始把马克思哲学批判的真义拓展出来。毫无疑问，《资本论》这部著作所做的政治经济学批判之批判，也应该在这一原则高度的理解上，才能够获得其本质重要的突破进展。但是，在此之前，让我们再来审视一个极为本质的，但也是被极不恰当地忽视了的重要问题，那就是，在马克思哲学语境中，政治经济学意味着什么。

在马克思哲学语境中，政治经济学具有其特定的指涉，就其本来意义，它指涉的是当时英国和法国的政治经济学，在《1844 年经济学哲学手稿》中，政治经济学被称作国民经济学。“德国人认为政治经济学是一门系统地研究国家应该采取哪些措施和手段来管理、影响、限制和安排工业、商业和手工业，从而使人民获得最大福利的科学。因此，政治经济学也被等同于国家学。"① 那么，在这里我们不难看出，政治经济学，也即国民经济学，用现在的话说，是利用国家的行政手段和措施，来对国民经济进行操控和影响，从而对社会财产进行分配的科学。在《1844 年经济学哲学手稿》中，马克思声明，自己的目的就是对国民经济学进行批判。那么，马克思何以要展开对国民经济学的批判？如果说，《1844 年经济学哲学手稿》是马克思对政治经济学进行严肃的理论批判的初始起点的话，那么我们可以在这一手稿中找到他对其展开批判的原因。

在《1844 年经济学哲学手稿》序言中，马克思写道："对国民经济学的批判，以及整个实证的批判，全靠费尔巴哈的发现给它打下真正的基础。从费尔巴哈起才开始了实证的人道主义的和自然主义的批判。"② 由此可见，马克思对国民经济学的批判，奠基于他所认为的哲学变革之上。一种哲学何以引发了对国民经济学的批判？原因只能是，国民经济学也是一种哲学，或者说国民经济学具有另一种马克思所反对的哲学前提和哲学基础，批判国民经济学，乃是批判其哲学前提和哲学基础。如此我们才能理解，为何在对国民经济学进行批判之后，马克思《手稿》中以浓墨重彩来大张旗鼓地对黑格尔哲学，特别是黑格尔的辩证法展开哲学批判，就其实质而言，国民经济学的哲学基础就在黑格尔的哲学框架之内，以黑格尔的理性形而上学为哲学前提。国民经济学以黑格尔的哲学为前提，而黑格尔哲学站在国民经济学的立场上。马克思极为郑重地写道：

> 且让我们先指出一点：黑格尔站在现代国民经济学家的立场上。他把劳动看作人的本质，看作人的自我确证的本质；他只看到劳动的积极的方面，没有看到它的消极的方面。③

① 《1844 年经济学哲学手稿》，第 193 页，注释。

② 《1844 年经济学哲学手稿》，第 4 页。

③ 《1844 年经济学哲学手稿》，第 101 页。笔者认为，这里的"积极"和"消极"，可能译为"肯定"和"否定"更容易理解。

这段极为重要的论述，在学术界的研究中遭到了很大的漠视和误解。《1844年经济学哲学手稿》的编辑者在文后的注释中写道："这里不仅指黑格尔关于劳动以及某些其他范畴的观点同英国的古典经济学家的看法是一致的，而且也说明黑格尔具有经济学著作的知识。"[①] 这一注解不仅隔靴搔痒，不着边际，令人啼笑皆非，而且引起很大的误读，因为它把一个本质重要的理论质点轻而易举地化解为一个微不足道的常识问题。其实，这里根本与黑格尔有无经济学知识无任何关系，马克思在此指证的是，黑格尔与国民经济学在哲学立场上具有同质性，这就是马克思所着力批判的"非批判的实证主义和同样非批判的唯心主义"[②]。对国民经济学的实证主义、唯心主义、非批判的性质，马克思在其批判中反复指出过了。在马克思看来，国民经济学错误之根源就在于其非批判的实证主义。接受事实，不对事实进行反思追问和批判，这正是黑格尔哲学的致命缺点——徒有其表的辩证法，根深蒂固的非批判的实证主义和同样非批判的唯心主义。行文至此，我们就应该已经明白了，马克思对政治经济学的批判，其初始批判动机即在于颠覆其理论基础，颠覆其哲学根基。这种哲学颠覆不仅意味着一种新哲学体系在此已经呼之欲出，而且意味着必然导向一种辩证的、改变世界的革命历史观。

由以上的探讨我们已经明白，马克思政治经济学批判，就其内在本质而言，必然是哲学的。这里我们进一步探讨一个问题，政治经济学批判，为什么标题为"资本论"？这里的问题在于，如何理解资本在现代资本主义社会中的地位。真正意义上的现代社会正是以资本的形成为开端的，因此马克思写道：

> 只有当生产资料和生活资料的所有者在市场上找到出卖自己劳动力的自由工人的时候，资本才产生；而单是这一历史条件就包含着一部世界史。因此，资本一出现，就标志着社会生产过程的一个新时代。[③]

---

① 《1844年经济学哲学手稿》，第209页，注释。

② 《1844年经济学哲学手稿》，第99~100页。

③ 《马克思恩格斯全集》第44卷，人民出版社2001年版，第198页。

资本构成了现代社会存在的本质根据，是现代社会的总的纲领，现代社会正是由资本来为其制定方向的。用马克思的话说，资本是一种普照的光，它使社会的一切都改变了模样。资产阶级正是资本的代言人，是人格化了的资本。

> 它迫使一切民族——如果它们不想灭亡的话——采用资产阶级的生产形式；它迫使它们在自己那里推行所谓的文明，即变成资产者。一句话，它按照自己的面貌为自己创造出一个世界。①

由此可见，对作为现代社会基本建制原则和核心的资本进行批判，就是对现代社会本身的批判，对现代性本身的批判。政治经济学，采取实证主义的非批判态度，把资本看作永恒之物，而马克思正是通过政治经济学批判，进行资本批判，进一步说就是展开现代资本主义社会批判。

资本批判也是对现代形而上学的批判。问题的关键在于，资本和现代形而上学——具体来说是指在黑格尔那里形成的理性形而上学，两者之间存在某种共谋关系，彼此互为表里，互相拱卫，“之所以说马克思对现代性的批判，不仅是对现代资本的批判，而且是对现代形而上学的批判，是因为这两者共同构成了现代性的基本支柱。真正说来，资本和现代形而上学是彼此支撑、彼此拱卫的，正像前者构成后者的世俗基础和强大动力一样，后者乃成为前者的观念领域，成为它的理论纲领、它的‘唯灵论的荣誉问题’，以及它获得慰藉和辩护的总根据。一句话，在现代性由以开展出来的世界中，资本和现代形而上学有着最关本质的内在联系，或者毋宁说，有着最关本质的‘共谋’关系”②。那么，批判资本就与批判现代形而上学紧密联系在了一起。通过这一具有原则高度的批判，马克思彻底瓦解了现代形而上学，而形成了革命的历史唯物主义，形成了历史辩证法与历史唯物主义为一体的唯物史观。

由此我们就不难理解，马克思的政治经济学批判，为何冠名以“资本

---

① 《马克思恩格斯选集》第 1 卷，第 404 页。

② 吴晓明：《论马克思对现代性的双重批判》，《学术月刊》2006 年第 2 期。

论”的正标题，两者其实都与马克思哲学的建构，有着深刻的内在关联。由此，我们可以基本断定《资本论》的哲学性质了：就其内在结构而言，《资本论》乃是经由对政治经济学批判，展开其资本批判和现代社会批判，由此就形成了马克思的人的发展理论与社会发展理论；同时，经由对资本批判和现代社会批判，也就展开其现代形而上学批判——由此开显出历史唯物论和历史唯物主义为一体的历史科学——唯物史观。在此基础上，我们可以进一步解读《资本论》的辩证法思想。

二 《资本论》的辩证法思想解读

如上所述，既然《资本论》本质上是一部哲学著作，那么《资本论》所提出的辩证法思想就值得我们予以加倍重视，进行深入的探讨。众所周知，在《〈政治经济学批判〉序言》中，马克思对自己的历史观进行了集中说明；在《资本论》第一版序言和第二版跋中，马克思对辩证法具有十分集中和明确的阐释。这些文本构成我们对《资本论》辩证法思想的主要文本依据。

其一，《资本论》的历史观是和辩证法紧密结合的，毋宁说，辩证法是马克思的历史观的根本原则和核心，是马克思改造旧唯物主义历史观和唯心主义历史观的本质重要的原则依据。因此，马克思的历史观是辩证法的历史观，而马克思的辩证法则本质上是历史辩证法。在《〈政治经济学批判〉序言》中，马克思揭示了自己的历史观。

> 我所得到的、并且一经得到就用于指导我的研究工作的总的结果，可以简要地表述如下：人们在自己生活的社会生产中发生一定的、必然的、不以他们的意志为转移的关系，即同他们的物质生产力的一定发展阶段相适应的生产关系。这些生产关系的总和构成社会的经济结构，即有法律的和政治的上层建筑竖立其上并有一定的社会意识形式与之相适应的现实基础。物质生活的生产方式制约着整个社会生活、政治生活和精神生活的过程。不是人们的意识决定人们的存在，相反，是人们的社会存在决定人们的意识。社会的物质生产力发

展到一定阶段，便同它们一直在其中运动的现存生产关系或财产关系（这只是生产关系的法律用语）发生矛盾。于是这些关系便由生产力的发展形式变成生产力的桎梏。那时社会革命的时代就到来了。随着经济基础的变更，全部庞大的上层建筑也或慢或快地发生变革。在考察这些变革时，必须时刻把下面两者区别开来：一种是生产的经济条件方面所发生的物质的、可以用自然科学的精确性指明的变革，一种是人们借以意识到这个冲突并力求把它克服的那些法律的、政治的、宗教的、艺术的或哲学的，简言之，意识形态的形式。我们判断一个人不能以他对自己的看法为根据，同样，我们判断这样一个变革时代也不能以它的意识为根据；相反，这个意识必须从物质生活的矛盾中，从社会生产力和生产关系的现存冲突中去解释。无论哪一个社会形态，在它所能容纳的全部生产力发挥出来以前，是决不会灭亡的；而新的更高的生产关系，在它的物质存在条件在旧社会的胎胞里成熟以前，是决不会出现的。所以人类始终只提出自己能够解决的任务，因为只要仔细考察就可以发现，任务本身，只有在解决它的物质条件已经存在或者至少是在生成过程中的时候，才会产生。大体说来，亚细亚的、古代的、封建的和现代资产阶级的生产方式可以看做是经济的社会形态演进的几个时代。资产阶级的生产关系是社会生产过程的最后一个对抗形式，这里所说的对抗，不是指个人的对抗，而是指从个人的社会生活条件中生长出来的对抗；但是，在资产阶级的胎胞里发展的生产力，同时又创造着解决这种对抗的物质条件。因此，人类的史前时期就以这种社会形态而告终。①

这是马克思对历史唯物主义思想的集中概括，也是对社会历史发展规律的概括。需要指出的是，在这段话中我们可以明显地看出，马克思的历史唯物主义不能被理解为经济决定论。历史唯物主义思想与历史辩证法是结合在一起的。这也是《1857—1858 年经济学手稿》的一个重要理论成

① 《马克思恩格斯全集》第 31 卷，人民出版社 1998 年版，第 412 ~ 413 页。

果。仔细研读这段文字，可以看出，马克思这里的两个“决不会”，即“无论哪一种社会形态，在它所能容纳的全部生产力发挥出来以前，是决不会灭亡的；而新的更高的生产关系，在它的物质存在条件在旧社会的胎胞里成熟以前，是决不会出现的”乃是一个极强的纲领，统摄着人类社会发展历史，强调了人类社会发展形态对生产力和生产关系的依赖，特别强调了生产力的最终决定作用。同时，这里也强调了人类主体的主动性对社会历史发展的作用。但是，人类的创造力不可能超出生产力发展的决定性。因为社会意识形态本身也是由社会发展阶段所决定。“不是人们的意识决定人们的存在，相反，是人们的社会存在决定人们的意识。”同样，人们只能提出和解决自己能够解决的任务，因为“任务本身，只有在解决它的物质条件已经存在或者至少是在生成过程中的时候，才会产生”。马克思对历史过程的理解，将历史辩证法与历史唯物主义有机结合起来。可以肯定，这里不存在任何“经济决定论”的单纯决定，也不存在唯意志论。因此，我们可以说，《资本论》所阐明的历史观完全是辩证的历史观，是贯穿了辩证法的基本原则的历史观。

其二，马克思在《资本论》第一版序言和第二版跋中，进一步对《资本论》的历史观做了概要式的然而非常明确的解释，阐明了马克思对《资本论》著作的自我理解。在此我们择其要者，对马克思的自我理解简单予以揭示。第一，《资本论》的研究对象是资本主义社会的生产方式。在其序言中马克思写道：“我要在本书研究的，是资本主义生产方式以及和它相适应的生产关系和交换关系。”① 实际上，这就是说《资本论》是以整个资本主义社会为其研究对象。那么，研究这个对象的目的是什么？为什么要将资本主义社会作为研究对象呢？马克思指出，研究资本主义社会生产方式的最终目的乃是揭示现代社会的经济运动规律。马克思写道：“本书的最终目的就是揭示现代社会的经济运动规律。”② 但是，揭示现代社会经济运动规律，是否意味着人们可以超越这种规律，是否意味着可以取消这种自然发展规律？马克思的回答是否定的，这在马克思的这

① 《马克思恩格斯文集》第5卷，人民出版社2009年版，第8页。

② 《马克思恩格斯文集》第5卷，第10页。

段重要论述中体现得极为清楚：

> 一个国家应该而且可以向其他国家学习。一个社会即使探索到了本身运动的自然规律——本书的最终目的就是揭示现代社会的经济运动规律——，它还是既不能跳过也不能用法令取消自然的发展阶段。但是它能缩短和减轻分娩的痛苦。[①]

由此我们可以进一步推论出马克思研究资本主义社会生产方式的一个更为深层的目的，即揭示历史发展的必然规律。

第二，《资本论》的研究主旨是揭示历史发展的必然性规律。马克思指出，在《资本论》的研究中，他主要利用英国的状况作为典型的例证。这是否意味着《资本论》的阐述并不适用于其他国家如德国呢？恰恰相反，马克思指出："如果德国读者看到英国工农业工人所处的境况而伪善地耸耸肩膀，或者以德国的情况远不是那样坏而乐观地自我安慰，那我就要大声地对他说：这正是说的阁下的事情！"[②] 马克思认为，尽管在《资本论》以英国工农业生产为主要的例证，但由于英国是典型的资本主义国家，因而它恰恰代表了历史发展的必然趋势，在不发达的国家如德国，虽然尚未表现出这些境况，但不可能逃脱这种命运。马克思指出："问题本身并不在于资本主义生产的自然规律所引起的社会对抗的发展程度的高低。问题在于这些规律本身，在于这些以铁的必然性发生作用并且正在实现的趋势。工业较发达的国家向工业较不发达的国家所显示的，只是后者未来的景象。"[③] 从这里我们可以看出，马克思对资本主义社会的批判并不是出于道德上的需要，而是纯粹客观地、科学地揭示。马克思绝没有褒扬德国社会现状的意思，绝没有仅仅出于道义上的义愤而指责发达资本主义的意思。在这里隐含了这样一层意思，即发达工业国家的道路是每个国家的必经之路。不发达的工业国家早晚要走上这一道路。相反工业不发达国

① 《马克思恩格斯文集》第5卷，第9～10页。
② 《马克思恩格斯文集》第5卷，第8页。
③ 《马克思恩格斯文集》第5卷，第8页。

家的情景绝不会比工业发达的国家的情景好些，而只会更差。马克思这样写道：

> 在其他一切方面，我们也同西欧大陆所有其他国家一样，不仅苦于资本主义生产的发展，而且苦于资本主义生产的不发展。除了现代的灾难而外，压迫着我们的还有许多遗留下来的灾难，这些灾难的产生，是由于古老的、陈旧的生产方式以及伴随着它们的过时的社会关系和政治关系还在苟延残喘。不仅活人使我们受苦，而且死人也使我们受苦。死人抓住活人！①

第三，《资本论》的基本结论是社会经济形态的发展是一种自然历史过程。尽管马克思对资本家和地主进行批判，但马克思又十分明确地指出，资本家和地主不过是一定阶级关系和利益的承载者，因而并不能承担任何责任。马克思对此说得非常明确：

> 我决不用玫瑰色描绘资本家和地主的面貌。不过这里涉及的人，只是经济范畴的人格化，是一定的阶级关系和利益的承担者。我的观点是把经济的社会形态的发展理解为一种自然史的过程。不管个人在主观上怎样超脱各种关系，他在社会意义上总是这些关系的产物。同其他任何观点比起来，我的观点是更不能要个人对这些关系负责的。②

从这里我们可以清楚地看到，在《资本论》中，人只是社会关系中的人，是社会关系的产物，人只是经济范畴的人格化。无论是工人、地主，还是资本家，都是如此。正因此，社会经济形态的发展是一个自然历史过程，因为社会经济形态发展历史中，参与斗争的各个阶级集团都是某一经济利益的人格化，因而不可能脱离其经济基础而只是靠思想来改变社会经济形态。在此基础上，马克思指出，社会是一个变化的机体，资本主义社

---

① 《马克思恩格斯文集》第5卷，第9页。

② 《马克思恩格斯文集》第5卷，第10页。

会并不是一成不变的坚实的结晶体。

> 甚至在统治阶级中间也已经透露出一种模糊的感觉：现在的社会不是坚实的结晶体，而是一个能够变化并且经常处于变化过程中的有机体。①

第四，《资本论》的政治经济学批判的目的是揭示资本主义必然灭亡的历史命运和无产阶级的历史使命。在《资本论》第二版跋中，马克思对此做了较为具体的阐释。在马克思看来，在资本主义社会已经建立的情况下，在资产阶级掌握了政权的情况下，一种客观的科学的政治经济学已经成为不可能的了。以德国为例，当德国现实中没有资产阶级阶级关系时，经济学家还能够公正无私地研究政治经济学，而当这种关系已经出现时，现实状况已经不允许他们再进行这种公正无私的研究了。马克思指出：

> 当他们能够不偏不倚地研究政治经济学时，在德国的现实中没有现代的经济关系。而当这些关系出现时，他们所处的境况已经不再容许他们在资产阶级的视野之内进行不偏不倚的研究了。只要政治经济学是资产阶级的政治经济学，就是说，只要它把资本主义制度不是看做历史上过渡的发展阶段，而是看做社会生产的绝对的最后的形式，那就只有在阶级斗争处于潜伏状态或只是在个别的现象上表现出来的时候，它还能够是科学。②

在资产阶级取得了政权的社会中，阶级斗争日益明确化，客观科学的公正无私的政治经济学已经不再可能。它或者是企图站在资产阶级的立场上为统治阶级辩护，或者企图调和不可能调和的矛盾。前者以巴师夏为代表，后者以穆勒为代表。马克思认为，德国社会已经决定了它的政治经济学不可能取得独创的成就。但是，正因此，资产阶级的政治经济学就更应

---

① 《马克思恩格斯文集》第5卷，第10～13页。

② 《马克思恩格斯文集》第5卷，第16页。

当受到批判。马克思指出：

> 就这种批判代表一个阶级而论，它能代表的只是这样一个阶级，这个阶级的历史使命是推翻资本主义生产方式和最后消灭阶级。这个阶级就是无产阶级。①

这里我们可以推断出，马克思的政治经济学批判，与其说是一种科学批判，不如说是一种社会制度批判，它的批判的锋芒指向社会制度。《资本论》的目的不是通过政治经济学批判建立一种新的政治经济学，而是通过批判政治经济学来批判资本主义社会制度，其得出的结论并不是经济学的结论，而是社会革命的结论。

马克思在此当然主要是对《资本论》所揭示的历史观所做的揭示。这一揭示是对《〈政治经济学批判〉序言》中提出的历史观的补充和深化。我们看出，马克思所揭示的历史观是一种客观的历史观，是一种类似自然历史进程的历史观。既然是纯粹客观性的历史，这里是否就是非辩证的，是否就否认了人作为历史主体的作用呢？当然不是。就其实质而言，人是社会历史过程的承担者，主体，但这一主体本身受社会历史进程所决定，不能超出历史进程。社会历史进程也是由人所促进和完成的，是人本身的发展历史。这样一种双重决定和交互促进的历史进程，正是马克思辩证法的本质所在。因此，这里没有任何违背辩证法的东西。那么对于马克思的辩证法如何理解呢？在笔者看来，对《资本论》第二版跋中马克思对辩证法的解说具有至关重要的理论意义。

其三，合理形态的辩证法的本质的揭示。首先，马克思在这里指出，《资本论》的方法，即《资本论》的研究方法，而非叙述方法，恰恰就是辩证方法。马克思将自己的辩证法称为合理形态的辩证法，所谓合理形态的辩证法，是和神秘形态的辩证法相对立的，后者是黑格尔的思辨辩证法。马克思指出自己的辩证法的基础是唯物主义。马克思把黑格尔的思辨

---

① 《马克思恩格斯文集》第5卷，第18页。

的辩证法改造为现实事物的辩证法，其基础在于："观念的东西不外是移入人的头脑并在人的头脑中改造过的物质的东西而已。"[①] 其次，马克思所强调的是辩证法的批判性和革命性。黑格尔的思辨辩证法的神秘形式，使辩证法成为为现实辩护的方法，而在马克思看来，真正的合理形态的辩证法则恰恰相反。下面这段话值得我们逐字逐句地深研细究，以免漏过其重要的思想内涵。

> 辩证法，在其神秘形式上，成了德国的时髦东西，因为它似乎使现存事物显得光彩。辩证法，在其合理形态上，引起资产阶级及其空论主义的代言人的恼怒和恐怖，因为辩证法在对现存事物的肯定的理解中同时包含对现存事物的否定的理解，即对现存事物的必然灭亡的理解；辩证法对每一种既成的形式都是从不断的运动中，因而也是从它的暂时性方面去理解；辩证法不崇拜任何东西，按其本质来说，它是批判的和革命的。[②]

这段至关重要的论述，是马克思对其辩证法理论的最为集中和经典性的界定，甚至隐含了马克思主义哲学的全部秘密。这段话就其对《资本论》的理解的具体指导意义而言，是极为关键的。我认为，在这里至少可以做以下理解。（1）合理形态的辩证法乃是《资本论》体系建构的内在基本原则；（2）合理形态的辩证法乃是马克思理解《资本论》的逻辑结论的前提；（3）合理形态的辩证法不仅是《资本论》体系建构的原则，也是《资本论》整个论证的原则，还是《资本论》所进行的资本主义社会批判的哲学基础。马克思将这段重要的论述置于《资本论》第二版跋中，具有深刻的意义。从这里我们得到的启示是，《资本论》可以被看作马克思辩证法理论的一个实证性的版本，从《资本论》中我们就能够理解到马克思辩证法的本质、精髓和主要内容。

更为重要的是，这段话是对马克思辩证法思想本质的揭示。辩证法的

---

① 《马克思恩格斯文集》第 5 卷，第 22 页。

② 《马克思恩格斯文集》第 5 卷，第 22 页。

本质是什么？我们只能说，就是否定性、批判性、革命性。任何对现实事物、事物现状进行实证化的理解的观点都是错误的而非辩证法的。如黑格尔的神秘形式的辩证法那样，认为现实的就是合理的，恰恰是对辩证法本质的否定。合理形态的辩证法则以否定性为基本原则，在对现存事物的肯定的理解中包含对事物的否定的理解，即认为现存事物必然灭亡，必然被新事物所取代，每一种现存事物都是暂时性的。因此，辩证法的本质是彻底批判和革命的。由此我们联想到马克思对共产主义（现实地改变现状的运动）理解，对人的本质（社会关系的总和）的理解，对哲学的使命（问题在于改变世界）的理解，对实践的唯物主义（现实地改变事物的现状，使现存世界革命化）的理解。这些理解的本质只不过是将辩证法的否定、批判、革命的原则贯穿到了马克思历史唯物主义基本范畴的理解中了。正是辩证法的这一本质内核引起资产阶级及其夸夸其谈的代言人的恼怒和恐怖，因为它是彻底的革命性，强调诉诸革命的行动来改变现实，因而思辨的思想领域内的辩证法被颠倒为实践的现实生活和历史的辩证法。由此看来，辩证法的这一实践的、否定的、革命的、批判的本质，与马克思在《关于费尔巴哈的提纲》中提出的哲学使命完全一致："哲学家们只是用不同的方式解释世界，而问题在于改变世界。"

其四，从三形态社会理论角度，将历史辩证法运用到历史发展的宏观视域的理解中去，并提出了必然王国到自由王国的辩证法。毋庸置疑，马克思在《资本论》创作阶段所提出的三形态社会理论具有重大的哲学意义。在《1857—1858 年经济学手稿》中，马克思提出了三形态社会理论。从人的发展阶段来看，这一理论把人的发展分为人的依赖性阶段、物的依赖性基础上人的独立性阶段、自由个性阶段。从这一划分来看，当前世界仍旧处于从物的依赖性基础上的人的独立性阶段向自由个性阶段的过渡中，从根本上说，当代世界所处的是物的依赖性阶段。笔者认为，有必要将从物的依赖性到自由个性的发展阶段作为一个重要的发展阶段单独予以探讨。物的依赖性社会的特征具有双重特质：一方面，它代表了人类发展迄今为止的较为高级的发展阶段，是历史发展的产物，是现代社会的基本特征，因而具有历史的进步性和合理性，值得肯定。另一方面，从伦理意义上看，物的依赖性社会导致了人的全面的物化和异化，加深了社会发展的矛盾，具有其不合理性，因而应该被更高级的社会所代替。这里应该注意的是，在这两个方面的分析中，我们实际上采用了相互交织的两种尺度，在第一种判断中，我们主要使用了历史尺度（科学尺度），而在第二种判断中，则主要使用了伦理尺度（人的尺度）。从历史唯物主义的观点来看，第一种尺度更为重要，即我们应该坚持历史尺度优先的原则。从这一原则来看，我们对物的依赖性社会不应做过多的批判。毕竟，建设一个全面的物的依赖性社会（或者说发达的市场经济主导的社会）乃是我们未来一段时期的长期发展的任务和目标。但是，这并不等于我们完全认可物的依赖性社会。就更为长远的目标和远景来看，理想的社会是自由个性的社会。自由个性社会有以下特征。首先，自由个性的社会以人的全面发展为基础。所谓“自由个性”，是指人不仅摆脱了“人的依赖关系”，而且摆脱了“物的依赖性”，从而真正独立地，自由地存在和发展自身，按照自己的个性特点自由地安排自己的生活和活动。而达到这样一个自由个性的社会，其前提是生产力的高度发展之上的人的全面发展。马克思指出：

> 全面发展的个人——他们的社会关系作为他们自己的共同的关系，也是服从于他们自己的共同的控制的——不是自然的产物，而是历史的产物。要使这种个性成为可能，能力的发展就要达到一定的程度和全面性，这正是以建立在交换价值基础上的生产为前提的。这种生产才在产生出个人同自己和同别人相异化的普遍性的同时，也产生出个人关系和个人能力的普遍性和全面性。①

其次，自由个性的社会是消除了异化和物化的社会。在自由个性的阶段，个人的丰富性和普遍性是建立在异化之消除的基础上的，或者说，是私有财产之扬弃的结果。这一阶段的出现必须以第二阶段的充分发展为前提。最后，自由个性阶段是真正的人的自由和全面发展的阶段。所谓自由

---

① 《马克思恩格斯全集》第30卷，人民出版社1995年版，第112页。

个性，不仅指人获得了政治上的自由，享有自由的权利，而且指人们能够控制自己的社会关系和自己的能力，人们的活动成为自由自觉的活动，获得了本体论上的彻底自由。在某种意义上说，这接近于马克思在《德意志意识形态》中所描述的乌托邦式的场景：

> ……共产主义社会里，任何人都没有特殊的活动范围，而是都可以在任何部门内发展，社会调节着整个生产，因而使我有可能随自己的兴趣今天干这事，明天干那事，上午打猎，下午捕鱼，傍晚从事畜牧，晚饭后从事批判，这样就不会使我老是一个猎人、渔夫、牧人或批判者。①

物的依赖性是一个过渡性的社会。如何从物的依赖性过渡到自由个性呢？在马克思看来，其一，这一过渡必须以生产力的极大发展，社会产品的极大丰富为前提。从物的依赖性到自由个性的发展，首先表现为物的依赖性的充分实现。如果不能充分实现物的依赖性的社会，自由个性就根本不可能提上日程。而这个物的依赖性社会的实现，也就意味着生产力的极大的发展，社会物质产品的极大丰富，从而为人们的自由自觉的活动提供前提。其二，这一过渡表现为在社会生产力的发展和社会生产关系的变革中逐步消除异化。在物的依赖性基础上的人的独立性并不是真正的独立性，可以说是一种伪独立性，因为在这一社会中，人受到物的限制，受到不以他为转移并独立存在的关系的限制。

> 这些外部关系并未排除“依赖关系”，它们只是使这些关系变成普遍的形式；不如说它们为人的依赖关系造成普遍的基础。……个人现在受抽象统治，而他们以前是互相依赖的。但是，抽象或观念，无非是那些统治个人的物质关系的理论表现。②

---

① 《马克思恩格斯文集》第 1 卷，第 537 页。

② 《马克思恩格斯全集》第 30 卷，第 114 页。

因此，消除物的依赖性，就是消除统治人的物质关系。这是一个漫长的历史过程。其三，这一过渡意味着在社会革命的基础上对政治、经济、文化等社会制度进行全方位革命。生产力的发展并不排除生产关系的革命。而生产关系的革命同时就会引起广泛的社会革命，包括经济、政治、文化、思想等多方面全方位的革命。从物的依赖性向自由个性的过渡，以生产关系革命为引导的社会全方位革命为激进的形式。这一革命形式有时可以表现为暴力革命，但更多时候表现为社会的渐进的缓慢的变革。其四，这一过渡意味着人的自由和全面发展的逐步实现。自由个性意味着人的自由和全面发展的实现。从物的依赖性到自由个性的过渡，最终的落脚点是全面发展的、自由的个人。人的自由而全面发展有下列前提：（1）生产力的高度发展；（2）消灭私有制，扬弃私有财产；（3）消除脑力劳动和体力劳动，物质劳动和精神劳动的分工，消除城乡差别等具体的手段的实施；（4）文化繁荣和教育发展为人的自由全面发展提供素质前提。

在《资本论》中，马克思还提出了由必然王国向自由王国过渡的辩证法。马克思写道：

> 事实上，自由王国只是在必要性和外在目的规定要做的劳动终止的地方才开始；因而按照事物的本性来说，它存在于真正物质生产领域的彼岸。……这个领域内的自由只能是：社会化的人，联合起来的生产者，将合理地调节他们和自然之间的物质变换，把它置于他们的共同控制之下，而不让它作为一种盲目的力量来统治自己；靠消耗最小的力量，在最无愧于和最适合于他们的人类本性的条件下来进行这种物质变换。但是，这个领域始终是一个必然王国。在这个必然王国的彼岸，作为目的本身的人类能力的发挥，真正的自由王国，就开始了。但是，这个自由王国只有建立在必然王国的基础上，才能繁荣起来。工作日的缩短是根本条件。①

① 《马克思恩格斯文集》第7卷，人民出版社2009年版，第928~929页。

这段至关重要的论述告诉我们，人类的自由的发展的前提条件是劳动生产率的提高。因为只有劳动生产率提高了，才能有更多的剩余劳动。最终的结论是，自由王国只是存在于必要性和真正物质生产力的彼岸，也就是说，在生产力无限丰富和发展的情况下，人类才能进入自由王国。这个自由王国，就是马克思的共产主义理想。而这一王国达到之前，是自然必然性的王国。这时人们应该怎么做呢？

> 这个领域的自由只能是：社会化的人，联合起来的生产者，将合理地调节他们和自然之间的物质变换，把它置于他们的共同控制之下，而不让它作为一种盲目的力量来统治自己；靠消耗最小的力量，在最无愧于和最适合于他们的人类本性的条件下来进行这种物质变换。但是，这个领域始终是一个必然王国。

在笔者看来，这段论述是马克思对在资本主义社会向共产主义社会转变（从必然王国转向自由王国的过渡）中的一段具有原则高度的论述。但是，这样的王国始终是必然王国，而不是自由王国。

> 在这个必然王国的彼岸，作为目的本身的人类能力的发挥，真正的自由王国，就开始了。但是，这个自由王国只有建立在必然王国的基础上，才能繁荣起来。工作日的缩短是根本条件。①

最终，马克思将自由王国的建立，将必然王国向自由王国的过渡的基础和根本条件，建立在工作日的缩短上。而工作日的缩短，我们知道，只能是以生产力高度发展、劳动生产率的提高、剩余劳动扩大为条件。这样，马克思就原则上指出了人类自由发展的前提条件，指出了人类自由发展的根本途径，这就是发展生产力，提高劳动生产率。

由此看来，在《资本论》中，马克思依据历史唯物主义的原理，将历

---

① 《马克思恩格斯文集》第7卷，第929页。

史辩证法具体运用到对资本主义社会生产的批判和分析中去，将历史辩证法具体化为具体社会历史阶段中的发展的辩证法，深化和发展了辩证法理论。在某种意义上说，马克思的辩证法理论并不是一种独立的理论，对它的理解不能脱离马克思的历史唯物主义思想，也不能脱离其对资本主义社会批判和共产主义的论证。只有将对辩证法的理解运用到马克思的历史观和社会观中，才能理解马克思的辩证法，而只有将辩证法运用到马克思的历史观和社会观中去，才能真正理解马克思的历史理论和社会理论。

第二章
黑格尔辩证法与马克思辩证法的关系再思考

黑格尔辩证法与马克思辩证法之间的关系问题，是马克思主义哲学研究中的一个老问题，也是一个对于理解马克思主义哲学来说具有极端重要性的理论问题。在某种意义上说，全部对马克思主义哲学理解的核心即在于此，无论是对马克思主义哲学正确的理解，还是错误的理解，都能够追溯至黑格尔问题——是否真正理解了黑格尔与马克思之间的关系，意味着是否真正理解了黑格尔，也意味着是否真正理解了马克思，意味着是否真正将马克思主义哲学置于现代哲学的基础之上，也就是说，必须将马克思主义哲学理解为后-黑格尔的。马克思哲学是后-黑格尔的，这一至关重要的标示绝不仅仅是指时间上的先后关系，而毋宁说完全是逻辑意义上的。因此，这一有关黑格尔的问题，看似平平常常，实则至关重要。我们可以说，如果不能真正理解黑格尔，当然也无法理解马克思。而对于马克思的辩证法而言，则尤其如此——只有从黑格尔与马克思之间的关系入手，才能真正厘清马克思辩证法与黑格尔辩证法之间的关系。因此，本章拟以黑格尔与马克思的关系作为突破口，探讨马克思辩证法与黑格尔辩证法之间的关系，目的仍然在于继续深化对马克思辩证法思想的理解。

第一节　在何种意义上理解黑格尔的辩证法

在何种意义上理解黑格尔的辩证法，这是一个极为本源的问题，也是一个极端重要的问题。问题的关键在于，在何种意义上理解黑格尔的辩证法，决定着我们将在何种意义上理解马克思的辩证法。对这个问题的讨论可能使我们陷入黑格尔哲学的巨大渊薮中而不能自拔，为了能够将问题提得更为清晰些，我们从以下几个方面来加以探讨：其一，黑格尔的辩证法是知识论意义上的，还是方法论意义上的；其二，黑格尔的辩证法是逻辑学意义上的，还是存在论意义上的；其三，黑格尔的辩证法是思想范畴辩证法，还是社会历史辩证法。尽管这几个问题可能互有重叠，很难将其完全区分开来，但笔者希望通过这几个问题的探讨，为厘清马克思辩证法与黑格尔辩证法之间的关系提供必要的理论基础和前提。

一 黑格尔的辩证法是认识论意义上的还是方法论意义上的？

众所周知，近代哲学的开启者，也是德国古典哲学的奠基人康德，实现了一个哥白尼式的革命，这一革命在某种意义上是认识论的革命，即将传统形而上学的世界何以可能问题转变为认识何以可能问题，从而开启了德国古典哲学。在康德的三大批判中，无疑是《纯粹理性批判》为康德的总批判奠定了基础，这也就使康德的批判学说本质上还是限定在认识论的范围之内，虽说不时地会脱出认识论的视域而进入本体论和方法论等视域。但是，由于康德的批判学说根本上乃是理性的批判（无论是纯粹理性、实践理性还是判断力，归根结底是理性批判），这就使康德的学说不可能洞穿主体内部达到外部，就是说，康德的哲学是一种主体哲学。在康德的理论话语体系中，当纯粹理性运用只适合于经验范围的知性范畴去认识和解释超经验的理念——灵魂、世界和上帝时，就会陷入种种困境之中，康德称之为先验幻相，这就是所谓先验辩证法。因此，康德的辩证法（二律背反）乃是认识论意义上的辩证法——所谓先验辩证论，就是人类理性认识的一种两难困境。因此我们看到，康德的辩证法是被限制在认识论之内，其本质上是一种认识的辩证法。在康德那里，这种辩证法并不具有积极的意义，毋宁说，它是一种消极的辩证法，是人们应该予以克服的一种认识谬误。那么，在黑格尔那里，情形又如何呢？黑格尔断然否定了康德的认识论意义上的消极的辩证法。黑格尔在对康德哲学进行论述时，对康德的这种消极辩证法予以明确的批判。康德把人们运用理性时所产生的矛盾局限在自我意识之内，认为事物本身并无矛盾，矛盾只是我们的一种误认，一种幻象，因而把矛盾作为一种不幸之事。康德把这种矛盾限制在心灵之内，而认为事物本身（物自体）并无矛盾。黑格尔认为，康德并未能解决矛盾，而是将矛盾悬置了。黑格尔认为，这种矛盾不是认识的谬误，而恰恰是真理的来源。“精神（最高的东西）就是矛盾，这决不应该是什么不幸的事。”“真正的解决在于认识到这样的真理：范畴本身没有真理性，理性的无条件者也同样没有真理性，只有两者的具体的统一才有真理性。”[①] 可以说，正是在康德消极地否认了认识事物真理可能性的地方，黑格尔却认为，这正是事物的真理所在。

黑格尔对康德哲学有所继承，也有所批判。黑格尔对康德哲学的主要批判之点是康德哲学的二元论和不可知论。康德认为，人们只能认识事物的现象，而不能认识事物的本质，因而存在一个不可知之物，即物自体，自在之物。黑格尔认为，理性的任务就在于把握思维与存在的统一，或者说，最终将思维和存在同一起来，而康德哲学未能完成这一任务，他把哲学的这一任务取消了。在《哲学史讲演录》中，黑格尔批判道：“康德哲学是在理论方面对启蒙运动的系统陈述，认为可以知道的只是现象，此外没有什么真实的东西。他把知识归入意识和自我意识，但坚持这种观点，认为知识只是主观的和有限的知识。当康德接触到概念和无限的理念、揭示它的形式的范畴并进入到它的具体要求时，他又否认这无限的理念为真理，把它认作一个仅仅主观的东西，因为他业已把有限的认识认作固定的、最后的观点了。康德这种哲学使得那作为客观的独断主义的理智形而上学寿终正寝，但事实上只不过把它转变成为一个主观的独断主义，这就是说，把它转移到包含着同样的有限的理智范畴的意识里面，而放弃了追问什么是自在自为的真理的问题。”[②] 黑格尔对康德的批判可谓一针见血。康德的哲学只不过是把客观的独断论转变为主观的独断论，将知识看作只是主观和有限的认识，悬置了对自在自为的真理（思维和存在的同一）的

① 〔德〕黑格尔：《哲学史讲演录》第4卷，贺麟、王太庆译，商务印书馆1978年版，第282页。

② 〔德〕黑格尔：《哲学史讲演录》第4卷，第258页。

追求。康德哲学（尤其是其辩证法）为什么不能达到真理，而只是将真理悬置了呢？原因在于，康德将理性、概念和范畴局限在主观领域之内了。康德的辩证法由于归根结底乃是认识论意义上的，因而不能将主客体统一起来，将思维和存在统一起来。

黑格尔哲学的首要意图就在于冲破这种基于认识论意义上的辩证法的二元论，将思维和存在统一起来。在康德那里，辩证法仅仅是消极的矛盾，是事物的二律背反和认知谬误，而在黑格尔那里，辩证法则首先取得了方法论意义，因而是积极意义的辩证法。当然，我们可以从许多维度来理解黑格尔的辩证法。但是，从黑格尔辩证法与康德的辩证法相对立的角度而言，笔者认为，首先应该把黑格尔的辩证法理解为方法论意义上的。对于黑格尔而言，辩证法首先是一种方法，这在马克思看来也是不言而喻的。我们记得，马克思曾经反复提及辩证法是一种方法，正是在方法论的意义上，辩证法也被称为辩证方法。在黑格尔那里，辩证法作为一种方法论原则，是贯穿到其整个理论体系中的。在《精神现象学》序言开篇中，黑格尔就指出了辩证法作为一种方法论原则的重要性。黑格尔认为，人们在理解事物时，应该摈弃那种非此即彼，非对即错的对立思维，而应该运用对立统一的思维来理解，对于事物的矛盾，哲学体系的矛盾也应该如此来把握。正如花蕾和花朵、果实之间的否定关系一样。黑格尔写道："人的见解愈是把真理和错误的对立视为固定的，就愈习惯于以为对于某一现成的哲学体系的态度不是赞成就必是反对，而且在一篇关于某一哲学体系的声明里也就愈习惯于只在其寻找赞成或反对。这种人不那么把不同的哲学体系理解为真理的前进发展，而毋宁在不同的体系里只看见了矛盾。花朵开放的时候花蕾消逝，人们会说花蕾是被花朵否定了的；同样地，当结果的时候花朵又被解释为植物的一种虚假的存在形式，而果实是作为植物的真实形式而代替花朵的。这些形式不但彼此不同，并且互相排斥互不相容。但是，它们的流动性却使它们同时成为有机统一体的环节，它们在有机统一体中不但不互相抵触，而且彼此都同样是必要的；而正是这种同样的必要性才构成整体的生命。但对一个哲学体系的矛盾，人们并不习惯于以这样的方式去理解，同时把握这种矛盾的意识通常也不知道把这种矛盾从其片面性中解放出来或保持其无片面性，并且不知道在看起来冲突矛盾着的形态里去认识其中相辅相成的环节。”① 在笔者看来，这段话十分清楚地论述了黑格尔的方法论的辩证法观点。在这里，黑格尔含蓄地批评了康德的二元对立的思想方法，而将其转变为辩证方法的对立统一方法，并指明了这种方法是理解和建构哲学体系的原则性方法。在《精神现象学》和《逻辑学》等著作中，黑格尔就是遵循这种辩证方法来建构其理论体系的。把康德的认识论意义上的辩证法，转变为方法论意义上的辩证法，使辩证法获得了生机，不再是消极的辩证法，而成为积极的辩证法，这是黑格尔的一个重要的理论贡献。当然，仅仅从方法论意义来理解黑格尔的辩证法还是不够的。我们对黑格尔辩证法的意义仍需进一步辨明，这就进入对第二个问题的探讨。

二　黑格尔的辩证法是逻辑学意义上的还是存在论意义上的？

我国哲学界对马克思辩证法的理解始于恩格斯的《自然辩证法》。而恩格斯的《自然辩证法》的重要来源或范本是黑格尔的《逻辑学》，包括《小逻辑》。因此，我国哲学界在理解黑格尔的辩证法时，延续恩格斯对辩证法的理解，将黑格尔的《逻辑学》作为黑格尔辩证法的主要文本依据。应该说，这在本质上没有错，但是，由此导致了一种错误的倾向，即将黑格尔的辩证法理解为逻辑学意义上的。什么是逻辑学呢？在此我们不可能对逻辑学之历史进行全面的考察，也不可能对逻辑学这一术语的翻译来进行词源学上的考证。但是，一般而言，作为一门专门学科，逻辑学一般被理解为研究纯粹理念的科学，所谓纯粹理念就是思维最抽象的要素所形成的理念。进而言之，逻辑学就是对人们的思维方式的一种纯粹抽象；就其历史和分类而言，则有形式逻辑、数理逻辑等。黑格尔在其《小逻辑》的开篇中也是持这种看法。那么，黑格尔是否在纯粹思维方式的抽象这一含义上来理解逻辑学呢？或者说，黑格尔的《逻辑学》中，逻辑学的意义是否就是一般而言的逻辑学呢？我们认为，如果把黑格尔的逻辑学等同于一

---

① 〔德〕黑格尔：《精神现象学》（上卷），贺麟、王玖兴译，商务印书馆1979年版，第2页。

般的逻辑学，这是对黑格尔相当肤浅的皮相之见。为什么这么说呢，难道黑格尔本人对自己的逻辑学的定义并不能真正概括自己的哲学的实质吗？笔者认为，这要从黑格尔逻辑学的实质来理解，而不能仅仅从黑格尔本人对逻辑学的表面界定来理解。关键在于如何理解黑格尔所说的思维（或者说思想）。实际上，在《小逻辑》开篇黑格尔即指出，思想即我，而对象本身也是通过我们的思想才呈现于我面前的，因而思维并不是客观事物本身的反映，相反，客观事物恰恰是我的思想的结果。因此，思想乃是客观的思想——对象性的思想，因此研究思想的科学逻辑学也就是研究事物的科学即形而上学。从思想到事物可以直接过渡，二者本来就是一回事，黑格尔在《小逻辑》的以下两节中清楚地指出了这一点。“反思既能揭示出事物的真实本性，而这种思维同样也是我的活动，如是则事物的真实本性也同样是我的精神的产物，就我作为能思的主体，就我作为我的简单的普遍性而言的产物，也可以说是完全自己存在着的我或我的自由的产物。”“思想，按照这样的规定，可以叫做客观的思想，甚至那些最初在普通形式逻辑里惯于只当作被意识了的思维形式，也可以算作客观的形式。因此逻辑学便与形而上学合流了。形而上学是研究思想所把握住的事物的科学，而思想是能够表达事物的本质性的。”① 所以，在黑格尔那里，逻辑学就是形而上学，质言之，是黑格尔的整个哲学。逻辑学是研究客观思想的，而客观思想之实质乃是事物本身，就此而言，黑格尔的逻辑学并不是传统意义上或一般意义上的思维形式的科学，而是事物本身的科学，是存在论意义上的。由此我们可以得出结论，黑格尔的辩证法也不是传统的逻辑学意义上的，而是存在论意义上的。

黑格尔研究专家科耶夫通过对《精神现象学》的研究指出，黑格尔的辩证法是存在论意义的辩证法，他甚至并不承认黑格尔辩证法的方法论意义——对此笔者并不赞同——但是指证黑格尔辩证法的存在论意义，确实是科耶夫的深刻洞见。科耶夫极为细致地研究了黑格尔的下述断言：“逻辑思想就形式而论有三方面：（a）抽象的或知性〔理智〕的方面，（b）辩证的

---

① 〔德〕黑格尔：《小逻辑》，贺麟译，商务印书馆 1980 年版，第 78、79 页。

或否定的理性的方面，（c）思辨的或肯定理性的方面。”[①] 按照黑格尔的解释，这三个方面并不是分裂的，而是互相联系的一个整体，构成了真理的各环节。科耶夫把黑格尔的上述论断看作黑格尔对辩证法的定义。在他看来，黑格尔的辩证法不是认识论的，也不是方法论的，而是存在论的。原因在于，在黑格尔那里，所谓逻辑思想、真理都是关于存在的，而不是思想本身的。他指出：“上述引文中的逻辑思想（das Logische）并不表示在自身中被考虑的逻辑思想，而是表示在思维中或语言（Logos）中并通过思维或语言被（正确地）揭示的存在（Sein）。上述的三个方面因而首先是存在本身的诸方面：它们是本体论的范畴，而不是逻辑的或认识论的范畴；它们当然不是研究或阐述方法的单纯技巧。”[②]

科耶夫的表达是十分清楚的，黑格尔的辩证法绝不是认识论或逻辑学的，甚至也不是方法论的，而纯粹是存在论的或本体论的。科耶夫强调了上述三个方面的第二个方面，即辩证的、否定的理性方面，认为逻辑思想之所以是辩证的，仅仅因为存在本身是辩证的。“之所以‘逻辑’思想有三个方面，换句话说，之所以‘逻辑’思想（在广义上）是辩证的，仅仅因为存在本身（在广义上）是辩证的，因为它包含一个‘否定的’（在狭义上和强意义上的‘辩证’的）‘因素’或‘方面’。”[③]

在此我们无法对科耶夫对黑格尔辩证法的整个解读做出评判，但是至此很清楚，科耶夫对黑格尔的辩证法的存在论意义是极为重视的，这也恰恰是我们应该予以重视的。思维形式的辩证法的根源仅仅在于存在本身的辩证法，而黑格尔的所谓逻辑思想的辩证法，不过是以思维形式辩证法的表象表现出来的存在辩证法，其根本性质乃是存在论意义上的辩证法。这也是我曾经强调过的本体论和世界观意义上的辩证法。笔者认为，从本质上看，应该把辩证法理解为本体论与世界观，辩证法是世界的存在方式，不仅是自然界的存在方式，也是人类世界特别是人类社会历史的存在方式和发展方式。正因为辩证法是世界的存在方式，所以辩证法的思维方式和

① 〔德〕黑格尔：《小逻辑》，第172页。

② 〔法〕科耶夫：《黑格尔导读》，姜志辉译，译林出版社2005年版，第532页。

③ 〔法〕科耶夫：《黑格尔导读》，第533页。

方法论才能正确地理解和把握世界。所以，辩证法的世界观维度是更为本源性的，是辩证法的本质维度，它决定了对辩证法其他维度的理解。因此,强调从本体论与世界观维度来理解辩证法，就是一个重要的理论问题。

不仅科耶夫是这样理解黑格尔的辩证法的，实际上，马克思对黑格尔的辩证法也是这样理解的，即把黑格尔的辩证法理解为存在论意义上的。难道《1844 年经济学哲学手稿》中对黑格尔的辩证法批判不是标志着马克思积极地将黑格尔的辩证法理解为存在论意义上的辩证法的一种思想努力吗？在那里，马克思指出，黑格尔的“全部逻辑学都证明，抽象思维本身是无，绝对观念本身是无，只有自然界才是某物”①。马克思还指出，所谓“非对象性的存在物是非存在物”②，这难道不是从反面指证出黑格尔逻辑学的辩证法的存在论意义吗？在《神圣家族》中，马克思指出：“在黑格尔的体系中有三个要素：斯宾诺莎的实体，费希特的自我意识以及前两个要素在黑格尔那里的必然充满矛盾的统一，即绝对精神。第一个要素是形而上学地改了装的、同人分离的自然。第二个要素是形而上学地改了装的、同自然分离的精神。第三个要素是形而上学地改了装的以上两个要素的统一，即现实的人和现实的人类。”③ 所谓自然（实体）、精神（绝对精神）、现实的人和人类，不也是将黑格尔哲学体系中的思辨的逻辑范畴还原为历史唯物主义的范畴，在存在论的意义上解读黑格尔哲学体系中的三个要素吗？

是否将黑格尔的辩证法理解为存在论意义上的，这一问题至关重要，因为只有在存在论意义上理解黑格尔的辩证法，才有可能理解黑格尔的整个哲学思想体系，才有可能理解其历史思想，从而将黑格尔的辩证法与马克思的辩证法贯通起来。在存在论意义上来理解辩证法，直接导致我们思考这样一个问题：黑格尔的辩证法是思辨哲学的范畴辩证法，还是社会历史的辩证法？

---

① 《1844 年经济学哲学手稿》，第 115 页。

② 《1844 年经济学哲学手稿》，第 106 页。

③ 《马克思恩格斯文集》第 1 卷，第 341 ~342 页。

三　黑格尔的辩证法是思想范畴辩证法还是社会历史辩证法?

如前所述，《逻辑学》是黑格尔辩证法的重要文本，因而人们对黑格尔的辩证法的理解往往是从《逻辑学》中的思维范畴的辩证发展来理解黑格尔辩证法的。当然，初看起来，黑格尔的辩证法确实是思维范畴的辩证法。然而，稍微深入一些思考，我们就会抛弃这种理解。但是，由于历史影响，这种思维范畴辩证法的理解仍然有着广泛的影响。我国哲学界甚至曾经一度将黑格尔《逻辑学》的成果仅仅概括为在认识论上探讨了思维发展的过程。当然，今天我们已经基本超出了这种十分肤浅和表面的理解，而达到对黑格尔辩证法的深度理解。问题的关键是，我们如果要在存在论意义上来理解黑格尔的辩证法，就会在黑格尔《逻辑学》那些思维范畴的辩证发展中，理解到社会历史的辩证法。由此看来，从存在论意义上理解黑格尔辩证法，其必然的结论将是把黑格尔辩证法理解为社会历史的辩证法。

科耶夫对黑格尔辩证法的解读再次引起了笔者的关注。科耶夫非常明确且执着地反复指出，黑格尔的辩证法是历史辩证法，是人的世界的辩证法。根据科耶夫的理解，黑格尔的辩证法不能被理解为脱离人的辩证法，所谓自然世界的辩证法在黑格尔那里是无法理解的。而黑格尔的辩证法之所以是辩证的，归根结底与黑格尔将哲学限制在人的领域内相关联，与人的自由和行动相关联。而与人有关的辩证法，也就是历史辩证法，二者说的是一件事情。科耶夫论述道:“人们能说，归根结底，黑格尔的辩证法之所以具有一种辩证特点，是因为他的辩证法试图解释自由，或者这样说也一样，本义上的行动，即有意识的和有意志的人的行动的现象;或者再换一种说法也一样，因为他的辩证法试图解释历史。总之，这种哲学之所以是辩证的，是因为它试图解释人在世界中存在的事实，揭示或描述实在地存在着的，即在其不可取消的特殊性中或本质上不同于自然的一切东西的人。”① 由此可见，在科耶夫的理解中，黑格尔的辩证法（从《精神现象

① 〔法〕科耶夫:《黑格尔导读》，第574~575页。

学》的辩证法到《逻辑学》的辩证法)，尽管看起来似乎是纯粹理念的运动，是思维范畴，逻辑思想的演化，但归根结底是在阐释人和历史。这样，我们说，黑格尔的辩证法是社会历史的辩证法。

科耶夫对黑格尔辩证法的全部结论是："黑格尔的辩证法不是一种研究或哲学阐述的方法，而是关于存在的结构，以及存在的实现和显现的一致性描述。断言存在是辩证的，就是首先意味着（在本体论方面）存在是包含同一性和否定性的整体性；其次意味着（在形而上学方面）存在不仅仅作为自然的世界，而且也作为一个历史的（人的）世界得以实现，这两个世界穷尽了现实的整体（没有神的世界）；最后意味着（在现象学方面）现实不仅仅作为无生命的东西，而且也作为本质上时间的或终有一死的，（进行斗争和劳动的）历史的自由个体得以实现。或者也可以说：断言存在整体性，间接化和扬弃，就是意味着除了存在，还有通向一种成果的创造活动。"[①]很显然，科耶夫对黑格尔辩证法的理解是基于存在论的理解，他把黑格尔辩证法理解为存在论意义上的。尽管科耶夫的结论论及自然和历史两个方面，论及了无生命的东西，但毫无疑问，他强调的核心和重点在于后者即在于终有一死的人之存在，在于历史和人的现实世界，在于劳动所创造的人和世界。对于作为辩证法核心的扬弃和否定，科耶夫最终将其等同于人的创造性活动，即劳动。正如我们所已经指出的，科耶夫拒斥了对黑格尔辩证法的方法论理解，也完全不同意将黑格尔辩证法看作逻辑范畴演变的理解，而将黑格尔辩证法完全理解为社会历史的辩证法。

科耶夫的结论无疑是值得重视的。另一位著名的黑格尔研究专家查尔斯·泰勒则指出，在黑格尔那里，存在两种辩证法，其一是本体论的辩证法，其二是历史辩证法。这两种辩证法互相影响，因此不能将它们分割开来理解，而必须在相互联系中加以理解。这是因为，在黑格尔那里，观念与现实是相互联系的。泰勒写道："正如历史现实的变化那样，变化着的观念对历史辩证法来说是至关重要的。观念与现实之间确实具有密切的联系。在黑格尔著作中，我们可以从这里看到这两种辩证法是如何密切地联

① 〔法〕科耶夫：《黑格尔导读》，第628页。

系在一起的。每一方都包含着对于他方的解释。黑格尔的历史哲学有助于去探讨他的本体论；而他的本体论又需要历史的展开。"[①] 泰勒对本体论的辩证法和历史辩证法做了进一步的区分。在"作为解释性辩证法的现象学"这一部分中，泰勒指出，本体论的辩证法是这样的辩证法：它开始于一个确定的基础，并通过不同的观念向着越来越适当的形式运动。这一本体论辩证法的典范是《精神现象学》中的意识辩证法。而历史辩证法则开始于这样一个主题，即历史始终追寻着一个确定目的。历史辩证法在《精神现象学》中的范例则是"主人和奴隶"的辩证法。对于这两种辩证法，泰勒做了进一步的区分，认为第一种辩证法（本体论的辩证法）是严格意义上的辩证法，而历史辩证法则不是严格意义的辩证法，它是作为解释性的或解释学的辩证法。第一种辩证法是严格的，它是通过严格的论证来进行的，因而是无法否认的。而第二种辩证法则只是通过花言巧语的解释来令人信服的，而不是通过严格论证进行的。在这样的意义上，只有《逻辑学》中的辩证法才是严格意义的本体论的辩证法。两者之间存在怎样的关系呢？泰勒认为，前者构成了后者的基础，后者依赖于前者。他写道："我们仍然务必在他的著作中区分开两种辩证论证。一种是自我证明和自圆其说的辩证论证，因为它们从无法否认的开端开始。另一种论证依赖于其他论证，它们务必利用其他论证的结论来证明自己的解读。在这个意义上，我们称作'严格的'辩证法的东西是自我证明的，我们称作'解释性的'辩证法的东西是依赖性的。我们称作'历史的'辩证法的东西（还有自然哲学）属于依赖性的辩证法那一类。"[②] 我们不难看出，泰勒强调了黑格尔辩证法的本体论维度，而对黑格尔的辩证法的历史维度（历史辩证法）持相对轻视和否定的态度。尽管他也指出了历史辩证法在黑格尔那里存在，但历史辩证法并不能作为第一性的，而只能是依赖性的，从属于和依赖于本体论的辩证法。在笔者看来，尽管这一理解对于我们深入理解黑格尔辩证法具有启发意义，但从实质上讲，将黑格尔的历史辩证法置于从属地位和依赖地位，则没有把握黑格尔辩证法的精髓，也是黑格尔本人所不能同意的。

---

① 〔加拿大〕泰勒：《黑格尔》，张国清、朱进东译，江苏人民出版社 2009 年版，第 181 页。
② 〔加拿大〕泰勒：《黑格尔》，第 299 页。

当然，更为值得重视的是马克思对黑格尔辩证法的评价。在《1844 年经济学哲学手稿》中，马克思对黑格尔辩证法和整个哲学进行了批判，标题即“对黑格尔辩证法和整个哲学的批判”，这个标题虽然是编者所加，但取自《1844 年经济学哲学手稿》序言，准确概括了这一部分的主要内容。在那里马克思对《精神现象学》的成果概括如下：“黑格尔的《现象学》及其最后成果——辩证法，作为推动原则和创造原则的否定性——的伟大之处首先在于，黑格尔把人的自我产生看作一个过程，把对象化看作非对象化，看作外化和这种外化的扬弃；可见，他抓住了劳动的本质，把对象性的人、现实的因而是真正的人理解为他自己的劳动的结果。”① 马克思还写道：“因为黑格尔根据否定的否定所包含的肯定方面把否定的否定看成真正的和惟一的肯定的东西，而根据它所包含的否定方面把它看成一切存在的惟一真正的活动和自我实现的活动，所以他只是为历史的运动找到抽象的、逻辑的、思辨的表达，这种历史还不是作为一个当作前提的主体的人的现实历史，而只是人的产生的活动、人的形成的历史。”② 这两段重要的论述，基本能够代表马克思对黑格尔《精神现象学》的评价。两段话相联系，马克思对黑格尔辩证法的评价脉络清晰可见，这里至关重要的是，马克思将黑格尔的辩证法指证为历史辩证法，或者说，马克思对黑格尔辩证法的理解完全是从历史辩证法的角度进行的。尽管马克思批判了黑格尔辩证法的非现实性和非批判性，但对黑格尔的基本的社会历史辩证法做出了积极的肯定的评价，这也是马克思取自黑格尔而进行了历史唯物主义基础上的修正和超越的地方。还应该指出的是，虽然此处马克思对黑格尔的指证主要是依据《精神现象学》，但由于马克思将《精神现象学》看作黑格尔整个哲学体系的导论，看作思辨哲学的秘密，因此，马克思对《精神现象学》的这一评价实质上也是对整个黑格尔哲学的评价。

通过以上论述，笔者的基本结论是：从本质上来看，黑格尔的辩证法是存在论意义上的辩证法，虽然其表现形式采取了思维范畴的抽象形式，采取了逻辑学的形式，具有方法论的意义，但在这一形式的表象之下，黑

---

① 《1844 年经济学哲学手稿》，第 101 页。

② 《1844 年经济学哲学手稿》，第 97 页。

格尔辩证法归根结底仍然是存在论意义上的辩证法，原因在于，黑格尔将思维与存在的同一的哲学问题不是看作认识论的问题，而是看作存在论问题，思维也是存在，存在也即思维。正是在这一基础上，黑格尔的辩证法从根本上是对社会历史和人类世界的反映，是社会历史的辩证法。当然，在此我们还只是对黑格尔辩证法进行一个基本定性判断，尽管这一判断使我们基本把握了黑格尔辩证法的实质，然而要进一步理解黑格尔辩证法，则必须从黑格尔的著作中追溯其辩证法的理论根源。

第二节　黑格尔辩证法的理论溯源

为了进一步理解黑格尔的辩证法之特质，让我们回到黑格尔的著作，来探寻黑格尔辩证法的源头。对我们的探讨具有较为重要的联系的著作有《精神现象学》《逻辑学》《法哲学》《历史哲学》。当然，限于我们的论题，我们只能对这些哲学著作中与黑格尔辩证法相关联的内容进行一些概要式论述，以期达到对黑格尔辩证法实质内容的概要理解。

一　《精神现象学》与黑格尔辩证法思想

如前所述，在对黑格尔辩证法的理解中，《精神现象学》具有特殊的理论地位，必须予以重视。但是，在传统马克思主义哲学和我国西方哲学研究中，对黑格尔《精神现象学》在黑格尔辩证法中的始源地位，或者重视不够，或者研究不深，还未能将黑格尔《精神现象学》在黑格尔辩证法中的始源地位进行全面和深入的探讨。实际上，在《1844 年经济学哲学手稿》中，马克思将黑格尔的《精神现象学》置于黑格尔哲学的极为重要的地位，认为《精神现象学》包含了黑格尔哲学的全部秘密，是黑格尔哲学的出发点。马克思指出，理解黑格尔的哲学体系，必须从《精神现象学》开始，“必须从黑格尔的《现象学》即从黑格尔哲学的真正诞生地和秘密开始”①。科耶夫在《黑格尔导读》中，也对《精神现象学》予以高度重视。在科耶夫看

---

① 《1844 年经济学哲学手稿》，第 97 页。

来，《精神现象学》是黑格尔哲学体系的一个导论。实际上，科耶夫的整个《黑格尔导读》有意识地以对《精神现象学》的解读为中心内容。他说："我的讲课遵循克瓦雷先生的解释方法，按照他的指导思想，致力于研究《精神现象学》。"[①] 而泰勒也明确地指出了这一点，认为《精神现象学》可以被看作黑格尔哲学体系的一个导论，同时也是黑格尔哲学体系的一个组成部分。他写道："黑格尔似乎把它看作导向《逻辑学》的一个导引，在这一意义上，它的确是一个导论。但是与此同时，他把这部著作描述为一个'科学体系'的'第一部分'。这个体系将包括《逻辑学》以及后来发展为《自然哲学》和《精神哲学》的东西，他在耶拿时期已经完成了它的最初变体。"[②] 实际上，这正是黑格尔的《精神现象学》在其整个哲学体系中的重要性之所在，它既是黑格尔哲学体系的一个部分，又是整个体系的一个导论，这恰恰说明了《精神现象学》既是黑格尔哲学之一个方面，又是黑格尔哲学中作为基础的一个方面，它是整个黑格尔哲学大厦的基础，从这个意义上说，这就是具体的普遍性。可见，《精神现象学》在黑格尔哲学体系中的重要地位是得到了公认的。因此，我们在理解黑格尔整个哲学时，必须从《精神现象学》出发来理解，不理解《精神现象学》，就无法理解黑格尔的哲学体系，而理解了《精神现象学》，就基本把握了黑格尔哲学体系的精髓。同样，对于黑格尔辩证法的理解，我们也应该尤为重视《精神现象学》中的辩证法。

《精神现象学》中的辩证法思想极为深刻而丰富。对此我们不能一一进行阐释和解读，就我们所关注的方面而言，尤为值得重视的是以下两个方面：主体和实体的辩证法，主人和奴隶的辩证法。

其一，实体和主体的辩证法。主体和实体的辩证法是黑格尔哲学的一个基本原理。在《精神现象学》的序言中，黑格尔反复论述了实体和主体的辩证法。在他看来，实体即主体，或者说，只有将实体理解为作为主体的实体，才能把握事物的真理。他写道："照我看来，——我的这种看法的正确性只能由体系的陈述本身来予以证明——一切问题的关键在

① 〔法〕科耶夫：《黑格尔导读》，第 61 页。

② 〔加拿大〕泰勒：《黑格尔》，第 174 页。

于：不仅把真实的东西或真理理解和表述为实体，而且同样理解和表述为主体。”① 这是黑格尔哲学体系的一个基础性论断，也是黑格尔整个哲学的实质之所在。黑格尔这一晦涩的表达，在我国的哲学话语中通常被简化表达为实体即主体。确实，黑格尔将实体与主体之间的鸿沟取消了，或者说，在这一表达中，黑格尔用主体来统一实体。黑格尔这样做有什么根据呢？在接下来的一段话中，黑格尔对这一论断进行了进一步的论述。他写道：“而且活的实体，只当它是建立自身的运动时，或者说，只当它是自身转化与其自己之间的中介时，它才真正是个现实的存在，或换个说法也一样，它这个存在才真正是主体。实体作为主体是纯粹简单的否定性，惟其如此，它是单一的东西分裂为二的过程或树立对立面的双重化过程，而这种过程又是这种漠不相干的区别及其对立的否定。所以唯有这种正在重建其自身的同一性（sameness）或在他物中的自身反映，才是绝对的真理，而原始的或直接的同一性（unity），则不是绝对的真理。真理就是它自己的完成过程，就是这样一个圆圈，予悬它的终点为目的并以它的终点为起点，而且只当它实现了并达到了它的终点时它才是现实的。”② 黑格尔这段论述，既是对实体即主体这一论断的说明，也是对思辨辩证法的出发点和根基的一个说明。在这段论述中，黑格尔指出了实体即主体这一论述的几个关键要点。第一，作为主体的实体是以自身为中介的设置和建立自身的运动。这就是说，黑格尔哲学中的实体不是一个僵死的直接的同一性（或说同一体），而是以自身为中介的运动，是设置自身的运动；这里的实体不是传统意义上的物质实体，它自身以自身为中介而设置自身，即是说，并不存在那种自我同一的无差别的同一性，而只存在运动中的同一性。或者简言之，作为主体的实体即以自身为中介的运动。第二，黑格尔指出了否定性的本源性地位。作为自身运动的实体，其根源在于其本身是一种纯粹的简单否定性。这就是说，实体本身包含否定自己的因素，它是一种肯定性，但这种肯定性是包含了否定性的。正因如此，实体自身就可以否定自身，改变自身，即分裂为二的运动。第三，真理（事物的真实状态）就

① 〔德〕黑格尔：《精神现象学》（上卷），第10页。
② 〔德〕黑格尔：《精神现象学》（上卷），第11页。

是重新恢复自身、重建自身的同一性，也就是自身内部的他者之反映。黑格尔这里实际上暗示事物自身包含自身的他者。第四，真理是一个圆圈，它将终点预设为目标，并且终点也是其起点，真理就是这样一个自身循环的生成过程。

粗看起来，这就是黑格尔的思辨哲学，黑格尔的绝对唯心主义所表达的东西。在他那里，并不存在脱离主体的自在的实体，而只存在作为主体的自在自为的实体，主体和实体二者并不是两个东西，而是一个东西，如此的一个倒置就将康德的自在之物予以彻底的解构，整个现实事物都被涵括在主体的巨大综合之内。但是，黑格尔的思辨唯心主义的主体观和贝克莱的主体、笛卡尔的我思主体、康德的先验主体都是不同的，后者或者完全否认了客观事物的存在，或者将客观事物的存在推至不可知的彼岸世界，而前者却承认客观事物的存在，只是用主体去整合了客观事物。黑格尔这种激进的整合中包含巨大的合理之处，它将事物、世界、现实理解为一个中介、理解为过程、理解为自身设置自身和生成自身的运动，理解为否定性。这里包含黑格尔辩证法思想的精髓。在黑格尔哲学的视域中，将事物、世界、现实孤立地理解为单一事物的纯粹肯定性的形而上学思维失去了其合法性，而事物本身、实体本身只不过是主体，而主体则只不过是纯粹的简单否定性。这一否定性的东西，构成了黑格尔哲学中的激进革命的辩证法内核。而正是这一点，为马克思所继承和发扬，也成为西方马克思主义乃至后马克思主义思潮所借重的重要思想资源。

其二，主人和奴隶的辩证法。在《精神现象学》中，虽然主人和奴隶的辩证法的论述章节并不是很多，但是尤为引人瞩目。在这一部分的分析中，黑格尔将人归结为人的意识，而人的意识又被归结为自我意识，而自我意识只不过是欲望一般。自我意识对自身的肯定只有通过对对象的扬弃才能实现，而这一扬弃的前提是对象本身的存在。但是，自我意识作为欲望就是扬弃对象，在这一过程中，自我意识经验到了对象的独立性。即是说，对象是一个独立的、不同于自我意识 - 欲望的他者。这样，对对象的单方面扬弃就是不可能的，只有当对象本身是自我否定的，自我意识才能获得满足。对象本身是否定的，且独立的，这就意味着对象也是一个意识，而意识就是自我意识。因此，自我意识的满足就变成了一个自我意识－欲望与另一个自我意识－欲望的关系，是一个自我意识对另一个自我意识的扬弃。黑格尔的结论是：

> 自我意识只有在一个别的自我意识里才获得它的满足。自我意识的概念首先在这三个环节里得到完成：（甲）纯粹无差别的自我是它的最初的直接的对象。（乙）但是这种直接性本身就是绝对的间接性，它只是通过扬弃那独立自存的对象而存在，换言之，它就是欲望。欲望的满足诚然是自我意识返回到自己本身，或者是自我意识确信它自己变成了［客观的］真理。（丙）但是它这种确信的真理性实际上是双重的反映或自我意识的双重化。意识拥有一个对象，这对象自己本身把它的对方或差异者设定为不存在的，因而它自己是独立存在的。这个差异者也只能是一个有生命的形态，在生命本身的过程里诚然也要扬弃它的独立自存性，但是它同它的差异者已不复是原来的样子；而自我意识的对象在这种自身的否定性中同样是独立的；因此它自己本身就是类，就是它自己独立存在的独特性中之普遍的流动性或连续性；它是一个有生命的自我意识。这里的问题是一个自我意识对一个自我意识。①

由此黑格尔就将自我意识及其对象的关系过渡到自我意识之间的关系。因此，孤立的自我意识并不存在，它以另一个自我意识的存在为前提；孤立的纯粹的我并不存在，我之存在总是设定了另一个我的存在。而这就是黑格尔所谓绝对精神的概念。在绝对精神的概念背景下，自我与他者是互相依存的，而这只不过是说自我与另一个自我之间的依存。黑格尔认为，精神只不过是“绝对的实体，它在它的对立面之充分的自由和独立中，亦即在互相差异、各个独立存在的自我意识中，作为它们的统一而存在：我就是我们，而我们就是我”②。

---

① ［德］黑格尔：《精神现象学》（上卷），第121～122页。

② ［德］黑格尔：《精神现象学》（上卷），第122页。

由于自我意识－欲望之间的交互存在，二者就成为欲望之间的斗争。两个自我意识之间，换言之两个独立的人之间必然存在一场殊死的斗争，在这一斗争中胜利的一方则成为主人，失败的一方则成为奴隶。而失败的一方之所以失败，是由于对死亡的恐惧——怕死。主人和奴隶就是独立的意识和依赖的意识之间的关系。但是，主人和奴隶之间的辩证法到此非但没有完成，毋宁说，这只是主人和奴隶辩证法的一个开端而已。接下来，主人和奴隶之间的关系发生了一个至关重要的辩证的颠覆。两个自我意识之间，主人被奴隶承认为自我意识，而奴隶则不被主人承认为自我意识，而是被降格为物的存在。因此主人并不直接与物打交道，而是通过奴隶与物打交道。而奴隶则必须与现实世界的物打交道。奴隶与世界打交道的方式是劳动。正是在劳动中，奴隶逐渐意识到自己也是一个自我意识，一个自在自为的存在。主人由于不直接与现实事物打交道，因此陷入了一种自我的自高自大的傲慢之中；而奴隶在劳动陶冶事物的过程中，则意识到了自己的自在自为。黑格尔写道："在主人面前，奴隶感觉到自为存在只是外在的东西或与自己不相干的东西；在恐惧中，他感觉到自为存在只是潜在的；在陶冶事物的劳动中则自为存在成为他自己固有的了，他并且开始意识到他本身是自在自为地存在着的。"①

主人和奴隶的辩证法为科耶夫所重点予以解释，对法国哲学的黑格尔理解产生了重大的影响。令我们感兴趣的是，科耶夫是在马克思对黑格尔辩证法批判的语境中，理解主奴辩证法的。在《黑格尔导读》作为代序言的部分中，科耶夫引用了《1844 年经济学哲学手稿》中的著名论述作为题词。这一部分恰恰就是对主奴辩证法的解读。在科耶夫看来，主人和奴隶的辩证法开启了自由和解放之路。在主奴辩证法中，主人之路并不是解放之路，而是一条绝路，他在战斗中战胜了死亡的恐惧，也战胜了奴隶，得到了奴隶的承认，但这种承认是单方面的，因为在主人看来，奴隶并不是另一个自我意识，而是等同于对象物。因此，"主人固定在他的主人身分中。他不能自我超越、变化、发展。他必须战胜——和成为主人或维持主

① 〔德〕黑格尔：《精神现象学》（上卷），第 131 页。

人身分——或者死亡。人们能杀死他；人们不能改变他，不能教育他。为了做主人，他冒过生命危险。因此，主人身分是他不可能超越的最崇高的价值”[①]。而奴隶则不同，他被迫进行劳动，而且他的劳动并不是为自己的劳动；他在劳动的时候要保存自己的劳动成果；由此他在劳动中不仅改造事物，使世界成形，也改造自己，自我形成。“在劳动中，他改造物体，同时也改造自己：他在自我改造和自我教育的同时，使物体和世界成形。他在改造物体和改造世界的同时，自我教育，自我成形。”[②]

在主人和奴隶的斗争中，主人的胜利仅仅是暂时的胜利，而奴隶的失败却是胜利的一个新的开端；不仅如此，只有奴隶才能取得最终的胜利；只有奴隶才能获得最终的自由和解放。原因仅仅在于，奴隶必须进行劳动，而劳动构成了奴隶的自由和解放的必然途径和手段。科耶夫从以下方面说明了这一点。第一，劳动使人作为人实现了自己，人成为社会的、历史的人。第二，劳动创造了客观世界，文化世界、人的世界。第三，劳动使人摆脱了焦虑状态。因而，“最终说来，一切奴役劳动并不实现主人的意志，而是实现奴隶的——尽管最初是无意识的——意志，奴隶——最终——在主人——必然——失败的地方取得胜利。最初依赖人的、服侍人的、受奴役的意识，最终实现和显现了独立的自我意识的理想，这就是它的‘真实性’”[③]。

科耶夫将主人和奴隶的辩证法所导致的这一运动过程看作黑格尔所描述的历史发展过程的缩影。概而言之，历史的发展过程就是主人和奴隶通过殊死搏斗之后，主人确认了自己的主人地位，而奴隶确认了自己的奴隶地位之后，奴隶又在劳动中认识到自己的自我意识，认识到自己的自在自为的存在，经过一个革命性的行动，推翻包括主人在内的世界秩序，确立一个新的世界秩序。黑格尔 - 科耶夫所描述的这一历史辩证法，极为形象地描绘了中国几千年来朝代更替的斗争，但这仅仅是表面现象，黑格尔的主人和奴隶的辩证法更为精致和准确地描述了资产阶级革命，在一定意义

① 〔法〕科耶夫：《黑格尔导读》，第 23 页。

② 〔法〕科耶夫：《黑格尔导读》，第 26 页。

③ 〔法〕科耶夫：《黑格尔导读》，第 31 页。

上甚至预言了无产阶级革命。在对主奴辩证法的历史解读语境中，科耶夫指出了历史发展过程的大体图景。

> 历史发展过程的大致情况如下：最初，未来的主人和未来的奴隶都受制于一个给定的，自然的，不依赖于他们的世界：因此，他们还不是真正人性的、历史的存在。然后，通过冒生命危险，主人上升到给定的自然，其给定的（动物的）“本性”之上，成为一个人，在其有意识的否定活动中和通过这种活动把自己造就成一个人。之后，他强迫奴隶劳动。奴隶改变给定的现实世界。他因而也上升到自然，其（动物的）本性之上，因为他改变了自然的本来面目。显然，和主人一样，和一般意义上的人一样，奴隶受制于现实世界，但是，因为这个世界已经被改变，所以他也改变了自己。因为是奴隶改变了世界，所以也是奴隶改变了自己，而主人仅仅通过奴隶发生变化。因此，历史发展过程，人的历史发展过程，是奴隶劳动者的产物，而不是主人战士的产物。当然，如果没有主人，也不可能有历史，但这仅仅是因为如果没有主人，就不可能有奴隶和劳动。①

论题所限，我们对主人和奴隶的辩证法之探讨只能到此为止。从这里我们不难看出，在科耶夫的解读中，实际上将马克思的劳动创造历史，将马克思的实践观融入对黑格尔历史的理解中了。在科耶夫的解读中，主人和奴隶的辩证法是历史发展过程的一种缩略的图式，或者也可以说，是黑格尔的历史辩证法的一个维度。

二　《逻辑学》与黑格尔辩证法思想

《逻辑学》是黑格尔著作中专门论述辩证法的，因而对理解黑格尔辩证法有着特殊重要的意义。《逻辑学》有两个版本：其一是《逻辑学》，俗称大逻辑；其二是《小逻辑》。《小逻辑》可以被看作《逻辑学》的一个

---

① 〔法〕科耶夫：《黑格尔导读》，第 211 页。

缩写版。在此我们以《小逻辑》为主要依据，来理解黑格尔的逻辑学中的辩证法理论。

在《小逻辑》的“逻辑学概念的初步规定”部分中，黑格尔指出了逻辑思想的三个方面，这三个方面是对逻辑思想的辩证法的基本理论规定。黑格尔指出：“逻辑思想就形式而论有三方面：（a）抽象的或知性〔理智〕的方面，（b）辩证的或否定的理性的方面，（c）思辨的或肯定理性的方面。”[①] 如前所指出的，在科耶夫看来，这就是黑格尔对其辩证法的具体说明。这三个方面，就是逻辑思想发展的三个环节。黑格尔对这三个环节进行了较为详尽的解释。在第一个环节中，是作为知性（理智）思维所建立的一种抽象的普遍性，这种普遍性是相对于感性的具体性而言的。在第二个环节中，知性的规定被扬弃，过渡到其对立的方面。这第二个环节即辩证的环节。黑格尔说，在这一环节中，即“在辩证的阶段，这些有限的规定扬弃它们自身，并且过渡到它们的反面”[②]。这一阶段集中体现了黑格尔辩证法所强调的主要方面。在对这一阶段的解释中，黑格尔对辩证法进行了明确的说明。首先，黑格尔指出，辩证法的这一环节包含单纯的否定。在辩证法中，包含怀疑主义，而怀疑主义，“作为运用辩证法的结果，包含单纯的否定”[③]。其次，黑格尔指出，辩证法不同于人们所通常认为的辩难之术，或诡辩术。与此相比较，黑格尔指出真正的辩证法不是一种外在的技术，而是一种内在的超越。黑格尔写道：“但就它的特有的规定性来说，辩证法倒是知性的规定和一般有限事物特有的、真实的本性。反思首先超出孤立的规定性，把它关联起来，使其与别的规定性处于关系之中，但仍然保持那个规定性的孤立有效性。反之，辩证法却是一种内在的超越……由于这种内在的超越过程，知性概念的片面性和局限性的本来面目，即知性概念的自身否定性就表述出来了。凡有限之物莫不扬弃其自身。因此，辩证法构成科学进展的推动的灵魂。只有通过辩证法原则，科学内容才达到内在联系和必然性，并且只有在辩证法里，一般才包含有真

---

① 〔德〕黑格尔：《小逻辑》，第 172 页。

② 〔德〕黑格尔：《小逻辑》，第 176 页。

③ 〔德〕黑格尔：《小逻辑》，第 176 页。

实的超出有限，而不只是外在的超出有限。”①

黑格尔在此强调，每一个现实的事物或存在，都不仅是一个同一体，而且内在地包含了其否定性，即包含向其对立面过渡的因素。这就是黑格尔辩证法的核心要素，即自我否定和自我扬弃。对一个事物的知性概念，只能将事物认识为一种有限事物，而这种有限事物必定会扬弃自身。因此，这种辩证法乃是科学进展的原则。不仅如此，在黑格尔那里，辩证法原则，即事物的内在否定性原则，构成了事物的本体论规定。辩证法不仅是科学认识的原则，同样是一切运动、一切生命、一切事业的推动原则。辩证法不是局限在哲学认识内的一种原则，而是具有最高普遍性的原则。世界上的一切事物、现实都可以被看作辩证法的例证。而精神世界也受辩证法的支配。事物的这种内在否定性是无所不在的。科耶夫在论及黑格尔这一思想时写道：“事实上，否定的存在自己否定自己。正是因为如此，它自我否定，或成为和是其他存在：它是否定的，因为它是同一的，它是同一的，因为它是否定的。因此，人们不能说存在是同一性和否定性：如果它同时是两者，那么它就既不是被分别看待的一个，也不是被分别看待的另一个。”② 由此也就引出了黑格尔思辨哲学的第三个范畴即作为发展过程的整体性。这就是说，事物自身乃是同一性和否定性相统一的作为发展过程的整体性。这也就是黑格尔在第三个环节中所着力强调的。

黑格尔对第三个阶段的界定是：“（c）思辨的阶段或肯定理性的阶段在对立的规定中认识到它们的统一，或在对立双方的分解和过渡中，认识到它们所包含的肯定。”③ 在对这一阶段的说明中，黑格尔分三个方面进行说明。第一，辩证法如果停留在第二个阶段，那就成为单纯的否定性，成为虚无。第二，这第三个阶段不是虚无，不是否定性，而是肯定性，是一种具体的理性。黑格尔说：“这结果是理性的东西，虽说只是思想的、抽象的东西，但同时也是具体的东西，因为它并不是简单的形式的统一，而是有差别的规定的统一。所以对于单纯的抽象概念或形式思想，哲学简直

---

① 〔德〕黑格尔：《小逻辑》，第 176 页。

② 〔法〕科耶夫：《黑格尔导读》，第 566 页。

③ 〔德〕黑格尔：《小逻辑》，第 181 页。

毫不相干涉，哲学所从事的只是具体的思想。”[①] 第三，思辨逻辑包含知性，也包含辩证法和理性。黑格尔的辩证法所达到的最终结果是思辨的真理。黑格尔对思辨真理做出了自己的解释。他说：“思辨的真理不是别的，只是经过思想的理性法则（不用说，这是指肯定理性的法则）。”“思辨的真理，就其真义而言，既非初步地亦非确定地仅是主观的，而是显明地包括了并扬弃了知性所坚持的主观与客观的对立，正因此证明其自身乃是完整具体的真理。”[②] 因此，思辨的真理首先是扬弃了知性认识的，知性认识不能认识事物的全部，而只能认识事物的片面的真理。思辨的真理是全面的真理，是绝对真理，是经过思想的理性法则，它不是对知性的否定，而是否定之否定，是肯定。黑格尔用两个例证来解释这种思辨真理。第一个例子是，当我们说绝对是主观和客观的统一时，这里说出的并不是思辨真理－绝对真理，因为这里的绝对只说到了主观与客观的统一，而并未说到主观与客观的区别。或者我们只能说，绝对是主观和客观之对立的统一才是绝对真理。思辨真理是全面的真理。第二个例子是，思辨真理的意义与宗教意识的神秘主义相近。这里的神秘主义并不是神奇奥妙和不可思议的意义上说的。神秘真理是思辨真理，只不过是说，思辨真理乃是对立规定的具体统一。黑格尔说：“而那与思辨真理同义的神秘真理，乃是那样一些规定的具体统一，这些规定只有在它们分离和对立的情况下，对知性来说才是真实的。”[③] 这就是说，在知性看来是对立和分离的规定，在思辨真理－神秘真理那里却是具体的统一。黑格尔认为，知性必须过渡到思辨真理，这并不是一种外在的强迫力量使然，而是事物的内在逻辑使然。黑格尔说：“抽象的理智思维并不是坚定不移、究竟至极的东西，而是在不断地表明自己扬弃自己和自己过渡到自己的反面的过程中。与此相反，理性的思辨真理即在于把对立的双方包含在自身之内，作为两个观念性的环节。因此一切理性的真理均可以同时称为神秘的，但这只是说，这种真理是超出知性范围的，但这决不是说，理性真理完全非思维所能接近和

---

① 〔德〕黑格尔：《小逻辑》，第 182 页。

② 〔德〕黑格尔：《小逻辑》，第 183 页。

③ 〔德〕黑格尔：《小逻辑》，第 184 页。

掌握。”[①] 思辨真理－神秘真理就是绝对真理，所以思辨真理看上去具有神秘的特征，仅仅是因为它不能被知性（理智）思维所把握，超出了知性的把握范围。思辨真理之所以是绝对真理，是因为思辨真理将作为观念性环节的对立双方包含在自身之内，也就是说，通过知性的肯定－辩证的否定－否定之否定即肯定这样的发展环节全面地把握了事物。初看起来，这似乎是对人的认识事物的过程的论述。但事实上，黑格尔在这里所讲的不是认识论意义上的思维过程，而是事物自身发展的过程。

黑格尔在这里所讲的辩证法，似乎是一种逻辑范畴的演变发展。但是，正如黑格尔自己所强调的，哲学并不关注抽象的概念，而仅仅关注具体的现实的概念。“对于单纯的抽象概念或形式思想，哲学简直毫不相干涉，哲学所从事的只是具体的思想。”[②] 所谓具体的思想就是符合具体现实的思想。科耶夫对此做了较为详尽的解说。科耶夫举例说，一张实在的桌子，谈论桌子还要包括其周围的世界，还要包括其所存在的时间和空间。“作为一个具体的现实事物存在的东西，是自然世界的时间－空间的整体：人们从中分离出来的一切东西因而只不过是一个抽象概念，抽象概念仅仅在思考它的人的思想中和通过他的思想，孤立地存在着。”[③] 仅仅达到这一点，还不能达到黑格尔所谓思辨真理。黑格尔之前的哲学家们也已达到了这一认识。黑格尔所达到的是比这些更为深刻的东西，即黑格尔把具体的事物理解为劳动的结果。因此，具体的现实事物就具有黑格尔所说的辩证法的结构。例如，一张桌子就包含了构成这张桌子的材料以及一般的自然界，也包含了人的劳动。这就是说，在黑格尔的辩证法中，其实并不存在脱离人的世界的所谓自然世界或者自然事物。科耶夫说道：“包含劳动的具体的实在事物正好具有黑格尔的哲学所描述的三位一体的辩证结构。因为被包含在实在事物中的实在劳动实在地改造这个实在事物，主动地否定作为给定物的实在事物，并在否定之后把它保存在完成的结果中。在这个成果中，给定物以一种‘升华的’或‘间接化’的

---

① 〔德〕黑格尔：《小逻辑》，第 184 页。

② 〔德〕黑格尔：《小逻辑》，第 182 页。

③ 〔法〕科耶夫：《黑格尔导读》，第 577 页。

形式出现。这就是说，这个具体的实在事物就是黑格尔看到的实在的辩证法或‘辩证运动’。”①

通过科耶夫的解读，我们看到，《逻辑学》中的辩证法理论实际上与黑格尔在《精神现象学》中的辩证法理论是一脉相承的。同时，我们也看到，马克思对现实事物的理解，马克思哲学的实践观念，与黑格尔的辩证法具有怎样密切的关系。篇幅所限，对于《逻辑学》中辩证法理论的理解只能到此为止，下面我们通过黑格尔的《历史哲学》来进一步理解黑格尔的辩证法。

三 《历史哲学》与黑格尔辩证法思想

正如马克思和恩格斯曾经指出的，黑格尔的哲学具有一种强大的历史感。这是因为，在黑格尔哲学中贯穿着一种历史的理念，即变化和发展的理念，也可以说是辩证法的理念。正因此，黑格尔的哲学又是一种历史哲学。在黑格尔那里历史一词具有非常重要的哲学含义。不仅如此，黑格尔在其哲学思想的基础上对现实的历史发展进程进行了一种解释，将历史发展解释为一个合乎辩证法的进程。在此意义上说，理解黑格尔的辩证法，则必须理解其历史哲学。这样，黑格尔的对历史（世界历史）进行解释的著作《历史哲学》，对于理解黑格尔的辩证法思想具有举足轻重的意义。

在黑格尔的历史哲学中，黑格尔所考察的历史并不是一般意义上的历史，而是哲学意义上的历史。因此，黑格尔的历史哲学是从哲学的维度对世界历史的一种解释学。黑格尔区分了三种描述历史和研究历史的方式，其一是原始的历史，其二是反省的历史，其三是哲学的历史。前两种历史并不是黑格尔所要考察的，他所着重论述的是哲学的历史。哲学的历史不是指哲学史，而是对历史的一种哲学考察和解释。用哲学来考察历史，就把历史理解为一种合乎理性的过程。在至关重要的一段论述中，黑格尔这样写道：

> 哲学用以观察历史的惟一的“思想”便是理性这个简单的概念。

① 〔法〕科耶夫：《黑格尔导读》，第577～578页。

> “理性”是世界的主宰，世界历史因此是一种合理的过程。这一种信念和见识，在历史的领域中是一个假定，但是它在哲学中，便不是一个假定了。思考的认识在哲学中证明：“理性”——我们这里就用这个名词，无须查究宇宙对于上帝的关系，——就是实体，也就是无限的权力。它自己的无限的素质，做着它所创始的一切自然的和精神生活的基础，还有那无限的形式推动着这种“内容”。一方面，“理性”是宇宙的实体，就是说，由于“理性”和在“理性”之中，一切现实才能存在和生存。另一方面，“理性”是宇宙的无限的权力，就是说，“理性”并不是毫无能为，并不是仅仅产生一个理想、一种责任，虚悬于现实的范围以外、无人知道的地方；并不是仅仅产生一种在某些人类的头脑中的单独的和抽象的东西。“理性”是万物的无限的内容，是万物的精华和真相。它交给它自己的“活力”去制造的东西，便是它自己的素质；它不像有限的行动那样，它并不需要求助于外来的素质，也不需要它活动的对象。它供给它自己的营养食物，它便是它自己的工作对象。它既然是它自己的生存的唯一基础和它自己的绝对的最后的目标，同时它又是实现这个目标的有力的权力，它把这个目标不但展开在“自然宇宙”的现象中，而且也展开在“精神宇宙”世界历史的现象中。这一种“观念”是真实的、永恒的、绝对地有力的东西。它已经把它自己启示于世界，而且除了它和它的光荣以外，再也没有任何别的东西启示于世界——这些便是在前面所谓在哲学中已经证明的，而这里又看作是已经证明的假定。①

黑格尔这段论述，极为清楚地指出了其历史哲学（用哲学观察历史所得出的结果）的根本前提和基础。他讲了这样相互联系的三层含义。第一，世界历史是理性支配下的一个合理性的过程。理性是世界的主宰，也是世界历史的主宰，万物皆不能处于理性之外。这是哲学的历史的首要特点。第二，理性之所以能够统治世界，主宰世界，乃是由理性的本质所决

---

① 〔德〕黑格尔：《历史哲学》，王造时译，上海书店出版社 2006 年版，第 8 ~ 9 页。

定。理性的实体，即本质，在于理性具有无限的形式和无限的权力，因而推动着一切历史的内容。第三，理性的本质是一种自我满足的、自我设定的、自我决定的权力或力量。理性并不需要任何外来的力量来推动，它就是推动事物自身向前发展的东西，是一种自我推动的力量。由此我们看到，在这里黑格尔所理解的理性，实际上等同于宗教神学中的创世的上帝，等同于《精神现象学》中的自我意识，等同于《精神现象学》中自我满足的精神。应该说，历史是由理性所支配，由理性所推动，由理性所决定，这一思想，不仅贯穿了黑格尔的历史哲学，而且是黑格尔整个哲学体系的核心思想。

由于世界历史由理性决定和支配，因此世界历史属于“精神”的领域。黑格尔指出，精神的本质即在于自由。黑格尔说：“哲学的教训却说‘精神’的一切属性都从‘自由’而得以成立，又说一切都是为着取得‘自由’的手段，又说一切都是在追求‘自由’和产生‘自由’。‘自由’是‘精神’的惟一的真理，乃是思辨的哲学的一种结论。”① 由此精神就是一种依靠自己的意识，即自我意识。黑格尔得出结论说，世界历史不过是自由意识的进程。“世界历史无非是‘自由’意识的进展，这一种进展是我们必须在它的必然性中加以认识的。”② 彼得·辛格正确地指出，这一句话在某种意义上不但道出了黑格尔历史哲学的主旨，甚至道出了黑格尔整个哲学的主旨。③ 那么，这种目的论的历史是如何来完成自己的呢？纷繁复杂的历史事件和人物的变迁中，黑格尔如何解释理性在历史中的统治呢？在此，黑格尔提出了“理性的狡计”。个人通过自己的热情追求着个人的目的，不管这个个人是普通的人物，还是世界历史的个人，即英雄人物、历史人物，但是最终任何个人的目的都会为世界历史的理性服务，成为理性开辟世界历史的手段。简言之，这就是“理性的狡计”，也就是理性开辟世界历史的手段。那么，这样一种世界历史的目的是什么？黑格尔的回答是国家。黑格尔说：“在国家里，‘自由’获得了客观性，而且生活

---

① 〔德〕黑格尔：《历史哲学》，第16页。

② 〔德〕黑格尔：《历史哲学》，第17页。

③ 〔澳〕辛格：《黑格尔》，张迅译，中国社会科学出版社1992年版，第23页。

在这种客观性的享受之中。因为‘法律’是‘精神’的客观性，乃是精神真正的意志。只有服从法律，意志才有自由。因为它所服从的是它自己——它是独立的，所以也是自由的。当国家或祖国形成一种共同存在的时候，当人类主观的意志服从法律的时候，——自由和必然间的矛盾便消失了。”① 黑格尔的国家概念在其法哲学中得到了进一步的阐释，在此我们不做过多的论述。在此仅指出一点，黑格尔的国家概念是理性的目的，是理性之自由的真正实现，这就是说，只有在国家中，个人和社会、个人和国家之间的矛盾才得到了解决。在黑格尔看来，国家是世界历史合目的性的、合理性的发展的结果。因此，黑格尔的历史哲学中尤为重视发展的原则。黑格尔专门论述了世界历史的行程，对世界历史的发展原则进行了深入论述。黑格尔认为，在自然界中，是不存在发展的，所谓太阳底下没有新东西。只有在精神领域内，才会有新事物的产生。只有在人类世界中，才会存在发展。黑格尔说：“只有在‘精神’领域里的那些变化之中，才有新的东西发生。精神世界的这种现象表明了，人类的使命和单纯的自然事物的使命是全然不同的，——在人类的使命中，我们无时不发现那同一的稳定特性，而一切变化都归于这个特性；这便是，一种真正的变化的能力，而且是一种达到更完善的能力——一种达到‘尽善尽美性’的冲动。这个原则，它把变化本身归纳为一个法则。”② 历史向着一种尽善尽美性发展，是世界历史的内在规定，是理性所规定的世界历史的目的。但是，黑格尔指出，这并不意味着世界历史的发展是一帆风顺的。精神的发展即世界历史是一个充满着否定的过程。“精神的发展，并不像有机生活的发展那样，表示那种单纯的生长的无害无争的宁静，却是一直严重的非己所愿的、反对自己的过程。”③ 精神的本质在于活动，即在于其主动性，所以世界历史的行程就是精神自己否定自己的过程。黑格尔把这看作其历史哲学的灵魂。“一方面，‘精神’消灭了它自己的现在生存的现实性，而在另一方面，它却取得了它过去单纯生存的本质、‘思想’、‘普遍的’东西。”

---

① 〔德〕黑格尔：《历史哲学》，第 36 ~ 37 页。
② 〔德〕黑格尔：《历史哲学》，第 49 ~ 50 页。
③ 〔德〕黑格尔：《历史哲学》，第 51 页。

"'精神'为了要使自己成为客观的，并且使它的这种存在成为思想的对象，因此一方面它破坏了它的存在的确定形式，另一方面却对于它所包含的普遍的东西获得了一种理解，而且因此给了它固有的原则一个新的决定。这样一来民族精神实体的特性是被改变了，就是说，它的原则已经变成了另一个更高的原则。"黑格尔指出："要想了解历史和理解历史，最重要的事情就是取得并认识这种过渡里所包含的思想。……这是'历史'的哲学理解的灵魂——也就是最优越的一点。"①精神－世界历史的这种发展乃是精神的自我扬弃的过程。特殊的东西最终要成为普遍的东西，精神的种种特殊形态最终要扬弃自身，回归到精神本身，即绝对精神。不难看出，这实际上也正是黑格尔在《精神现象学》中所要表达的东西。在黑格尔那里，只有从哲学维度来理解的历史才是世界历史，即合理性的，或者说合逻辑的。也就是说，世界历史就是一个合乎辩证法的发展过程。从东方世界到希腊世界、罗马世界，最终到日耳曼世界，黑格尔按照精神的发展原则对世界历史进行了解释，把世界历史揭示为一个合理性的发展过程。至此我们可以清楚地看到，黑格尔的历史哲学是用其在《精神现象学》和《逻辑学》中的辩证法来解释历史。

四　黑格尔辩证法理论的实质

从以上对黑格尔哲学的简要分析，我们可以看出，黑格尔的整个哲学体系，从精神现象学、逻辑学和历史哲学乃至其法哲学，都是合乎辩证法的。辩证法并不是黑格尔哲学中的一个方面，而是贯穿黑格尔哲学体系的原则，是黑格尔哲学的本质。根据以上我们对黑格尔辩证法的简要论述，我们可以从以下方面来总结黑格尔的辩证法。

其一，就其实质而言，黑格尔的辩证法是历史辩证法。第一，在黑格尔那里，辩证法是事物内在的发展原则，是精神、意识的发展原则，也是世界历史的发展原则。因此，黑格尔的历史辩证法是历史的，意味着黑格尔拒绝那种静态的、凝固的观点，将任何事物都理解为一个发展过程。因

① 〔德〕黑格尔：《历史哲学》，第72页。

此，历史辩证法的历史意味着对事物从过程方面来理解，意味着将事物理解为有历史的。在此意义上，历史辩证法的历史并不是作为名词的历史，而是作为动词的历史。我们甚至可以说，辩证法必然是历史的，辩证法必然是历史辩证法。第二，历史辩证法的历史也是作为名词的世界历史。这个历史不是传统的经验的历史，不是经验的历史学家事件之堆积的实证历史，而是黑格尔意义上的具有特殊意义的哲学的世界历史。这个历史就是在理性支配下的历史，是与精神的发展相统一的历史。在黑格尔那里，历史和辩证法二者不能分割开来，历史是辩证法的历史，而辩证法也只能是历史的辩证法。历史和辩证法在某种意义上可以被看作同一个范畴。

其二，黑格尔的辩证法的基本原则是发展原则。正因为黑格尔的辩证法从本质上是历史辩证法，所以黑格尔的辩证法实际上是发展的辩证法，也就是说，在黑格尔那里，历史绝不是杂乱无章的事件之堆积，不是一个纯粹偶然的过程，而是一个具有其严格必然性的、向前发展的过程。从这一点来说，黑格尔的辩证法实际上是一种发展原则。黑格尔把现实历史的发展看作一个绝对理性逐渐实现自身的过程，这就是说，现实历史的发展经历一系列的否定性运动之后，逐渐达到绝对理性的过程。正如黑格尔在《历史哲学》的绪论中反复强调的那样，世界历史具有一种朝向尽善尽美的冲动性。现实的世界历史与绝对理念、绝对精神的发展历史具有同构性，正如恩格斯所指出的："黑格尔的思维方式不同于所有其他哲学家的地方，就是他的思维方式有巨大的历史感做基础。形式尽管是那么抽象和唯心，他的思想发展却总是与世界历史的发展平行着，而后者按他的本意只是前者的验证。"① 毋庸置疑，恩格斯对黑格尔辩证法的这种理解抓住了其核心。彼得·辛格认为："这个变化的观念，这个贯穿在历史中的发展观念，对黑格尔世界观来说，乃是根本的原则。"②

其三，黑格尔辩证法的核心是否定性。精神的本质在于自由，而自由的源泉在于内在的否定性。在黑格尔的辩证法中，事物之所以呈现为一个

---

① 《马克思恩格斯选集》第2卷，第12页。

② 〔澳〕辛格：《黑格尔》，第19页。

发展过程，之所以有历史，恰恰就是因为精神的否定性。否定性不但构成了黑格尔辩证法的核心实质，而且构成了黑格尔辩证法逻辑的线索。进一步说，否定不仅构成黑格尔哲学范畴发展演变的核心原则，也构成了黑格尔对历史进行解读的关键，而二者从根本上说乃是同一的。在《精神现象学》的开篇中，黑格尔就反复强调否定性的作用，强调否定性是精神的实质所在。在黑格尔看来，精神、自我、意识等，都是否定的，我们可以说，黑格尔进一步把人规定为否定性的，把社会历史也规定为否定性的。因此，黑格尔的辩证法的核心实质乃在于其否定性。正是在此意义上，马克思评价说，黑格尔的辩证法的核心是作为推动原则和创造原则的否定性。也正是由此出发，阿多尔诺才把辩证法指认为否定的辩证法。当然，阿多尔诺的否定的辩证法与黑格尔的否定有所区别，但不能否认否定的辩证法的黑格尔根源。

其四，黑格尔的历史辩证法的实质是历史目的论。尽管黑格尔的辩证法以否定性为其基本原则和实质，但黑格尔的历史辩证法表现为一种历史目的论。这就是说，在黑格尔那里，历史总是有目的的历史。经过否定的历史最终达到的是肯定的结果，这个结果就是历史的目的或者说是绝对精神的实现、理性的实现。所谓目的论的历史观，我们不能单纯从对唯心主义的批判中去理解。所谓历史目的论，在黑格尔那里，不仅是指历史具有一个确定目的的历史观，而且指历史具有一个确定的发展方向，历史经过否定性的过程，最终必然沿着这一确定的方向前进，一直达到其目的和终结。当然，在黑格尔那里，历史目的论的实现乃是以理性的狡计的方式来实现的。换言之，历史向着自己目的地前进，并不是沿着笔直的道路，而是沿着否定之否定的路线前进的。

综上所述，在我们理解黑格尔的辩证法思想的时候，我们要立足黑格尔辩证法在其思想体系中的建构性作用，把黑格尔的辩证法如其本身所是地理解为历史辩证法。同时，我们要指出，黑格尔的辩证法并不仅仅在其思想体系中起作用，就是说，它不仅仅是观念形态的辩证法，更为重要的是，黑格尔的辩证法是存在论意义上的辩证法。也就是说，辩证法不仅是思想观念的原则，也是事物存在的辩证法，既是精神存在的辩证法，也是物质存在和社会存在的辩证法。这一辩证法虽然采取了唯心主义的外观，或者说，从其表象来看，辩证法被囚禁在其唯心主义体系中，但是如果考虑到黑格尔那里的思维和存在的同一性的话，以观念论的现实表现出来的辩证法，是完全适用于客观存在的事物的，尤其是适用于社会历史存在的。由此笔者认为，正是黑格尔的辩证法为马克思的哲学革命奠定了基础，不理解黑格尔的辩证法，就完全不可能理解马克思的辩证法。

第三节　马克思对黑格尔辩证法批判的三维视域

马克思的辩证法，从根本上来源于黑格尔的辩证法，但超出了黑格尔的辩证法。那么，马克思的辩证法对黑格尔辩证法的超越是如何可能的？换言之，从黑格尔的辩证法到马克思的辩证法这样一个超越，是不是一种具有本质意义的原则高度的超越，这一超越是从哪些方面来进行的？

马克思对黑格尔辩证法的批判实际上贯穿马克思思想发展的始终。为了更明晰地阐述我们的论题，笔者把马克思对黑格尔的辩证法批判归结为以下三大批判：（1）对黑格尔法哲学的批判；（2）对黑格尔《精神现象学》和《逻辑学》的辩证法批判；（3）对黑格尔历史哲学的辩证法批判。第一个批判以《黑格尔法哲学批判》及《〈黑格尔法哲学批判〉导言》为主要文本；第二个批判以《1844 年经济学哲学手稿》和《神圣家族》为主要文本；第三个批判以《关于费尔巴哈的提纲》和《德意志意识形态》为主要文本。马克思的三大批判集中体现了马克思对黑格尔的哲学特别是黑格尔辩证法的继承与超越，在此笔者不能详细论述，而只能进行一个概要式的论述。

一　对黑格尔法哲学的批判

虽然在前述我们对黑格尔辩证法的概要论述中并未专门涉及黑格尔的法哲学，但在马克思那里，对黑格尔法哲学的批判成为马克思辩证法超越黑格尔辩证法的起点和入口处。原因在于，黑格尔的精神现象学、逻辑学乃至历史哲学，其最终的结论都落脚在了法哲学（黑格尔的国家社会理论）上。因此，从批判黑格尔的法哲学为开端来批判黑格尔的辩证法，恰恰抓住了黑格尔哲学的要害。马克思在多年之后的《〈政治经济学批判〉序言》中提及对黑格尔法哲学的批判时曾经写道："我的研究得出这样一个结果：法的关系正像国家的形式一样，既不能从它们本身来理解，也不能从所谓人类精神的一般发展来理解，相反，它们根源于物质的生活关系，这种物质的生活关系的总和，黑格尔按照18世纪的英国人和法国人的先例，概括为'市民社会'，而对市民社会的解剖应该到政治经济学中去寻求。"[①] 这段话极为精要地概括了黑格尔法哲学批判在马克思思想发展史中的重要地位和作用。问题的关键在于，法的关系、国家的形式，在马克思看来就是现实社会的社会关系，根源于物质的生活关系，而在黑格尔看来，它是人类精神的一般发展而已。这就是说，黑格尔将法的关系、国家制度等社会关系理解为精神的发展，按照逻辑来剪裁现实的历史，而马克思则将社会关系理解为现实的历史发展，按照历史的发展来理解逻辑。毫无疑问，这里已经接近了历史唯物主义的基本思想。现在让我们通过马克思对黑格尔的主要批判为例证，来理解马克思对黑格尔法哲学的批判重要意义。

马克思对黑格尔关于家庭、市民社会与国家的关系批判。在黑格尔看来，家庭和市民社会是从属于国家的，国家是一种外在的必然性和最高的权力，它统治着并决定着家庭和市民社会；同时，国家又是一种内在目的，市民社会和家庭以国家为内在目的，因而国家和家庭、市民社会最终是统一的。这就是黑格尔在下列段落中所表达的基本思想："对私法和私人福利，即对家庭和市民社会这两个领域来说，一方面，国家是外在必然性和它们的最高权力，它们的法律和利益都从属并依存于这种权力的本性；但是，另一方面，国家又是它们的内在目的，国家的力量在于它的普遍的最终目的和个人的特殊利益的统一，即个人对国家尽多少义务，同时也就享有多少权利。"[②] 马克思认为，在这段话中，黑格尔实际上提出了一个无法解决的二律背反，即外在必然性和内在目的之间的二律背反。在进一步的解释中，黑格尔又说："现实的观念，精神，把自身分为自己概念

---

① 《马克思恩格斯全集》第31卷，第412页。

② 转引自《马克思恩格斯全集》第3卷，人民出版社2002年版，第7页。

的两个理想性的领域：家庭和市民社会，即分为自己的有限性，以便从这两个领域的理想性中形成自为的无限的现实的精神，——现实的观念从而把自己的这种现实性的材料，把作为群体的各个人，分配于这两个领域，这样，对于单个人来说，这种分配是通过情况、任意和本身使命的亲自选择为中介的。”[①] 马克思对这段话进行了详细批判，认为它集中表现了黑格尔的泛神论的、思辨的特征，是“法哲学和黑格尔整个哲学的神秘主义之大成”[②]。黑格尔认为，家庭和市民社会是国家之理念的有限性的划分，或者我们不如说，这里黑格尔实际上是用柏拉图的理念分有说来对国家理论进行揭示，是赤裸裸的柏拉图主义，即家庭和市民社会分有了国家的理念。因此，在家庭、市民社会和国家三者之间的关系中，家庭和市民社会是从属性的，而国家则是主导性的。用黑格尔的话来说，家庭和市民社会由国家来设定。马克思认为，在这里，黑格尔将主词和谓词颠倒了，事实上，就是颠倒了因果关系，本来是作为原因的东西，现在被理解为结果，而本来是作为结果的东西，现在被理解为原因。马克思指出：

> 家庭和市民社会是国家的现实的构成部分，是意志的现实的精神存在，它们是国家的存在方式。家庭和市民社会使自身成为国家。它们是动力。可是，在黑格尔看来又相反，它们是由现实的观念产生的。把它们结合成国家的不是它们自己的生存过程，而是观念的生存过程，是观念使它们从它自身中分离出来。就是说，它们才是这种观念的有限性。它们的存在归功于另外的精神，而不归功于它们自己的精神。它们是由第三者设定的规定，不是自我规定。因此，它们也被规定为“有限性”，被规定为“现实的观念”所固有的有限性。[③]

对于单个人的各种不同的状况，黑格尔也并不把它们看作对逻辑和理性的违反，而是相反地看作合乎逻辑和理性的，原因在于：“作为出发点

① 转引自《马克思恩格斯全集》第3卷，第9页。
② 《马克思恩格斯全集》第3卷，第12页。
③ 《马克思恩格斯全集》第3卷，第11页。

的事实没有被理解为事实本身，而是被理解为神秘的结果。”① 在对黑格尔有关国家的规定中，马克思又十分明确地指出了黑格尔的理论之实质，也是黑格尔理论的缺陷。他写道：

> 具体的内容即现实的规定成了形式的东西，而完全抽象的形式规定则成了具体的内容。国家的各种规定的实质并不在于这些规定是国家的规定，而在于这些规定在其最抽象的形式中可以被看作逻辑学的形而上学的规定。真正注意的中心不是法哲学，而是逻辑学。哲学的工作不是使思维体现在政治规定中，而是使现存的政治规定消散于抽象的思想。哲学的因素不是事物本身的逻辑，而是逻辑本身的事物。不是用逻辑来论证国家，而是用国家来论证逻辑。②
>
> 整个法哲学只不过是逻辑学的补充。③

马克思在此指出的是黑格尔的头足倒置，即主词和谓词的颠倒，原因和结果的颠倒，法哲学和逻辑学关系的颠倒，乃是历史化唯物主义的一个初始起点。值得注意的是，马克思对黑格尔唯心主义的唯物主义颠倒，其颠覆的初始领域就是历史和社会领域，而不是自然领域。在此之前，我们知道，马克思基本上是一个青年黑格尔派，崇尚黑格尔的自我意识哲学。由此我们得到的启示是，历史唯物主义对唯心主义的颠倒不是从自然哲学到社会历史哲学的推理和演绎的结果，更不是以自然来比附社会历史的结果，而是对现实社会历史批判的结果。因此，马克思走入历史唯物主义的路径一开始就是有别于机械唯物主义和庸俗唯物主义的。

对黑格尔的王权理论的批判。黑格尔为王权进行了辩护，他主张君主制而反对民主制。马克思反对黑格尔这种看法，认为应该实行民主制而推翻君主制。在黑格尔看来，国家制度和法律的普遍性最终就表现为王权。这样一来，国家制度和法律的普遍性本来是人民的主权的反映，现在却变

---

① 《马克思恩格斯全集》第3卷，第12页。

② 《马克思恩格斯全集》第3卷，第22页。

③ 《马克思恩格斯全集》第3卷，第23页。

成了王权的反映，变成了个人的意志。因此，在黑格尔那里，存在对个人、国王和国家三者之间关系的一种混乱的认识。在笔者看来，在对王权的批判中，马克思所取得的一个重要的成果就是，从社会和政治的角度来理解人，把现实的人理解为社会的、政治的产物。而在黑格尔看来，现实的人是一种抽象的人格。马克思批判了黑格尔对人的这种错误理解，他指出：

> 黑格尔抽象地、孤立地考察国家的各种职能和活动，而把特殊的个体性看作与它们对立的东西；但是，他忘记了特殊的个体性是人的个体性，国家的各种职能和活动是人的职能；他忘记了“特殊的人格”的本质不是它的胡子、它的血液、它的抽象的肉体，而是它的社会特质，而国家的职能等等只不过是人的社会特质的存在方式和活动方式。因此不言而喻，个人既然是国家各种职能和权力的承担者，那就应该按照他们的社会特质，而不应该按照他们的私人特质来考察他们。①

正是在这里，我们看出黑格尔和马克思之间对待人的根本区别。在黑格尔看来，特殊的个体性只能被消融在国家职能和权力之中，特殊的个体性与国家制度和职能最终是对立的。而在马克思看来，恰恰国家职能和权力只能是特殊个体性的体现和承担者，因而应该从特殊的个体性来考察国家职能和权力。换言之，马克思力求把消融在国家制度中的抽象的个人，还原为经验的现实的人的存在。这里已经开启了历史唯物主义对人的理解的一种新的路向，虽然这一路向仍然不够明晰，但足以成为新哲学诞生的催化剂。在国家与个人的关系上，黑格尔不是从现实的个人向国家的推进，而是国家向个人的推进，最终把国家还原为经验的单一的个人即国王。这样就导致了极为荒谬的结论，君主即国家，而君主又是世袭制的，因而君主的唯一的政治活动就是延续自己的肉体，即通过生殖活动制造国王。

---

① 《马克思恩格斯全集》第 3 卷，第 29 ~ 30 页。

在笔者看来，马克思对黑格尔的法哲学批判较为重要的理论成果有两个，一是通过对黑格尔的国家理论的批判，颠倒了国家与家庭和市民社会之间的关系，初步奠定了历史唯物主义的理论基础；二是通过对王权的批判，将国家与个人的关系进行了颠倒，对现实的人进行了重要的探索，为马克思后来在《德意志意识形态》中的现实的个人的理论奠定了初步基础。在《〈黑格尔法哲学批判〉导言》中，马克思推进了这些思想。在这一重要的文献中，马克思指出，人就是人的世界，就是国家、社会，把人置于社会关系中来理解。同时，马克思指出，在德国，对宗教的批判已经结束，而对宗教的批判是其他一切批判的前提。一切批判，马克思实际上指的是对现实社会的批判。马克思对黑格尔法哲学批判的意义做出了这样的解说：

> 真理的彼岸世界消逝以后，历史的任务就是确立此岸世界的真理。人的自我异化的神圣形象被揭穿以后，揭露具有非神圣形象的自我异化，就成了为历史服务的哲学的迫切任务。于是对天国的批判变成对尘世的批判，对宗教的批判变成对法的批判，对神学的批判变成对政治的批判。①

黑格尔法哲学批判乃是这一系列批判的一个组成部分。马克思认为，历史提出的任务是对德国的国家制度进行批判。黑格尔法哲学是德国国家制度的副本，针对黑格尔法哲学的批判是对德国国家制度的间接批判。虽然对副本的批判不能代替对原本（即德国国家制度）的批判，但通过对副本的批判得出这样一个结论，即必须通过实践的手段改变德国国家制度的现状。这就初步引出了实践的问题。

> 对思辨的法哲学的批判既然是对德国迄今为止政治意识形式的坚决反抗，它就不会面对自己本身，而会面向只有一个办法即实践才能

① 《马克思恩格斯全集》第3卷，第200页。

解决的那些课题。①

马克思提出的任务是原则高度的实践，通过这一实践达到人的高度的革命。在这里，马克思把实践与革命联系在一起。

试问：德国能不能实现有原则高度的实践，即实现一个不但能把德国提高到现代各国的正式水准，而且提高到这些国家最近的将来要达到的人的高度的革命呢？②

如何实现这一原则高度的实践，即达到了人的高度的革命，马克思从两个方面做了回答。一方面，革命要有理论的指导，这需要理论的解放。另一方面，革命需要物质基础，这就是要有一个革命的阶级。对于前一个条件，即理论方面，马克思认为，需要哲学来充当思想武器。对于第二个条件，马克思则认为，无产阶级就是这个革命的阶级。在《〈黑格尔法哲学批判〉导言》的结尾，马克思指出：

德国人的解放就是人的解放。这个解放的头脑是哲学，它的心脏是无产阶级。哲学不消灭无产阶级，就不能成为现实；无产阶级不把哲学变成现实，就不可能消灭自身。③

从对黑格尔法哲学的批判到写作《〈黑格尔法哲学批判〉导言》，马克思得出的结论是仅仅在理论上批判国家制度是不够的，要在实践上批判国家制度，即通过无产阶级的革命来实现哲学，即使理论的批判变为现实的批判。应该说，在这里，马克思指出的哲学与革命之间的关系，哲学与无产阶级之间的关系，仍然带有一定程度的空想性质，还没有严格的论证，革命的哲学基础也并未真正确立起来。但是，在《〈黑格尔法哲学批判〉

① 《马克思恩格斯全集》第3卷，第207页。

② 《马克思恩格斯全集》第3卷，第207页。

③ 《马克思恩格斯全集》第3卷，第214页。

导言》中提出的革命思想，为后来马克思进一步论证其推翻资本主义社会的理论做了准备。而后来的《1844 年经济学哲学手稿》和《神圣家族》则在哲学上进一步清算并对黑格尔的哲学进行了批判地继承，发展了辩证法理论。

二 对黑格尔的现象学和逻辑学的辩证法批判

众所周知，马克思对黑格尔辩证法的专门批判，主要体现在《1844 年经济学哲学手稿》中。由于我们已经对此进行过详尽的论述，因此在这里的论述从略。我们仅指出马克思在《手稿》中通过批判黑格尔的辩证法（在《手稿》中是通过对黑格尔的《精神现象学》和《逻辑学》的概要批判所达到的）所获致的理论成果。概括来说，马克思在《手稿》中对黑格尔辩证法批判的成果如下。

第一，强调了否定性在黑格尔辩证法中的积极意义。马克思对黑格尔辩证法批判的积极成果的要点在于，对辩证法的否定性和批判性特征的肯定、对辩证法和人类历史的内在关联性的肯定，并至为关键地肯定了对象性活动和劳动，开显出人类现实历史实践活动的路向。马克思对黑格尔辩证法的积极肯定是：

> 黑格尔的《现象学》及其最后成果——辩证法，作为推动原则和创造原则的否定性——的伟大之处首先在于，黑格尔把人的自我产生看作一个过程，把对象化看作非对象化，看作外化和这种外化的扬弃；可见，他抓住了劳动的本质，把对象性的人、现实的因而是真正的人理解为他自己的劳动的结果。①

第二，马克思对黑格尔辩证法批判的另一个重要成果是，对黑格尔的扬弃概念进行了深入的解读和批判，从而为历史唯物主义的扬弃概念奠定了基础。如果用一个范畴来概括黑格尔的辩证法的话，那就是扬弃。在黑

---

① 《1844 年经济学哲学手稿》，第 101 页。

格尔那里，扬弃是在思想内部的扬弃，而仅仅是一种思想的活动。马克思则对黑格尔的扬弃概念进行了改造，将之改造为历史唯物主义的扬弃概念。扬弃运动（劳动）是一种辩证法，本身就是辩证法的表现，而这种辩证法的表现是人的生命活动。但在黑格尔那里，扬弃运动被看作一种神性的活动。扬弃活动有一个主体，这个主体不是现实的人，而是绝对精神，自我意识。而实际上，在马克思看来，扬弃活动的主体、承担者应该是现实的人和现实的自然界。

第三，马克思通过对黑格尔逻辑学的元批判，试图击穿黑格尔的形而上学的逻辑体系，将其进行存在论基础上的倒转，建立在现实的人和现实的自然界基础上的人类历史辩证法。或者也可以说，试图击穿黑格尔的知识论路向的形而上学之体系，复归于现实生活世界——前逻辑的、前反思的、前概念的世界——辩证法以之为基础的人类现实世界。所谓元批判，是指马克思对黑格尔的逻辑学的批判不是就其具体内容的批判，而是总体路向的批判，不是枝节之论，而是指向黑格尔逻辑学的存在论根基。这一批判在《手稿》中“对黑格尔的辩证法和整个哲学的批判”的最后几页尤为集中。

第四，《手稿》对黑格尔的批判要点在于，黑格尔的历史观和辩证法是抽象的、逻辑的、思辨的，不能展现和表达人类社会的现实历史发展。马克思的批判要点在以下论断中清晰可见：

> 因为黑格尔根据否定的否定所包含的肯定方面把否定的否定看成真正的和惟一的肯定的东西，而根据它所包含的否定方面把它看成一切存在的惟一真正的活动和自我实现的活动，所以他只是为历史的运动找到抽象的、逻辑的、思辨的表达，这种历史还不是作为一个当作前提的主体的人的现实历史，而只是人的产生的活动、人的形成的历史。①

① 《1844 年经济学哲学手稿》，第 97 页。

在此马克思指出黑格尔辩证法的特点在于，他认为否定的否定是唯一的肯定，而否定性是一切存在的唯一真正的活动和自我实现的活动，黑格尔理解了历史活动的否定性运动即辩证的运动，但是其表达方式是抽象的、逻辑的、思辨的，而非现实的。这种历史是人的产生活动，是人的形成的历史，却“不是作为一个当作前提的主体的人的现实历史”。换言之，在马克思看来，真正的合理的辩证法不仅是人作为历史的产物的客体的产生和形成历史，而且应该是作为前提的主体的人的现实历史；黑格尔只是把人看作历史的客体，而并未把人看作历史的现实主体，因而黑格尔的辩证法是思辨的，也是片面的。说得明确一点，马克思对人类历史发展的认识是这样的，现实的人乃是一切人类历史发展的前提，是历史发展的主体和客体之统一，而在黑格尔那里，现实的人则只是某种思辨历史性的承担者。在这段论述中，马克思肯定的是前者，即把历史发展看作一个辩证发展过程，看作否定之否定的历史发展；而反对的则是黑格尔的思辨性。

马克思对黑格尔的辩证法批判，我们在前一部分已经做过较为详尽的探讨，在此仅仅进行一些概要性的介绍。不难看出，较之在《黑格尔法哲学批判》时期马克思对黑格尔的批判，在《手稿》中马克思的批判则更为聚焦于黑格尔的哲学方面，聚焦于黑格尔的辩证法和历史观，聚焦于将黑格尔的思辨的辩证法转变为现实的人的辩证法。在《神圣家族》一书中，马克思则更为明确地批判了黑格尔的辩证法。虽然这本书是马克思和恩格斯两人合作的成果，但其主要部分特别是对思辨哲学的批判部分，则是由马克思来完成的。在《神圣家族》中，马克思对黑格尔辩证法的批判是通过批判鲍威尔等青年黑格尔派的思辨神学来进行的。在“思辨结构的秘密”一节中，马克思举例来揭露了黑格尔思辨哲学的方法。简言之，思辨结构的秘密就在于将实体理解为主体。马克思利用从苹果、梨、扁桃这些现实的果实到果实概念的抽象思辨来说明思辨结构的秘密。

如果我从现实的苹果、梨、草莓、扁桃中得出“果品”这个一般的观念，如果我再进一步想象，我从各种现实的果实中得到的“果品”［“*die* Frucht”］这个抽象观念就是存在于我之外的一种本质，而且是梨、苹果等等的真正的本质，那么我就宣布（用思辨的语言来表达）“果品”是梨、苹果、扁桃等等的“实体”。因此，我说，对梨说来，梨之成为梨，是非本质的；对苹果说来，苹果之成为苹果，也是非本质的。这些物的本质的东西并不是它们的可以用感官感触得到的现实的定在，而是我从它们中抽象出来并强加于它们的本质，即我的观念的本质——“果品”。于是，我就宣布，苹果、梨、扁桃等等是“果品”的单纯的存在形式，是它的样态。①

在此马克思所揭示的是黑格尔哲学的抽象特征。把现实的事物抽象为一个普遍的概念，并把这个普遍的概念看作这些现实的事物的本质，而把现实的事物看作这个普遍概念的存在形式。这种抽象的方式是无法理解事物的真正本质的。正如马克思所指出的，如果一个矿物学家的所有的学问仅限于说出一种矿物是矿物这个事实，他就只能是自己想象中的矿物学家而已。因此，思辨的抽象必须再一次回到具体的事物，那么思辨哲学是如何从抽象概念又回到具体的呢？马克思指出，思辨哲学家认为一般果实并不是抽象的、僵死的、无差别的、静止的本质，而是活生生的、自相区别的、能动的本质。我们不能说苹果是果实，梨子是果实等，而应该说，是果实把自己确定为苹果，果实把自己确定为梨子等。

这样，“果品”就不再是无内容的、无差别的统一体，而是作为总和、作为各种果实的“总体”的统一体，这些果实构成一个“被有机地划分为各个环节的系列”。在这个系列的每一个环节中“果品”都给自己一个更为发展的、表现得更为鲜明的定在，直到它最后作为一切果实的“概括”，同时又是活生生的统一体。②

最后，马克思总结指出了思辨结构的秘密，即思辨结构的特点：

---

① 《马克思恩格斯文集》第1卷，第276～277页。

② 《马克思恩格斯文集》第1卷，第278页。

> 这种办法，用思辨的话来说，就是把实体了解为主体，了解为内在的过程，了解为绝对的人格。这种了解方式就是黑格尔方法的基本特征。[①]

马克思通过对青年黑格尔派的思辨哲学的批判，进一步批判了黑格尔的辩证法，指出了黑格尔辩证法的本质特征，也是黑格尔在《精神现象学》中所强调的把实体了解为主体的秘密。

那么，黑格尔辩证法的这一特征根源在哪里呢？在《神圣家族》中，马克思对这个问题进行了进一步的揭示。马克思认为，黑格尔实际上是综合了斯宾诺莎和费希特的哲学，并做出了一定的发展。在“绝对批判的思辨循环和自我意识的哲学”一节中，马克思继续深入批判了黑格尔的辩证法，认为鲍威尔和施特劳斯的争论是在黑格尔的思辨哲学范围内进行的，他们一个抓住了费希特的自我意识，一个抓住了斯宾诺莎的实体观，但他们都没有超出黑格尔的哲学体系。马克思指出：

> 在黑格尔的体系中有三个要素：斯宾诺莎的实体，费希特的自我意识以及前两个要素在黑格尔那里的必然充满矛盾的统一，即绝对精神。第一个要素是形而上学地改了装的、同人分离的自然。第二个要素是形而上学地改了装的、同自然分离的精神。第三个要素是形而上学地改了装的以上两个要素的统一，即现实的人和现实的人类。[②]

笔者认为，这一批判是一个具有原则高度的批判。尽管在此马克思显然受到了费尔巴哈的影响，整个《神圣家族》的写作似乎也都是在费尔巴哈的阴影之中的，但马克思对黑格尔的批判虽然借重了费尔巴哈，却远远超出了费尔巴哈。将黑格尔的绝对精神还原为现实的个人和现实的人类，是对黑格尔哲学具有颠覆性的重要批判。在黑格尔那里，运动的主体，辩证法的承担主体乃是绝对精神，而在马克思看来，绝对精神只不过是形而

---

① 《马克思恩格斯文集》第 1 卷，第 280 页。

② 《马克思恩格斯文集》第 1 卷，第 341 ~ 342 页。

上学地改装了的现实的个人和现实的人类，这就去除了神秘的思辨辩证法的神秘性，将其与人类的现实社会历史发展紧密联系起来。

费尔巴哈的哲学在马克思批判黑格尔辩证法的过程中作为重要的中介、支点，这较为集中地体现在《1844 年经济学哲学手稿》和《神圣家族》中，但是，马克思很快就转向对费尔巴哈的批判了，在后来的阶段中，通过对费尔巴哈哲学的批判，马克思进一步清算了黑格尔辩证法思想，确立了自己的辩证法思想。

三　对黑格尔历史哲学的辩证法批判

马克思哲学从根本上说是历史唯物主义，或者说是唯物主义的历史观。那么历史唯物主义的历史观与黑格尔的历史观不同在于何处呢？在对黑格尔的思辨哲学的辩证法进行唯物主义的颠倒之后，马克思进一步批判了黑格尔的历史哲学，确立了自己的历史唯物主义。这一批判主要是在《关于费尔巴哈的提纲》和《德意志意识形态》中完成的。

《关于费尔巴哈的提纲》批判了旧唯物主义和唯心主义，并在此基础上提出了科学的实践观概念。就历史观而言，《提纲》也具有重要的意义。实践观的确立，为马克思历史观的提出奠定了基础。马克思指出："人的本质不是单个人所固有的抽象物，在其现实性上，它是一切社会关系的总和。"① 马克思认为，对于社会历史，应该从人们的社会实践去理解，只要从实践出发，就能够去除理论的神秘性。他指出："社会生活在本质上是实践的。凡是把理论诱入神秘主义的神秘东西，都能在人的实践中以及对这种实践的理解中得到合理的解决。"② 把"全部社会生活"的本质归结为实践，这就把实践确立为社会历史的基础，从而为提出历史唯物主义的基本原理打下了基础。当然，《提纲》主要是批判了费尔巴哈的哲学，但是也对批判黑格尔的历史观奠定了基础，这在《德意志意识形态》中得到了进一步的发展。

《德意志意识形态》可以说是马克思历史唯物主义的奠基之作。学界

---

① 《马克思恩格斯文集》第 1 卷，第 505 页。

② 《马克思恩格斯文集》第 1 卷，第 505 ~ 506 页。

非常重视的《德意志意识形态》中的“费尔巴哈”部分，但是笔者以为，《形态》一书对黑格尔历史哲学清算的意义不能忽视。在很大程度上，通过对费尔巴哈的批判，马克思也批判了黑格尔的历史哲学。

在黑格尔那里，历史是精神的发展历史，历史的主体是绝对精神。《形态》中处处针对着这种唯心主义的历史观来确立自己的唯物主义历史观。马克思指出：“全部人类历史的第一个前提无疑是有生命的个人的存在。”“这些个人把自己和动物区别开来的第一个历史行动不在于他们有思想，而在于他们开始生产自己的生活资料。”[①] 这是马克思的唯物主义历史观与黑格尔的唯心主义历史观的起始点的不同。黑格尔把现实的个人还原为精神和思想，而马克思则把精神和思想又还原为现实的个人。与黑格尔为代表的德国哲学不同，马克思、恩格斯指出，“德国哲学从天国降到人间；和它完全相反，这里我们是从人间升到天国”。所谓天国和人间的隐喻性说法，前者指思想的王国，后者指现实生活。这就是说，与黑格尔的思辨哲学不同，马克思、恩格斯的哲学是从现实生活上升到思想意识的。换言之，现实生活决定思想，而不是思想决定现实生活。这就不难理解马克思、恩格斯的以下论述了：

> 道德、宗教、形而上学和其他意识形态，以及与它们相适应的意识形式便不再保留独立性的外观了。它们没有历史，没有发展，而发展着自己的物质生产和物质交往的人们，在改变自己的这个现实的同时也改变着自己的思维和思维的产物。不是意识决定生活，而是生活决定意识。[②]

一切意识形态的东西，思想领域的东西，都不是独立发展的，都必须追溯到现实生活（物质生产、物质交往等）。

黑格尔的历史哲学所描述的历史与马克思所描述的历史完全不同。马克思对黑格尔思辨哲学的历史观进行了揭露，指出了黑格尔历史哲学是如

---

① 《马克思恩格斯文集》第1卷，第519页。

② 《马克思恩格斯文集》第1卷，第525页。

何成为一种思辨唯心主义的哲学的。马克思指出：

> 把占统治地位的思想同进行统治的个人分割开来，主要是同生产方式的一定阶段所产生的各种关系分割开来，并由此得出结论说，历史上始终是思想占统治地位，这样一来，就很容易从这些不同的思想中抽象出“思想”、观念等等，并把它们当做历史上占统治地位的东西，从而把所有这些个别的思想和概念说成是历史上发展着的概念的“自我规定”。在这种情况下，从人的概念、想象中的人、人的本质、人中能引申出人们的一切关系，也就很自然了。思辨哲学就是这样做的。①

对于思辨哲学把人归结为精神，把历史归结为精神的历史的做法，马克思指出了其全部戏法的三个阶段。

> 第一，必须把进行统治的个人——而且是由于种种经验的原因、在经验的条件下和作为物质的个人进行统治的个人——的思想同这些进行统治的个人本身分割开来，从而承认思想或幻想在历史上的统治。第二，必须使这种思想统治具有某种秩序，必须证明，在一个个相继出现的占统治地位的思想之间存在着某种神秘的联系，而要做到这一点，就得把这些思想看做是“概念的自我规定”……。第三，为了消除这种“自我规定着的概念”的神秘外观，便把它变成某种人物——“自我意识”；或者，为了表明自己是真正的唯物主义者，又把它变成在历史上代表着“概念”的许多人物——“思维着的人”、“哲学家”、意识形态家，而这些人又被看做是历史的制造者、“监护人会议”、统治者。这样一来，就把一切唯物主义的因素从历史上消除了，就可以任凭自己的思辨之马自由奔驰了。②

---

① 《马克思恩格斯文集》第 1 卷，第 553 页。

② 《马克思恩格斯文集》第 1 卷，第 554 页。

在这里，马克思虽然是批判的施蒂纳的教阶制，但同样是对黑格尔思辨哲学历史观的批判。这里所批判的正是黑格尔的辩证法，黑格尔的否定之否定。黑格尔把现实的个人替代为思想、精神，认为历史不是由人统治的，而是由思想、精神来统治的；然后，又把这些思想统治看作有内在规律的，看作概念的自我规定；最后，又把概念的自我规定，概念的自我发展看作由人物来表现的，最明显的例子就是黑格尔把拿破仑看作马背上的世界精神。这样一个否定之否定的过程，正是黑格尔把世界历史精神化和神秘化的过程。

在《形态》中马克思对黑格尔历史哲学的批判，可以从以下几个方面来加以归纳。第一，在黑格尔的历史哲学中，历史不是现实的人和人类发展的历史，而是现实的人和人类之抽象的绝对精神的发展历史。而在马克思那里，历史的逻辑起点和动力，历史的承担者不是精神，不是思想，而是现实的个人和现实的人类。这就把黑格尔的思辨唯心主义的历史观和马克思的现实的个人和现实的人类为基础的唯物主义历史观严格区分开来了。第二，在黑格尔的历史观中，否定之否定的历史发展，是通过精神的活动来完成的。因此，在黑格尔那里，历史的活动只是思想活动，而在马克思看来，历史活动乃是人类的生产活动。马克思哲学的实践概念，首要的就是强调生产活动对人类历史发展的意义。而在黑格尔那里（包括费尔巴哈那里），人类的现实历史活动即生产活动没有得到正确的理解。第三，马克思把人类社会发展的动力归结为生产力和交往形式（后来被概括为生产关系）之间的矛盾，而在黑格尔的历史哲学中，历史发展的动力来自理性的内在逻辑发展，它不需要任何外来的力量推动，而来自理性自身。第四，在黑格尔那里，历史发展也是有目的的，这一目的即德意志国家的形成。而在马克思看来，恰恰是这一当代国家理应遭到批判，历史前进的目的应该是共产主义。因而，从马克思历史唯物主义中得出的是革命的结论，而在黑格尔那里得出的却是保守的结论。

在《形态》中，虽然表面上的理论对手是费尔巴哈和青年黑格尔派，但实质上的理论对手仍然是黑格尔。由此我们就不难理解，在马克思对唯物主义历史观的正面的描述中，其所针对的乃是唯心主义的历史观。下面这段话极为清楚地表述了这一点：

> 这种历史观就在于：从直接生活的物质生产出发阐述现实的生产过程，把同这种生产方式相联系的、它所产生的交往形式即各个不同阶段上的市民社会理解为整个历史的基础，从市民社会作为国家的活动描述市民社会，同时从市民社会出发阐明意识的所有各种不同的理论产物和形式，如宗教、哲学、道德等等，而且追溯它们产生的过程。这样做当然就能够完整地描述事物了（因而也能够描述事物的这些不同方面之间的相互作用）。这种历史观和唯心主义历史观不同，它不是在每个时代中寻找某种范畴，而是始终站在现实历史的基础上，不是从观念出发来解释实践，而是从物质实践出发来解释各种观念形态，由此也就得出下述结论：意识的一切形式和产物不是可以通过精神的批判来消灭的，不是可以通过把它们消融在“自我意识”中或化为“怪影”、“幽灵”、“怪想”等等来消灭的，而只有通过实际地推翻这一切唯心主义谬论所由产生的现实的社会关系，才能把它们消灭；历史的动力以及宗教、哲学和任何其他理论的动力是革命，而不是批判。①

第四节　马克思辩证法的致思路径与基本特征

马克思如何能够超越黑格尔哲学的思辨唯心主义的辩证法，创立历史唯物主义的历史辩证法的，这是一个较为复杂的理论问题。马克思对辩证法的理论推进尽管有多方面的原因，但就其根本的致思路径而言，我们可以从以下方面来概括其对黑格尔辩证法的超越之原因。

一　马克思超越黑格尔辩证法的致思路径

现实生活斗争是马克思批判黑格尔哲学的物质基础。如果说马克思有

① 《马克思恩格斯文集》第1卷，第544页。

什么超出黑格尔哲学的必然性，那么这个必然性就存在于这样一个事实中，即马克思从来都不是一个学院派的思想家，而是一个直面现实生活的战士，始终处在现实生活斗争的前沿。我们可以看出，虽然马克思起初是作为黑格尔的崇拜者和追随者的面目而出现，但事实上，在青年时期的马克思那里，已经孕育着超出黑格尔哲学的萌芽。正如马克思所指出的，由于现实生活斗争的需要，马克思必须面对物质生活的难事，因而不得不思考一些与经济、政治有关的问题。在《德法年鉴》时期，马克思撰写了《论犹太人问题》《〈黑格尔法哲学批判〉导言》等具有极强的时代性和现实性的文章，所批判的锋芒直接指向当时的德国现实。马克思终其一生始终关注着人类解放的事业，关注着工人阶级的斗争，这使马克思与黑格尔那种学院派的哲学家截然不同，也正是这种与现实生活斗争的紧密联系，使马克思拒斥黑格尔的唯心主义的醉醺醺的思辨哲学。

费尔巴哈哲学是马克思批判黑格尔的理论中介。当然，任何思想家思想的形成都不是一方面的原因，马克思的思想的发展和形成也受到多方面的影响。择其要者而言，费尔巴哈、赫斯、鲍威尔都在不同时期给予了马克思一些影响。这里当然不是我们进行详尽探讨的地方。我们认为，尽管不可把费尔巴哈在马克思哲学思想形成中的作用过于夸大，但费尔巴哈确实是在马克思批判黑格尔的哲学过程中起了重要中介作用的哲学家。对于费尔巴哈在马克思的黑格尔哲学批判中所起的作用，择其要者，我们指出以下几点。(1) 感性对象的原则对马克思感性活动和对象性活动的原则和实践原则具有启发意义。(2) 费尔巴哈的人本主义思想使马克思把人重新置于历史的出发点，并由此提出了现实的个人是历史辩证法的逻辑出发点的思想。(3) 费尔巴哈的宗教批判把上帝还原为世俗的人，还原为人的异化的产物，这一批判奠定了马克思对黑格尔的思辨神学的批判基础。正是基于以上几点，笔者认为，费尔巴哈的思想在马克思批判和改造黑格尔哲学的过程中，确实起着非常重要的中介作用。

法哲学批判和政治经济学批判是马克思批判黑格尔哲学的理论路径。黑格尔的哲学虽然是一种思辨的哲学，但并不是完全脱离现实的哲学，而不过是对现实进行形而上学的、思辨的改装了的哲学。例如，黑格尔的法哲学就是具有较强现实性的国家哲学。因此，批判黑格尔哲学不可能脱离对现实的深入理解。马克思从对黑格尔的法哲学批判发端，进而批判意识形态，最后发展到政治经济学批判，实际上是从对上层建筑的批判进入对经济基础的批判，从对意识形态的批判深入对现实生活基础的批判。这就使马克思哲学脱离传统哲学的思辨形而上学，成为面对现实生活的政治哲学和历史哲学。政治经济学批判是马克思之所以超越黑格尔哲学的最重要的理论路径。

马克思超越黑格尔哲学的关键在于其历史唯物主义地颠倒了黑格尔哲学。黑格尔哲学是从精神到生活，以精神、思想来统摄现实，其现实是思想中介的现实。而马克思哲学则从现实生活出发，从现实的个人出发，来理解世界和历史，把历史理解为现实的个人的创造物。黑格尔虽然貌似强调主体，但由于把一切都归之于神秘的必然性，因而窒息了主体性的力量，人在整个社会历史生活中仅仅是某种神秘的逻辑的附属物和承担者。马克思从现实的人出发，把历史发展归结为人的创造，把现实的人作为历史的出发点和创造者，比黑格尔哲学更为突出地强调人的主体性力量在历史发展中的地位和作用。因此，马克思的历史辩证法，实际上是一种主体性的哲学。

二　马克思辩证法的基本特征

相对于黑格尔的辩证法，马克思辩证法表现出哪些突出的基本特征呢？我们认为，马克思辩证法的突出特征表现在以下几个方面。

第一，马克思辩证法的实践与革命本质。在黑格尔那里，由于实体与主体的辩证法是其思辨辩证法的核心原则，黑格尔的辩证法实际上对实体与主体的关系是思辨同一性的，因此，思辨哲学的辩证法归根结底还是一种对世界的解释哲学，其目的在于认识世界。在马克思那里，辩证法成为改变世界的辩证法，实践和革命成为马克思辩证法的内在本质和核心内容，因此，马克思对黑格尔辩证法的批判从根本上可以说是辩证法从认识世界到改变世界的转向，或者我们可以说是辩证法的实践与革命的转向。在马克思看来，所有的问题都可以归结为通过实践和革命的活动，改变主体所处的现实和环境，创造一个新的世界。这是马克思的实践和革命的辩证法根本异质于黑格尔的思辨辩证法之处。

第二，马克思的辩证法以历史唯物主义为本体论的基础，实现了历史唯物主义对辩证法的整体重塑。黑格尔的辩证法从根本上是思辨的神学的辩证法，是绝对精神的无限循环的演出与谢幕的过程，因此其辩证法的基础是唯心主义的。这是马克思所着力批判的黑格尔哲学的唯心主义方面。由于以唯心主义为基础，黑格尔的辩证法失去了其革命性，而只是徒有其表的革命性和否定性。而马克思的辩证法不但以唯物主义为基础，而且是以历史唯物主义为基础，其辩证法的承担者是现实的个人，实现了历史唯物主义对辩证法的整体性重塑。由此，马克思的辩证法是以现实的个人为逻辑起点，以社会历史发展为其具体内容，以人类解放和共产主义为其价值指向的历史辩证法。

第三，马克思的辩证法理论和其共产主义与人类解放的理论是一致的，毋宁说，共产主义和人类解放理论乃是其历史辩证法理论的有机组成部分。按照马克思的看法，社会历史发展的辩证法，从人的发展的角度，则表现为人的依赖性关系，到以人的独立性为基础的物的依赖性阶段，再到自由个性的阶段的一个辩证的发展过程。所谓“自由个性”，是指人不仅摆脱了“人的依赖关系”，而且摆脱了“物的依赖性”，从而真正独立地，自由地存在和发展自身，按照自己的个性特点自由地安排自己的生活和活动。而达到这样一个自由个性的社会，其前提是生产力的高度发展之上的人的全面发展。这也是马克思的共产主义和人类解放的本质内容之所在，就其根本来说，共产主义和人类解放是一个历史过程，是与生产力发展相一致的生产关系的不断发展和升华的过程。

黑格尔的辩证法和马克思的辩证法尽管具有根本的异质性，但是不能说是毫不相干，完全没有关系的。二者都是一种社会历史的宏大叙事，是对人类社会历史发展的一种总体性理论。正是这一点，在后来的西方马克思主义和后马克思主义对辩证法的思考中，不断进行重新解读和批判，使辩证法理论逐渐脱离了总体性的人类历史叙事的轨道，或者成为关注个体生活实践的微观政治理论，或者对同一性、总体性批判和解构，到后马克思主义的理论旗手拉克劳那里，则把辩证法发展为霸权理论。尽管马克思的辩证法理论具有极强的系统性和逻辑性，但并非毫无瑕疵，关注后马克思主义的理论思考，也是我们深入理解马克思辩证法理论的重要路径。

第三章

卢卡奇辩证法思想：从历史辩证法到社会存在本体论

在马克思主义发展史上，卢卡奇具有重要且独特的地位，他不仅兼有革命家的身份和专业学术研究思想家的身份，而且在某种意义上使对马克思主义的理解和阐释发生了转向，使马克思主义转向西方马克思主义，乃至影响了后来的法兰克福学派及后马克思主义。他的影响之广泛和深刻时至今日仍未得到我国学界的全面认识。卢卡奇的一个重要思想是对马克思主义辩证法理论的激进改写，即试图将辩证法贯彻到对唯物主义的理解中去。这一企图首先表现在其重要的理论著作《历史与阶级意识》中，也表现在其后来的《社会存在本体论》（又译《关于社会存在的本体论》《社会存在的本体论》等）一书的深刻思考中。在此，我们通过对卢卡奇这两部著作的一个基本认读，来辨识卢卡奇的辩证法思想。

第一节　青年卢卡奇的广义历史唯物主义与辩证法思想

《历史与阶级意识》是卢卡奇在 19 世纪 20 年代前后所写作的一系列文章的论文集。卢卡奇为这本论文集加了一个副标题，即“关于马克思主义辩证法的研究”，这说明，卢卡奇在这一时期极为重视马克思的辩证法理论，并自觉地将阐释马克思主义的辩证法理论作为自己论战的目的。在阐述马克思的辩证法思想的过程中，卢卡奇在一定程度上触及了广义历史唯物主义思想，可以说，卢卡奇对马克思辩证法思想的理解，是与其对马克思广义历史唯物主义的理解相辅相成的。因此，我们在理解青年卢卡奇的辩证法思想时，应该注意将其与广义历史唯物主义理解结合起来。

一　青年卢卡奇的广义历史唯物主义思想

在《历史与阶级意识》中，卢卡奇并未对辩证唯物主义与历史唯物主义做区分，他有时把马克思主义称作历史唯物主义，有时把辩证唯物主义与历史唯物主义并提，有时又把马克思主义称作辩证唯物主义。笔者注意到，无论是马克思主义辩证法，还是辩证唯物主义，在卢卡奇看来，其理论基础或理论原则都是相同的，即“不是人们的意识决定他们的存在，而是相反，他们的存在决定他们的意识”①。众所周知，这里卢卡奇所引用的正是历史唯物主义的基本原理，就是说，他把历史唯物主义的基本原理作为马克思主义的基本原理。因而从一开始，卢卡奇就把目光聚焦在社会历史上，而不是把目光聚焦在与人和社会无关的抽象自然上，在他那里根本无须探讨（抽象的）物质与意识的关系问题。因此，尽管卢卡奇还没有认识到辩证唯物主义与历史唯物主义以及辩证法这些术语之间内涵上的区分其实蕴含着重要的理论意义，但他确实把马克思主义哲学主要理解为历史唯物主义。卢卡奇的历史唯物主义，与传统的历史唯物主义，以及与第二国际的所谓历史唯物主义，有何不同呢？这里，我们从在一定程度上被忽视的，而卢卡奇本人则倍加重视的一个命题说起，这个命题就是：历史唯物主义是资本主义社会的自我认识。②

“历史唯物主义是资本主义社会的自我认识”这一命题的内涵如何，其重要意义何在呢？这一命题并不是卢卡奇的偶发奇想，而是经过深思熟虑的。在作为《历史与阶级意识》全书总纲的《什么是正统马克思主义?》中，卢卡奇就写道：“历史唯物主义同黑格尔哲学的密切关系就明显地表现

① 〔匈〕卢卡奇：《历史与阶级意识》，杜章智、任立、燕宏远译，商务印书馆 1999 年版，第 71 页。

② 〔匈〕卢卡奇：《历史与阶级意识》，第 323 页。

在这里，因为它们都把理论视为现实的自我认识。”① 当然，卢卡奇接着也就强调了马克思与黑格尔的不同，即黑格尔的自我认识不是对人类社会的自我认识，而是思辨的认识。他把绝对精神理解为历史创造者，而这个绝对精神却只不过是通过哲学家事后认识到的。不难看出，从这里出发，历史唯物主义作为资本主义社会的自我认识也就顺理成章了。

历史唯物主义是资本主义社会的自我认识这一命题，具有极为深刻的理论内涵。首先，它指出了历史唯物主义是时代发展的产物，是资本主义社会的产物。卢卡奇认为，在前资本主义社会里，由于人与人之间的关系主要是自然关系，不是社会关系，所以人不能意识到自己的社会存在。而在资本主义社会里，“表面上人人平等；直接决定人和自然之间物质变换的经济关系日益消失。人成了本来意义上的社会存在物。社会对人说来变成了名副其实的现实”②。在这里我们仿佛读到了马克思的三大社会形态理论！只有社会发展到第二大社会形态，即人与人之间不再具有人身依附关系，而是以人的独立性为基础的物的依赖关系时，才有可能使个人意识到自己的社会性质，才有可能产生历史唯物主义。这一点，确实与马克思在《1857—1858 年经济学手稿》的分析相近。③ 以严密的论证分析资本主义社会的《资本论》，正是对资本主义社会的认识，也正是对历史唯物主义的精确和详尽的论证。由此看来，卢卡奇这一论断与马克思的思想颇为接近。

其次，历史唯物主义是资本主义社会的自我认识的命题，以卢卡奇的物化理论为基础。在卢卡奇看来，资本主义世界是物化了的世界，就是说，人变成了物，而人与人之间的关系也被物遮蔽了，因此，物化正是资本主义社会的现实。由于物化导致了工作的专门化，人们就无法认识整体了。卢卡奇的物化理论主要是通过阅读马克思《资本论》而得到的，特别是得到了马克思对商品拜物教一节分析的启示。在一个不甚引人注目之处，卢卡奇甚至说道：

---

① 〔匈〕卢卡奇：《历史与阶级意识》，第 67 页。

② 〔匈〕卢卡奇：《历史与阶级意识》，第 72 页。

③ 参见《马克思恩格斯全集》第 46 卷（上），人民出版社 1979 年版，第 104 页。

人们可以说——也许有着同样多的正确性——《资本论》关于商品拜物教性质的篇章隐含着全部历史唯物主义，隐含着无产阶级的全部自我认识，也就是对资本主义社会的认识。①

可以断言，卢卡奇这一认识，乃是从对《资本论》的解读中得出的结论。历史唯物主义是对物化社会的认识，对认识物化意味着思想上扬弃物化现象。由此可见，历史唯物主义是资本主义社会的自我认识这一命题，与物化理论有着紧密联系。

再次，肯定历史唯物主义是对资本主义社会的自我认识，为卢卡奇的阶级意识理论奠定了理论基础。认识资本主义社会，对无产阶级而言只不过意味着认识自己的阶级地位。卢卡奇写道：

只是因为对无产阶级说来彻底认识它的阶级地位是生死攸关的问题；因为只有认识整个社会，才能认识它的阶级地位；因为这种认识是它的行动的必要前提，在历史唯物主义中才同时产生了关于“无产阶级解放的条件”的学说和把现实理解为社会进化的总过程的学说。②

这是卢卡奇对历史唯物主义的重要指认。既然历史唯物主义是资本主义社会的自我认识，其关键又在于无产阶级对自身历史地位的认识，那么历史唯物主义的关键就转化为无产阶级的阶级意识，这不仅关联着无产阶级的解放学说，也关联着对社会历史的总体进程的认识。毋庸讳言，把历史唯物主义等同于对阶级地位的认识，实际上也就把历史唯物主义看作了阶级斗争理论。

最后，历史唯物主义是资本主义社会的自我认识的命题，还直接关联着总体性的辩证法。众所周知，总体性辩证法是卢卡奇最为重视的，他把总体性视为马克思主义理论的革命性的支柱。同样，在卢卡奇看来，对资

① 〔匈〕卢卡奇：《历史与阶级意识》，第263页。
② 〔匈〕卢卡奇：《历史与阶级意识》，第72页。

本主义社会的认识，我们也必须从总体上来认识，否则我们就不能认识它的本质。资产阶级的学者不能从总体上认识资本主义社会，而是从纯直接性，从事实（作为方法论的事实）出发来认识资本主义社会，必然把资本主义社会看作既定的。历史唯物主义内在地包含了总体性的辩证法，把资本主义社会从总体性角度来认识，就能认识到资本主义社会只是一个历史的产物，也必然会随着历史发展而灭亡。卢卡奇认为自己对历史唯物主义的辩证法的认识极端重要，他指出：

> 如果要建立一种彻底的机会主义理论，一种没有革命的“进化”理论，没有斗争的“长入”社会主义的理论，正是必须从历史唯物主义的方法中去掉辩证法。①

这里的辩证法即总体性的辩证法。历史唯物主义以总体性的辩证法来认识资本主义社会，就扬弃了资本主义社会各范畴之间表面的独立性，这就直接导向了革命。卢卡奇写道：

> 历史唯物主义在方法上划时代的功绩恰恰在于，这些表面上完全独立的、自我封闭的自律体系仅仅被看作是一个综合整体的一些方面，而它们表面上的独立性也会被扬弃。……这种独立性是资本主义社会的社会结构在思想上、即范畴上的表达。因此扬弃这种独立性，超越它，意味着——在思想上——超越资本主义社会，意味着用思想的促进力量预先扬弃资本主义社会。②

由此可见，卢卡奇的历史唯物主义必然包含总体性辩证法的维度，甚至可以说，历史唯物主义的根本重要之处就在于总体性的辩证法，缺失了这个维度，历史唯物主义就不具有革命性。

由以上分析不难看出，历史唯物主义是资本主义社会的自我认识这一

① 〔匈〕卢卡奇：《历史与阶级意识》，第53页。

② 〔匈〕卢卡奇：《历史与阶级意识》，第324～325页。

命题，尽管是在《历史唯物主义的功能变化》一文中明确出现，但与《历史与阶级意识》一著中其他论文在深层次上保持了高度一致，它绝不是突发奇想的神来之笔，而是深思熟虑的思想结晶。笔者认为，这一命题体现了青年卢卡奇对马克思主义哲学认识所达及的原则高度，必须予以高度重视。这一命题的重大理论意义在于，首先，它与当时占据马克思主义思想界统治地位的第二国际思想家所谓正统马克思主义的认识在本质上区别开来。在卢卡奇那里，作为马克思主义哲学基础或核心的历史唯物主义是时代的产物，资本主义社会的产物，只有发展到了资本主义社会，才有可能产生以认识资本主义社会为目的的历史唯物主义。而在第二国际的正统马克思主义那里，历史唯物主义却是理论推演的产物。由是观之，它击中了把历史唯物主义作为一般唯物主义（或者说，狭义上的辩证唯物主义）之推广的第二国际理论的软肋，紧紧抓住了历史唯物主义的根本性质，把历史唯物主义作为社会历史发展理论来理解，而不是作为适应于整个自然和社会在内的世界的一般唯物主义来理解。这就使历史唯物主义的产生获得了历史的前提和基础，也获得了存在的理由和依据，并顺理成章地得出了历史唯物主义的革命结论。

其次，历史唯物主义是资本主义社会的自我认识这一命题，体现了卢卡奇对马克思主义哲学的深层指认。卢卡奇把马克思主义哲学归结为历史唯物主义，又把历史唯物主义归结为对资本主义社会的自我认识，这就鲜明地指证出马克思主义哲学是关于社会历史发展的哲学，而不是关于物质世界的哲学。从根本上说，这一认识是深得马克思主义哲学的要旨的，在把马克思主义哲学理解为以朴素唯物主义为基础，不能把马克思主义哲学与朴素唯物主义从根源上做出区别的20世纪初期，卢卡奇这一认识被指为异端，而今天我们却不能不承认，卢卡奇这一认识确实不仅是与众不同的，而且是振聋发聩的。当然，卢卡奇对历史唯物主义的认识是不够清晰透彻的，还没有达到马克思在《德意志意识形态》中所创立的历史唯物主义的深度，但在一定程度上体现了与其在思想上的相通。按照笔者的理解，这里卢卡奇的历史唯物主义主要还是狭义的（但时而又闪现出广义历史唯物主义的星光），而《德意志意识形态》中的历史唯物主义却是广义的。

最后，历史唯物主义是资本主义社会的自我认识这一命题，深刻关联着卢卡奇对历史唯物主义的另一个重要观点，即历史唯物主义是方法。历史唯物主义是一种方法，与卢卡奇的总体性辩证法理论是一致的。把历史唯物主义作为方法来认识，也是卢卡奇的一贯思想。在他看来，辩证法的核心在于改变现实，同样，历史唯物主义的最重要功能也是改变现实。既然历史唯物主义是对资本主义社会的自我认识，那么正确地理解了资本主义社会就意味着在思想上扬弃资本主义社会。下面，我们就探讨卢卡奇的另一个重要观点，即历史唯物主义是一种方法。

二 作为方法的历史唯物主义

如前所述，卢卡奇历史唯物主义是资本主义社会的自我认识这一命题，深刻关联着他的另一个重要观点，即历史唯物主义是一种方法。他写道：

> 什么是历史唯物主义呢？无疑，它是按其真正的本质理解过去事件的一种科学方法。但是，同资产阶级的历史方法相反，它同时也使我们有能力从历史的角度（科学地）考察当代，不仅看到当代的表面现象，而且也看到实际推动事件的那些比较深层的历史动力。[①]

卢卡奇对历史唯物主义的这一界定，具有重大的理论意义。由于历史唯物主义是一种方法，它的重要功能在于对社会历史的正确认识。

在卢卡奇看来，作为方法的历史唯物主义，其最重要的功能在于认识资本主义社会。因此，卢卡奇写道："历史唯物主义最重要的任务是，对资本主义社会制度作出准确的判断，揭露资本主义社会制度的本质。"[②] 卢卡奇对历史唯物主义这一任务的认定是正确的，准确判断资本主义社会，揭露资本主义制度的本质，是历史唯物主义的基本任务。当然，历史唯物主义的功能绝不仅仅限于正确认识资本主义社会。在卢卡奇看来，认识资

---

① 〔匈〕卢卡奇：《历史与阶级意识》，第 317 页。

② 〔匈〕卢卡奇：《历史与阶级意识》，第 318 页。

本主义社会是为了改变资本主义社会，或者说是推翻资本主义社会，因此，“历史唯物主义的首要功能就肯定不会是纯粹的科学认识，而是行动。历史唯物主义不是目的本身，它的存在是为了使无产阶级自己看清形势，为了使它在这种明确认识到的形势中能够根据自己的阶级地位去正确地行动”①。这里对历史唯物主义的理解，与马克思《关于费尔巴哈的提纲》所提出的“问题在于改变世界”的宣言在思想上是一致的。抛开学理上的纠缠，卢卡奇在此处确实指出了马克思历史唯物主义的一个根本特征，即它不是解释世界的学问，而是改变世界的指南。

卢卡奇这一论断是批判庸俗马克思主义和资产阶级意识形态的有力武器。卢卡奇把历史唯物主义指认为方法，具有极强的针对性，他首先针对的是庸俗的马克思主义。在伯恩施坦们看来，资本主义社会能够和平长入社会主义社会，因此根本就不必强调什么斗争，仿佛只要耐心等待就能实现理想。因此他宣称目标并不重要，运动就是一切。这就完全歪曲了马克思主义，混淆了社会主义和资本主义质的区别，把马克思主义变为了政治渐进主义，完全否定了暴力革命的必要性。卢卡奇尖锐地批判道：

> 庸俗马克思主义在理论上却专注于这一点：它否认暴力作为“经济力量”的重要性。在理论上低估暴力在历史上的重要性，从过去的历史中消除暴力的作用，是庸俗马克思主义的机会主义策略的理论准备。把资本主义社会的特殊发展规律提升为一般规律，是庸俗马克思主义力求使资本主义社会的存在在实际上永久化的理论基础。②

这就说明庸俗马克思主义的作用其实与资产阶级意识形态的作用是相同的。资产阶级意识形态的特点即在于从纯直接性、自然性来理解资本主义社会，把资本主义社会看作永久不变的社会形态。而作为方法的历史唯物主义则与之根本不同，它强调的是要发挥主体的能动性力量，促进社会历史的发展和变化。而在20世纪初的时代背景下，卢卡奇断言暴力斗争是

---

① 〔匈〕卢卡奇：《历史与阶级意识》，第318页。
② 〔匈〕卢卡奇：《历史与阶级意识》，第344页。

推进社会发展的重要手段。

卢卡奇这一论断还与他的历史主客体理论具有紧密联系。对历史唯物主义的功能与方法的认识，联系着卢卡奇的一个重要思想，即过程先于事实。卢卡奇区分了现实与经验事实的不同。资产阶级把事实奉为方法论的中心，而马克思主义则认为，在方法论上具有更优先意义的，不是事实，而是过程。他写道："历史发展的倾向构成比经验事实更高的现实。"[①] "只有当'事实'的这种方法论上的优先权被打破了，当任何一种现象都具有过程的性质这一点被认识了，人们才能懂得，即使是人们习惯称之为'事实'的东西也是由过程组成的。然后人们才能懂得，'事实'也只是整个过程的一部分，是分离出来的、人为地孤立的和僵化了的环节。"[②] 从这一立场出发，卢卡奇对历史给予了新的解读。他认为，历史一方面是人的历史，是人自身的活动历史；另一方面，历史又是一连串的过程，在这一过程中，人的活动形式，人对自我（对自然和其他人）的关系就在这一连串过程中发生着彻底的变化。[③] 这就是说，一方面历史是主体创造的历史，另一方面历史也是生产关系和社会形式变化的历史。因此卢卡奇特别强调，要从历史辩证法角度来理解历史发展。只有把辩证法融入对历史的理解之中，才能真正理解历史。

卢卡奇对历史唯物主义是方法的指认，具有重要的理论意义。在当时的马克思主义理论界，占统治地位的是第二国际马克思主义理论。这种理论把马克思主义实证化，将其描绘成完全机械性的纯知性科学的世界观，这就使马克思主义丧失了革命性。卢卡奇对历史唯物主义的方法维度的凸显是对这种思潮的有力的回击。卢卡奇作为方法的历史唯物主义思想影响颇为深远。有一段时期，我国马克思主义哲学界展开了马克思主义哲学是体系还是方法的争论，就明显受到了卢卡奇这一思想的影响。有学者指出："在马克思主义哲学中，历史唯物主义范畴中的历史并不是通常所理解的时空范畴中的社会历史，而是把事物当作'过程'而不是当作'实

---

① 〔匈〕卢卡奇：《历史与阶级意识》，第 278 页。

② 〔匈〕卢卡奇：《历史与阶级意识》，第 282 页。

③ 〔匈〕卢卡奇：《历史与阶级意识》，第 284 页。

体'来理解的辩证思维方法。"① 不难看出，这种理解与卢卡奇作为方法的历史唯物主义思想是有联系的。当前，学界关于马克思主义哲学的学术性与现实性讨论，即马克思主义哲学如何切入现实的讨论也很热烈。卢卡奇作为方法的历史唯物主义思想实际上为我们理解马克思主义哲学如何切入现实也提供了有益的启示。

三 总体性辩证法：青年卢卡奇对辩证法的理解

从以上论述可知，在青年卢卡奇那里，马克思主义哲学是一种有关社会历史的哲学，而不是有关自然的哲学，所谓自然哲学在卢卡奇那里只有置于社会历史的理解之中才有意义。在这一点上，卢卡奇确实把握了马克思主义哲学的根本，因而远远超出了他同时代的理论对手甚至其理论同盟者。由于将历史唯物主义本身就视作方法，卢卡奇的辩证法是在历史唯物主义意义上的，因此是历史唯物主义视域中的辩证法。

众所周知，卢卡奇对方法论特别重视。卢卡奇将对辩证法的重视提高到马克思主义的正统这一高度上，将辩证法指认为区别真假马克思主义的标志。下面这段话是耳熟能详的：

> 马克思主义问题中的正统仅仅是指方法。它是这样一种科学的信念，即辩证的马克思主义是正确的研究方法，这种方法只能按其创始人奠定的方向发展、扩大和深化。而且，任何想要克服它或者"改善"它的企图已经而且必将只能导致肤浅化、平庸化和折中主义。②

在卢卡奇看来，革命性是唯物主义辩证法的首要特质，他在《什么是正统马克思主义?》一文中明确指出："唯物主义辩证法是一种革命的辩证法。"③ 并认为，这个定义对于理解马克思主义的本质至关重要。卢卡奇把

① 孙伯鍨：《作为方法的历史唯物主义》，载叶汝贤、孙麾主编《马克思与我们同行》，第108页。

② 〔匈〕卢卡奇：《历史与阶级意识》，第49页。

③ 〔匈〕卢卡奇：《历史与阶级意识》，第49页。

理论的本质，即理论的作用理解为辩证法，也就是说，辩证法是理论和实践之间的相互作用。卢卡奇追随青年马克思的《〈黑格尔法哲学批判〉导言》等早期文献，认为辩证法是主体和客体之间的相互作用，而不是任何别的东西。在他看来，只有在历史领域和社会发展领域才谈得上辩证法的问题。为此，他激烈地批判了恩格斯的《反杜林论》中对辩证法的论述，从而开了在哲学研究中把马克思和恩格斯区别开来的先河。卢卡奇认为，恩格斯在《反杜林论》中虽然对辩证法做了许多论述，但是遗漏了重要的主客体之间的辩证法。"他（恩格斯——引者注）对最根本的相互作用，即历史过程中的主体和客体之间的辩证关系连提都没有提到，更不要说把它置于与它相称的方法论的中心地位了。然而没有这一因素，辩证方法就不再是革命的方法，不管如何想（终归是妄想）保持'流动的'概念。因为这意味着未能认识到，在一切形而上学中，客体，即思考的对象，必须保持未被触动和改变，因而思考本身始终只是直观的，不能成为实践的；而对辩证方法说来，中心问题乃是改变现实。"① 可以说，卢卡奇对恩格斯的指责是有一定道理的。在马克思那里，辩证法主要指向的是社会历史，而非自然界，尽管自然界与社会历史具有某种意义上的同构性，但辩证法的革命指向确实是对社会历史而言的。从辩证法的革命性出发，卢卡奇激烈地批判了那种实证主义的、修正主义的做法。卢卡奇首先批判了修正主义的事实概念。修正主义者实际上从马克思主义去掉了辩证法，从而成为实证主义的、保守主义的哲学。卢卡奇认为，正是这种对事实奉若神明的做法，是对资本主义意识形态的屈从。卢卡奇认为，并不存在所谓客观事实。每一种对事实的解释本身已经蕴含了一种方法论的前提。"不管对'事实'进行多么简单的列举，丝毫不加说明，这本身就已是一种'解释'。即使是在这里，事实就已为一种理论、一种方法所把握，就已被从它们原来所处的生活联系中抽出来，放到一种理论中去了。"② 实际上，这种孤立的理解事实的方法，正是一种形而上学地、实证主义地看待事物的方法，在这里正是丢失了事物的辩证发展过程。针对这种所谓纯事实的形

① 〔匈〕卢卡奇：《历史与阶级意识》，第 51 页。
② 〔匈〕卢卡奇：《历史与阶级意识》，第 53 ~ 54 页。

而上学的态度，卢卡奇指出，这种方法实际上是因为资本主义的发展本身所决定的，必须用辩证方法来与之对抗。为此卢卡奇提出的辩证的总体观，也可以说是总体性的辩证法。

总体性的辩证法具有以下基本特点。第一，总体性的辩证法坚持在总体的观点下来看待各个具体的方面和环节，将之理解为总体中的方面和环节。总体相对于部分，相对于环节在结构上具有方法论的优先性。这就是说，对每一事实都应该放到与总体的联系中去理解，在总体性的辩证法看来，并不存在孤立的事实。卢卡奇尖锐地批判了资产阶级的庸俗经济学以及步其后尘的庸俗马克思主义对总体性的取消。

> 辩证的方法被取消了，随之总体对各个环节在方法论上的优越性也被取消了；各部分不从整体来理解，相反，整体被当作不科学的东西被抛弃，或者退化成了不过是各部分的“观念”或“总合”。随着总体的被取消，各个孤立的部分的反思联系似乎就是适合一切人类社会的没有时间性的规律。①

在马克思那里，必须将部分看作整体中的部分看待。“辩证法不顾所有这些孤立的和导致孤立的事实以及局部的体系，坚持整体的具体统一性。”② 因之事实就不是事实，而是现实。在卢卡奇那里，事实与现实是严格区分开的。可以说，现实正是从总体性辩证法的视角出发来看待事实的结果，把事实理解为社会的、历史的现实。

第二，总体性的辩证法是一种历史辩证法，把事物从总体上来理解意味着将事物放进历史发展过程之中来理解，始终将事物理解为历史的。在卢卡奇那里，历史一词具有方法论的意义。在《历史与阶级意识》中，作为主题词之一的历史至关重要。在卢卡奇那里，所谓对事实奉若神明的资产阶级方法论，以及机会主义、修正主义和庸俗马克思主义的错误根源，就在于未能历史地理解事物。孤立地理解事物，离开了总体性的辩证法，

---

① 〔匈〕卢卡奇：《历史与阶级意识》，第59页。
② 〔匈〕卢卡奇：《历史与阶级意识》，第55页。

最严重的后果或者说最为严重的错误就在于不能理解事物的历史性。卢卡奇指出："这种看来非常科学的方法的不科学性，就在于它忽略了作为其依据的事实的历史性质。"[①] 这种对事物历史性的忽视，不仅是一种简单的理论方法失误，而且是一种现实斗争中的严重失误，它导致的后果是对资本主义历史性的忽视，也就是说，它模糊资本主义社会的历史的、暂时的性质，带给人一种无时间性的、无历史性的永恒的假象，因此也就无法理解历史本身的性质。因此，卢卡奇得出了下列论断：

> 如果摈弃或者抹杀辩证法，历史就变得无法了解。这并不是说，没有辩证法的帮助，就无法对特定的人或时代做出比较确切的说明。但是，这的确使得不可能把历史了解为一个统一的过程。[②]

第三，卢卡奇的总体性的辩证法不仅强调总体在方法论上的优先意义，而且强调了其在存在论上具有重要意义。卢卡奇的总体性概念与其说是来自马克思，不如说是来自黑格尔，强调总体性在方法论上的优先地位，实际上在存在论上否定了经济基础的优先地位。这一点，卢卡奇在《作为马克思主义者的罗莎・卢森堡》一文中，说得非常清楚。他写道：

> 不是经济动机在历史解释中的首要地位（Vorherrschaft），而是总体的观点，使马克思主义同资产阶级科学有决定性的区别。总体范畴，整体对各个部分的全面的、决定性的统治地位（Herrschaft），是马克思取自黑格尔并独创性地改造成为一门全新科学的基础的方法的本质。……总体范畴的统治地位，是科学中的革命原则的支柱。[③]

所谓经济动机在历史解释中的首要地位，乃是指第二国际的思想家的经济决定论。那么，否定了经济动机的优先性，实际上乃是否定了机械唯

---

① 〔匈〕卢卡奇：《历史与阶级意识》，第 55 页。
② 〔匈〕卢卡奇：《历史与阶级意识》，第 62 页。
③ 〔匈〕卢卡奇：《历史与阶级意识》，第 79 页。

物主义所赖以生存的那个物质基础，而代之以总体。这个总体实际上具有存在论意义。仔细考辨卢卡奇的总体范畴，我们发现，总体范畴实际上与实践、社会、历史概念是同一序列的，或者说，这就是卢卡奇在批判恩格斯时所指出的主客观的统一性和相互作用。

至此，我们认为，卢卡奇在《历史与阶级意识》一书中所表现出来的基本思路，确实切近了对马克思历史辩证法的正确理解。在青年卢卡奇的思想中，有着两条互相交织地纠结在一切的线索。一条是广义历史唯物主义的线索，这一思路虽然不是很明显，但潜在地支配着卢卡奇的致思路径；另一条是总体性的辩证法的线索，这一线索衔接着黑格尔的思辨辩证法，并成为卢卡奇这一时期的显性思路。毫无疑问，这两条线索实际上也是在马克思的思想发展中互相纠结的两条线索。然而，青年时期卢卡奇的思想表现出了亲黑格尔的思想倾向，这一倾向起了主导作用。

第二节　黑格尔的幽灵：卢卡奇历史辩证法的初始定向

诚如我们所指出的，在青年卢卡奇的致思路径中，存在一个黑格尔的思想前提，而这一前提在卢卡奇的《历史与阶级意识》中展现得十分显著。就此而言，青年卢卡奇的历史辩证法思想，确实萦绕着黑格尔的幽灵。虽然这一问题在马克思主义哲学的研究者中已经得到公认，但仍然有必要对卢卡奇的黑格尔阐释做出合理和公允的评价。在笔者看来，能否正确评价青年卢卡奇思想中的黑格尔因素，意味着能否正确认识卢卡奇在思想史上的地位。

一　青年卢卡奇对第二国际错误思想的批判

20 世纪初期，在国际共产主义运动中占统治地位的是第二国际的思想家，这些思想家包括俄国革命的先驱普列汉诺夫、马克思主要的继承人梅林、德国社会民主党的领袖伯恩施坦和考茨基等人。在此我们只要简要提及普列汉诺夫和伯恩施坦的哲学思想就够了。普列汉诺夫在《马克思主义的基本问题》这本著作中开篇就指出："马克思主义是一个完整的世界观。简单说来，这是现代唯物主义，也就是现今发展到最高阶段的世界观，这种世界观的基础早在古希腊就由德谟克利特奠定了，而且一部分是由德谟克利特以前的伊奥尼亚思想家们所奠定的。那些思想家的所谓的物活唯物主义实际上也就是素朴唯物主义。创造现代唯物主义的最主要的功绩，毫无疑问，是应当属于马克思和他的友人恩格斯的。这个世界观的历史方面和经济方面，也就是所谓历史唯物主义以及同它有密切联系的对于政治经济学的任务、方法和范畴的见解，对于社会经济发展，尤其是资本主义社会经济发展的各种见解的总和，它们的基本原则差不多完全是马克思和恩格斯所发现的。"① 这里充斥着一些似是而非的见解。普列汉诺夫把马克思主义命名为现代唯物主义，而对这个现代唯物主义与素朴唯物主义之间的区别，却几乎没有任何认识。因此，他把现代唯物主义的基础看作由德谟克利特奠定的，因而不能在实质上与素朴唯物主义区别开来。由此导致的另一个问题是，历史唯物主义乃是现代唯物主义的历史方面和经济方面。这就是说，历史唯物主义是马克思世界观中涉及经济历史的一个方面。其隐含的意义是，现代唯物主义包含着许多方面，而历史方面乃是其中之一。不难看出，这是把唯物主义推广应用到历史领域的所谓推广论的前驱。我们认为，这样一种理解并未能理解马克思哲学的实质，而其根源在于未能理解马克思的辩证法。对于辩证法，普列汉诺夫论述并不少。在《马克思主义的基本问题》中，他写道："一般说来，马克思和恩格斯在唯物主义方面的最伟大的功绩之一，就是他们制定了正确的方法。"② 而这个方法就是辩证法。原则上说，这是正确的。那么，普列汉诺夫所理解的辩证法是什么呢？普列汉诺夫试图把马克思的辩证法与黑格尔的辩证法区别开来。但是在笔者看来，他未能做到这一点。普列汉诺夫对辩证法的强调主要集中在以下两点：第一，辩证法是由黑格尔创造的，而辩证法是一种发展的学说。在强调辩证法的发展特点时，普列汉诺夫主要将其与进化论区别开来，认为进化论是渐进主义的，而辩证法则承认飞跃。"辩证法与

① 〔俄〕普列汉诺夫：《马克思主义的基本问题》，张仲实译，人民出版社1957年版，第1页。
② 〔俄〕普列汉诺夫：《马克思主义的基本问题》，第21页。

庸俗的进化论有重大的区别，进化论是完全建筑在这样一个原则上的，即无论自然界和历史都没有飞跃，而世界上的一切变化都只是逐渐进行的。”[①] 而黑格尔则指出，这样理解发展是可笑的，因为，自然界处处发生着飞跃。马克思和恩格斯完全继承了黑格尔的这一观点。“黑格尔对于发展过程中必然发生飞跃的这种辩证法的观点，被马克思和恩格斯完全采纳了。”[②] 由此可见，在普列汉诺夫那里，辩证法主要就是一种包含飞跃的发展学说。第二，普列汉诺夫指出，马克思辩证法与黑格尔辩证法的主要区别在于马克思的辩证法是唯物主义的，而黑格尔的辩证法是唯心主义的。这在原则上也并无错误。但是问题在于，普列汉诺夫的唯物主义并非历史唯物主义，而是自然唯物主义。他在此书附录中专门论述辩证法的一文《辩证法与逻辑》中写道：“我们的辩证法的基础正是唯物主义自然观。它是支撑在这个唯物自然观之上的；假使唯物主义注定要倒塌的话，那么辩证法也就瓦解了。反之，没有辩证法，则唯物主义的认识论也就不充分、片面，甚至不可能。”[③] 不难看出，在对辩证法的理解上，普列汉诺夫完全立足朴素的唯物主义基础上，把辩证法理解为自然辩证法，历史辩证法完全在其理解之外。虽然普列汉诺夫精通马克思主义的经典著作，但是由于他把马克思哲学的基础还原为朴素的唯物主义，走了一条退行性的路线，即把马克思主义追溯到费尔巴哈，又把费尔巴哈哲学追溯到斯宾诺莎，这样一条路线不仅不能发展马克思的哲学，反而将其拉回到了黑格尔之前。这样，在普列汉诺夫对马克思哲学的理解中，黑格尔的辩证法仅仅是附加的，是外在的，并不能找到其安顿之处。因此，即使他多次引用了马克思在《资本论》第二版跋中有关辩证法的著名论述，但实质上他对辩证法的否定性、批判性、革命性的理解仍然是极为肤浅、不得要领的。由此也就导致了以下后果，在对历史唯物主义的阐释中，他最终将社会历史发展的决定因素归结为地理环境。他这样写道：“在着手研究唯物主义历史观的时候，我们认为我们首先碰到的一个问题，就是社会关系发展的真实原因

① 〔俄〕普列汉诺夫：《马克思主义的基本问题》，第 22 ~ 23 页。
② 〔俄〕普列汉诺夫：《马克思主义的基本问题》，第 23 页。
③ 〔俄〕普列汉诺夫：《马克思主义的基本问题》，第 82 页。

究竟是什么。我们已经知道，'公民社会的解剖'决定于社会的经济。但是经济又是由什么来决定的呢?"普列汉诺夫的回答是极为荒谬的，他的回答是地理环境。"总之，地理环境的性质决定着生产力的发展，而生产力的发展则决定着经济的、以及随着经济之后的其他一切社会关系的发展。"[①] 显而易见，普列汉诺夫得出的这个结论乃是彻头彻尾的实证主义的，完全背离了马克思哲学。在普列汉诺夫那里，现实的个人以及现实的人与人之间的关系构成的社会历史发展完全消失了，与其说这是唯物主义，毋宁说是完全的实证主义，而根据马克思的说法，这种完全无批判的实证主义和完全无批判的唯心主义殊途同归。马克思在《1844 年经济学哲学手稿》中对黑格尔辩证法所做的批判与改造，完全在普列汉诺夫的视野之外。戴维·麦克莱伦所说是正确的，普列汉诺夫的"观点不过是把恩格斯的观点通俗化了而已。普列汉诺夫最重要的贡献是为俄国革命的发展奠立了一种正统的马克思主义的参照视角"[②]。

而在德国社会民主党的领导人伯恩施坦那里，虽然似乎采取了一种与普列汉诺夫完全异质的思路，但是与其殊途同归。在对历史唯物主义的理解上，伯恩施坦反对把历史唯物主义看作经济决定论。在他看来，马克思、恩格斯显然过于强调了经济因素，而忽视了其他因素。伯恩施坦批评马克思在《资本论》第一版序言中对历史唯物主义基本原理所做的经典论述，认为这一论述把意识和存在非常尖锐地对立起来，因而过于夸大了经济因素。他写道："意识和存在被非常尖锐地对立起来，因而不能不得出这样的结论：人类只是历史上各种势力所产生的工具而已，从而对于这种历史势力所规定的工作，人类就是违反自己的知识和意志也断乎要实行的。……从整体看来，人类的意识和欲望好像是完全从属于物质的作用似的。"[③] 他认为，历史唯物主义太唯物主义，太决定论了。他把唯物主义者

① 〔俄〕普列汉诺夫：《马克思主义的基本问题》，第 28 页。

② 〔英〕麦克莱伦：《马克思以后的马克思主义》，李智译，中国人民大学出版社 2004 年版，第 74 页。

③ 〔德〕伯恩施坦：《社会主义的前提和社会民主党的任务》（节译本），殷叙彝译，三联书店 1958 年版，第 12 页。

讥讽为“不信上帝的加尔文教徒”[①]。从一定意义上说，伯恩施坦对历史唯物主义的批评并非毫无道理。但是应该看到，伯恩施坦对历史唯物主义的理解是不恰当的，他并未把马克思所创立的历史观与机械唯物主义区别开来，而是把历史唯物主义等同于机械唯物主义了。在马克思这段重要论述中，确实强调了历史的必然性规律，但是不能将其庸俗化，等同于机械唯物主义在历史领域的应用。况且，把生产力本身完全归结为经济因素，也是对历史唯物主义的误解。伯恩施坦说：“应用唯物史观时，根本不考虑或很少考虑各种物质势力和各种精神势力的相互作用，不管谁这样做，都是应该予以纠正的。”[②]

非常矛盾的是，尽管伯恩施坦在哲学上反对单纯的唯物主义，主张把人的因素、思想因素考虑在内，但他在历史观上持一种进化论历史观。众所周知，这是由于他受到了费边主义的影响。主张进化论，主张点滴的改良，从而反对革命，这是其进化论历史观所得出的结论。在他看来，进化论与革命论是对立的。他由此而反对暴力革命，主张和平长入社会主义。这就是伯恩施坦在政治上的渐进主义和修正主义。伯恩施坦被称为修正主义的鼻祖，其著名的口号是“目标并不重要，运动就是一切”。他写道：“我坚信，今天这一代人必将看到，社会主义即使不是在正式的形式上，至少也是在内容上已经大部分实现了。……我坦率地承认，我对通常称作‘社会主义最终目标’的东西极少有热情和兴趣。这个目标无论怎样，在我看来都是微不足道的，运动就是一切。”[③] 伯恩施坦的政治渐进主义的产生既有其现实实践中的深刻原因，也有其哲学思想上的根源。从社会实践上看，伯恩施坦所处的社会时代已经与马克思、恩格斯在 1848 年写作《共产党宣言》的时代有了根本的不同，资本主义社会已经发展得比较稳健，并在政治上做了一些民主改革。伯恩施坦在当时的社会环境中看不到革命的必要性和因素。从哲学上看，伯恩施坦对历史唯物主义的理解是有很大局限性的。这里我们无法做出详述，只是指出一点，伯恩施坦根本就

---

① 〔英〕麦克莱伦：《马克思以后的马克思主义》，第 34 页。

② 〔德〕伯恩施坦：《社会主义的前提和社会民主党的任务》（节译本），第 16 页。

③ 转引自〔英〕麦克莱伦《马克思以后的马克思主义》，第 32 页。

不理解黑格尔的辩证法，对于马克思对黑格尔辩证法所做的批判和吸收，完全处于伯恩施坦的理解范围之外。厌恶和完全不理解黑格尔及其辩证法，使其对马克思的历史唯物主义只能从机械的角度理解，而错失其历史辩证法。伯恩施坦将过分强调暴力革命的理论归咎于黑格尔的辩证法，因而他认为应该抛弃黑格尔辩证法，他断言："每当我们看到以经济作为社会发展基础为出发点的理论在过分强调暴力崇拜的理论面前投降时，我们都会碰到黑格尔式的原理……马克思和恩格斯的一切成就都不是依靠、而是不顾黑格尔的辩证法而取得的。"① 他甚至认为，辩证法是马克思学说中的叛卖性因素，他写道："黑格尔辩证法是马克思学说中的反对面，并且是妨碍对事物的一切合理观察的圈套。但是恩格斯超越它是不可能的，并且也没有想要这么做。他仅就关于政治斗争的一定形式和方式，才引进从他获得的认识出发的推论。"② 伯恩施坦由对黑格尔的辩证法的反对进而反对由辩证法而来的革命性结论。

普列汉诺夫与伯恩施坦的理论虽然表面看来具有很大差别，但其根本实质是相同的。辩证法在二者那里都是缺失的，在前者那里，辩证法成了一种点缀之物，而不是贯穿马克思主义的基本原则；而在后者那里，则完全由拒斥黑格尔而否定辩证法，从而取消了马克思哲学的革命性。归根结底，在二者那里都存在一种阐释定向即在马克思哲学中，费尔巴哈的地位具有优先性，而黑格尔的作用则不那么重要。马克思所强调的黑格尔的重要性在二者那里没有得到应有的重视。由于普列汉诺夫和伯恩施坦在第二国际中具有重要的地位，其思想倾向对马克思主义的理解产生了严重的影响。

以普列汉诺夫和伯恩施坦等人为代表的庸俗唯物主义、实证主义、修正主义受到了卢卡奇的激烈批判。我们相信，卢卡奇的批判恰恰针对着伯恩施坦的这种错误观念："伯恩施坦部分地由于他的没有受到任何哲学认识妨害的'不偏不倚'，反对辩证方法的声音叫得最响最尖锐。然而他从这种想使方法摆脱黑格尔主义的'辩证法圈套'的愿望中得出的现实的政治结论和经济结论，却清楚地表明了这条路是通向何处的。它们表明了，如果要建

---

① 转引自〔英〕麦克莱伦《马克思以后的马克思主义》，第35页。

② 〔德〕伯恩施坦：《社会主义的前提和社会民主党的任务》（节译本），第26页。

立一种彻底的机会主义理论，一种没有革命的‘进化’理论，没有斗争的‘长入’社会主义的理论，正是必须从历史唯物主义的方法中去掉辩证法。”① 卢卡奇的批判可谓一针见血，击中了伯恩施坦的软肋。正是面对第二国际的思想家们虽则路径相异但实则本质相同的这种阐释定向，卢卡奇对之进行了深刻的批判，其批判之路径就在于恢复黑格尔的优先地位。

卢卡奇批判第二国际思想家的意图，在其 1922 年的《历史与阶级意识》初版序言和 1967 年为《历史与阶级意识》所写的新版序言中有清晰的表述。在《历史与阶级意识》初版序言中，卢卡奇就指出，必须进一步厘清黑格尔与马克思之间的关系，因为恩格斯和普列汉诺夫都未能将这一问题解释清楚。但在《历史与阶级意识》初版序言中，卢卡奇还是认为恩格斯和普列汉诺夫是致力于阐释这一问题的。但在《历史与阶级意识》新版序言中，卢卡奇直接批评了普列汉诺夫和伯恩施坦等人。卢卡奇写道：

> 对任何想要回到马克思主义的人来说，恢复马克思主义的黑格尔传统是一项迫切的任务。《历史与阶级意识》代表了当时想要通过更新和发展黑格尔的辩证法和方法论来恢复马克思理论的革命本质的也许是最激进的尝试。……只有与所有这些发展相对照，我们才能看到《历史与阶级意识》所提出的问题是多么迫切。从激进工人运动的意识形态的角度看也是如此，因为普列汉诺夫等人过高估计了费尔巴哈作为黑格尔与马克思之间的中介的作用，而这种观点在这里则被抛到了一边。②

卢卡奇对第二国际思想家的批判具有重要的理论意义，是马克思主义哲学发展史上一次具有重大理论意义的探索。就其主要内容而言，卢卡奇对第二国际思想家的批判主要集中在以下方面。第一，批判第二国际思想家的实证主义的保守方向。卢卡奇指出，由于第二国际思想家采取一种所谓科学主义的态度，奉事实为圭臬，事实上放弃了马克思的辩证法的革命性。这种所

① 〔匈〕卢卡奇：《历史与阶级意识》，第 53 页。
② 〔匈〕卢卡奇：《历史与阶级意识》，第 16 页。

谓科学主义实际上是实证主义的，是为现实做辩护的，因此就丧失了对资本主义的批判意义，也就从根本上丧失了革命性。第二，批判第二国际思想家忽视无产阶级意识的重要作用，将经济决定提高到不恰当的地位。卢卡奇认为，第二国际的思想家由于无法认识到历史是主体－客体的相互作用过程，因而忽视了主体的力量，将社会视为纯粹的经济发展过程，因而忽视无产阶级的阶级意识。他指出，必须把唤醒无产阶级的阶级意识作为党的主要任务。第三，卢卡奇指出，第二国际思想家对历史唯物主义的理解是错误的。关键在于，他们强调经济动机的同时，忘记了总体性在马克思主义哲学中的决定性地位，因而不能理解历史和现实，不能把历史理解为一个统一的过程，因而是一种错误的历史观。以上种种，实际上根本的原因只有一个，就是不理解或者忽视了黑格尔在马克思哲学中的重要性，因而正确理解马克思主义哲学的首要的迫切问题就在于恢复黑格尔的优先性。

二　卢卡奇如何恢复黑格尔思想的优先性

客观地说，卢卡奇在对马克思主义哲学的阐释上，激烈地批判了第二国际的经济决定论和庸俗马克思主义，恢复黑格尔哲学在马克思主义哲学阐释中的优先性，这一理论图谋具有重大的意义。《历史与阶级意识》作为西方马克思主义的开创之作，其历史意义也盖源于此。卢卡奇恢复黑格尔哲学在马克思主义哲学阐释中的优先性，不是枝节之论，不是在细枝末节上对马克思哲学理解的增补和删改，而是试图进行一种原则高度的颠覆。这一颠覆首先指向的是马克思主义哲学的存在论基础，尽管这一指向在卢卡奇的论述中还未能得到彰显，但隐含在卢卡奇的论述之中了。

最为昭彰显著和最具有核心重要性的，是卢卡奇把总体概念置于马克思主义哲学的中心。在青年卢卡奇那里，总体性概念绝不是一个附加的概念，而是一个核心的原则概念，是对马克思主义哲学贯穿始终的具有原则高度的概念。卢卡奇指出，这一概念恰恰与第二国际思想家的经济决定论相反。在第二国际的思想家那里，经济原则具有优先性，而在卢卡奇所理解的马克思那里，则是总体性原则优先于经济原则。总体性原则源于马克思，确切地说，马克思的总体性概念来自黑格尔。“不是经济动机在历史解释中的首要地位（Vorherrschaft），而是总体的观点，使马克思主义同资产阶级科学有决定性的区别。总体范畴，整体对各个部分的全面的、决定性的统治地位（Herrschaft），是马克思取自黑格尔并独创性地改造成为一门全新科学的基础的方法的本质。……总体范畴的统治地位，是科学中的革命原则的支柱（Träger）。"① 卢卡奇对于黑格尔与马克思之间的衔接做了如下论述：

> 黑格尔的哲学方法——最引人入胜之处是在《精神现象学》里——始终既是哲学史，又是历史哲学，就这一基本点而言，它决没有被马克思丢掉。黑格尔使思维和存在——辩证地——统一起来，把它们的统一理解为过程的统一和总体。这也构成历史唯物主义的历史哲学的本质。②

因此，在卢卡奇那里，总体性原则直接衔接着黑格尔，而马克思对黑格尔的批判——如在《1844 年经济学哲学手稿》和《德意志意识形态》中——也只是对黑格尔的追随者的批判，而不是对黑格尔本人的批判。而在黑格尔那里，所谓总体性，所谓哲学史和历史哲学之统一，所谓存在与思维之统一，难道不是最为集中地表现在黑格尔哲学那个臭名昭著的命题"实体即主体"中吗？我们已经说过，黑格尔不仅把实体理解为实体，而且理解为主体。这就是说，任何的客观事物都要从主体的角度来理解。实际上，这也正是马克思《关于费尔巴哈的提纲》第一条所强调的。黑格尔这种激进的整合中包含巨大的合理之处，它将事物、世界、现实理解为一个中介、理解为过程、理解为自身设置自身和生成自身的运动，理解为否定性。这里包含黑格尔辩证法思想的精髓。在黑格尔哲学的视域中，将事物、世界、现实孤立地理解为单一事物的纯粹肯定性的形而上学思维失去了其合法性，而事物本身、实体本身只不过是主体，而主体则只不过是纯粹的简单否定性。这一否定性的东西，构成了黑格尔哲学中的激进革命的

---

① 〔匈〕卢卡奇：《历史与阶级意识》，第 79 页。
② 〔匈〕卢卡奇：《历史与阶级意识》，第 87 ~ 88 页。

辩证法内核。我们看到，卢卡奇在此强调的是黑格尔这一命题的另一方面，即总体性，作为历史的总体，作为事物过程的总体。由此而引发了卢卡奇对实证主义事实范畴的批判，对历史概念的重新界定等，这些批判指向了那种脱离辩证法的机械唯物主义和实证态度，具有重要的意义。但是，卢卡奇的总体性概念仍然是含糊不清的，与马克思哲学中的总体性概念仍然有一定距离。在马克思那里，总体固然是总体，但这个总体并不是与经济的重要性相对立的总体，而是以经济为基础的总体。经济——确切来说是社会的生产力和生产关系——构成社会历史发展的基础，构成总体的基础。而在卢卡奇那里，总体与经济相对立起来，也就是说，是脱离了经济的总体。这样，卢卡奇以总体性范畴来理解马克思主义的尝试，却宿命般地远离了马克思，退回到黑格尔那里，最为明显的就是在卢卡奇那里，替代经济的是阶级意识。

《历史与阶级意识》的另一个关键概念就是阶级意识。在卢卡奇的多篇论文中，不难看到，卢卡奇论述的落脚点最终是无产阶级的阶级意识。针对当时伯恩施坦的和平长入社会主义的谬论和第二国际弥漫着的经济决定论，卢卡奇认为这种论调取消了革命，因此呼吁要诉诸无产阶级的阶级意识的唤醒。卢卡奇将历史唯物主义和辩证法与无产阶级的阶级意识直接联系起来，甚至等同起来。在具有纲领性的《什么是正统马克思主义?》一文中，卢卡奇写道：

> 历史唯物主义的方法的本质是与无产阶级的“实践的和批判的”活动分不开的：两者都是社会的同一发展过程的环节。因此，由辩证方法提供的对现实的认识同样也是与无产阶级的阶级立场分不开的。……因为马克思主义的方法，即对现实的辩证唯物主义理解，只有从阶级的观点中，从无产阶级的斗争观点中才能产生出来。放弃这一观点就是离开唯物主义，同样，接受这一观点就是直接深入到无产阶级的斗争中去。①

---

① 〔匈〕卢卡奇：《历史与阶级意识》，第 73 ~ 74 页。

可以看出，在卢卡奇那里，无产阶级的意识和历史唯物主义及辩证唯物主义是一回事，可以说，历史唯物主义和辩证唯物主义就是无产阶级的意识，反过来也一样，只有在无产阶级的意识中才能有历史唯物主义。这种貌似激进的马克思主义的观点，实际上退回到了黑格尔的自我意识，把无产阶级的意识等同于黑格尔的自我意识，等同于黑格尔自在自为的绝对精神。卢卡奇认为，无产阶级的阶级意识就是无产阶级对于自己阶级地位的认识，就是无产阶级对自己在历史中所起作用的认识。因此，无产阶级的阶级意识具有非常重要的功能，决定着革命事业的成败。在人类历史由阶级社会向无阶级社会，由史前史向人类史，由必然王国向自由王国的过渡中，无产阶级的阶级意识发挥着重要的功能。"当最后的经济危机击中资本主义时，革命的命运（以及与此相关联的是人类的命运）要取决于无产阶级在意识形态上的成熟程度，即取决于它的阶级意识。"①

在《物化和无产阶级意识》这一构成《历史与阶级意识》的主体内容的长文中，卢卡奇对资本主义的物化现象进行了批判，并对资产阶级思想的二律背反进行了揭露，指出资产阶级的思想实际上是对资本主义社会的矛盾的反映，因而无力解决资本主义社会的固有矛盾。只有无产阶级才能超出资产阶级思想的二律背反，因而只有无产阶级的意识才能真正批判资本主义社会的现实。这一长文的最后一节题为"无产阶级的立场"，是卢卡奇整个论证的结论所在。卢卡奇的主要观点是，历史发展是一个总体过程，历史总体本身是一种真正的历史力量，而无产阶级就是这样一种历史力量的体现和载体。马克思主义作为无产阶级的立场，作为无产阶级的历史意识，相对于黑格尔的辩证法的巨大进步在于：

> 它不是把反思规定看作是把握现实的一个"永恒的"阶段，而看作是资产阶级社会的必然的生存形式和思维形式，是存在和思想的物化的形式，马克思主义就这样在历史本身中发现了辩证法。因此，辩证法不是被带到历史中去的，或是要依靠历史来解释的（而黑格尔就

① 〔匈〕卢卡奇：《历史与阶级意识》，第 134 页。

常常这样做）。辩证法来自历史本身，是在历史的这个特定发展阶段的必然的表现形式，并被人们所认识。[①]

无产阶级的阶级意识即无产阶级对自己的阶级地位和历史作用的认识，就是历史唯物主义和历史辩证法。历史的辩证法性质就在于，历史不是固定化的，而是人的发展和变化的历史。无产阶级作为历史同一的主体-客体，其历史作用就在于推翻资本主义社会，改变资本主义社会的物化现象，而这又只有通过无产阶级的革命实践活动才能达到。物化的克服只能采用这样的形式："不断地、一再地努力地通过与具体表现出的全部发展的矛盾具体联系起来，通过认识到这些矛盾对于全部发展所具有的固有意义，从实践上打破存在的物化结构。"[②] 卢卡奇由对总体性的辩证法的强调出发，强调无产阶级的阶级意识，进而强调无产阶级的革命实践，抓住了马克思主义的辩证法的革命性一面，具有重要的积极意义，但是我们不难辨析出的是，卢卡奇的无产阶级的阶级意识事实上脱离了现实的社会发展，脱离了物质生产劳动这一根本基础，因而类似于黑格尔的绝对精神，成了一种无法理解的神秘的东西。

表明卢卡奇的黑格尔主义取向的，还有他在《历史与阶级意识》中的实践和行动概念。虽然卢卡奇较多地参照和援引了马克思的《关于费尔巴哈的提纲》第一条，但实际上《提纲》第一条的哲学革命的深刻意义还没有被卢卡奇所完全认识。在谈及马克思在《提纲》中指出的要把感性、客体、现实理解为感性活动而不是感性对象时，卢卡奇认为，这就是说，人应当意识到自己是社会的存在物，同时是历史过程的主体和客体。[③] 这样一种理解不是把马克思置于历史唯物主义的基础上，而是使其退回到了黑格尔的思辨哲学。在卢卡奇看来，无产阶级就是历史的主体-客体，而历史唯物主义的方法与无产阶级的立场，与无产阶级的实践活动是分不开的，二者都是社会的同一发展过程的环节。与其他的意识相比较，无产阶

① 〔匈〕卢卡奇：《历史与阶级意识》，第272~273页。

② 〔匈〕卢卡奇：《历史与阶级意识》，第300页。

③ 〔匈〕卢卡奇：《历史与阶级意识》，第71~72页。

级的阶级意识不是一种直接性的认识，而是一种实践的意识，也就是说，无产阶级的阶级意识本质就在于实践，在于行动。“这种意识突出的实践的本质就表现为，相应的正确的意识就意味着它的对象的改变，而且首先是，它本身的改变。”① 因此，在卢卡奇那里，无产阶级的阶级意识与实践和行动之间并无不可逾越的鸿沟，二者是一回事，对现实的正确认识本身就是实践，就是行动。虽然卢卡奇极力从历史唯物主义角度来论述实践和行动，但事实上他的实践概念和行动概念是脱离了现实基础的夸张的乌托邦式的高调，没有现实的意义。由此出发，卢卡奇鼓吹暴力革命，忽视生产劳动和现实的斗争。把无产阶级的阶级意识看作历史同一的主体－客体，把无产阶级对自己阶级地位的认识的觉悟看作社会革命的充分必要条件，其实质是唯心主义的。在卢卡奇那里，事情似乎十分明显，只要无产阶级认识到了自己的历史地位，具有了自觉的阶级意识，革命就必然会到来，社会主义社会必然会实现。革命和社会主义的实现似乎成了像手枪发射那样突如其来，并不需要其他的条件。在强调这样一种阶级意识的时候，卢卡奇就脱离了历史唯物主义，而陷进了唯心主义的泥沼。马克思在《德意志意识形态》中作为其理论出发点的“现实的个人”，在这里被卢卡奇置换为无产阶级，并进一步置换为无产阶级的阶级意识。可以说，卢卡奇完全不理解“现实的个人”才是马克思广义历史唯物主义和历史辩证法的出发点。② 卢卡奇自己后来指出：“在这本书中，革命的实践概念表现为一种夸张的高调，与其说它符合真正的马克思主义学说，莫若讲它更接近当时流行于共产主义左派之中的以救世主自居的乌托邦主义。”③ 卢卡奇的这一自我评价是十分中肯的。

卢卡奇对马克思的理解虽然从《资本论》等马克思的后期著作中吸取了很多重要思想，但《历史与阶级意识》的总体思想框架却笼罩在早期的青年马克思的思想框架中，甚至是黑格尔式的青年马克思的思想框架中，因此不能真正揭示马克思主义的本质。卢卡奇甚至认为，马克思在《博士

---

① 〔匈〕卢卡奇：《历史与阶级意识》，第 302 页。

② 李西祥：《马克思历史辩证法视域里的“现实的个人”》，《教学与研究》2008 年第 3 期。

③ 〔匈〕卢卡奇：《历史与阶级意识》，第 12 页。

论文》中就已经实现了对实践问题的论述。这是一种具有原则重要性的错误估价，它使得卢卡奇对马克思主义的理解原则性地束缚在或回归到黑格尔主义之下。卢卡奇在 1967 年进行自我批评时，对自己在《历史与阶级意识》中的批评是颇为准确和到位的。这本书对异化问题的讨论方式，“是用纯粹黑格尔的精神进行的”①，将无产阶级看作历史的同一的主体—客体，实际上是对黑格尔的实体主体理论的激进改写，是对黑格尔绝对精神的激进改写，“将无产阶级看作真正人类历史的同一的主体—客体并不是一种克服唯心主义体系的唯物主义实现，而是一种想比黑格尔更加黑格尔的尝试，是大胆地凌驾于一切现实之上，在客观上试图超越大师本身”②。因此，问题的关键在于，在利用辩证法来反对第二国际的经济决定论和庸俗唯物主义的时候，卢卡奇仅仅过度依赖于黑格尔，在恢复黑格尔的优先性的时候，在存在论上甚至大踏步地退回到黑格尔的唯心主义基地上。诚如有学者所指出的，“大体而言，虽然超越的意图和努力始终存在，虽然最遥远的边缘也一再被触到过，但卢卡奇的基本立场和定向却不幸止于黑格尔——就其存在论境域的整体而言从属于黑格尔哲学，就其零星突破的精妙见解而言复归于黑格尔哲学”③。

三　《历史与阶级意识》的当代评价与反思

作为一部应时代要求而产生的著作，《历史与阶级意识》具有不可磨灭的历史功绩和理论贡献。在把马克思主义哲学主要理解为辩证唯物主义的历史时期，卢卡奇独具慧眼地从总体上来理解马克思主义，并主要把马克思主义理解为历史唯物主义，其对马克思主义的整体认识水平，超出了当时的大多数马克思主义理论家。把马克思主义理解为历史唯物主义，就与那种在哲学上把马克思主义理解为自然哲学和历史哲学的二分，以及把历史唯物主义从属于辩证唯物主义，把历史唯物主义看作辩证唯物主义在历史唯物主义推广的所谓正统马克思主义从理论基础上做出了区分。从一

---

① 〔匈〕卢卡奇：《历史与阶级意识》，第 18 页。

② 〔匈〕卢卡奇：《历史与阶级意识》，第 19 页。

③ 吴晓明：《形而上学的没落》，第 176 页。

定意义上说，卢卡奇所做的这种努力具有正本清源的作用。

在《历史与阶级意识》时期，卢卡奇对马克思主义理解的主要理论根据是马克思的《资本论》。但是，在对马克思的理解中，卢卡奇并不局限于对《资本论》的理解，而是将它放置于马克思思想发展的整体之中来理解，同时也重视马克思的早期著作，如《神圣家族》《关于费尔巴哈的提纲》等著作。他自己也颇为自豪地写道：

> 我将马克思的早期著作放到他的世界观的完整画面之中，而在我这样做时，大多数马克思主义者只愿意把它们仅仅看作是马克思个人发展的历史文献。至于在几十年后，这种关系发生了颠倒，青年马克思被看作真正的哲学家，而成熟时期著作则受到忽视，那么，这不能责怪《历史与阶级意识》，因为在那里，不管正确与否，我始终把马克思的世界观看作本质上是一个不可分割的整体。①

这就与正统马克思主义中那种把马克思的思想发展分为早期的不成熟阶段和成熟阶段截然二分的理解方式区别开来，也与后来西方马克思主义那种只肯定马克思的早期思想，特别是《1844 年经济学哲学手稿》，而否定马克思《资本论》等著作的理解方式区别开来。在《历史与阶级意识》中，既具有从马克思后期著作中而来的激进革命理论，也包含马克思早期著作中浓厚的人本主义思想。这与那种把人本主义思想清除出去的马克思主义以及把阶级革命理论从马克思主义中清除的西方马克思主义都具有显著的区别。可以看出，卢卡奇对马克思主义哲学理解的总体方式和思路是正确的，对于我们理解马克思主义哲学具有重要借鉴意义。

卢卡奇的《历史与阶级意识》是一种激进的在马克思主义理论领域恢复黑格尔的优先性的尝试。在卢卡奇之前，马克思主义理论界占统治地位的是所谓梅林 - 普列汉诺夫正统解释，他们在正统马克思主义的口号下，把马克思主义倒退到费尔巴哈，抹杀了黑格尔对马克思哲学的巨大影响，

---

① 〔匈〕卢卡奇：《历史与阶级意识》，第 22 页。

抹杀了马克思主义哲学中从黑格尔而来的思想，使历史唯物主义退回到朴素的唯物主义，或者说，把马克思主义哲学理解为前康德的，而非后黑格尔的。[①] 恢复马克思主义哲学中的黑格尔传统，的确是时代所提出的迫切任务。《历史与阶级意识》虽然未能成功地解决历史赋予的任务，但它极为鲜明地提出这一任务，使之课题化了。《历史与阶级意识》开启了马克思主义哲学理解的新路径，它不仅是当代西方马克思主义的理论来源，也为马克思主义研究者反思和理解马克思主义哲学开辟了道路。在卢卡奇思想的研究中，我们或者囿于意识形态的偏见，或者囿于知识视域的狭窄，未能对青年卢卡奇的黑格尔主义做出客观的评价，一味把它贬斥为唯心主义，以致不能真正看到《历史与阶级意识》在马克思主义发展史上的重要地位。

《历史与阶级意识》发表至今，历史走过了将近一个世纪。在以重新解读马克思，反思和重建马克思的历史唯物主义为主流的马克思主义哲学研究中，我们不能忘记像卢卡奇这样的前辈们为深度理解马克思主义哲学所做出的巨大贡献。尽管今天我们所面对的时代环境已经迥异于一个世纪以前，《历史与阶级意识》所做出的许多判断已经被历史证实或证伪，但我们绝不能做出这样的断言，即《历史与阶级意识》所做出的探索已经落伍于时代，失去了意义。在笔者看来，从根本而言，即从人类历史发展的大尺度而言，我们与卢卡奇仍然同处于一个时代。[②]《历史与阶级意识》所做的探索和所提出的时代课题不仅没有最终解决和完成，相反，恰恰才刚刚开始。因此，在当今时代创新发展马克思主义哲学，仍然必须反复阅读卢卡奇著作，特别是《历史与阶级意识》；既要客观地、历史地评价其理论贡献，又要在此基础上完成它所提出的时代课题，深化、拓展马克思主义哲学的理论视界，赋予马克思主义哲学以时代的活力。当然，我们还要力图从整体上来理解卢卡奇的哲学思想，而相当重要的就是认真解读卢卡奇晚年的重要哲学巨著《关于社会存在的本体论》。

---

① 参见吴晓明《马克思哲学的存在论基础》，载叶汝贤、孙麾主编《马克思与我们同行》，第188～193页。

② 例如，我们仍然处于现代性过程之中。当今中国所面临的问题，与卢卡奇在20世纪初面临的问题具有相似性。认为时代已经完全是另一个时代，自然有其道理，但与笔者这里所说的时代并未根本转变不矛盾。

第三节　社会存在本体论与卢卡奇的辩证法思想

作为革命家兼理论家，卢卡奇的一生始终都在对马克思主义理论进行探索。晚年卢卡奇在总结一生的理论研究和革命道路之后，对自己青年时期的理论探索进行了批判和反思，并以巨大的理论勇气创作了巨著《关于社会存在的本体论》。对这部著作的评价，学界众说纷纭。贬斥者有之，认为这部著作表现出某种理论衰退的迹象，退回到了辩证唯物主义的老路上；赞扬者有之，认为这部著作是对马克思主义的真正回归。在此，我们不能对这部著作做出全面的研究，只能就这部著作中的辩证法思想进行简单的梳理和评价。

一　卢卡奇的社会存在本体论及其基本原则

晚年的卢卡奇之所以集中探索本体论（存在论）问题，在很大程度上是为了纠正早期思想中的黑格尔主义的唯心主义倾向，为马克思的辩证法思想奠定唯物主义基础。从本体论（存在论）上来澄清对马克思主义哲学的理解，是《关于社会存在的本体论》的主要特点。从题目上就看得很清楚，卢卡奇要把马克思主义哲学解读为社会存在本体论。那么何谓社会存在本体论？卢卡奇认为，马克思的著作虽然没有直接对本体论问题进行阐述，但是其所有著作，都可以被看作本体论的。“任何一个马克思著作的公正读者都必然会觉察到，如果对马克思所有的论述都给予正确的理解，而不带通常那种偏见的话，他的这些论述在最终的意义上都是直接关于存在的论述，即它们纯粹是本体论的。”① 例如，在对费尔巴哈的批判中，马克思批判费尔巴哈在自然领域是一个唯物主义者，而在转向历史的时候，却变成了唯心主义者。卢卡奇认为，这一批判表明了本体论在其早期思想中的重要地位。

---

① 〔匈〕卢卡奇：《关于社会存在的本体论》（上卷），白锡堃等译，重庆出版社 1993 年版，第 637 页。

> 马克思对费尔巴哈的评断总是包括两个方面。承认他的本体论的转变是那个时期的唯一严肃的哲学行动；同时也就确认了他的局限性，即费尔巴哈式的德国唯物主义完全忽略了社会存在的本体论问题。这不仅表明了马克思在哲学上的清晰性和全面性，这样的立场也说明了他早期的发展，说明了社会存在的本体论问题在他早期的发展中占有中心地位。①

卢卡奇强调，必须把马克思的全部著作从哲学上来加以理解，对于马克思所谓经济学著作，尤其应当如此。卢卡奇认为，马克思的经济学著作"直接说来它们是科学的著作，无论如何不是哲学的著作，但是它们的科学特征却渗透了哲学并且从未超过哲学。以致对任何一个事实的确定，对一个联系的任何一种认识，都不仅仅是根据直接现实的准确性而批判地做出的，而毋宁说是从它出发，同时又超出它，不断根据其存在的真实内容，根据其本体论的性质来研究的"②。因此，卢卡奇认为，马克思的任何一部著作都不应该被看作纯粹的经济学著作，而应该被看作哲学著作，马克思把自己的著作称作《政治经济学批判》而不是经济学，并不是偶然，而是一种必然。因为在马克思的经济学著作中，存在一种本体论批判，也就是说，任何一个经济学的批判，都同时是哲学批判。卢卡奇写道："在这一批判中同时还含有对任何一种事实、对任何一种关系，对任何一种具有规定性联系的，这里所强调的、不断的、内在本体论的批判。"③

卢卡奇所提出的本体论是社会存在的本体论。卢卡奇所提出的本体论实际上是对当时西方哲学中存在的本体论（存在论）转向提出的一种对策，他试图用马克思主义的本体论来回应西方哲学提出的本体论问题的挑战，因此，在提出社会存在本体论问题之前，他首先对西方哲学史中的本体论问题的演变进行了深入的考察。在这一考察过程中，卢卡奇对新实证

① 〔匈〕卢卡奇：《关于社会存在的本体论》（上卷），第639页。
② 〔匈〕卢卡奇：《关于社会存在的本体论》（上卷），第649页。
③ 〔匈〕卢卡奇：《关于社会存在的本体论》（上卷），第654页。

主义、维特根斯坦、存在主义、哈特曼的本体论、黑格尔的本体论等进行了考察，试图将马克思的本体论置于西方哲学发展史视域中加以理解。在卢卡奇看来，马克思提出了一种新的本体论——社会存在本体论，而这一理论的丰富深刻的内容却有待于进一步得到阐发。卢卡奇认为，在《1844年经济学哲学手稿》中，马克思提出了社会存在本体论的基本思想，使社会存在本体论得到了一种恰当阐述。在后来的《政治经济学批判》《资本论》等著作中，社会存在本体论得到了进一步的阐发。在卢卡奇看来，社会存在本体论的首要的基本原则是劳动。劳动是社会存在本体论的基本范畴，在卢卡奇的本体论体系中，整个存在可以分为自然存在和社会存在，而自然存在包括无机自然和有机自然（人化自然），而自然存在是社会存在的基础。在自然存在向社会存在的转变中，劳动起了关键的作用。社会存在本体论的第二个原则是总体性原则。我们知道，在《历史与阶级意识》中，卢卡奇就特别强调了总体性的方法论，而在《关于社会存在的本体论》中，卢卡奇延续了这一方法论原则，并以之作为重构马克思的社会存在本体论的支柱。社会存在本体论的第三个原则是历史性。在这一点上，卢卡奇继承了早期《历史与阶级意识》的历史性观点，并有所变化。关键在于，卢卡奇将自然历史作为人类历史的一个组成部分，从属于人类历史，改变为人类历史的前史。

（1）劳动在社会存在本体论中的重要地位。在从无机自然和有机自然到社会存在的序列中，劳动起着关键性的作用。在自然界中，存在的是自然因果关系，而在社会领域中，由于人的劳动的参与，起决定作用的不是自然因果关系，而是另一种异质性的因果关系，即目的因果关系，这是因为人的劳动乃是一种目的论设定的活动。在劳动中，人把自己的目的贯注进自然，使自然存在变成了合目的性的存在，变成了社会存在。社会存在的合目的性是社会存在不同于自然存在的本质特征，因而作为目的性设定的劳动在社会存在本体论中具有核心地位。卢卡奇指出：

我们所知道的最高级的存在形式即社会存在，只是由于目的论的东西在它内部现实地发挥作用，才能作为独特的存在结构而从它的实存赖以为基础的那种有机生命的存在阶段中形成出来，成为一种新的独立的存在类型。只有当我们理解到，社会存在的形成过程、它对自己的基础的超越以及获得独立的过程，都是以劳动，就是说，都是以不断实现目的论设定为基础的，我们才能合理地谈论社会存在。[①]

卢卡奇进一步指出，劳动是社会实践的主要模式。社会实践的形式虽然多种多样，但是，劳动是社会实践的基本形式。卢卡奇说："我们确信，我们有理由把劳动看成是每一社会实践、每一积极的社会行为的模式。"[②] 这样一来，作为目的性设定的劳动不仅是社会实践之一种，而且所有的社会实践活动归根到底都可以归结为作为目的论设定的劳动。在卢卡奇看来，所谓社会行为就是个人在社会中的行为，即使是人与人之间的关系，归根结底也是服从劳动的目的论设定的。在人与人之间的关系即社会关系中，目的论设定的内容有所变化。在社会中，"目的论设定的基本内容却是这样一种企图，就是促使他人（或他人组成的群体）本身进行具体的目的论设定。这样，劳动就是在多人协调合作的基础上进行的了，从这个意义上说，劳动就具有社会性了……"[③] 由此可以看出，在卢卡奇的社会存在本体论中，劳动不仅作为人的目的性设定的活动在人的生成中具有重要地位，而且是社会存在所以生成的重要原则。只是由于作为目的性设定的劳动，存在才发生本质变化，提升为社会存在。作为目的论设定的劳动是社会实践的基本模式，是从自然过渡到社会的中介环节，是这个社会存在赖以出现的基础。从这一意义上说，卢卡奇的社会存在本体论是劳动本体论。

（2）总体性原则是社会存在的本体论的基本原则。我们知道，在《历史与阶级意识》中，卢卡奇就把总体性原则作为马克思主义辩证法的重要支柱，以之与经济决定论和机械唯物主义等区分开。这一原则在其晚年思

---

① 〔匈〕卢卡奇：《关于社会存在的本体论》（下卷），白锡堃等译，重庆出版社 1993 年版，第 13 页。

② 〔匈〕卢卡奇：《关于社会存在的本体论》（下卷），第 50 页。

③ 〔匈〕卢卡奇：《关于社会存在的本体论》（下卷），第 51 页。

想中并未被抛弃，但是对之进行了改造，通过这一改造，卢卡奇试图将总体性原则与经济原则统一起来。卢卡奇认为，在马克思的政治经济学批判中，将社会存在看作总体性的存在。这就是说，经济具有总体性，经济本身不仅不是和总体性原则相对立的，而恰恰是总体性原则的某种体现。在卢卡奇看来，马克思在《1844 年经济学哲学手稿》中对存在物的对象性特征的强调，就隐含了对总体性的强调。卢卡奇说："如果对象性是所有存在物的一个首要的本体论特征，那么这里就必然包含有一个论断，即原初的存在总是一个动态的总体，是一个复合体和过程性的统一。"① 不仅每一个具体的存在都是一个总体性存在，卢卡奇还指出，总体性在马克思那里实际上是对历史和社会理解的基本原则。对社会的理解同样必须从复合体和过程性的统一上来理解，即从总体性上来理解。针对青年时期将经济因素与总体性对立起来的错误，卢卡奇强调，社会中的经济因素和非经济因素之间是相互联系，相互渗透的，正因此，社会历史才呈现为一个总体性的发展过程。只有从这种总体性出发，才能理解马克思最重要的著作《资本论》的结构。卢卡奇写道：

> 只有考虑到严格的经济因素和经济之外因素的自在地与阶级因素异质的关系、力量之间这些连续不断的相互作用，才可能理解《资本论》的结构。《资本论》是以实验的方式充分设立纯粹和规律的和抽象地同质的规律联系及其影响，直到通过逐渐的播入更广泛、更接近现实的成分而扬弃它们，最终达到社会存在的具体的总体性。②

在总体性原则作为理解社会存在的基本原则这一意义上，卢卡奇的社会存在本体论是总体性的本体论。

（3）历史性也是卢卡奇社会存在本体论的一个基本原则。在对劳动概念、总体性概念和社会存在的所有探讨中，卢卡奇都贯穿了历史性的原则。在他看来，正如马克思在《德意志意识形态》中指出的那样，马克思

---

① 〔匈〕卢卡奇：《关于社会存在的本体论》（上卷），第 661 页。
② 〔匈〕卢卡奇：《关于社会存在的本体论》（上卷），第 669 页。

的哲学、马克思的历史唯物主义仅仅是一种历史科学。马克思从来没有放弃过历史科学的概念。卢卡奇指出："根据马克思主义的正确理解，存在的历史性（这种历史性乃是存在的基本特征）构成了正确理解所有问题的本体论出发点。"① 卢卡奇的历史性含义主要有以下几个方面。第一，历史性是过程性。卢卡奇认为历史性和过程性概念是从自然科学的发展得来的结论。过程性是每一存在的基本形式，也是社会存在的基本形式，这就是说，我们理解任何社会存在，都不能从其既定的形式上去理解，而应该将其理解为一个发展过程。应该注意到，卢卡奇这里的历史性，与早期思想中的历史性有所不同。早期思想中的历史性，是把自然过程包含在社会过程之内，所谓自然是一个社会范畴，而在这里，自然不再从属于社会历史，而是成为社会历史的前史，成为社会历史的基础。第二，历史性与整体性是统一的，以整体性为前提。这就是说，要把事物理解为发展过程，必须从整体性观点上来把握过程性。总体性原则与历史性原则不可分割。错综复杂的事物的差异性和统一性只有在整体性的基础上才能加以理解。卢卡奇指出：

> 只有认识了整体对其所谓诸多要素的优先性，才能获得理解这些——早已个别地认识到的——相互关系的钥匙；只有认识了不可逆转的过程的存在优先性，才能使人想象得到，这些存在领域之间的存在差别，产生了这些存在领域的统一的、当然依旧是不可逆转的过程的存在优先性，才能使人想象得到，这些存在领域之间的存在差别，产生了这些存在领域的统一的、当然也就是不可逆转的依次形成过程。过去在"物性的"静止中显得是无法解释的东西，在——尽管有许多个别的差别和个别的对立，但归根到底是统一的历史过程中才获得了唯一可能性的统一。为了从本体论上表述这些差别的这种统一，我们可以说：每一存在形式都是从世界历史的、作为历史的世界的伟大的不可逆转的过程中产生出来的。这样，人类知识已经发展到能够

① 〔匈〕卢卡奇：《关于社会存在的本体论》（上卷），第101页。

> 理解青年马克思的下述伟大思想，就是把历史理解为每一存在的基本原则，就是从每一存在的形成过程的“从何处来?”，从它的当前存在是什么和怎么样，从它继续发展的趋势即未来前景，来从思维上把握每一存在。①

第三，历史性意味着历史发展过程的不可逆转性。卢卡奇反复强调，历史是一个不可逆转的过程，不可逆转性是历史的本质特征。从这一意义上说，卢卡奇肯定历史的发展是一个向上的、前进的过程，肯定共产主义是历史发展的前景。从卢卡奇社会存在本体论的历史性原则是其核心原则来看，卢卡奇的社会存在本体论又是一种历史本体论。

不难看出，在卢卡奇那里，劳动原则、总体性原则、历史性原则非但不是互相抵触的，相反，三者之间是相互联系，相互论证的，共同构成了社会存在本体论的基础性原则。从早期的总体性历史辩证法的思考，到晚年的社会存在本体论，卢卡奇的思想经历了巨大的变化，他对马克思主义进行理解和论述的依据由早年的马克思的青年时期著作转移到以《资本论》为主的晚期著作。毫无疑问，无论是作为核心体系基础的劳动原则，还是作为社会存在本体论的总体性方法论原则和历史性原则，都可以在《资本论》中找到其基础。卢卡奇也正是在马克思的《资本论》等著作中展开其社会存在本体论的论述的。社会存在本体论的提出，从某种意义上是较为清晰地对广义历史唯物主义的阐发。卢卡奇晚年立足《资本论》及手稿对本体论问题所做的思考，从某种意义上匡正了早期思想中的黑格尔主义倾向，在对马克思主义哲学的理解上有所推进。要理解卢卡奇的社会存在本体论与辩证法的关系，我们还要先对卢卡奇在这部著作中对其黑格尔主义的清算进行简要回顾。

二　卢卡奇对黑格尔主义的清算及自我批评

对《历史与阶级意识》和《关于社会存在的本体论》进行简单的比

---

① 〔匈〕卢卡奇:《关于社会存在的本体论》(上卷)，第127页。

较，可以看出，在《历史与阶级意识》中，卢卡奇对马克思主义的论述基础立足马克思早期著作如《黑格尔法哲学批判》和《〈黑格尔法哲学批判〉导言》，《资本论》虽然也是其写作背景，且卢卡奇致力于从整体上来阐发马克思主义，但是卢卡奇的思想视域却局限于青年马克思，而青年马克思却还笼罩在黑格尔的框架中，因此，卢卡奇的早期思想也无可避免地堕入黑格尔主义的问题式之中。而在晚年的《关于社会存在的本体论》中，《资本论》不再是支援性的背景，而成为他理解和论述马克思思想的主要依据，从《资本论》出发来理解马克思思想，试图以《资本论》中所提出的历史观和辩证法来整合马克思的早期思想，因而脱出了早期的黑格尔主义问题式，而进入了历史唯物主义的问题式。晚年卢卡奇对自己早期的黑格尔主义有清醒的认识，自觉清算了早期的黑格尔主义。

（1）卢卡奇在《历史与阶级意识》的序言中对黑格尔主义的清算。1967 年，在《历史与阶级意识》的新版序言中，卢卡奇坚定地宣称当时“我真诚相信《历史与阶级意识》是错误的”，并且“直到今天我还这样认为”①。不仅如此，卢卡奇还特别指出：“令人遗憾的是，据我所知，事实是这样的：由于社会的发展以及这种发展所产生的各种政治理论的作用，这本书中那些我今天认为在理论上错误的部分往往影响最大。”② 矛头直指法兰克福学派、存在主义、结构主义等 20 世纪欧陆哲学的主要流派。那么，卢卡奇所指证的《历史与阶级意识》的错误究竟在哪些方面呢？首先，卢卡奇认为，《历史与阶级意识》的首要错误在于其基本的导向是反对马克思主义的本体论根基的。“这本书最突出的特点在于，与作者的主观意图相反，它在客观上代表了马克思主义史内部的一种倾向，这种倾向的所有各种表现形式，不论它们的哲学根源和政治影响是如何极不相同，也不论它们是愿意还是不愿意，都是反对马克思主义的本体论的根基的。我指的是将马克思主义仅仅看作是一种关于社会的理论、社会的哲学，因而忽视或者否认它同时也是一种关于自然的理论的倾向。”③ 其次，忽视了

---

① 〔匈〕卢卡奇：《历史与阶级意识》，第 37 页。
② 〔匈〕卢卡奇：《历史与阶级意识》，第 23 页。
③ 〔匈〕卢卡奇：《历史与阶级意识》，第 10 页。

经济的重要作用，忽视了劳动在马克思主义中的核心重要的地位。这一忽视的后果是极为严重的。“它意味着，马克思主义世界观的最重要的现实支柱不见了，从而，这种以最激进的方式推断马克思主义根本革命内涵的尝试失去了真正的经济基础。”[①] 由于这一忽视，在历史唯物主义的基本原理中，生产力发展的重要作用就无法得到恰当的理解，因而关于资本主义革命和无产阶级的论述都陷入了主观主义。再次，实践概念的错误。卢卡奇指出，在《历史与阶级意识》中，实践概念被误解了。“革命的实践概念表现为一种夸张的高调，与其说它符合真正的马克思主义学说，莫若讲它更接近当时流行于共产主义左派之中的以救世主自据的乌托邦主义。”[②] 最后，卢卡奇指出，所有这些错误的根源在于这本书的黑格尔主义。一方面，卢卡奇承认，恢复马克思主义的黑格尔传统是一项迫切的理论任务，另一方面，卢卡奇又指出，这本书中的探讨是纯全黑格尔主义的，而不是马克思主义的。“对任何想要回到马克思主义的人来说，恢复马克思主义的黑格尔传统是一项迫切的义务。《历史与阶级意识》代表了当时想要通过更新和发展黑格尔的辩证法和方法论来恢复马克思理论的革命本质的也许是最激进的尝试。”[③] 《历史与阶级意识》的基本倾向是黑格尔主义的，它实际上是把黑格尔主义的主体和实体的辩证法直接应用到社会领域，因而它对辩证法问题的讨论是黑格尔主义的。“至于对这一问题的实际讨论方式，那么今天不难看出，它是用纯粹黑格尔的精神进行的。尤其是，它的最终哲学基础是在历史过程中自我实现的同一的主体—客体。”[④] 卢卡奇晚年对《历史与阶级意识》的批评是中肯的，但又不完全正确。对此我们在后文进一步探讨。

（2）卢卡奇在《关于社会存在的本体论》中对黑格尔主义的清算。在《关于社会存在的本体论》中，卢卡奇自觉地考察了黑格尔与马克思主义之间的关系，其目的在于厘清黑格尔对马克思主义的影响。卢卡奇认为，

---

① 〔匈〕卢卡奇：《历史与阶级意识》，第 11 页。
② 〔匈〕卢卡奇：《历史与阶级意识》，第 12 页。
③ 〔匈〕卢卡奇：《历史与阶级意识》，第 16 页。
④ 〔匈〕卢卡奇：《历史与阶级意识》，第 18 页。

这是关系到理解马克思主义的一个前提性的基础问题，是关系到对马克思方法的范畴问题的特性的核心问题。“我们这里既然谈到了核心问题，那么有一件事是不可避免地要做的，那就是必须对马克思主义当中所包含的黑格尔遗产进行考察。因为没有被思考到底并批判地加以净化的黑格尔的方法的要素，在一些重要问题上使马克思主义的世界图像偏离了马克思原来的思想。”① 应该说，这既是对马克思主义历史中一些错误理解的批评，实际上也是卢卡奇的自我批评。但是，出人意料的是，卢卡奇对这一问题的论述与我们通常的理解相去甚远。卢卡奇首先对准的是否定之否定这一在黑格尔那里至关重要的范畴，卢卡奇认为这一范畴在马克思那里根本没有什么重要的地位，虽然马克思在《资本论》关于“原始积累”的问题论述中和《资本论》第二版跋中对之有所涉及，但根本上是无关紧要的。由此卢卡奇将批评的标靶再次对准了恩格斯，认为恩格斯在《反杜林论》将否定之否定作为辩证法的一般普遍规律，作为存在辩证法的三大规律之一，是毫无道理的。卢卡奇为何得出这样的结论呢？卢卡奇的批评比较复杂，但是其要点是，在黑格尔那里是从无推出有，即从某种空洞的逻辑存在概念推导出现实的存在概念，而这是不可能的。卢卡奇指出，马克思早就对之做出了批判，指出非对象性的存在物是非存在物（《1844 年经济学哲学手稿》）。卢卡奇批判了黑格尔否定之否定中所包含的两面性。他写道：

> 他的天才之处就在于，它试图把对象性世界理解为过程，在它里面，（由于他的不可逆性，）较高级的对象性形式是由较低级的对象性形式必然地发展而来的，而不是预先给定的，然而从根本上说，他把这种形成过程理解为从一个抽象物中逻辑地推导出具体物的过程，所以他必然就忽视了过程性存在的那些真正的发展范畴，因而把这种发展颠倒过来了，并且把——总是在事后才能出现的——从抽象到具体的逻辑推论理解为这个发展过程本身。这里，黑格尔还忽略了这样一

① 〔匈〕卢卡奇：《关于社会存在的本体论》（上卷），第 135 页。

点：即便从逻辑学上说，也只能从具体之物推导出抽象之物，而不是像他那里那样刚好相反。在这个问题上，黑格尔——把斯宾诺莎“辩证”化，——想到了把否定的否定当做这种推导过程的动力，这是可以理解的。但无论就整体还是个别而言，这种方法都必然失灵了，这也是可以理解的。①

由此卢卡奇就否定了黑格尔的否定之否定范畴的合法性和有效性。卢卡奇对恩格斯将否定之否定挪用到自然和社会中的做法进行了批判，认为恩格斯的论述是毫无道理的。这是卢卡奇指出的黑格尔对马克思主义的影响方面的一个典型例证，其目的是说明，必须对黑格尔辩证法前提进行本体论批判，而这个批判在马克思的《1844 年经济学哲学手稿》中有典范的论述。在笔者看来，卢卡奇对黑格尔这个否定之否定范畴的批评实际上并没有多少道理，但是表现了其思想中的一种倾向，即试图铲除黑格尔主义的唯心主义（从无中生有，从否定性推导出肯定性，从抽象存在推导出具体现实存在），这正是卢卡奇早期思想中的主要观点。他对恩格斯的批评也是如此，但他的批判却主要指出恩格斯对否定之否定的挪用，具有一种机械唯物主义和庸俗唯物主义的倾向，但这却不能完全否定“否定之否定”规律在马克思哲学中的地位。对于卢卡奇这一批判，我们还是要仔细加以甄别，这里既存在对黑格尔思辨唯心主义的警惕，也存在对机械唯物主义和庸俗唯物主义倾向的拒斥。

卢卡奇认为，对黑格尔主义的错误理解，以及将其不加分析地挪用到马克思主义，产生了对马克思主义的两种错误的理解和倾向。一种是经济决定论，即机会主义的理论态度；另一种是宗派主义的主观主义态度，即唯意志论的理论态度。卢卡奇写道：“谁要是专心考察了受马克思理论影响的工人运动的意识形态的发展，他就一定会发现：机会主义背离了马克思主义，它主要以旧的机械的绝对化的社会经济必然发展观为依据；宗派主义也背离了马克思主义，它大抵总是人为地把主观实践因素同其本体论

---

① 〔匈〕卢卡奇：《关于社会存在的本体论》（上卷），第 146 页。

基础割裂开来。这样就形成了两种错误的理论态度：一种理论态度必定要直接限制甚至是阻挠人们进行任何真正有效的、普遍的社会实践；而另一种理论态度则是以主观主义的方式，把这种实践同它的唯一合理的存在理论基础，即同整个社会经济过程的整体割裂开来。”① 这实际上也是卢卡奇对自己早期思想的批判。我们可以看出，卢卡奇始终在同两种倾向做斗争，一种是唯心主义的主观主义，另一种是被发展为经济决定论的机会主义（庸俗唯物主义和机械唯物主义）。卢卡奇认为，这两种倾向都是在思想根源上没有划清黑格尔与马克思主义的界限的结果。在对黑格尔思想进行马克思主义理论批判的过程中，卢卡奇试图以马克思主义来改写黑格尔的一些逻辑范畴，如整体性（与部分性）、必然性（与偶然性）、可能性（与现实性）等。在此我们不能一一展开论述。在此基础上，卢卡奇试图提出一种马克思主义的社会存在本体论。卢卡奇这样概述了其基本思路：

> 我们的全部考察只有一个意图，即通过若干基本的原则性的事例，澄清马克思所提出并坚持的存在在范畴的产生与作用、范畴的性质与相互关系以及范畴的保持与演变等问题上所享有的优先地位，从而为获得一种真正的范畴学说铺平道路，在这种学说中，范畴真正是“存在形式、存在规定”。②

换言之，卢卡奇的全部努力乃是将黑格尔的逻辑范畴用马克思的存在论进行改写。不是范畴先于存在，决定存在，而是存在决定范畴。卢卡奇反复强调范畴乃是存在形式、实存（存在）规定这一点。在他看来，对此点的准确把握是理解历史唯物主义的重要基础。在此我们不再做深入考察，我们只需指出，卢卡奇晚年对黑格尔范畴的马克思主义改写一方面是对历史唯物主义的阐述，另一方面乃是对自己青年时期黑格尔主义的一种自我批评。

---

① 〔匈〕卢卡奇：《关于社会存在的本体论》（上卷），第180页。
② 〔匈〕卢卡奇：《关于社会存在的本体论》（上卷），第173页。

三 辩证法与社会存在本体论

诚如我们已经论述过的，青年卢卡奇持一种黑格尔唯心主义思想框架下的历史辩证法。那么，晚年卢卡奇的社会存在本体论思想，是否对早期思想的全盘抛弃呢？我们认为并非如此。晚年卢卡奇确实有意识地使自己与黑格尔主义拉开距离，但是保留了青年时期的历史辩证法思想，不过，晚年的卢卡奇试图将历史辩证法的基地全面和深入地根植于历史唯物主义的基础上，对早期的历史辩证法进行历史唯物主义的改写，而达到这一改写的重要的步骤就是奠定马克思主义的本体论基础，也就是奠定马克思辩证法的本体论基础。卢卡奇青年时期思想中的诸多主要哲学范畴，例如总体性、历史性等概念，仍然是其晚期思想的体系核心。但是，由于试图以历史唯物主义为基础来改写早期思想，所以晚期的同一个范畴与早期思想中的范畴也是不同的。这里的关键在于，卢卡奇如何理解历史唯物主义，即如何理解马克思的社会存在本体论的。晚期思想与青年时期思想的最重要的不同在于，以劳动概念来奠定社会存在本体论的基础。这样，作为社会实践之主要模式的生产劳动，就替代了早期思想中的主观主义的、唯意志论的实践和行动的概念。

卢卡奇在《关于社会存在的本体论》中的论述繁复杂乱，有许多矛盾之处，但其核心思想较为清晰。这里我们以卢卡奇在长篇导论中所指出的马克思本体论的三个重要方面来对之加以理解。卢卡奇在那里指出，马克思的本体论主要有三个基本的本体论论断。第一，存在在任何方面都必须是客观规定性的存在。“存在只有在任何一个方面都是一种客观规定的存在时，它才能被视为存在。没有规定性的存在只是一种思维产物，只是一种从构成存在的全部规定中得出的抽象。”① 卢卡奇这一观点是从马克思在《1844 年经济学哲学手稿》中关于非对象性的存在物是非存在物得出的。在他看来，存在必须是被规定的存在，没有规定性的存在（纯粹存在）是非存在。第二，马克思的本体论的第二个重要论断是，范畴乃是存在形

① 〔匈〕卢卡奇：《关于社会存在的本体论》（上卷），第 151 页。

式、存在规定。虽然《历史与阶级意识》一书中也提及这一命题，但在那里卢卡奇并未自觉地将其作为历史唯物主义的基本命题。而在这里他则将之作为唯心主义与唯物主义区别的关键。这里的关键是存在与范畴的关系。卢卡奇提出的问题是："……这些规定性真的就是我们的认识的产物并被'用于'一定的存在呢，还是它们在存在本身当中就已客观地完善地存在并通过思维过程而被尽量相应地再现出来了呢？"① 第三，马克思本体论的第三个方面是世界的整体性和历史性。卢卡奇指出："不要把以物和非物质的这种二元论的形式理解世界。而是把世界理解为这样的一些整体，它们内部的相互关系和运动辩证法引起了不可逆转的（即历史的）过程。"②

通过以上相互联系的卢卡奇所指出的三个本体论论断，我们看出，卢卡奇的本体论思想实际上是与其辩证法思想相互联系的，或者说，本体论就是辩证法。与前述本体论的三个原则相联系，我们看到，卢卡奇最终的落脚点仍然是总体性的辩证法，是一种辩证发展的世界历史观。不过这个历史辩证法与青年时期的历史辩证法相比，更为强调其唯物主义基础，并以劳动的核心地位为其核心的基本原则。这是卢卡奇在晚年的辩证法探索中的主要功绩，即为辩证法奠定本体论基础，同时将辩证法与本体论融为一体。这里我们不能对之进行详细的解读，我们简单指出一点，青年卢卡奇作为辩证法之主体的同一的主体-客体的无产阶级固然充满了黑格尔的主观主义色彩，但晚年的本体论探索又过于执着于经验的层面，似乎有着某种返回到费尔巴哈的倾向，马克思在《德意志意识形态》中对"现实的个人"作为历史辩证法的主体的思想未得到卢卡奇的充分认识。

同《历史与阶级意识》中的辩证法相比较，社会存在本体论中的辩证法虽然致力于历史唯物主义的基础，我们看到，卢卡奇的这种努力虽然可贵，但实际上没有真正完成。在将存在划分为有机自然、无机自然和社会存在三大类型，并将自然辩证法看作历史辩证法的基础的时候，卢卡奇的辩证法退回到了自然的优先性，尽管卢卡奇反复强调"自然界限的退却"，

① 〔匈〕卢卡奇：《关于社会存在的本体论》（上卷），第152页。
② 〔匈〕卢卡奇：《关于社会存在的本体论》（上卷），第153页。

但这种划分方法只能显示出其思想向机械唯物主义和庸俗唯物主义的妥协，显示出其思想与当时苏联正统思想的折中，在试图为辩证法奠定唯物主义基础的时候，晚年卢卡奇抛弃了青年时期某些十分重要和有启发性的思想，招致了很多批判。

第四节 卢卡奇辩证法思想的当代评价

卢卡奇是马克思主义发展史上具有独特重要地位的哲学家和思想家，他被誉为“西方马克思主义”的鼻祖，足见其思想的重要性。我国对卢卡奇思想的引进已有70多年，但是，真正对卢卡奇思想进行公正无偏私的学术探讨，却不过20年。卢卡奇似乎在国内学界得到了应有的学术地位，但在研究的实质上并无多大进展。笔者认为，导致这一状况的原因是多方面的。第一，卢卡奇研究的导向一开始就是非学术的，无论是赞成卢卡奇者还是批判卢卡奇者，对卢卡奇的研究评价并不是严格的学术研究，更多的是一种政治性的定性考量。这里掺杂了很多的个人好恶，也掺杂了很多历史的谬误，同时还不可避免地受到苏联哲学界对卢卡奇的定位的影响。第二，卢卡奇的学术著作翻译的问题。迄今为止，卢卡奇的著作已经被翻译了不少，但是其许多重要著作没有被翻译成中文，包括《青年黑格尔》和《审美特性》等极为重要的著作。由此导致的后果是我们只是对卢卡奇著作中的两本著作《历史与阶级意识》和《关于社会存在的本体论》有所了解，而对卢卡奇的整个思想发展历程缺乏认识，也就不能从整体上把握卢卡奇的思想。第三，卢卡奇一生著作颇丰，很多著作不仅是哲学的，也是美学和文学的，但是就其实质，卢卡奇始终在阐述一种哲学，哲学也是贯穿卢卡奇整个学术生涯的主线。但是，我们的研究把文学研究、美学研究与哲学研究截然分开，这就使卢卡奇的思想受到严重的肢解和误解。第四，卢卡奇一生思想有许多反复，加之其所处的历史空间中形势十分复杂，有时难免有违心之言，其著作可能并未反映其真实的思想，这也为卢卡奇的研究增加了难度。第五，国内未充分认识卢卡奇研究的重要性。由于貌似繁荣热闹的卢卡奇研究已经形成某种结论，很多学者不愿再做深入的研究，而专门研究卢卡奇的青年学者由于学养所限和视野所限，难以取得真正突破性的成果。总之，在笔者看来，卢卡奇思想的研究仍需进一步加强。

对于卢卡奇的辩证法也是如此。我国学界的一般看法认为，青年卢卡奇的历史辩证法是一种唯心主义的辩证法。这种观点忽视了在青年卢卡奇那里一直存在着的历史唯物主义的潜在酝酿，因而不是对卢卡奇辩证法的完整认识。与此相应的看法则是对晚年的《关于社会存在的本体论》中为辩证法奠定唯物主义的本体论基础的思想予以肯定，认为晚年思想真正回归了马克思主义。当然，也存在另一种声音，即充分肯定青年卢卡奇思想的革命意义，特别是将自然置于社会之中进行理解的思想，认为这是对机械唯物主义的根本突破，相应的则贬斥晚年的本体论思想，特别是将现在分为无机自然、有机自然和社会存在，并将自然辩证法作为历史辩证法的前史的思想给予了严肃的批评，认为后者实际上是一种衰退。有的学者对此评论道："卢卡奇最终把辩证唯物主义本体论理解为历史唯物主义的理论基础，同时又把辩证唯物主义本体论自然本体论化。这样一来，马克思所批判的自然本体论竟然反过来成为马克思哲学本体论的前提和基础了。卢卡奇超越了斯大林，可最终又复归于斯大林。"① 笔者倾向于后一种看法，就其突破性和原创性的意义而言，青年卢卡奇的《历史与阶级意识》在许多方面远远比《关于社会存在的本体论》更为重要，更具有理论的冲击力和影响力。《历史与阶级意识》被看作西方马克思主义的开山之作，被看作西方马克思主义的圣经，绝不是偶然的。卢卡奇早期思想中提出的总体性、历史性、阶级意识、物化等范畴，对其后的西方马克思主义产生了深远的影响，其踪迹甚至可以在当代的拉克劳、齐泽克等后马克思主义者那里看到。

国外学者大都肯定卢卡奇《历史与阶级意识》的优先地位，而对《关于社会存在的本体论》持批评态度，这里卢卡奇的弟子，著名的后现代思想家赫勒的观点也许更具有代表性和说服力。赫勒认为，卢卡奇晚年的著

---

① 杨耕：《斯大林与卢卡奇本体论思想的比较研究》，载叶汝贤、孙麾主编《马克思与我们同行》，第254~255页。

作中，《审美特性》一书比《关于社会存在的本体论》更为重要，更具有意义。《关于社会存在的本体论》是一个失败，但这个失败中仍然蕴含着卢卡奇可贵的探索，例如对历史唯物主义的研究。赫勒写道："在《审美特性》中，卢卡奇有一个可靠的守夜人：艺术本身。不仅如此，关于对艺术的理解，事实上他并非对现代概念不加理睬，因为他相信，在所谓细节方面，即便是资产阶级思想也能够提出中肯的问题。然而，根据他的观点，在伟大的哲学中这是不可能的，并且正因为那一偏见，《社会存在的本体论》被证明是一个失败。'失败'是一个苛刻的词。如果这本书表达了某种一致的东西，那么这个词的使用是不合适的，但是，它缺少内在的一致性。这本长达数千页的巨著充满了逻辑矛盾，充满了关于同一个问题完全对立的构想，充满了空洞的重复，论证过程中充满了断裂。尽管如此，透过这些杂乱的印象迄今依旧能够闪烁微光的东西，证明这部著作并不完全是一个失败；它仍然是 20 世纪一个最杰出的知识分子的理论成果。在这一点上卢卡奇的写作成果与巴尔扎克（Balzac）的短篇小说《不为人知的杰作》（Le chef-d'ocunvre inconnu）中的那幅想象的艺术品相似，在那幅已经损坏的但是色彩鲜艳的画布中间有一只塑造绝妙的脚，证明了画家原创的艺术天才，并且证明了艺术家潜在的天赋和他的思想的大胆探索。"①

从近年来的研究看，研究者侧重于卢卡奇青年时期思想的仍然居多。研究者们试图从多方面解读早期的《历史与阶级意识》，大概是受当代实际状况的影响，研究者们对卢卡奇的物化理论情有独钟，并试图将物化理论与当代政治哲学相结合。例如，安德鲁·阿拉托的研究认为，"（卢卡奇的）物化理论是（他提出的）关于社会的辩证理论中不可或缺的一部分"，并提出了重构卢卡奇的理论的建议。"我们应该沿着这样一个大致方向对卢卡奇的理论进行重构：首先，在发达资本主义阶段，我们必须要通过揭示出关于政治合法性的拜物教、科技理性以及日常生活（也就是自由的时间、娱乐以及消费等等）所具有的直接性，来对物化现象进行补充说明。

① 〔匈〕阿格妮丝·赫勒：《卢卡奇的晚期哲学》，衣俊卿译，《求是学刊》2011 年第 5 期。

第二，我们不仅要将德国古典哲学的讨论纳入对概念的主体性辩证法的讨论（举例来说，也就是对于实践哲学的问题所进行的讨论）中，我们还必须要将马克思主义思想传统的那些重要理论源头以及某些特定流派的非马克思主义思想传统的重要理论源头纳入对概念的主客体辩证法的讨论中。第三，在对物化理论进行动力学分析的时候，我们必须假设我们意识提到的这些替代选项，必须要将这种关于物化的动力学分析当成是一种新的社会理论来展开。在（关于物化的动力学所进行的分析）这种社会理论中，必须包含以下四个因素：第一个因素是对发达资本主义的'历史'所进行的全新分析；第二个因素是关于资本主义发展的趋势与限制的一种全新的（非决定论的）理论；第三个因素是一种全新的阶级分析；第四个因素是一种全新的、在关于发达资本主义制度之下的国家理论，这种全新的国家理论会对体制与政治的合法性进行分析。"① 这里我们看到，阿拉托试图将卢卡奇以物化理论为核心的批判理论与当代政治哲学相结合，将卢卡奇的理论改造为一种政治理论建构。阿尼塔・查理在考察卢卡奇、霍耐特和哈贝马斯等之间的关系时，认为霍耐特完全重新阐发了物化理论，但抛弃了在卢卡奇那里物化理论的核心——"将资本主义统治的社会经济结构与人类对社会世界采取的超然旁观的立场联系起来，以此揭示它们如何共同阻碍了社会的解放变革"②。查理认为，物化理论具有特定的政治维度，卢卡奇"揭示了物化是如何促成资本主义社会形态的去政治化倾向的"。在卢卡奇看来，在资本主义社会中，"人类成为在物化的魔咒下不断阻碍社会变革的可能性"③。同时，国外学者还试图把卢卡奇的思想放到整个西方哲学发展的视域中予以考量，将其与现象学（胡塞尔）、存在主义（海德格尔）等西方哲学传统联系起来。理查德・韦斯特曼认为，卢卡奇的理论受到了胡塞尔和拉斯克的现象学的关键性的影响。韦斯特曼写道："虽然在

① 安德鲁・阿拉托：《卢卡奇的物化理论》，载《新马克思主义评论》第一辑，中央编译出版社 2012 年版。

② 阿尼塔・查理：《走向一种对物化的政治批判——卢卡奇、霍耐特与批判理论的目标》，载《新马克思主义评论》第一辑。

③ 阿尼塔・查理：《走向一种对物化的政治批判——卢卡奇、霍耐特与批判理论的目标》，载《新马克思主义评论》第一辑。

这里我们不能重新构建出一种系统化的社会现象学，但是，我们却可以证明卢卡奇广泛地运用了诸多现象学术语，从而证明用一种现象学的方法重新诠释同一的主体－客体的合法性。因此，我们要指出两种在卢卡奇的文本当中周期性地重复出现的现象学主题：第一，他将意识看作是一种客体的存在模式，而没有将意识看成是对于这个客体的认识；第二，他特意对规定了客体性的意识的‘结构’进行了研究。我将会证明，他用来描述意识的术语更接近现象学，而不是认识论。”① 从现象学角度来理解卢卡奇的《历史与阶级意识》对于理解其辩证法有重要意义，卢卡奇将现象学与辩证法联系在一起，奠定了社会存在本体论的基础。“由于卢卡奇将现象学和辩证法的方法联系在一起，我们对于社会是如何存在的，以及社会是如何构建出社会成员的意识都有了更为深刻的理解。卢卡奇就此为一种新的社会存在本体论奠定了基础。”②

国外学者的探讨对我们理解卢卡奇思想具有重要的借鉴意义。卢卡奇的辩证法思想在对马克思主义的理解尤其是马克思主义的辩证法理解中具有重要的意义。我们必须充分肯定卢卡奇的辩证法思想的重要地位，同时，我们也应该重视卢卡奇对于社会存在本体论中所做的重要探索。理解和重释卢卡奇的辩证法思想必须从以下几个方面入手。一是，必须理解卢卡奇思想的发展历程和整体，而不是断章取义地进行寻章摘句式的解读。二是，不能仅局限于在马克思主义领域内理解卢卡奇，必须将其放置于西方哲学的整体框架中来理解。我们知道，卢卡奇的思想实际上很大程度是在与同时代的哲学潮流如现象学、存在主义等思想的论战中发展的，《理性的毁灭》就是一个例证。三是，认识到卢卡奇的思想局限性。任何人都不能超出自己的时代，卢卡奇也不能例外。卢卡奇的思想受到时代的局限，也受到当时的错误思潮的影响，尽管其努力超出这些影响，但其努力也是有限的。我们认为，卢卡奇在某种意义上是一种“消失中的中介”，

① 理查德·韦斯特曼：《意识的物化——卢卡奇同一性主客体中的胡塞尔现象学》，载《新马克思主义评论》第一辑。

② 理查德·韦斯特曼：《意识的物化——卢卡奇同一性主客体中的胡塞尔现象学》，载《新马克思主义评论》第一辑。

他对我们理解马克思主义并不是可有可无的，而是十分重要的，但是我们必须超越卢卡奇的局限，这样才能达到对马克思主义真理的进一步认识。卢卡奇论战的一个对手是其同时代的蜚声世界的法国哲学家和文学家、思想家萨特。萨特提出了人学辩证法，以此来补充马克思主义。这是我们下一章讨论的主题。

第四章

萨特的人学辩证法:《辩证理性批判》解读

第一节 作为马克思主义者的萨特

让-保罗·萨特是法国著名的哲学家,也是富有传奇色彩的哲学家。我们可以从不同的视角对其进行研究,例如,我们可以把他看作一个存在主义者和现象学家进行研究。但是,在此我们关注作为马克思主义者的萨特。马克思主义是一种社会革命的理论,是有关人类历史发展的辩证法的宏观叙事理论。在卢卡奇那里,无产阶级革命和历史辩证法仍然是作为历史发展的主题,因而还是一种宏观的历史叙事。而在萨特看来,马克思主义忽视了个人的存在,因而必须以存在主义的理论加以补充,我们可以把萨特称作存在主义的马克思主义者。萨特的马克思主义是以其存在主义为哲学基础的。

一 存在主义与人道主义

众所周知,萨特的哲学持一种存在主义的立场。但是,萨特对存在主义有自己的理解。他认为,有两种存在主义:一种是以雅斯贝尔斯和马塞尔为代表的存在主义,可以说是基督教的存在主义;另一种是以海德格尔和他本人为代表的存在主义,是存在主义的无神论者。萨特认为,无论是哪一种存在主义,其共同点都是存在先于本质。这是萨特的著名的存在主义论断。那么,存在先于本质的确切含义是什么呢?萨特指出,这种存在主义是针对康德的道德观念提出的。在康德和在康德之前的哲学家如狄德罗、伏尔泰等那里，人具有一种先天的人性，换言之，人的本质先于人的存在。“人具有一种人性；这种‘人性’，也即人的概念，是人身上都有的；它意味着每一个人都是这个普遍概念——人的概念——的特殊例子。在康德的哲学里，这种普遍性被推向极端，以致森林中的野人，处于原始状态中的人和资产阶级全都包括在同一定义里，并且具有同样的基本特征。在这里，人的本质又一次先于我们在经验中看见的人在历史上的出现。”① 由此观之，萨特是反对康德的先验性思想，认为人是一种先验性的存在，人只不过是完成这种存在的思想。与此针锋相对，萨特指出，存在先于本质，换言之，人的本质不是先验的，而是经验地生成的。这就是说，对于人来说并不存在一个先天的本质。萨特将存在先于本质称作存在主义的第一原则，他写道：“我们说存在先于本质意思是指什么呢，意思就是说首先有人，人碰上自己，在世界上涌现出来——然后才给自己下定义。如果人在存在主义者眼中是不能下定义的，那是因为在一开头人是什么都说不上的。他所以说得上是往后的事，那时候他就会是他认为的那种人了。所以，人性是没有的，因为没有上帝提供一个人的概念。人就是人。这不仅说他是自己认为的那样。而且也是他愿意成为的那样。人除了自己认为的那样以外，什么都不是。这就是存在主义的第一原则。”② 萨特指出，正因为存在先于本质，因而存在主义的第一个后果就是人必须对自己的所作所为负责，即是说承担自己的责任。这个负责任不仅是对自己而言要承担起责任，而且对他人而言也是如此。在这里萨特认为，个人和整个集体乃至整个社会应该是统一的，对自己承担责任，即是对社会承担责任，对人类承担责任。我做出某种选择的时候，不仅是在做出自己的选择，而且也在对别人造成影响。萨特认为，这样，人们在塑造自己的时候，实际上也塑造别人。

从这一点出发，萨特回答了人们对存在主义的悲观主义的批评。萨特

① 〔法〕萨特:《萨特哲学论文集》，潘培庆等译，安徽文艺出版社 1998 年版，第 111 ~ 112 页。

② 〔法〕萨特:《萨特哲学论文集》，第 112 页。

主要对三个概念——反对者对存在主义批判的三个主要词语——进行了回应。其一是痛苦（焦虑）。萨特认为，正是人在世界中的无法逃脱的责任感，造成了其痛苦（焦虑）。其二是听任（被抛）。所谓听任（被抛），乃是由于上帝并不存在这样一个设定的结果。由于上帝不存在，所以人就无所依靠，成为彻底的孤零零的，只能依赖自己。正因为人无所依靠，人被迫成为自由的，人被迫随时随地都要造就自己，成为自己，发明自己。萨特写道："他认为任何人，没有任何支持或帮助，却逼得要随时随刻发明人。"[①] 其三是绝望。萨特写道："它只是指，我们只能把自己所有的依靠限制在自己的意志的范围之内，或者在我们的行为行得通的许多可能性之内。"[②] 实际上，这就是说，人们只能做自己能够做到的事情，在自己所作所为的可能性范围之内行事，而不能期望超出可能性之外的事情。萨特以自己与马克思主义者的谈话为例说明，我只能依赖我的战友和我随时知道其动向的党，而不能依赖俄国和中国的马克思主义者。"我不能够依赖我不认识的人，我不能把我的信心建立在人类的善良或者人对社会改善的兴趣上，因为人是自由的，而且没有什么人性可以认为是基本的。"[③] 因此，作为个人，只能是力所能及地去做，而不能期望什么。应该说，就这种对现实采取的实际态度而言，萨特这种理论接近于马克思在《〈政治经济学批判〉序言》中指出的人们只能完成自己能够完成的任务的观点。当然，我们也很有兴趣地看到，这类似于一种宿命论的观点，接近中国的古老智慧：是非审之于己，毁誉听之于人，得失安之于数。这是萨特由存在主义推出的一种素朴的人生智慧。

通过以上对于论敌的种种反驳，萨特指出，存在主义不是一种悲观主义，而是一种严峻的（坚定的）乐观主义。[④] 萨特的存在主义强调了人是一种行动的存在，人只是因为自己的行动才成为自己，除此以外，人并无别的存在。因此，这种存在主义认为，人不能将自己的责任推脱给别人，

① 〔法〕萨特：《萨特哲学论文集》，第 117 页。
② 〔法〕萨特：《萨特哲学论文集》，第 121 页。
③ 〔法〕萨特：《萨特哲学论文集》，第 122 页。
④ 〔法〕萨特：《萨特哲学论文集》，第 124 页。

而必须自己承担全部的责任。英雄之所以是英雄，乃是因为英雄做出了英雄的行为；懦夫之所以是懦夫，也仅仅是因为他做出了懦夫的行为。因此，萨特指出，这种存在主义所主张的乃是一种行动的和自我承担责任的伦理学。“它不能被视为一种无作为论的哲学，因为它是用行动说明人的性质的；它也不是一种对人类的悲观主义的描绘，因为它把人类的命运交在他自己手里，所以没有一种学说比它更乐观的。它也不是向人类的行动泼冷水，因为它告诉人们除掉采取行动以外没有任何希望，唯一容许人有生活的就是靠行动。所以在这个水准上，我们所考虑的是一种行动的和自我承担责任的伦理学。”[①] 这就是萨特存在主义的基本结论。

那么，萨特又是如何把存在主义与人道主义联系起来，并做出存在主义是一种人道主义的论断的？萨特认为，存在两种人道主义。一种我们可以称之为绝对的人道主义。“人们可以把人道主义理解为一种学说，主张人本身就是目的而且是最高价值。”[②] 萨特反对这种人道主义，认为这种人道主义乃是人类理智的一种虚妄，因为这样一种思想实际上就对全人类进行了总估价，而这种总估价是人本身不可能做出的。在存在主义者那里，人永远在形成之中，因而永远不会把人当作目的。另一种则是萨特所主张的存在主义的人道主义。萨特认为，这种人道主义的基本内容如下：“人始终处在自身之外，人靠把自己投出并消失在自身之外而使人存在；另一方面，人是靠追求超越的目的才得以存在。既然人是这样超越自己的，而且只在超越自己这方面掌握客体（objects），他本身就是他的超越的中心。除掉人的宇宙外，人的主观性的宇宙外，没有别的宇宙。这种构成人的超越性（不是如上帝是超越的那样理解，而是作为超越自己理解）和主观性（指人不是关闭在他自身以内而是永远处在人的宇宙里）的关系——这就是我们叫做的存在主义的人道主义。所以是人道主义，因为我们提醒人除了他自己外，别无立法者；由于听任它怎样做，他就必须为自己做出决定；还有由于我们指出人不能返求诸己，而必须始终在自身之外寻找一个解放（自己）的或者体现某种特殊（理想）的目标，人才能体现自己真正

① 〔法〕萨特：《萨特哲学论文集》，第125页。
② 〔法〕萨特：《萨特哲学论文集》，第133页。

是人。"① 萨特这里实际上指出的是人的存在的悖论，人之所以为人，并不是以自己为中心，而恰恰是通过对自我的超越，在自身之外寻找目标，而这也是人之为人的本质所在。从人的存在主义出发，萨特得出了人必须积极行动，以实现自我，而这种实现自我就是对自我的超越，这与萨特早期的论文《自我的超越性》的基本思想是吻合的。

二 存在主义与马克思主义

如上所述，在《存在主义是一种人道主义》中，萨特实际上将存在主义与人的自由、人与人的关系结合起来加以理解，并得出了人必须积极行动的结论，这是萨特开始与马克思主义进行对话的标志。在后来的《马克思主义与存在主义》一文中，萨特提出要用存在主义来对马克思主义予以补充。萨特提出了一个著名的论断，即马克思主义是不可超越的，因为产生它的情势还没有被超越。萨特认为，哲学与时代情势是密不可分的。在17世纪和20世纪之间，有三个时代可以被称为著名的时代，即笛卡尔和洛克的时代、康德和黑格尔的时代以及马克思的时代。"这三种哲学依次成为任何特殊思想的土壤和任何文化的前景，只要它们表达的历史时代未被超越，它们就不会被超越。"② 基于这种理解，萨特认为，马克思主义虽然在当代陷入了僵化，但这并不意味着马克思主义已经过时，已经可以被超越。萨特写道："这种僵化并不是正常的老化。它是由一种特殊的世界形势产生的；马克思主义非但没有衰竭，而且还十分年轻，几乎是处于童年时代：它才刚刚开始发展。因此，它仍然是我们时代的哲学：它是不可超越的，因为产生它的情势还没有被超越。"③

但是，马克思主义已经陷入了某种僵化。萨特认为，这种僵化并不代表马克思主义已经丧失了活力，而仅仅说明我们对马克思主义的理解出了问题，在萨特看来，根本的原因在于理论和实践的脱节。对于马克思主义停止不前的原因，萨特做出了自己的分析。首先，他对修正主义进行了批

① 〔法〕萨特：《萨特哲学论文集》，第134页。

② 〔法〕萨特：《辩证理性批判》（上），林骧华等译，安徽文艺出版社1998年版，第10页。

③ 〔法〕萨特：《辩证理性批判》（上），第28页。

评。修正主义试图让马克思主义重新适应世界的进程，而萨特认为，马克思主义是一种活的哲学，它无须去适应世界的进程，因为它和社会的运动是一回事。其次，萨特批判了现实中存在的各种假的马克思主义，如马克思主义的唯心主义、苏联的官僚主义的马克思主义、匈牙利的以卢卡奇为代表的唯意志论的唯心主义等。他尤其对苏联的官僚主义的马克思主义进行了批判。萨特认为，马克思主义停止不前最关键的原因是理论和实践的分裂。他写道："马克思主义已经停止不前。正是因为这种哲学希望改变世界，因为它的目标是'哲学的变异－世界'，因为它的希望是实践的，所以在它之中发生了一种真正的分裂，把理论扔到一边，把实践扔到另一边。"① 由于这种理论和实践的分离，实际上理论完全成了实践的附属品，即用实际的行动来阉割理论，因而成为一种绝对的唯心主义。萨特批判道："理论和实践分离的结果，是把实践变成一种无原则的经验论，把理论变成一种纯粹的、固定不变的知识。另一方面，不想承认自己错误的官僚机构强行推行的计划化（Planification）因此而变成一种对现实施行的暴力，由于一个国家未来的生产是在办公室决定的，而且往往是在它的界域之外，所以这种暴力的补偿物是一种绝对的唯心主义。"② 而在唯意志论的马克思主义那里，则把马克思主义变成了恐怖主义实践。萨特激烈地批判以卢卡奇为代表的匈牙利的马克思主义。他认为，这种马克思主义忽视了马克思主义的整体化的内涵，而把整体化的马克思主义改变为一种整体化的知识。"马克思主义的开放概念封闭了起来；它们不再是钥匙或解释性的模式；它们作为已被整体化的知识为它们自己而提了出来。用康德的话说，马克思主义把这些特殊化和偶像化的类型变成经验的一些构成性概念。这些典型的概念的真实内容总是属于过去的知识；但是，当代马克思主义者却把它变成一种永恒的知识。"③ 这就使马克思主义变成了一种僵化的、固定的知识，使整体化的研究让位给一种整体的经院哲学。

如何改变这种局面？萨特所提出的改变的途径就是以存在主义来补充

---

① 〔法〕萨特：《辩证理性批判》（上），第22页。

② 〔法〕萨特：《辩证理性批判》（上），第22页。

③ 〔法〕萨特：《辩证理性批判》（上），第26页。

马克思主义，通过存在主义，建立一种结构的和历史的人类学。萨特在《辩证理性批判》的序言中就指出了这一点。“今天，我们是否有能力建立一种结构的和历史的人类学？这种人类学会在马克思主义哲学内部找到自己的位置，因为——这点大家将会在后面看到——我把马克思主义看作我们时代不可超越的哲学，因为我把存在的意识形态及其‘内涵的’方法看作使它产生并同时拒绝它的马克思主义中的一块飞地。”[①] 萨特提出，要用存在主义来补充马克思主义，虽然在马克思主义中没有存在主义的位置，但是由于马克思主义忽视了人，因此使存在主义能够在马克思主义的边缘寄生。那么，萨特所讲的存在主义是哪一种存在主义？通过对存在主义史的论述，萨特对克尔凯郭尔和雅斯贝尔斯的存在主义进行简单论述之后，拒绝了这种存在主义。萨特所认同的是另一种存在主义，正如前面我们所说的，是作为一种人道主义的存在主义。正是这种人道主义的存在主义能够补充马克思主义。“马克思主义有一些理论基础，它包括了人类的整个活动，但它不再知道任何东西：它的概念是一些强制（diktats）（教条）；它的目的不再是获取知识，而是先验地构成绝对知识。面对这种双重的无知，存在主义得以再生并保存下来，因为它重新肯定人的实在性，就像克尔凯郭尔在反对黑格尔时肯定他自己的实在性意义。只是这个丹麦人拒不接受黑格尔对人权及对现实的观念。相反，存在主义和马克思主义的目标是同一个，但后者把人吸收在理念中，前者则在他所在的所有地方，即在他工作的地方、在他家里、在街上寻找他。”[②] 在萨特看来，现实中的马克思主义已经脱离了人，把人吸收在理念中，从而教条化地理解人，实际上没有人的地位。因此，必须用存在主义的人来补充马克思主义。应该说，萨特对现实中的马克思主义的批判是正确的，他想用为马克思主义补充人学基础的思想有一定的道理。但是，萨特的存在主义所理解的人，却不是现实的个人，不是马克思主义所讲的处于一定的历史环境中的、从事物质生产劳动的现实的个人，而是一种抽象的、感性具体的个人。这种抽象的个人是不能为马克思主义提供人学基础的。

---

① 〔法〕萨特：《辩证理性批判》（上），第2页。

② 〔法〕萨特：《辩证理性批判》（上），第27页。

三 萨特存在主义的马克思主义的主要内容

在《辩证理性批判》这部著作中，萨特以存在主义来补充马克思主义，提出了其存在主义的马克思主义思想。萨特存在主义的马克思主义主要思想有以下几点。

存在主义的马克思主义的指导思想是用存在主义来补充马克思主义。质言之，就是利用存在主义对人的生存和发展的重视，来补充马克思主义中人的缺失。存在主义的马克思主义的方法论是渐进-逆退法。从存在主义出发，萨特对马克思主义忽视个体人的实践而只重视社会历史实践不满，提出要以个人的实践来补充社会历史实践，其具体的方法论就是渐进-逆退法。在萨特看来，马克思主义的方法是综合的渐进方法，即在历史的总体中考察人和事；这种方法忽视了具体的个人，已经陷入了僵局。要用存在主义的逆退法来补充渐进法，即对个人的生存进行微观研究，探求具体的生存条件、生存工具以及个人和社会历史相结合的具体的方式等。

萨特存在主义的马克思主义的主要路径是以人学辩证法来补充马克思主义的历史辩证法。在萨特看来，马克思主义可以被看作一种社会历史的宏观的辩证法理论，这种辩证法理论侧重于作为集体的人的实践，而忽视了个人生存实践。因此，萨特提出一种人学辩证法，试图以人学辩证法来补充马克思主义。这是萨特存在主义的马克思主义的主要意图。人学辩证法构成了萨特的存在主义的马克思主义的核心内容与主要特色。与青年卢卡奇相比，萨特注重的是作为个体的人的生存，而卢卡奇所注重的却是作为历史主体-客体的统一的无产阶级。青年卢卡奇诉诸阶级意识，试图以阶级意识的觉醒来对抗经济决定论和第二国际的机会主义思潮。应该说，青年卢卡奇的无产阶级是一个空洞的革命主体，并没有社会历史的具体的人的维度。萨特也对第二国际的马克思主义，包括当时的苏联马克思主义极为不满，试图将作为个体的人的维度纳入马克思的辩证法中来。这确实是对当时陷入低潮的、停滞僵化的马克思主义的一种有力的反驳和修正。但是，萨特的人显得太存在主义了，他的逻辑起点是海德格尔的作为此在的人，而海德格尔的此在是一种存在论的设定，缺乏马克思主义社会历史维度。因此，萨特的人学辩证法也只能陷入一种本体论的玄思。萨特认为，所谓“人学辩证法”，就是一种来源于个人实践，以社会总体性运动为内容，并以社会总体性的可理解性为目标的辩证法。

萨特的人学辩证法具有以下特点。第一，从逻辑范畴的起点看，萨特的“人学辩证法”把个人实践看作历史的逻辑起点。在萨特看来，辩证法只能来自具体的个人实践，而不是来自什么超个人的集合体；否则的话，辩证法将重新变成一种形而上学教条和神秘法则。反之，如果人们不愿意在个人实践中寻找辩证运动，那么就应当抛弃辩证法或者把它看作历史的永恒规律。简言之，辩证法只能是个人实践的辩证法，它的对象只能是特殊偶然性。在这里，萨特强调辩证法只能建立在个人实践基础之上，认为实践本质上是个人的活动。这是萨特辩证法理论的核心。第二，从萨特人学辩证法的主要内容看，“人学辩证法”所指涉的内容是社会总体性运动。萨特指出，如果辩证法存在的话，那就只能是在个人实践基础之上所形成的社会总体性活动。在这个过程中，匮乏与需要使实践成为一种历史性活动。他认为，匮乏既是偶然的又是普遍的。在匮乏条件下，异化就成为人类实践的先验可能性和现实必然性。作为生物有机体的个人，为了生存就必须发挥自己的种种机能，投入外部物质世界，但外部物质世界存在着偶然而又普遍的匮乏，不能满足有机体的需要。于是，个人为了自己的需要，就得把自己的身体工具化，作用于外部物质世界，即个人实践赋予物质存在以意义，使之适应人的需要，从而使外部世界人化；同时，物质存在又要求个人世界化。个人实践本来是完全不受必然性制约的，但是，随着外在性的内在化和内在性的外在化，人就失去了自由。这样，不仅人与物的关系出现了异化，而且人与他人的关系也出现了异化。第三，从目标看，“人学辩证法”只有在社会总体性活动中才能获得理解。萨特认为，如果把辩证法限制在社会历史领域，辩证法就具有可理解性。否则，这一可理解性就消失了。从这一点出发，萨特拒斥自然辩证法。对于马克思来说，正是社会总体性这个观念，使得人类现实发展的每一个辩证环节成为可理解的。反之，只限于列举辩证法的规律，那么辩证法的可理解性就是不可能的。因此，人们只有立足社会总体性，才能完全理解辩证法的每条规律。

萨特人学辩证法提出的问题是十分重大的，关涉到对马克思主义的根本理解。应该说，在萨特之前，从恩格斯开始一直到第二国际的马克思主义和苏联的正统马克思主义，人在马克思主义中的地位确实是隐而不彰的。人被社会历史发展的整体的阶级所笼罩，竟至使马克思主义在现实中成为敌视人的。即使在卢卡奇那里，作为社会历史发展逻辑起点的现实的个人，也未得到应有的重视。无论是其青年时期的《历史与阶级意识》，还是其晚年的巨著《关于社会存在的本体论》，都构建了一种社会历史的宏观叙事，这一叙事的基础是作为集体或阶级的人，而不是作为现实发展中的、活动着的、从事生产劳动的现实的个人。正是在这一点上，萨特不仅严厉批判了苏联马克思主义，而且批判了西方马克思主义的创始者卢卡奇。萨特的人学辩证法以个体的人来补充马克思的历史辩证法的理论努力，具有其合理的积极意义，值得我们对之加以严肃的理论探讨。在此，为避免事无巨细地分析或大而无当地讨论，我们聚焦于三个主要问题：（1）作为萨特人学辩证法的逻辑起点的个体实践，其意义和局限；（2）作为萨特人学辩证法的发展逻辑的社会整体化逻辑，其主要内容及意义；（3）在此基础上，对萨特人学辩证法的主要成就及其局限进行讨论。

第二节　人学辩证法的逻辑起点：作为个体实践的辩证法

在传统的马克思主义和现实历史中的马克思主义中，萨特看到具体生存中的个人的地位被忽视了。而缺失了具体的个体的人的社会历史，必定会陷入僵化，也必定会遭到失败。因此，萨特对传统的辩证法进行了反思和批判，并提出以作为个体生存实践的人学辩证法来补充马克思主义的历史唯物主义。萨特的人学辩证法，其实质是作为个体实践的生存辩证法。虽然萨特所做的理论努力存在很多失误之处，但其对传统的马克思主义辩证法的批判值得我们深思。

一 辩证法的前提性批判：教条的辩证法与批判的辩证法

萨特首先对辩证法进行了前提性批判。在题为“教条的辩证法与批判的辩证法”的引论中，萨特明确指出了辩证理性的内涵。萨特认为，辩证法并不单纯是一种思想方法，还具有本体论的意义。因此，马克思主义者应该将辩证法确立为一种先验的方法，这种先验方法并不是在经验上可证明的，科学上可以归纳的，而必须是一种无限制的无限推断。萨特写道：“这意味着我们又一次面临着将辩证法确立为人类学的普遍方法和普遍法则的需要。这就要求马克思主义者们确定他们的先验方法：无论研究的是何种关系，都不足以提供给他们去确立辩证唯物主义。”① 在萨特看来，辩证法是一种方法，又是一种客体中的运动。这就是说，辩证法既强调了认识的辩证性，又强调了客体运动的辩证性，而二者可以统一被理解为世界的理性本质。这就是说，世界合乎一种辩证理性。那么，什么是辩证理性呢？萨特做出了以下界说：

> 辩证理性超越了方法论的层次：它指出宇宙的一个部分或者宇宙整体是什么。它并不仅仅指导研究，或甚至预先判断客体的表现形式。辩证理性确定地界说根据辩证知识可能认定的世界（人类世界或整体世界）应该是什么；它同时阐释实在的运动和我们思想的运动，而且使这两者互为阐释。然而，这种特殊的理性系统被假定是超越了一切理性的模式，并将它们一体化。辩证理性既非理性的构成成分，亦非被构成的理性；它在世界里并且通过世界来构成自身，将一切被构成的理性融入自身，以能构成新的理性，并且反过来超越和融合它们。所以，它既是一种理性类型，又超越了一切理性类型。明确无疑的永恒超越能力取代了理性形式的空乏的超然状态：一体化（unifier）永在的可能性变成了整体化和被整体化的人的永恒必然性，也将世界变成了一种范围越来越宽的不断发展的整体化过程。②

---

① 〔法〕萨特：《辩证理性批判》（上），第 150 页。

② 〔法〕萨特：《辩证理性批判》（上），第 153 页。

在此，萨特对所谓辩证理性进行了以下几层相互联系的界划。第一，辩证理性既是方法论的，又是本体论的，但主要是本体论的。它实际上是对世界整体的界说。第二，辩证理性既是对我们思想运动的阐释，也是对现实世界运动的阐释，并且是二者之间的交互阐释。第三，辩证理性是一种超越了特殊理性的理性类型。从萨特的阐释看，他把辩证理性看作世界的建构原则，它超越了一切理性类型。第四，辩证理性是整体化、一体化的必然性。从这一方面来理解，辩证理性乃是世界的整体化的原则。这就是萨特对辩证理性的基本界说。萨特认为，这样的一种辩证理性是符合马克思主义辩证法的。但是现实历史中的马克思主义并没有达到这一点。这也就提出了对辩证理性批判的要求。“但是，这样一种范围内的认识如果不具有必然真理的确定性标志，那么它将仅仅是一种哲学上的梦想。这意味着光有实践方面的成功还不够；即使辩证论者的断言无限得到了研究结果的证实，这种永恒的证实也不能使我们超越经验的偶然性。”① 这就是萨特提出辩证理性批判的原因。萨特认为，这里的批判是康德意义上的批判，正如我们前面所提到的，在其最基本的意义上，批判乃是澄清前提，划定界限。正是通过辩证理性批判，才能真正确立辩证理性。萨特写道：“对于辩证理性的批判只有依靠辩证理性本身；的确，应该允许辩证理性批判作为一种自由的自我批判而建立基础和获得发展，同时也将它看作一场历史的运动和认识的运动。这正是迄今为止尚未完成的任务：辩证理性被重重幽闭在教条主义之中。”②

为了批判教条主义的辩证法，萨特追溯了从黑格尔到马克思的辩证法创立的历史。在黑格尔那里，他者与意识、客体与主体是同一的。“意识是对他人的意识，而他人则是意识的他人－存在。”③ 简言之，意识与他者（客体）统一于意识。而马克思则与黑格尔相对，指出了存在的辩证法和认识的辩证法。萨特明确地把马克思和马克思主义者区分开来。马克思主义者们忽视了辩证法，而成为实证主义者，把辩证法降格为相对主义，因

① 〔法〕萨特：《辩证理性批判》（上），第153页。

② 〔法〕萨特：《辩证理性批判》（上），第153～154页。

③ 〔法〕萨特：《辩证理性批判》（上），第155页。

而否定历史的整体化运动。更为严重的问题是，由于无法解决二元论的问题，现代的马克思主义者拒绝承认思想本身是一种辩证活动，试图将其融入一般辩证法，即把人的辩证法归入宇宙的辩证法、自然的辩证法。萨特认为，这种将人类的辩证法归入自然辩证法的做法，只能被证明是一种谬误。与青年卢卡奇一样，这里萨特批评的对象是恩格斯的自然辩证法。萨特把自然辩证法看作一种外部的或超验的辩证唯物主义。萨特并不否认自然界存在辩证法，但是他认为，我们无法证明自然的辩证法。在萨特看来，在黑格尔和马克思那里，辩证法都是指人与人的关系和人与物的关系，并不存在纯粹的物与物之间的辩证法。萨特明确地将辩证法限制在社会历史领域。他写道：

> 如果存在着辩证理性，那么它是在人类实践中，并通过人类实践，向处在某个特定社会内的人，在它发展的某一时刻表现出来，并且建立起来。在这种发现的基础上，必须确定辩证事实的界限和范围：只要辩证法像可理解性的规律和存在的合理结构一样是必要的，那么它就会是一种有效的方法。唯物辩证法只有在人类历史内部确立起物质条件的优先地位，由特定的人们在实践中发现了它们并承受了它们时，它才有意义。简言之，如果存在某种像辩证唯物主义那样的东西，那它一定是一种历史唯物主义，即一种内部的唯物主义，同时造就了它并使它强加于某一事物，去体验它和认识它。因此，如果这种唯物主义存在的话，也只能在我们的社会生活有限范围内才是真理。①

在把辩证法限制在社会历史领域的前提下，萨特从以下几个方面对辩证理性进行了规定。第一，辩证法必须是普遍性的，它既非经验的，也非先验的，但是它又既是经验的，也是先验的。言其先验性，是指辩证法必须具有普遍性，是超越经验的一种必然性；言其经验性，则是指它必须是

① 〔法〕萨特：《辩证理性批判》（上），第166页。

在历史实践中可理解的。这是萨特对辩证理性所做的第一个规定。第二,辩证法是存在与认识统一的辩证法。“辩证法的唯一存在可能性是辩证可能性;或者说,作为历史发展规律的、作为历史发展运动中的认识规律的辩证法,它的唯一可能的统一必然是辩证运动的统一。存在是对认识的否定,而认识则从对存在的否定中获得自己的存在。”① 第三,辩证法是自由与必然的辩证统一。萨特对“人类在先前已有条件的基础上创造历史”做出了以下解读。“全部包含在这句话中的辩证合理性必须被看作必然与自由的辩证永恒统一……”因此,人与辩证法的关系就是人既承受辩证法,也造就辩证法。萨特写道:“从某种意义上说,人承受作为一种敌对潜能的辩证法,从另一种意义上说,他造就辩证法;而如果辩证理性就是历史理性,那么这个矛盾本身必须从辩证角度经受体验;这说明,因为人造就辩证法,所以它必须承受辩证法,因为人承受辩证法所以造就辩证法。”② 这实际上是说,人既是历史的剧中人,又是历史的剧作者,人既是辩证法的主体,又是辩证法的客体。萨特还指出,必须从人和社会、集体的结合中来理解人。但是,萨特认为,不能把个体看作从属于超个体的整体的。必须从二者的相互作用来理解个体和整体的关系。“倘若我们不希望辩证法再次变成一种超凡的法则、一种形而上学的宿命,辩证法就应该是来源于个体,而绝非来自我所不知的什么超个体的整体。”③ 第四,萨特所强调的辩证法是唯物辩证法。萨特所理解的唯物辩证法并不是以物质为基础的辩证法,而是实践辩证法。萨特的意思是,辩证法不是黑格尔意义上的思想内部的辩证法,而是强调行动的马克思主义的辩证法,把思想看作行动的要素和环节。辩证法离不开个人的经验,个人经验是辩证法的基础。第五,萨特指出,辩证法是一种理性,具备不可超越的可理解性。它是基于个体实践的整体性的整体化。萨特写道:“如果存在辩证法,它只能是由整体化的个体的一种多元复合性操纵的各种具体整体化之总体整体化。我

① 〔法〕萨特:《辩证理性批判》(上),第169页。

② 〔法〕萨特:《辩证理性批判》(上),第169页。

③ 〔法〕萨特:《辩证理性批判》(上),第169~170页。

们称它为辩证的唯名论（nominalisme）。”① 由此辩证法实际上也是一种历史的必然性，但这种历史必然性不是外在的强加，而是内在于个体的经验中的。

萨特对辩证法作为行动和作为整体化的可理解性特别重视。在他看来，这代表了辩证法的本质。萨特把辩证理性与分析理性相比较来说明。分析理性是限制在思维之内的，而辩证理性则必须是可经验的，是一种实践和行动。在这里，个体和整体的实践是相互联系和制约的。“作为辩证运动的众人之实践必须向个体揭示自身是他自己的实践的必然性，反过来，每个人在其自身中的个体实践自由必须在众人中再度显示，以便向他揭示一种既自我造就的、又造就了他的辩证法，因为这自由是被造就的。作为活生生的行动逻辑的辩证法不可能向一种沉思理性显露；它是作为实践的一个必然契机而在实践的过程中显示的，换句话说，它在每一个行动（尽管行动只在完全由过去的辩证实践构成的世界之基础上出现）中翻新，并且在发展过程中的行动作出对自身的解释时，变成理论的和实践的方法。”②

在此不难看出，萨特受到马克思主义的影响，试图将辩证法置于社会历史之中，置于人的实践和行动中来理解，把辩证法看作实践的行动的辩证法，他试图写作的第二部著作就是《行动理性》，虽然没有完成，但是足以看出萨特对行动和实践的重视。毋庸讳言，萨特的实践辩证法或者行动的辩证法是以个人的实践为基础的。个体实践构成了萨特辩证法的逻辑起点。

二　作为辩证法的逻辑起点的个体实践

《辩证理性批判》的第一部题为“从‘个体实践’到实践－惰性”，可以看出，萨特极为重视个体实践，因此，萨特首先对个体实践进行了论述。萨特提出的一个重要问题就是，如果辩证法就是一种整体化，那么个体实践是如何成为整体化的辩证法的呢？“如果辩证理性确实是一种整体

① 〔法〕萨特：《辩证理性批判》（上），第171页。

② 〔法〕萨特：《辩证理性批判》（上），第172页。

化的逻辑，那么历史——那种个体生命的群集——又如何能显示为一种整体化的运动，而且为了实现整体化，就必须早已有一种统一的原则，即只有事实上存在的整体性才能使它们整体化，那么，人又如何能够避开这种悖论？"[①] 这里实际上隐含了两个问题：（1）个体实践是如何成为整体，成为历史的；（2）在整体化之前的统一的原则，就是整体性的原则是什么。萨特对问题的回答虽然有些模糊，但其基本意思是不难看出来的。对个体实践如何成为整体化，萨特认为，人本身就是处于相互联系之中，人与物是互为中介的，同时人的活动本身在经验层次上即表现为一种统一化的过程，一种统一化的运动。这实际上是说，个体的经验运动本身就是辩证运动，是整体化运动。因此，萨特断言："全部历史辩证法寓于个体实践，因为它早已是辩证的，也就是说，行动自身是矛盾的否定性超越，是以未来整体化的名义对现在整体化的规定，是物质的真正有效运作。"[②] 但是，萨特的论述并不止于此，因为如果仅仅是如此的话，那么这仅仅是经验的层次。萨特进一步的论述是，需要和匮乏构成了个体实践的整体化的基础。萨特对需要和匮乏的论述，显然具有一种自然科学或生物学的色彩。萨特认为，"需要是物质存在和人同他所阐述的物质集合体之间的最初的整体化关系"，"需要就是一种否定之否定，因为它表现了自身在有机体中是一种缺乏"。[③] 需要是任何物质存在和人都具有的一种整体化关系，它本身就是整体化的，是一种否定之否定，在这种否定之否定中使物质环境和物质世界成为满足其的整体对象。这样，从需要出发，萨特又指出了否定的重要意义。真正的否定是在整体化意义上理解的否定，是规定了的否定。由此否定就具有一种结构上的可理解性，或者不如说，否定是存在结构。萨特对否定做了非常清楚的界说，他写道：

对作为一种存在结构的否定的可理解性，只有在联系到一种发展中的整体化过程时，才能清楚地表达出来；否定是在一种原始力量的

---

① 〔法〕萨特：《辩证理性批判》（上），第215页。

② 〔法〕萨特：《辩证理性批判》（上），第216页。

③ 〔法〕萨特：《辩证理性批判》（上），第216页。

基础上被界定的，作为一体化的对立力量，并且联系到作为整体化运动的命运和目的的未来整体性。……否定是由统一性来规定的；事实上它通过统一性并且在统一性之中才能表现自身。首先，否定不是将自身表现为对立力量，而是以相同事物的方式表现为对整体的部分规定性，因为这个部分规定性是为自身而提出的。①

在这里我们看到，萨特的否定实际上仍然是黑格尔意义上的否定之否定，作为环节的否定，即在整体化过程中的否定，是基于肯定的否定。由此我们推断，萨特的辩证法在根本上仍然是从属于黑格尔-马克思的理性主义传统的。从否定作为整体性环节出发，萨特又讲到了另一个重要的概念即特殊。萨特认为，每一个特殊都是整体。“在存在场域和由整体规定的张力内部，每一个特殊都存在于基本的矛盾统一之中：它是对整体的规定性，相应地也是产生规定性的整体；在某种意义上，由于整体的存在要求它显现于它的一切部分之中，所以每一个特殊就是整体本身。”② 同样，这也是黑格尔主义传统的特殊与普遍之间关系的重述。我们可以看出的是，萨特的个体实践实际上是基于整体化视域的个体实践，每一个体实践都从属于整体化的过程。萨特所讲到的需要、匮乏、否定、特殊，都是整体化的一个环节或者要素。这样，萨特的个体实践就不能局限在个体之内，而走向人与人之间的关系即社会。

众所周知，马克思特别重视人与人之间的关系。萨特在这一点上受到马克思的影响，认为只有在人与人的关系中才能有整体和历史。萨特把人与人之间的关系称作人类关系。萨特讨论人类关系的一节标题是“人类关系作为物质性的不同部分之间的中介”，很显然，萨特试图把人类关系看作一种物质性的关系。在萨特看来，历史本身就是整体，而所有的人类关系必然是指向整体和历史的。“历史在它的整体性中决定了人类关系的内容，而所有这些关系，即使是最短暂的、最私人的，也都指向整体。”③ 人

① 〔法〕萨特：《辩证理性批判》（上），第222页。

② 〔法〕萨特：《辩证理性批判》（上），第223页。

③ 〔法〕萨特：《辩证理性批判》（上），第233页。

与人之间的关系是生成的，是人们实践活动的结果。萨特写道："人与人的关系恰恰在他们产生为一种对统制性的和被制度化的人类关系的超越的程度上，总是他们的活动的辩证结果。人仅仅在特定的环境和社会条件下才作为人而存在，所以每一种人类关系都是历史的。然而历史关系就是人的关系，因为它们总是被规定为实践的直接辩证结果，也就是说，是在单一实践场域内部多元性活动的直接辩证结果。"[①] 从这里不难看出，萨特所谓实践活动的辩证结果的人类关系基本上是典型的马克思的历史唯物主义观点。与马克思的区别或者不如说是萨特所强调的一个方面是，这种实践活动总是多元性的，就是说所谓人类关系的形成是在多元性活动的统一化和整体化中形成的。萨特以语言为例说明了这种人类关系的形成。在萨特看来，语言与人的实践不可分离，语言也是一种实践的存在。语言是一种整体性的存在，因为每一个语词只有在语言整体中才能得到理解。萨特写道：

> 语言包含了每一个语词，每一个语词都根据作为整体的语言被理解；它包含了语言整体，并且重新肯定这个整体。但是这个基本的整体只能是实践本身，因为它直接向他人表达；作为一个人对另一个人的言语是实践，而实践永远是言语（无论是真实的还是欺骗性的），因为若不意指自身，它就不可能发生。语言是历史的产物；既然如此，它们就都具有外在性和离散的统一性。[②]

这在某种意义上可以被看作萨特的语言学，显然，萨特的这种语言的观点与马克思在《德意志意识形态》中对语言的论述相一致。但是，萨特的论述显然不止于对马克思语言观的简单重复，还进一步指向了语言对人类关系的结构作用。人类关系是在语言基础上结构起来的。萨特写道："'人类'关系事实上是一种个体内结构，它们的共同联结是言语，这些结

---

① 〔法〕萨特：《辩证理性批判》（上），第234～235页。
② 〔法〕萨特：《辩证理性批判》（上），第236页。

构事实上存在于历史的每一个时刻。”①

但是，在经验上相互离散、相互孤立的个人是在怎样的机制中联系起来的呢？孤立的个人相互之间可以说是一种绝对的外在性，但是这种外在性在社会历史中被转化为具体的历史内在性，这种转化是如何发生的？萨特对此做了深入思考。在这里我们仅指出，萨特从实践场域的角度指出，人们之间的关系通过实践而统一化，正是通过实践，人们的多元化的分离状态变为统一化的。正如萨特所说：“世界的实践场域的有机组织规定了每一个人的真实关系，但是这种关系只能由在这个场域中显形的全部个体的经验来界定。这一点通过实践而落入统一化；因行动规定了辩证场域而统一化的每一个人都由于他人的统一化而在这个场域内被统一化，也就是说，根据多元的统一化而统一。”② 正因此，人在社会中与他人之间的关系就不是孤立的，而是被他人和他人组成的总体所规定的，个人总是处于一种综合关联之中。这种综合关联是由个人的实践所规定的，它本身就是实践。人类关系就是在此基础上形成的。萨特写道：

> 人类关系的基础作为直接的和永久的由他人和一切人对每一个人的规定性，既不是由“伟大的电话接线员”设计的一种先验的沟通，也不是本质上分离形式的行为的不确定的重复。这种综合关联总是在特定的历史契机和规定性的生产关系的基础上为特殊的个体而产生，但结果也是先验的。这种综合关联是实践本身，即作为每一个人的生存活动和发展的辩证法，因为它是被一个单一物质区域内部人的多元复合性变得多元化的。每一种存在事物都使他人同发展中的整体化达到一体化，因此，即使他绝对看不见他人，即使不管那些障碍、阻力和距离，也在同他人所做的事实上的整体化的关系中界定自身。③

由此我们可以推断，在萨特那里，个人和他人、一切人之间实际上是

---

① 〔法〕萨特：《辩证理性批判》（上），第 237 页。
② 〔法〕萨特：《辩证理性批判》（上），第 242 页。
③ 〔法〕萨特：《辩证理性批判》（上），第 243～244 页。

一种相互规定的关系，而这种关系乃是基于实践的一种综合关联，而这种综合关联就是实践本身。在这里，我们再次看到萨特那里的实践的重要地位。这里我们应该注意的是，萨特所谓人类关系，不是简单的两个人之间的关系，而是作为人与人之间的关系之基础的抽象意义上的一种关系，这种关系是以实践为基础的。进一步说，所谓个体实践，实际上内在地包含了人类关系。所谓个体实践的单独的孤立的存在，根本上也不过是一种抽象的理论假设，它必须在人类关系的前提下才能现实地存在。由此，萨特作为辩证法的逻辑起点的个体实践也不能被看作孤立的，而是一种多元基础上的统一化。在人类关系基础上的实践必然过渡到集合体。但是，萨特在论述这种过渡的时候，与一般论述不同的地方在于，他尤其强调了匮乏的重要性。他认为匮乏是个人实践向集体实践过渡的推动力。

三　个体实践与作为历史辩证法本体论基础的匮乏

通过对萨特文本的阅读，我们知道，在萨特那里，匮乏作为一种经验上的人类物质条件的短缺，获得了一种超验的意义，被萨特看作人类发展的可能性的基础和条件。萨特在探讨匮乏时的第一个小标题是“匮乏是我们的历史的一种基本关系，是我们同物质性的单一关系的偶然性规定”。匮乏是人类历史可能性的基础，这就是说，人类的历史产生和发展受制于一个基于匮乏的场域之内，就是萨特所说的“要说我们的历史是人的历史，这相当于说，它产生和发展于一个由匮乏产生的张力场域的永恒框架之内”[①]。在萨特看来，正是因为匮乏构成了个人的永恒的一种外在性物质条件，人同环境之间的关系永远处于这样的匮乏之中，所以每一个人就在这个基础上同人类的集体结构联系起来。因此，匮乏构成了个人与作为集体的人类集合体，同作为人类的总体联系起来的基础和条件。在这一意义上说，匮乏既是一种消极的否定，又具有积极的肯定意义，是一种悖论性的关系。匮乏是一种否定性，是对人的多元复合性的否定，这一否定性实际上也是人的普遍性毁灭的可能性。在此基础上萨特认为，在人与人的关

① 〔法〕萨特:《辩证理性批判》(上)，第264页。

系中，人同他人之间实际上处于一种敌对的关系中。“匮乏作为每个人和所有的人同物质的单一关系，最终变成物质环境的一种客观社会结构，而它的惰性手指以这种方式指向每一个同时作为匮乏的原因和牺牲品的个体。而每一个人都使这种结构内在化，因为他以他的行为使自己成了一个匮乏的人。”① 从这里我们看出，在萨特那里，匮乏不仅是人们物质存在的一种实证性的状况，而且是对人的一种本体论的规定。萨特的意思是说，物质世界的匮乏导致了人的匮乏，甚至使人互相变为敌对的，因为他们都是匮乏的，是有需要的人。这种以物的匮乏为基础的人的匮乏，构成了历史辩证法的本体论基础。

在这里我们可以看到，萨特的历史辩证法和马克思的历史辩证法有着显著的不同。马克思虽然也从人的需要开始，但是没有把匮乏看作历史辩证法的本体论基础，而是将人类的生产劳动看作历史发展的动力和基础。在萨特那里，人与人的关系和人类关系由于这种根本的匮乏，具有一种悲观主义的消极色彩，而在历史唯物主义的辩证法中，人与人的关系和人类关系则没有这种悲观色彩。马克思强调人是社会关系的总和，强调现实的个人的实践活动和生产劳动构成历史辩证法的根本基础。虽然这种匮乏也许作为一种前提存在着，但是匮乏始终并不是历史的根本基础，因为匮乏实际上也是一个历史范畴。原始社会的匮乏和资本主义社会的匮乏显然具有本质的不同，物质上的匮乏和人本身的匮乏并不是导致社会革命的原因。从萨特的视角可以看到匮乏始终在人类社会历史的本体论的深层基础上起作用，甚至构成了人与人之间斗争关系的前提。萨特说：

> 从对辩证法有效性的考察中我们可以得出的唯一结论是，无论启动历史发展，还是在发展过程中冲破将历史变为循环重复的阻塞力量，匮乏凭自身绝不能自足。相反，匮乏是人同他的环境、人与人之间一种真实的、经常性的张力，永远可以用来解释一些根本性的结构（技术和习俗制度）——这并不是说它是一种真实的力量，它产生了

① 〔法〕萨特：《辩证理性批判》（上），第271页。

这些结构，而是因为它们是由人在匮乏的环境里产生出来的，即是在他们试图超越它的时候，他们的实践也使这种匮乏内在化。[①]

但是从马克思的视角看，正是由于匮乏，人则不能不互相联合起来，作为一个总体的存在，构成社会的人。我们认为萨特强调了问题的一个方面，即由匮乏构成的人与人之间的敌对关系，而并未看到，正是这种匮乏使人类构成一个总体。

更为重要的是，萨特试图以其匮乏理论来补充马克思的历史唯物主义。在“匮乏与马克思主义”一节中，萨特认为，马克思很少讲到匮乏。甚至可以说，马克思的历史解释能够导致一种非匮乏的结论。萨特写道：“可以毫不夸张地这样说，马克思和恩格斯的历史解释会让我们相信，社会永远足以满足需要，只要它掌握了工具，只要将需要根据它们的有机组织分为不同层次；正是生产方式通过它所制约的制度产生了它的产品的社会匮乏，亦即阶级的不平等。”[②] 在萨特看来，马克思和恩格斯对历史发展的解释并不能揭示真正的历史，因为从生产方式上不能得出阶级斗争的结论。在工人和资产阶级中实际上是一种契约式的关系，这种关系如何会不可避免地变成对抗，在马克思的生产方式理论中不能得到解释。萨特在这里提到的确实是一个重要的理论问题，当代的后马克思主义思想家拉克劳以不同的方式思考过同样的问题，提出过同样的疑问。萨特的问题是这样的：“全部问题……在于，在马克思主义的理论内部如何构想从肯定到否定的转变。恩格斯认为，我们看到的是工人造就了管理他们的人；而马克思认为，我们看到的是个体围绕在生产方式四周的直接合作，生产方式决定了合作的条件。但是，这些直接的转变看来甚至类似于卢梭所说的契约，为什么必定不可避免地变成了对抗？劳动社会分工是一种积极的差异，为什么应该转变成阶级斗争，即转变成消极的差异？”[③] 萨特所提出的问题实际上就是说，在生产方式的内容上不可能产生阶级斗争，即使我们

---

① 〔法〕萨特：《辩证理性批判》（上），第 266 页。

② 〔法〕萨特：《辩证理性批判》（上），第 287 页。

③ 〔法〕萨特：《辩证理性批判》（上），第 287 页。

在当代的社会实践中看，工会的领导人实际上也不过是工人的管理者和组织者，在某些国家是官僚阶层，而工人本身并不成为一个阶级。在萨特看来，马克思主义者实际上回避了这一问题，没有触及这一问题的实质。萨特的回答是，正是匮乏造成了阶级斗争的产生。萨特写道：

> 唯一可能的回答——不是作为对任何一个特殊过程的历史理性，而是作为历史可理解性的基础——是首先应该否定原始无差异性，无论它是一个农业公社还是一个游牧部落。当然这种否定是以匮乏而对一定数量的人的内在化否定，也就是说，社会必然选择它的死亡者和营养不良者。换言之，它是匮乏的人中间一种非人性的实际方向的存在。①

应该注意的是，萨特所谓原始无差异性的否定，或者说原始的否定，就是指的原始的匮乏，正是这种原始匮乏决定了人的非人性的实际方向，也就是马克思所说的异化的存在。这就是说，如果不从匮乏来理解人与人之间的关系，就无法理解社会历史发展和阶级斗争。

这样，在萨特的理论中，个体实践与人的匮乏就是紧密联系的。个体的实践不是一种积极的肯定的行为，而是基于匮乏的一种消极否定的行为，由此人与人之间的关系实际上就处于一种非人的关系中。正因为匮乏在人类关系中的这种基础地位，暴力就成为人类的一种永恒的东西。匮乏就是暴力的原因。

> 它（暴力——引者注）是作为内在化匮乏的一种人类的恒常非人性；总之，它使人互相将对方看作他人，看作恶的原则。因此，关于经济上的匮乏就是暴力的观念并不意味着必须实行屠杀、监禁，或任何一种显见的暴力使用，甚或是任何一种使用暴力的现时计划。它只意味着生产关系是在一种恐惧的气氛下、在一种个体之间相互不信任

① 〔法〕萨特：《辩证理性批判》（上），第288页。

> 的情况下建立和寻求的，个体随时认为他人是一个异种中的反人性的成员；换言之，一个无论他人是谁，都永远被多数他人看作“始作俑者”。这就是说，匮乏作为在人身上以物质来对人的否定，其实是辩证可理解性的一条原理。[①]

由此看来，因为将匮乏作为历史辩证法的本体论基础，作为不仅仅是物质方面的匮乏，而且构成了人本身内在性匮乏的本体论基础，个人与他人之间的关系就处于一种永远的敌对关系之中，个人永远处于一种相对于物质和社会的异化关系中。这样，个体实践虽然是萨特辩证法的逻辑起点，但这一个体实践本身就具有一种悖论性质，由于内在的匮乏，个体实践就变成了一种反－实践，个体实践的合目的性也变成一种反－合目的性。

萨特虽然强调了人的个体实践是社会历史发展的逻辑起点，但是他同时强调了人类历史发展是一个整体化的过程。整体化的逻辑是萨特所说的人类历史辩证法的发展逻辑。

第三节　萨特人学辩证法的整体化逻辑：从个体实践到社会整体

在早期的西方马克思主义中，整体性或总体性是用来反对第二国际的经济决定论，恢复马克思主义辩证法中黑格尔的维度的重要的理论工具，正如在卢卡奇那里所做的那样。萨特并非严格意义上的早期西方马克思主义者，但是萨特同样强调了整体性或总体性维度，不过在萨特那里，整体性或总体性被发展为一种整体化或总体化的逻辑。这一逻辑也是萨特从个体实践走向社会总体的一种发展逻辑。在此，我们对萨特的整体化逻辑进行简要论述。

一　从整体性到整体化

如前所述，萨特的整体化逻辑在萨特的人学辩证法中起着重要的作

① 〔法〕萨特：《辩证理性批判》（上），第290页。

用。例如，在讲到个体实践时，萨特把个体实践看作一种整体性的东西，而历史发展作为一种辩证理性乃是基于个体实践的整体性之上的整体化。在论述到物质的时候，萨特把物质看作整体化的整体性。这就是说，物质是作为实践的结果而出现的，是整体化的结果。由此可以看出，在萨特的人学辩证法中，无论是对个体实践的理解，还是对物质的理解，抑或是对人类历史发展的理解，都离不开整体化的逻辑。萨特将整体化与整体性严格区分开来，认为整体性与整体化是不同的。萨特认为，真正的整体性只存在于整体化之中，整体性和整体化必须进行区分。我们知道，在卢卡奇那里，最为重要的是整体性（总体性）的概念。萨特批评了卢卡奇的总体性概念。他指出在卢卡奇那里，"整体性被确定为一种存在，这种存在由于同它各个部分的总和截然不同，所以以这种或那种形式重新完全处于每一部分之中，它或者通过它同它的一个或好几个部分的关系，或者通过它同它的所有部分或好几个部分之间保持联系的关系而同自身发生关系。但是，这种实在性由于是在假设中产生的（如果把一体化推向极端，一幅画和一支交响曲就是两个例子），所以只能存在于想象的事物之中，这就是说作为一个想象行为的关联而存在。……整体性作为将各个部分集合在一起的积极力量，只是一个想象行为的关联物"①。萨特对卢卡奇的批判的关键在于，卢卡奇所讲的整体性实际上只是一种想象虚构。萨特认为这些整体性的重要意义在于它们创造了人们之间的所谓"实践 - 惰性"的关系。萨特指出，关键在于，整体性只是整体化的调节性要素。

> 它们是产物，而整体性——同人们可能认为的相反——只是整体化的一种调节性因素（这种因素同时归结为它暂时创造物的惰性集合体）。②

萨特把整体化看作辩证法的最根本的特征，甚至把整体化看作辩证法的唯一特征。在萨特看来，辩证理性即辩证法的可理解性，而这一可理解性就是整体化。这样，萨特的辩证法所讲的整体化与整体性不同，它是一

---

① 〔法〕萨特:《辩证理性批判》（上），第 179 页。

② 〔法〕萨特:《辩证理性批判》（上），第 180 页。

种行动，是一种多元综合的统一化过程。萨特说：“整体化具有同整体性相同的地位：通过多元复合性，整体化继续进行综合的工作，这种工作把每个部分变为整体的一种表现，并通过各个部分的中介把整体和自身联系起来。但是，这是一种正在进行的行动，这种行为在多元复合性未恢复自身原先地位之前不会停止。”① 在萨特看来，正是从整体性到整体化的逻辑转换，使萨特的辩证法和传统马克思主义的辩证法，黑格尔主义的辩证法都区别开来。无论是黑格尔主义的整体性的辩证法，还是传统马克思主义的整体性，抑或卢卡奇的整体性的辩证法，都是在一种静态的现成的观点中理解事物，将事物理解为惰性的存在；而萨特的整体化则将事物理解为生成的存在，理解为一种不断走向整体的整体化过程，这就是萨特所理解的辩证理性。毫无疑问，萨特的辩证法具有其存在主义的哲学基础，他不是把人理解为现成的存在，而是生成的存在，在这一理论背景下，萨特的辩证法在对事物的理解中，实际上是立足个体实践，将事物理解为个体实践的结果，将事物理解为生成过程。这样，萨特的辩证法就是整体化，辩证法的规律即整体化规律，除此之外别无其他。正如萨特所指出的：

> 辩证法是整体化的活动。它没有其他的规律，只有由正在进行的整体化产生的规律，这些规律显然涉及统一和被统一者的关系，这就是说，它是整体化过程在被整体化的各个部分中的有效显示模式。而自身整体化的认识，其本身是整体化的，因为它显现在一种明确无疑的具体的部分结构之中。换言之，如果整体化仍然是一种正式的、无形的综合性一体化活动，那么它就不能有意识地向自身显现，它只有通过它所统一的、并在用整体化行动的运动来使它们达到整体化时有效地体现自身的各种不同的实在的中介，才能做到这一点。②

① 〔法〕萨特：《辩证理性批判》（上），第 180 页。

② 〔法〕萨特：《辩证理性批判》（上），第 181～182 页。

在此萨特把整体化作为辩证法的同义词来看待，并且强调了辩证法的整体化只有通过中介才能实现。

萨特所说的整体化是一个无止境的过程，整个人类历史无非就是不断进行的永远没有止境的整体化过程。不仅如此，在萨特那里，作为历史主体的人，作为历史逻辑起点的个体实践以及群体的实践，都遵循这样一个整体化的逻辑，或者说，都是遵循整体化的辩证法的。在谈到个体实践与社会历史整体的关系的时候，萨特认为，个体实践和社会历史整体之间的关系是双向制约的关系。任何个体在进行实践的时候，已经是受到社会历史整体的制约了，这也是萨特所承认的马克思历史唯物主义的基本思想，即人们只能在已经确定的环境和条件下创造历史。但是，更为重要的是，历史的整体化运动并不是没有基础的，它的基础就是个体实践。历史的整体化运动是建立在个体的自我理解、自我谋划的基础之上的，“个体的实践构成了总体化的暂时化的唯一基础”①。由此，在萨特那里，对社会整体性的强调就总是建立于对个体实践之自我理解和自我谋划的基础上，换言之，并不能用社会整体来淹没和取消个体实践的重要性。这是萨特试图用来补充马克思主义的关键点，也是萨特的人学辩证法的立足点。萨特对整体性的批判，具有重要的意义。他以整体化的逻辑来代替整体性，是看到了整体性的虚假，看到了整体性只能作为一个结果，或者作为一个过程看待才是具有意义的。而在黑格尔—马克思—卢卡奇这个古典的哲学传统中，整体性是作为一个前提预设被接受的。人们不能质疑整体性，而只能作为一个绝对的命令来接受。萨特对整体性的不满，实际上是试图对这种绝对的理性主义逻辑进行批判，但是萨特的批判是不彻底的、无力的，甚至是一种虚假的批判。很显然，整体性与整体化虽然具有显著的区别，但根本上是一致的，因为后者并不能完全否定和拒斥前者。至多能够说，萨特的整体化为原来的僵死的既定的整体性注入了某种活的因素，从既定的现成的辩证法发展为生成的辩证法。但是，我们知道，这一动态的因素实际上在黑格尔和马克思那里都是已经存在的了。马克思把历史理解为一个

① 〔法〕萨特：《辩证理性批判》（上），第199页。

过程，黑格尔也是如此，这个过程难道不就是一个整体化的过程吗？所以，萨特的整体化只是把黑格尔和马克思那里早已存在的东西在其存在主义的语境中进行了某种改写和强化，却不能说是重塑。但是，萨特对整体性的质疑开启了一个新的维度，即不能把整体性作为某种绝对真理接受下来，这一点被阿多尔诺以及后现代的思想家们激进化了。

二　实践的整体化特征

萨特极为重视实践，我们也可以说，萨特的人学辩证法就是实践辩证法。在讲到实践的时候，萨特尤为重视实践的整体化特征。在他那里，实践是整体化的实践。萨特从以下方面对实践的整体化特征进行了论述。

人的个体实践是整体化的。萨特的第一个命题就是作为整体化的个体实践，在萨特看来，人的个体实践构成了人学辩证法的逻辑起点。萨特说："全部历史辩证法寓于个体实践，因为它早已是整体化的，也就是说，行动自身是矛盾的否定性超越，是以未来整体化的名义对现在整体化的规定，是物质的真正有效运作。"[①] 这就是说，个体实践的整体化决定了历史辩证法的整体化。同时，行动本身，即萨特所讲的个体实践本身就是一种整体化的运作，因为它是用未来的整体化对现在整体化的规定，也就是说，个体实践总是趋向于未来的整体化，因此导致现在的行动也必然是整体化的。萨特从需要来解释个体实践的整体化，因为需要只有在整体化的视域内才会产生。需要只不过是人和物质集合体之间最初的一种整体化关系。

历史不外是实践活动的展开，辩证法就是人的实践的整体化运动。由于个体实践本身是整体化的，因而人与人之间构成的共同实践或集体实践也是整体化的。在强调个体实践作为历史实践的前提和基础的意义上，萨特强调辩证法的整体化运动是多元复合性的统一化运动。这里的关键在于，这种整体化运动不是排除异己的、完全同一的运动，而是多元复合性前提基础上的统一化运动，因而是包容多元性、差别性和个体性的运动。

---

① 〔法〕萨特:《辩证理性批判》(上)，第216页。

这种整体化运动是无止境的，与人类共始终的。萨特说，多元复合性运动是一种正在进行的运动，正是通过这种多元复合性运动，各个部分通过一系列中介形成一个整体。

从群体实践来看，实践主要表现出三个方面的特征。首先，从群体的实践来看，实践的整体化是在共同实践场域内的不同行动的统一化。萨特写道："实践具有一种直接与自己的具体目标相连的有效性，而它在这里实施的各种不同行动全都在共同场域内，由所有现存的群体同经验的所有层次统一起来了。"① 其次，与自由的个体实践不同，群体实践服从于历时性异化。萨特认为，个体实践和群体实践都会产生异化，但是个体实践的异化是即时性的，而群体的异化则必然服从于历时性。"孤立的自由实践的异化——由于它产生于实践－惰性场域内——必然是迅即的，因为这种伪孤立通过自身就已经是被无机的中介实现的一种无能。"② 但是，群体的实践是对孤立的个体实践的否定，所以它就能够避免这种瞬时的异化，而服从于历时性异化。因此，在群体实践的层次上，群体实践的场域被打破，形成了一种反合目的性的实践。最后，群体的实践是反异化的，但这种反异化只能是用实践－惰性场域替代了个体的实践自由场域，因而最终并不能实现反异化，而只能使个体陷入系列的被动性，即陷入一种新的异化。从萨特对群体实践的论述来看，实践的整体化并不能摆脱异化，而只能造成新的异化；群体的整体化不能引向反异化的存在，反而导致全面的异化。萨特所谓实践－惰性、实践场域、实践限度，实际上证明了萨特所谓整体化与异化与马克思的实践观中的整体性观点以及在实践中消灭异化的理论是存在巨大差别的。

三　从个体实践到社会整体

萨特论述了从个体实践到社会整体的这样一个发展过程。虽然萨特受到了马克思主义理论的影响，但他的社会历史理论与马克思有着显著的不同。在马克思那里，以生产劳动为主要的方式，把社会发展历史理解为人

① 〔法〕萨特：《辩证理性批判》（下），林骧华等译，安徽文艺出版社 1998 年版，第 849 页。
② 〔法〕萨特：《辩证理性批判》（下），第 849 页。

类不断前进、不断趋向于共产主义社会的一种整体性历史过程。萨特虽然也强调社会历史的整体性，但是在萨特那里，社会历史发展主要是一种整体化的过程，这种整体化过程表现为从集合到群体再到机构的发展。

所谓集合，就是许多个体惰性的联系起来构成的聚合。在集合中，个体之间是由于随机的、偶然的、惰性的关系而互相联系起来的，个体之间并无必然的有机联系，其联系是松散的、惰性的。例如，人们在同一个市场买东西，在同一个地铁站等地铁，或者在不同的地方同时看一个电视节目，都能构成一个集合。在这种集合中，不仅其形成是偶然的，而且处于其中的个体本身也是惰性的，对这个集合并没有主观的、积极的认知，因此这种集合是完全被动的。萨特认为，这种集合基本上是无意义的，应该将集合过渡到群体。

所谓群体，是指在共同实践关系基础上的许多个人形成的特定的集合。群体是集合的否定，也是对集合的超越。在群体中，个体之间基于匮乏和需要而相互联系在一起，并在此基础上进行共同的实践活动，例如几个共同建造一个房屋的工人、一个学校中的教职员工和学生等。在萨特的论述中，我们看到，所谓的群体实际上是集合的一种特殊的和高级的形态。与一般集合相比，群体中的个体之间的关系不是惰性的、被动的关系，而是基于个体的匮乏和需要形成的共同实践关系。群体超越了一般集合的被动性，成为主动性的。只有在群体中，才存在人类关系的可能性。

萨特根据群体的不同关联方式和状态，将群体划分为并合群体、有组织的群体和机构三种不同的形态。所谓并合群体，是群体的初级形态。在这种并合群体中，个体之间的关系通常是在某种外在敌对的压力下形成的具有共同目的的实践关系。并合群体中的个体为了共同应付外来的压力，形成了共同的目的和利益，从而开展对抗这一外来压力的共同实践，在此基础上原来的集合就形成了一个群体。在暴力统治下，被统治的人群自发地形成了一个集合体，形成一个群体，共同反抗这个暴政，这就是典型的并合群体。这种并合群体的形成具有偶然性、不确定性和临时性，随时面临解体的危险。如果外部的危险解除了，集合就又回到了松散的集合状态。所谓有组织的群体，是在并合群体基础上的一种提升，是指并合群体由于外在压力的压迫而形成的具有共同目标和利益的群体通过个人的内在自觉而固定化为一种自为的群体。根据萨特的论述，有组织的群体又可以被称为“幸存群体”、“誓言群体”或“博爱－恐怖群体”。实际上，萨特对有组织的群体的这几种称谓分别强调了其不同的方面。幸存群体主要指的是在外部的压力或威胁解除之后，群体没有堕入惰性的集合，而是通过使外部的压力持久化和内在化使群体保存下来。这种幸存群体要通过誓言来实现，即群体中的个人要通过誓言声称自觉地服从于群体并形成对群体的隶属关系。在此意义上，萨特把这种群体称作“誓言群体”。萨特写道："幸存群体的存有地位实现表现为在每个人中共同统一的自由和惰性持久性的实践创造。当自由变为共同实践和群体永久性的基础，通过它自己并在中介的相互性中产生它自己的惰性时，这种新的地位就称为誓言（serment）。"① 萨特进一步分析指出，这种誓言群体实际上是一种“博爱－恐怖群体”。其意思是说，誓言群体对于参与其中的个体而言，既是博爱的，即对每一个群体中的个体形成一种保护的作用，也可能是恐怖的，即它制约和压制个人的自由。这种有组织的群体仍然是群体的一种一般形态，真正高级的群体形态是机构。所谓机构，事实上是一种制度性的群体，它具有严密的组织机构，具有严密的制度，因此，机构是有组织的群体的必然逻辑发展，是有组织的群体的高级形态。例如，官僚制度的国家就是这种机构的典型形态。萨特认为，在机构中，个体受到了机构的支配、压迫和统治，形成了新的匮乏和异化，个人失去了自由的本质，全面地异化了。因此，在这种压迫之下，个体又必然形成新的集合来反对压迫。在萨特看来，这种周而复始的循环的个体对组织的依赖和反对，形成了个人的宿命。个体既不能不依赖于群体，又不能不持续地受到群体的压迫，因而又陷入对群体的反对之中。

四　萨特人学辩证法的简要评析

萨特对从个体实践到社会整体的这种分析，在一定程度上揭示了人类

① 〔法〕萨特：《辩证理性批判》（下），第585～586页。

社会发展的客观历史过程。但是，萨特的整体化逻辑和马克思的整体化逻辑具有显著的区别。在萨特看来，人类的这种整体化的发展并不能使人们消灭匮乏和异化状态，反而会使人们不断地陷入新的匮乏和异化。萨特的个体自由最终是一种理论上的假设，而社会现实中的个体在萨特那里却不能不陷入对群体和社会的屈从之中。萨特所给予人的自由设定，似乎是一种西西弗斯式的命运，他不断地超越自身的匮乏和束缚状态，但又不能不再一次陷入匮乏和异化之中。如此说来，在萨特的辩证法中，人的自由终究是虚假的。如果与马克思相比较的话，我们就可以看出，在马克思那里，现实的个人构成了马克思历史辩证法的逻辑起点。这种从事着实践活动的现实的个人，在实践活动和生产劳动中，不断超越自身的束缚，不断改变自身的异化状态。马克思对人的自由的论断是，不断地去除强加于人的那些生产关系，改变人的被压迫、受束缚、被奴役的状态。在马克思那里的现实的个人，是一个普罗米修斯式的形象，与萨特式的西西弗斯式的个人是明显不同的。因而，马克思那里能够得出革命的结论，每一个现实的实践活动都是革命的活动，现实的个人的实践就是改变现存状态，并使之革命化的行动。而在萨特那里，这种革命的维度不见了，人实际上是一种消极的存在。因此，在马克思那里，共产主义既是一种现实的运动，也是一种人们不断趋于接近的社会形态；而在萨特那里，共产主义是根本不可能的。萨特的人学辩证法充满了绝望的色彩。

与卢卡奇相比较，我们可以看出萨特的人学辩证法与卢卡奇的历史辩证法也是明显不同的。在卢卡奇那里，把无产阶级作为历史的主体，历史是一个革命化的进程，因而仍然是一种宏大叙事的历史话语（用利奥塔的话来说）。在萨特的人学辩证法中，萨特着眼于个体的人的命运，将个体实践置于其理论的基础地位和起点上，在某种意义上对社会历史发展的宏大叙事是一种否定，也可以说是一种微观的社会历史理论。卢卡奇的历史辩证法是一种积极的革命辩证法，而萨特的人学辩证法却充满了消极和绝望的色彩。卢卡奇的历史主体是无产阶级，而萨特的历史主体却是消解了阶级概念的与群体相对立的个人。我们看到，虽然萨特在总体上仍然属于经典的理性主义传统，但其人学辩证法在一定意义上开启了一种后现代的维度，可以说是后马克思主义思想的一种开端。而阿多尔诺则激进地反对整体性逻辑，提出一种非同一性的否定的辩证法，使辩证法理论进一步发生了重要的转向。

第五章

重读阿多尔诺：否定的辩证法探讨

阿多尔诺是西方思想史上具有重要地位的思想家之一，尤以其《否定的辩证法》为我国学者所熟知。在某种意义上，阿多尔诺是辩证法思想史上的一位具有转向意义的哲学家。在他那里，辩证法被发展为一种否定的辩证法，而这个否定的辩证法开启了后现代思想，也深深地影响了当代具有重要地位的后马克思主义思想。阿多尔诺的思想博大精深，晦涩难懂。在此，我们仅就其《否定的辩证法》对其辩证法思想进行概要式的论述。

第一节　否定的辩证法对传统哲学的激进反叛

阿多尔诺是一位激进的反传统的思想家，而他的《否定的辩证法》则最为显著地体现了其思想的反传统的特点。在《否定的辩证法》序言中，阿多尔诺就开宗明义地指出，他的这部著作希望对辩证法之通过否定之否定来达到某种肯定的东西进行批判，摆脱肯定的特性，同时又不减弱它的确定性。阿多尔诺写道："否定的辩证法是一个蔑视传统的词组。早在柏拉图之时，辩证法就意味着通过否定来达到某种肯定的东西；否定之否定的思想形象后来成了一个简明的术语。本书试图使辩证法摆脱这些肯定的特性，同时又不减弱它的确定性。"[①] 阿多尔诺否定的辩证法激进地批判传统哲学，特别是黑格尔以来的传统。在阿多尔诺看来，正是由于传统哲学

---

① 〔德〕阿多尔诺：《否定的辩证法》，张峰译，重庆出版社 1993 年版，序言。本章引自《否定的辩证法》的译文，根据英文版有所改动。

的辩证法已经陷入困境，所以必须重新构建一种新的否定的辩证法，以恢复哲学的活力。否定的辩证法对传统哲学的本体论和形而上学展开激烈的批判。

一　哲学的可能性与辩证法的否定性重构

在《否定的辩证法》中，阿多尔诺首先探讨了哲学的可能性问题。在他看来，由康德到黑格尔的德国唯心主义的衰落提出了哲学的可能性问题。在阿多尔诺看来，黑格尔是哲学的集大成者，也是辩证法的最重要的解说者。但是，黑格尔的辩证法是一种肯定的辩证法，虽然否定也存在于肯定中，但是辩证的否定，否定之否定最终还是被归结为一种肯定。因此，阿多尔诺把黑格尔的哲学看作一种同一性的哲学。在阿多尔诺看来，黑格尔的哲学事业是用哲学的辩证法去整合所有异质性的东西，构造一个无所不包的体系，建构一种同一性哲学。这一哲学企图失败了，在这种情况下，提出了新的任务，即探讨哲学的可能性，哲学与辩证法的关系。阿多尔诺这样概括了时代所提出的任务："正像康德在批判了理性主义之后去探索形而上学的可能性意义，它的任务是探索一下自黑格尔哲学衰落之后，哲学是否存在和如何存在。如果黑格尔的辩证法是不成功的用哲学的概念去结合所有与哲学概念相异质的东西的尝试，那么就得说明他的失败尝试与辩证法的关系。"① 由此，阿多尔诺将自己的哲学企图规定为清理黑格尔辩证法的错误，重新确立辩证法。

阿多尔诺对辩证法是如何理解的呢？换言之，在阿多尔诺那里，辩证法具有哪些本质性的规定呢？阿多尔诺指出，辩证法的核心乃是非同一性。在笔者看来，下述论断至关重要地体现了阿多尔诺对辩证法的理解。

> 辩证法是始终如一的对非同一性的意识。它预先并不采取一种立场。辩证法不可避免的不充足性、它对我所思考的东西犯的过失把我的思想推向了它。如果人们反对辩证法，说它碰巧进入它磨坊中的一

① 〔德〕阿多尔诺：《否定的辩证法》，第2页。

切都归并为矛盾的纯粹逻辑形式，忽视了非矛盾的、即简单被区别的东西的丰富多样性，那么，人们就是把内容的过错推给了这种方法。被区别的东西是如此歧异、不一致和否定的，以致对自身形态的意识必须迫使它追求统一；正因为如此，就要用它的总体性要求来衡量任何与它不同一的东西。这使得意识把辩证法当做一种矛盾。根据意识的内在性质，矛盾本身具有一种不可逃避的和命定的合法性特征，思想的同一性和矛盾性被焊接在一起。总体矛盾不过是主体同一化表现出来的不真实性。矛盾就是非同一性，二者服从同样的规律。①

对这段文字进行仔细的辨析，我们可以看出阿多尔诺对辩证法进行了以下界定。第一，辩证法是对非同一性的意识。这就是说，从根本上说，辩证法指向非同一性，而不是同一性。辩证法不是一种立场，这就是说，不能把辩证法作为一种固定的、不变的立场来看待，它始终只是一种对非同一性的指涉。第二，辩证法是一种矛盾，但是这种矛盾并不是传统意义上的对立同一的矛盾，而是对总体的同一性的最终之不可能性的表现，如阿多尔诺所说的在矛盾中，思想的同一性和矛盾性被焊接在一起。最终，矛盾不是同一性，而是非同一性。这里必须注意，阿多尔诺实际上否定了思维和存在的同一性这一传统的命题。他认为，思想就是同一性，而去思想只不过是去同一化对象。但是，对象（物、客观世界）不可能被思想所完全把握，不可能被完全同一化，因而就表现为矛盾。这种矛盾就是辩证法。这正是阿多尔诺以下论断的含义：

从一开始，辩证法的概念就意味着客体［对象］不会一点不落地完全进入客体的概念［主体］中，客体是同传统的充足理由律相矛盾的。矛盾不是黑格尔的绝对唯心主义必须要美化的东西；它不具有赫拉克利特所说的本质。它说明同一性是不真实的，即概念不能穷尽被表达的事物。②

① ［德］阿多尔诺：《否定的辩证法》，第3～4页。
② ［德］阿多尔诺：《否定的辩证法》，第3页。

黑格尔的哲学在于用概念、主体来统摄、把握乃至吞并客体、对象，即非概念的东西。与此针锋相对，阿多尔诺强调哲学的兴趣、使命即在于反对黑格尔的这种综合。他写道："在历史的高度，哲学真正感兴趣的东西是黑格尔按照传统表现出的他不感兴趣的东西——非概念性、个别性和特殊性。"① 柏格森、胡塞尔的哲学虽然对黑格尔的哲学进行了批评，试图超出黑格尔哲学，达到非概念物，但是这种尝试最终是不成功的，他们最终退缩回了概念、主体性的形而上学之中。阿多尔诺认为，哲学应该继续坚持目标，而不是退回主观性之中。哲学的任务即在于表达不可表达的东西，这就是辩证法本身所内蕴的矛盾，即概念和非概念物的矛盾。概念能够超出概念本身达到非概念，这是哲学的前提，否则任何思考都是不可能的；但是概念超出自身所能达到的不是别的，恰恰是概念的对立物，是概念所压制、忽视的东西。"尽管人们一直存有怀疑，但还是深信哲学能够解决它——概念能超越概念、预备性的和包括性的因素，因而能达到非概念之物——这是哲学的一个不可分割的特点，是使它苦恼的朴素的东西。否则它就必须投降，听命于一切精神。但概念超出它们的抽象范围而包含的任何真理不能有别的舞台，只能是概念压制、轻视、无视的东西。"② 阿多尔诺指出，哲学所面对的体系是一个对抗性的完整性。在《否定的辩证法》的"导言"部分的第五个小节中，阿多尔诺以"对抗性的整体（完整性）"做出了结论。他指出："精神经验的对象是一个自在的、非常现实的对抗性体系——不能和它在其中重新发现自身的认识主体相调停。"③ 哲学的对象就是一个对抗性的体系，对抗性的整体性。这就是说，对象不可被主体所调停，总是有逃脱主体调停的东西存在。从这一点来说，阿多尔诺实际上激烈地反对以黑格尔为代表的唯心主义，坚持对象相对于主体的优先性。这是阿多尔诺在"客体的优先性"这一节中所论述的内容。在那里，阿多尔诺指出，客体（对象）的优先性证明了主体的无能，因为主体自诩将把握客体，但是主体的这一雄心壮志却不可能得到完全的实现。这

① 〔德〕阿多尔诺：《否定的辩证法》，第 6 页。
② 〔德〕阿多尔诺：《否定的辩证法》，第 8 页。
③ 〔德〕阿多尔诺：《否定的辩证法》，第 8 ~ 9 页。

是因为主体本质上也是一种客体，不可能完全改变其客体性，而客体却完全可以不依赖于主体而存在。

> 客体虽然只能靠主体来思考，但仍总是某种不同于主体的东西；而主体在本质上一开始也就是一种客体。即使作为一种观念，我们也不能想象一个不是客体的主体；但我们可以想象一个不是主体的客体。主体也是一种客体，这是主观性的一部分意义；但客体成为主体却不是客体性的一部分意义。①

正是在这里，我们认为，尽管阿多尔诺的思想颇为复杂，但其根基却是辩证唯物主义的，其辩证法可以被指认为唯物主义的辩证法，当然并不是那种素朴的所谓自然辩证法意义上的唯物主义辩证法，而是主客体的辩证法。从本质上说，阿多尔诺对非同一性的哲学思考，实际上也是对主体客体之间的辩证法的哲学思考，正是从对同一哲学的反叛出发——我们知道，德国古典唯心主义从本质上说乃是一种同一哲学——阿多尔诺试图颠覆黑格尔的哲学传统，将黑格尔的同一性的辩证法激进化为否定性的辩证法。

二　否定的辩证法与反体系哲学

阿多尔诺明确地宣称，否定的辩证法是一种反体系（anti-system）的哲学。众所周知，从柏拉图到黑格尔的整个西方理性主义哲学传统中，哲学始终是一种体系哲学，总是建立一个无所不包的内在的体系。与传统哲学相反，阿多尔诺声称，哲学的目的是反体系的。

> 哲学的目标，即它的公开的和不加掩饰的部分乃是反体系的，正如它阐释现象的自由一样；哲学将这种自由与赤手空拳的问题结合在一起。就哲学所面对的异质之物是体系而言，哲学保持对体系的尊

---

① 〔德〕阿多尔诺：《否定的辩证法》，第 181 页。

> 重。这个被管理的世界是按照这个方向运动的。体系是否定的客观性，而不是肯定的主体。在一个体系——就它们严肃地对待内容而言——被降低到概念之诗歌的不祥领域且只有它们的图式秩序的苍白轮廓被保留下来的历史阶段，难以生动地想象有什么东西能够使体系具有哲学精神。[①]

阿多尔诺对哲学的历史进行了反思，对哲学的体系化的过程进行了解释。在过去的两个世纪中，体系化的哲学一直是占主导地位的，而其对立面则不能取得有效的成果。阿多尔诺说："体系阐释事物，它解释世界，而别的东西只是声明这是做不到的。它们显示出双重的服从、拒绝——如果说它们最终包含真理的话，那就是表明了哲学的无常。"[②] 这里的意思是说，体系虽然是阐释和解释世界的，但其对立面的存在也从反面说明了体系哲学的不可能性。从现实历史看，虽然资产阶级的哲学要求体系化，但是资产阶级哲学也是在瓦解了经院哲学的本体论体系基础上建立起来的，而且这种资产阶级的哲学本身却感到恐惧，这种恐惧又是其本身的产物，因为资本主义本身乃是自由的，是反对体系的。在阿多尔诺看来，体系是注定要失败的，因为从哲学史来看，就是一个体系代替另一个体系的过程。阿多尔诺认为，这并不是偶然的，而是哲学本身的内在矛盾所致，每一个哲学体系在其基础中都不可避免地包含这种内在矛盾。哲学体系本身就是二律背反的，其基础内在地包含了其自身的不可能性。他写道：

> 资产阶级理性着手从自身之中产生它在自身之外曾否定的秩序。然而，这种秩序一旦生产出来，就不再是一种秩序，而是因此变得永不满足。每一种体系都是这样的秩序，这样荒谬的理性产物：一种装作自在存在的被设定物。它的起源不得不置换到脱离了内容的形式思想中；任何它物都不能使它控制质料。哲学的体系从一开始就是二律背反的。其基础与其自身的不可能性纠结在一起。恰恰是在现代体系

① 〔德〕阿多尔诺：《否定的辩证法》，第 18 ~ 19 页。

② 〔德〕阿多尔诺：《否定的辩证法》，第 19 页。

的早期历史中，每一个体系都注定在下一个体系中被消灭。[①]

阿多尔诺还批判道，从根本上说，体系的产生表现了哲学的一种唯心主义的狂怒，“暴怒的唯心主义”，因为一切强势的、断然的哲学都是把体系作为哲学追求的。任何体系都是唯心主义的。阿多尔诺写道：

> 体系，即一个使任何东西概莫能外的总体的表现形式使思想绝对化，它反对思想的每一内容并在思想中蒸发掉这些内容。在为唯心主义提供论证前它已是唯心主义的。[②]

阿多尔诺重点对体系的两重性和二律背反性进行了论述。当然，阿多尔诺在批判体系时，主要针对的是哲学的体系，但是在一定意义上，他也反对任何的固定性的体系。在阿多尔诺看来，体系实际上就是人们的思维对世界的统治，把多种多样的丰富的异质性的世界统一成一个整体，这既是哲学的本质，也是哲学的双重性所在。阿多尔诺如此指认了哲学体系的这一功能：

> 体系的形式对世界是适合的，世界的实质是逃避人类思维的统治，统一和一致同时是一种被平息的、不再对抗的状况向统治性的、压抑性的思维坐标的纯粹投射。哲学系统性的双重意义没有别的选择，只能把思想的理论（一旦从体系中释放出来）变调成对个别要素的公开规定。[③]

黑格尔的逻辑学就是一个典型的哲学体系。在其逻辑学体系中，黑格尔利用一个统一的原则即精神把世界解释“同时既是自在的存在又是纯粹的生成”，来“调节静态和动态之间的张力”。这种体系对这种矛盾的解决

① 〔德〕阿多尔诺：《否定的辩证法》，第 20 页。
② 〔德〕阿多尔诺：《否定的辩证法》，第 23 页。
③ 〔德〕阿多尔诺：《否定的辩证法》，第 23 页。

并不彻底，因为它内在地包含了一种悖论性，因而难以置信。阿多尔诺指出，这种唯心主义的、主观主义的体系不能真正把握事物，因为认识事物不是将其置于一个整体之中，认识其要素的相关性，而是在其与其他要素的相关联系中认识其个别要素。体系试图将非同一的东西、异质性的事物融合进一个虚幻的同一体，因而是一种唯心主义的虚构，而体系的思想必定先验地设定了一个主体，即先验主体。这就是体系思想的先验唯心主义之所在。阿多尔诺在以下论述中表明了这些思想：

> 理解一个事物本身，不是在它的相关体系中适合它和记录它，而不过是在它和别的事物的内在联系中知觉到个别要素。这种反主观主义在绝对唯心主义劈啪作响的壳下表露出来，它情形与按其呈现的样子来解决现行的问题。相反，体系的概念想起的东西是非同一物的融贯性、即被演绎的系统学所违犯的那种东西。对体系的批评和非体系的思想只要不能摆脱唯心主义体系让与先验主体的融贯性力量，它们就是肤浅的。①

正如我们反复指出的，阿多尔诺将体系指认为一种先验的唯心主义。而正是在这一点上，阿多尔诺批判的指向在于整个德国古典哲学，尤其是康德、黑格尔、费希特等古典的唯心主义代表人物。在阿多尔诺看来，体系哲学的本质是唯心主义，因此体系具有二律背反性。这一二律背反本质上是总体和无限的二律背反。阿多尔诺写道："总体和无限的二律背反——因为不停息的无限炸毁了自给自足的体系，因为体系的存在唯一归因于无限——是唯心主义的本质。"② 在论述体系之二律背反性的时候，阿多尔诺做出了一个至关重要的论断。他认为，体系的二律背反实际上是现实的资产阶级社会之二律背反在哲学上的反映。一方面，资本主义社会是一种同一性的总体，它维持自身的存在，而另一方面，这种对自身存在的维持乃是通过不断地超越其界限来完成的。毋庸讳言，马克思在《共产党宣言》和《德

---

① 〔德〕阿多尔诺：《否定的辩证法》，第 24 页。
② 〔德〕阿多尔诺：《否定的辩证法》，第 25 页。

意志意识形态》中对资产阶级社会的全球化进程进行了这样的描述。阿多尔诺指出，体系的总体和无限的二律背反就是体系的静态特点和动态特点的二律背反。一方面，体系总是试图维持静态，封闭起来，不容忍任何异质的东西；另一方面，这一体系又总是被动态所困扰，即它的总体性的界限总是被打破，总是被异质性的东西所打破。阿多尔诺指出："不管一个体系如何被动态地构想，如果它事实上是一个封闭的体系，不容忍它的领域之外的任何东西，它也就成了一种肯定的无限性——即有限的和静态的东西，并以这种方式维持自身。"① 此外，体系又总是被动态所否定。"由于否定了界限的概念并在理论上确定有某种东西一直保持在外，动态便倾向于否认它的产物，即体系。"② 应该说，阿多尔诺对体系哲学的批判是极为敏锐的。他看到了哲学体系中的裂隙，看到了作为一个完满自足的哲学体系只能是形式思想的产物，而不是一种坚实的现实存在，因而注定了其灭亡的命运。在这一点上，阿多尔诺超出了整个西方哲学的形而上学传统。因此，否定的辩证法对体系的批判与其对本体论和形而上学的批判联系在一起。

三　否定的辩证法与本体论和形而上学的批判

与对同一性的批判和对体系哲学的批判相一致，阿多尔诺对传统的哲学的本体论和形而上学进行了批判。按照一般的理解，传统的本体论和形而上学是相互依存，甚至是同一的。阿多尔诺在此对本体论的批判，主要是对海德格尔的本体论（存在论）的批判，因为在阿多尔诺的时代，海德格尔的基础本体论已经成为最为昭彰显著的哲学，成为最具有世界性影响的哲学。阿多尔诺的本体论批判的锋芒正是针对海德格尔的基础本体论的。阿多尔诺与海德格尔遭遇一事绝非偶然，而是阿多尔诺一种精心谋划的攻击。某种意义上说，乃是为他的否定的辩证法奠基——奠定一种本体论（存在论）的基础。阿多尔诺的否定的辩证法虽然激进地反对传统本体论，但在我们看来，它必须仍然借助一种本体论才能立足。那么，阿多尔

① 〔德〕阿多尔诺：《否定的辩证法》，第26页。
② 〔德〕阿多尔诺：《否定的辩证法》，第26页。

诺对海德格尔的基础存在论是如何批判的？对阿多尔诺的海德格尔本体论批判进行全面的分析不是我们在此能够完成的任务，这里我们仅从否定的辩证法的维度对此进行简要的分析。

首先，阿多尔诺指出，海德格尔所依据的存在对存在者的优先性是虚假的，它并不能使存在超出存在者。海德格尔将存在者还原为存在，认为存在优先于存在者，其目的是反对传统哲学中存在者的优先性。但是，海德格尔的存在并不能完全超出存在者，它仍然暗中依赖于存在者的规定。阿多尔诺写道：

> 对“存在”的许多功能中所不应低估的是：尽管它夸耀自己有比存在物更高贵的尊严，但它同时仍带有它想摆脱的存在物的记忆、即一种先于差异和对抗的东西的记忆。存在的诱惑力就像在拙劣的诗风中树叶的瑟瑟声一样动人。但它在此景中所赞美的东西是多少清白地落离于它的东西，而在哲学中它却像一块领地那样被固守着，连思考它的思想都无能为力。辩证法——在其中，纯粹的特殊和纯粹的一般互相转化，二者同等地是不确定的——在存在学说中沉默下来并被剽窃了，不确定性成了一种神话的盔甲。①

这里阿多尔诺对海德格尔存在概念的至关重要的指摘就在于，它并不能摆脱存在者，尽管它极具诱惑力，但它无法达到实际的成果，它必须固守存在者的领域，即使思想也无法超越它（存在者）。因此，海德格尔的基础本体论实际上成为辩证法的反面。在阿多尔诺看来，在辩证法中，普遍和特殊是同样的不确定的，而在本体论中，却失去了这种不确定性，仅仅成为表面的不确定性。很显然，海德格尔的基础本体论与阿多尔诺的非同一性的否定的辩证法的思想是相抵触的。

其次，海德格尔的本体论哲学乃是一种体系哲学，海德格尔的本体论是一种被规定的本体论，海德格尔的存在论差异并不能消解同一性，仍然

---

① 〔德〕阿多尔诺：《否定的辩证法》，第 72 页。

受同一性逻辑的支配。在对海德格尔的“sein”（英译 being）的分析中，阿多尔诺指出，海德格尔把系动词“是”单独列出来，作为超出主语和谓语的东西，并将系动词定义为存在，将之作为某种本体性的东西。但是，这种推断基于一种意义的混淆，即把作为系动词的 sein 的一般意义与每一判断中的“是”所获得的特殊意义混淆了。简单地说就是将系动词的一般性混同于每一个特殊的判断中“是”的具体意义。由此可以看出，阿多尔诺所理解的作为系动词的 sein 与每一个判断中的“是”是不可通约的，而海德格尔却把它们之间的差别取消了。因此，虽然海德格尔试图批判和超越传统的形而上学，但是，他对存在的思仍然束缚在一种同一性之内。阿多尔诺批判道：“海德格尔甚至达到了对同一性中的非同一性的辩证认识的边界。但他在存在的概念中没有贯彻这一矛盾。他压制了它。被莫名其妙地归在存在名下的东西嘲笑了概念和概念意指的东西的同一性。但海德格尔把这种东西当作一种同一性，当作纯存在本身，没有它的他者。他把绝对同一性中的非同一性当作一种家庭耻辱而掩盖起来。”[①] 海德格尔在处理非同一性与同一性的关系时，采取了利用同一性来压制非同一性的做法，因而其存在论差异是一种虚假的差异。

阿多尔诺指出了海德格尔的基础本体论的实质所在，在他看来，海德格尔的基础本体论仍然处于黑格尔的思想框架之内。我们已经说过，阿多尔诺的非同一性的否定辩证法的主要的理论对手，就是黑格尔的作为否定之否定的辩证法，而否定之否定终究是一种肯定，阿多尔诺将其看作肯定的辩证法。在关于存在和存在物（存在者）的关系上，阿多尔诺认为，海德格尔和黑格尔一样，将实体之物本体论化了。在黑格尔那里，同一性和非同一性的对立统一中，同一性具有本体论上的优先性。从这一点出发，黑格尔的哲学也是一种用概念来压制非概念物，强调抽象概念的优先性，甚至赞扬抽象的贫乏性，这也就是对精神、思想、思维作为第一概念的赞扬和辩解。而海德格尔的思想运作和黑格尔的思想是一致的。阿多尔诺认为，海德格尔隐蔽地重复了黑格尔。“辩证的批判适用于第一存在概念本

---

① 〔德〕阿多尔诺：《否定的辩证法》，第 101 页。

身。海德格尔重复了黑格尔的变戏法式的花招。只是黑格尔是公开采用，而海德格尔不想成为一个唯心主义者，所以含含糊糊地掩盖了实体之物的本体论化。”① 实际上，这就是说，海德格尔将存在者归结为存在，把存在规定为在先性的概念，实现了实体之物的本体论化。

在上述讨论的基础上，基于其非同一性的否定辩证法的理论立场，阿多尔诺坚决拒斥本体论，认为本体论是不可能的。“假如本体论是可能的，那么它就是在一种讽刺的意义上作为否定性的缩影（化身）才是可能的。自身相等的、纯粹的同一性是最恶劣的。这种神话的宿命是永远存在的。哲学，就其以丰富的委婉语把不可改变的东西重新解释成善的东西而言，哲学曾经是这种宿命的世俗化，是这种宿命的奴隶，直至莱布尼茨和黑格尔的神正论。假如人们根据事实的基本状况（这些事实的重复使它们的状况成了不变的）来草拟一种本体论，那么这种本体论就会是纯粹的恐怖。首要的是，一种文化的本体论将不得不包含了文化的谬误；一种哲学上合法的本体论与其说在对存在的解释中，不如说是在对文化工业的解释中有其位置；善不是别的，仅仅是对本体论的逃离。”② 在这里，阿多尔诺指出了本体论思想实际上导致了同一性的思维，导致了恐怖。阿多尔诺最终指出,本体论是善的敌人，要达到善，就必须抛弃本体论，从本体论中逃离。

最后，阿多尔诺对本体论的批判延伸到了历史领域。阿多尔诺指出，由于对存在概念的神圣化，存在（Being）失去了实存（existence）所原有的对唯心主义的批判和抵制的维度。由于将这样一种意义上的存在概念引入了历史，历史就被引进了思辨之中。阿多尔诺批判道：“由于实存概念被吸收进存在之中，甚至由于它在哲学上被加工成一个适合讨论的一般性概念，所发生的便是历史被再次拐骗——历史被克尔凯郭尔（他对黑格尔左翼的思想不以为然）引入思辨中，归在一种悖论性的神学符号，一种时间与永恒的融合的神学符号之下。存在学说的矛盾心理是，它既处置了存在物，同时又使之本体论化，换言之，通过诉诸形式特征来剥夺存在物的

① 〔德〕阿多尔诺：《否定的辩证法》，第 120 页。
② 〔德〕阿多尔诺：《否定的辩证法》，第 121 页。

一切非概念性，这种矛盾心理也决定了存在学说与历史的关系。”① 由此导致的结果是，一方面，历史成为一种干瘪的叙事，失去了历史的趣味。更重要的是另一方面，即“历史的本体论化使得人们不加审视地把存在的力量归于历史的力量，从而证明服从历史的形势是合理的，仿佛这种服从是由存在本身所命令的”②。海德格尔的本体论哲学导致的是对历史的完全相对化，对历史失去了审视的力量，而是屈从于具体的历史条件。因为实存的东西一旦被统一化地命名，一旦被提升为概念，则就会逃避实存。本体论恰恰就是这样做的。阿多尔诺写道：“但在存在学说的黑暗夜空中，不再有闪烁的星星。实存用不着神圣化的因素便被神圣化了。存在物应具有的或受制约的永恒观念只剩下了关于存在物的赤裸裸的证明：对权力的肯定。”③ 这是对海德格尔的本体论哲学与纳粹隐秘的共谋关系的批判。

第二节　否定的辩证法的基本内涵解读

在对传统哲学进行批判的过程中，阿多尔诺的否定的辩证法的基本框架初见端倪。但是，阿多尔诺对否定辩证法的具体界定却有些语焉不详，让人难以获得清晰的概念。或者，正如阿多尔诺所说，辩证法是难以进行定义的。在此，我们试图通过阿多尔诺的曲折反复和晦涩难解的论述，较为清晰地界划其否定的辩证法的基本内容。

一　何谓否定：对肯定的否定之批判

第一个需要注意的问题是，在阿多尔诺那里，何谓否定。也许否定是不能定义的东西，那么到底什么是否定呢？有没有一个阿多尔诺的否定概念？要理解阿多尔诺对否定的规定，我们还必须从他对黑格尔辩证法中的否定的批判说起。

我们已经指出过，在黑格尔那里，否定也是一个极为重要的哲学范

---

① 〔德〕阿多尔诺：《否定的辩证法》，第128页。
② 〔德〕阿多尔诺：《否定的辩证法》，第129页。
③ 〔德〕阿多尔诺：《否定的辩证法》，第131页。

畴。马克思在《1844 年经济学哲学手稿》中对黑格尔《精神现象学》的辩证法有以下重要的评价。“黑格尔的《现象学》及其最后成果——辩证法，作为推动原则和创造原则的否定性——的伟大之处首先在于，黑格尔把人的自我产生看作一个过程，把对象化看作非对象化，看作外化和这种外化的扬弃；可见，他抓住了劳动的本质，把对象性的人、现实的因而是真正的人理解为他自己的劳动的结果。”① 马克思还写道：“因为黑格尔根据否定的否定所包含的肯定方面把否定的否定看成真正的和惟一的肯定的东西，而根据它所包含的否定方面把它看成一切存在的惟一真正的活动和自我实现的活动，所以他只是为历史的运动找到抽象的、逻辑的、思辨的表达，这种历史还不是作为一个当作前提的主体的人的现实历史，而只是人的产生的活动、人的形成的历史。”② 很显然，在马克思看来，在黑格尔的辩证法中，否定是一个核心范畴，但否定之所以是核心范畴，仅仅是因为否定乃是否定之否定的一个环节，而最终的具有积极意义的否定则是否定之否定，即肯定的否定。如马克思指出的，这是黑格尔认为真正的和唯一的肯定的东西。

阿多尔诺对黑格尔的否定的理解与马克思既有相同，又不完全相同。马克思对黑格尔的否定之否定基本上是持肯定态度的，而阿多尔诺则对这种否定之否定持坚决的批判态度。阿多尔诺认为，否定就是否定，它不能成为肯定的一个环节。这种将否定之否定等同于肯定是同一性哲学的一个根本原则。阿多尔诺不仅反对黑格尔作为否定之否定的环节的否定，而且也不同于在马克思那里作为革命性原则与创造性原则的辩证法的否定。阿多尔诺的否定是基于对肯定的否定批判的否定，可以说是一种绝对否定。

在《否定的辩证法》中题为“批判肯定的否定”的小节中，阿多尔诺对此做了明确的表述。他写道：

> 把否定之否定等同于肯定性是同一化的精髓，是带有最纯粹形式的形式原则。在黑格尔那里，在辩证法的最核心之处一种反辩证法的

① 《1844 年经济学哲学手稿》，第 101 页。

② 《1844 年经济学哲学手稿》，第 97 页。

原则占了优势，即那种主要在代数上把负数乘负数当作正数的传统逻辑。这种传统逻辑是从黑格尔极其厌恶的数学中借来的。如果整体有魔法，如果它是否定的，那么对被概括在这个整体中的特殊之物的否定就仍然是否定的。它唯一的肯定的方面是批判，即确定的否定，而不是突然转向的结果或幸运地被把握的确证。①

阿多尔诺这一段论述的核心要义在于，黑格尔的否定服从于整体，否定本身乃是整体的一个原则，即同一化的原则，因此黑格尔那里的否定本身只能是同一化的一个环节。黑格尔辩证法的否定之否定只是对现实的抽象的肯定性。因此，黑格尔对事物的否定性无可避免地遭到了失败，最后只能回归于一种抽象的肯定性，它是一种对“自在的肯定之物的崇拜”。阿多尔诺指出，真正的否定性不是任何的肯定性，不是对现实事物的认可，而是对现实事物的否定。

与这种崇拜相反，坚持不懈的否定非常严肃地主张它不愿意认可现存事物。否定之否定并不会使否定走向它的反面，而是证明这种否定不是充分的否定。②

在阿多尔诺看来，这种坚持不懈的否定，这种不同于否定之否定的否定，或者说是贯彻到底的绝对的否定，是辩证法的真正的实质所在。黑格尔的辩证法由于以否定之否定为原则，所以实际上是一种虚假的辩证法。阿多尔诺写道：

被否定的东西直到消失之时都是否定的。这是和黑格尔的彻底决裂。用同一性来平息矛盾、平息不能解决的非同一物的表现就是忽视辩证矛盾所意指的东西。这是向纯粹推论思维的复归。只有那种从一开始就以肯定性——作为总概念性——为先决条件的才会坚持否定之

---

① 〔德〕阿多尔诺：《否定的辩证法》，第156页。
② 〔德〕阿多尔诺：《否定的辩证法》，第157页。

否定就是肯定性的命题。……否定的否定也是一种同一性，一种新的幻觉，是推论的逻辑——最终是主观性原则——对绝对的投射。[①]

由此阿多尔诺指出了自己对辩证法的理解，它不同于黑格尔的辩证法之处在于，黑格尔的辩证法的否定之否定原则实际上仍然是同一性原则，是推论逻辑（演绎逻辑）、主观性逻辑的绝对投射，最终复归于肯定性，而阿多尔诺认为，辩证法的实质在于他者对同一性的抵制。

没有“否定之否定就是肯定”的原则，黑格尔的体系结构毫无疑问就会倒塌。但辩证法的经验实质不是这个原则，而是他者对同一性的抵制，这才是辩证法的力量所在。[②]

二　作为非同一性逻辑的否定的辩证法

前面我们已经指出过，阿多尔诺把否定的辩证法理解为一种非同一性的逻辑。在《否定的辩证法》的开篇，阿多尔诺就指出，否定的辩证法乃是始终如一的对非同一性的意识。非同一性的逻辑成为贯穿阿多尔诺对否定的辩证法的论述中的一个核心原则。这就是说，从根本上说，辩证法指向非同一性，而不是同一性。辩证法不是一种立场，这就是说，不能把辩证法作为一种固定的、不变的立场来看待，它始终只是一种对非同一性的指涉。在阿多尔诺看来，同一性哲学具有各种不同的表现形式，如体系哲学、总体性哲学、综合的方法、否定之否定的肯定等，虽然侧重点有所不同，但最终都是一种同一性的哲学。要理解阿多尔诺对非同一性哲学的反对，还需从对同一性哲学的理解开始。那么，阿多尔诺是如何理解同一性的哲学的？首先，我们看一下阿多尔诺对同一性的界说。阿多尔诺写道：

在现代哲学史中，“同一性”一词有几种意思。首先，它标志着

① 〔德〕阿多尔诺：《否定的辩证法》，第157页。
② 〔德〕阿多尔诺：《否定的辩证法》，第157页。

个人意识的统一性：一个我在它的所有经验中都是同样的。这意味着康德的“我思考那种能陪伴我的一切概念的东西”。其次，同一性还意指在一切合理的本质上同样合法的东西即作为逻辑普遍性的思想。此外，同一性还标志着每一思想对象与自身的等同，简单的 A = A。最后，在认识论上它意指着主体和客体的和谐一致，不管它们是如何被中介的。①

这四层意思显然是相互联系的。同一性成为哲学的主题，实际上基于这样的原因，即没有同一性就不可能有任何思维，正如阿多尔诺所指出的，去思考就是去同一化（to think is to identify）。但是，这种同一化实际上仅仅是思维的结果，或者说，同一化是为了满足思考的需要，而思考又直接就是同一化。这种同一化乃是典型的黑格尔式的思维，无论如何存在非同一性，这种非同一性始终是从属于同一性的，是要被同一化的东西。这是一种肯定性、整体性的同一性。在阿多尔诺看来，事情还存在另一方面，即存在永远不可能被消除的非同一的方面。阿多尔诺说：

在黑格尔那里，同一性和肯定性是一致的。把一切非同一的和客观的事物包含在一种被扩展和抬高成一种绝对精神的主观性之中一定会导致这种调和。与此相反，在每一个别规定性中起作用的整体的力量不仅是它的否定，而且本身就是否定的。关于绝对的、总的主体的哲学是一种特殊的哲学。同一性命题的内在可逆性看来违背了它的精神原则。如果存在物能全部从精神中派生出来，那么这种精神就注定类似于它打算反对的纯粹存在物；否则，精神和存在物就不能和谐。恰恰是由于这种不能满足的同一性原则压制了矛盾从而使对抗永久存在下去。②

阿多尔诺这段晦涩的论述中最终得出的结论实际上是，精神要想消灭

① 〔德〕阿多尔诺：《否定的辩证法》，第 139 页，注释 2。

② 〔德〕阿多尔诺：《否定的辩证法》，第 139 ~ 140 页。

存在物，将存在物同一化，这实际上最终是不可能的，它只能是一种不能满足的同一性原则，这种原则压制矛盾，而对抗却永远存在。这里关键是对矛盾与对抗的区分，矛盾是同一性，是包含非同一性的同一性，而对抗则是不可消除的、永存的非同一性。

在“关于同一性的辩证法”一节中，阿多尔诺进一步对同一性的辩证法做了阐释。在这里，阿多尔诺指出，实际上同一性的辩证法是资本主义社会的产物，与商品交换的普遍化有关。阿多尔诺写道：

> 交换原则把人类劳动还原为社会平均劳动时间的抽象的一般概念，因而从根本上类似于同一化原则。商品交换是这一原则的社会模式，没有这一原则就不会有任何交换。正是通过交换，不同一的个性和结果变成了可通约的和同一的。这一原则的扩展使整个世界成为同一的，成为总体的。①

这说明，同一化不仅是一种理论的现象，而且具有其社会现实基础。那么，阿多尔诺对这种社会的同一化是持何态度呢？阿多尔诺认为，不能简单地否定同一化，不能简单地否定这种交换原则，否则会倒退回赤裸裸的剥削和暴力的占有。但是，阿多尔诺又认为，必须批判这种同一化原则，批判这种等价交换，因为正是这种等价交换事实上导致了不平等。阿多尔诺指出，这并不是真正的自由和公平交换，只有超越这种商品交换，才能真正实现公平交换的理性。阿多尔诺指出：

> 当我们把交换原则当做思想的同一性来批判时，我们想实现自由和公平交换的理想。迄今这种理想只是一个借口。但只有它的实现才会超越商品交换。批判理论已经揭露了那种说平等又不平等的交换，所以我们对平等中的不平等的批判也旨在平等，因为我们对仇恨的怀疑深入进那种不宽容任何质的差异的资产阶级法权思想。如果没有人

---

① 〔德〕阿多尔诺：《否定的辩证法》，第 143 页。

有部分的劳动被从他那里扣留，那么合理的同一性就会是一个事实，社会就会超越这种同一性思维方式。这非常接近黑格尔。与黑格尔的分界线很难靠个别区别划出，毋宁说是靠意图来划出的——即在意识中、理论上以及实践后果中，我们是把同一性当作最终的、绝对的东西来巩固，还是把它体验为最终的强制。但我们最终也需要摆脱这种普遍的强制，正如自由只有通过强制的文明、而不是靠“回到自然”而成为现实的一样。[①]

这一大段晦涩的论述，其主旨无非是说，商品交换的这种貌似平等实质上产生了不平等，因此这种商品交换恰恰是应该被批判的同一性，是不宽容任何质的差异的即绝对同一性的资产阶级法权思想。但是剥削的存在，剩余价值（部分劳动）被某些人占有的现实打碎了这种同一性的思想，所以这是一种虚假的同一性。阿多尔诺指出，这种同一性非常接近于黑格尔，但我们不同于黑格尔的是，黑格尔并不认为这种同一性是一种需要摆脱的强制，而是一种最终的绝对之物，而我们（阿多尔诺）却认为，这种同一性是对自由的强制，是必须加以摆脱的，唯有如此我们才能获得自由。

在以上论述的基础上，阿多尔诺指出，就其实质而言，同一性与唯心主义是分不开的。同一性是每一种思想所必须具有的特质，同一性也是一种意识形态的首要的形式。这样，对同一性的批判是一种意识形态批判。阿多尔诺说：

求同一性的意志在每一综合中都起作用。作为一种思想的先验任务，一种内在于思想的任务，同一性似乎是肯定的和可欲求的：综合的基础因而被认为是和我（I）相和谐的，所以是善的。它立即就允许一种道德的可欲求之物——理解了原因多大程度上在其自身的主体，应该服从于与其相异质的东西。[②]

---

① 〔德〕阿多尔诺：《否定的辩证法》，第 144 页。

② 〔德〕阿多尔诺：《否定的辩证法》，第 145 页。

我们注意到，阿多尔诺在此从同一性转到了非同一性，正是因为同一性乃是思想的特质，被认为与我相和谐，它立即就导致一种新的主体观，即与客体相统一的、服从客体的（服从于主体异质之物的）主体观。这表明，同一性必须允许非同一性的存在。

阿多尔诺在下面极为晦涩的论述中，表明了他的主体观和他对意识形态批判的看法。在他看来，主体并不是透明的，完全同质的东西，它必须包含其对立面。在这个意义上，主体必须是而且首先是客体。同一性必须是而且首先是非同一性。阿多尔诺写道：

> 同一性是意识形态的首要形式。我们把它作为对其所压制之物的适当性而享受；适当性总是屈服于统治的目的，因而在此意义上，总是屈服于它本身的矛盾。在通过耗费了我们人类难以言说的努力生产出甚至反对其自身的同一性的首要性后，人们在其征服中欢呼并尽情享受它的胜利，因为人们将其变成了被征服之物的界定：对它所发生的事情必须被呈现为它的“自在”。意识形态对启蒙的抵抗力量归因于它与同一化思想，或事实上是整个思想的共谋。思想在其非我最终是自我的声称之兑现的永久失败中表明了其意识形态的一面：我思想的越多，我就越是完全发现自己被降格为客体。同一性成了调整教义的权威，在这里客体——被主体所弃置不顾的客体——报复了主体对它所做之事。主体即是理性对其自身理性的反对。因此，意识形态批判不是某种边缘性的和内科学的事情，不是某种限于客观精神或限于主观精神产物的东西。从哲学上说，它是核心的事情：对建构性的意识本身的批判。①

阿多尔诺的论述虽然极为晦涩，但其意图还是可以较为明确地辨识出来。由于同一性乃是意识形态的首要形式，因而对同一性的批判就是对意识形态的批判。同一性压制了差异，压制了非同一性，因而意识形态造成

① 〔德〕阿多尔诺：《否定的辩证法》，第145～146页。

一个虚假的同一性的想象，它抵制启蒙，这就是所谓意识形态与同一化思想或思想本身的共谋。但是，思想最终又会颠覆自身，因为非我最终是自我的兑现永远是失败的，非我最终不可能被自我所完全整合，因而我越来越发现，自我也是一个客体。在同一性之中，主体和客体的矛盾恰恰就是这样悖论式地存在着。最终，阿多尔诺提出了一个新的主体观，即主体是理性反对自身之理性的一种经验（The subject is to see reason against its own reason）。哲学就是对建构性的意识自身之批判，因而意识形态乃是哲学的核心事业。

这里的关键在于，在“关于同一性的辩证法”的整个论述中，阿多尔诺最终颠覆了同一性，达到了非同一性，所以非同一性的逻辑不是外在于同一性的，不是从外部对同一性的反对，而是从内部对同一性的反对。否定的辩证法作为反-同一性的逻辑，实际上是从同一性逻辑的辩证法本身中所演绎出来的结论。非同一性逻辑的理论力量正在于此，它从内部去攻击同一性。就此而言，非同一性最终是对同一性的瓦解，因而阿多尔诺把否定的辩证法称为瓦解的逻辑。

三　作为“瓦解的逻辑”的否定的辩证法

否定的辩证法是一种瓦解的逻辑，这是阿多尔诺否定的辩证法的基本命题。那么，阿多尔诺所谓瓦解的逻辑（或者说崩溃的逻辑）究竟要表达什么意思呢？瓦解的逻辑并不是阿多尔诺在《否定的辩证法》中才提出的一个术语，而是阿多尔诺早期理论中就存在的。根据考证，阿多尔诺甚至早在中学时代就形成了这样一种哲学意象。这一意象贯穿了阿多尔诺的哲学思考的始终，在《否定的辩证法》中，瓦解的逻辑这一意象取得了其明确的阐释和说明。对这一问题做出详细的说明不是我们在此所能完成的任务，我们只能就《否定的辩证法》对崩溃的逻辑的界说来理解作为瓦解的逻辑的否定的辩证法。

首先，辩证法作为一种瓦解的逻辑是与黑格尔的辩证法不相容的。在黑格尔那里，辩证法既是一种方法，又是对现实的一种理解。在黑格尔的辩证法中，虽然事物与概念之间、主体与客体之间存在矛盾，但这种矛盾是虚假的矛盾，最终是一种统一。阿多尔诺认为，真正的辩证法，或者说否定的辩证法恰恰与黑格尔的辩证法不同。他对辩证法从否定的方面给予了如下界定：

> 事实上，辩证法既不是一种纯方法，也不是一种朴素意义上的现实。它不是方法，因为未被调和的事物——恰恰缺乏被思想所代替的同一性——是矛盾的，并且抵制任何一致性解释的企图。正是事物、而不是思想的组织动力把人们带向了辩证法。辩证法也不是简单的现实，因为矛盾性是一个反思的范畴，是概念和事物认识论上的对立。因为辩证地演进意味着在矛盾中思维，由于矛盾在事物一旦被经验到，就又反对矛盾。现实中的矛盾，是反对现实的矛盾。①

阿多尔诺从否定性方面界说辩证法，这种不是方法也不是现实的辩证法，到底是什么，我们就也只能进行否定性的理解。但可以看出，实际上阿多尔诺是肯定事物本身、现实中存在辩证法的，这种辩证法不是对事物、现实的肯定，而是对现实的反对，对事物的反对，它抵制一种一致性的解释。这也是瓦解的逻辑的一个方面的解释。可以看出，阿多尔诺对黑格尔辩证法的理解恰恰是针锋相对的。

其次，辩证法作为一种瓦解的逻辑，其瓦解的对象是认识主体所面对的准备好的、现成的、对象化的形式。阿多尔诺说得很清楚："它（辩证法）的运动不是倾向于每一客体和其概念之间的差异中的同一性，而是怀疑一切的同一性：它的逻辑是一种瓦解的逻辑：瓦解认识主体首要的和直接的面对的概念的、准备好的和对象化的形式。"② 由此看来，瓦解的逻辑主要是指主体与作为主体的对象之间的同一性的瓦解，是对主体与客体之间同一性关系的瓦解。

最后，瓦解的逻辑针对的主要是唯心主义哲学。阿多尔诺认为传统哲学的理想就是一种同一性的总体性，而这种同一性的总体性在最近的现象

---

① 〔德〕阿多尔诺：《否定的辩证法》，第 141 页。

② 〔德〕阿多尔诺：《否定的辩证法》，第 142 页。

学和存在主义中又得到了复兴，归根结底，同一性哲学是唯心主义的，其主体本身的同一性、主体和客体的同一性都是一种主体的设定。辩证法作为瓦解的逻辑，对哲学中的一切定义都是适用的，不存在非矛盾的即纯粹同一性的定义。“每一种表现为非矛盾性的定义都像‘存在’和‘实存’模式一样证明是矛盾的。从哲学中我们得不到任何与其结构相同一的肯定的东西。”[①] 阿多尔诺从对同一性的批判出发，把同一性看作一种神话化，而否定的辩证法就是“去神话化”，进而就是否定一切肯定的（实证的）东西，乃至否定一切作为肯定的工具的理性。

但是，这种唯心主义批判并不是从外部进行的，而是从内部进行的，而这种内部的批判也同时就是从外部批判。我们必须依赖于唯心主义的术语、方法和程序来批判唯心主义，而这种批判也同时就是对主体的批判，因为唯心主义的同一性仅仅是主体的设定。阿多尔诺在下述晦涩的话语中对此进行了解说。

> 尽管如此，在对唯心主义的批判中，我们并没有抛弃在唯心主义的概念建构中得到的洞见，也没有放弃从概念的引导下获得的活力。唯心主义的魔圈只有在思想中才能被超越——这种思想仍然由唯心主义的形象所规定，仍然遵循其自身的演绎程序，以其名称来称呼它，并通过其缩影的展开来证明其总体性的断裂和非真。纯粹的同一性是主体设定的，因而是从外部带来的东西，因此，非常悖论性的是，从内部批判它也意味着从外部批判它。主体必须补偿它对非同一性所做之事。这恰恰就是主体从它的绝对自为存在的假象中获得解放。反过来说，这种假象乃是同一化思想的产物——这种思想把事物贬低成它的种或类的事例，目的仅仅是使我们相信我们拥有事物本身，而没有主体的附加。[②]

由此看来，阿多尔诺之所以把否定的辩证法指称为瓦解的逻辑，其目的仍然是对同一性思想的批判。这一瓦解乃是对同一性的瓦解，对形而上

① 〔德〕阿多尔诺：《否定的辩证法》，第142页。
② 〔德〕阿多尔诺：《否定的辩证法》，第142～143页。

学和本体论的瓦解，最终乃是对唯心主义的瓦解。在这一瓦解中，阿多尔诺试图对传统哲学的主体观进行批判，构建一个非同一性的超越了笛卡尔以降的我思的主体。批判同一性即对唯心主义的批判，因为同一性是主体的设定，所以批判同一性也意味着主体批判，即重新确立一个主体。我们认为，阿多尔诺所批判的是笛卡尔以来的，在康德-黑格尔的德国古典哲学中起着重要作用的我思的主体。在我们看来，阿多尔诺的瓦解的逻辑乃是指向整个西方哲学传统中的形而上学传统的。当然，对于这一瓦解的逻辑背后，应该建立什么样的新的非同一性哲学，阿多尔诺给予我们的指引仍然是不甚明了的。也许比较能够说明这一非同一性哲学的是另一个形象的术语“星丛”。

四　非同一性星丛：否定的辩证法的哲学意象

星丛是阿多尔诺的《否定的辩证法》中一个至关重要的概念，但是星丛又是一个难以界说的、极为含糊的概念。星丛是一个不确定的意象，它模糊地却传神地表达出非同一性的否定的辩证法的哲学图景。对同一性的批判导致一种非同一性的否定的辩证法，那么，阿多尔诺的否定的辩证法是不是一种完全脱离了同一性的，不存在任何统一性的某种混乱的东西呢？应该说，并不是这样，非同一性并不是对同一的一概反对，而是某种新的统一，或者说，是非同一性的同一。前面我们已经说过，在阿多尔诺那里，同一性中包含非同一性，而非同一性并不完全否定和排斥同一性。这种以非同一性为前提的松散的、自由的同一性，恰恰就是阿多尔诺的星丛概念所对应的东西。阿多尔诺写道：

> 没有否定之否定，甚至也不用将自己让渡给作为最高原则的抽象，统一的环节也能幸存。统一的环节之所以幸存，不是靠从概念到更普遍的总括性概念的逐步渐进。相反，概念进入了一个星丛。这个星丛表明了客体的具体性方面，这一方面对归类程序而言，不是被看作无关紧要的，就是被看作负担。①

① 〔德〕阿多尔诺：《否定的辩证法》，第159~160页。

这一段论述较为清晰地界说了星丛的特点。星丛并不排除统一化的环节，可以说星丛是一种新的统一化的方式。它不是传统辩证法的否定之否定，不是传统辩证法的从具体到抽象的不断递进，因为这种传统哲学方法，就是归类的程序，是忽视了事物的具体性方面的，或者说，只有将具体抽象掉，才能进入统一化环节，统一化就是舍弃具体的抽象。而阿多尔诺的星丛概念则始终表明事物的具体性方面，这种统一化不仅是包含具体方面的统一，而且只有当具体性方面被阐明时，才存在这种统一化。阿多尔诺认为这种星丛的模式与人类的语言行为是相似的。因为语言并不定义概念，而是在关系中来表现概念。这就是说，只有在概念所处的关系的星丛中，才能表达概念之内容。这样，阿多尔诺认为在星丛中，能够表达比概念本身所表达的更多的东西，因为概念将其内容从内部剪切掉了，而星丛则从外部来表达了它。阿多尔诺说："星丛只是从外部来表达被概念在内部切掉的东西：即概念急切地想成为而又无能成为的'更多'。"[①]

如此说来，星丛乃是对传统哲学的概念的一种从内部的攻击，星丛完全改变了传统哲学的意象，那种严密的系统性的哲学被星丛所取代。对于星丛这样一个意象的哲学意义，阿多尔诺做了如下阐释：

> 客体向一种单子论的坚持开放自身，向它置身其中的星丛的意识开放自身；内在地沉浸其中的可能性需要这样一种外在性。但是，作为历史积淀的个别事物的这种内在的普遍性是客观的。这一历史既在个别事物之内，又外在于它；它是个体事物在其中有其位置的某种包容性的东西。对事物身处其中的星丛的意识即是对这个星丛的解码，这个星丛一旦产生，事物就在其中产生。这种内在和外在的合唱依次具有历史资格。被锁定在客体中的历史只能通过意识到其相对于其他客体的历史的地位价值才能被传递——被某种东西的实现和集中所传递，这种东西是这种知识所知晓并改变过的。在星丛中，对客体的认识是对客体自身中所存储的过程的认识。作为星丛的理论思维围绕着

① 〔德〕阿多尔诺：《否定的辩证法》，第160页。

它试图开启的概念旋转，希望它能够像一个被严加保护的保险箱的锁一样突然打开：不是对一把钥匙或一个数字的反应，而是对一种数字组合的反应。[①]

这又是一段谜一般的话语。但是，这段论述至关重要地概括了阿多尔诺对星丛这一概念的哲学意象的理解，因而值得我们深入地予以反复解读。在笔者看来，阿多尔诺这段话实际上表达了四层意思。第一，客体只有在星丛中才能得到恰当的理解。客体在星丛之中，这些客体是单子式的，彼此之间的关系构成了星丛，客体就向这样一种星丛开放自身。第二，客体作为一种历史积淀才具有其普遍性，但这种客体的历史性又是外在和内在的一种结合。也就是说，它既是客体本身的历史，又是在星丛中相对于其他客体的历史。客体的普遍性、客观性也是要在星丛中加以理解的。第三，对星丛的意识是星丛的解码、破解，也就是说，对星丛的意识同时就是对星丛之中的客体的意识。因此，在星丛中，对客体的认识既是对客体自身所存储的过程的认识，也是对客体相对于其他客体的历史地位价值的认识。第四，理论思维也是一个星丛，它围绕着概念旋转，试图通过一系列的星丛式的组合的思想来打开概念。这就是说，理论思维要开启概念并不是通过对概念的定义，而是通过对概念在星丛中的关系来界定。由此我们看到，阿多尔诺的星丛概念实际上既是对世界上事物存在的根本方式的一种新的界定，也是对人们认识事物的理论思想的一种界定。这里的关键在于，要摈弃那种本质思维，摈弃同一性的思维，把星丛看作差异基础上的、非同一性基础上的松散的联合共在。在星丛这一哲学意象的指导下，阿多尔诺对传统哲学的范畴如本质与表象、主体与客体等，都从星丛的角度给予新的理解，例如在本质与表象的关系中，阿多尔诺认为本质和表象不应该是固化的、现成的反映关系，而都处于历史性的生成过程中，对本质的认识是通过事物是其所是的样子和它们应当所是的样子之间的矛盾来完成。

---

① 〔德〕阿多尔诺：《否定的辩证法》，第161页。

这里，我们看到，星丛与后马克思主义的话语概念具有某种隐秘的联系，它们所建构的哲学的图景具有相似性。阿多尔诺的星丛概念在哲学史上具有重要的地位，它直接导致了后马克思主义的话语概念。不难看到，阿多尔诺对星丛的界定与后马克思主义（特别是拉克劳和墨菲所精心解释过的）话语范畴具有相似性。阿多尔诺对星丛的理解诉诸语言，而后马克思主义的话语概念也是从对语言的理解开始的，这自不必多说。阿多尔诺的星丛概念从语言的模式开始，把星丛界定为一种普遍的哲学意象，一种非同一性的哲学的普遍模式，这也类似于拉克劳和墨菲对话语概念从言语和书写向所有社会行为的转变。拉克劳提出了一个著名的论断，即应该把社会认同为话语，认同为他所说的严格意义上的话语概念。在拉克劳那里，话语绝不仅仅是口头语言和书面语言，话语等同于社会。拉克劳以砌砖为例说明其话语概念。例如我要砌砖，向同伴要一块砖，这是语言行为，而将砖砌到墙上，则是超语言（extralinguistic，语言外的）行为。但是，两者都是总体性的砌墙行为之一部分，这就是所谓话语。拉克劳写道：

> 如果这一总体性包括了语言与非语言的成分，那么，它自身则既不是语言的，也不是超语言的；它本身先于两者之间的区分。这一自身既包括语言，又包括非语言的总体性，就是我们所谓的话语。①

拉克劳把社会认同为话语，具有什么意义呢？话语是无限的差异游戏，是一种关系系统，但不是封闭的关系系统，也就是说，它并不具有确定性，它是活的流动性，随时随地在发生着变化。把社会认同为话语，就意味着，作为一个确定的封闭体系的对象的社会根本不存在，存在的只是流动着的、不断发生着变化的社会。由此，作为总体性的社会就被拉克劳解构了。不难看出阿多尔诺的星丛概念与拉克劳的话语范畴之间的同质性。将阿多尔诺的星丛概念与后马克思主义的话语概念进行联系和比较是

---

① 〔英〕拉克劳：《我们时代革命的新反思》，孔明安、刘振怡译，黑龙江人民出版社 2006 年版，第 121 页。

较有趣的任务，但我们在此不可能深入展开，我们只是通过例证说明，后马克思主义把阿多尔诺奉为其先驱，不是没有道理的。我们将在后面做较为详细的探讨。

阿多尔诺的否定的辩证法的基本内涵，我们暂时就做以上探讨。总的来说，对同一性的批判构成了阿多尔诺否定的辩证法的出发点和归宿。阿多尔诺的否定的辩证法的否定性概念，不能简单地等同于马克思主义中的革命和批判概念，即使二者具有某种联系，那也是一种表面现象。实际上，阿多尔诺的否定概念主要还是一种理论思维的方法，其批判的矛头主要对准传统哲学的唯心主义、本体论和形而上学。但是，绝不能由此认为阿多尔诺的否定的辩证法是一种纯粹的哲学思辨，没有其社会历史的基础和现实指向。否定的辩证法的提出，既具有其现实的历史基础，也具有十分鲜明的现实指向，在下面一节中，我们对否定的辩证法的历史维度进行简单的探讨。

第三节　否定的辩证法的现实基础与历史视域

正如我们已经反复指出的，阿多尔诺的否定的辩证法并不是一种纯粹的书斋里的学问，不是一种纯粹学术的理论思辨，它具有深厚的现实基础作为其根基，也具有鲜明的现实意义。我们可以说，阿多尔诺的否定的辩证法乃是对生活现实的苦难的一种哲学思考。阿多尔诺将对现实苦难的反思追溯至哲学基础，认为现实中的苦难与同一性哲学有着深层的隐秘联系。这是阿多尔诺否定的辩证法的最具震撼力的方面。阿多尔诺把同一性哲学与纳粹主义联系起来，对现实生活中发生的灾难性事件进行了形而上学的思考。由此我们可以看到，阿多尔诺虽然没有有意识地建构一种新的历史哲学，但具有鲜明的历史维度。

一　奥斯威辛之后：否定的辩证法的现实历史基础

20 世纪最重大的现实事件，也是最具苦难性的历史事件之一，就是纳粹德国的兴起与灭亡。阿多尔诺身处德国，作为一个犹太人，他深受德国纳粹主义之害，对纳粹主义的思考成为其理论研究的动力。《否定的辩证法》的第三部分“模式”的最后一章题目是“关于形而上学的沉思”，阿多尔诺在序言中对这最后一章自得地写道：“最后一章围绕形而上学问题另辟蹊径，力图靠批判的自我反思来给哥白尼的革命提供一个转动轴。”[①]可见，这最后一章的分析并不是多余的。在阿多尔诺看来，这最后一章看似对现实的分析，恰恰是形而上学问题研究的根本问题。

在这一部分中，阿多尔诺首先以“奥斯威辛集中营之后”为题探讨了一个严肃的问题。他写道：

> 我们再也不能说，真理是不变的，表象是运动的、暂时的。暂时性和永恒观念相互的漠不关心再也不能维持下去了；即使用黑格尔的大胆解释——暂时的实存因其概念中内在固有着瓦解而服务于破坏的永恒性中所表现的永恒——也不行。在辩证法中，被世俗化的一种神秘的冲动是这样一种学说：认为尘世的、历史的东西是与传统形而上学当做先验性来突出的东西相关联的，或以不怎么神秘地直觉的和彻底的方式说，它至少是与人类意识对哲学教规指派给形而上学的问题所采取的立场相关联的。在奥斯威辛集中营之后，我们的感情反对任何关于实存作为伪神圣的、对被害者的虐待的肯定性的声称，我们的感情逃避从被害者的命运中榨取任何意义，无论这些意义如何模糊。在这些事件嘲弄作为赋予一种被肯定的被设置的超验性所散发的意义的内在性的建构之后，这些感情确实具有其客观性的方面。[②]

阿多尔诺这些晦涩的叙述往往被我们所忽视，实际上这里他提出的问题是非常重大的。正像马克思在《政治经济学批判》中指出的资本的出现使一切神圣的东西、一切固定的东西都烟消云散了一样，阿多尔诺这里指出的是，在奥斯威辛之后，我们再也不能把世俗的事物、把生活中发生的灾难事件赋予神圣的、超验的要素，它变成了赤裸裸的灾难，我们的情感

① 〔德〕阿多尔诺：《否定的辩证法》，序言。

② 〔德〕阿多尔诺：《否定的辩证法》，第 361 页。

拒绝、逃避赋予其任何意义。因此，阿多尔诺对奥斯威辛的解读是，奥斯威辛实际上是一切神圣的东西、一切形而上学的超验性都崩溃了，我们的现实生活失去了其形而上学的维度，完全成为世俗的、不可理解的、不可赋予其意义的东西。

阿多尔诺把奥斯威辛集中营之类的灾难称作人类的第二自然的灾难。第二自然是法兰克福学派的一个基本的概念，意指社会的灾难，人类自己所制造的灾难。相对于第一自然灾难，如洪水、地震等，第二自然的灾难具有更为深重的影响和后果，因为第二自然的灾难实际上蔑视人性，蔑视人类的想象力，直接毁灭了形而上学。第二自然的灾难与第一自然的灾难是根本异质性的，它恰恰来自人类的理想。阿多尔诺尤为深刻的地方在于，他把第二自然的灾难追溯至人类理性的结果。而人类理性从根本上说是追寻一种同一性哲学。就此，阿多尔诺将这种超越人类想象的灾难追溯至同一性哲学，因为同一性哲学蔑视和压抑人的个性，抵制和压抑非同一性和多样性，最终通过理性的外衣使灾难变成了紧密的科学研究和科学实验，甚至使谋杀变成了一种不仅并不可怕，甚至值得赞扬的东西。阿多尔诺深刻地指出：

> 通过管理手段对数百万人的谋杀使得死亡成了一件在样子上并不可怕的事情。个人经验生命的死亡再也不可能像是与生命过程相符合的事情。[①]

奥斯威辛集中营中所贯彻的是一种绝对的同一性思维，因此丰富多样的现实的个人不见了，个体被降格为物品、样品，个体不是唯一的有个性的不可替代的东西，而是被降格为毫无个性的、平面化的、可替代和置换的样品。阿多尔诺尖锐地批判道："在集中营中，死掉的不是个人而是样品。"[②] 阿多尔诺断言，这种对个体的人的冷漠乃是同一性哲学的思维贯彻的结果，就此而言，传统的形而上学思维即追求同一性的哲学绝不是无辜

① 〔德〕阿多尔诺：《否定的辩证法》，第 362 页。
② 〔德〕阿多尔诺：《否定的辩证法》，第 362 页。

的旁观者，而是负有其不可推卸的罪责。阿多尔诺指出：“种族灭绝是绝对的一体化。不管在哪里，只要人们被毁灭——或用德国军队的说法，‘被干掉’——知道他们被当作与他们完全无用的概念的偏差而真正灭绝掉，运用的就是这种方式。奥斯威辛集中营证实纯粹同一性的哲学原理就是死亡。”①

奥斯威辛集中营的出现证实了文化的失败。理性与文化不可分，它们都是对同一性的追求。阿多尔诺有一个著名的论断，奥斯威辛之后，写诗是野蛮的。阿多尔诺这一似乎很难理解的断言实际上也是对一般的文化的罪恶的一种指证。在阿多尔诺看来，奥斯威辛集中营证明我们的文化失败了。他愤慨地断言：“奥斯威辛集中营无可辩驳地证明文化失败了。”“奥斯威辛集中营之后的一切文化包括对它的迫切的批判都是垃圾。”② 我们知道，作为法兰克福学派的主将，社会批判理论是阿多尔诺理论的主要内容，而在这里，阿多尔诺把社会批判理论集中体现为文化批判。阿多尔诺认为，一切文化都是与同一性的诉求分不开的，都是理性关于追求一种真理、自由和普遍解放的宏大叙事，而这种宏大叙事是形而上学的反映，是同一性哲学的一种表现。形而上学与文化、理性密切结合起来，因此，在奥斯威辛集中营之后，一切文化都应受到批判。那么，如何进行文化批判呢？阿多尔诺诉诸否定的辩证法。

否定的辩证法所针对的正是这种同一性哲学所导致的现代文化。实际上，这一文化批判的主题也是阿多尔诺（又译阿多诺、阿道尔诺等）在与霍克海默合著的《启蒙辩证法》中所着重论述的。在那里，阿多尔诺和霍克海默断言：“启蒙带有极权主义性质。”③ 而启蒙的口号或实质也是同一性。“对启蒙运动而言，不能被还原为数字的，或最终不能被还原为太一（Eine）的，都是幻象；近代实证主义则把这些划归文学虚构领域。从巴门尼德到罗素，同一性一直是一句口号，只在坚持不懈地摧毁诸神与多

① 〔德〕阿多尔诺：《否定的辩证法》，第 362 页。

② 〔德〕阿多尔诺：《否定的辩证法》，第 367 页。

③ 〔德〕霍克海默、阿道尔诺：《启蒙辩证法》，渠敬东、曹卫东译，上海人民出版社 2006 年版，第 4 页。

质。”[①]《否定的辩证法》继承了这一文化批判的主旨，但更为明确地将其指向文化的深层根源即同一性哲学的根基。

阿多尔诺由此指出，我们必须对哲学本身进行批判，进而对我们的思维本身保持一种警觉，时刻对我们的思维保持自觉的自我批判性。阿多尔诺的下列大段的论述和描写所揭示出的深刻的批判性，绝不应该被我们简单的思维所错过。在“奥斯威辛集中营之后”这一节的最后，阿多尔诺做出了下面的理论沉思。

> 这正是迫使我们从哲学上来思考的东西。在哲学上，我们经验到一种冲击：哲学的穿透越是深刻和有力，人们对哲学去除了事物本身之所是的怀疑就越强烈——对本质的揭露也许能够使最肤浅和琐屑的观点胜过那些目的在于本质的观点。这就更清晰地阐明了真理自身。在思辨中，人们感觉有义务保证对常识——即思辨的对立面——的一种纠正的立场。生活滋养了一种恐怖的预兆：必须被认识的东西也许更近似于现实之物，而非更近似于某种崇高之物；这种预兆甚至很可能在平庸的领域外得到证实，尽管思想的幸福，思想的真理的承诺只存在于崇高中。
>
> 如果平庸具有最后的决定权，如果它是真理，那么真理就被降级了。琐碎的意识，正如它在实证主义和非反思的唯名论从理论上表达的那样，也许比崇高的意识更接近于认识与经验的对等；它对真理的轻蔑的模仿也许比优越的意识更真实，除非不是对等构成的其他真理概念的构成取得成功。形而上学只能靠抛弃自己才能取得成功，这一神经支配同样适用于其他真理，并且这并不是通向唯物主义之路的最后动力。从黑格尔主义者马克思到本雅明对归纳的拯救我们可以追溯出这一倾向；卡夫卡的著作也许是这种倾向的顶峰。如果否定的辩证法要求思维进行自我反思，其明显的隐含意义就是如果思维是真的——如果它今天要成为真的，无论如何——那么就必须也是一种反

① 〔德〕霍克海默、阿道尔诺：《启蒙辩证法》，第5页。

对自身的思维。如果思想不是那种规避概念的极端性来衡量的，那么它从一开始就具有一种音乐伴奏的性质；党卫队喜欢用这种音乐伴奏来压倒它的受害者的惨叫声。[①]

阿多尔诺的这些理论沉思尽管晦涩深刻，但意思十分清楚和明确。他的大意是说，奥斯威辛之后，我们不能再把哲学的思考，把真理的诉求集中在那些崇高的东西上，因为历史证明琐屑的、平庸的常识或许比哲学的崇高的东西更具有真理性，更符合经验与认识的一致性。形而上学只有靠抛弃自己（崇高）才能取得成功，这就是说，形而上学必须采取一种自己反对自己的形式才能成功，从马克思到本雅明，走过的就是反对形而上学的道路。阿多尔诺最后指出，否定的辩证法必须要求思维进行自我反思，反对自身的反思。它是规避概念的思维，也就是说，如果它不能规避概念，而是朝向一种概念的思维，即走向一种同一性的思维，那么它就会成为一种压制非同一性、压制异质物的力量，成为类似于纳粹刽子手行凶时压倒受害者的音乐伴奏声。阿多尔诺把这种同一性的形而上学与纳粹集中营的历史灾难联系在一起，反对形而上学，要求哲学走向对世俗之物、常识、琐屑和平庸的东西的关注，走向对现实生活世界的关注。不难看出，阿多尔诺对形而上学的批判有着深厚的历史基础，它是立足对现实历史的深入思考的结果。从某种意义上，阿多尔诺的否定性辩证法开启了理解历史哲学的新向度。

二　否定的辩证法与阿多尔诺的历史观

阿多尔诺是否提出了一种历史观，或者说，否定的辩证法是否与一种历史观联系？我们的回答是肯定的。即使阿多尔诺回避一种确定的历史观，但他的否定的辩证法不缺乏历史的维度。否定的辩证法在某种意义上提出了一种新的历史观，它与传统的黑格尔哲学、我们所理解的马克思哲学传统的历史观都有所不同，在某种意义上是对传统的历史辩证法理论的

① 〔德〕阿多尔诺：《否定的辩证法》，第365页。

反拨。毫无疑问，在阿多尔诺那里，黑格尔、马克思、卢卡奇、萨特全部可以归结为一类，都隶属于传统的形而上学和本体论。阿多尔诺认为，否定的辩证法就是要超出黑格尔－马克思的辩证法传统，开辟非同一性的否定的辩证法，这就使我们必须对阿多尔诺的否定的辩证法与黑格尔－马克思的辩证法进行一个比较。

对否定概念的不同界定使阿多尔诺的否定的辩证法不同于黑格尔和马克思的辩证法。在黑格尔那里，否定是作为否定之否定的一个环节，是肯定—否定—否定之否定这一链条中的一环，是肯定的否定，是具有积极意义的。黑格尔断言："逻辑思想就形式而论有三方面：（a）抽象的或知性〔理智〕的方面，（b）辩证的或否定的理性的方面，（c）思辨的或肯定理性的方面。"① 科耶夫把黑格尔的上述论断看作黑格尔对辩证法的定义。正是这第二个方面是黑格尔的否定。按照黑格尔的解释，这三个方面并不是分裂的，而是互相联系的一个整体，构成了真理的各环节。马克思把黑格尔的否定看作黑格尔《精神现象学》的最后成果即辩证法的核心："黑格尔的《现象学》及其最后成果——辩证法，作为推动原则和创造原则的否定性"，"黑格尔根据否定的否定所包含的肯定方面把否定的否定看成是真正的和唯一的肯定的东西"。在这一点上，马克思和科耶夫对黑格尔的分析是一致的，他们都认为黑格尔的否定服从于肯定，服从于最后的理性，因而黑格尔的否定可以说是一种虚假的、作为环节的否定。在马克思那里，则把黑格尔的否定概念发展为一种批判性和革命性。众所周知，马克思在《资本论》第二版跋中写道："辩证法在对现存事物的肯定的理解中同时包含对现存事物的否定的理解，即对现存事物的必然灭亡的理解；辩证法对每一种既成的形式都是从不断的运动中，因而也是从它的暂时性方面去理解；辩证法不崇拜任何东西，按其本质来说，它是批判的和革命的。"② 这是马克思对辩证法的一个基本定义，他把黑格尔的否定性发展为肯定中的否定，即事物的暂时性、易逝性、变动不居性，同时就把辩证法发展为对任何现实的一种批判和革命的态度，发展为实践的辩证法。因

① 〔德〕黑格尔：《小逻辑》，第 172 页。

② 《马克思恩格斯选集》第 2 卷，第 94 页。

此，在马克思那里，否定意味着批判性、革命性和实践性。尽管马克思和黑格尔对否定的理解存在不同，但是二者都是一种宏大历史叙事的背景上的否定，预设了一个更好的、更高级的、合理性的未来社会的可能性。换言之，二者都是同一性哲学内部的否定，或者说，是肯定的否定。这恰恰是阿多尔诺所着力批判的。阿多尔诺的否定是非同一性的，正如前述我们所强调的，阿多尔诺的否定是始终如一的对非同一性的意识，是对同一性始终如一的反对，是一种绝对的否定。如此的否定观肯定与马克思和黑格尔都是不同的，必然导致一种完全异质于马克思或黑格尔的历史辩证法的历史观念。

那么，基于这种激进的否定观，阿多尔诺如何理解世界历史呢？《否定的辩证法》的第三部分的第二章是“世界精神和自然历史”，阿多尔诺在这较为集中地对历史观进行了探讨。在此，我们对世界精神和自然历史这两个概念做一个基本的解读，从而了解阿多尔诺的否定的辩证法的历史观。

众所周知，在黑格尔那里，世界历史是世界精神在其合理性中展现其自身的过程。黑格尔认为，世界历史是世界精神在时间中合理地、必然地体现其自身的过程，自由是精神的本质，因此，世界精神自我体现的过程也就是自由意识发展进步的过程。在此意义上，世界精神就是绝对精神，绝对理念。阿多尔诺对黑格尔的世界精神提出了批评。在阿多尔诺看来，黑格尔的世界精神实际上是用世界精神吞没了现象，虽然黑格尔的哲学也要求深入细节，但是这一要求只是一种同义反复，因为“按照预先安排，黑格尔的那种深入细节产生了一种从一开始就被确定为总的和绝对的精神”①。在这里阿多尔诺援引本雅明的论述，认为本雅明在《德国悲剧的起源》中对归纳推理的拯救的企图与这种同义反复相反，提出了一种与黑格尔相反的论点。阿多尔诺写道：“当本雅明写道直观的现实最小的细胞也重于世界的其他一切时，这一分界线已经证明了人们当下状态经验的自我意识，并且它这样做具有特殊的本真性，因为它是在所谓‘重大哲学问

① 〔德〕阿多尔诺：《否定的辩证法》，第 301 页。

题’领域之外形成的，变化了的辩证法概念要求我们不相信这些‘重大哲学问题’。”① 抛开其思辨的晦涩性，阿多尔诺在此援引本雅明的意图在于批判黑格尔的世界精神的唯心主义，恢复世界历史的唯物主义，就是强调直观的现实经验相对于世界精神的重要性。

阿多尔诺批判了黑格尔的这种世界精神。世界精神实际上指的是总体性相对于现象性的首要性，而这正是阿多尔诺所反对的同一性哲学的根本观点。阿多尔诺指出：

> 总体性相对于现象性的第一性应该在被传统所谓世界精神所统治的现象性中来把握；这种首要性不应从广义的柏拉图主义传统中被作为神圣的东西而接管。世界精神存在着；但它不是一种精神。毋宁说，它就是否定性本身；黑格尔把这种否定性从精神的负荷中转移到那些必须服从精神的东西上，而后者的挫败双重化了这样的裁决，即它们和客观性之间的差异是非真实与罪恶之差异。世界精神变成相对于个别行动的独立的东西，而所谓的精神的进化就是从这些个别行动中综合而来，正如社会的现实总体运动一样；世界精神变成了相对于这些活动的活的主体的独立的东西。世界精神既在人们的头脑之上，又贯穿人们的头脑，因而从一开始就是对抗性的。“世界”精神这一反思概念对活的东西不感兴趣，尽管它表达其首要性的那种整体需要活的东西正如活的东西需要整体才能生存。②

阿多尔诺这一段重要的论述可以说是整体上对黑格尔的世界精神所做的颠覆。通过批判黑格尔的世界精神，阿多尔诺试图指出的是，世界精神绝不能离开现象性来理解，它就蕴含在现象之内，蕴含在我们的现实经验之内，蕴含在个体的活动之中。世界精神虽然存在，但它并不是一种精神而毋宁说就是否定性，这种否定性是黑格尔从世界精神转移到个体身上的，由此把个体看作否定性的，而把世界精神看成肯定性、总体性。但

① 〔德〕阿多尔诺：《否定的辩证法》，第 301 页。

② 〔德〕阿多尔诺：《否定的辩证法》，第 301 ~ 302 页。

是，在阿多尔诺看来，世界精神不能离开个体生活，它必须依赖人们的现实生活，世界精神的这种独立性是虚假的。由此看来，阿多尔诺的历史观由对世界精神的反对，而接近了马克思的现实的个人是历史的创造者的结论。确实，阿多尔诺接着就以肯定的语气援引了马克思的论述："历史什么事情也没有做，它'并不拥有任何无穷尽的丰富性'，它并'没有在任何战斗中作战'！创造这一切、拥有这一切并为这一切而斗争的，不是'历史'，而正是人，现实的、活生生的人。'历史'并不是把人当做达到自己目的的工具来利用的某种特殊的人格。历史不过是追求着自己目的的人的活动而已。"[①] 当然，我们不能把阿多尔诺的历史观等同于马克思的历史辩证法。阿多尔诺借助于马克思的论述，主要之点在于反对黑格尔的总体性的世界精神。实际上，阿多尔诺把世界精神的这种总体性视作同一性哲学的最亲近的同类。在"作为社会总体性的精神"一节中，阿多尔诺指出：

> 关于先于个人及其意识之前的客观性的经验就是关于总体社会化的社会的统一性的经验。就其不宽容它之外的任何东西而言，这种经验最亲近的同类是关于绝对同一性的哲学理想。[②]

在这种同一性哲学的支配下，在世界精神的支配下，黑格尔把世界历史理解为普遍历史（universal history）。阿多尔诺坚决否认这种普遍历史的合法性，认为这只是黑格尔的一种臆断。这种作为普遍历史的世界历史已经被实证主义的推进了的历史科学所瓦解，它也被先进的哲学所否定。阿多尔诺认为，现实生活中的灾难迫使我们必须放弃这种普遍历史的看法。阿多尔诺断言，应该分析解释并否认普遍历史。在已发生灾难后，且鉴于要发生的灾难，说走向一个更好的世界的计划显现在历史中并统一了历史，这是犬儒主义的。这里我们要注意，阿多尔诺所说的普遍历史是把世界历史解读为一个统一化的向上过程的目的论历史观。在某种意义上，黑格尔和马克思都是这种目的论历史观的持有者，因此，阿多尔诺不仅不同

---

① 《马克思恩格斯全集》第2卷，人民出版社1957年版，第118~119页。

② 〔德〕阿多尔诺：《否定的辩证法》，第313页。

意黑格尔的普遍历史，实际上也不可能同意马克思的共产主义的历史观。

那么，阿多尔诺持一种什么样的历史观呢？按照阿多尔诺本人的解释，世界历史应该是自然历史（natural history）。自然历史的概念使我们立刻回想起马克思的命题，即社会经济形态是一个自然历史过程的断言。事实上，阿多尔诺也引用了马克思的这一断言。同时，阿多尔诺在论证自己的自然历史时还引用了另一个马克思的论断，即自然史和人类史的不可分离。马克思写道："我们仅仅知道一门唯一的科学，即历史科学。历史可以从两方面来考察，可以把它划分为自然史和人类史。但这两方面是不可分割的；只要有人存在，自然史和人类史就彼此相互制约。"① 阿多尔诺还援引了马克思的另一个论断，即马克思在《1857—1858年经济学手稿》中的一段话："这一运动的整体虽然表现为社会过程，这一运动的各个因素虽然产生于个人的自觉意志和特殊目的，然而过程的总体表现为一种自发形成的客观联系；这种联系尽管来自自觉的个人的相互作用，但既不存在于他们的意识之中，作为总体也不受他们支配。"② 以我们对马克思哲学的理解，马克思这些论述中强调的是总体性的必然性，总体性作为一种客观必然性对个人的制约。当然，马克思也同时强调了个人对于总体性的不可或缺。没有个人就没有总体性的历史。可见，在马克思那里，所谓自然历史过程中的自然历史，强调了历史过程的类自然性，即历史过程的客观必然性，历史过程相对于独立的个人的总体性的必然性。马克思把世界历史理解为人类历史，而人类历史与自然历史不可分离，但侧重点是人类历史。自然历史本身并不是马克思的哲学所强调的。所以，马克思虽然有自然历史的概念，但这个自然历史绝不是马克思所论述的主要论题。那么，阿多尔诺所谓自然历史与马克思的自然历史有何联系？通过对阿多尔诺的论述的进一步解读，我们可以看出，二者还是存在显著的区别。在阿多尔诺看来，马克思的自然历史概念主要是针对资本主义社会，针对必然王国，因此是应该被废除的规律性。如果把马克思的自然历史概念理解为总体性、规律性、唯科学主义的不变性，那就是把马克思的自然历史概念曲

---

① 《马克思恩格斯选集》第1卷，第146页。

② 《马克思恩格斯全集》第30卷，第147页。

解了。阿多尔诺把人类历史等同于自然历史，即类似于自然界的历史，或者说，人类史只是自然史在人类社会的延伸。阿多尔诺写道：“人类的历史，即不断征服自然的历史正继续着自然的无意识的历史，即毁灭和被毁灭的历史。”[①] 在阿多尔诺看来，历史和自然之间的对立最终是虚假的对立。但这并不是在人类意义上的和解，而是把历史归诸自然。关于自然和历史的关系，阿多尔诺这样写道：

> 自然和历史的传统对立既是真实的又是虚假的——就它表达了对自然要素所发生的事情而言，是真实的；就它通过概念的重构，辩护性地重复了用历史本身来掩盖历史的自然发展而言，它是虚假的。[②]

很显然，这里的关键在于后者，即历史和自然的对立是虚假的，历史本身的发展就是自然发展，不存在与自然历史不同的所谓人类历史；历史和自然的对立是一种辩护性的意识形态理论。

至此我们就非常清楚了，对阿多尔诺来说，所谓世界精神支配下的普遍历史，独立于自然的人类历史，归根结底是一种形而上学的历史观，是形而上学转向了对历史的理解。阿多尔诺坚决反对这种形而上学的历史观，提出自然历史的观点，其针对的正是所谓普遍历史。阿多尔诺的历史观可以说是对黑格尔－马克思历史观（还包括前述的卢卡奇、萨特等人）的激进解构。阿多尔诺的自然历史是一种完全的无意识的历史，是非决定论的、反目的论、反进化论的历史。在自然历史的道路上，可能存在所谓向上的进步，但也不排除随时存在的屠杀和灾难，人类的历史是不可知的历史，在这里我们看到否定的辩证法似乎又退回到了康德那里。但是，我们不能仅仅从这一面来理解自然历史。阿多尔诺的这种自然历史观所向往的历史图景实际上是一种星丛式的历史，或者说，阿多尔诺的否定的辩证法所致力于建构星丛式的历史观。阿多尔诺的否定的辩证法具有鲜明的向上的指向，阿多尔诺努力构建的是一种解放的乌托邦。

---

① 〔德〕阿多尔诺：《否定的辩证法》，第 356 页。
② 〔德〕阿多尔诺：《否定的辩证法》，第 359 页。

三　否定的辩证法与解放的乌托邦

由阿多尔诺这种自然历史观念所导致的似乎是一种无所作为的结论。因为历史乃是纯粹的自然历史，是人类的无意识的历史，那么人类似乎只要待在那里就好了，因为我们不知道等待我们的是灾难还是福祉。显然，任何一个有良知的人都不愿接受这样一种犬儒主义的结论。我们已经指出，否定的辩证法所向往建立的是一种星丛式的历史图景，正是这样一个图景代表了阿多尔诺对解放的乌托邦的承诺和期待。这样一来，否定的辩证法恰恰就是解放的乌托邦理论。

我们知道，在经典的马克思主义哲学中，人类解放是其始终如一的一个理论指涉，它构成了马克思理论的出发点和归宿。从这一意义上说，马克思主义具有乌托邦的向度，是一种解放的乌托邦。在阿多尔诺那里，我们看到，否定的辩证法也无疑具有这样一个明显的乌托邦的向度，甚至在一定意义上说，否定的辩证法本身就是一种解放的乌托邦思想。笔者认为，阿多尔诺的否定的辩证法所指向的乌托邦的意义主要有以下几个方面。

非同一性的星丛本身就是一个乌托邦的意象。星丛这一意象，实际上是阿多尔诺的非同一性的否定的辩证法的一种形象化的表达，它所表达的是异质性的东西在同一个空间中互相之间和谐共存，互不侵犯，既差异又同一的一种意象。它摆脱了强制性的同一性，从而使这种同一成为差异基础上的同一，而不是同一压制下的差异。语言的模式是对星丛模式的一种例证，就是说星丛像语言一样，是差异的无限游戏。“在语言本质上表现为语言的地方，在它成为一种表现形式的地方，语言并不定义它的概念。它通过使概念进入一种关系，集中注意一个事物来为概念提供客观性。因此，语言的意图是使概念完整地表达它所意指的东西。”① 在语言中，不存在概念的强制性，概念是在关系中得到客观性的。正因此，语言才能使概念完整地意指它所意指的东西。这就是语言的星丛。我们看到，在星丛

① 〔德〕阿多尔诺：《否定的辩证法》，第160页。

中，各个异质性因素之间不再受同一性的压制，而是形成一种自由的、松散的统一性。这是阿多尔诺对乌托邦的形象的想象。

阿多尔诺的解放的乌托邦不同于马克思的人类解放思想。在马克思那里，生产力和生产关系、经济基础和上层建筑之间的矛盾发展，是通向解放的道路。阿多尔诺对于生产力的发展必然导致解放的历史观持批判态度。他认为生产力的发展和解放不等于人的发展和解放，相反，在很多时候，生产力的发展反而压制人的发展和解放。阿多尔诺写道：

> 毋宁说，生产力是真正辩证的。生产力的解放，那种支配自然的精神行动与对自然的暴力统治有密切联系。真正统治可以暂时地退却，但没有它，生产力的概念就是不可思议的，更不用说生产力的解放了。"解放"一词具有威胁的含义。[①]

由此可见，生产力的解放并不必然导致人的解放，生产力具有一种暴力的倾向，正如阿多尔诺在《启蒙辩证法》中对启蒙的批判一样，生产力本身也是应该遭到批判的。那么，阿多尔诺解放的乌托邦不能诉诸经济发展，不能诉诸生产力，那么解放的途径何在呢？阿多尔诺并没有给出一个确定的答案，但从阿多尔诺的论述来看，阿多尔诺首先强调思想的解放，或者说思想的自由。这样，阿多尔诺的解放的乌托邦所诉诸的就是意识形态批判。正如他所指出的，哲学核心的事情乃在于对意识本身的批判。阿多尔诺指出，乌托邦的要素存在于哲学的"理念"（Idea）这一术语中。因为既是同一性，又是非同一性，它包含了对自身的突破。

> 在简单的同一性判断中，实用主义的、控制自然的因素已经和一种乌托邦的因素结合起来。"A"应该是它尚未是的东西。这种希望自相关联地关联着对论断的同一性的形式的突破。哲学传统有了一个表示这种突破的词"理念"。这些理念既不是分离的，也不是空洞的声

---

① 〔德〕阿多尔诺：《否定的辩证法》，第305页。

> 音，而是否定的记号。任何已达到的同一性的非真理性都是真理的反面。理念存在于要求事物所是的样子和它们实际上所是的样子之间的空场中。乌托邦既是凌驾于同一性又是凌驾于矛盾之上的，是多样性的一种组合。①

这就是说，乌托邦并不是同一性，而是对同一性的否定，正如理念一样，它的同一性中蕴含着对自身的反对，蕴含着非同一性，它存在于要求所是和实际所是的空场中，这也正是阿多尔诺的乌托邦的位置所在。正因此，阿多尔诺的乌托邦的解放就不是任何实证的解放，而是一种理念的解放，它与意识形态批判紧密联系，换言之，意识形态批判是乌托邦的实际道路。这是阿多尔诺的解放理论与马克思的显著不同之处。在马克思那里，虽然也强调意识形态批判，但意识形态批判仅仅是现实批判和革命的一个从属的部分。

基于意识形态批判的立场，阿多尔诺认为，否定的辩证法必须时刻保持对思维本身或思想本身的警惕性，必须内在地自我反思。我们清楚地记得，阿多尔诺曾经这样写道：

> 如果否定的辩证法要求思维进行自我反思，其明显的隐含意义就是如果思维是真的——如果它今天要成为真的，无论如何——那么就必须也是一种反对自身的思维。如果思想不是那种规避概念的极端性来衡量的，那么它从一开始就具有一种音乐伴奏的性质；党卫队喜欢用这种音乐伴奏来压倒它的受害者的惨叫声。②

这就是阿多尔诺所要求的东西，即对思想保持批判性，保持一种反对自身的思维。只有这样，才能不至于使思维走向纯粹的同一性思维，而这种同一性思维就像纳粹主义执行屠杀时的伴奏一样，成为极权主义的帮凶，成为解放的乌托邦的敌人。

---

① 〔德〕阿多尔诺：《否定的辩证法》，第 147 页。

② 〔德〕阿多尔诺：《否定的辩证法》，第 365 页。

显而易见的是，阿多尔诺的乌托邦的解放是一种不可实现的东西，就其实质而言，它恰恰是一种形而上学，类似于布洛赫的希望哲学，永远停留在从尚未到已然的中途，永远占据着现实和理论之间间隙的位置。但是，理论本身就是对现实的指引，我们并不能因为阿多尔诺的解放的乌托邦无限延宕了马克思主义的经济革命和政治革命而否认阿多尔诺的解放的乌托邦的理论价值，相反，正是这一激进的形而上的维度，使阿多尔诺的理论具有其难以辩驳的生命力。

第四节　否定的辩证法的历史回响：阿多尔诺与后现代理论

否定的辩证法在哲学史上，尤其是在马克思主义哲学史上，产生了巨大的影响，开辟了对马克思主义哲学理解的一种异端的路径。阿多尔诺的思想受到康德、黑格尔、胡塞尔、海德格尔、尼采、布洛赫、卢卡奇、本雅明等众多思想家的影响，其非同一性的哲学力图批判黑格尔以来形成的理性主义传统，这与后现代思想不谋而合。实际上，我们看到，许多后现代思想家都把阿多尔诺视为其理论先驱，足见阿多尔诺否定的辩证法对后现代的影响之巨。

一　后现代是现代的征兆？

所谓后现代和后结构思潮，实际上是作为对现代性思潮的一种反动而出现的。那么，现代性思潮又是什么呢？按照百度百科上的解释，我们现在理解的“现代性”是指启蒙时代以来的“新的”世界体系生成的时代。一种持续进步的、合目的性的、不可逆转的发展的时间观念。正如汪晖所概括的，“现代”概念是在与中世纪、古代的区分中呈现自己的意义的，“它体现了未来已经开始的信念。这是一个为未来而生存的时代，一个向未来的‘新’敞开的时代。这种进化的、进步的、不可逆转的时间观不仅为我们提供了一个看待历史与现实的方式，而且也把我们自己的生存与奋斗的意义统统纳入这个时间的轨道、时代的位置和未来的目标之中"[①]。应该说，从这种现代的一般理解中，我们能够很清晰地看出，在哲学史上，这一对现代的理解实际上是自康德以来的启蒙主义传统的一种表现，它实际上是理性主义的、目的论的、历史进步论的一种哲学观念。毋庸讳言，黑格尔和马克思主义的历史观也可以归结为这一现代性的谱系之中。那么，何谓后现代主义呢？后现代实际上是对现代社会发展的一种批判反思的产物，是对伴随着20世纪以来资本主义的全球统治所带来的种种问题的反思的产物。在这个意义上说，后现代主义思潮也是资本主义社会批判的一个部分。尽管后现代主义有种种不同的形式或风格，但总的来说，反本质主义、反理性主义、反基础主义、反中心主义是后现代主义的基本特征。从哲学史的发展上看，这一思潮又表现为对以黑格尔为代表的理性主义批判和反思。因此，后现代主义理性主义传统，反对历史进步的观念，反对同一性的哲学。从这里我们不难看出，阿多尔诺的反同一性的否定的辩证法，确实与后现代主义具有密切的联系，人们把阿多尔诺称为后现代主义的肇始者，并不是没有道理的。

后现代之"后"不是时间上的先后关系，而是逻辑上的一种关系，毋宁说，是对现代性的一种含糊性的超越关系的表达。凯尔纳和贝斯特曾经指出："各种后现代话语所操弄的后这个词本身就有着一种内在的模棱两可性。一方面，后描述一种不是现代的东西，它可以被解读为一种试图超越现代时期及其理论和文化实践的积极的否定。正因为如此，后现代话语和实践常常被视为压迫性的或枯竭衰朽的现代意识形态、现代风格以及现代实践实行了公开的决裂。""另一方面，后现代一词中的后字也表明了对此前之物的一种依赖和连续关系，这种依赖和连续关系使得某些批判者认为后现代只是一种强化了的现代性，是一种超现代性（hypermodernity）。"[②] 这种既反对和超出，又依赖和连续的关系，就是后现代性与现代性之间的关系。由此可见，后现代与现代之间的关系不是简单的反对关系，不是简单的一个否定另一个，当然也不是简单的继承和连续关系。基

---

① 汪晖：《关于现代性问题答问——答柯凯军先生问》，《天涯》1999年第1期。

② 〔美〕凯尔纳、贝斯特：《后现代理论：批判性的质疑》，张志斌译，中央编译出版社2001年版，第27～28页。

于这种理解，笔者认为可以用拉康的对象 a 理论和征兆理论来类比后现代与现代之间的关系。后现代和现代之间乃是“在你之中而超出你”（in you more than you）的关系，或者说，后现代是现代性的征兆。这一方面说明，没有现代性就没有后现代性，后现代性是寄居于现代性之中；但是另一方面又说明，后现代性总是对现代性的一种内在的否定之物，是对现代性的溢出和剩余，是对现代性的建构性的外在。这同样可以说明在阿多尔诺的否定的辩证法中否定与肯定、非同一性与同一性之间的关系。在阿多尔诺那里，非同一性固然是对同一性的反动，是对同一性的否定，但是这种否定是居于同一性之内的外在，是建构性的外在之物，它并不能完全毁灭同一性，而是颠覆同一性对非同一性的压制，确立非同一性作为一种本体论地位的松散的、非强制的非同一性的同一。否定的辩证法的否定也不是没有任何肯定的恶的否定，而是基于颠覆否定与肯定之间的关系，将否定建构为一种本体论上的东西，以此来反对否定之否定，即以肯定为目的的否定。在黑格尔那里，否定之否定是新的肯定，它回复到了第一个环节的肯定，而在阿多尔诺那里，否定之否定仍然是否定，它必须继续否定下去，但这个否定并不是恶的无限性，它是对肯定的颠覆，真正的否定性不是任何的肯定性，不是对现实事物的认可，而是对现实事物的否定。

> 与这种崇拜相反，坚持不懈的否定非常严肃地主张它不愿意认可现存事物。否定之否定并不会使否定走向它的反面，而是证明这种否定不是充分的否定。①

在阿多尔诺看来，这种坚持不懈的否定，这种不同于否定之否定的否定，或者说是贯彻到底的绝对的否定，是辩证法的真正的实质所在。否定的辩证法所指向的乃是非同一性的星丛。从这里可以推断，否定的辩证法中，否定性居于任何肯定的核心处，对肯定进行无休无止的永远的颠覆行动。在阿多尔诺那里，肯定性（或者说同一性）不仅不是一种积极的东

① 〔德〕阿多尔诺：《否定的辩证法》，第 157 页。

西，反而是一种反动的、压抑的东西，是始终要被颠覆的对象。我不能不说，在这里我看到的是阿多尔诺的否定性（非同一性）与拉康精神分析理论中的对象 a 和征兆的相似性。在此，我们不能加以详述。下面我们针对阿多尔诺与精神分析理论之间的关系做一个简短说明。

二　压抑性去崇高化：齐泽克对阿多尔诺与拉康关系的阐释

那么，这样一种推断，即把阿多尔诺的否定的辩证法与拉康的精神分析联系起来的理解有无道理呢？这是不是笔者一人的一种毫无道理的臆断？后现代理论——受到精神分析强烈影响的后现代理论——与阿多尔诺的否定的辩证法之间的逻辑关联到底如何？在这里，仅仅通过齐泽克这位拉康的精神分析理论的重要阐释者的一些论述来加以简单说明。

在《图绘意识形态》中，第一篇论文即阿多尔诺的《瓶子中的信息》。这说明齐泽克自觉地把阿多尔诺作为自己的理论先驱。实际上，我们从齐泽克的许多论述中不难看出，他受到了阿多尔诺的很大的影响，例如他经常使用星丛一词，有时候说思想星丛、社会星丛等。在《快感大转移：妇女和因果性六论》中，齐泽克追溯了精神分析和法兰克福学派之间的关系。齐泽克指出，法兰克福学派的阿多尔诺（和马尔库塞）批判了精神分析的修正主义试图以社会维度来补充弗洛伊德的精神分析，使之脱离自然化、生物化的倾向；他们认为，并不存在着一个独立的自然。齐泽克说："它站在坚决反对修正主义试图驯服无意识的姿态的立场上——就是说，弱化自我（自我是根据社会规范来建构的）与无意识驱力（它与自我恰恰相反）的根本的，无法克服的张力的姿态——而正是这一张力赋予了弗洛伊德理论以批判潜能。"① 在阿多尔诺看来，弗洛伊德的无意识力量本身就是社会现实的一种表现，而不是纯粹的自然。阿多尔诺进而指出了弗洛伊德理论大厦中的一个内在矛盾，我们可以简单称之为压抑和反压抑之间矛盾。一方面，文明发展应当受到谴责，因为其压抑了驱力；另一方面，这种压抑乃是人类文明所必需的条件。在理论上，这一矛盾的结果就是无法

① 〔斯洛文尼亚〕齐泽克：《快感大转移：妇女和因果性六论》，胡大平等译，江苏人民出版社 2004 年版，第 8 页。译文有改动。

区分压抑与其崇高化。但是，阿多尔诺并不是批判这一矛盾，试图将这一矛盾消除，像精神分析的修正主义者所做的那样。阿多尔诺认为，这种矛盾揭示了社会对抗，而社会对抗是不可消除的。阿多尔诺认为弗洛伊德的伟大之处恰恰在于其揭示了社会对抗，弗洛伊德的伟大之处，“在于他和所有伟大的资产阶级思想家一样，允许这些矛盾不化解，原样存在，对本身有矛盾却强求虚假和谐的要求不让步。他揭示了现实对抗的本质”[①]。进一步说，精神分析所揭示的这种社会对抗乃是真理的索引。针对弗洛伊德的精神分析理论，阿多尔诺提出了一种“压抑性去崇高化”的概念。在齐泽克看来，压抑性去崇高化概念浓缩了法兰克福学派借鉴精神分析所形成的意识形态批判和社会批判理论的精华。

在此我们无法详细地论述压抑性去崇高化的整个逻辑，只能简单地将这一概念的基本内涵做一个粗浅的解释。所谓压抑性去崇高化，对应的是精神分析所谓压抑性的崇高化。当然，在弗洛伊德的语境中，我们一般不把 sublimation 译作崇高化，而是译作升华。在此我们结合拉康的语境中对象 a 的崇高化逻辑，译作崇高化。在弗洛伊德那里有一个压抑的崇高化的逻辑，即人们在本我－自我－超我这个三元组中，用自我来压抑本我，使本我崇高化，以适应超我的要求。阿多尔诺认为，弗洛伊德的这种精神分析理论仍然是心理学化的，弗洛伊德没有预见到现代社会的现象，即压抑性的去崇高化。在阿多尔诺看来，在现代社会这个后自由时代，自我消失了，本我与超我直接结合在一起，本我战胜自我与社会战胜个人完美地结合在一起。换言之，在现代社会中，个体的人的自我不见了，他完全服从于超我的指令，而在这一点上他是无意识的，他没有认识到，他所谓无意识的行动，本我的行动，其实是超我的指令。这种无自我的本我与超我之间的短路就是压抑性去崇高化。它不是把本我崇高化为自我，以适应超我指令，而是把超我的指令直接和本我结合，失去了崇高化的维度（所谓去崇高化），但是这种去崇高化仍然是压抑性的，也就是说，乃是超我对本我的一种强制命令，只是本我对此一无所知，欣然接受而已。这也就是现

① 〔斯洛文尼亚〕齐泽克：《快感大转移：妇女和因果性六论》，第 12 页。译文有改动。

代社会的大众的形成，貌似自由的、自发性的狂热性、大众的歇斯底里，其实都是超我的指令，都是虚假的。在阿多尔诺看来，精神分析的最后一个任务就是揭露这一机制。“精神分析必须辨别哪些主观机制（集体的自恋等），这些机制按照社会压力来破坏着作为精神分析对象的‘单子论的、相对自主的个人’。换言之，精神分析理论的最后一个任务就是清楚地表达使自己逐渐过时的条件……”① 阿多尔诺赋予精神分析的任务是揭露这一压抑性去崇高化的压抑机制。换言之，揭露社会对人的压制，只要一个非压抑的社会不存在了，那么人的压抑就失去了基础。我们看到，阿多尔诺对压抑性去崇高化这一概念具有独创性，深刻揭露了现代的大众心理机制。

但是，压抑性去崇高化概念也揭示了法兰克福学派理论本身的内在缺陷。“它无法对法西斯主义的意识形态进行说明，阿多尔诺只能一次次地被迫将极权主义的去心理学化归结为一种有意识的至少是前意识的、‘自私的算计’（操纵、因循守旧）道德态度，这种态度据说是掩盖在非理性发作的表面现象之下的。”② 拉康补充了阿多尔诺的不足。拉康认为，法西斯主义的极权主义社会是超我指令的特征，在极权主义社会中的个人是去心理学化的，但是被超我所捕获的，这个超我完全是外在于主体的。齐泽克分析说，按照拉康的观点，阿多尔诺的去心理学化的精神分析表明主体所面对的是一种惰性的指示链，这个指示链无法述行性地俘获主体，影响阐述主体的立场，主体与它只能是外在性关系。这就是说，在拉康看来，超我是外在于主体的。齐泽克分析道：“按照拉康的观点，正是这个外在性定义了超我的地位：就其不能整合进主体的符号宇宙而言，就其作为不可理解的、无意义的、创伤性指令发挥功能，与主体的情感态度的财富不可通约，它见证了指向主体的一种‘恶意的中立’，对主体的移情和恐惧漠不相关而言，超我乃是一个律法。恰恰在这一点上，当主体面对以原初的、激进外在性而存在的‘文字的代理’，面对以纯粹的无意义而存在的能指时，他就遇到了超我的指令‘享受吧’，这是向他的存在的最隐秘内

① 〔斯洛文尼亚〕齐泽克：《快感大转移：妇女和因果性六论》，第 18 页。

② 〔斯洛文尼亚〕齐泽克：《快感大转移：妇女和因果性六论》，第 18 页。译文有改动。

核发出的指令。”①

在超我的指令下，主体所能做的唯一的事情就是完全服从这一指令，在超我指令中享受快感。主体不需要思想，不需要任何的反思，失去了任何自我，本我与超我发生了短路，律法和快感之间发生了短路。这是压抑性去崇高化概念所指的东西，也是在极权主义的意识形态下丧失了自我的主体的一种状态。因此，压抑性去崇高化是法兰克福学派对极权主义社会压抑主体之意识形态的一种揭露的表达方式。齐泽克写道：“在此存在着压抑性去崇高化——这个本我和超我以牺牲自我为代价而达到的反常的协调的关键：压抑性去崇高化是一种方式——在法兰克福学派的视域中惟一的方式——它以这种方式来说明，在极权主义社会中，社会律法采取了超我指令的特征。”②

但是，阿多尔诺恰恰在这里止步了。他并未能指出极权主义意识形态的这种超我的维度，这一维度的缺失使他把法西斯主义的意识形态还原为上面所说的“操纵”和“自私的算计”，把极权主义下的主体还原为资产阶级的自私自利的个人主体。齐泽克指出，阿多尔诺的压抑性去崇高化概念使我们能够理解法兰克福学派在挪用精神分析时产生的内在的二律背反。“一方面，压抑性去崇高化这个概念提取了法兰克福学派对弗洛伊德的批判态度的精华，而突出在弗洛伊德看来是‘无法想象的’内容：在‘极权主义’社会中，本我和超我不可思议的和解；另一方面，这个理论的自我抵消和结构上的含糊性质又暴露了压抑性去崇高化是一个伪概念，需要重新清楚界定整个理论范畴。”③ 齐泽克以细致的分析指出，法兰克福学派的进一步发展消解了这个重要的概念，消解了在阿多尔诺那里存在的这种辩证张力。哈贝马斯把阿多尔诺重新拉回到了黑格尔的自我意识。哈贝马斯的主体间的交往理论是一种透明性的语言交往，而在弗洛伊德那里，永远存在某种创伤性的符号化剩余，存在一种原初压抑的东西、创伤性内核。哈贝马斯把这个创伤性内核消解了。晚期的阿多尔诺在《否定的

---

① 〔斯洛文尼亚〕齐泽克：《快感大转移：妇女和因果性六论》，第 19 页。译文有改动。

② 〔斯洛文尼亚〕齐泽克：《快感大转移：妇女和因果性六论》，第 20 页。译文有改动。

③ 〔斯洛文尼亚〕齐泽克：《快感大转移：妇女和因果性六论》，第 20 页。译文有改动。

辩证法》中提出了“对象的优势”，或者说对象的优先性，对哈贝马斯的模式提出了质疑。哈贝马斯对阿多尔诺的辩证张力的消解不是通过使其概念化，而是通过改变提问方式来掩盖这个张力。只有拉康才发展了阿多尔诺的压抑性去崇高化，并将对象的优先性发展了：这就是拉康所提出的对象 a 的理论。在齐泽克看来，只有拉康才真正继承并发展了阿多尔诺对精神分析的解读，使其所未能解决的问题概念化地呈现出来。在这个意义上，拉康乃是阿多尔诺的隐秘的继承者。

三　精神分析与后马克思主义

在此，拉康的精神分析已经进入了我们的理论视野。从齐泽克的分析来看，拉康从一开始就是阿多尔诺事业的继承者，是法兰克福学派隐秘的继承人，由此可见，拉康的精神分析理论并不是远离马克思主义的，而是与其有着隐秘的联系。众所周知，当代世界的思想界所兴起的后马克思主义思潮是受到所谓后结构主义、后现代主义的影响的一种思想，它们的代表人物或多或少地都受到精神分析的影响。后现代的蜚声世界的著名思想家如德里达、福柯、鲍德里亚等，都受到精神分析理论的强烈影响。后马克思主义的代表人物拉克劳、墨菲，当代著名的左翼思想家齐泽克、巴特勒，都受到拉康的强烈影响。不仅如此，拉康的精神分析理论已经成为一种影响世界的思想，许多思想家都试图以拉康的精神分析理论来建构自己的理论。这里我们只要提及以下著名思想家就够了：法国的当代思想家巴迪欧、朗西埃，意大利当代著名的思想家阿甘本，已故著名思想家德勒兹等。

精神分析对当代世界思想界所产生的影响之巨是前所未有的。如果说弗洛伊德的精神分析理论主要还是一种关注个体的类似心理学的临床医学理论，并且由于其泛性论的色彩而遭到人们的抵制和诟病，其影响范围相对狭窄，那么经拉康所阐释的精神分析理论则越出了个人的狭隘范围，指向了政治与社会建构，成为一种更为哲学化的理论。拉康以其卓越的思辨说明，精神分析不仅仅是对人的个体心理的阐释有效，而且同样能够阐释社会问题，甚至能够阐释历史发展问题。当然，在拉康那里，这些还是比较隐蔽的，是一种萌芽状态的未得到详细阐释的思想，而在后马克思主义那里，精神分析则成为重要的思想参照和资源，为重写马克思主义和恢复马克思主义的活力提供了最重要的工具。在这些众多的思想家中，最为突出的是拉克劳和齐泽克，两个既有联系又有区别的思想家。

齐泽克执着地用精神分析理论来解释社会和政治，特别是解释意识形态，建构了一种拉康和马克思主义的结合，有的研究者甚至指其为拉康对马克思主义的全面接管。拉克劳自觉地利用精神分析理论来建构自己的霸权理论和激进民主的理论。在我们看来，齐泽克和拉克劳后马克思主义的理论建构，在理论上发展了马克思主义。如果我们从辩证法的角度看，他们也是从精神分析的理论资源借鉴了某些理论工具，形成了自己的辩证法思想。可以把拉克劳的辩证法思想称作霸权的辩证法，而把齐泽克的辩证法称作行动的辩证法，这仅仅是就其基本的理论立场而言。在齐泽克那里，实在界和对象 a 的原则可以解释社会历史，辩证法表现为对象 a 的悖论、实在界的悖论。在拉克劳那里，对象 a 的逻辑正好与其霸权逻辑相同，霸权逻辑遵循的就是对象 a 的逻辑。

第六章

拉克劳的霸权逻辑与解放的辩证法

拉克劳是后马克思主义的代表人物，也是享有世界声誉的西方左翼思想家。在拉克劳看来，传统的马克思主义哲学提出的理论已经过时，当代左派的任务是解构经典的马克思主义，建立一种新的马克思主义，拉克劳将之称为后马克思主义。拉克劳的主要思想是，利用后现代的思想资源，将精神分析理论与马克思主义相结合，建立一种霸权逻辑的辩证法，替代黑格尔－马克思传统中的辩证法。拉克劳对马克思主义传统的解构和批判具有重要的理论价值，值得我们进行深入解读。

第一节　拉克劳对传统马克思主义的批判与重建

拉克劳直言不讳地把自己的学说称为后马克思主义。既然是后马克思主义，当然与马克思主义就有着密切的联系。按照拉克劳所说，后马克思主义是对马克思主义的解构，解构并不是抛弃，而是变革，使之具有更强的解释力，能够经受住历史检验和适应时代发展。在此意义上，拉克劳对传统马克思主义进行了批判和解构。这一批判和解构，首先针对着马克思主义的历史观，其次针对着马克思主义的辩证法，而其核心思想是对历史客观性和必然性的解构。

一　拉克劳对传统马克思主义历史观的批判

众所周知，马克思的历史观最为显著地体现在《〈政治经济学批判〉

序言》中。在这一段文字中，马克思指出，人类历史是一个必然的进程：

我所得到的、并且一经得到就用于指导我的研究工作的总的结果，可以简要地表述如下：人们在自己生活的社会生产中发生一定的、必然的、不以他们的意志为转移的关系，即同他们的物质生产力的一定发展阶段相适合的生产关系。这些生产关系的总和构成社会的经济结构，即有法律的和政治的上层建筑竖立其上并有一定的社会意识形式与之相适应的现实基础。物质生活的生产方式制约着整个社会生活、政治生活和精神生活的过程。不是人们的意识决定人们的存在，相反，是人们的社会存在决定人们的意识。社会的物质生产力发展到一定阶段，便同它们一直在其中运动的现存生产关系或财产关系（这只是生产关系的法律用语）发生矛盾。于是这些关系便由生产力的发展形式变成生产力的桎梏。那时社会革命的时代就到来了。随着经济基础的变更，全部庞大的上层建筑也或慢或快地发生变革。在考察这些变革时，必须时刻把下面两者区别开来：一种是生产的经济条件方面所发生的物质的、可以用自然科学的精确性指明的变革，一种是人们借以意识到这个冲突并力求把它克服的那些法律的、政治的、宗教的、艺术的或哲学的，简言之，意识形态的形式。我们判断一个人不能以他对自己的看法为根据，同样，我们判断这样一个变革时代也不能以它的意识为根据；相反，这个意识必须从物质生活的矛盾中，从社会生产力和生产关系之间的现存冲突中去解释。无论哪一个社会形态，在它所能容纳的全部生产力发挥出来以前，是决不会灭亡的；而新的更高的生产关系，在它的物质存在条件在旧社会的胎胞里成熟以前，是决不会出现的。所以人类始终只提出自己能够解决的任务，因为只要仔细考察就可以发现，任务本身，只有在解决它的物质条件已经存在或者至少是在生成过程中的时候，才会产生。大体说来，亚细亚的、古代的、封建的和现代资产阶级的生产方式可以看做是经济的社会形态演进的几个时代。资产阶级的生产关系是社会生产过程的最后一个对抗形式，这里所说的对抗，不是指个人的对抗，而是指从个人的社会生活条件中生长出来的对抗；但是，在资产阶级社会的胎胞里发展的生产力，同时又创造着解决这种对抗的物质条件。因此，人类社会的史前时期就以这种社会形态而告终。[①]

拉克劳认为，马克思的历史观是一种客观性的总体历史观，在《我们时代革命的新反思》中，拉克劳集中地对这种历史总体性理论进行了批判。拉克劳指出，这段论述与《共产党宣言》中的阶级斗争理论相矛盾。在《共产党宣言》中，阶级斗争构成了社会历史发展的动力，马克思、恩格斯宣布迄今为止的一切历史都是阶级斗争历史。而在《〈政治经济学批判〉序言》中，阶级斗争不见了，社会历史发展完全由生产力和生产关系之间的矛盾决定。因而拉克劳的问题是："这两种解释在逻辑上是如何关联的呢——一方面是生产力和生产关系的矛盾，另一方面则是阶级斗争?"[②] 拉克劳后马克思主义的起点源于对这一矛盾的思考。与那些批判阶级斗争而坚持了历史的必然性、客观性和总体性的理论的思想相反，拉克劳坚决拒斥历史的客观性、总体性理论，并试图改写马克思的阶级斗争理论。拉克劳反对传统意义上的阶级斗争理论，而试图将其改写为霸权斗争——为争夺霸权（主导权、领导权）而进行的斗争。

概言之，拉克劳的基本观点如下。第一，马克思在《〈政治经济学批判〉序言》中提出的历史理论是本质主义、理性主义、客观主义的，其核心为经济基础和上层建筑之间、生产力和生产关系之间的矛盾决定社会历史发展进程，而这两对矛盾最终可以归结为生产力的核心决定作用。这种历史理论在后结构主义、后现代主义的时代遭到普遍质疑。生产力与生产关系之间的关系是无对抗的矛盾。第二，传统阶级斗争理论认为在劳动者（工人）和资产者（资本家）之间存在对抗，但是，在拉克劳看来，这种对抗是不存在的。工人与资本家之间的关系在资本主义生产关系内部是一种平等的买卖关系，因而不存在对抗，二者之间的关系是无对抗的矛盾。这样，传统的经典马克思主义理论的阶级斗争理论就是错误的。但是，拉

---

① 《马克思恩格斯全集》第 31 卷，第 412 ~ 413 页。

② 〔英〕拉克劳：《我们时代革命的新反思》，第 7 页。

克劳并不主张简单地抛弃阶级斗争理论，而主张以霸权斗争予以取代。所谓霸权斗争，就是为争夺霸权而进行的斗争。霸权斗争是特殊性成为普遍性之代表的过程，而这个过程纯全是由偶然性决定的。因而，历史并不是一个客观性的、必然性的过程，而是建立在激进的偶然性基础之上。在此基础上，拉克劳指出，社会并不存在，即作为一个整体的社会并不存在。这样，拉克劳完全否认社会历史发展的客观性、总体性。第三，意识形态是使不可能的社会历史总体性具有可能性的外观。通过意识形态，社会将自身建构为表面上自身同一的虚假总体性，而这个过程就是霸权斗争的过程。

拉克劳认为，传统的马克思主义不能解释多样性的极为丰富的社会历史斗争过程。例如，列宁对传统马克思主义历史理论进行的改写。按照传统马克思主义理论，社会主义国家不可能在一个生产力低下的国家建成，而只能在高度发达的生产力基础上的资本主义国家才能建成。但是列宁认为，可以在生产力相对低下的俄国首先建成社会主义。传统的马克思主义（包括阶级斗争理论）不能解释列宁的理论，而拉克劳的霸权理论则可以解释列宁的理论。在拉克劳看来，传统意义的所谓阶级斗争，只不过是霸权斗争的一种特殊形式。拉克劳指出，必须悬置社会历史的客观性和必然性，用霸权斗争的策略来全面取代传统马克思主义的阶级斗争策略，拉克劳提出的霸权斗争指向激进民主。

二　社会的不可能性：拉克劳对社会总体性的解构与重建

事实上，拉克劳的霸权策略的依据就是客观的历史进程的不可能性。不仅如此，在拉克劳那里任何一个同一体都是不可能的。拉克劳的社会不可能性的命题鲜明地体现了他的这一根本立场。众所周知，马克思曾经把社会比喻为一个有机联系的整体。而在卢卡奇那里，社会历史的总体性概念则成为其革命的辩证法的支柱。但是，在拉克劳看来，这是结构主义的社会观。结构主义把社会理解为一个结构，一个关系整体。它是一种总体性社会概念，而社会总体性概念是一种本质主义的概念，但是，在拉克劳看来，这种结构主义的社会概念并不正确。拉克劳认为，社会乃是“差异的无限游戏”。拉克劳写道：

> 今天我们倾向于接受社会的无限性，即任何结构体系都是有限的，其总是受到难于把握的“剩余意义”的包围；这样，建立在自身部分过程之上的、作为一元的、可理解对象的“社会”，就是不可能的。……结构主义带来的巨大进步就是认识到任何社会同一体（identity）的关系特征；其局限性在于这些关系向系统的转化，向可辨的、可理解的对象（即向本质）的转化。但如果我们坚持任何一个同一体的关系特征，并且抛弃系统中这些同一体的固定化，那么必然把社会认同（identify）为差异的无限游戏，也就是说，认同为严格意义上我们所称之为的话语……①

这段话阐述了拉克劳社会概念的基本要点，通过这段论述，我们基本能够把握其“社会的不可能性”这一论断的主要内涵。拉克劳对社会的界定包含以下要点。首先，在这里，社会的不可能性并不是指经验意义上的社会不可能，而是指作为一种理论上的社会——符合理论定义的社会——是不可能的：建立在自身部分过程之上的、作为一元的、可理解的对象的社会，是不可能的。原因何在？正如这段话所指出的，社会是无限的，它并不是一个有限的结构体系，总是有一个难于把握的剩余。换言之，我们在把社会理解为一个可视为整体的确定的对象时，总是受到某种剩余的、不可把握的东西困扰，而这个剩余意义破坏了它的总体性。因此，拉克劳批判了结构主义的社会概念，认为结构主义正确之处在于认识到同一体的关系特征，而其局限之处在于把社会的理解向系统的转化，向可辨的、可理解的对象（向本质）的转化。所谓可辨的、可理解的对象，即具有一个本质的、统一的，可以实证的对象。拉克劳认为，这种对社会的本质主义的、可以实证的对象的理解，是错误的。

其次，正确的理解方式是保留结构主义将社会看作关系的正确做法，

---

① 〔英〕拉克劳：《我们时代革命的新反思》，第108～109页。

而抛弃其将社会看作系统整体的错误做法，即坚持任何一个同一体的关系特征，并且抛弃系统中这些同一体的固定化，将社会视为差异的无限游戏。在拉克劳看来，根本不存在固定的同一体，任何确定的同一体都是不可能的；但是同一体又是必要的、必需的。这就是说，同一体既不可能，又是必然的。拉克劳在另一篇短文中清楚地指出："体系的整体是一个既不可能又必然的对象。不可能的：由于等同与差异之间的紧张是难以克服的，所以没有任何的实际对象与那个整体相符合。必然的：如果没有那种对象，任何意指过程都不可能发生。"① 这就是说，任何一个同一体（整体）只不过是一种理论虚构，是意指过程发生的必要，而在实证意义上是不可能的。因此，同样根本不可能存在一个作为确定对象的社会，社会只能是差异的无限游戏。

最后，社会即话语。拉克劳继续提出了一个论断，即应该把社会认同为话语，认同为他所说的严格意义上的话语概念。什么是严格意义上的话语概念？在拉克劳那里，话语绝不仅仅是口头语言和书面语言，话语等同于社会。拉克劳以砌砖为例说明其话语概念。例如我要砌砖，向同伴要一块砖，这是语言行为，而将砖砌到墙上，则是超语言（extralinguistic，语言外的）行为。但是，二者都是总体性的砌墙行为之一部分，这就是所谓话语。拉克劳写道："如果这一总体性包括了语言与非语言的成分，那么，它自身则既不是语言的，也不是超语言的；它本身先于两者之间的区分。这一自身既包括语言，又包括非语言的总体性，就是我们所谓的话语。"② 拉克劳还用踢球为例说明其话语概念。"如果我在街上踢一个球体，或我在足球比赛中踢足球，物理事实相同，但其各自意义却不同。一个对象成为足球的前提是：只有它与其它对象之间建立起了关系系统，且这些关系并非仅仅由对象实指的物质性赋予的，而是由社会建构的。这一关系系统就是我们所谓的话语。"③ 在这种对话语的理解中，拉克劳将物理意义上的事实排除在其讨论范围之外，将科学事实（自然事实）归于话语事实。他

---

① 〔英〕拉克劳：《意识形态与后马克思主义》，陈红译，《马克思主义与现实》2008 年第 6 期。
② 〔英〕拉克劳：《我们时代革命的新反思》，第 121 页。
③ 〔英〕拉克劳：《我们时代革命的新反思》，第 122 页。

写道："自然事实也是话语事实。……把某物称之为一个自然对象，就是某种思考它的方式，即该物是建立在分类系统的基础之上。"[①] 把社会认同为话语，具有什么意义呢？话语是无限的差异游戏，是一种关系系统，但不是封闭的关系系统。就是说，它并不具有确定性，它是活的流动性，随时随地在发生着变化。把社会认同为话语，就意味着，作为一个确定的封闭体系的对象的社会根本不存在，存在的只是流动着的、不断发生着变化的社会。由此，作为总体性的社会就被拉克劳解构了。

当然，拉克劳对社会不可能性的分析不止于此。我们前面已经指出过，拉克劳认为，我们所理解的社会是在不可能的基础上建构的一个可能性的假象，而这个建构社会的途径是通过意识形态。这是意识形态的基本功能。拉克劳指出，认识到社会的不可能性，仅仅是第一个方面，第一个运动问题还有第二个方面，第二个运动。第一个运动意味着确定意义的不可能性，而第二个运动则是试图使这种不可能性变为可能的，换言之，建构可能性。"第二个运动则是试图达到使最终不可能性确定化的效果。社会不仅是无限的差异游戏。它也试图在一个秩序的有限性内来限定这一游戏，来驯服和包容无限性。但这一秩序（或结构）不再具有社会潜在本质的形式，而是试图通过不稳定的、危险的定义，管理该社会，统治该社会。"[②] 换言之，通过一个秩序的建构，以有限性包容和驯化无限性，把自身建构为整体。拉克劳并没有完全抛弃社会总体性的概念，而是解构社会总体性，正如他所说，解构不等于抛弃。他力图达到一种新的总体性，一种新的社会总体性的理解。"社会总体性问题在新用语中就被提了出来：'总体性'并没有通过把'社会'有限性转化成一种确定对象（即'社会'）来建构社会的有限性。相反，社会总是超越试图构建社会的有限性。然而，与此同时，'总体性'并未消失：如果弥合的企图最终是不可能的，那么，通过节点（纽结点）的制度化，还是可能达到社会相对的确定化。有关那些节点及其相对重要性的问题'以永恒的形式'（subspecie aeternitatis）是不可能被确定的。每一社会形态都有其自己的规定性及其相对独

① 〔英〕拉克劳：《我们时代革命的新反思》，第124页。

② 〔英〕拉克劳：《我们时代革命的新反思》，第109页。

立性，它总是通过多元决定而制度化，因而它是不能被先天建构的。”① 这段谜一般的话语，其根本意图无非是说，社会总是超越建构社会的有限性，因而，建构有限性的社会即把社会建构为确定的对象是不可能的，而只能是通过弥合的努力，达到社会的相对确定化，即将社会建构为一个相对确定的对象。社会的确定性，或者说社会的可能性总是相对的，或者不如说，社会是一个偶然性的霸权建构；它绝不是可以被先天建构的东西。或者我们也可以这样说，社会是不可能的可能，是围绕着一个核心不可能性所建构起来的不稳定的、危险的、随时会遭到颠覆的可能性。

事实上，拉克劳的《社会的不可能性》这篇短文的题目甚至可以改成《意识形态与社会的不可能性》，因为该文基本上是围绕着意识形态与社会建构的关系来论证。在拉克劳看来，社会是不可能的，而意识形态的作用恰恰是使之成为可能，就是说，意识形态的作用即通过一个幻象建构，把原本不可能的社会建构为一个自身完满的整体性的实体。拉克劳认为，在马克思主义传统的视域中，主要存在两种理解意识形态的路径。第一种理解意识形态的路径是将意识形态看作社会上层建筑的一部分，即在经济基础和上层建筑所决定的社会总体性中，意识形态属于上层建筑的层次。第二种理解意识形态的路径是将其理解为虚假意识。在拉克劳看来，这两种理解意识形态的路径现在都陷入了僵局，不再具有真实性。拉克劳的理由是，这两种意识形态的理解的有效性的基础被解构了。把意识形态看作社会上层建筑的一部分，这实际上预设了一个前提，即社会是一个总体，社会具有总体性。把意识形态看作一种虚假意识，也有一个前提预设，即存在一个确定的社会行为主体同一性。从后马克思主义的哲学视域来看，这两个前提都是不存在的。关于社会的不可能性，前面已经做了论述，在此不再赘言。关于第二种理解，拉克劳指出，这种社会行为主体恰恰是一个虚构，因为根本不存在这样的主体。拉克劳写道：“发达资本主义社会中差异的流动表明：当社会行为主体的认同性和同质性是一种幻觉时，社会主体本质上都是非中心的（离心的），它的认同只是不断变换的关系结构

① 〔英〕拉克劳：《我们时代革命的新反思》，第109页。

(positionality）的不稳定的链接，此时，社会行为主体的同一性（identity）越来越受到怀疑。相同的意义剩余，我们在社会秩序领域发现的相同的危险（不稳定）的结构特征，在主体性领域也可以找到。但如果社会行为主体是非中心化主体，如果在我们试图确定其认同之时，我们发现的只是千变万化的差异活动，那么，在什么意义上，我们说主体误解了自己？”[①] 这就是说，主体并不是一个确定的，内在一致的同一性（identity)。实际上，拉康精神分析的基本成就是解构了本质主义的主体概念。这就瓦解了意识形态作为虚假意识的方法之前提。这样，传统马克思主义哲学中理解意识形态的两个前提预设（社会的总体性、社会行为主体的同一性）都已经不成立，那么是不是意味着就要取消意识形态这个概念？拉克劳的答案是否定的。拉克劳写道：“因此，看来使意识形态具有意义的两个概念框架似乎破碎了，随之而来的则是应当根除该概念。然而，我认为这并非一个令人满意的答案。我们并不能脱离误认（misrecognition）这一概念，其真正的原因在于：如果不引入这一范畴，就不能形成这一判断：即‘社会行为主体的同一性和同质性是一个幻觉’。”[②] 误认不可消除，只有通过误认这一概念，才能理解主体本身作为一个同一体是一个幻觉。在拉克劳看来，问题在于保留意识形态概念，而对其进行新的解释。它不是虚假意识，不是作为社会总体性的上层建筑的一部分。所谓新的意识形态概念如何呢？拉克劳解释说：

> 意识形态并不包括对实证性本质的误认，而是恰恰相反，它包含了对任何实证性危险（不稳定）特征的非知，无知（non-recognition)，对最终弥合（和谐，统一）的不可能性的非知。意识形态包含了这样的语境形态，通过这一语境形态，社会试图将自身建构在一个封闭的、意义固定的、对差异的无限游戏非知的基础上。意识形态是任何整体化话语的“整体性”意志。如果没有意义的固定化，没有封闭的话语，社会则是不可能的，就此而论，必须把意识形态

① 〔英〕拉克劳：《我们时代革命的新反思》，第 110 页。
② 〔英〕拉克劳：《我们时代革命的新反思》，第 111 页。

> 视为对社会而言是构成性的。只有当徒劳的使不可能的对象社会制度化的时候，社会才是存在的。乌托邦是任何交往和社会实践的本质。①

仔细研读这段话，不难看出拉克劳对意识形态与社会建构之间关系的主要观点。意识形态对社会而言是建构性的，换言之，一个确定的社会得以可能，则必须靠意识形态。而意识形态又是什么？意识形态并不是对现实的误认，而是对社会不可能性的无知、非知；意识形态的功能就在于，通过遮蔽了社会的内在裂隙，内在不可能性，作为差异的无限游戏的社会，而将其建构为封闭的、内在一致的、有确定意义的、对差异的无限游戏非知的社会整体。这就是说，社会是不可能的，而意识形态恰恰是遮蔽这种不可能性，使社会成为可能的东西，由此社会就由不可能变为可能。没有意识形态，就没有社会的建构。可见，意识形态并不是必须加以消除的东西，而恰恰是一个正常的社会运行须臾不可或缺的东西。拉克劳将这一观点推进到任何社会交往与社会实践，认为“乌托邦是任何交往和社会实践的本质”。这就是说，即使最简单的社会行动，也必然以一种意识形态的承诺为前提。由此我们看到，拉克劳提出的激进的社会不可能性命题，并非要彻底瓦解社会之可能性，而是试图在不可能的基地上，建构社会的可能性，因此，意识形态就成为社会建构的基础和工具。

拉克劳所论述的以意识形态来建构社会的过程，实际上也就是一个争夺霸权的过程，是拉克劳的霸权逻辑在社会建构上的实现。关于拉克劳的霸权逻辑，我们以后再展开详细的论述。

三　反对黑格尔：拉克劳对黑格尔辩证法理论的批判

马克思的历史辩证法来源于黑格尔的辩证法理论。在拉克劳看来，批判黑格尔的辩证法也就间接地批判了马克思的辩证法理论。在此我们必须

① 〔英〕拉克劳：《我们时代革命的新反思》，第111页。

对这一艰深的理论问题进行一个概要式的论述，因为拉克劳对黑格尔辩证法的批判构成了其后马克思主义的霸权逻辑的哲学基础。

拉克劳对黑格尔的理解在大部分时候都是隐蔽的，但他对黑格尔的批评是一贯的。实际上，我们可以把拉克劳看作阿多尔诺的继承者，和阿多尔诺一样，拉克劳把非同一性（非同一体）作为建构其理论的基础。拉克劳对黑格尔的批判主要是对其辩证法的批判，包括对其历史观的批判。在《偶然性、霸权和普遍性——关于左派的当代对话》这部论战性的著作中，拉克劳对反黑格尔的辩证法做了较为明确的阐述，后来在其与齐泽克的论战中做了进一步的澄清。应该指出的是，齐泽克和拉克劳对黑格尔的解读几乎是完全相反的。这里我们无暇对此进行进一步的讨论，只能集中在拉克劳对黑格尔的理解。在拉克劳看来，黑格尔的泛逻辑主义倾向是无法消除和避免的。在《同一性和霸权：普遍性在政治逻辑建构中的作用》一文中，拉克劳针对齐泽克对其的批判做出如下的回应，并极为简要地对黑格尔的泛逻辑主义进行了批判。他写道：

> 重要的问题在于完全接受下列观点：绝对精神没有自身的客观内容，它仅仅是全部辩证转化的连续，是在普遍性和特殊性之间建立一种决定性重叠的不可能的连续——这些转化是偶然的还是必然的？如果是必然的，整个黑格尔的规划（与他事实上做的相反）的泛逻辑主义特点几乎是不可避免的了。①

拉克劳对黑格尔泛逻辑主义形象的主要论据有以下几点。第一，黑格尔致力于构建一种无预设的绝对哲学（presuppositionless philosophy），致力于一种绝对的理性，这意味着非理性的环节将被消除；意味着所有范畴不再是康德和亚里士多德那样的范畴目录，而是互相之间可以完全推论出来；意味着全部的规定都是逻辑规定，甚至非理性的东西也必须被理性所收回。第二，如果体系是没有任何预设的，就是说，不以任何预设为基础

---

① 〔美〕巴特勒、〔英〕拉克劳、〔斯洛文尼亚〕齐泽克：《偶然性、霸权和普遍性——关于左派的当代对话》，胡大平等译，江苏人民出版社 2004 年版，第 56 页。

而建立，适用于这一体系的方法和内容之间不可能是相互外在的。第三，作为全部规定的体系的绝对理念是一个封闭的总体性：超越它，任何进一步的发展都是不可能的。从一个范畴向下一个范畴的辩证运动排除了一切偶然性。因此，逃避黑格尔的泛逻辑主义乃是现代理性主义的最高点的结论是困难的。[①] 应该说，以上拉克劳对黑格尔的论述是传统哲学对黑格尔主义的经典看法。一般而言，我们确实是把黑格尔看作一个理性主义者，其绝对理念和绝对精神既是其体系的出发点也是其体系的归宿，黑格尔的辩证逻辑确实是一个封闭的转化运动，从一个范畴可以直接过渡到下一个范畴，一切都是必然的。这样一个黑格尔主义的辩证法乃是为拉克劳所拒斥的。因为拉克劳的霸权理论不可能从黑格尔那里推出来，因为拉克劳的霸权理论所赖以存在的偶然性环节在黑格尔那里实际上是无关紧要的，甚至并不存在。拉克劳写道：

> 这表明了为何霸权关系不能被辩证转化所吸收：因为尽管概念地把握霸权关系的一个前提条件——特殊和普遍之间的不可通约——被辩证逻辑所满足，但另一个条件——二者之间的偶然性特征——在辩证逻辑中并不能获得。[②]

拉克劳对黑格尔主义的拒斥主要就是对黑格尔的辩证法的拒斥。在拉克劳看来，只有全面地抛弃黑格尔的辩证法，才能达到霸权逻辑，因此在拉克劳的整个理论建构中，对黑格尔的辩证法的拒斥实际上构成了无处不在的深层基础。黑格尔的辩证法是本质主义的，而拉克劳的霸权逻辑就要颠覆这种本质主义；黑格尔的辩证法是理性主义的，拉克劳的霸权逻辑也是反对理性主义的；黑格尔的辩证法是矛盾的辩证法，对立的双方之间是可以转化的，是内在的封闭系统，而拉克劳的霸权逻辑却是对抗的辩证

---

① 〔美〕巴特勒、〔英〕拉克劳、〔斯洛文尼亚〕齐泽克：《偶然性、霸权和普遍性——关于左派的当代对话》，第 57 页。译文有改动。

② 〔美〕巴特勒、〔英〕拉克劳、〔斯洛文尼亚〕齐泽克：《偶然性、霸权和普遍性——关于左派的当代对话》，第 57 页。译文有改动。

法，强调建构性的外在；黑格尔的辩证法是否定之否定，而拉克劳强调的是绝对的否定；黑格尔的辩证法是处于同质性的空间内的辩证运动，而拉克劳的霸权逻辑却强调异质性的准先验性存在对霸权建构的作用。但是我们不能说，拉克劳的霸权关系是完全颠覆了黑格尔的辩证法的。在某种意义上，拉克劳的霸权逻辑实际上也是对黑格尔辩证法的一种改写，我们完全可以把霸权逻辑称作霸权的辩证法。

如我们所已经指出的，对抗和异质性成为拉克劳区别于黑格尔的矛盾辩证法的关键概念。在拉克劳对黑格尔辩证法的批判中，对抗和异质性成为他批判黑格尔的主要理论范畴，我们对此应该做进一步的探讨。异质性是对抗的基础，对抗是异质性的结果，因此，异质性概念居于拉克劳的霸权建构理论的最隐秘的核心处。在此，我们通过拉克劳在与齐泽克的论战中对齐泽克的回应的论述来看拉克劳的异质性概念。

何谓异质性关系？拉克劳有一个简短的定义："我们把存在于不属于同一表象空间的要素之间的关系称为异质性关系。"[①] 要理解异质性关系，首先要了解什么是同质性关系，或同质性的空间。相对于异质性关系，同质性关系是处于同一表象空间中的要素之间的关系。拉克劳认为，在黑格尔那里的表象空间就是一种同质性的空间，其要素之间的关系乃是同质性关系。拉克劳写道：

> 首先，这样一个空间的统一性可以是辩证中介的结果——就是说，它是要素之间的一种联系，以便我们在每一个要素中拥有可以逻辑地转向所有其他要素的所需之物。在A与非A的二元性中，每一极本身都为另一极的纯粹否定所穷尽。因此辩证转化不仅与矛盾相容，而且必须依赖矛盾在同质性空间中作为其统一体的条件。在辩证的矛盾中不存在任何异质性的东西。正因如此，辩证转化只能在一个饱和空间中发生。任何不能被整体辩证掌握的偶然性经验剩余都将使整体陷入危险，因为在这种情况下，无法掌握的因素的偶然性就使整体同

① Ernesto Laclau, "Why Constructing a People is the Main Task of Radical Politics," *Critical Inquiry* 32 (2006): 646 - 680.

样变成偶然性的，并且，正是这个辩证中介的可能性将被质疑。[①]

实际上，这就是黑格尔的辩证法的同质性空间，一个饱和的封闭空间。但是，就是在这个同质性空间中必然出现不和谐音，即所谓不能被整体辩证掌握的偶然性经验剩余，它是一种无法掌握的偶然性，它使这个辩证的空间遭到了颠覆，这就是异质性因素。索绪尔语言学中要素之间的关系也是基于异质性的同质性，是一个差异系统，而差异并非异质性。那么，异质性何时显现呢？拉克劳写道："只有当表明了正是总体性逻辑——辩证法的或语义学的——由于某些在总体性结构原则之内不能解决的难题（aporia），在某些点上失败了，异质性才进入了游戏。"[②]

看来，异质性就在同质性空间不能维持之时，在这一总体性结构原则被证明失败之时出现。那么，在黑格尔的辩证法中，是否内在地含有这种异质性因素呢？如果有，就说明这个同质性空间是虚假的，A 与非 A 的辩证转化就应该遭到质疑。拉克劳认为，这个异质性因素在黑格尔那里是存在的，以黑格尔的历史观为例，黑格尔的历史观显然勾勒了一幅绝对精神或绝对理性的内在发展的历史图景，但是在这幅图景中存在一个盲点，就是无历史的人，它不能被辩证转化的历史所整合。正是这一存在玷污了整个辩证图景。拉克劳写道："这种非历史的呈现，仿佛将玷污了一瓶蜂蜜的一滴汽油一样，因为这种溢出了历史辩证法的偶然性剩余使辩证法也变成了偶然性的，并且因此，作为内在一致的整个历史图景也至少陷入了危险。"[③] 那么这个异质性的要素和同质性的空间是什么关系呢？拉克劳给出了两个比喻，一个是上述引文中的一瓶蜂蜜中的一滴汽油，另一个是引自拉康的残渣，实验后的剩余物。这两个比喻实际上说明了一点即异质性相对于同质性空间而言，是一种在内的外在，或者说建构性的外在，它颠覆

---

① Ernesto Laclau, "Why Constructing a People is the Main Task of Radical Politics," *Critical Inquiry* 32 (2006): 646 - 680.

② Ernesto Laclau, "Why Constructing a People is the Main Task of Radical Politics," *Critical Inquiry* 32 (2006): 646 - 680.

③ Ernesto Laclau, "Why Constructing a People is the Main Task of Radical Politics," *Critical Inquiry* 32 (2006): 646 - 680.

了内在与外在之间的传统认识。拉克劳曾经写道："异质性居于同质性空间的中心。历史不是一个自我决定的过程。某种难以复原的'外在'的不透明性总会玷污所界定的'内在'范畴……任何内在性总会受到异质性的威胁，异质性从来就不是纯粹的外在性，因为它寄居于内在构成的逻辑中。反过来，某个外在的可能性将总是会因为同质化的逻辑运行而被短路。"①

实际上，拉克劳对黑格尔的批判同样适用于马克思。在马克思那里，历史发展也是一个客观过程，是符合辩证法的，但是拉克劳认为，马克思的历史发展过程同样被一个异质性所穿透。拉克劳认为，在马克思那里，流氓无产者的地位就相当于在黑格尔历史观中的所谓无历史的人。广而言之，拉克劳对黑格尔辩证法的批判实际上是对整个理性主义传统的批判，他的辩证法批判与其社会（同一体）的不可能性观点是紧密联系的。拉克劳激进地颠覆黑格尔的辩证法，建构起自己的霸权的辩证法。如果说黑格尔的辩证法是矛盾辩证法，那么拉克劳的辩证法则是对抗辩证法。如果说黑格尔的辩证法是同质性空间内的辩证法，那么拉克劳则指证了这个同质性空间的虚假性，指明其总是被异质性所穿透，因而拉克劳的辩证法可说是异质性的辩证法。

拉克劳如此激进地反对黑格尔的辩证法，那么拉克劳是否从不认为自己从黑格尔那里继承了任何理论？并非如此，拉克劳认为，他所持有的话语概念的方法就是来自黑格尔。当然，在我们看来，反对黑格尔本身并不就是对黑格尔的完全脱离。在某种意义上，拉克劳的霸权辩证法也只是对黑格尔的辩证法的改写和补充，或者说是颠覆和解构，这一颠覆和解构深化和提升了黑格尔的辩证法。

不难看出，拉克劳对马克思的历史观的批判、对社会总体性的解构、对黑格尔辩证法的批判，都具有一个隐秘的拉康派精神分析的背景在支撑着，因此，我们可以说拉克劳的后马克思主义是以拉康派精神分析理论改写了的马克思主义。

① Ernesto Laclau, *On Populist Reason*, London and New York: Verso, 2005, pp. 152 - 153.

第二节　后马克思主义与精神分析理论

虽然我们已经对拉克劳的后马克思主义基本思想做了一个大致的介绍，但是，我们仍须对拉克劳的思想来源进行深究，以更加深入地理解拉克劳的思想。一个关键的问题就是，拉克劳的后马克思主义实际上是利用拉康式的精神分析理论来补充马克思主义，因而探讨拉康的精神分析理论与拉克劳后马克思主义中间的关系，是一个关键的理论问题。国内学者对此的研究尚未展开。在此，我们也只能进行一个简单的梳理和探讨。拉克劳有一篇极为晦涩难懂的短文《精神分析和马克思主义》，对二者之间的关系进行了极为精到但又难以理解把握的解释，我们的分析就从这里开始。

一　精神分析与马克思主义的融合如何可能

众所周知，拉克劳的后马克思主义与拉康的精神分析理论具有某种隐秘的联系。但对其具体联系，在拉克劳的大多数著作中是语焉不详的。但我们确实在某些地方读到了拉克劳曾断言其霸权逻辑和对象 a 的逻辑是同一个逻辑，提到了异质性和对抗乃是实在界，提到了存在人民的实在界等说法，足见拉康的精神分析理论对拉克劳的思想影响之深。在《精神分析和马克思主义》中，拉克劳较为集中地对精神分析与其后马克思主义之间的关系进行了梳理，虽然晦涩难懂，但极为精当地指出了精神分析与马克思主义之间的链接或缝合的可能性。

在拉克劳看来，精神分析与马克思主义乃是两个不同的理论体系，二者之间几乎没有重合的部分，那么思考二者之间的交叉点就不可能得到效果。因此，“增补和链接的简单模式没有任何用途。相反，关键是在两个不同的理论领域之间找到对比指标，而这也相应地意味着比较有意义的新领域的建构”[①]。这一新领域就是拉克劳所标榜的“后马克思主义”。拉克劳说，后马克思主义与传统马克思主义之间的关系类似于海德格尔对本体

① 〔英〕拉克劳：《我们时代革命的新反思》，第 112 页。

论历史的解构。在海德格尔那里，解构并不是全盘否定和拒斥，而是意味着通过超越传统来恢复传统。同样，后马克思主义对马克思主义的解构也是如此。在拉克劳看来，解构并不是抛弃，而是对传统的恢复——我们也许可以说，这倒颇类似于拉康的“回到弗洛伊德”这种策略。拉克劳写道：

> 解构马克思主义就意味着要超越诸如“阶级”、“资本”等概念的欺骗性自明性，并重新创立上述概念期望构建的原初综合性意义；相关于理论选择性的总体系它们代表的仅是有限选择，内在于它们的自身建构中的模糊性——德里达所谓处女膜——虽然受到了强烈压制，但还是在语境表层到处浮现出来。正是这些模糊核心的系统的和谱系学的轮廓，才为解构马克思主义史留出余地，并把后马克思主义建构为我们当前反思的领域。但正是在这一语境模糊性的表层上，才有可能在马克思主义与精神分析理论之间找到得以建立真正对话的、现存的政治逻辑，而不是自得的隐喻。①

拉克劳这段论述的意思是，在马克思主义的基本概念如资本和阶级等那里，它们的自明性都是虚假的、欺骗性的，它们已经内在地包含了一个模糊性（ambiguity，又译模棱两可性），因此，所谓总体性的理论体系仅仅是一种有限选择；我们还应该看到，这一内在的模棱两可性使我们能够解构马克思主义的历史，将其原本意义上的马克思主义呈现出来，在这一模棱两可性的层面上，能够找到精神分析与马克思主义对话的政治逻辑。可见，核心处的模棱两可性构成了马克思主义和精神分析的共同点，由此为两者的结合和对话或者说链接提供了前提。

之所以用精神分析和马克思主义相结合，建立其后马克思主义，原因在于拉克劳对传统马克思主义的不满。这一不满主要在于以下两点。

首先，马克思主义一般被理解为启蒙和现代性传统的谱系学之中。拉

① 〔英〕拉克劳：《我们时代革命的新反思》，第 112 ~ 113 页。

克劳认为这种看法失之偏颇。马克思主义其实与启蒙传统和现代性传统并不相同，其关键的区别在于以下两点。第一，马克思主义对集体认同（同一体）结构中的否定性的关键特征的肯定。也就是说，在集体认同的核心中，就存在结构上的否定性。第二，个人的真正明确意义与社会群体行为之间建立的永久鸿沟的社会不透明性的肯定。拉克劳指出，这两点都与精神分析理论有着某种隐秘的联系。关于第一点，在集体认同中，其实存在内在的否定性，这种理论与拉康精神分析学说中的实在界的/不可能的内核为核心的符号化的辩证法相联系，马克思主义的阶级斗争理论与其有内在关联。关于第二点，可能与无意识有关。

其次，传统马克思主义存在一个内在的矛盾。一方面，马克思主义是否定性的、社会不透明的话语。但另一方面，它又试图将否定性的、社会不透明性的话语置于肯定的、透明性的话语之中。拉克劳写道：

> 马克思主义不仅是否定性的和社会不透明的话语，而且，它也力图（与启蒙完全适应）去把握和限定这些话语。社会的否定性和不透明性仅存在于"人类的前史"中，它一定会被设想为大同而透明（transparent）的共产主义所超越。正是从这一总体性的把握中，否定性的阶段失去了其构成的和基础性的特征；否定性在理论话语中仅闪耀了其短暂一刻，它为的是其后尽快地融入完全的肯定性之中，肯定性重新吸纳了否定性［即把历史与社会肯定为部分过程的整体化］，把主体（社会阶级）肯定为历史的担当者（承担者）。否认马克思主义那里存在着控制权/透明性/理性主义，是很荒谬的。"①

这就是说，二者之间的矛盾——一方面是否定性的、社会不透明的话语，另一方面是肯定的、透明性的话语，最终，前一方面被淹没进后一方面的深渊之中，即马克思主义最终被置于启蒙传统和现代性话语之中。拉克劳的意思是，一方面，马克思主义认为历史是阶级斗争，是否定性，另

① 〔英〕拉克劳：《我们时代革命的新反思》，第 113 ~ 114 页。

一方面，历史又是一个必然性的、朝向共产主义的透明的过程。这一传统是马克思所开启，但从恩格斯到斯大林，都愈益加强了这一点。

如何解决这一矛盾？显然我们不能仅仅停留于对马克思主义的二元对立的理解上，因为处于这种矛盾之中对于我们的现实斗争和历史发展的理解毫无帮助。同时，现实历史发展也证明，马克思主义也不仅仅是这样的历史过程。在哪里寻找解决这一矛盾的路径？也就是说，马克思主义的这种理想主义的透明性的启蒙逻辑背后所隐藏的模棱两可性，在哪里显现出来，我们就必须在这里寻找解决这一矛盾的钥匙。在拉克劳看来，现实的历史发展过程超越了马克思主义的理论建构，因而为我们解构经典马克思主义提供了钥匙。拉克劳认为，在不平衡联合发展的现象中，我们找到了这一钥匙。拉克劳写道："必须找到理性逻辑遭遇其自身局限的表层，（换句话说，必须去寻求模糊性的核心以及被显示的封闭逻辑的任意性和偶然性的处女膜）。现在，在马克思主义的语境领域，我们发现了一个消解马克思主义范畴的理性、肯定性和透明性的独特解构效果的地带：这就是与众所周知的'不平衡联合发展'相关的现象整体。"① 拉克劳多次提到不平衡联合发展的问题。在谱系学上，不平衡联合发展来自托洛茨基，他曾经在《俄国革命史》中清楚地提出了这一概念。在《霸权与社会主义策略》中，拉克劳就对此进行过阐释。此后又多次提及这一概念。拉克劳又把这种不平衡联合发展规定为错位。这种理论可以以列宁所提出的帝国主义发展链条的发展不平衡的理论来例证。正是依据帝国主义发展链条的不平衡理论，列宁得出了社会主义在一国首先建成的结论。这实际上是拉克劳所谓霸权逻辑。拉克劳写道："'不平衡联合发展'存在于此时，即在被马克思主义理论视为连续阶段（如民主任务与其社会主义领导者之间的链接）之间发生共时性链接之时。描述这一链接的关键术语是霸权。"② 这样，以拉克劳的霸权逻辑看来，俄国革命、中国革命都是霸权链接的逻辑，而非经典马克思主义理论的结果。因为按照经典马克思主义理论，无产阶级革命显然不能在落后的农业国家发生，也不可能在落后的农业国家建成社会

① 〔英〕拉克劳：《我们时代革命的新反思》，第 114 页。

② 〔英〕拉克劳：《我们时代革命的新反思》，第 114 页。

主义。在理想历史被偶然性中断之处，就是霸权链接产生之地。“假定存在着理性的连续阶段，而偶然性中断了这一阶段，此时，就有了霸权的存在，而偶然性并不能被归纳到马克思主义理论逻辑之下。”①在此我们倒是很有兴趣地看到，偶然性在霸权逻辑中所起的重要作用，其实在马克思那里早就有所揭示。例如，在马克思所写的《路易・波拿巴的雾月十八日》中，马克思就说明了一个小人物波拿巴由于偶然的原因而成为一个英雄人物。但是，拉克劳的偶然性具有更重要的本体论地位，而在马克思那里，偶然性在终极意义上是服从于必然性的。拉克劳对霸权做了以下解说：

> 霸权的存在是在这个时候，即当资产阶级因其自身弱点，而使（民主）任务必须转交给另一个阶级（此即工人阶级）之时，而在“正常”发展中，民主任务则是与阶级相对应的。此时的反思足以意识到：这一关系中［霸权关系的行动者（社会阶级），霸权任务的阶级本质］明确思考的内容，严格而言，就是在一定程度上使正常发展错位的匮乏的东西；而真正存在的（错位关系）虽得到了命名但没有被思考。因此，一方面，如果霸权假定（承担）了沟通两种成分（任务和行为主体）之间的关系，那么霸权就是现实中的连接（hinge）；但另一方面，因为这一沟通发生在错位的重要的难以逾越的关系领域，所以，我们只能赋予它记载（inscription，铭写）的特征，而非某种必然的链接。换言之，只有通过把缺失（lack，匮乏）范畴设定为起始点才能思考霸权的关系。②

拉克劳这段话也是极为晦涩。我们仔细辨读的话，可以看到以下要点。首先，霸权在错位的时候出现；其次，错位来源于匮乏（lack）。因此匮乏就成为霸权关系思考的起点。由此就可以看到霸权逻辑与拉康的一些核心概念的相关性了。拉克劳写道：“霸权主体是能指的主体，在此意义

---

① 〔英〕拉克劳：《我们时代革命的新反思》，第 115 页。

② 〔英〕拉克劳：《我们时代革命的新反思》，第 115 页。

上，它是没有所指的主体，只有从这一逻辑出发，才能来构想如此的霸权关系。”[①] 霸权主体是能指的主体，是没有所指的主体，这就是说，霸权的建构需要一个虚空能指的逻辑。

在霸权逻辑中，不透明性、否定性不可能被扬弃，不能被透明的肯定的理性所吸收。拉克劳写道：“否定性与不透明性范畴，我们认为它是由黑格尔主义/马克思主义的要素所代表的第一个现代性危机的表征，其并没有被理性主义的透明性吸收为部分要素。它们是构成性的。因此，就不存在扬弃。正是这一点，作为能指逻辑的无意识逻辑把自身显现为本质上的政治逻辑（就此而言，自马基雅维利以来，政治首要的就是错位的思想）；正是这一点，最终难以还原到完全存在地位的社会也把自身显现为政治的。因此，政治要求社会本体论上的地位。”[②] 换言之，否定性、不透明性的逻辑在社会中是建构性的，在社会的建构中，政治具有首要地位，而政治，无论如何乃是一个霸权建构。没有能指逻辑就没有霸权建构，没有霸权建构就没有政治，也就没有社会。因而，政治对社会来说，具有本体论的地位。

拉克劳对马克思主义与精神分析之间的关系做了以下总结：

> 因此，如果不是以主体/客体的二元性为前提，而是以能指逻辑对其理论范畴整体的普遍化为前提，那么对马克思主义历史的“解构”就不是思辨活动（如果你愿意，可以称之为认识论活动）。因此，这些范畴既没有被更高理性铲除，也没有被其重新吸纳，而是表现在其偶然性和历史性之中。由于相同原因，这一普遍化并非思辨/抽象的过程，而是实践/话语的过程。如同海德格尔对那把折断锤子的想象，正是帝国主义时代“不平衡联合发展”现象的普遍化向社会认同（同一体）的转化，才把错位转变为这一视域，由此视域，所有同一体都可以被思考和建构（这两个词完全同义）。这意味着可以想象的（后）马克思主义与精神分析可能汇合的方向和方式，它既不是精神

① 〔英〕拉克劳：《我们时代革命的新反思》，第 115 页。

② 〔英〕拉克劳：《我们时代革命的新反思》，第 115 ~ 116 页。

分析对后马克思主义的增补，也不是新因果关系成分的引入（即用无意识替代经济），而是二者围绕着作为不平衡和错位的能指逻辑的重合，这一重合是建立在这一事实的基础上，即精神分析是这样的逻辑，它确定（提供）了任一认同（identity）建构的可能性/不可能性。①

在这里，精神分析与马克思主义的关系被拉克劳以这样的方式提出来：二者不是互相补充，或者以前者来补充后者，或者将精神分析的术语引入马克思主义；二者本来就具有共同点，这一共同点就是，它们都是围绕着作为不平衡和错位的能指逻辑的重合。精神分析和马克思主义享有相同的前提，因为精神分析提供了任一同一性建构的可能性/不可能性，任一同一体——在马克思主义话语中，无论是作为革命主体的无产阶级，还是作为目标的社会主义和共产主义社会——都是围绕着这一核心的可能性/不可能性建构起来的。马克思主义的范畴没有被吸纳或扬弃在理性主义谱系中，而是被表现在偶然性和历史性之中。马克思主义范畴被完全地纳入实践/话语范畴之中，而不是被思辨/抽象范畴所吸纳。或者不如用拉克劳的术语链接来说，精神分析与马克思主义是链接在一起，经过精神分析与马克思主义的链接，产生了以霸权逻辑为核心的后马克思主义。

如果我们总结一下拉克劳的这些分析，我们就可以看到，精神分析与马克思主义的一个可能的综合，这个综合的关键点有以下方面：第一，能指逻辑对其理论范畴整体的普遍化。第二，同一体建构的可能性/不可能性。第三，建立在偶然性基础上的霸权逻辑。第一个问题涉及虚空能指的理论，第二个问题涉及社会的不可能性的基本观点，我们前面已有所论述，第三个问题则涉及对象 a 的逻辑与霸权逻辑之间的同一，我们将证明，它与精神分析的崇高化逻辑是完全一致的。下面我们对拉克劳与拉康的关系再做一个较为深入的探讨。

---

①〔英〕拉克劳：《我们时代革命的新反思》，第 116 页。

二 斯塔夫拉卡基斯对拉克劳与拉康关系的解读

那么，拉克劳的后马克思主义与精神分析的关系究竟是怎样的？拉克劳究竟从拉康那里接受了哪些资源，从而确立自己的霸权理论和后马克思主义的？在此，我们通过亚尼斯·斯塔夫拉卡基斯（Yannis Stavrakakis）的论文《拉克劳与拉康：话语理论与拉康精神分析关系的评述》来进一步加以理解。在这篇论文中，斯塔夫拉卡基斯对拉克劳的话语理论与拉康的精神分析之间的关系进行了较为深入的探讨，并批评了许多对拉克劳与拉康之间关系的似是而非的看法。斯塔夫拉卡基斯的论述主要围绕着三个主题来进行。第一，话语理论与精神分析理论的基本联系。第二，拉克劳的政治概念（the political）与拉康的实在的关系。第三，拉克劳的著作中的伦理学问题式。斯塔夫拉卡基斯指出，不应该僵化地看待拉克劳的著作与精神分析之间的关系。他写道："然而，人们应该时刻谨记，我的说明无论如何不能被固定化的予以理解。毋宁说，它代表了一种关于这种关系的简单印象（Snapshot），因为它现在还在发展着，并且这是一种其未来形式无论如何不能被预先决定的关系。因为拉克劳的谋划仍然是当代政治理论中最具原创性和活力的干预，尤其是在政治理论与精神分析相遇的领域。"① 斯塔夫拉卡基斯的上述断言给予我们的启示是，不能简单化和固定化地看待精神分析与拉克劳的政治理论之间的关系。二者之间的关系是发展着的，同时又必须重视这种关系，因为这是当代最具原创性和活力的一种相互干预。具体而言，斯塔夫拉卡基斯从以下方面探讨了拉克劳和拉康、后马克思主义政治理论与精神分析之间的关系。

关于拉克劳的后马克思主义与拉康之间的关系，很多学者已经注意到了，但是存在许多似是而非的见解。斯塔夫拉卡基斯对这些说法提出了批评。例如，珍妮·贝拉米在其著作中认为，拉克劳和墨菲诉诸精神分析理论的政治学，是突出了个体心理作为一个重要因素在政治行动中的作用，

---

① Jacques Lacan, *Critical Evaluations in Cultural Theory*, Vol. III: *Society*, *Politics*, *Ideology*, ed. Slavoy Žižek, London and New York: Routledge, 2003, p. 316.

因此，他们对精神分析术语的使用使其能够说明个体心理是意识形态运作的要素。斯塔夫拉卡基斯认为，贝拉米的这种看法实际上没有理解拉克劳和墨菲思想中的反本质主义，贝拉米的理解仍然是本质主义的。因为诉诸个体心理，实际上没有理解在拉克劳墨菲的思想中的主体问题。斯塔夫拉卡基斯认为，拉克劳、墨菲接受了拉康的主体概念，在拉康那里，主体不能被还原为个体心理，如果存在主体之本质，那么这个本质就是主体之短缺。拉克劳对拉康的主体观极为重视。斯塔夫拉卡基斯写道："拉克劳在其政治主体的反本质主义的概念化中，对这一洞见极为重视。"[①] 事实上，在拉克劳的主体观中，从较早的《霸权与社会主义策略》到《我们时代革命的新反思》，有一个转向，即从"主体立场"（subject position）向"短缺的主体"（subject as the lack）的转向。正是这一转向使拉克劳能够更为复杂地描绘出超越了本质主义和还原论的政治行动。

具体而言，拉克劳的政治理论在哪里与拉康相遇了呢？斯塔夫拉卡基斯指出，首先是在拉克劳的话语理论中。由于拉康的主体乃是短缺的主体，所以它永远需要一个建构，这就是同一化（identification）。主体的同一化总是使主体不可避免地走向对象，就是说，在拉康那里，主体被降低为对象。在拉克劳看来，拉康的短缺的主体理论不仅是对主体的一种激进的解构，而且是对社会的激进解构，主体的短缺和社会的短缺是内在一致的。精神分析理论不仅是关于主体之短缺的理论，也是关于填补这一短缺，使之构成同一体的同一化理论，这是在主体性之内的话语理论。正是在这里，拉康的四个话语理论与拉克劳的话语理论相遇了。这种相遇不是单向的，而是双向的、相互的。斯塔夫拉卡基斯写道："在此，不仅话语理论与拉康相遇，而且拉康也与话语理论相遇了——这一相遇在其四个话语理论中得以总结。"[②] 拉克劳将社会理解为话语，而拉康的四个话语理论也指出了任何一种主体必须是社会主体。

---

① Jacques Lacan, *Critical Evaluations in Cultural Theory*, Vol. III: *Society*, *Politics*, *Ideology*, p. 317.

② Jacques Lacan, *Critical Evaluations in Cultural Theory*, Vol. III: *Society*, *Politics*, *Ideology*, p. 318.

对于拉克劳而言，精神分析最为关键的概念还不是主体的短缺，而是大他者的短缺。斯塔夫拉卡基斯写道："精神分析的大秘密就是大他者中的短缺，正如拉康在其 1958～1959 的研讨班中所称呼的那样。大他者中总是有某种东西已经失去了；不存在大他者的大他者。大他者的结构被揭示为某种空洞，一种在实在界中保证其短缺的空洞。意义总是基于某种假象；恰恰是因为'没有最后的保证'；意义总是表示朝向它的失败，其失败将自身锚定在实在界中。在此意义上，认为拉康对当代理论的主要贡献就在于'一种新的社会图像'是合法的。"① 这一短缺的大他者在拉克劳那里被转化为社会的不可能性。这一问题我们在上一节已经探讨过。拉克劳完全接受了拉康的同一体之不可能性的理论，不仅主体是短缺的、不可能的，而且大他者本身也是被划杠的、短缺的、不可能的。正是从这一点出发，一系列的精神分析概念被转化为拉克劳的政治理论概念。社会的不可能性要求建构社会的可能性，这就需要意识形态的缝合（suture）。缝合概念不仅指明了不可还原的短缺的结构，而且强调了填充这一短缺的不间断的企图。而这样的一个缝合必须有一个缝合点，这个缝合点就是虚空能指所指示的东西。

斯塔夫拉卡基斯在论文的第二部分中重点探讨了拉克劳的政治（the political）与拉康的实在界（the real）之间的关系。他的探讨针对着利普沃茨（Lipowatz）对拉克劳提出的批评。利普沃茨认为，拉克劳过多地强调政治，以致政治成为万能的、绝对的，因而赋予了政治以想象的地位。他对拉克劳具体的批评有两个：第一，过于强调政治，而忽视了经济基础——社会的物质基础及其他如文化维度；第二，缺乏伦理维度。斯塔夫拉卡基斯认为，利普沃茨系统的误解了拉克劳的政治概念，将拉克劳的政治概念还原为传统的政治学了。实际上，拉克劳的政治并不是传统的政治学概念，而具有其特定的意义。墨菲曾经非常清楚地对政治界定说："政治不能被限制在某种制度层次，也不能被想象为建构社会的具体领域或层次。它必须被看作一种维度，它内在于每一社会中，并且决定了我们真正

① Jacques Lacan, *Critical Evaluations in Cultural Theory*, Vol. III: *Society*, *Politics*, *Ideology*, p. 319.

的本体论状况。”[1]斯塔夫拉卡基斯认为，拉克劳的政治应该被理解为与实在界的遭遇时所发生的。他写道：“事实上，参照拉康的理论，拉克劳的著作允许我们得出以下结论：政治好像获得了一种与拉康的实在界密切相关的地位；人们不能不对政治被揭示为实在界的一种特殊模式而惊奇：政治变成了一种人们在其中遭遇实在界的形式。”[2] 这就是说，拉克劳的政治总是出现于历史的错位的时刻，出现于一种既定秩序遭到毁灭的时刻，在这一时刻，旧的符号秩序被颠覆，产生一种新的符号秩序。这样一种意义上的政治不是被经济所决定的，而是反过来在一定意义上限制经济的。

在拉克劳的政治概念中，起着决定性作用的在早期的作品中是对抗，在较晚时期则是错位和异质性。对抗也是实在界，但是很容易被理解为现实的对抗，即实证化的对抗，虽然拉克劳和墨菲极力将作为实在界的对抗与作为现实斗争的对抗区别开来。在《我们时代革命的新反思》中，拉克劳提出了错位（dislocation）的概念，并赋予其重要意义。斯塔夫拉卡基斯认为错位的概念代表了拉克劳思想中的一个转向，使其更为接近精神分析的实在界。斯塔夫拉卡基斯写道：

> 确实，在《我们时代革命的新反思》中引入的错位范畴作为一个核心的（a central）——可能是核心的（the central）——概念，在拉克劳的著作中构成了一个主要突破，它不仅处置了利普沃茨的关注，而且显然标志着拉克劳著作的一个转向，它使其与拉康的理论更为接近；因为通过替代对抗成为政治的内核，错位只能被理解为与拉康的实在界本身的遭遇。两者都是不可表征的；两者都是同时既是创伤性的/扰乱性的，又是生产性的。错位是创伤性的，是在它们“威胁同一体”的意义上；错位是生产性的，是在它们成为“新的同一体被建

---

① 〔英〕墨菲：《政治的回归》，王恒、臧佩洪译，江苏人民出版社2005年版，第4页。译文有改动。

② Jacques Lacan, *Critical Evaluations in Cultural Theory*, Vol. III: *Society*, *Politics*, *Ideology*, p. 322.

构的基础”这一意义上。同样，创伤性的实在界总是扰乱符号化的所有企图；但是，它从未停止要求新的符号化。[①]

从这里我们可以看出，拉克劳的政治概念与拉康的实在界之间的密切联系。无论是早期的对抗概念，还是这里所讨论的错位概念（还有后期所提出的异质性概念），都是基于对拉康的实在界的理解，而且拉克劳的政治就是与社会实在界遭遇的一种政治意义上的形式。

斯塔夫拉卡基斯还探讨了拉克劳的伦理学。有些人认为，拉克劳由于过分重视政治，因而忽视了伦理学的维度。斯塔夫拉卡基斯批评了这种观点，认为拉克劳的激进民主本身就包含伦理学的维度。拉克劳的伦理学维度也可以用拉康的说法，是实在界的伦理学。这种伦理学的概念显然不同于传统的康德所谓善的伦理学，这种伦理学认为存在一个先天的善，人们要达到这个善。对于拉克劳而言，基于精神分析的基本立场，显然这种先天的善是不存在的。拉克劳的激进民主立场所包含的是一种实在界的伦理学。他的伦理学奠基于社会的不可能性。“这不是一种围绕某种善的概念而链接的伦理学，而是围绕着实在界的短缺而链接的伦理学。拉克劳的著作的潜在的伦理立场似乎与齐泽克称之为‘实在界的伦理学’非常相近。‘实在界的伦理学’产生一种对实在界的不可还原性的认识，以及制度化社会短缺的企图。由此很可能达到超越被证明成问题的（如果不是灾难性的）封闭的幻象社会领域的制度。换言之，符号化社会的最好方式可能是认识到社会总是围绕终极不可能性而建构的。”[②]

通过以上的探讨，我们看到，拉克劳的政治理论乃是精神分析理论与社会和政治领域的全面的一种碰撞和链接的产物，核心在于将拉康的精神分析理论的大他者的短缺、实在界的概念与社会政治理论结合起来，由此

① Jacques Lacan, *Critical Evaluations in Cultural Theory*, Vol. III: *Society*, *Politics*, *Ideology*, pp. 324 - 325.

② Jacques Lacan, *Critical Evaluations in Cultural Theory*, Vol. III: *Society*, *Politics*, *Ideology*, p. 330.

进一步理解了拉克劳的后马克思主义与精神分析之间的联系。拉克劳也曾经试图对之进行较为清晰的说明，例如，拉克劳曾经论证，对象 a 的逻辑与霸权逻辑是完全一致的，二者是同一个逻辑。下面，我们对这一论断进行一个简单的说明。

三 对象 a 的逻辑与霸权逻辑的同一性

对象 a 的逻辑与霸权的逻辑是同一个逻辑。拉克劳清楚地指出了这一点。在《民粹主义理性》中，拉克劳对对象 a 的逻辑与霸权逻辑之间的关系曾经做出过简明扼要的说明。他写道："对象 a 的逻辑与霸权逻辑不仅仅是相似的：它们完全是同一的。"[①] 为什么说霸权逻辑和对象 a 的逻辑不仅相似，而且完全同一呢？我们先来看对象 a 的逻辑。

笔者在前文中曾经论证过对象 a 的逻辑。[②] 在那里，我们论证了对象 a 到崇高对象的嬗变逻辑，指出对象 a 到崇高对象依循三种机制，即崇高的空位、幻象的架构和双重的欺骗，通过这三重机制，对象 a 这个无形体在经验意义上并不存在的东西，现形为可见的崇高对象。在那里，我们主要是通过齐泽克对拉康理论的阐述来论证对象 a 的嬗变逻辑的。一个庸常的东西，一个俗物，一旦占据了崇高的位置，在幻象的架构中，就成为崇高之物，具有了崇高对象的意义。我想指出，在那里所阐述的对象 a 的嬗变逻辑也是与霸权逻辑相吻合的。在拉克劳看来，特殊性成为普遍性之代理的嬗变逻辑，和崇高化的逻辑完全相同。何以如此呢？让我们来看拉克劳的分析。

拉克劳对拉康对象 a 理论的理解得益于科普耶克的分析，他认为科普耶克的分析更为中肯，而齐泽克则对拉康的对象 a 做了过多的黑格尔式类比。在科普耶克的论文《坚执之坟墓：论安提戈涅》中，她从弗洛伊德的死亡驱力开始分析了部分对象（对象 a）逻辑。科普耶克断言，在弗洛伊德那里，死亡是每一种驱力之目标。这意味着本质上每一个驱力的目标都是朝向过去的，朝向一种主体尚未建立自己的过去的时间。这种过去是一

① Ernesto Laclau, *On Populist Reason*, p. 116.

② 参见本书第七章的第二节。

种原初的混沌状态，是一种无活力和惰性的状态，是主体与自己的原初母亲二位一体的状态，是一种幻觉的完满；在这种完满中，包含着一切事物和一切幸福，而这种状态是主体终其一生要力求返回的。由于这种完满是神话式的幻觉的完满，因此追求它的活动不可能获得成功。换言之，这种完满是主体永远可望而不可即的。因此，朝向这一完满的追求只能导致毁灭。除非通过部分对象和部分驱力才能达到这一追求。按照科普耶克所说，“（1）不存在单一的、完整的驱力，而只存在部分驱力，因此就不存在可实现的朝向毁灭的意志；（2）驱力的第二个悖论——它指出了驱力居住于（作为其主动性的部分）其对象的达成之中。某些内在的障碍——驱力的对象——同时既阻滞了驱力又打破了驱力，约束它，因此阻止其实现其目标，并将其分解成部分驱力”。因此驱力仅仅是部分驱力，而对象也仅仅是部分对象——“因此驱力在部分对象中自我满足；拉康称这些部分对象为对象 a”[①]。

拉克劳进一步指出了科普耶克对拉康对象 a 理论解读的深刻意义。“首先，我们拥有弗洛伊德的原初母亲概念和原质（不可返回的完满）与可表象的东西之间的分裂。原初母亲的某些东西不能被转化为表象；因此在能指秩序中打开了一个洞穴。”[②] 但是，如果仅仅停留在这里，那也只能是康德式的分裂，即本体与其现象表象之间的对立，存在与思维之间的对立。拉康的成就在于将这一分裂激进化了，发展了弗洛伊德的思想。“失落的原质并不是思想的不可能性，而是存在的空洞：‘不是母亲逃避表象或思想，而是将我与其联系的快感失落了，且这一失落抹除了我的存在的整体。’”[③] 但是，在这里并不是快感完全失落，它还是留下了踪迹，这些踪迹存在于部分对象中。这些踪迹并不遵循本体/现象表象的图式。“部分对象本身变成了总体；它变成整个场景的结构原则……”[④] 部分对象变成总体的逻辑就是崇高化的逻辑，用拉康的话来说，就是一个庸常的对象被

---

① Ernesto Laclau, *On Populist Reason*, p. 112.

② Ernesto Laclau, *On Populist Reason*, p. 112.

③ Ernesto Laclau, *On Populist Reason*, p. 112.

④ Ernesto Laclau, *On Populist Reason*, p. 112.

提升到了原质之尊严。科普耶克强调，部分对象变为总体，这种提升与其说是一种表象（代表）功能，即部分对象代表了总体，还不如说是庸常对象替代了原质。这就是说，部分替代了总体。

这一部分替代总体的逻辑是非常重要的，它与拉克劳所说的霸权逻辑完全吻合。在另一篇文章《自恋：曲折达到的》中，科普耶克继续强调了这一点，并做出重要的论述："部分对象不是总体的一个部分，而是本身就是总体的部分。"① 部分不再是总体中的之一，而是本身即成为总体，虽然它仍然是部分。她援引了德勒兹和巴拉兹的理论。德勒兹和巴拉兹认为，特写镜头并不仅仅是聚焦在整体中的细节中，而是说，通过这一细节的突出，整个场景都被重新调整了。毋宁说，特写镜头完全揭示了场景总体本身。这就是说，在德勒兹和巴拉兹的电影理论对特写镜头的说明中，同样也遵循这一由部分来替代整体的逻辑，而这一逻辑完全与驱力的部分对象的逻辑重合。"这样，部分对象不再是激起总体性的部分性，并且变成——用我们原先的术语——总体性之名称。"②

拉克劳认为，科普耶克对拉康部分对象的研究与他的后马克思主义在所有方面都是相关的。这种部分对象替代总体的逻辑在科普耶克那里具有明显的本体论价值，精神分析的范畴不是局部的，而是一般本体论的。因此，科普耶克所做的精神分析的理论贡献，与拉克劳在政治领域所拓展的霸权关系，二者具有相同的逻辑。具体来说，拉克劳的霸权逻辑仅仅如此：在拉克劳的霸权逻辑中，就是部分代替了总体，特殊性代替了普遍性，虽然部分、特殊性本身仍然保持其部分和特殊性的性质，但成为总体性和普遍性的替代品。而真正的总体性和普遍性在哪里？拉克劳认为，根本不存在这样的总体性和普遍性。拉克劳的后马克思主义是激进地反对这种总体性和普遍性的。拉克劳对精神分析与霸权理论之间的关系做了这样的类比：

母子的二位一体的神话总体对应于不可达到的完满性它是由作为

① Ernesto Laclau, *On Populist Reason*, p. 113.

② Ernesto Laclau, *On Populist Reason*, p. 114.

> 其对立面的由未实现的要求所引发的错位的对立面激起的。然而对完满或总体的渴望并未仅仅消失；它被移情到部分对象——它是驱力的对象。用政治的术语说，这恰恰就是我称为霸权关系的东西：某种占据了不可能的普遍性的特殊性。因为这些对象的部分特征不是来自特殊故事而是内在于意指结构，拉康的对象 a 就是社会本体论的关键要素。总体总是被部分所赋形（体现）。按照我们的分析术语，不存在不是霸权普遍性的普遍性。①

对象 a 的逻辑与霸权逻辑是同一个逻辑，这一论断非常重要，意义深远。精神分析与政治不是互不相关的，而是遵循同一个逻辑，分享同样的前提和基础。拉克劳指出，精神分析和政治之间的异体同形（homology）不是偶然和外在的。在精神分析中，在弗洛伊德的无意识中，表象是对象性建构的首要层次，而在拉康的精神分析中，对象 a 变成了首要的本体论范畴。"随着原初母亲变为纯粹神话对象，除非通过在对象 a 中的激进投资，就不存在可以获得的快感。对象 a 因此就成为首要的本体论范畴。"②在政治中，则是霸权成为首要的本体论范畴。"除非通过霸权，任何社会完满性都不可能实现；而霸权不过是在部分对象中的激进投资，是由于其纯粹的神话性质总是在躲避我们的完满的激进投资（用我们的术语说：它只不过是体验为'匮乏的'存在的场景的实证颠覆）。"③ 在这种霸权逻辑下，拉克劳认为葛兰西的霸权理论是经典马克思主义的断裂。经典马克思主义主张一种总体性的历史观（经济在这一历史观中起最终决定作用），而霸权逻辑则决定性地打破了这种客观性的总体性的本质主义。根本不存在总体性，所谓总体（完满性）只是部分性充当了总体性、完满性的替代。霸权逻辑中的所谓总体、完满并不是体系化的总体性和完满性。拉克劳说："霸权投资的对象不是相对于完全协调的社会的真实原质——它不需要投资或霸权——的次好的东西：它仅仅是在某个历史视域中完满性接

① Ernesto Laclau, *On Populist Reason*, pp. 114 - 115.

② Ernesto Laclau, *On Populist Reason*, pp. 115 - 116.

③ Ernesto Laclau, *On Populist Reason*, p. 116.

受的一个名字，作为霸权投资的部分对象，它不是一个替代品而是激情依恋的集合点。”① 霸权所激进投资的对象最后变成了一个名称，一个空虚能指。不是事物决定名称，而是名称决定事物。这与拉克劳的空虚能指的理论就吻合了。

至此我们已经较为清楚地看到了拉克劳的霸权逻辑与拉康的对象 a 的逻辑之间的同构性。值得指出的是，对象 a 的逻辑与霸权逻辑的重合在拉克劳的理论建构中并不是偶然的，并不是一个枝节问题，而是具有根本重要性的问题。例如，虚空能指产生的逻辑实际上也是对象 a 的逻辑。由此可见，在拉克劳的后马克思主义理论建构中，精神分析不是一种给予了拉克劳某些启迪的背景知识，而是一种结构性的方法，它是拉克劳在政治理论中贯彻到底的一种理论原则。至此，我们已经了解了拉克劳的后马克思主义的主要理论资源和有关问题，我们知道，霸权斗争或者说霸权逻辑就是拉克劳在其著作中反复强调的新时代的斗争策略。那么，何谓霸权逻辑，这是我们下一节重点探讨的问题。

第三节　霸权逻辑与解放的辩证法

拉克劳的霸权逻辑是不是一种马克思主义？或者我们想问，拉克劳的后马克思主义是不是马克思主义的？答案很可能是，既是又不是。说是，是因为后马克思主义理论来自马克思主义，并且拉克劳自认为也是发展马克思主义的，而不是反-马克思主义。所以，这个后并不是反的意思。说不是，是因为拉克劳的后马克思主义是在 20 世纪中叶之后，特别是 20 世纪末之后，在全球政治背景发生了重大变化的情况下，提出的一种左派的斗争策略，其内容与经典马克思主义相去甚远。那么，拉克劳的霸权逻辑与马克思有何关系？霸权逻辑从根本上指向何种前景？霸权逻辑能否给予我们一种较为具体的解放方案？这是我们在这里予以集中探讨的问题。

---

① Ernesto Laclau, *On Populist Reason*, p. 116.

一 霸权的谱系学：从马克思到葛兰西

霸权逻辑起源于何处？在拉克劳看来，霸权逻辑不在别处，恰恰在马克思那里有其起源。在《同一性和霸权：普遍性在政治逻辑构造中的作用》一文中，拉克劳指出，在马克思那里，存在霸权关系的零度。拉克劳引用了马克思在《〈黑格尔法哲学批判〉导言》中的两段文字，借以说明马克思那里霸权逻辑的起源。在此我们将第二段文字摘录如下：

> 部分的纯政治的革命的基础是什么呢？就是市民社会的一部分解放自己，取得普遍政治，就是一定的阶级从自己的特殊地位出发，从事社会的普遍解放。……要使人民革命同市民社会特殊阶级的解放完全一致，要使一个等级被承认为整个社会的等级，社会的一切缺陷就必定相反地集中于另一个阶级，一定的等级就必定成为引起普遍不满的等级，成为普遍障碍的体现；一种特殊的社会领域就必定被看作是整个社会中昭彰的罪恶，因此，从这个领域解放出来就表现为普遍的自我解放。要使一个等级真正成为解放者等级，另一个等级就必定相反地成为公开的奴役者等级。①

何谓霸权逻辑？拉克劳认为，仔细研读这一段文字，我们就能获得对霸权的理解。在这段文字中，马克思实际上指出了特殊性向普遍性的转化逻辑，而这一转化逻辑就是霸权逻辑。拉克劳认为，马克思所认同的普遍解放，并不需要中介，是一种无中介的普遍性，也可以说，是一种绝对的普遍解放。在这种解放中，预设了一个社会学的目的论，即仅仅是资本主义社会的自我内在的发展，就将会导致两大阶级的对立，而最终将导致无产阶级推翻资产阶级，获得解放，这种解放并不是无产阶级作为一个特殊的阶级上升为普遍阶级，而是产生了一种无中介的解放。这是拉克劳所指认的对马克思而言的解放。“解放产生了一个无中介的丰富性，一种

① 《马克思恩格斯全集》第3卷，第210～211页。

本质的恢复，这种本质不需要任何外在于它自身的东西而成为它所是的东西。”[①]“当然，对马克思而言，唯有完全的、无中介的协调（一致）构成真正的解放。其他的可选方案都仅仅是与阶级社会相适应的局部的或虚假的解放。”[②] 不难看出，这就是共产主义社会的到来。

拉克劳对此并不感兴趣，或者说，拉克劳对传统的马克思主义所持的这种解放观点持批评态度。他所重视的是第二种解放，即上面的马克思的引文中所指出的解放。而正是在这段文字中，存在霸权逻辑的零度，就是说，这里蕴含着最基本的霸权逻辑运作。在这段文字中的普遍性，是与特殊性关联在一起的普遍性，这里的普遍性是与特殊性相互熏染的，而不是绝对的普遍性。拉克劳指出，在这段文字所指出的普遍性中，“激进的特殊性成为任何普遍化结果出现的前提条件。……为建构解放话语，需要两个中介：首先，正在上升的统治阶级的特殊利益转化为整个社会的解放话语，其次是压迫政权的存在，这种压迫政权正是这种转化的条件。因此，在这种情形中的解放，正是表达共同体整体利益的普遍话语的条件，它并不依赖于特殊性的瓦解，而依赖于特殊性之间的悖论性的相互作用”[③]。这是内在于马克思本人论述中的一个逻辑矛盾。一方面，马克思所致力的是一种普遍的解放，即所谓人类解放，在这种解放中，无产阶级成为普遍的阶级，无产阶级的解放就是全人类的解放。另一方面，在上面文字中的解放不是一种普遍的解放，而是一种依赖于特殊性的解放。拉克劳指出，历史已经证明了人类普遍解放的实现已经成为不可能，因为马克思这一逻辑所依赖的资本主义的内在发展所造成的两大阶级的简单化并未出现，当代社会发展是一个多样性的、普遍中介的社会。因此，拉克劳指出：

那么，假如解放和普遍化被限定在这个模式上，那么我们论证的

① 〔美〕巴特勒、〔英〕拉克劳、〔斯洛文尼亚〕齐泽克：《偶然性、霸权和普遍性——关于左派的当代对话》，第 40 页。译文有改动。

② 〔美〕巴特勒、〔英〕拉克劳、〔斯洛文尼亚〕齐泽克：《偶然性、霸权和普遍性——关于左派的当代对话》，第 41 页。译文有改动。

③ 〔美〕巴特勒、〔英〕拉克劳、〔斯洛文尼亚〕齐泽克：《偶然性、霸权和普遍性——关于左派的当代对话》，第 40～41 页。译文有改动。

逻辑的两个结果就随之而来。首先，政治中介非但没有消失，而是将成为社会中解放和普遍化的条件。然而，由于这种中介来自社会中被限制的社会行动者的行为，它不能如黑格尔的普遍阶级那样被归于纯粹的和孤立的领域。它是部分的和实用的普遍性。但是，其次，统治的可能性本身的形成，依赖于受限制的历史行动者将其自身的“部分的”解放等同于作为整体的社会解放的能力。由于“整体性的”维度不能被还原为承担了其代表的特殊性，它的真正的可能性包含着与直接统治机器相对立的意识形态表象领域的自主化。用马克思的话说，观念变成了物质力量。如果统治包含着政治服从，那么后者相应地只能通过使所有统治都不稳定的普遍化过程而实现。在此，我们拥有能在解放政治学中的“霸权”转向得以可能的全部政治形势和理论形势的全部维度。①

拉克劳这一段晦涩的论述指出了霸权关系建构的条件。(1) 政治中介的普遍化。这种中介来自社会行动者，它的普遍化不是真正的普遍化，而是部分的普遍化。(2) 统治本身只能是部分代替整体，主义替代只能是运用意识形态的代表领域的自主化。简言之，所谓政治形势，是指整体只能是被部分所代表，所谓理论形势，是指意识形态表象领域的自主化，统治必须通过意识形态来实现，或者说，通过观念来实现。

在转向霸权逻辑的过程中，葛兰西起了重要的作用。在拉克劳看来，葛兰西对马克思主义的发展主要就是强调了上层建筑，将市民社会看作上层建筑的领域，这样就提升了政治要素的重要性。正如鲍比欧的研究所指出的，在葛兰西的《狱中札记》中存在二分法——经济要素/伦理-政治要素；必然/自由；客体/主体——在其中，第二类术语起着主要的作用。葛兰西在《政党》中明确地赋予政治以优越性。同时葛兰西在上层建筑内部所做的制度/意识形态的二分法又导向从属阶级必须首先在市民社会的层次上赢得胜利的观念。这就合理地引导出了霸权的

① 〔美〕巴特勒、〔英〕拉克劳、〔斯洛文尼亚〕齐泽克:《偶然性、霸权和普遍性——关于左派的当代对话》，第 41 页。译文有改动。

范畴。[①]

拉克劳指出，在葛兰西的思想中国家和市民社会的边界的模糊性实际上反映了社会现实自身的模糊性。拉克劳写道：

> 如果被界定为社会的伦理－政治要素的国家并不在地形学之内建构一个实例，那么就不可能仅仅将国家与公共领域等同起来。如果被理解为私人组织场所的市民社会本身即是伦理－政治的效果的场所，它同作为公共实例的国家之间的关系就被模糊了。最终，"结构"的层次并不仅仅是这样的层次，如果它的组织原则受到来自其他层次的霸权作用的影响。由此我们就拥有一种社会理智性领域，它不是在地形学中而是在逻辑学中有其基础。这就是政党和霸权的逻辑，它们最终是同一的，因为两者都预设了非－辩证的链接为前提，这一链接不可能被还原为任何地形学定位的体系。[②]

拉克劳这段话实际上指出了国家和市民社会之间的边界的模糊性最终说明了我们不可能在地形学的层次上理解这一问题，而应该在逻辑学中理解这一问题。这就是政党或霸权逻辑，而二者乃是同一个逻辑，它们以非辩证的链接为前提。拉克劳最终的结论是，正是葛兰西的探讨深化了马克思在上述中提出的第二种解放模式，即特殊性替代普遍性的政治解放模式，而不是第一种模式，即马克思所赞同的人类解放的模式。"葛兰西的成就正在于深化了第二种解放观点并把它普遍化地应用于现代全部政治学。我们已经看到，这带来的后果是以'霸权'术语为核心的理论框架得到详细说明。"[③]

就霸权的谱系学而言，从理论上拉克劳主要将其追踪至葛兰西，但拉克劳同时还强调了葛兰西的思想实际上被索列尔和托洛茨基注意到，同时

---

① 〔美〕巴特勒、〔英〕拉克劳、〔斯洛文尼亚〕齐泽克：《偶然性、霸权和普遍性——关于左派的当代对话》，第 43 页。

② 〔美〕巴特勒、〔英〕拉克劳、〔斯洛文尼亚〕齐泽克：《偶然性、霸权和普遍性——关于左派的当代对话》，第 45 页。译文有改动。

③ 〔美〕巴特勒、〔英〕拉克劳、〔斯洛文尼亚〕齐泽克：《偶然性、霸权和普遍性——关于左派的当代对话》，第 46 页。译文有改动。

在列宁主义和中国革命的实际中，都可以看到霸权的原型。由此看来，拉克劳所提出的霸权理论，实际上是对经典马克思主义在理论上的一种发展，同时也是对现实的无产阶级革命的总结。在对霸权的说明中，拉克劳指出了霸权逻辑的四个基本维度，并称其为自己所提出的一种解放的辩证法。我们在后文将进一步展开这一问题。

二 霸权的本体论：虚空能指的政治学

拉克劳的后马克思主义包含一系列的术语，如对抗、错位、异质性、等同、差异等，这些术语之间相互联系，相互扭结。那么，对于理解拉克劳的霸权逻辑，最为关键的概念是什么？笔者认为，是虚空能指的概念。正如拉克劳所指出的，精神分析对后马克思主义的最大的影响就在于能指理论的普遍化。虚空能指的概念构成了理解拉克劳的霸权逻辑的关键概念。在此意义上，拉克劳的霸权逻辑是一种虚空能指的政治学。

众所周知，能指理论是拉康的精神分析理论的重要组成部分，它来自索绪尔的语言学的能指和所指理论，但是拉康对之进行了激进的重写。最主要的重写就在于，拉康的能指优先于所指，能指可以是无所指的能指。这就是说，能指仅仅是一个符号，一个声音，不必有任何固定的概念内容。① 拉克劳极为重视这一虚空能指的理论，在对霸权的逻辑进行较为集中的探讨时，拉克劳在霸权逻辑的第三个维度中指出霸权要求一种倾向于虚空能指的产生，它在维系普遍性与特殊性的不可通约的同时，能够使后者成为前者之代表。在《解放》一书中，他对虚空能指在政治学中的重要作用进行了详尽而艰深的理论探讨，其标题就是："虚空能指缘何对政治重要?"在这一重要的文献中，拉克劳指出了虚空能指在政治的霸权逻辑中的重要作用。在此，我们对之进行简要的探讨。

拉克劳开篇就提出问题。拉克劳写道："严格地说，虚空能指是没有所指的能指。然而，这一定义是一个问题的表达。因为，一个能指并不附着于任何所指，然而仍旧是一个意义系统的有机部分，这如何可能呢？虚

---

① 关于拉康的能指理论，请参阅本书的第七章第四节。

空能指将是一系列的声音，并且如果后者被剥夺了任何意指功能，能指这一术语就将成为一种僭越（excess)。声音之流从任何特殊所指中脱离而仍然保持为一个能指的唯一可能性是是否——通过一种虚空能指的可能性所包括的符号颠覆——能够达到内在于意义本身的某物。这一可能性是什么?"[①] 拉克劳这里对虚空能指进行了简单而清晰的界定，并提出了极为重要的问题，就是无所指的能指即虚空能指仍然是意义系统的一个有机部分，这一可能性是什么。这里值得注意的是，虚空能指本身不代表任何意义，却是意义系统的有机部分，并且只有它能够达到内在于意义本身的某物，才能是一个能指。这一可能性是什么呢?我们看拉克劳的回答。首先，拉克劳否定了两种伪答案。一种是模糊的能指，即意义不确定的能指，但是这种不确定在具体语境中仍然会被确定。另一种是所谓漂浮的能指，即不能完全固定其意义，或者是决定不足，或者是过度决定，都可以使能指成为漂浮的，但是漂浮的能指仍然不是虚空能指。那么，虚空能指何时能够出现?虚空能指必须是内在于意义系统本身的，而不是外在的。拉克劳写道："因此，只有当存在着意义本身的结构不可能性，只有当这种不可能性将自身标志为符号结构的干扰（颠覆、扭曲等等)，虚空能指才能够出现。这就是说，意义的界限只能将自身宣称为在自身界限内部东西实现的不可能性——如果这些界限可以以直接方式被意指，那么它们就是内在于意义本身的，并因此不再是界限。"[②] 拉克劳的这些论述极为晦涩难懂，却十分深刻地指出了虚空能指出现的前提，也为我们指示了虚空能指的意义。虚空能指实际上是意指着符号结构的内在的颠覆、歪曲、不可能性，意指着意义系统内部的界限。虚空能指就是这一界限的名称。这一界限不可能以肯定的方式被在意义系统中表达出来，如果能够表达出来，它就不是界限。如何理解这些悖论性的、似乎有悖常理的表达呢?也许我们可以用社会这个能指来理解，社会意指着一种和谐的、大同的、透明性的共同体，但是这一共同体是根本不可能的，它被一个内在的不可能性所击穿，那么社会就是一个虚空能指，它恰恰就是社会共同体不可能性的表达。

---

① Ernesto Laclau, *Emancipation* (*s*), London and New York: Verso, 2007, p. 36.

② Ernesto Laclau, *Emancipation* (*s*), p. 37.

拉克劳指出："但是，如果我们所讨论的是意指系统的界限，很显然这些界限本身不能被意指，而必须将本身显示为意义过程的干扰或崩溃。由此我们被遗留在一个悖论式情境中，它建构了意指系统的可能性条件——它的界限——它也是建构其不可能性条件的东西——意指过程的持续扩展的阻碍。"① 这就是说，界限既是使意义系统的干扰或崩溃的东西，也是使意义系统构成意义系统的可能性条件，这就是界限的悖论性质。由此，界限必须以一个排除为前提，而不是中立的，因为中立的界限将会使其两面的东西成为延续的，因而界限将不再存在。正是这种以排除为前提的界限使我们拥有了一个虚空能指的可能性，使我们进入虚空能指。拉克劳从三个方面论述了虚空能指的可能性。

第一，系统中的每一个要素都是既是差异，又是同一的。差异，是指每一要素与其他要素都是不同的；同一，是指每一要素与排除的对立面相比而言，它们是同一的、等同的。这样，每一个同一体（系统）就是内在分裂的："一方面，每一差异都将自身作为差异表达出来；另一方面，它们中的每一个都由于如此进入与系统中其他差异的等同关系而自我删除。"② 同时由于系统必须依赖于一个排除为前提才能存在系统的同一体，这种排除就构成了系统的基础。这里有一个关键的问题，即既然系统的基础是排除，那么系统的同一体就不是以一个实证东西为基础的，由此系统的同一体不可能是一个拥有实证所指的能指来表达的。"这一观点是本质重要的，因为从这里可以得出结论，系统不可能拥有实证的基础，并且因此，系统不能按照任何实证所指来意指自身。"最后，这样一个系统只能利用虚空能指来表达。"但一个被激进排除所建构的系统扰乱了差异逻辑的运行：被排除在系统之外的东西——远不是某种实证的东西——是实证性（纯存在）的——单纯规则。这已经宣布了一个虚空能指的可能性——这是一个所有差异都被纯粹抹除的能指。"③

第二，由于被排除物是系统的基础，因此这一被排除的维度不可取

① Ernesto Laclau, *Emancipation* (*s*), p. 37.

② Ernesto Laclau, *Emancipation* (*s*), p. 38.

③ Ernesto Laclau, *Emancipation* (*s*), p. 38.

消。拉克劳写道："只有当彼岸（the beyond）变成纯粹威胁的、纯粹否定性的、单纯的排除物的能指时，界限与系统才能存在（这是一个客观秩序）。但是，为了成为被排除物的能指（或者简单说，排除的能指），不同的被排除的范畴就必须通过等同链条的构成抹除其差异，而系统为了意指自身就是通过等同链条魔化了自己。我们在此又一次看到了虚空能指宣称自己的可能性，通过这一逻辑，差异性蜕变为等同链条。"① 这里的意思是说，这一被排除的维度，即这个纯粹威胁性的、纯粹否定性的、单纯的排除物的彼岸，只能通过一个虚空能指才能得到表达。这里我们看到，不仅系统自身意指自己必须是通过一个虚空能指，而且系统的对立面即系统的排除也是通过虚空能指来表达的。

第三，为什么系统或系统的对立面都需要一种虚空能指才能表达自身呢？拉克劳在这里求助于拉康的实在界的概念。拉克劳说："为什么这种纯粹存在或系统的系统性或者——它的颠倒——被排除物的纯粹否定性，为了意指自身需要一种虚空能指的产生？答案是我们试图意指意义的界限——拉康意义上的实在界，如果你愿意的话——并且，除非通过一种意义过程的颠覆，不存在如此做的直接道路。通过精神分析，我们知道并非直接表征的东西——无意识——如何能够找到作为表征方式的意义过程的颠覆。"② 拉康的实在界恰恰就是这样一种意义的界限，就是说，实在界是在符号化过程失败的时候才显现出来，它并不是一个实证的东西，它的存在是回溯出来的，但它又构成了符号化的前提。在符号内部表达实在界也是不可能的，它是意义的界限，只能通过虚空能指才能得到意指。

拉克劳还补充了两点说明。"第一，通过虚空能指来代表的系统的系统性或存在不是一个还未现实地实现的存在，而是一个建构性地不能达到的存在，因为无论何种系统性效果将会存在，都将是等同与差异之间的不稳定的妥协的结果，正如我们所看到的那样。这就是说，我们面对的是一个建构性短缺，一个不可能的对象，它通过其恰当表征的不可能性来表现

---

① Ernesto Laclau, *Emancipation (s)*, pp. 38 – 39.

② Ernesto Laclau, *Emancipation (s)*, p. 39.

自己，如在康德那里那样。"[1] 简言之，系统的不可能性不是尚未实现，而是根本不可能的，是建构性的不可能。任何系统都是一个临时性的替代品，是一个虚假的同一体。第二，拉克劳给出了初始问题的答案，即虚空能指如何没有所指而仍然属于一个系统的有机部分。他写道："在此我们可以给予我们的初始问题以完整的答案：在意义领域内可以存在虚空能指，是因为任何意义系统都是围绕着一个虚空位置结构的，这个虚空位置来自生产对象的不可能性，然而这一对象又是系统的系统性所要求的。因此，在此我们所涉及的不是一个像在逻辑矛盾中那样无定位的不可能性，而是一个实证的不可能性，一个真实的、虚空能指的 x 所指向的不可能性。"[2] 这里和拉克劳曾经多次指出的系统，或体系是一个不可能的，而又是必要的对象相吻合，正因为这一对象既是不可能的，又是必需的，所以它只能通过一个虚空能指来表达。虚空能指实际上是对系统所围绕着建构的虚空位置、系统的核心的不可能性的一种表达。

那么，虚空能指如何与霸权相联系呢？拉克劳对此进行了进一步的说明。在此我们不做详细的探究，仅通过下面一段论述加以理解。拉克劳写道：

> 让我们思考一下社会母体（matrix）的激进混乱（无序，disorder）的极端情景。在这种情况下——它与霍布斯的自然状态并不遥远——人们需要一种秩序，并且其实际内容变成了第二性的考虑。"秩序"本身没有内容，因为它只有在它所现实实现的不同形式中存在，但是在一个激进混乱情景中，"秩序"是作为缺席的东西在场的；它变成了作为那一缺席能指的虚空能指。在这一意义上，不同的政治力量可以在他们把他们的特殊目标呈现为承担了这一短缺的填充的努力中竞争。霸权化某事物恰恰就是承担这一填充的功能。（我们所说的是秩序，但是显然"同一体""解放""革命"等术语是同样的事物秩序。）在特定的政治语境中，任何变成了这一短缺的能指的术语，

---

① Ernesto Laclau, *Emancipation* (*s*), pp. 39 – 40.

② Ernesto Laclau, *Emancipation* (*s*), p. 40.

都起着相同的作用。因为社会建构性的不可能性只有通过虚空能指的生产才能表征自身，政治才是可能的。[①]

当一个特殊的阶级或群体将自己的目标和斗争扩大为更广大的目标时，就成为霸权的。而实际上这个特殊阶级的霸权化斗争就是为了填充虚空能指所指向的短缺的斗争。而这恰恰就是政治本身所意指的东西。由此拉克劳论断，没有虚空能指就没有政治，政治在社会建构中起着本体论的作用，而所有的政治只不过是霸权斗争，虚空能指又构成霸权斗争所争夺的对象。因此，我们可以论断，虚空能指在拉克劳的霸权逻辑中也具有本体论的地位，拉克劳的政治理论在一定意义上可以说是虚空能指的政治学。

然而，没有任何一个固定的阶级或群体能够永远占据虚空能指的地位，因为任何霸权都被一个建构性的两可性所贯穿，这就是说，霸权运作永远不会停息下去。而正是从这里，拉克劳提出了激进民主的思想。拉克劳的霸权逻辑所指向的激进民主，是其所构建的解放道路，因此，拉克劳认为霸权逻辑所指向的激进民主实际上是一种解放的辩证法。

三　霸权的四个维度：拉克劳的解放的辩证法

拉克劳的霸权概念已经成为众所周知的后马克思主义核心范畴，但其真实意义仍然晦暗不明。何谓霸权？简言之，就是仍然保持着自己特殊性质的特殊性替代了普遍性位置。拉克劳写道："我把霸权定义为一种关系，通过这个关系，特定的特殊性变成了完全不可比较的普遍性的名字。因而普遍——它缺乏任何直接性的再现方式——通过将其投注于某一特殊性，获得了一个借来的呈现。"[②] 在与齐泽克和巴特勒论争的过程中，拉克劳将自己的霸权逻辑较为清楚地、严谨地进行了论述。具体说来，霸权关系包含四个维度。（1）权力的不平衡性是建构性的。（2）只有当普遍性/特殊

---

① Ernesto Laclau, *Emancipation (s)*, p. 44.

② Ernesto Laclau, "Why Constructing a People is the Main Task of Radical Politics," *Critical Inquiry* 32 (2006): 646 – 680.

性的二分法被取代，才存在霸权；只有普遍性被实体化在——且颠覆——特殊性中，它才能存在。但是，反过来，如果没有同时变为普遍化效果的场所，任何特殊性都不能变成政治的。(3) 霸权要求一种倾向于虚空能指的产生，它在维系普遍性与特殊性的不可通约的同时，能够使后者成为前者之代表。(4) 霸权扩张的领域是作为社会秩序建构条件的代表关系的普遍化的领域。[①] 拉克劳霸权关系的四个维度内容比较艰深，在此我们从解放的维度，对拉克劳的霸权辩证法做一个简单梳理。我们所依据的重要文本，恰恰被拉克劳命名为“解放的辩证法”。

在对第一个维度的论述中，拉克劳主要强调了特殊对于普遍的制约作用。在拉克劳看来，普遍总是被特殊所污染的，因而并不存在纯粹的普遍性。拉克劳在马克思的政治解放与人类解放之间看到了一个裂隙，这个裂隙就是特殊之间的裂隙。拉克劳赞成马克思关于政治解放的理论，即一个特殊集团将自己的特殊目标作为普遍的共同体目标显示出来，即霸权化了这个特殊目标，前提是另一个集团的在场，而这个集团被视为公认的罪恶。这是霸权的一个维度即激进排除；然而，还存在另一个维度，即权力的不均衡，就是说，存在一个主导性、占有较好位置的权力，其他的权力处于较差的位置。“权力的这两个维度——不平衡性和排除——预设了普遍性对特殊性的依赖：不存在作为纯粹普遍性而运作的普遍性，只存在着由围绕着核心的特殊性内核的等同链条的扩展而生成的相对普遍化。”[②] 以此为基础的解放就是政治解放。拉克劳的意思是说，在政治解放中，其实质是具有较强力量的一个权力，占据了普遍性的位置，因而生成了一种相对的普遍性，成为一个主人能指。那么，难道不会存在一种完全废除权力的解放吗？就是说，所有的权力都废除了，社会成为完全透明的，彼此之间不存在不平衡，处于完全的和谐之中，这样一种解放，就是马克思所说的人类解放，或者说是马克思的共产主义的理想。拉克劳断然否定这样一

① 〔美〕巴特勒、〔英〕拉克劳、〔斯洛文尼亚〕齐泽克：《偶然性、霸权和普遍性——关于左派的当代对话》，第 218 ~ 219 页。译文有改动。

② 〔美〕巴特勒、〔英〕拉克劳、〔斯洛文尼亚〕齐泽克：《偶然性、霸权和普遍性——关于左派的当代对话》，第 219 页。译文有改动。

种解放的谋划。因为那种解放只能是那种不依赖特殊性的或者说消除了特殊性的绝对的普遍性的解放——人类解放——而这种解放是不可能的；如果真正有这样一种解放，那么这种彻底自由就意味着自由的死亡。只有不排除特殊性的，在特殊性基础上的普遍性才是可能的，就是说，普遍性不可能完全排除特殊性。因而，权力是解放的前提条件。拉克劳说得很清楚："解放被权力所玷污不是我们不得不接受的不可避免的经验主义缺陷，而是包含着比代表着在总体上和谐的人类本质更高的人类理想，因为一个充分和谐的社会、一个透明的社会在自我规定的意义上是完全自由的，但由于所有持不同政见者的可能性已经从中排除，所以这种自由完全实现就相当于自由的死亡。社会的分化、对抗和它的必然结果——权力——是一种不排除特殊性的自由的真正条件。"[①] 由此可见，拉克劳对马克思总体性的人类解放是不认可的，在他那里，解放只能是权力基础上的、在特殊性基础上的争夺普遍性即争取霸权的斗争，解放过程就蕴含在争取霸权的斗争之中。

拉克劳霸权逻辑的第二个维度，即"只有当普遍性/特殊性的二分法被取代，才存在着霸权；只有普遍性被实体化在——且颠覆——特殊性中，它才能存在；但是，反过来，如果没有同时变为普遍化效果的场所，任何特殊性都不能变成政治的"。虽然拉克劳这些论述极为晦涩，却清晰地论断了在其霸权逻辑中所意味的特殊与普遍之间的关系。在第一个维度中，强调的是特殊性，即不可能取消特殊性，任何普遍性都必须依赖特殊性。在这第二个维度中，拉克劳强调的则是，特殊性和普遍性不能是二分的，也就是说，特殊与普遍之间必须有某种通道，经过这一通道，特殊性化身为普遍性。换言之，就是特殊性的普遍化，普遍性体现在特殊性中，而这恰恰就是霸权逻辑所精确意指的东西，而我们知道，在拉克劳那里，政治不是别的，就是霸权。因此，拉克劳指出，如果特殊性不能成为普遍性的话，特殊性就仅仅是特殊性的而不是政治的。拉克劳指出，在这里，关键在于特殊性中某种非特殊性的东西使特殊性普遍化了。"核心的要点

① 〔美〕巴特勒、〔英〕拉克劳、〔斯洛文尼亚〕齐泽克：《偶然性、霸权和普遍性——关于左派的当代对话》，第 219～220 页。译文有改动。

在于，对某一要求、主体立场、同一体诸如此类而言，成为政治的意味着某种不是其自身特殊性的东西，作为在等同链条中的环节或连接，超越了它，并以这种方式，普遍化了它。”① 特殊性是如何普遍化而成为普遍性的？原来是特殊性中某种不是普遍性的东西超出了特殊性。这里不可能对之做出详述，我们只能指出，这种超出特殊的东西即构成不同特殊的等同链条中的环节和连接。简言之，并不存在什么普遍性，普遍性只是特殊性中的某种等同物。这就是我们所说的特殊性转化为普遍性的通道、中介。这在拉克劳的《民粹主义理性》中有更为细致和清晰的论述，在此我们暂时不做深究。

那么，这种特殊性普遍化为普遍性，那么这种逻辑的发展结果是什么？这正是霸权逻辑的第三个维度，即虚空能指的产生。霸权逻辑倾向于虚空能指的产生。我们知道，虚空能指是无所指的能指，就其根本的意义而言，它只是一个名称，而这个名称却成为事物的基础。而这个虚空能指，这个空的名称，是作为一种集体意愿（collective will）的社会想象的核心。而这种社会想象是围绕着虚空能指作为核心而建构起来的一种解放话语。因此，任何真正的解放都不存在，除非在一种其锚定术语依旧虚空的话语中。这就是说，只有在围绕虚空能指建构的社会想象，才是一种真正的解放，除此之外，解放并不存在。这就是我们在拉克劳下述话语中解读到的东西。“如果等同链条延伸到宽泛的不同的具体要求，以致等同的基础不能在任何它们之一的具体性中找到，很显然，作为结果的集体意愿将会在社会想象的层次上发现其锚定点，并且这些社会想象的核心就是我们所称之为虚空能指的东西。正是这些锚定点的虚空特征真正地普遍化了话语，使其变成超出其特殊性的多元要求的铭写表面。并且，因为一种解放话语预设了多元的独立的要求的集聚，我们可以说，除非在一种其锚定术语依旧虚空的话语中，根本不存在真正的解放。”② 进一步的思考使我们

---

① 〔美〕巴特勒、〔英〕拉克劳、〔斯洛文尼亚〕齐泽克：《偶然性、霸权和普遍性——关于左派的当代对话》，第 221 页。译文有改动。

② 〔美〕巴特勒、〔英〕拉克劳、〔斯洛文尼亚〕齐泽克：《偶然性、霸权和普遍性——关于左派的当代对话》，第 221 ~ 222 页。译文有改动。

想到，这个作为社会想象的核心的虚空能指——围绕着它解放话语得以建构——恰恰就是一个主人能指，是社会想象的缝合点。霸权逻辑就是虚空能指成为主人能指的逻辑。正是在这个意义上，拉克劳指出，因为左派的旧的社会想象（共产主义和福利国家）都已经遭到了失败，左派的主要任务就是建构新的社会想象。“没有新社会想象的建构，就不会有左派的复兴。”①

霸权逻辑的最终结论是，必须经由一种代表关系，才能建构霸权，这就是拉克劳霸权逻辑的第四个维度，即霸权扩张的领域是作为社会秩序建构条件的代表关系的普遍化的领域。这句话暗含着两个论断。首先，代表关系是社会秩序建构的条件。拉克劳写道：“没有代表，便没有霸权。如果一个特殊的部门必须体现共同体的普遍目标，那么代表便本质地内在于霸权连接。”② 其次，霸权逻辑是代表关系普遍化的领域。代表关系是普遍化的工具，是普遍性得以实现的中介，是解放的路径。这就是说，代议制是必需的，任何一种普遍性都必须通过代表关系来实现，没有代表关系，社会秩序根本就不可能建构。“代表关系因此成为一种普遍化的工具，由于普遍化是解放的前提，它也可以成为通向后者的道路。在全球化的世界存在着的相互关联的条件中，只有经由代表关系，才能达到普遍性。”③ 拉克劳的结论是，代表是通向解放的道路。

拉克劳霸权逻辑的四个维度的论述内容艰深，比较难以把握。通过以上的解读和论述，我们看到，拉克劳霸权逻辑的四个维度实际上是这样的：社会力量是不平衡的，因此解放只能是霸权建构，而霸权建构只不过是普遍性体现在某一特殊性中；这个逻辑的发展产生了虚空能指，围绕这个能指建构起社会想象；而这个霸权关系的领域是代表关系的普遍化。拉克劳的论断由如下相互缠绕、相互扭结、相互关联和相互指涉的命题构

---

① 〔美〕巴特勒、〔英〕拉克劳、〔斯洛文尼亚〕齐泽克：《偶然性、霸权和普遍性——关于左派的当代对话》，第 223 页。译文有改动。

② 〔美〕巴特勒、〔英〕拉克劳、〔斯洛文尼亚〕齐泽克：《偶然性、霸权和普遍性——关于左派的当代对话》，第 223 页。译文有改动。

③ 〔美〕巴特勒、〔英〕拉克劳、〔斯洛文尼亚〕齐泽克：《偶然性、霸权和普遍性——关于左派的当代对话》，第 223 ~ 224 页。译文有改动。

成：没有权力，就没有霸权；没有虚空能指，就没有霸权；没有特殊性的普遍化，就没有霸权；没有代表，就没有霸权；而最终的结论是没有霸权，就没有解放。解放只能通过霸权建构的途径，解放的辩证法就是霸权的辩证法。

关键在于，必须把握拉克劳关于其对特殊与普遍之间关系的解读。拉克劳认为，霸权逻辑是反黑格尔式的辩证法的，即反黑格尔的泛逻辑主义的辩证法。在黑格尔那里，特殊与普遍之间可以相互转化，二者不是不可通约的，而在拉克劳这里，普遍与特殊在保持不可通约的前提下，特殊僭越性地成为普遍，这是通过一个虚空能指来实现的。成为普遍性的特殊性只是一个代表，而代表总是一种僭越，因此霸权逻辑总是保持一种开放性的姿态。不能不说，拉克劳的霸权逻辑具有极强的理论说服力量。

霸权的辩证法是拉克劳的理论工具，是一种建构共同体建构普遍性的方法，其理论落脚点则是激进民主。在霸权逻辑中，始终起作用的是一种偶然性逻辑，这就是说，特殊性成为普遍性的具体的过程总是偶然性的和语境依赖的。“除了特殊性之间的等价物，不存在什么普遍性，并且这样一种等价物总是偶然的和语境依赖的。”[①] 正如拉克劳在论证“社会是不可能的”这一命题时所指出的，共同体、同一体、系统这些对象是既不可能的，又是必需的，普遍性也是既是不可能的，又是必需的，而这个由特殊性争取普遍性的过程就是霸权过程。我们参照一下拉克劳在另一篇短文中的说法：“体系的整体是一个既不可能又必然的对象。不可能的：由于等同与差异之间的紧张是难以克服的，所以没有任何的实际对象与那个整体相符合。必然的：如果没有那种对象，任何意指过程都不能发生。”[②] 这就是说，任何一个同一体（整体）只不过是一种理论虚构，是意指过程发生的必要，而在实证意义上是不可能的。在拉克劳看来，后现代社会的各种革命主体（女权主义的、生态主义的、种族主义的……）都是在争夺一种普遍性，试图建构自己的霸权。但是根本不可能存在一个作为确定的对象

① 〔美〕巴特勒、〔英〕拉克劳、〔斯洛文尼亚〕齐泽克：《偶然性、霸权和普遍性——关于左派的当代对话》，第 222 页。译文有改动。

② 〔英〕拉克劳：《意识形态与后马克思主义》，陈红译，《马克思主义与现实》2008 年第 6 期。

的社会，社会只能是差异的无限游戏。这也就是拉克劳主张激进民主的原因。由于共同体、同一体、体系既是不可能的又是必然的，所以永远需要一种霸权的争夺，这就是激进民主策略。而正是这一点遭到了齐泽克的质疑，齐泽克认为，霸权逻辑与激进民主之间并不存在必然的联系，尽管拉克劳主张的霸权的无限游戏，但他又选择了一个确定的民主策略，事实上对资本主义民主是认同的，因而丧失了对资本主义社会的批判姿态。齐泽克采取的是更为激进的姿态，即所谓本真行动（authentic act）。对拉克劳和齐泽克之间的比较，将是一件十分有意义的事情。①

第四节　拉克劳后马克思主义的政治谋划

拉克劳旗帜鲜明地将其立场称作后马克思主义。拉克劳的后马克思主义以霸权斗争为核心，提出了一系列的后马克思主义的政治谋划。在本节我们对之做一个简单的概括。

一　无怨无悔的后马克思主义立场

关于拉克劳的理论立场，我们可以简单地称之为后马克思主义立场。确实，拉克劳自己称呼自己所建构的以霸权理论为核心的理论体系为后马克思主义理论，这已经成为一个常识。但是，拉克劳的后马克思主义主要涉及哪些内容，其根本的或主要的政治诉求如何，还需要进一步廓清。

在《无怨无悔的后马克思主义》这篇论战性的论文中，拉克劳（和墨菲）对批判其后马克思主义理论的论敌格拉斯进行了回应，并扼要表明了自己的政治立场。在文章的末尾，拉克劳和墨菲写道：“我们相信，通过明确地把我们定位于后马克思主义的领域这一方式，我们不仅有助于厘清当代社会斗争的意义，而且也赋予了马克思主义以理论的尊严，马克思主义的进步只能始于对其自身局限性和历史性的认识。只有通过这样的认识，马克思的思想才能停留在我们的传统与政治文化中，亘古常新。”② 这

① 对这一问题的探讨，参见第七章第五节有关内容。

② 〔英〕拉克劳：《我们时代革命的新反思》，第160页。

清楚地表达了拉克劳和墨菲的认识，尽管后马克思主义对传统的马克思主义有所批判，但是它不仅不是对马克思主义的背叛，而是对马克思主义的发展和创新（用我国学术界常用的术语来说），是试图通过对马克思主义与现当代的学术思想的链接赋予马克思主义以时代特征的理论尝试。从拉克劳和墨菲的后马克思主义的初衷而言，绝对不是反对马克思主义和背叛马克思主义的。正如拉克劳所指出的，后马克思主义对传统马克思主义的解构策略是海德格尔意义上的。解构不是完全拒绝传统，否定传统，而是通过解构恢复马克思主义原初的理论意义，在某种意义上是对经典传统的恢复。毋宁说，解构是通过解构这一策略来建构。拉克劳在《精神分析与马克思主义》中曾经写道："解构马克思主义就意味着要超越诸如'阶级'、'资本'等概念的欺骗性自明性，并重新创立上述概念期望构建的原初综合性意义；相关于理论选择性的总体系它们代表的仅是有限选择，内在于它们的自身建构中的模糊性——德里达所谓处女膜——虽然受到了强烈压制，但还是在语境表层到处浮现出来。正是这些模糊核心的系统的和谱系学的轮廓，才为解构马克思主义史留出余地，并把后马克思主义建构为我们当前反思的领域。"①

那么，后马克思主义到底是不是马克思主义呢？它对马克思主义进行了哪些解构，或者不如说，后马克思主义在哪些方面补充和发展了马克思主义呢？在《无怨无悔的马克思主义》一文中，拉克劳和墨菲做了以下方面的总结。

第一，作为话语的社会空间概念。社会即话语，二者具有相同的边界，这是拉克劳的话语理论与其他话语不同的地方。正是因为这一点，拉克劳的后马克思主义被很多批评者认为是唯心主义的。但是，拉克劳并不承认这一点。对此我们前面已经有过探讨，在此不再赘述。拉克劳和墨菲的话语并不是一个后马克思主义的枝节问题，或者是后马克思主义的一个方面，而是构成了后马克思主义的理论视域，只有在此基础上才能理解其理论建构，才能理解其对本质主义的批判。

---

① 〔英〕拉克劳：《我们时代革命的新反思》，第 112～113 页。

第二，拉克劳指出，后马克思主义是对马克思提出的关系论的深化和发展，也即发展了马克思的唯物主义方面。在对唯物主义和唯心主义的理解上，拉克劳的后马克思主义认为，古典的唯物主义和唯心主义都是唯心主义的，因为它们都是本质主义的，而本质主义的就是唯心主义。拉克劳对唯物主义和唯心主义的区别界定为，是否真正对现实（real）的终极概念特征的肯定。“唯心主义真正区别于唯物主义的地方在于其对现实（real）的终极概念特征的肯定”，“唯心主义与唯物主义之间的真正界线，是对现实向概念终极不可还原性的肯定或否定”。[①] 正是从这一标准出发，拉克劳认为，马克思在很大程度上也是唯心主义的。在马克思主义那里表现为最终决定论的，也是最唯心主义的。但是，拉克劳认为，在马克思那里也存在远离的运动。那么，远离唯心主义的起点在哪里呢？拉克劳指出，就存在于对象之中。对象不等于实存，因为对象总是一个话语的对象，总是在话语对象中得到链接。拉克劳写道：“对象的‘存在’不同于其纯粹的实存，对象永远不会被给予为纯粹的实存，而总是在话语总体性中得到链接。但在此情形下，足以表明，所有的话语总体性并非都是绝对的自我包含（总有某个外在来扭曲，并阻止其自身的完满构成），并足以看到对象的形式与本质渗入了基本的不稳定性和危险性，以及它们的最根本的可能性。这正是远离唯心主义运动的启始点。”[②] 在拉克劳看来，马克思的著作中存在远离唯心主义而向唯物主义发展的起始点，但仅仅是起始点。但是，马克思并没有完全脱离出唯心主义，因为其受到黑格尔主义的限制。拉克劳写道：“在马克思的著作中有指向唯物主义方向的运动开端，但也仅仅是开端。他的唯物主义与激进的关系论相联：观念并没有构成封闭自生的世界，而是植根于社会物质条件的整体性。然而，马克思走向关系论的运动软弱无力，并没有真正超越黑格尔主义的限制（倒置的黑格尔主义仍然是黑格尔哲学）。”[③] 拉克劳的意思是，马克思将社会物质生产看作话语总体的一部分，将观念和物质生产联系起来理解，因而超出了单纯的决

---

① 〔英〕拉克劳：《我们时代革命的新反思》，第129、130页。

② 〔英〕拉克劳：《我们时代革命的新反思》，第133页。

③ 〔英〕拉克劳：《我们时代革命的新反思》，第135页。

定论。但是，马克思又断言社会存在决定社会意识，这又回到了本质主义。可见，在把马克思理解为关系论（关系主义）的意义上，马克思是唯物主义的，而在理解为决定论的意义上，马克思又是本质主义的（唯心主义的）。后马克思主义对马克思唯物主义的发展就是激进化了其关系论方面。

第三，后马克思主义所提出的理论纲领并不是对马克思主义的远离或背叛，而是内在于马克思主义的发展史的。在拉克劳看来，整个当代的哲学思潮的主流就是对本质主义的远离。因此，后马克思主义也是在这一理论框架内对马克思主义的发展。拉克劳并不承认在马克思主义发展史上有什么背叛之说，说伯恩施坦背叛恩格斯，就像说黑格尔背叛康德一样可笑。背叛一说的前提是对对象的盲目崇拜。“我们著作要说明的是，当代思想史也是马克思主义的内在历史；马克思主义思想也一直努力适应当代世界的现实，并一直疏远着本质主义；因此，我们目前的理论努力也是属于马克思主义的内在谱系学。在这一意义上，我们认为，我们正在竭力为知识传统注入活力。”[①] 正是在这一基础上，拉克劳把马克思主义的发展史理解为一个远离本质主义的历史，并由此提出了霸权理论。经典马克思主义的二元论的简单化的模式已被证明并不能反映现实状况，列宁主义的阶级联盟概念、葛兰西的知识和道德的霸权概念，这一历史就是对本质主义的远离。拉克劳写道：“我们论点的核心是：在经典马克思主义领域之内，本质主义分化瓦解的同时，新的政治逻辑和争论开始取而代之。如果这一过程不能继续下去，很大程度上是由于其发生的政治环境：即在共产党的王国中，它把自身视为不折不扣的正统拥有者，并压制所有知识分子的创造性。如果我们今天不得不诉诸马克思主义传统之外的众多思想潮流——来完成后马克思主义的过渡，那么很大程度上，就是这一过程的结果。”[②]

第四，后马克思主义的政治策略就是激进民主。拉克劳认为社会主义与民主并不是天然的联合，民主必须是斗争的结果，或者说，民主乃是我

---

① 〔英〕拉克劳：《我们时代革命的新反思》，第 146 页。

② 〔英〕拉克劳：《我们时代革命的新反思》，第 148 页。

们斗争的目标。“对于我们而言，社会主义与民主之间的链接远非公理性的，而是一项政治事业；即长期复杂的霸权建构的结果，它一直受到威胁，因而就需要不断地被重新界定。因此，首先要探讨的问题就是进步政治的‘基础’。”[①] 这一基础是什么呢？拉克劳指出，不是所谓必然性，即把历史看作一种完全必然的发展，而是一种确真性（Apodicticity），即可以证明的真实，但也有可能为不真实。拉克劳对这两者做了区分。“一种建立在结论必然性基础之上的观点是这样的，它既不认可探讨，也不承认观点的多元性；另一方面，试图将其观点建立在结论确真性基础之上的观点，本质上是多元的，因为它需要参考其他观点，而且，由于该过程本质上是开放的，这些观点总是受到考验和拒绝。在此意义上，确真性逻辑本质上是开放的、民主的。因此，激进民主社会的首要条件是接受其所有价值的偶然性和激进开放特征（在此意义上，就是抛弃对单一基础的渴望）。”[②]

拉克劳的后马克思主义提出了一系列的理论来对经典马克思主义予以补充和发展，其立场十分鲜明，正如该文标题“无怨无悔的后马克思主义”所表示的那样，表现出一种一以贯之的理论的统一性，并表现出无所畏惧的理论勇气，值得我们深入思考，拉克劳的后马克思主义最终提出的政治策略实际上就是激进民主，对此我们下面做进一步的探讨。

二　左派的任务：激进民主想象

拉克劳以激进左派自居，并自觉地把提出左派的任务作为自己的理论目标。在其与墨菲合著的《霸权与社会主义策略》（又译《领导权与社会主义的策略》）中，拉克劳指出，左派的任务就是激进民主。他写道：“在面临等级社会的重新计划时，左派的选择应当是完全把自身定位在民主革命领域，发展反压迫斗争之间的等同链条。因此，左派的任务不是放弃自由民主的意识形态，相反，是在激进的和多元的民主方向上深化和扩大民主。”[③]

---

① 〔英〕拉克劳：《我们时代革命的新反思》，第153页。

② 〔英〕拉克劳：《我们时代革命的新反思》，第153～154页。

③ 〔英〕拉克劳、墨菲：《领导权与社会主义的策略》，尹树广、鉴传今译，黑龙江人民出版社2003年版，第198页。译文有改动。

这一激进和多元的民主方向上的民主的深化和扩大，关键在于理解这一方向的激进程度，或者说，彻底的程度。拉克劳认为，最大的障碍来自传统的本质主义观念、先验的观念，认为社会可以被构建为透明的大同社会的观念。拉克劳具体指出了三种主要的本质主义障碍，我们可以分别称为阶级论的障碍、经济决定论的障碍和经典革命观的障碍。阶级论是一种先验的观念，它将社会运动的历史主体先验地归于工人阶级，而并未看到工人阶级的定位依赖于具体的历史语境，依赖于阶级之外的斗争。经济决定论的障碍则是传统的经济基础决定上层建筑的观念，最后将归结为经济主义，认为经济必然导向政治。经典革命观的障碍指自法国大革命以来形成的革命观。这种革命观认为通过颠覆原先的压迫政权可以重新建立一种新的集权制度，能够合理地组织和管理社会的集权制度。这种革命观与激进多元民主也是不相容的。最后，拉克劳指出，从霸权理论的观念来看，所有障碍都集中于一个社会的可能性的预设。他写道："从霸权政治的观点看，传统左派观点的最主要局限在于，它试图先验地决定变革的代表、社会领域中有效性的层面、断裂因素和特权化的点。所有这些障碍最后都汇聚到一个共同核心，那就是拒绝放弃被彻底缝合的社会这个假定。"①

我们来看拉克劳的激进多元民主的基本问题。拉克劳认为，一旦放弃了社会之可能性这个先验性预设，将面临一系列问题。拉克劳指出的问题有三个："（1）如何确定激进民主谋划将包括的对抗出现的层面及其链接形式？（2）在何种程度上，激进民主特有的多元性与等同的效果相一致？正如我们已经看到的，等同的作用是每个霸权链接的特征。（3）在何种程度上，民主想象的置换中蕴含的逻辑足以定义霸权谋划？"② 针对这三个问题，拉克劳一一进行了回答。在此我们做一个最简略的说明。关于对抗，拉克劳认为，不可能在社会地形学的范畴内理解对抗，这就是说，对抗不是可以被先验说明的，不是某个先验层次上可以被决定的，而必须在社会逻辑学意义上来理解对抗。"因为所有的层面都因其他因素的决定性影响而不断被颠覆，并且作为结果，由于以某些领域向其他领域转换为特征的

---

① 〔英〕拉克劳、墨菲：《领导权与社会主义的策略》，第 201 页。译文有改动。
② 〔英〕拉克劳、墨菲：《领导权与社会主义的策略》，第 201 页。译文有改动。

社会逻辑的不断置换，先验地说明对抗出现的层面是不可能的。”[①] 这种不断置换就表明了社会的多元性，激进民主谋划所关联的正是这种社会的多元性。关于第二点，拉克劳指出，等同逻辑从来就不是完全的同一性逻辑，而是与自主性逻辑（或者说是差异逻辑）联系在一起的。就是说，每一个同一体中既包含平等的要求，又包含自由的要求，正是在此基础上，才产生了多元化，才有可能谈论激进的多元民主。关于第三个问题，拉克劳指出，民主的逻辑并不直接形成任何霸权。民主和霸权如何能够联系起来呢？从拉克劳的论述来看，是由于民主逻辑所隐含的偶然性逻辑和不稳定的平衡逻辑。民主逻辑不是社会实证性逻辑，每一个社会建构必须通过一个社会实证性逻辑才能得到建构，因此，民主理解和社会实证性的链接只能是偶然的。拉克劳写道：“如果民主逻辑的颠覆性因素和社会制度的实证因素不再被人类学基础统一起来，这一人类学基础把它们转变成单一过程的正面和反面，那么很显然，两者之间的每一个统一的可能形式都是偶然的，并且因此是链接过程的结果本身。”[②] 一个完全的民主诉求只是一个纯粹的否定性，它并不建构社会，而只有建构社会的实证性诉求才能是霸权的。拉克劳把前者叫作“对立策略”，而后者是“建构新秩序策略”。正是这两者之间的最大限度的综合构成了霸权。拉克劳写道：

> 霸权的情形将是这样的，在霸权中，社会实证性的管理与多元民主要求的链接之间达到了最大的融合——相反的情形中，在其中社会的否定性产生了每一稳定的差异系统的瓦解，这种情形与组织危机相对应。这使我们能够看到这样的意义，在这里我们可以谈及作为左派选择的激进民主的谋划。这不可能由来自边缘性立场的一系列反－系统的要求的肯定构成；相反，它必须使自己以对一个平衡点的追求为基础，这个平衡点就是在广泛的领域中追求最大程度的民主革命与在从属群体一方对这些领域的实证重建和霸权导向的能力之间的平衡点。因此，每一个霸权立场都是以一个不稳定的平衡为基础：建构从

① 〔英〕拉克劳、墨菲：《领导权与社会主义的策略》，第 203 页。译文有改动。

② 〔英〕拉克劳、墨菲：《领导权与社会主义的策略》，第 212 页。译文有改动。

否定性开始，但是只有在其成功地建构了社会的实证性的程度上，它才能得以巩固。[①]

拉克劳此处的解释应该说是比较清楚的。霸权与民主就是每一个社会建构的两个条件，前者乃是建构性的，具有某些实证性的具体建构内容，而民主是纯粹否定性的，只是社会建构的出发点，二者之间的不稳定的平衡构成了霸权斗争的张力，社会建构的张力。正因此，我们不可能建构一个完全的、稳定的透明性社会，这样的一种理想将导致极权主义，我们每一个社会建构只能是激进民主基础上的霸权建构。由此拉克劳指出，传统的社会（society）应该被作为视域社会（the social）所取代。因为传统的社会概念乃是一个固定的、透明的社会，而“社会”却总是处于不稳定之中，始终保持民主的开放性。“因此，激进民主谋划的推进意味着迫使理性和透明社会（society）的神话之不断退却，而代之以社会（the social）的视域。它变成了一个非位置（non-place），它自身不可能性的符号。”[②]

至此，我们应该比较清楚何谓激进的、多元民主了。我们可以这样来总结：拉克劳所谓激进和多元民主，是在对传统的本质主义之瓦解基础上提出的建构社会的前提，它是霸权建构的条件。民主在某种意义上不是一个政治范围的概念，而是一个本体论的概念，它是对本质主义的颠覆。所谓激进，是民主的彻底性，即民主不可能有一个稳定的、停滞不前的点，而必须是不断推进的，永无止境的。所谓多元，是民主的领域之广泛，它可以是多种多样的形式，出现在多种多样的领域。激进、多元民主由此就颠覆了本质主义的社会历史观，勾画出一幅霸权斗争的社会想象图景。

拉克劳在《霸权与社会主义策略》中提出的激进民主想象，贯彻了其理论研究的始终。在与齐泽克和巴特勒关于普遍性的讨论中，拉克劳再次指出，左派的任务就是新的社会想象；没有新的社会想象，就没有左派的复兴。拉克劳将激进民主想象的任务提高到普遍性的高度上来理解。他写

① 〔英〕拉克劳、墨菲：《领导权与社会主义的策略》，第213页。译文有改动。

② 〔英〕拉克劳、墨菲：《领导权与社会主义的策略》，第215页。译文有改动。

道："假如左派不能创建一套扩展的普遍性话语——从过去几十年中特殊性的增殖中创建，而非与之相反——那左派就没有未来。普遍性的维度已经在组织特殊要求的话语和问题导向－政治中运作了，但还是含蓄的未发展的普遍性，它不能为自身提出能够拨动多数部门中人们的想象力的一套符号。我们面临的任务是扩展这些普遍性的种子，以便能够拥有一个完整的社会想象，使其能够与在过去的三十年里成为世界政治学的霸权性视域的新自由主义的舆论竞争。这当然是一个困难的任务，但是它也是一个至少能够适当描述的任务。这样做就已经赢得了第一场重要的战斗。"① 在《民粹主义理性》一书中，沿着激进民主的逻辑，拉克劳再次回到民粹主义的话题，并提出建构人民是激进政治的主要任务。

三 民粹主义与建构人民

在拉克劳的理论生涯中，民粹主义这个术语是贯穿始终的。他早期的一部著作《马克思主义中的政治与意识形态：资本主义－法西斯主义－民粹主义》，最后作为结论的一章就是"朝向民粹主义"。时隔20余年，拉克劳出版的《民粹主义理性》，再次回到民粹主义的问题上来。应该说，在某种意义上，民粹主义构成了拉克劳的政治思考的线索，也构成了某种动因。但是，我们应该注意的是，在拉克劳那里，民粹主义这个词并不是以传统意义来理解的。传统上一般认为，民粹主义（Populism）是一种政治哲学或是政治语言。民粹主义认为平民被社会中的精英所压制，而国家这个体制工具需要离开这些自私的精英的控制而使用在全民的福祉和进步的目的上。民粹主义者会接触平民，跟这些平民讨论他们在经济和社会上的问题，而且诉诸他们的常识。总的来说，民粹主义一般倾向于对底层大众化的利益的无原则的强调，具有强烈的贬义色彩。民粹主义实际上是指涉极为含糊和模棱两可的一个词语。拉克劳在《民粹主义理性》中对民粹主义的历史和类型及其含义进行了深入的剖析，并试图赋予其新的意义。在拉克劳的话语中，实际上，民粹主义既不是民粹的，也不是一种主义。

① 〔美〕巴特勒、〔英〕拉克劳、〔斯洛文尼亚〕齐泽克：《偶然性、霸权和普遍性——关于左派的当代对话》，第328页，译文有改动。

毋宁说，它是拉克劳的霸权逻辑的另一种说法而已。甚至齐泽克也对拉克劳的民粹主义概念没有真正理解，因而批评拉克劳的民粹主义倾向。对此，拉克劳写了《为什么建构人民是激进政治的主要任务》一文进行回应。在这里，我们通过这一论战性的文章来理解拉克劳建构人民的思想。

通过拉克劳的论述我们看到，民粹主义实际上是不同于传统的阶级斗争的一种社会建构的方式。这里的关键是，拉克劳用人民取代了阶级。如果说经典马克思主义认为阶级斗争是历史的动力，并赋予无产阶级在阶级斗争中的特权地位，那么拉克劳的霸权理论则坚决拒斥这种客观历史和本质主义的倾向，而试图以霸权斗争（或民粹主义）来替代阶级斗争，同时以人民的概念来取代经典马克思主义中的无产阶级概念。也就是说，人民是历史的创造者，是霸权斗争的承担者。拉克劳写道："我的人民的概念和经典马克思主义的阶级斗争概念是两种不同的思考社会同一体建构的方式，因此，如果一个是正确的，另一个就应该被舍弃——或者不如说，根据替代性的观点重新吸收和重新界定。"①

按照拉克劳的论述，应该说，人民概念是其以霸权为核心的众多概念中的一个，要把人民置于后马克思主义的这一理论语境中予以理解，同样，民粹主义也必须置于这一语境中予以理解。拉克劳认为，任何政治都是民粹的。拉克劳写道："我们把一系列的范畴置于密切的联系中：政治、人民、虚空能指、等同/差异，霸权。每一个术语都要求另一个术语的在场。对抗及社会要求的分散性——这是全球化资本主义时代的规定性特征——需要所有社会同一的政治结构，这唯有在异质性因素之间的等同关系确立之后并且命名的霸权维度被强调之后才有可能。这就是为什么一切政治同一体必然都是民粹的。"② 那么，就人民这个范畴来说，它的主要目的就在于替代了传统的马克思主义中的阶级。我们看到拉克劳的后马克思主义对经典马克思主义的一系列替代：以霸权逻辑代替生产方式，以民粹

① Ernesto Laclau, "Why Constructing a People is the Main Task of Radical Politics," *Critical Inquiry* 32 (2006): 646 - 680.

② Ernesto Laclau, "Why Constructing a People is the Main Task of Radical Politics," *Critical Inquiry* 32 (2006): 646 - 680.

主义代替阶级斗争，以人民代替无产阶级。确切地说，拉克劳的人民概念如他所说的那样，是民众同一体（populist identity），这个同一体不是先天给予的，而是获得性的。

拉克劳论证的逻辑是，在传统的马克思主义那里，其历史观是内在的历史观，资本主义自身的发展就生产了无产阶级，而这个无产阶级又成为资本主义的掘墓人。根据后马克思主义的论证，并不存在这样一个内在的历史。现实的历史证明了资本主义自身发展并不能够按照这样一种逻辑发展，总是存在异质性、外在性的侵入，例如，在俄国革命中，资产阶级就无法领导资产阶级革命而必须将这一领导权转让给无产阶级，而这就是霸权。这就是拉克劳所反复论述过的不平衡与联合发展。不难看出，中国的革命实际上也符合这一逻辑。正因此，就不可能将任务赋予某一个先天既定的阶级，某一赋有特权的阶级，而必须是更广义的民众同一体——这就是人民的生产。拉克劳写道："因为越是不平衡与联合发展对任务与行动者之间关系的错位越深刻，将任务赋予先天规定的自然行动者的可能性就越小，行动者就越是不被看作具有不依赖于其所承担任务的同一体。由此我们进入了我称为偶然性的政治链接的领域，进入从严格的阶级论向更广义民众同一体的转化。"① 因此，拉克劳所理解的民粹主义实际上是人民主义，或者说民众主义，它实际上是霸权建构的另一个较为通俗的说法。在批判齐泽克将民粹主义与民权运动对立起来时，拉克劳曾经写道："当然，一切都取决于人们所给出的民粹主义定义是什么。在通常的狭隘意义上，这个术语的贬义内涵联系着的只不过是纯粹煽动性，无疑民权运动不能被认为是民粹主义。但是，这一术语的这种意义正是我的整本著作对之质疑的。我的观点是，作为集体行动者的人民的建构要求将民粹主义概念扩展到许多传统上不被认为是民粹主义的运动和现象。"② 据此我们可以进一步理解拉克劳的民粹主义理论。基于拉克劳的理解，现实的共产主义运动中

① Ernesto Laclau, "Why Constructing a People is the Main Task of Radical Politics," *Critical Inquiry* 32 (2006): 646 - 680.

② Ernesto Laclau, "Why Constructing a People is the Main Task of Radical Politics," *Critical Inquiry* 32 (2006): 646 - 680.

实际上根本就不存在纯粹的工人阶级领导的反对资产阶级的运动。无论是俄国的革命还是中国革命，还是南斯拉夫的革命，都是在他的民粹主义的理论框架内的，或者不如说，拉克劳的民粹主义实际上是对现实共产主义运动历史的一种总结。由此不难理解拉克劳下列断言："在长征中，除了创造出更广泛的民众同一体，甚至说到'人民内部矛盾'，由此重新引进了人民这个对经典马克思主义而言是诅咒的范畴，毛泽东还做了什么？我们甚至可以想象，在齐泽克的祖国南斯拉夫，如果铁托狭隘地诉诸工人而不是号召更大的大众抵抗外国占领，他将获得怎样的灾难性后果。"①

至此，我们对拉克劳的后马克思主义进行了一个粗浅的概述，并对其辩证法思想有所了解。拉克劳的后马克思主义视域中的辩证法还是不是马克思主义的辩证法？或者说，拉克劳的后马克思主义有没有辩证法思想、有没有历史观？我们可以说，如果站在经典的唯物史观的立场上，特别是站在教条主义的马克思主义立场上，拉克劳确实可以被看作对经典马克思主义的修正主义者，但是，如果马克思主义不是封闭的教条，而是与时俱进的理论的话，那么可以断言，拉克劳的后马克思主义确实推进了我们对马克思主义的深化理解，并引导我们走出独断论的迷雾。但是，拉克劳的理论并非无懈可击，其从朋友到论敌的当代著名思想家齐泽克就对之进行了质疑。在下一章中我们会对这一问题进行探讨。

第五节　阿尔都塞的多元决定辩证法及其理论变迁

在马克思主义哲学的发展史上，阿尔都塞的哲学思想以其鲜明的特点尤为引人瞩目。阿尔都塞以其理论干预在沉闷的马克思主义理论的理解中发出了振聋发聩的声音，极大地影响了当代马克思主义者对马克思主义哲学的理解，改变了马克思主义哲学理解的整体图景。阿尔都塞提出了一系列理论创造的概念，这些概念为学术界所熟知，并且影响了我们对马克思

① Ernesto Laclau, "Why Constructing a People is the Main Task of Radical Politics," *Critical Inquiry* 32 (2006): 646 - 680.

主义哲学的理解。可以说，阿尔都塞之后的马克思哲学成了后-阿尔都塞的马克思主义哲学，这意味着，我们再也无法无视阿尔都塞的哲学思想，而必须把阿尔都塞的思想贯彻到对马克思主义哲学的理解中去。同样，在世界的思想史上，阿尔都塞的思想也影响了一批思想家，后马克思主义的著名代表人物拉克劳的霸权理论就和阿尔都塞的多元决定的辩证法理论具有紧密的联系。然而，齐泽克却对阿尔都塞的多元决定的辩证法理论进行了驳斥，认为阿尔都塞的多元决定的辩证法决定性地误解了黑格尔。在这里，我们通过追溯阿尔都塞的“多元决定”的辩证法这一关键概念，来理解阿尔都塞理论的核心以及其对后来者的影响。

一 多元决定的提出：从弗洛伊德到阿尔都塞历史事件观

多元决定这个术语，最早是由弗洛伊德所提出的，但是现在已经广泛地应用于哲学的各领域，成为一个大家耳熟能详，甚至众所周知的哲学概念。然而，熟知并非真知。多元决定这个术语的内涵并非像我们所频繁使用的那样意义明确，很多时候其意义毋宁说是模糊不清的。那么，什么是多元决定呢？维基百科上进行了这样的解释：“当一个单一-观察的效果是被多种原因所决定，其中任何一个原因单独不足以说明（‘决定’）这个效果时，多元决定就发生了。这就是说，存在着比引起效果所必要的原因更多的原因。在科学哲学中，这意味着可以找到比证明一个结论所必需的更多的证据。多元决定是与决定不足相比较的，在决定不足的情况下原因的数量或强度是不充足的。”[①] 这个一般性的界定，为我们理解多元决定提供了关键的钥匙。多元决定不过就是指的一个看上去表现为单一的效果实际上其原因是复杂的，多种不同的原因交织在一起，导致了效果的产生。但是，应该注意的是，在多元决定中仍然有一个原因是占据主要地位的，即那个必要的因素，只不过不能单靠这个单一的因素来说明这个效果。多元决定这个术语最早见于弗洛伊德的《释梦》中，而阿尔都塞也明确指出，他的多元决定这个术语是从弗洛伊德那里的挪用。那么理解在弗洛伊

① 维基百科词条见 https://en.wikipedia.org/wiki/Overdetermination，最后访问日期：2021年11月16日。

德那里多元决定这个术语的意义，对于我们理解阿尔都塞的多元决定就十分重要了。

在《释梦》中，弗洛伊德使用多元决定这个术语来说明梦境的形成过程，特别是梦的凝缩作用。所谓梦的凝缩作用，是指在梦的场景中凝缩了大量的潜在的，没有表达出来的内容。所以，如果把一个梦的显性的东西说出来，只需要几分钟的时间，或只需要几百字，但是这几百字中包含了大量的被凝缩的内容，如果对其进行分析，要相当于这个数量的 n 倍的字数才能说明。这意味着，一个梦中的形象凝缩了多种多样的意义，而这些多种多样的意义内涵都要通过一个具体的形象表现出来。这就是说，梦中的形象不是一个纯粹单一的形象，而实际上是一个复合形象。正如中国传统中的龙或麒麟的形象，它由多种动物的各个身体部分组合起来而构成一个整体，梦中的形象也是如此。弗洛伊德说："梦境的某些成分为梦所特有而不可能发生于清醒的观念活动，凝缩过程对此做了进一步的解释。这里我所指的是那些'聚合的'和'复合的'形象以及各种奇异的'复合结构'，就像东方传说中杜撰的复合动物似的。"①

既然所产生的梦中形象实际上是复合结构，是凝缩的产物，那么这种复合结构实际上就不是单一决定，而是多元决定（在《释梦》的中文本中翻译为多因素决定）。弗洛伊德写道："我们所了解到的梦中的凝缩作用可以大致概述如下：梦境的每一成分都是由不同梦念材料多元决定的；它并非来自某个单一的梦念成分，而可以回溯到全部梦念。这些成分在梦念中未必是密切相关的，而可以分属于相差甚远的梦念。从其最严格的意义上讲，梦的一个成分是梦的内容中所有这些相互关联材料的一个代表。"② 弗洛伊德的这些论述是非常重要的，正如拉康所说，弗洛伊德的论述实际上是先于索绪尔的语言学 50 多年提出了语言的结构，同时它也是阿尔都塞提出多元决定的概念的最重要思想参照。在《矛盾与多元决定》这篇论文中，阿尔都塞将弗洛伊德的多元决定应用于社会发展历史的马克思主义分析中，提出了多元决定的辩证法。

---

① 《弗洛伊德文集》(2)，《释梦》，车文博主编，长春出版社 2010 年版，第 397 页。

② 《弗洛伊德文集》(2)，《释梦》，第 398 页。

阿尔都塞的“多元决定”的概念所表达的内涵比较复杂，但又十分重要，可以说，多元决定浓缩了阿尔都塞的理论创造，浓缩了其对黑格尔辩证法的批判，对马克思辩证法进行了重新审定和总结概括并发展了列宁等马克思主义理论家对辩证法理论的推进。因此，搞清阿尔都塞多元决定的辩证法的深刻内涵和理论意义，对于我们进一步深入理解马克思主义哲学的辩证法思想具有十分重要的意义。那么，在阿尔都塞那里，多元决定的辩证法到底该如何来理解呢？我们来看阿尔都塞在《保卫马克思》一书中的解释。阿尔都塞多次反复地试图给予多元决定的辩证法一个清楚的定义，但是其定义往往并没有真正表达清楚。但透过这些论述，我们可以进一步推敲多元决定辩证法的含义。在《谈谈唯物辩证法》中，阿尔都塞写道：

> 多元决定指明了矛盾的下列重要性质：在矛盾自身中它的存在条件的反思，就是说，在复杂整体的主导性结构中的它的情境的反思。这不是一种单义性（univocal）的“情境”。它不仅仅是“原则上”它的情境（在情况的等级中相关于决定性的情况它所占据的情境：在社会中，经济），也不仅仅是“事实上”它的情境（在所思考的阶段中，它是主导性的还是从属性的），而是事实上的情境和原则上的情境之间的关系，就是说，使事实上的情境变成主导地位的结构——不变量——的“变异”，总体的变异的关系本身。[①]

在阿尔都塞看来，多元决定是一种特殊的矛盾，而正是这种矛盾表现了马克思主义的辩证法。如果我们仔细辨识这段话的关键词，可以看出阿尔都塞所强调的是，多元决定是矛盾的这样的性质。第一，多元决定是反思性的矛盾。在矛盾自身中包含了对它的存在条件存在情境的反思，而不仅仅是那种单一的矛盾，不是那种是与非，对与错，二元对立的矛盾，而是反思的、复杂结构的矛盾。第二，多元决定是对一种复杂情境的把握。所谓情境，实际上是一个复杂的结构，是多种条件的综合体。阿尔都塞强

---

① 〔法〕阿尔都塞：《保卫马克思》，顾良译，商务印书馆 2010 年版，第 204 页。译文有改动。

调，这不是单义性的情境，而是一种复杂情境。我们甚至可以把多元决定理解为一种情境决定论。第三，阿尔都塞强调多元决定是一种关系中的矛盾把握，这个关系是事实上的情境和原则上的情境之间的关系。什么是事实上的情境，什么是原则上的情境？从阿尔都塞的分析看，这里实际上恰恰是其结构主义的关键所在。事实上的情境强调了一种变异，强调了历时性维度，而原则上的情境强调的是结构，是总体，是共时性维度。那么，阿尔都塞的多元决定实际上就是指要从共时性和历时性的关系，总体结构的不变因素和历史情境中的事实的变化之间的关系中来理解的矛盾。如此理解的矛盾才是多元决定的矛盾。

阿尔都塞的多元决定貌似提出了一种非常思辨的辩证法，但其思考是针对历史事实，是对马克思主义发展史和共产主义运动的革命史进行理论思考的结果。我们可以从阿尔都塞对黑格尔的一个概念即“扬弃”的改造来加深其多元决定的辩证法思想的理解，这也能够佐证我们对上述那段话的理解。阿尔都塞坚决反对黑格尔的简单化的扬弃概念，所谓既克服又保留，他称之为一种历史安慰的辩证法。那么如何理解一个新事物或新社会产生了，但它保留了旧事物或旧社会的特征或方面，即“残余”呢？阿尔都塞认为，只有从多元决定的辩证法这一视角才能够加以解释。

> 那么，我们如何来思考这些残余呢？无疑，要从一系列现实出发，它们确切而言是对马克思而言的现实，不管是上层建筑，意识形态“国家传统”还是人民的习惯和精神，等等？无疑，要从一个社会的任何建构因素和任何矛盾的多元决定出发，这就意味着：(1) 结构的革命并不事实上一举改变了现存的上层建筑和特殊的意识形态（正如经济是唯一的决定因素论者会说的那样），因为它们自己有充足的一致性来超越其直接生活环境而存活，甚至是暂时性地再造和分泌其存在的替代条件；(2) 革命所催生的新社会可能自身通过它的新上层建筑和具体的（国内和国际）“情况”这两种形式保证了这些旧的因素的残存，就是说，它们的再生。这种再生对一种被剥夺了多元决定

的辩证法而言将是完全不可思议的。[①]

我们可以看出，阿尔都塞在对一个既保留了过去的特征，又是新社会的过去之残余物分析时，事实上就是坚持了某种具体的情境决定论，坚持了在历时性和共时性即在结构和历史中把握变化的原则，这就是他所说的多元决定。如果不是多元决定而是一元决定，如果经济是唯一的绝对的决定因素，那么就不会有这种残余，新社会将是完全脱离了旧社会的全新产物，纯而又纯的新事物。但是，这种纯而又纯的新事物意味着死亡。

我们可以看出，阿尔都塞所谓多元决定辩证法，实际上是在一种具体历史情境中，多种原因所决定的历史事件的出现，是一种结构主义的历史事件观。从弗洛伊德对梦境分析中所提出的多元决定，到阿尔都塞将之应用到对社会历史事件分析中提出的多元决定的辩证法，其意义发生了很大的变化。阿尔都塞的多元决定辩证法更为精致，更为理论化，但在强调情境决定，多元决定，结构和历史的关系决定这一点上，阿尔都塞的多元决定论与弗洛伊德在梦的解析时提出的多元决定，在形式上保持了一致，但在所分析的内容上，从个体最为隐秘的梦境分析转到了最为宏观的社会历史叙事，从某种意义上说与拉康以及后拉康的马克思主义者将精神分析应用到社会历史分析具有高度的一致性。从这一点说，我们甚至可以说，阿尔都塞乃是后马克思主义的真正先驱。阿尔都塞的多元决定的辩证法是一种辩证法理论，其针对的对象是黑格尔的辩证法或者被误解的马克思的辩证法，因此是一种真正的辩证法理论。要继续深入理解阿尔都塞的多元决定辩证法，我们还必须深入历史和文本，深入情境之中，借用阿尔都塞的多元决定理论，我们也可以说，我们要分析阿尔都塞的多元决定的辩证法也是一种多元决定的产物。

二　情境中的阿尔都塞：多元决定的辩证法之多元决定

阿尔都塞的多元决定的辩证法是社会历史发展和马克思主义历史发展

① 〔法〕阿尔都塞：《保卫马克思》，第105～106页。

的产物，也具有浓厚的阿尔都塞个人的特质，是阿尔都塞个人的经历和思考在其理论创新中的反映。由此我们也可以说，阿尔都塞之多元决定的辩证法，也是被多元决定的，因此我们要更为深刻地理解阿尔都塞的多元决定的辩证法，必须还原历史情境，在情境中理解阿尔都塞。首先，我们要从阿尔都塞的个人经历中理解多元决定辩证法提出的原因。其次，我们要看到，阿尔都塞对马克思主义的理解，特别是多元决定的辩证法的提出，是在一定的哲学思想的前理解基础上提出的。再次，我们要看到，阿尔都塞的多元决定辩证法不是凭空而来，而是对时代问题的思考，同时借鉴了马克思主义理论家的理论创造。最后，我们应该看到，阿尔都塞所针对的论敌是谁，或者说，阿尔都塞的多元决定所针对的错误思想是什么。

首先，阿尔都塞的多元决定的辩证法带有阿尔都塞浓厚的个人色彩。在其最后的著作《来日方长：阿尔都塞自传》（该书在一定意义上是对其整个人生历程的总结，也是对其扼死妻子的答辩书）中，阿尔都塞回忆了自己走进马克思主义的过程。在阿尔都塞看来，一般而言，我们与世界的关系是一种思辨的关系，而眼睛是最好的思辨器官，即我们对世界的关系是一种理论的关系。这就是说，我们相信我们用眼睛所看到的东西，我们通过自己的眼睛来观察世界，体验世界。但是阿尔都塞在自己的生活中体验到，仅仅靠眼睛的思辨是不够的，身体的体验是更为重要的途径。阿尔都塞在自己的生活中感受到了对自己身体的掌控和把握，也感受到通过身体来把握的现实。阿尔都塞写道："在那里我才开始用自己的身体'思考'：这一点在我身上永久保留了下来。不是用注视、用眼睛从隔着距离的被动的方面思考，而是用手、用肌肉的无穷无尽的游戏，用身体的所有感觉在行动中思考。""身体，令人亢奋的身体锻炼，在树林里步行，赛跑，在使人精疲力竭的坡路上骑着自行车长时间冲刺——这全部的生活被发现并成为我自己的生活，永远取代了徒然注视所造成的单纯的思辨距离。"[①] 阿尔都塞对自己生活的这种描述，似乎与理论相去甚远。但在他看来，正是这种身体活动对注视思辨的优先性，决定了他与马克思主义哲学

① 〔法〕阿尔都塞：《来日方长：阿尔都塞自传》，蔡鸿滨译，上海人民出版社 2013 年版，第 229 页。

思想相亲近，使他能够毫无障碍地接受马克思的思想，因为他将马克思的哲学看作这样一种身体活动优先于注视思辨的哲学。阿尔都塞写道："我在马克思主义中，在马克思主义理论中，发现了把主动、勤劳的身体摆在被动、思辨的意识之上的优先地位来考虑的思想，我把这种关系就视为唯物主义本身。我为它着迷，毫无困难地对这种观点表示赞同……"① 总之，阿尔都塞接近马克思主义的道路与其个人的生活阅历息息相关。我们也可以说，正是这种生活的情境、其生活的阅历决定了阿尔都塞对马克思主义的接受，这种接受不能是教条主义的，而是在自己对生活理解基础上的，这正是阿尔都塞所谓多元决定的辩证法的理论基础，就是说，一种生活的复杂结构情境决定了我们对一种理论的赞成和反对。

其次，阿尔都塞的多元决定的辩证法是在其复杂的理论前设背景上提出的，是对其前辈思想继承和发展的结果。我们说阿尔都塞的多元决定的辩证法也是被多元决定的，其中很重要的一个方面就是阿尔都塞对前辈先驱思想的继承和发展。按照阿尔都塞的说法，对他产生过重要影响的思想家有斯宾诺莎、马基雅维利和卢梭，这是阿尔都塞通向马克思之路的必要的迂回。在斯宾诺莎那里，阿尔都塞继承了其意识形态理论、唯物主义理论和身体理论。在卢梭那里，阿尔都塞通过其社会契约理论，看到了共产主义的前景，看到了社会主义的领导权理论（也就是拉克劳所谓霸权理论）。在马基雅维利那里，阿尔都塞看到了偶然决定的重要性。他认为，马基雅维利彻底地思考了任何形势所具有的偶然的真实性，而这种思想并未得到重视。从解释学的角度说，阿尔都塞的这些理论背景构成了阿尔都塞在接受马克思主义时的前理解。这种前理解决定了阿尔都塞在接受马克思主义时，并不是处在一个中立的立场上，而是从自己特殊的理论立场出发的。阿尔都塞就此写道："我就是从这些所有个人经历、这些阅读和联想出发，最终得以把马克思主义作为自己的财富来拥有，认真去考虑它，当然是以我自己的方式；我现在清楚地看到，这种方式和马克思的方式并不完全一致。"② 阿尔都塞对自己的这种理论创造充满了自信。他写道：

① 〔法〕阿尔都塞：《来日方长：阿尔都塞自传》，第 230 页。

② 〔法〕阿尔都塞：《来日方长：阿尔都塞自传》，第 236 页。

“我们可以真正使马克思成为我们的同时代人。这是在马克思主义理论观念内部引起的一场小小的‘知识’革命。”①

再次，阿尔都塞的多元决定的辩证法是对当时的时代事件的理论总结，也是对以列宁等为代表的共产主义理论家的理论的总结和发展。阿尔都塞的多元决定的辩证法是如何提出的，其直接的动因是什么？在笔者看来，多元决定的辩证法是对马克思主义在世界历史上的发展所遇到的难题的理论反思的结果。阿尔都塞所遇到的直接的理论难题是，共产主义运动为何在落后的国家俄国和中国取得了胜利，如何能够从马克思主义理论中解释这种情况。我们知道，按照马克思主义理论，共产主义革命只有在多个国家经济高度发展的基础上一起发生。那么，如何解释这种历史发展的特殊性？阿尔都塞的理论思考主要借鉴的理论资源是马克思、列宁和毛泽东的相关论述。阿尔都塞对马克思颠倒黑格尔辩证法的说法进行了梳理。在阿尔都塞看来，关键的问题就在于，颠倒并不涉及从唯心主义向唯物主义的转换，而是辩证法的结构性转换，是辩证法的结构性改造。这个结构的不同就在于从一元结构向多元结构的转换，即从一元决定的单一辩证法，向多元决定的辩证法的转换。阿尔都塞的多元决定概念，也是对列宁时代问题分析的概括。根据阿尔都塞的分析，列宁在“最薄弱环节”的分析中，是对当时社会中的多种矛盾的汇合而不是简单的矛盾。阿尔都塞用多元决定来指称这个现象。他指出：“这些‘不同矛盾’汇合成为一个促使革命爆发的统一体，其根据在于他们特有的本质和效能，以及它们的现状和特殊的活动方式。他们在构成统一体的同时，重新组成和实现自身的根本统一性，并表现出它们的性质：矛盾是同这个社会肌体的结构不可分割的，是同该结构的存在条件和制约领域不可分割的；‘矛盾’在其内部受到各种不同矛盾的影响，它在同一项运动中既规定着社会形态的各方面和各领域，又被它们所规定。我们可以说，这个矛盾本质上是多元决定的。”② 阿尔都塞还从毛泽东的《矛盾论》那里找到了灵感。在《矛盾论》中，毛泽东区分了主要矛盾和次要矛盾，矛盾的主要方面和次要方面，以

---

① 〔法〕阿尔都塞：《来日方长：阿尔都塞自传》，第 237 页。

② 〔法〕阿尔都塞：《保卫马克思》，第 88～89 页。

及矛盾的不平衡发展。阿尔都塞认为，这里毛泽东主要强调了矛盾的特殊性。而这种矛盾的特殊性强调的是过程的复杂性，因为一个过程中存在多个矛盾，有主有次，而一个矛盾中又有主有次，无论是矛盾的内部还是矛盾之间，都是非常复杂的，也就是说我们面对的总是一个复杂结构的整体。阿尔都塞认为这种复杂结构整体的思想与马克思和列宁的分析是一致的。这就是阿尔都塞所说："马克思主义否定了所谓原始哲学（及其所包含的各种概念）这个意识形态神话，而把承认一切具体'对象'具有的复杂结构上升为原则，并认为正是复杂结构决定着对象的发展，决定着阐释其认识的理论实践的发展。因此，不论认识的根源可以向上追溯至如何遥远，我们所找到的也不是原始的本质，而始终只是一种既与性。不再是任何简单的统一体，而只是有结构的复杂统一体。不再是任何原始的简单统一体，而是由结构的复杂统一体的既与性。"① 正是这种复杂结构的统一体的既与性，也就是说我们所面对的总是一个多种矛盾交织的复杂情境，决定了事件的发生是多元决定的。

最后，阿尔都塞的多元决定的辩证法主要的论敌是马克思主义哲学中的黑格尔化思潮。阿尔都塞首先针对的是对马克思辩证法的黑格尔化。在阿尔都塞看来，马克思对黑格尔辩证法的颠倒并不是如人们通常所说的那样，将唯心主义辩证法颠倒为唯物主义辩证法，而是做出了一种结构上的改变，完全取消了黑格尔的辩证法，是一种与黑格尔辩证法完全不同的辩证法。黑格尔的辩证法是一种一元决定的、简单化的辩证法，或者说，是一种内因决定的辩证法。用阿尔都塞的话说，是一种简单本原，这种简单本原放到对马克思的理解中，则表现为经济主义甚至技术主义。阿尔都塞写道："根据这种观点，在黑格尔那里，政治因素和意识形态因素是经济因素的本质，而在马克思那里，阶级因素是政治和意识形态因素的全部本质。于是，政治和意识形态因素只是经济因素的现象，而阶级因素则是政治和意识形态的真理。于是，对于黑格尔用以说明决定一个历史民族的各种因素的简单内在本原，即该民族在某时代的自我意识中的纯洁本原，人

① 〔法〕阿尔都塞：《保卫马克思》，第 193 页。

们就可以用另一种简单本原（相反的简单本原）去代替，物质生活和经济这个简单本原就成了用以说明决定该历史民族的各种因素的唯一本原。”① 阿尔都塞所反对的正是黑格尔的这种简单内在本原，反对将马克思对黑格尔的颠倒理解为用另一种简单内在本原代替了一种简单内在本原。所以问题就集中地体现为，在说明社会历史发展时，到底是坚持多元决定还是黑格尔式的内在本原决定？阿尔都塞坚定地选择了前者，而拒斥后者。从这个角度来理解，阿尔都塞的多元决定的辩证法实际上是反本质主义、反基础主义的，具有后现代思想的成分。反对黑格尔的辩证法，反对对马克思辩证法的黑格尔化阐释，是多元决定的辩证法的主要目的。阿尔都塞断言：“今天，我们比任何时候都应该看到，黑格尔的影子是最主要的幻影之一。必须进一步澄清马克思的思想，让黑格尔的影子回到茫茫的黑夜中去；或者，为了达到同一个目的，需要对黑格尔本人进行更多的马克思主义的解释。”②

阿尔都塞的多元决定辩证法的提出，确实使当时沉闷的马克思主义为之耳目一新，它提出了一种既不同于以苏联教科书为代表的马克思主义理解，又不同于传统的西方马克思主义对马克思进行黑格尔化解释的理解。阿尔都塞的多元决定的辩证法产生了重要的影响。拉克劳的霸权理论直接衔接着阿尔都塞的多元决定的辩证法思想，而齐泽克则站在黑格尔的立场上，批评阿尔都塞误解了黑格尔辩证法，从而多元决定的辩证法的理论图谋沦为一场无效的革命。

三　拉克劳与齐泽克：后－阿尔都塞的多元决定辩证法

探讨拉克劳和齐泽克对阿尔都塞思想的继承和批判，甚至只是对其多元决定的辩证法的继承和批判，也是一个艰难的任务。因此，在此我们只集中于以下的问题，作为后马克思主义的主要旗手，拉克劳在哪些方面决定性地发展了多元决定的辩证法？作为黑格尔的自觉的捍卫者，齐泽克又是如何批判阿尔都塞的多元决定辩证法的？无疑，把阿尔都塞的多元决定

① 〔法〕阿尔都塞：《保卫马克思》，第 97 页。

② 〔法〕阿尔都塞：《保卫马克思》，第 106 页。

论放置于这样的理论语境中，为我们理解阿尔都塞的多元决定辩证法提供了多元视角。

关于拉克劳的后马克思主义的霸权理论与阿尔都塞多元决定的辩证法之间的关系，学界已有不少关注。但在笔者看来，关键的问题还几乎未被触及，这个问题就是，拉克劳的霸权理论究竟如何发展了阿尔都塞的多元决定的辩证法？拉克劳断言自己对阿尔都塞思想的继承，按照他自己的说法，他在许多方面都是阿尔都塞在《保卫马克思》中命题的极端化、激进化。[①]《保卫马克思》的一个关键思想就是多元决定的辩证法，因此也可以说，拉克劳的许多思想就是对多元决定的辩证法的激进化或者说彻底化、极端化。那么我们进一步追问的是，拉克劳如何激进化了多元决定的辩证法？按照我们的理解，拉克劳在以下三个方面决定性地发展或者说激进化了多元决定的辩证法。第一，以霸权链接的概念取代多元决定的概念。拉克劳的关键的批判是，多元决定论的思想仍然保留了最后决定，即经济因素的最后决定，因而仍然是本质主义的。拉克劳认为，阿尔都塞的多元决定实际上预示着两种可能性。“第一个是要去发展多元决定这个概念的全部含义，揭示‘经济的最后决定’这一概念的不可能性，肯定每一个同一关系的不稳定特征；第二个可能性是要证明假定的社会总体要素之中的必然性联系的逻辑矛盾，从而通过不同的道路揭示作为合理地统一起来的总体的客观‘社会’的不可能性。”[②] 实际上拉克劳通过多元决定的激进化，即多元决定的两种可能性所提出的是：（1）社会发展不可能是决定论的，因此是一个偶然的过程；（2）社会作为一个总体决定的客观性是不可能的，也即拉克劳后来所指出的社会的不可能性，即社会作为客观的总体总是一个偶然的假象。沿着这一思路，拉克劳指出多元决定实际上反对一切本质主义。一切固定的东西都不是不可能的，一切固定不变的同一体都是被阻止的。对多元决定而言，“每一个同一体的意义都是被多元决定的，因为一切精确性都是建构性的被颠覆和被超越的；远非存在一种本质主义的总体化，或一种对象中的同样本质主义的分离，在其他对象中的某些对

① 〔英〕拉克劳：《我们时代革命的新反思》，第 213 页。

② 〔英〕拉克劳、墨菲：《领导权与社会主义的策略》，第 108 页。译文有改动。

象的在场阻碍了它们的同一体的任何一个的固定"①。这种无法固定的同一体仍然需要以某种形式固定下来，而这种固定就是拉克劳所谓霸权链接。霸权链接的关键是对意义的缝合，通过这种缝合一个不固定的意义领域获得了固定，这个过程就是霸权链接，而这个思想的根源则是拉康的缝合点概念。第二，提出了虚空能指，而虚空能指的概念构成了拉克劳的霸权理论对多元决定的关键推进。对于理解拉克劳的霸权逻辑，最为关键的概念是什么？笔者认为，是虚空能指的概念。正如拉克劳所指出的，精神分析对后马克思主义的最大影响就在于能指理论的普遍化。② 拉克劳的虚空能指的理论十分复杂，这里我们仅仅指出一点，即虚空能指正是把不可能性作为可能性表达出来的概念，即将意义领域的界限表达出来的概念。例如社会这个概念，恰恰是遮蔽社会之不可能性的东西。社会意指着一种和谐的、大同的、透明性的共同体，但是这一共同体是根本不可能的，它被一个内在的不可能性所击穿，那么社会就是一个虚空能指，它恰恰就是社会共同体不可能性的表达。第三，将霸权理论推进为解放的辩证法，而解放的辩证法就是霸权逻辑在各个社会领域中的激进化和具体应用。在与齐泽克和巴特勒论争的过程中，拉克劳将自己的霸权逻辑较为清楚地、严谨地进行了论述。具体说来，霸权关系包含四个维度：（1）权力的不平衡性是建构性的。（2）只有当普遍性/特殊性的二分法被取代，才存在着霸权；只有普遍性被实体化在——且颠覆——特殊性中，它才能存在；但是，反过来，如果没有同时变为普遍化效果的场所，任何特殊性都不能变成政治的。(3) 霸权要求一种倾向于虚空能指的产生，它在维系普遍性与特殊性的不可通约的同时，能够使后者成为前者之代表。(4) 霸权扩张的领域是作为社会秩序建构条件的代表关系的普遍化的领域。③ 由此，在拉克劳那里，多元决定就被推进为解放的辩证法，在阿尔都塞那里的本质主义被完全抛弃，同时也将阿尔都塞的多元决定演进为一种更具可操作性的、更为

---

① 〔英〕拉克劳、墨菲：《领导权与社会主义的策略》，第 114 页。译文有改动。

② Ernesto Laclau, *Emancipation (s)*, pp. 36 – 46.

③ 〔美〕巴特勒、〔英〕拉克劳、〔斯洛文尼亚〕齐泽克：《偶然性、霸权和普遍性——关于左派的当代对话》，第 218 ~ 219 页。译文有改动。

激进的社会领域的革命理论。在阿尔都塞那里，多元决定的辩证法实际上只是解释了已经发生的历史事件，而并未揭示出其对社会未来发展的潜能，拉克劳的霸权辩证法则激进化了多元决定理论，并将其作为革命的解放的指导原则来予以阐释。这里还应该注意的是，在阿尔都塞那里，对于精神分析的指涉和借用仅仅局限于多元决定这个术语，而且基本上局限于弗洛伊德，但拉克劳的霸权理论则更多地挪用了拉康的精神分析理论。

阿尔都塞的多元决定的辩证法和拉克劳的霸权辩证法还具有另一个至关重要的相似点，这就是对黑格尔辩证法的激进批判。在他们看来，黑格尔是本质主义的代表，将一切革命的因素都压抑在思辨逻辑之中，因而丧失了其革命的力量。然而，当代西方著名学者齐泽克则站在黑格尔的立场上，坚决拒斥阿尔都塞和拉克劳对黑格尔的批判。就多元决定的辩证法而言，齐泽克就曾经指出，多元决定的辩证法对黑格尔的批判是误解了黑格尔。我们已经说过，阿尔都塞的主要理论的对手是黑格尔的辩证法和将马克思的辩证法进行黑格尔化阐释的倾向，其主要的批判则是指向黑格尔辩证法的本原决定论，或一元决定论。齐泽克认为，恰恰是在这一点上，阿尔都塞对黑格尔辩证法或黑格尔的决定论存在致命误解。在《滞留于否定之中》一书中，齐泽克曾经仔细地分析了黑格尔的本质论，并对黑格尔的决定论与阿尔都塞的多元决定之间的关系进行了梳理，其主要内容体现在“形式的、真实的、完整的基础”一节中。[①] 按照齐泽克的分析，所谓形式的基础（在中文版黑格尔《逻辑学》中译为“根据”），即直接的对“真实本质”的指涉，这是一种同义反复，而并未增加新的东西。如同我们去看医生，在描绘了一系列症状后，医生给予我们的症状一个名字，这个名字并未增加任何实际内容，而只是对症状的同义反复。真实的基础则是对这个形式的基础增加了一种空洞的幻想的实证内容，由此我们得到的是诸如“以太”“磁力”“燃素”等，最为典型的哲学上的例子就是笛卡尔的松果体。通过这一真实的基础，一个“乱七八糟”（topsy-turvy）的世界被颠倒为一个实证经验的思想对象的世界。完整的基础则是对前两者的综合

① Slavoj Žižek, *Tarrying with the Negative*, London: Duke University Press, 1993, pp. 136 – 140.

和统一。例如，在马克思主义的经济基础决定上层建筑中，经济基础成为最终的决定因素，而为何是经济基础而非别的要素成为最终决定因素？完整的基础就回答了这个是此而非彼的问题。齐泽克写道："简言之，我们只能通过在基础和被奠基之物（the grounded）的关系的整个网络的细致分析中回到'为什么是此环节而非彼环节'的问题，它解释了为什么恰恰是网络中的这一要素承担了基础作用。所达到的走向下一步的步骤就是基础的最终模式，完整的基础。"① 完整的基础并未提供新的东西，而只是在真实的基础与被奠基之物的关系中理解基础。这就是黑格尔的洞见。齐泽克指出："在这个精确的意义上，完整的基础是形式的基础与真实的基础的统一：正是与其他内容具有奠基关系的真实的基础被再次奠基在什么中呢——在自身之中，即在其与被奠基之物的关系之总体性中。"②

齐泽克认为，黑格尔的这种真实基础在其与被奠基之物的关系中奠定基础的复杂结构，与阿尔都塞的多元决定论在本质上是相同的。多元决定强调我们所面对的是一个既与的复杂结构整体，而哪一种要素将成为决定性的是在这个整体中，即要素与其他要素的关系整体中被多元决定的。齐泽克写道："黑格尔预先勾画了阿尔都塞对（阿尔都塞所展现的）黑格尔主义的批判，而且他发展了在阿尔都塞那里所错失的并阻止其思考多元决定概念的要素。"③ 如此看来，阿尔都塞对黑格尔的辩证法的攻击就找错了靶子，实际上变得不再可能。值得我们注意的是，在对阿尔都塞多元决定的辩证法和黑格尔的辩证法之间关系的理解中，齐泽克参照的是拉康的三界结构：想象界、实在界与符号界。黑格尔的形式的基础、真实的基础和完整的基础对应于想象界、实在界与符号界。而多元决定对应于符号界。"多元决定暗示了符号的总体，因为这样的基础被所奠基之物的回溯性决定只能在符号世界之内才是可能的。"④ 齐泽克对拉康的参照似乎暗示我们，阿尔都塞对黑格尔误解的根源，就在于他并未真正理解拉康精神分析

① Slavoj Žižek, *Tarrying with the Negative*, p. 139.

② Slavoj Žižek, *Tarrying with the Negative*, p. 139.

③ Slavoj Žižek, *Tarrying with the Negative*, p. 140.

④ Slavoj Žižek, *Tarrying with the Negative*, p. 140.

理论并将其贯彻到对黑格尔的理解中去。

从阿尔都塞多元决定的辩证法的提出，到拉克劳对多元决定辩证法的批判和修正，再到齐泽克基于黑格尔立场对多元决定的辩证法的批判，走过了一条否定之否定的变迁之路。这条道路启示我们，在对阿尔都塞思想的理解上，我们不能拘泥于阿尔都塞本人的论述，而应该将其放到广阔的理论语境和历史发展中，思考阿尔都塞的思想，对之做出符合马克思主义的合理解释和发展。

第七章

齐泽克辩证法思想的多维度考察

斯拉沃热·齐泽克是蜚声世界的当代著名思想家，他以拉康式精神分析为理论资源，对德国古典哲学，特别是黑格尔哲学进行重新解释，并将拉康式精神分析与黑格尔哲学、马克思主义联系起来，构建了富有精神分析特色的后马克思主义理论。尽管他并不认为自己是后马克思主义，但在我们看来，他的思想借助精神分析和后现代的思想来解释马克思主义，显然是后马克思主义的。齐泽克的思想博大精深，其著作丰富繁杂，内容又包罗万象，让人目不暇接，但其基本的思想在于用精神分析来分析社会历史，提出一种新的政治理论。由于精神分析在其思想中的重要支柱性的作用，齐泽克的理论建构可以说重建了一种拓扑学的辩证法。在他看来，辩证法就是悖论结构。在此我们通过对齐泽克的拉康解读入手，通过齐泽克对对象 a 的辩证法、现实与幻象的辩证法、作为能指逻辑的黑格尔辩证法、穿越幻象的行动辩证法对齐泽克的辩证法思想进行简单探讨。毋庸讳言，齐泽克的辩证法与马克思的历史辩证法已经相去甚远，但是保持了对传统马克思主义的礼节式的尊重，其行动辩证法的理论结论似乎又衔接着马克思的实践与革命辩证法。对齐泽克的辩证法思想的探讨，可以使我们进一步理解辩证法理论本身的复杂性。

第一节　崇高对象及其颠覆：意识形态的辩证法

《意识形态的崇高对象》是齐泽克的成名之作，也是齐泽克众多著作中最为重要的一部。正如《精神现象学》隐藏了黑格尔思辨哲学的全部秘密一样，《意识形态的崇高对象》隐藏了齐泽克全部思想的萌芽。对这本著作的解读，构成了理解齐泽克哲学思想的关键。《意识形态的崇高对象》一书是极为晦涩难解的，这部分缘于齐泽克思想本身的博大精深，部分则缘于齐泽克那种在各种思想之间幽灵一般游走舞蹈的晦涩文风。如果说阅读康德和黑格尔这样的哲学家著作时，会使读者感觉是在极为精致的思想迷宫中游览，那么阅读齐泽克的《意识形态的崇高对象》，则会使读者感觉是在观看许多穿着华丽服装的幽灵在舞蹈——要捕捉齐泽克在这些游离的论述中的确切思想，是非常困难的。对于齐泽克的意识形态理论，学界已经进行了一些探讨。然而，这些探讨却疏忽了一个非常关键的问题，即在齐泽克这本著作的题目中，意识形态的崇高对象到底有何意蕴？在此我们就从这一维度入手，来探讨齐泽克意识形态崇高对象的意义，并在此基础上对齐泽克的意识形态理论进一步有所阐发。齐泽克在《意识形态的崇高对象》中，论述意识形态的崇高对象的含义及其辩证法，可以说提出了对意识形态精神分析式的辩证法解读。

一　何谓“崇高对象”

“崇高对象”是《意识形态的崇高对象》一书的关键词。齐泽克对崇高对象的阐释从对康德和黑格尔的解读发端；这里我们的探讨不妨也从齐泽克是如何从德国古典哲学对崇高的论述引向拉康精神分析学的崇高对象概念开始。对于齐泽克而言，谈论康德与黑格尔，就如呼吸一样自然。在齐泽克看来，崇高对象概念，并不是齐泽克本人之发明，它来源于康德、黑格尔哲学，而为拉康所发展和完善。他指出，是康德首先把美与崇高区分开来。美的东西是和谐之物，给人们的是愉快的感官享受，而崇高之物则不同，崇高来自不愉快的感觉，或者说，崇高之物超出了我们的感官承受能力的限度，使我们感受到的不是一种和谐之美，而是心灵的撞击。这种撞击超出了我们心理的承受能力，引起一种崇高之感。例如，我们看到咆哮的大海，引起的是崇高之感，而看到小河潺潺，感受到的是美感。康德这样写道：“人们可以这样来描写崇高：它是自然界的一对象，它的表象规定着心意，认为自然是不能达到诸观念之表现的。”[①] 在《幻想的瘟疫》中齐泽克也曾经写道，康德的“崇高来自人类作为自然物体的虚无感和他的精神深度的无限力量之间的沟壑”[②]。在齐泽克看来，康德的崇高之物的定义，正是拉康对崇高对象的描述的前身。在《精神分析的伦理》研讨班报告中，拉康指出，崇高对象是“被抬到（不可能的、实在界的）原质的层面上的对象”。康德所谓崇高，是经验之物、感性之物、现象之物、世俗之物与康德的自在之物之间的区别，也就是说，在康德那里，自在之物是崇高之物。任何经验之物、感性之物、现象之物、世俗之物都不可能充分呈现出自在之物来。这样，齐泽克发现了拉康的崇高对象与康德的自在之物之间的联系：二者都是不可能之物，代表着一种不可能性。在拉康那里，这种不可能性即原质、大写的物（Thing）。齐泽克写道：“崇高的悖论如下：原则上，使现象的、经验的实证对象与自在的原质之物分离的裂隙是不可逾越的——就是说，任何经验对象，对它的任何再现，都无法恰当地再现原质自身（这个超感觉理念）；但是崇高之物是这样一个对象，在这个对象中我们经验到这一不可能性，即追求再现原质的永恒失败。正是由于这种再现的失败，我们对原质的真实维度有了预感。”[③] 在此，齐泽克明确指出，崇高对象是一个表征着不可能性原质的对象，它不是任何经验对象，而是超经验的对象，正是这种不可能性体现出原质的真实维度。这真是一个幽灵般的对象。

崇高对象的概念不仅与康德的自在之物深刻关联在一起，还与黑格尔的哲学思想有着密切的联系。与众多研究黑格尔的学者切入点迥然相异，齐泽克在援引黑格尔时，从黑格尔《精神现象》学最为晦涩的一章“力和知性”入手，特别援引了黑格尔这句十分晦涩难解也不被重视的话：“超感官界是被设定为感官事物和知觉对象的真理，但是感官事物和知觉对象的真理却是表象。那超感官界因此乃是作为表象的表象。”[④] 齐泽克对黑格尔的这段话做了富有拉康特色的解读。在黑格尔这里，超感官界超出了感

① 参见〔德〕康德《判断力批判》，宗白华译，商务印书馆 1964 年版，第 108 页。

② 〔斯洛文尼亚〕齐泽克：《幻想的瘟疫》，胡雨谭、叶肖译，江苏人民出版社 2006 年版，第 211 页。

③ Slavoj Žižek, *The Sublime Object of Ideology*, London and New York: Verso, 2008, p. 229.

④ 〔德〕黑格尔：《精神现象学》，第 98 页。原文中表象译为现象。

官界，但又是作为表象的表象，那么它隐藏了什么？齐泽克指出，它其实什么也没有隐藏，因为在超感官界的背后其实只是空无或乌有。正是通过这一对空无或乌有的掩藏，超感官界使自己神圣化了，具有了崇高的性质。齐泽克写道："超感官界的神圣因而首先是一个空位，一个缺乏实证内容的位置，而只有后来它才能被填充以某些内容（当然，它来自超感官界要进行否定的，要超越的感官世界）。超感官界的内容与感官世界的内容是相同的；一个对象变为神圣的仅仅是由于其位置的改变——由于占据了、填充了神圣的空位。"① 这正是拉康意义上的崇高对象，它不是由于其本身的性质而成为神圣对象，它本身乃乌有，只是因为其占据了一个不可能之原质所在的空位，才变成了崇高对象。那么，这一空位正是不可能之原质（Thing）所处的位置，"一个普通的日常行为，一旦发现自己占据了原质的不可能的位置，并开始化身为欲望的崇高对象时，就变成了不可能的奢望"②。正像古代的皇帝之位，那其实是一个空位，不管是谁，只要登上了皇帝宝座，就成为神圣的，就代表了国家，"朕即国家"。齐泽克对崇高对象的这一悖论性质做了十分精确的描述："这也是拉康式对象所遵循的逻辑的一个基本特征：位置在逻辑上领先于占据这一位置的对象，对象以其既定的实证性所掩饰的，不是某种其他更具实体性的对象秩序，而只是它试图填补的空无和缝隙。我们必须记住，在一个崇高的对象中，本质上不存在任何崇高的事物——根据拉康的见解，一个崇高的对象只是一个普通的日常的对象，它相当偶然地发现自己占据了拉康所谓原质的位置，即欲望的不可能的实在对象的位置。崇高的对象只是提升到了原质层面的对象。将崇高授予对象的，是它所处的位置，是这样的事实——它占据了快感的神圣的/被禁止的位置，而不是它固有的质素。"③

由此我们看出，崇高对象具有以下基本性质。其一，崇高对象本身乃是空无或乌有；其二，崇高对象乃是占据了崇高位置的对象；其三，这一崇高位置乃是原质的位置。因此，要进一步理解崇高对象，我们就必须

① Slavoj Žižek, *The Sublime Object of Ideology*, p. 220.

② Slavoj Žižek, *The Sublime Object of Ideology*, p. 221.

③ Slavoj Žižek, *The Sublime Object of Ideology*, p. 221.

问：到底什么是原质（Thing）？这又是一个极为晦涩的几乎不可说的幽灵概念。齐泽克写道："原质，作为不可能的快感之化身的原质。……符号秩序努力争取动态平衡，但在它的内核，在它的核心，存在某些它们不能被符号化，不能融入符号秩序的陌生的创伤性因素——原质。"[①] 由此我们可以推断出原质是构成拉康主体的实在界的最隐秘最深处的处于中心的内核，在拉康理论建构中处于本体论层次。

原质所处的位置，是拉康所谓两种死亡之间的位置。什么是两种死亡？拉康指出，任何一个主体都会经历两种死亡，第一种死亡是肉体之死亡，第二种死亡是符号性死亡，是"对符号性组织的彻底消除，而所谓现实通过符号性组织才建构起来"[②]。齐泽克指出，在拉康那里，第二种死亡是对死亡的符号化处理，是结账，是对事情的了断、了结，是符号性命运的完成。两种死亡之间的缺口可以以各种方式填充，既可以以崇高美（例如安提戈涅），也可以用可怕的幽灵怪物（如哈姆雷特父亲的鬼魂）来填充。"'两种死亡之间'的位置，崇高美和可怕的怪物所处的位置，就是原质的位置，是在符号秩序之中的实在界-创伤性内核的位置。这一位置由符号化/历史化所开启：历史化过程暗示了一个空位，一个非历史内核，围绕着它符号性网络得以连接起来。"[③] "两种死亡之间"的位置，是原质之位置，也正是崇高对象所占据的位置，占据了这一位置的对象即成为崇高对象。简言之，崇高对象是一个代理，是一个替代，它代理着原质所在的空位，但它只能是一个代理。崇高对象并不是一个固定不变的东西，在不同的理论架构中，崇高对象也是变化的，它本身并不具有固定形式。齐泽克举例说，国王、萨德笔下的受难者形象等，在一定条件下，都是崇高对象。接下来探讨的问题是，何谓"意识形态的崇高对象"？

二 何谓"意识形态的崇高对象"

众所周知，齐泽克的理论旨趣在很大程度上就是阐释意识形态理论。

---

① Slavoj Žižek, *The Sublime Object of Ideology*, pp. 146 - 147.

② Slavoj Žižek, *The Sublime Object of Ideology*, p. 147.

③ Slavoj Žižek, *The Sublime Object of Ideology*, p. 150.

在《意识形态的崇高对象》引论中，齐泽克明确指出，此书的一个重要目标即“通过对某些著名的经典母题（如商品拜物教等等）和对某些关键的拉康概念进行新的解读，提出一种意识形态理论。粗看上去，拉康的这些概念与提出一种新的意识形态理论，没有丝毫干系：‘缝合点’、‘装饰扣’、崇高对象，剩余快感等”①。那么，齐泽克提出了怎样一种意识形态理论呢？在《图绘意识形态》导言中齐泽克曾经指出，意识形态的存在有三种形式，即作为观念复合体的意识形态、客观形式的意识形态和“在社会‘现实’之心脏起作用的‘自发的’意识形态”②。概言之，第一种即传统的意识形态概念，即作为理论、信念、信仰和论证过程的意识形态；第二种意识形态是阿尔都塞的意识形态概念，它强调意识形态的物质性，即作为国家机器的意识形态；第三种则是齐泽克本人所说的意识形态，即强调意识形态不再是外在于社会的一种虚假意识，它就是一种社会现实，是在社会“现实”之心脏起作用的“自发的”意识形态。齐泽克反复强调意识形态的这一基本维度。“这大概就是‘意识形态’的基本维度：意识形态不仅仅是虚假的意识，是对现实的幻觉性再现，毋宁说它就是已经被理解为‘意识形态的’现实自身。‘意识形态的’现实是这样一种社会现实，正是它的存在暗示了参与者对其本质的非知——就是说，意识形态是一种社会有效性，是意识形态有效性的再生产，它暗示个人对他们的所作所为一无所知。‘意识形态的’并不是对社会存在的虚假意识，而是这种存在本身，尽管它为虚假意识所支撑。”③

因此，在齐泽克那里，意识形态绝不仅仅是虚假意识，它就是社会现实，是建立在主体对其非知上的社会现实。正因为单个人对其所作所为一无所知，意识形态才是成功的。问题不仅在于此，齐泽克还进一步指出，意识形态建构着社会现实自身。意识形态幻觉存在于知中，还是在为中，即在现实自身之内？齐泽克认为，意识形态幻觉并不在知中，它出现在人

---

① Slavoj Žižek, *The Sublime Object of Ideology*, Introduction. p. xxx.

② 〔斯洛文尼亚〕齐泽克、〔德〕阿多尔诺等：《图绘意识形态》，方杰译，南京大学出版社2006年版，第9页。

③ Slavoj Žižek, *The Sublime Object of Ideology*, pp. 15 – 16.

们的行为之中。这一幻觉建构了他们真实的社会行为，建构了他们自身的现实。他们对此很清楚，但他们却似乎一无所知。“因此，幻觉是双重的：它存在于对建构我们对现实的真实有效关系之幻觉的忽视之中。这种被忽视的、无意识的幻觉正是可以称为意识形态幻象的东西。”① 齐泽克指出，这就是意识形态幻象。就此而言，当代社会的人们仍然生活于意识形态幻象之中，意识形态幻象建构着人们的社会现实。齐泽克认为，就古典的传统意识形态定义来看，可以说人们已经不再信奉意识形态，不再严肃对待意识形态命题，但是，就意识形态幻象建构社会现实这一基本层面而言，“我们现在的社会当然远非后意识形态社会”②。

正是在意识形态作为幻象来构建社会现实这一意义上，齐泽克发现了拉康的幻象公式与意识形态幻象的一致。在拉康的幻象公式（$ ◇a）中，“幻象位于现实一边：正如拉康所言，它是一个支撑，能为我们的现实赋予一致性”③。而“现实是一个遮蔽我们欲望的实在界的幻象－建构”④。意识形态与此完全一致，它的作用也是作为一个幻象－建构，使我们能够掩藏实在界，可以不直面实在界。齐泽克指出：“意识形态并非我们用来逃避现实的梦一般的幻觉，就其基本维度而言，它是用来支撑我们的‘现实’自身的幻象－建构：它是一个幻觉，能够为我们构造有效真实的社会关系，并因而掩藏难以忍受的、实在界的、不可能的内核。意识形态的功能并不在于为我们提供逃避现实的出口，而在于为我们提供社会现实本身，这样的社会现实可以供我们逃避某些创伤性的、实在界的内核。”⑤ 正是在意识形态幻象建构社会现实这一基本维度的基础上，齐泽克认为，信仰也不是主观的，而是客观的，它化身于一系列的人的实践、有效过程之中。就此而论，可以说，人们不是因为信仰佛祖才下跪，而是下跪才信仰。律令就是律令，我们服从律令，不是因为其正确，不是屈从于压力，而是因为这律令是不可思议的，是难于理解的，只要它保留着创伤性的、

① Slavoj Žižek, *The Sublime Object of Ideology*, p. 30.
② Slavoj Žižek, *The Sublime Object of Ideology*, p. 30.
③ Slavoj Žižek, *The Sublime Object of Ideology*, p. 44.
④ Slavoj Žižek, *The Sublime Object of Ideology*, p. 45.
⑤ Slavoj Žižek, *The Sublime Object of Ideology*, p. 45.

非理性的品格。对此我们将在后文予以详细说明。那么，意识形态如何才算是成功的？在齐泽克看来，只有当人们以反犹主义的意识形态幻象来否定日常经验，甚至连与反犹宣传明显相反的事实也被用来作为意识形态的论据时，这种意识形态就大功告成了，意识形态幻象就彻底成功了。[①]

以上就是齐泽克意识形态理论之大体内容。理解齐泽克意识形态理论的关键之处在于，他视野中的意识形态幻象乃是社会现实的支撑点，是现实的支撑物，它就存身于社会现实之中，遮蔽了社会的不可能性。那么，什么是“意识形态的崇高对象”呢？应该说，这一问题在齐泽克的论述中是极为含糊不清和晦涩难解的。关于此问题，瑞克斯·巴特勒做出过简短的解释：“因此，像‘民主’，——它经常被当做一种可欲的社会目标而运用——这样的术语，并非在意识形态上是中立的或者说是确凿的客观，而是那些试图宣称它的各种团体的主题。所有这些企图都必将失败，因为没有一个能指能够代表全社会说话；但是每一个团体都期望把这种失败解释成外部的和干扰性的因素，克服这些要素将会恢复一种想象的整体性。齐泽克正是把这个要素称为‘意识形态的崇高对象’，即暧昧的征兆-要素，它‘异质于任何特定意识形态领域，同时对那个最终会封闭的领域又是必要的’。”[②] 这一介绍虽然极为简单，但对《意识形态的崇高对象》一书的把握是准确的。

何谓“意识形态的崇高对象”？简言之，意识形态的崇高对象就是在意识形态幻象中处于不可能性之原质位置上的对象，它表征着社会的不可能性，是社会不可能性的代理。以排犹主义为例，在这个例证中，犹太人成了法西斯主义意识形态的崇高对象。犹太人是如何成为法西斯主义意识形态的崇高对象的？在这里，我们首先要明确，齐泽克虽然是拉康的阐释者，但其对拉康的阐释又致力于将其限于主体分析的精神分析推广和移植到对社会的分析，特别是意识形态分析之中，可以说他是在试图创造一种精神分析的政治哲学。在《意识形态的崇高对象》一书中，齐泽克以拉康的幻象理论来阐释社会意识形态。众所周知，拉康的幻象公式（$\$ \diamond a$）

---

① Slavoj Žižek, *The Sublime Object of Ideology*, p. 45.

② 〔美〕巴特勒：《齐泽克宝典》，胡大平、夏凡等译，江苏人民出版社 2007 年版，第 5 页。

可以解释为：被抹除的主体对对象 a 的欲望。[①] 需要指出的是，实际上，这种欲望并不是主体本身的欲望，而是大他者（符号秩序）赋予主体的欲望，主体是被划杠的、被阉割的短缺主体，而小菱形◇则是支撑着欲望的幻象架构。因此，这一公式实际上表现的是被抹除的主体经由幻象避免与对象 a（实在界）直接遭遇。齐泽克把这一公式创造性地应用到了社会意识形态分析中。在社会意识形态领域，这一公式可以解读为：被抹除的短缺主体经由意识形态幻象避免了与社会之不可能性直接遭遇。齐泽克认为，意识形态的主要功能就在于，通过意识形态幻象，把社会构建为一种内在统一的、无对抗的、乌托邦式的、有机互补的社会。最为突出的就是社团主义的社会景观，在社团主义那里，“社会是一个有机的大整体（Whole），一个社会的大躯体（Body），不同的阶级就像四肢、部件，它们根据各自的功能，对大整体做出贡献——我们可以说，作为‘社团性躯体’的社会是基本的意识形态幻象”[②]。但是实际的社会不可能没有矛盾，没有对抗，那么原因来自哪里呢？当然，不同的意识形态对此有不同的回答。在法西斯主义的意识形态看来，答案就是犹太人。正是由于有了犹太人，社会才不得安宁和谐。这样，在法西斯的意识形态中，犹太人表征着社会的根本不可能性，它被置于不可能之原质的位置上，成为意识形态的崇高对象。“犹太人就是一尊物神，它既否认又体现了‘社会’结构上的不可能性：似乎在犹太人的形象中，这种不可能性已经获得了实证的、可触的存在——这也就是它在社会领域标志着快感的爆发的原因所在。”[③] 当然，这种意识形态仅仅是一种幻象。犹太人与社会的不可能性没有任何关系，它只是一个普通对象，被置于不可能的原质之位置上，变成了意识形态的崇高对象而已。或者说，犹太人不过是社会不可能性的代理。

通过以上的分析，我们不难摸索到崇高对象的一点踪迹，它不就是拉康理论中那个虚无缥缈、无法捉摸、既在又不在的对象 a 吗？确实可以这样来理解，但是需要指出的是，对象 a 与崇高对象关系极为紧密，但如果

---

① 参见马元龙《拉康：语言维度中的精神分析》，人民出版社 2006 年版，第 198 页。

② Slavoj Žižek, *The Sublime Object of Ideology*, p. 142.

③ Slavoj Žižek, *The Sublime Object of Ideology*, p. 142.

把二者完全等同起来，则不免差之毫厘，谬以千里。确实，崇高之空位乃是对象 a 所栖居之地，一个普通对象占据了对象 a 的位置，就变成了崇高对象，或者不如说，对象 a 赋形于这个对象的躯体上了。因而崇高对象乃是对象 a 的赋形，是对象 a 之鬼脸、赝品和假面。对于普通之物升华为崇高对象的过程，齐泽克写道："拉康所说的升华，是力比多从无用的原质之空缺转化为需求的某种具体的物质对象；一旦这种对象占据了原质的位置，这个具体物质对象就具有了崇高性质。"[①] 在此我们不可能进行详细的探讨。在齐泽克看来，崇高对象是一个悖论性的对象，意识形态本身是淫秽性的。

三　崇高之颠覆：穿越意识形态幻象

正如前文所述，意识形态的崇高对象只不过是一个普通的对象，由于占据了不可能之原质的位置，变成了崇高对象。所以，这一对象是不能被接近的，过度接近它就会揭去其崇高的面纱，使其变得庸俗不堪，失去其崇高意义，从而使意识形态的大厦轰然倒塌，土崩瓦解。正如热恋中的男女，彼此正因为处于热恋阶段，互相之间并没有深入的了解，因而把对方当成了崇高对象，对方处于不可能之原质的位置上，处于不可能之实在界。一旦双方进入了现实的谈婚论嫁，柴米油盐，即使不能将那种爱情击垮，也会使它黯然失色。齐泽克指出："崇高对象是不能过于接近的对象：如果我们离它太近，它就会失去崇高性而变为庸常的对象——它只能在一个间距中存在，在一个中间状态，只能从某个视角模模糊糊去看它。如果我们在光天化日之下看它，它就会变为日常对象，就会消散，因为确切说来它自身什么也不是。"[②] 正因此，崇高对象的颠覆也就是逻辑上的必然了，这就是许多崇高对象随着历史的进程终究失去其崇高的原因所在。颠覆崇高对象，就是要穿越意识形态的幻象，认同社会征兆。

---

① Slavoj Žižek, *The Metastases of Enjoyment*, London and New York: Verso, 1994, p. 95.

② Slavoj Žižek, *The Sublime Object of Ideology*, p. 192.

意识形态的崇高对象，就是社会的征兆。[①] 那么，什么是征兆？意识形态的崇高对象又如何成为社会的征兆了呢？在齐泽克看来，征兆是内在于社会的一个悖论性因素，一个颠覆性的因素。“作为内在构成因素，该悖论性因素对其发挥着征兆的作用——颠覆这个整体的普遍合理的原则。”[②] 例如，在马克思主义那里，社会的征兆就是商品。在法西斯主义那里，社会的征兆就是犹太人。齐泽克把在拉康那里对人所做的精神分析的征兆概念移植到社会的分析中。在拉康精神分析学看来，征兆是主体实在界之呈现。人是征兆合成人，而征兆在征兆合成人中具有激进的本体论地位，也就是说，人之所以为人，正是因为有征兆。所以，我们对征兆所能做的只能是认同，只能是接受，除此之外，我们毫无选择余地。齐泽克写道：“征兆，作为征候（sinthome）的征兆，严格来说，是我们唯一的实体，是对我们存在唯一的实证支撑，是赋予主体以一致性的唯一之处。”[③] “征兆是这样一个因素，它像某种粘在人身上的寄生虫，它破坏游戏的进行，但是如果我们消灭了它，情形会变得更糟：我们会失去我们所有的一切——包括那些已经受到威胁，但还没有被征兆所消灭的。面对征兆，我们总是处于一个不可能选择的境地……”[④] 在拉康那里，精神分析的第一阶段是阐释征兆，第二阶段是穿越幻象，认同征兆。而齐泽克把拉康对征兆的分析应用于社会意识形态分析，认为对社会意识形态进行精神分析的解读，就是要穿越幻象，认同征兆，二者是联系在一起的。

我们已经指出，在齐泽克看来，意识形态是一种幻象建构，正是这种幻象建构了社会现实。那么在社会意识形态领域，穿越幻象，认同征兆意味着什么呢？我们还是从法西斯主义意识形态对犹太人的幻象建构来分析。在拉康精神分析中，幻象提供了一个坐标框架，架构了我们的欲望。

---

① 在齐泽克理论中，征兆（symptom）是一个极为复杂的概念，对此做深入的探究超出了本书的范围。根据其意义，有的学者主张译为“症状”，有的学者主张译为“病症”，还有的译者将其译为“症候”，因为此词语根源来自病理学，所以以上主张不无道理。但在《意识形态的崇高对象》中，symptom 的意思不仅限于病理学上的症状，它还是主体本身的特性，主体存在的依据。此处暂沿用“征兆”的译法。

② Slavoj Žižek, *The Sublime Object of Ideology*, p. 18.

③ Slavoj Žižek, *The Sublime Object of Ideology*, p. 81.

④ Slavoj Žižek, *The Sublime Object of Ideology*, p. 85.

对幻象的功能，齐泽克指出："它是座架（co-ordinating）我们欲望的框架，但与此同时也是对'Che vuoi'（你到底想怎么样）的抵御，一个遮蔽了沟壑——大他者欲望的深渊——的屏障。将此悖论激进解释到极致——激进化为一个同义反复——我们可以说，欲望自身乃是对欲望的抵御：通过幻象而建构的欲望，乃是对大他者欲望的抵御，对这个纯粹欲望，超幻象欲望的抵御（以其纯粹形式表现出来的死亡驱力）。"[①] 精神分析结束时刻的穿越幻象，意味着绝不在欲望问题上让步，这个欲望不是幻象架构了的欲望，而是大他者欲望，"我们绝不能对之做出让步的欲望，并非由幻象支撑的欲望，而是处于幻象彼岸的大他者欲望"。而这恰恰"意味着完全放弃那建立在幻象场景基础上的多种欲望"[②]。这就是说，在精神分析中，穿越幻象意味着直面大他者的短缺欲望，直面实在界的核心不可能性。

穿越意识形态幻象，意味着直接与大他者的不可能性遭遇，与实在界遭遇，直面欲望，拥抱死亡驱力。穿越社会幻象，穿越意识形态幻象就必须认同征兆（indentify with the sinthome）。在法西斯主义的反犹主义的意识形态中，犹太人就是社会的征兆。"他们就是一个临界点，在那里，固有的社会对抗会获得（assume）一种实证形式，并向社会表层喷发；在那里，社会不再运转，社会机器吱吱作响。这一切都变得明显起来。如果我们透过（社团主义）幻象框架来审视它，犹太人就会显现为一个入侵者，他从外面带来了社会秩序的无序、腐烂和堕落——它显现为一个外在的实证的原因，剔除它，会使我们恢复秩序、稳定和一致。"[③] 在穿越幻象时，我们必须认同犹太人这一征兆，也就是说，我们必须把归于犹太人的那些特性，看作我们社会制度的必然产物，由此才能确认关于我们自己的真理。实际上，这也就是所谓意识形态批判的任务。

通过意识形态批判，我们应该认识到，犹太人绝不是社会对抗的原因，绝不是社会不一致性的原因，而只是社会对抗、社会不一致性和社会否定性的实证表现。也就是说，这里的因果关系恰恰是颠倒过来了，不是

① Slavoj Žižek, *The Sublime Object of Ideology*, p. 132.

② Slavoj Žižek, *The Sublime Object of Ideology*, p. 132.

③ Slavoj Žižek, *The Sublime Object of Ideology*, pp. 143 – 144.

因为有了犹太人，社会才不可能，而是社会本身是不可能的、不一致的，是具有核心否定性的，而犹太人只不过是被法西斯主义者当作了这种不可能性的代理。认同犹太人这一征兆，恰恰意味着在认同犹太人的过程中，认识到社会的事实、真理。正如齐泽克所说："认同征兆，意味着在过量中,在事物正常方式的瓦解中，确认能使我们通达事物真实功能之关键。"①

穿越幻象后结果有两个，一个是主体的死亡或者疯狂，另一个就是主体对意识形态进行彻底颠覆，使意识形态发生反转，认同征兆，认同不可能性，从而形成一种新的意识形态。在犹太人的例子中，就是认同犹太人只不过是和我们一样的普通人。对犹太人的认同，就是对我们社会征兆的认同。就是说，承认我们不可能消灭征兆，我们只能与征兆和平共处，这恰恰源自对社会之核心不可能性的认可。齐泽克在导言中明确指出了自己所做的意识形态批判的目标："目标不再是消灭这种驱力的对抗，不仅如此，渴望消灭它也是极权主义诱惑的源泉：最大规模的大众屠杀和种族灭绝，都是在人这种和谐存在的名义下，对没有对抗性张力的新人的名义下进行的。"② 这就是说，如果要想采取任何措施打着消灭征兆的旗号，试图消灭征兆，就必然走向极权主义。由此也就不难理解，为什么齐泽克在《意识形态的崇高对象》的导言中就声明他与生态学、女性主义、民主主义享有相同的逻辑了。在生态主义看来，人是自然的伤口，要与环境和谐相处，人们唯一能做的就是承认自然与人之间的裂隙，在此基础上试着修复自然，除此以外的任何解决方案，都只能通向极权主义。同样，在对两性关系和民主的处理上，我们也必须承认社会基本的对抗和不可能性，否则也会走向极权主义。由此可见，社会之不可能性，构成了齐泽克意识形态理论的核心观点。在此我们看到了齐泽克后马克思主义的核心立场，与此同时，在齐泽克貌似激进的理论背后，我们似乎又看到了他犬儒主义的一面。

从对《意识形态的崇高对象》的解读中，我们看到，对象 a 这个谜一

---

① Slavoj Žižek, *The Sublime Object of Ideology*, p. 144.

② Slavoj Žižek, *The Sublime Object of Ideology*, Introduction, p. XXVIII.

般的对象，在意识形态辩证法的理解中具有关键性的作用。确实，对对象 a 的理解构成了理解拉康学说的关键，也是理解齐泽克的理论的核心要点。因此，进一步理解对象 a 的逻辑，至关重要。可以说，对象 a 的逻辑本身就是一种辩证法的具体表现。

第二节　从卑俗到崇高：对象 a 的辩证法

齐泽克意识形态理论中 a 在现实世界——拉康所谓幻象/符号界/象征界中的赋形。对象 a 在拉康的理论中具有非常重要的地位，它至关重要地关涉着对拉康的崇高对象，与拉康精神分析理论中的对象 a 关系非常密切，崇高对象就是对象 a 在拉康整个理论体系中的理解。只有真正透彻地理解了对象 a，才有可能真正理解拉康的整个理论，反之，即使对拉康的理论各个部分有一些了解，如果对对象 a 不能真正深入认识，则对拉康理论的整体和（或）其实质，则将不可避免地陷入误解。这就是齐泽克 - 拉康理论中的对象 a 的辩证法。对象 a，欲望之对象，主体之原因，虚无缥缈，似有若无，看不见，摸不着，说不清，道不明，这个幽灵一般的对象，是如何成为崇高对象的？如果说理解对象 a 是破解拉康哲学理论的关键，那么破解对象 a 到崇高对象的逻辑，破解这个卑鄙的、庸俗的、低级的、淫秽的、渗透了力比多快感、贯注了死亡驱力的幽灵之虚在，如何变成了崇高的、神圣的、高级的、纯洁的、表征着道德之谦逊、满载着信仰之虔诚的崇高之实在的逻辑，则尤为关键。

一　幽灵之虚在：对象 a 及其功能特质

这里我们首先说明，完全彻底地阐释对象 a，试图一劳永逸地把握对象 a，其实是一个不可能的任务。因此，在此做出的种种界说，在某种意义上乃是明知不可为而为之，是在阐释不可言说的东西，笔者只能说尽量给予较为清楚的解释，至于能不能说清楚，则是另一回事。在此，我们暂时悬置对象 a 在拉康理论中的历时性发展，因为我们基于这样一个假定，即拉康后期的思想覆盖了前期思想，而不是颠覆（抛弃和否定）了前期思想，由此我们对对象 a 的阐释乃是以后期理论来统摄前期理论为前提。下面，笔者就对其进行阐释。

第一，对象 a 是乌有的幽灵式的欲望对象。乌有（the nothing）并不是无，并不是没有。对象 a 不是实存意义上的存在，它是回溯性地产生的，是主体在符号界中所遭遇到的一系列失败之回溯的结果，或者不如说，是在逻辑上推论出来的。作为主体的人，其本质是一个欲望的主体，因此总是在不懈地追求自己的欲望对象，并努力地去实现它，但是主体发现，自己的欲望永远难以得到真正的实现，而是无穷无尽的失望。主体以为自己得到了自己的欲望对象，但是一旦此对象被得到了，主体马上就发觉，对象并不能满足自己，自己的欲望还在此对象之后的东西。这个在此实际对象之后的东西，永远被无限地推回到远处的东西，就是对象 a。正如齐泽克所指出的，“不是一个纯粹的‘此物（this）’，它是没有所有物的对象，对象 a 是缺乏存在的所有物的包裹”[①]。正是在此意义上，我们说对象 a 是幽灵的虚在。

第二，对象 a 是主体先期失落的欲望对象。如何理解这个先期失落的对象呢？所谓先期失落，也许我们可以将主体比喻为一个还未懂事就失去了双亲的孤儿，他要寻找自己的双亲，终其一生要找到他们（对象 a），但他得到的永远是失望，一次次的失望，因为每一次他发现了对象 a 的有形之物时，主体立即同时就发现这一有形之物并不是主体所真正欲求的，那真正欲求的东西又隐退到阴暗的不见之处，新的对象 a。由此对象 a 永远是暂时的，转瞬即逝的，它永远需要被赋予形体，但永远不可能被完全赋予形体，它是主体心中永远无法彻底解脱的痛苦。这个孤儿，这个主体，他永远无法找到自己的双亲，因为他们本来就不存在，而主体却误以为他们是存在的。

第三，对象 a 是被先天切除的菲勒斯。那么，这个先期失落的不存在的对象，到底是什么呢？拉康认为，是菲勒斯，但是被先天切割了的菲勒斯，拉康用 minus phi（即 $-\varphi$）来表示这个意思。在拉康那里，菲勒斯是

① Slavoj Žižek, *The Metastases of Enjoyment*, p. 179.

什么？菲勒斯也是欲望，是绝对的永远无法满足的欲望，或者说，是一个短缺的欲望，绝对的欲望，也可以说就是绝对欲望的代理。菲勒斯是主体在成长过程中被先天切除掉的，它源自父之名对主体的阉割。“这种来自父亲的干涉疏远了孩子和母亲的距离，而且使孩子有可能离开母亲的世界。同时，这种干涉还把阳具（菲勒斯）作为一种失去的东西，且永远无法得到。”[①] 拉康也说道：“对象 a 是某种主体为建构自身而从自身中作为器官而分离出的东西。它充当了短缺的象征，也就是说，菲勒斯的象征，但不是就其本身而言的菲勒斯，而是就其作为短缺而言。因此，它必须是这样一个对象，首先，它是可分离的；其次，它是与短缺相联系的。”[②] 对象 a 就是先天切除掉的菲勒斯，φ 前面的这个负号或减号，可以被看作先天切除的标志。这说明，对象 a 是永远不可能实现的欲望对象，同时也是主体无穷无尽的痛苦的原因所在。

第四，对象 a 是主体欲望的对象 - 原因。就此言之，对象 a 并不能被看作一般意义上的对象，因为一般意义上的对象总是一种实际的存在，是物质性的，或者说是客观性的。Object 一词本身也正具有客观实在的意义。这样所说的对象存在于符号界，它具有一个符号化的实存的载体。例如，我要实现一个什么样的具体目的，我要找一个什么样的女人（或男人）为配偶，我要考上哪个大学的博士，我要达到哪个级别的官位，我要赚到多少钱等，都是可以用语言来描述的，它处于符号界之中，它是一个有其所指的能指。而对象 a 却不同，它没有所指，是一个空缺的能指，它无法被描述出来，我一旦描述出来，它就不是对象 a 了。对象 a 本质上属于拉康所说的实在界，虽然它也会在符号界中偶现峥嵘，但其在符号界中的现身是暂时性的，稍纵即逝的。但对象 a 是主体的欲望之原因，人们之所以有欲望，完全是因为有对象 a 存在。正是对象 a 促使主体不断追求新的欲望对象，不断实现自己的欲望。可以说，它是对象，又不是真实的对象，而是欲望的原因，是一个空无，引起欲望的空无，它处于欲壑难填的欲望之

---

① 〔英〕里德：《拉康》，黄然译，文化艺术出版社 2003 年版，第 88 页。

② Jacques Lacan, *The Four Fundamental Concepts of Psycho-analysis*, London: The Hogarth Press, 1977, p. 103.

沟壑中永远无法被满足的虚空之处。或者我们可以说，对象 a 是欲望的本体论之根所在。就此而言，如果说主体的实质是欲望的存在，那么对象 a 就是主体存在的本体论依据。“a 的状态是纯粹本体论的，即作为幻象 - 对象的 a 是这样一个对象，它是一个空的形式，是一个规定实证实体状况的框架。”① 齐泽克曾经用麦格芬来比方，麦格芬并不存在，只是一个乌有，是一个纯粹能指，没有所指，但正是它充当了展开所有情节的内在动因。②

第五，对象 a 是剩余快感。对象 a 是实在界被符号化之后的残余，是符号化对主体阉割之后的剩余，即不能被符号化的实在界。拉康宣称马克思发明了剩余价值，而他则发明了对象 a，并在这两个概念之间进行等价交换，指出就是剩余快感。齐泽克则指出：“这就是在剩余价值—启动资本主义生产过程的肇因和剩余快感—欲望的对象 - 原因之间的同宗关系。”③ 剩余快感在主体中起着建构的作用，失去了剩余快感也就失去了主体本身，主体就死亡了。剩余快感“并非一种使自身依赖于某些普通的基本快感的剩余，因为这些快感只有在这种剩余中才能出现，因为它是一种构成性的‘过量’（excess）”④。

第六，对象 a 是邪恶的大他者（超我）的凝视。拉康曾经有一个表述：“作为对象 a 的凝视：凝视本身就包含着拉康的代数式对象 a——主体正是在这里陷落了，并且，使可视领域具体化并产生出专属它的满足的是这样的事实：由于结构原因，主体之陷落总是不被觉察的，因为主体被还原为零。”⑤ 在此仅指出一点，即关键之处在于，对象 a 的凝视不是主体间性的凝视，它引入了一个第三方对象 a。主体间的凝视是可能的看，而对象 a 的看是不可能之物的凝视。在拉康那里，所谓凝视“指既在主体之内又在主体之外的某个东西的凝视，是在他者那里失落的原质之‘物’即‘对象 a’的凝视，是不可能之物的凝视”⑥。拉康还曾经指出，在可见领

① Slavoj Žižek, *The Metastases of Enjoyment*, p. 181.

② Slavoj Žižek, *The Sublime Object of Ideology*, pp. 183 – 184.

③ Slavoj Žižek, *The Sublime Object of Ideology*, p. 54.

④ Slavoj Žižek, *The Sublime Object of Ideology*, p. 54.

⑤ Jacques Lacan, *The Four Fundamental Concepts of Psycho-analysis*, p. 76.

⑥ 吴琼：《他者的凝视——拉康的“凝视”理论》，《文艺研究》2010 年第 4 期。

域内，对象 a 就是凝视。“在视界领域内，主体本质上不是非决定的；严格说来，主体是由确定 a 之突然闯入的分离所决定的，就是说，是由凝视所引入的这一迷人要素决定的。”① 这就是说，拉康意义上的凝视对对象 a 具有决定性的作用，从而也就对主体具有决定作用。这种凝视是超越了二元主体间性的，对象 a 就是超越主体间性的核心所在，因为对象 a 既在主体之内，又在主体之外，它的凝视不仅仅是大他者的凝视，而且也是主体本身内部的欲望的凝视。这个凝视，总是邪恶的、诱惑性的。

通过以上对对象 a 的描述和界定，我们对对象 a 有了一个基本的了解。在主体的建构中，对象 a 具有什么功能呢？在此我们简单地说明几点。第一，对象 a 是主体的本体论存在的依据。第二，对象 a 是主体永无休止的不断朝向其欲望趋近的内在动因。第三，对象 a 促使主体不断地朝向死亡，追求对象 a 实际上是不断趋向于死亡驱力的过程。前面两点已经说得很清楚了，关于第三点，对象 a 与死亡驱力是一种什么关系呢？在拉康的欲望和幻象公式（ $ ◇a）中，被切除的短缺主体被幻象隔离开来，而这个被切除的主体却不甘心，它总是要朝向对象 a，试图去拥抱对象 a。而实际上，这就是主体的死亡驱力，对象 a 使主体不断趋向于死亡。主体追求欲望的过程就是其不断向实在界的对象 a 进发，试图拥抱对象 a 的过程。但主体一旦接触到对象 a，对象 a 一旦实在化为主体的真实对象，那么主体也就死亡或者疯狂了。

那么，这个不可捉摸的、永远虚无缥缈的幽灵般的对象 a，具有什么样的特质？笔者认为，对象 a 至少具有以下特质。一是对象 a 的淫秽性。对象 a，它既居于主体的实在界之中，又居于主体之外，具有外密性。它是主体永远难以说出口的隐痛，是主体先天的愁苦，是主体拥有不可能拥有的菲勒斯的欲望之因。因而，它贯注了主体的性欲的力比多，具有淫秽性。其实，也可以说，对象 a 是主体最见不得人的，说不出口的，但又无时无刻不在刺激着主体的令人羞耻的绝对欲望的体现，它本身是淫秽的、卑俗的、丑陋的。二是对象 a 的欺骗性。对象 a 具有欺骗性，作为欲望的

① Jacques Lacan, *The Four Fundamental Concepts of Psycho-analysis*, p. 118.

绝对对象，作为主体欲望的本体论之根，对象 a 总是诱惑着主体去将对象 a 实体化，欺骗主体将其变为可触的有形实体。但对象 a 永远只能是极为短暂的稍纵即逝的，主体还没有接触到时，它已经离开了。正是这一欺骗的维度，诱使着主体像飞蛾扑火一样永远毫无希望地朝向它，像西西弗斯不断毫无希望地抬起巨石一样。三是对象 a 的悖论性。对象 a 渗透着悖论性的特质，它的悖论性表现在很多方面。在此我们只强调一点，即对象 a 如此淫秽，但它本身的悖论性质决定了它一旦被赋予了形体，它就成为崇高的对象。对象 a 是如何现形的，又是如何成为崇高对象的呢？

二　崇高之实在：对象 a 如何被“赋形”

在此我们还是要不厌其烦地再次澄清一个问题，即对象 a 是不可能被真正赋予形体的，不可能成为一个可见可触的实体性的对象的。之所以在上面的标题中将赋形打上了引号，就是提醒读者，不要被赋形一词所迷惑了。被赋形的对象 a 并不是真正的对象 a，它只是对象 a 的替代，是一个虚假的对象 a，是对象 a 的虚假二重身，是对象 a 的赝品和假面。真正的对象 a 已然从这一有形之物出离远隐。那么对象 a 是如何被赋予形体，这个对象 a 的虚假代理，这个对象 a 的赝品，是如何出现在符号界的？在此我们可以从三个方面加以说明，一个普通的对象，在经由以下三重机制之后，变成了对象 a 的赝品和代理，成为崇高对象。

其一是崇高的位置。齐泽克指出，作为崇高对象的东西，本身并不是崇高的，而仅仅是因为其占据了崇高的位置，才变成了崇高对象，以崇高对象的面目展示给了主体。占据了崇高位置的东西就是对象 a 的代理和赝品，对象 a 的假面和鬼脸。齐泽克指出：

> 这也是拉康式对象逻辑的基本特征：位置在逻辑上先于占据这一位置的对象，对象以其既定的实证性所掩饰的，不是某种其他更具实体性的对象秩序，而只是空无，是它们所充满的虚空。我们必须记住，在崇高对象中，没有任何内在的崇高之物——根据拉康的见解，崇高对象只是一个普通日常对象，它相当偶然地发现自己占据了拉康

称为原质——不可能-真实的欲望对象——的位置。崇高的对象是“提升到了原质层面的对象”。正是这一结构上的位置——它占据了神圣/被禁止的快感位置的这个事实——而不是其内在性质，赋予了它以崇高特性。①

崇高是一个位置，是一个空位，这个位置先于对象而存在，它虚灵地存在着，等待着一个实在的对象去填充。位置，空位在先，崇高就是这个有待填充的空位，任何事物只要填充进这个空位就成了崇高对象，而不管其本身是什么。那么，这个位置到底在哪里？齐泽克指出，是在两种死亡之间的位置上，位于不可能之原质的位置。

两种死亡之间的位置，崇高美或可怕怪物所处的位置，正是原质的位置，是处于符号秩序中间的真正创伤性内核的位置。这个位置是由符号化/历史化所开启的：历史化的过程意味着存在一个空位，一个非历史的内核，符号网络就是围绕着它编织起来的。②

拉康认为，任何主体都要经历两种死亡：第一种是生理性的自然死亡；第二种是符号性死亡，或者说社会性死亡，在符号秩序中的死亡。符号性死亡，是“对符号性肌质的彻底消除，所谓现实就是通过符号性肌质构建起来的”③。第二种死亡是对死亡的符号化处理，是结账，是对事情的了断、了结，是符号性命运的完成。两种死亡之间的缺口可以以各种方式填充，既可以以崇高美（例如安提戈涅），也可以用可怕的幽灵怪物（如哈姆雷特父亲的鬼魂）来填充。位于两种死亡之间的位置乃是原质的位置，崇高的位置，是什么意思呢？简言之，如果一个主体，它生理上死了，但未进行符号性死亡的处理，它就处于了两种死亡之间，就成了崇高对象。它就既非死人，也非活人，而是活死人或者死活人。无论是只有生

① Slavoj Žižek, *The Sublime Object of Ideology*, p. 221.
② Slavoj Žižek, *The Sublime Object of Ideology*, p. 150.
③ Slavoj Žižek, *The Sublime Object of Ideology*, p. 147.

理死亡而没有符号死亡的主体，还是只有符号死亡而没有生理死亡的主体，都占据了两种死亡之间位置，成为崇高对象，只是表现形式不同而已。也许我们可以这样理解这两种死亡之间的位置，它位于生理死亡和精神死亡之间，如果某个人，生理上已经死亡，但是精神仍未死亡，仍然在纠缠着活人的头脑，甚至受到人们的顶礼膜拜，是为神也——许多神灵不正是这样形成的吗？如果一般人生理上死亡了，而精神上，或者符号化未完成，如冤死屈死的亡灵，则将变为鬼魂，是为鬼也——另一种崇高之物。例如安提戈涅，她一心赴死，也被排除在城邦的符号秩序之外，可说精神已死（符号性死亡），但生理未死。而哈姆雷特的父亲，生理已经死亡，但没有符号性死亡，他就以幽灵的形象再次现身，也成了崇高对象。对于普通之物升华为崇高对象的过程，齐泽克写道："拉康所说的升华，是力比多从无用的原质之空缺转化为需求的某种具体的物质对象；一旦这种对象占据了原质的位置，这个具体物质对象就具有了崇高性质。"①

其二是幻象的座架。理解对象 a，必须从拉康的幻象公式 $ ◇a 说起。同样，对象 a 如何现形为崇高对象，被赋予临时的代理，出现了对象 a 的赝品，也必须从幻象的框架来理解。何谓幻象？首先我们必须明确的是，幻象并不是虚幻的东西，恰恰相反，它是我们通常所言的现实，即我们生活于其中的现实，只有在幻象中，我们才是一个正常的人。我们可以通过齐泽克的一段话来理解。

> 幻象显现为对"Che vuoi"（你到底想怎么样）的回答，对大他者欲望的难以忍受之谜的回答，对大他者之短缺的回答；但是同时正是幻象自身为我们的欲望提供了坐标系——它提供了一个框架，使我们能够欲望某种东西。幻象的通常定义（"表现欲望之实现的想象的场景"）因此就产生了某种误导，或者至少是模棱两可的：在幻象场景中，欲望不是被实现，"被满足"，而是被建构（被给予其对象，等等）——通过幻象，我们学着"如何去欲望"。在这一中间位置上，

① Slavoj Žižek, *The Metastases of Enjoyment*, p. 95.

存在着幻象悖论：它是座架（co-ordinating）我们欲望的框架，但与此同时也是对“Che vuoi”（你到底想怎么样）的抵御，一个遮蔽了沟壑——大他者欲望的深渊——的屏障。将此悖论激进解释到极致——激进化为一个同义反复——我们可以说，欲望自身乃是对欲望的抵御：通过幻象而建构的欲望，乃是对大他者欲望的抵御，对这个纯粹欲望，超幻象欲望的抵御（以其纯粹形式表现出来的死亡驱力）。①

这段重要的论述，可以说是对幻象的一个全面的解释。齐泽克这里指出，理解幻象的关键之处有二点：一是幻象的座架功能，即幻象结构我们的欲望，为欲望提供了框架。在幻象中，我们的欲望被建构出来。幻象类似于康德所谓先验图式：“在欲望的机制中，幻象的作用与先验图式在知识过程中的作用相似。”② 二是幻象的抵御功能，它使我们能够抵御大他者欲望之沟壑，抵御这个纯粹的超幻象的欲望，也就是说，抵御实在界的入侵，抵御与死亡驱力的直接面对。这是一道把实在界与现实隔离开的屏障。“把实在界与现实隔离开来的屏障绝非‘疯癫’的标志，而是获得最低限度的‘常态’的条件；疯癫——精神病——发作于这道屏障坍塌之时，发作于实在界淹没现实或实在界包含于现实之时。”③ 正是在幻象的座架中，对象 a，显现为崇高对象，一个普通的对象，一个经验性的实证的对象，乃是因为进入了主体的幻象框架，被主体的幻象所座架；经由幻象的框架之座架，就变成了崇高对象——超验的，神圣的，遥不可及的、不可接近的对象。④ 齐泽克以《后窗》为例对此进行了说明。一个人爱上另一个人，并不是由于某些实证原因，而是由于对方进入了这个人的幻象框架，被这个人的幻象所座架。例如，一个男人爱上一个女人，乃是因为其

---

① Slavoj Žižek, *The Sublime Object of Ideology*, p. 132.

② Slavoj Žižek, *The Sublime Object of Ideology*, p. 132.

③ 〔斯洛文尼亚〕齐泽克：《实在界的面庞》，季广茂译，中央编译出版社 2004 年版，第 203 页。

④ 这里存在两种幻象，齐泽克称之为幻象 1 和幻象 2：一种幻象是符号性虚构，即通常意义上的现实；一种幻象就是崇高对象，幽灵的显灵，对象 a 的赋形。“幻象 2 是否有效，是幻象 1 能否维持其控制的条件。”参见〔斯洛文尼亚〕齐泽克《实在界的面庞》，第 161 页。

接近于其母亲。但是一旦过于接近其母性原质的对象出现在框架中，那么对象就会在乱伦恐惧中窒息——我们也可以说，过于接近其对象 a 了。①

也许我们可以引申这一幻象理论来解释我们日常生活中的一个经验。有作家曾言：夜乃梦之谷，梦乃欲之壑。许多人都有如此经验，夜晚在失眠时，人们会思绪万千，浮想联翩，对未来做出种种假设，似乎自己的梦想明天就会实现；当然，在梦中，人们甚至可以直接拥抱自己的欲望，与对象 a 直接相遇。这里人们恰恰面对的不是幻象，而是面对实在界。到第二天天亮时，一切又恢复原样：我心仪已久的爱人仍然那么遥不可及，我希望实现的雄心壮志仍然是一个梦想。这就是人们又回到了幻象之中：恰恰这个幻象才是人们日常生活的现实。如果我们仍然如夜间所想所梦一样行事，无疑会被视为疯狂。对象 a 的代理，被幻象框架所座架了的对象，仍然是崇高对象，它仍然是遥不可及的神圣之物。当然，穿越幻象，直接拥抱对象 a，也会有这种时刻——稍纵即逝的瞬间，但对象 a 永远不可能真正与主体相重合，一旦幻象被穿越，崇高对象就失去其崇高性，成为一个普通的低俗之物。

其三是双重的欺骗。对象 a 之所以被赋形为崇高对象，还有一个很重要的逻辑在支持，这就是辩证的逻辑，也是悖论的逻辑。这一悖论逻辑蕴含于对象 a 本身之中。某物本是一个庸俗之物，但由于其占据了崇高之空位，就变成了崇高对象。由普通的低俗之物，变为崇高之物，这里存在一种欺骗，即遮蔽了对象本身的低俗性质。经由幻象之座架的对象，实际上也是在这种双重欺骗的逻辑之下成为崇高对象的。齐泽克指出："关于对象 a，我们需要一直牢记的第一件事是，与拉康其他范畴的情况一样，我们所涉及的是这样的概念，它由自身和它的对立面和/或掩饰组成。"②

拉康在《精神分析的四个基本概念》中对其有较为详细的说明。在宙克西斯与巴哈休斯的有关绘画的著名故事中，巴哈休斯画的幕布欺骗了宙克西斯。拉康说道："问题并不在于绘画给予了我们对象的幻觉的

① Slavoj Žižek, *The Sublime Object of Ideology*, pp. 133 – 134.

② Slavoj Žižek, *The Metastases of Enjoyment*, p. 178.

对等物，即使柏拉图似乎想要这么说。问题在于绘画的假象假装是不是其自身的某物。”① 齐泽克则更为明确地阐发了普通对象经由双重欺骗转变为崇高对象这一逻辑机制。崇高对象乃是一个迷人的、以宏伟神圣形象呈现的对象，在它的身后是什么？是乌有，是空无。

> 对象以其宏大而迷人的呈现所遮蔽和隐藏的，不是某种别的实证性，而是其自身之位置，即这一空洞，即以自身呈现所填充的空缺——大他者中的空缺。拉康称为“穿越幻象”之过程，确切而言就存在于对于此幻象-对象的如此这般的颠覆中：主体必须经历这个永远缺位的对象-原因本身只不过是某个短缺的客观化和赋形的经验；主体必须经历对象的迷人呈现在此只不过是遮蔽其所占据的空位的经验，这个空位确切说是大他者中的空缺——正是这个空缺使大他者（符号秩序）被穿孔，成为不一致的。②

这里的关键在于，崇高对象乃是幻象-对象，而它是对象-原因——我们知道，它就是对象 a——的客观化和赋形。空无、乌有、短缺，占据了大他者中的短缺之位，使对象 a 被赋形，成为崇高对象，发挥了欺骗功能。沿着这一思路，齐泽克对黑格尔的实体即主体理论进行了自己的解读。齐泽克论述说，在康德那里，表象遮蔽的背后是自在之物。而在黑格尔那里，表象则掩藏的是空缺，是乌有，而这个乌有就是主体本身。在实体的层面上，我们可以说表象遮蔽的是实证的先验本质，而在主体层面上，在把实体体验为主体的层面上，现象隐藏的就是乌有、虚无本身，而这一乌有就是主体。齐泽克指出了在黑格尔的表象理论中的双重欺骗之逻辑：

> 在实体层次上，表象仅仅是欺骗，它给予我们本质（the Essence）的虚假图像；而在主体层次上，确切地说，表象是通过假装欺骗进行

① Jacques Lacan, *The Four Fundamental Concepts of Psycho-analysis*, p. 112

② Slavoj Žižek, *The Sublime Object of Ideology*, pp. 221 - 222.

> 欺骗——假装存在某种需要被掩藏之物。它掩藏的正是没有什么可以被掩藏的事实：它不是在说谎时假装在说实话，而是在说实话时假装撒谎——就是说，它通过假装欺骗进行欺骗。[①]

齐泽克认为，这种双重欺骗是人所特有的。动物只能进行一种欺骗，即把有假装作无，或把无假装作有，而人却进行双重欺骗，即把无假装为无，或者把有假装为有。在这里表现的恰恰是人欺骗的独特之处："人骗人的专有方式是模仿对现实的掩藏——确切而言，正是通过假装掩藏某物的这一掩藏行为欺骗了我们。"[②] 这让我们想起了《三国演义》的某个著名情节。这种双重欺骗，正如诸葛亮在《空城计》中的表现，我们知道，在那里，诸葛亮就是通过双重欺骗达到了自己的目的，不是把无表现为有，而是把无表现为无进行欺骗。这也使我们不禁联想起《红楼梦》中那副著名的对联："假作真时真亦假，无为有处有还无。"

在齐泽克的另一部著作《斜目而视：通过通俗文化看拉康》中，他更为清晰地揭示出了双重欺骗的逻辑，并且将这种双重欺骗的逻辑看作我们的社会现实建构的前提。这种欺骗所建构的假象，恰恰就是我们所谓社会现实，是符号秩序本身。只有在这种双重欺骗中，某一个普通的对象才能安居在对象 a 的位置上，才能显现为崇高对象。齐泽克写道："最后的欺骗在于，社会现象就是欺骗性的，因为在社会性 - 符号性的现实中，事物归根结底就是它们假装是的东西。"[③]

对象 a 就是在这种双重欺骗的逻辑之中实现了自己的由卑俗向崇高的逻辑嬗变。对象 a 赋形于普通对象而变成的崇高对象，但是这一崇高对象做出了一种并不崇高的姿态，这使它显得更加崇高；崇高对象在主体看来虽然是遥不可及，但它又做出一副低姿态来诱惑着主体，仿佛主体可以在一定的情况下拥有和达到它。正如某位明星大腕，作为粉丝们的偶像，他

---

① Slavoj Žižek, *The Sublime Object of Ideology*, pp. 221 - 222.

② Slavoj Žižek, *The Sublime Object of Ideology*, p. 223.

③ 〔斯洛文尼亚〕齐泽克：《斜目而视：通过通俗文化看拉康》，季广茂译，浙江大学出版社 2011 年版，第 127 页。

被崇高化了，但他自己走向粉丝中，签名，拥抱，声称自己是普通的人，声称自己和普通人没有什么区别——这倒是实话——但通过这个实话，更加掩饰了他的真实，粉丝们由此更加觉得他是偶像了。这里存在的不正是双重欺骗的逻辑吗？

正是在崇高的位置、幻象的座架、双重的欺骗这三位一体的幻象机制中，对象 a 现形为崇高之物，它由一个卑俗的虚无的幽灵，现身为崇高的实在的实存之物。但这个崇高对象仅仅是暂时的，稍纵即逝的，它只是在幻象中存在，因此我们也可以说，这个实存的崇高对象恰恰是虚假的实存，而对象 a 却永远是不出场的在场，是真实的虚在，可以说，正是它建构了主体本身，主体正是围绕这个乌有而建构起来。不仅如此，整个社会现实——符号界、想象界、实在界也都是围绕着它建构起来的。在这个意义上说，这个根本的空缺，这个虚无，构成了比现实事物更具基础性和深刻性的真实。[①] 这正是对象 a 根本的悖论，也是主体和世界深刻的悖论。

三　崇高对象种种：对象 a 的假面

为深入理解拉康的对象 a，让我们进一步来探讨齐泽克对对象 a 的种种假面——崇高对象所做的阐释和分析。对于哲学思想的阐述来说，举例和比拟往往是捉襟见肘的，但齐泽克似乎并不在意这一点，他不厌其烦地通过举例来证明自己的观点。无疑，这些例证对我们理解拉康的对象 a 有所助益。我们且通过几个主要例证来解读崇高对象与对象 a 的关系。

安提戈涅是如何成为崇高对象的？显然，安提戈涅穿越了幻象，她一直执着于自己的欲望，不在欲望面前让步，走到极限，在对死亡驱力的固执中，走向了死亡。安提戈涅处于两种死亡之间的原质之位上，在符号秩序中，她已经死亡，但在生理上，她还活着。由此她成了崇高对象。在我们的幻象架构中，她不再处于正常的人（$）的一方，而处于了对象 a 一

---

① 也许从这里我们可以理解为什么拉康把对象 a 所主要栖居之地名之为“the Real”，中文翻译为“实在界”、“真实域”或“真实”，确实，在拉康看来，只有对象 a 才是真实存在着的，是主体的根据所在，“the Symbolic”即符号界（或者说象征界）和“the Imaginary”即想象界都是在此基础上的想象和虚构。

方，她成了对象 a 的赋形。齐泽克指出，安提戈涅所提出的问题，与以恐怖主义的行为将世界从日常愉悦和世俗事务中唤醒过来的狂热禁欲者居德伦、淫荡的越过一切界限不顾一切地追求快感的朱丽叶一样，都是崇高对象，他们提出了同样的“Che vuoi”（你到底想怎么样）的问题，并做出自己的回答。他们拥有相同的伦理立场，即不在欲望面前让步。[①] 普通人正常人（ $ ）的回答是幻象，并沉醉在这个幻象中。而安提戈涅们的回答是：穿越幻象，直接拥抱对象 a。与对象 a 的重合，直接拥抱对象 a，使他们变成了崇高对象。

法西斯主义意识形态中的犹太人。犹太人本是和其他人一样的人，但是他们被放在了原质之位置上，变成了崇高对象。在法西斯主义的反犹主义看来，犹太人标志着一系列的特质：贪婪、无耻、狡猾等。社会之所以成为一片混乱，不是因为别的，正是因为犹太人，因此只有消灭这些犹太人，社会才成为可能。这正是法西斯主义意识形态的幻象建构，它把犹太人置于原质之位，犹太人变成了对象 a 的代理。犹太人同样也是处于两种死亡之间，在法西斯主义的意识形态中将其排除在符号秩序之外，力图消灭之，而犹太人在生理上或实际上却不可能被消灭，反而越来越多，越来越恐怖。“犹太人就是一尊物神，它既否认又体现了‘社会’结构上的不可能性：似乎在犹太人的形象中，这种不可能性已经获得了实证的、可触的存在——这也就是它在社会领域标志着快感的爆发的原因所在。”[②] 犹太人不过是社会不可能性的赋形，是社会不可能性的体现，并不是因为犹太人，社会成为不可能的，而是社会本身的不可能被相当偶然地表现在了犹太人身上。社会是围绕着对象 a 这个短缺建构起来的，在这里，犹太人成了对象 a 的代理，也成了崇高对象。齐泽克还指出，在法西斯意识形态中所说的犹太人，不是实际的犹太人，毋宁说是概念犹太人，是幽灵般的存在，就是对象 a 的假面。[③]

国王（或君主）。齐泽克曾经列举了黑格尔的四个命题：“精神是骨

---

① Slavoj Žižek, *The Sublime Object of Ideology*, p. 131.

② Slavoj Žižek, *The Sublime Object of Ideology*, p. 142.

③ 参见〔斯洛文尼亚〕齐泽克《实在界的面庞》，第 153 ~ 157 页。

骼、自我即财富、国家即君主、上帝即基督。”在这几个命题中，主语与谓语是极为不相称、不兼容和不可比的。骨骼、财富、君主、基督在此是崇高对象，它们是对方的代理，而另一方本身乃是幽灵般的存在，或者不如说是对象 a，是一个虚无和短缺。在此“崇高之物（the Sublime）只是一个其实证性躯体仅仅是乌有（Nothing）之赋形的对象”①。在此我们不拟对这四个命题进行详细解读，而择取其中一个进行分析，即国王（或君主）这个崇高对象。

国王是一个崇高对象，这似乎并不难理解。但是，深究起来，这里所讲的崇高对象与世俗理解的崇高之意义有很大差别。在《因为他们所知非所做》一书的最后一章中，齐泽克较为细致详尽地探讨了作为崇高对象的国王的意义，在此我们只能简单概括。国王具有双重躯体：一个是自然躯体，一个是神圣（崇高）躯体，二者集中体现在一个人的身上。悖论之处在于，国王越是一个普通人，我们越是知道他和我们一样具有各种病态性的特征，他就越是一个国王。可以用中国封建社会的皇帝来比喻，越是无能的皇帝，就越体现出皇帝的崇高一面，那几岁甚至几个月就登上了皇帝之位的，就越具有崇高的特征。这里的关键之处不在于国王的经验性躯体和其符号性（象征性）躯体之间的断裂，关键倒毋宁说是这个象征性作用使其躯体二重化了。拉康指出：躯体与国王同在，而国王不与躯体同在。国王是某种物，一种乌有之物（a thing of nothing）。齐泽克写道：“在此躯体/物之间的区别，就物质性躯体与神圣性躯体之间的区别相一致；这里的‘物’就是拉康称为对象 a 的东西；一个崇高的、‘乌有之物’的闪烁不定难以捕捉的躯体；一个无实体的纯粹假象。”② 由此我们可以看出，国王之所以成为崇高对象，乃是因为其经验性物质躯体之内包含了对象 a，国王是对象 a 的赋形，是对象 a 的假面。作为崇高对象，国王是作为虚空的位置之持有者。③ 这个虚空就是权力的空位，即不可能原质之位置的空位，也是两种死亡之间的位置。在国王身上体现的，是作为统一体的国家

① Slavoj Žižek, *The Sublime Object of Ideology*, p. 234.

② Slavoj Žižek, *For They Know Not What They Do*, London and New York: Verso, 2008, p. 255.

③ Slavoj Žižek, *For They Know Not What They Do*, p. 267.

之乌有，通过国王这个代理人，遮蔽了这个令人不安的事实。国王作为崇高对象，是国家意识形态的建构，主体可以心安理得地沉醉在这个幻象之中；没有人去揭穿皇帝陛下一丝不挂的事实，因为揭穿这个事实意味着直面实在界，直面死亡驱力，而这会令正常人（$）失去其统一性。

卑俗的幽灵般的对象 a，经由一系列的幻象机制，化身为崇高对象，而这个崇高对象的崇高性只是暂时的，它的自身逻辑使其进一步走向其反面，从崇高走向荒谬，由此对象 a 才能完成其整个路程。限于篇幅，在此我们不做深入探讨。

第三节　社会现实的解构：幻象的辩证法

社会现实似乎是一个不证自明的范畴。然而，在拉康－齐泽克的精神分析理论看来，恰恰相反，现实并非真实，现实乃是一个幻象建构。因此，作为我们日常生活的现实（reality），与作为拉康齐泽克理论核心的真实（即实在界，the Real,）是被严格区分开来的。现实主要属于符号界（the Symbolic）和想象界（the Imaginary），而实在界是被符号界和想象界所遮蔽起来的。作为主体的人，只有通过符号界和想象界的遮蔽，通过幻象建构，才能具有现实感，如果我们没有符号建构，没有想象建构，则会失去现实感，陷入一片虚无的废墟。要理解拉康－齐泽克精神分析理论对社会现实的理解，我们就必须理解这三个重要的范畴：幻象、现实、实在界。我们可以说，齐泽克通过拉康的精神分析理论，对传统马克思主义哲学的社会现实观进行了解构，将社会现实辩证化地理解为幻象的辩证法。

一　阐释幻象："$ ◇a"解读

幻象在拉康－齐泽克精神分析理论中具有核心的地位。可以说，幻象构成了理解拉康－齐泽克精神分析理论的最重要的范畴。拉康用一个非常著名的公式 $ ◇a 来表达幻象，这个公式被称为拉康的幻象公式。在这个公式中，左边是 $，这是一个被划杠的主体，也就是说，被阉割的主体，即被符号界所阉割的主体。在拉康精神分析理论中，主体是被划杠的，被阉割的主体，这已经成为常识。在公式的右边，是著名的对象 a，是欲望的对象 - 原因。对于对象 a，在此我们不做详细论述，只指出一点，即它不是一个一般的对象，而是对象 - 原因，也就是说，它是欲望对象出现的成因。那么，在中间这个小菱形表示什么呢？我们可以说，这就是一个幻象框架。也就是说，正是它把主体和对象 a 置于幻象之中，使主体与对象 a 隔开，使主体与对象 a 各得其所，相安无事。

我们曾经论述过拉康幻象框架的作用（见上节）。在此，我们从社会现实的建构的角度，再次探究齐泽克对拉康的幻象公式的解读。在“幻象显现为对‘Che vuoi（你到底想怎么样）’的回答，对大他者欲望的难以忍受之谜的回答……我们可以说，欲望自身乃是对欲望的抵御：通过幻象而建构的欲望，乃是对大他者欲望的抵御，对这个纯粹欲望，超幻象欲望的抵御（以其纯粹形式表现出来的死亡驱力）”[①] 这一段对幻象公式的经典解读中，这极为明确地指出了幻象框架的作用。我们对这段话可以从以下几个方面来理解。

第一，幻象是对实在界的回答。谁对实在界的回答？是主体对实在界的回答。实在界向主体提出的问题是“Che vuoi”，即“你到底想怎么样”，对于一个正常的主体而言，他是无法做出回答的。那么，对这一无法回答的问题，主体是如何做出回答的？主体的回答只能是幻象。也就是说，主体回避了对这一问题的直接回答，将这一问题的答案掩藏于幻象之下。主体只有构建出这个幻象，才能保持自己的一致性。

第二，幻象结构着欲望。主体的欲望处于何地？齐泽克说，欲望在幻象之中。幻象为我们的欲望提供了一个坐标系，提供了一个框架，我们的欲望就处于这个幻象框架之中。正是在幻象框架中，我们才能学会如何去欲望。换言之，我们之所以能够欲望，乃是因为我们处于幻象之中；如果幻象破灭了，那么我们的欲望将无处安置，我们的欲望就会随之破灭。

第三，幻象的作用。正如前述，幻象作用有两个方面。第一，幻象的建构作用。幻象是一个框架，它架构我们的欲望。第二，幻象也起着抵御

① Slavoj Žižek, *The Sublime Object of Ideology*, p. 132.

的作用。抵御什么呢？齐泽克说，幻象抵御的是“Che vuoi（你到底想怎么样）”（这一问题是实在界向主体提出的），同时也就是对大他者的沟壑的遮蔽和大他者欲望的深渊的遮蔽。也就是说，经由幻象，主体规避了实在界的问题，规避了大他者的欲望之深渊。在幻象的对面是什么？幻象所掩饰和规避的，归根结底乃是纯粹的欲望，超幻象的欲望，亦即以纯粹形式表现出来的死亡驱力。因此，穿越幻象我们所面对的是死亡驱力，或者说，穿越幻象之后，我们就直接拥抱死亡驱力，就变成彻底的疯狂。用拉康的公式来表示的话，我们在被幻象所建构的时候，我们是正常人，是被阉割的主体，即被划杠的 S。而我们穿越幻象时，我们则是未被阉割的主体，是未被划杠的 S，是一个疯狂的人，是死亡驱力的化身。

第四，我们生活于幻象中，幻象乃是我们的社会现实。作为一个正常的人，每一个人都必须生活于幻象之中，就是说，主体必须置于幻象的框架之中，即处于 $ ◇a 之中。这样，我们才是一个正常人。那么，正常人生活的所谓社会现实，正是精神分析理论所谓幻象。幻象极为重要。可以说，幻象是一个正常人存在的依据，是正常人之为正常人的基础。因此，在拉康－齐泽克精神分析理论中，把幻象称为基础幻象（fundamental fantasy），这说明了幻象在主体的建构中具有根本的基础性作用，一旦幻象被破坏，则主体就会失去其一致性，精神错乱。齐泽克曾经把尊重他人的幻象作为精神分析的伦理的补充，即“幻象伦理”，他写道：“或许我们可以冒一冒险，把这当成精神分析伦理的格言，当成对拉康的著名格言‘不要放弃你的欲望’的补充：尽量不要冒犯他人的幻象空间，也就是说，尽量尊敬他人的特定的绝对，尽量尊敬他人以他自己的绝对特定的方式组织他自己的意义世界的方式。”① 也许我们可以以调侃的语气说：动什么也别动人家的幻象。因为，一旦幻象被揭穿，被打破，对于主体就会造成灾难性的后果。

由此不难看出，拉康的精神分析理论彻底逆转了我们日常的意识形态——意识形态在其原初意义上就是思想观念。我们知道，社会现实乃是

① 〔斯洛文尼亚〕齐泽克：《斜目而视：透过通俗文化看拉康》，第 268～269 页。

黑格尔—马克思哲学传统中的重要概念。从某种意义上说，社会现实的概念甚至构成了黑格尔—马克思这一哲学传统的基石。拉康精神分析理论中的社会现实概念，值得我们做进一步的剖析。

二 两种现实：社会现实与实在界

齐泽克致力于用通俗文化来介绍拉康深奥的精神分析理论。这确实有助于我们理解拉康的精神分析理论，尽管有时候并不一定那么恰当。为了理解拉康－齐泽克精神分析理论对社会现实的激进解构，进一步理解拉康的社会现实和实在界的区分，让我们再来看一下齐泽克所举的通俗文化中的例子。我们通过两个隐喻来理解齐泽克的解读。第一个隐喻我们姑且称为“斜视隐喻”；第二个隐喻，我们姑且称为“车窗隐喻”。[①]

在《斜目而视：透过通俗文化看拉康》一书中，齐泽克以拉康的精神分析理论分析了莎士比亚的名剧《查理二世》中的一个故事情节。在剧本中，国王已经远征，王后充满悲伤，却不知原因何在。国王的仆人布希试图安慰她，说王后看到的，只不过是斜目而视的子虚乌有的幻影。如果直视的话，就看不见这些幻影，而是一片模糊。而王后回答说，她的悲伤来自乌有（nothing）。齐泽克对两人的这段对话进行了颇为细致的分析。

就布希而言，他试图劝导王后，使用了变形、失真的歪像（anamorphosis）隐喻，其意图是说明，王后的悲哀没有理由，只不过是王后的主观臆想。也就是说，这里有两种存在的事物：一是事物本来的样子，一是事物的变形、失真的假象。王后看到的是后者。在布希说的话中也存在两种隐喻：一是平滑玻璃的隐喻，透过切割了的平滑的玻璃，我们看见的是事物的二十个影子，是事物的模糊形象；二是事物的变形、失真的歪像的隐喻，而这个隐喻是对第一个隐喻的颠覆。齐泽克指出，正是这第二个隐喻非常重要，因为它是对常识性的认识的颠覆，它说明了欲望的逻辑，即无中生有——从乌有（nothing）中如何产生存有（something）的逻辑。

透过上述两个隐喻，我们获得了两种现实。第一种现实即日常现实，

① 〔斯洛文尼亚〕齐泽克：《斜目而视：透过通俗文化看拉康》，第13～26页。

第二种现实即常识性现实，也就是我们通常所说的社会现实。日常现实是我们直视所见，是事物的本来面目。而斜视所见，则是被欲望所扭曲的现实。这是第一个隐喻即光滑玻璃隐喻告诉我们的。但是，就第二个隐喻而言，事情却恰恰相反。正是透过斜目而视，我们才能看清事物。“只有‘从某个角度’观看，即进行‘有利害关系’的观看，进行被欲望支撑、渗透和扭曲的观看，事物才呈现出清晰可辨的形态。”① 齐泽克指出，这正是对对象 a 的完美描述。对象 a 并不存在，它是由欲望回溯性地设置出来的。对象 a 来自乌有，却可以表现出某种存有。我们可以说，斜目而视，所见的是另一种现实，一种乌有的真实，也就是欲望之实在界，是对象 a 的栖居之地。第一种现实，是日常现实，是符号界的现实，而第二种现实则是心理现实、精神现实，是实在界。

这就是拉康所说的两种现实、两种实体。两种实体不可混淆，二者必须被严格区分开来。而在我们的日常生活中，二者也必须是被严格区分开来的：“只有把通过客观的观看即可清晰显现的事物与只有通过斜目而视才能觉察其存在的快感实体区分开来，我们才能避免精神错乱。”② 如何把二者隔离开来呢？齐泽克通过一个电影中的实例做了详细的阐释。我们可将其称为“车窗隐喻”。

在电影《乔纳森·霍格的倒霉职业》中，在侦探兰德尔与辛西娅开车返程的过程中，被告知无论发生什么都不要打开车窗。但是，当看到外面一个孩子被汽车碾过时，起初他们保持冷静，但是当看到巡警时，责任感占了上风，他们准备打开车窗，向巡警报告事故。但是“在打开了的车窗外面，没有阳光，没有警察，没有孩子——什么都没有。只有灰色、无形的薄雾，缓慢地流淌着，仿佛宇宙混沌初始的样子。看不到前方的城市，不是因为雾气太重，而是因为它空空如也。听不到任何声音，也没有任何运动的迹象”。齐泽克对此的解释是，车窗外面的就是实在界，它被车窗与车内的人隔离开来。在车窗外部，构成了一个外部现实，而在车窗之内，构成了内部现实。外部现实和内部现实被一个屏障所隔开，这个屏障

① 〔斯洛文尼亚〕齐泽克：《斜目而视：透过通俗文化看拉康》，第 19 页。
② 〔斯洛文尼亚〕齐泽克：《斜目而视：透过通俗文化看拉康》，第 21 页。

在这里就是车窗。外部现实和内部现实并不具有连续性，通过车窗望去，外部现实变成了某种电影现实。齐泽克写道："车窗充当着某种保护性的屏障，使我们与外部现实保持着安全距离，但这距离是这样的近在咫尺。尽管如此，一旦外面安全地进入车内，躲在封闭的车窗内，外部的客体瞬间变成了另一种形式。它们基本上是'不真实'的，仿佛被悬置起来了，被置于括号之内了。简言之，它们显现为某种电影现实，被投射到了车窗这个屏幕上。"①

车窗隐喻貌似清楚，但其实还是晦涩难解。在此我们冒一下险，探讨一下在这个车窗隐喻中，社会现实置于何处。在这里，外部现实不是主体所体验到的现实，而是被悬置的实在界；内部现实才是我们体验到的所谓社会现实。内部现实与外部现实的不和谐、不均衡是现实生活的常态，即内部现实相对于外部现实总是有一个剩余。在我们的日常生活中总是有这样的一种体验：在面对一个房间或一栋大楼时，它对我们构成了一个未知。处于房间或大楼之外的我们被与房间或大楼内部的人隔离开来。而对于在大楼内部的人来说，他们在大楼内部感到是处于现实之中，而大楼外部的世界则被悬置了。这就是说，内部与外部被一道屏障所隔断，正是在这个屏障上，在车窗这个边界上，实在界与现实隔离开来。在这里存在内部（社会现实）对外部（实在界）的剩余——从外部是看不见内部的。"连续性和均衡是不可能的，因为不均衡（即'内部'相对于'外部'的剩余）是把内部与外部隔离开来的那个障碍所具有的必然的结构性的结果。"②

内部现实对外部现实的剩余，也就是说，内部现实（社会现实，感觉上的现实）相对于外部现实（实在界），总是具有一个剩余，因而内部现实与外部现实之间是不均衡、不连续的。"好像一旦我们围住某个既定的空间，其内部总是多于从外部看到的。连续性和均衡是不可能的，因为这种不均衡，这种内部对外部的剩余，是划分内外的必然的结构性结果；只

---

① 〔斯洛文尼亚〕齐泽克：《斜目而视：透过通俗文化看拉康》，第 25 页。
② 〔斯洛文尼亚〕齐泽克：《斜目而视：透过通俗文化看拉康》，第 25 页。

有通过拆除屏障，让外部毁灭内部，才能消灭这种内部对外部的剩余。”[①] 但是，这就是实在界的入侵，如果这种不均衡和不连续被打破了，那么就意味着灾难的降临，人们现实感的丧失。由此我们可以推论，实际上，并不存在一个彻底的真正的均衡和连续。在社会现实中，我们的现实感是由社会现实相对于实在界的剩余而来的，这恰恰是我们日常生活的现实感，其基础在于我们悬置了实在界，通过一个屏障（幻象）将实在界排除在外了。

这里我们不要陷入某种误解，似乎实在界与现实是截然二分的。绝不是这样。实在界与现实本身乃是一体的。拉康对梦幻的解析说明了这一点。齐泽克举了电影《绿窗艳影》中一位在梦中杀人的教授与弗洛伊德的父亲梦见儿子被烧着的梦以及“庄生梦蝶”为例来说明梦境与现实的关系。在第一个例子中，在现实中，主人公衣冠楚楚，道貌岸然，是和蔼、亲切的教授，而在梦中，却变成了残忍的杀人犯。齐泽克认为，这个故事传递的信息是：“在我们的无意识深处，就我们的欲望之实在界而言，我们全都是杀人犯。”[②] 对于梦境与现实之关系，齐泽克这样写道：

> 一边是硬性现实（hard reality），一边是梦幻世界，如果我们还在坚守这个朴素的意识形态对立，那么，下述做法，即把“实在界”事件回溯性地置于虚构（梦幻）之中，似乎就是“妥协”，而妥协，则是一种意识形态的盲从。一旦我们注意到，在梦中，也只有在梦中，我们才遭遇了我们欲望之实在界，那么，整个重点就会发生根本性的转移：我们普通的日常现实，即社会宇宙的现实（我们就是在这样的现实中扮演着寻常的仁慈、高贵之人的角色），最后被证明是不过是幻觉而已。如此幻觉的成立，依赖于某种“抑制”和对我们的欲望之实在界的忽视。因此，这样的社会现实只是脆弱的、符号性的蜘蛛网，它随时可能因实在界的入侵而土崩瓦解。最寻常的日常对话，最

① 〔斯洛文尼亚〕齐泽克：《斜目而视：透过通俗文化看拉康》，第 25 页。
② 〔斯洛文尼亚〕齐泽克：《斜目而视：透过通俗文化看拉康》，第 27 页。

寻常的日常事件，随时都有可能发生危险的逆转，造成无法弥补的灾难。①

齐泽克这段论述，是对实在界与现实的区分。在日常经验生活中，我们总是把硬性现实（社会现实）与梦的世界对立起来，梦就是梦，现实就是现实。也就是说，将实在界事件回溯性地置于虚构之中。只有这样，我们才能感受到我们现实的一致性，即我们所生活的现实不是破碎的，而是均衡和连续的，或者说是一种自然和谐的状态。而在拉康的精神分析理论看来，事实远非如此。我们只有在梦中才能遭遇我们的欲望之实在界。就是说，我们的社会现实、日常现实，不过是一个幻觉，其成立的前提是对实在界的悬置、忽视和无知。因此，现实是一个易碎的、脆弱的均衡，实在界随时有可能入侵现实，淹没现实，使现实轰然倒塌，土崩瓦解。“这就是精神分析提供的日常现实的景象，即一个脆弱的均衡。一旦创伤以偶然的、无法预知的方式发作，这个脆弱的均衡就会被打破。”② 因此，只有在虚构的幻象空间中，我们的欲望之真理才能得到链接；就是说，只有在幻象空间中，我们欲望的真理才能得到妥善安置，各安其位。这也是拉康断言“真理是像小说那样结构起来的”之原因。

这就是拉康-齐泽克精神分析理论对我们社会现实的解读，它是对我们传统哲学理论中社会现实的激进解构。众所周知，在黑格尔那里，现实被规定为统一性。“现实是本质与实存或内与外所直接形成的统一。现实事物的表现就是现实事物本身。所以现实事物在它的表现里仍同样还是本质性的东西。也可以说，只有当它有了直接的外部的实存时，现实事物才是本质性的东西。”③ 可以看出，在黑格尔那里，现实是一个封闭的、没有裂隙的、均衡的统一体。现实性根源于可能性与合理性。传统哲学对现实的理解基本上来自黑格尔这种理念。而拉康精神分析理论的现实恰恰相反，它是围绕着实在界而进行的建构，是不可能性，是脆弱的均衡，它并

① 〔斯洛文尼亚〕齐泽克：《斜目而视：透过通俗文化看拉康》，第27~28页。

② 〔斯洛文尼亚〕齐泽克：《斜目而视：透过通俗文化看拉康》，第29页。

③ 〔德〕黑格尔：《小逻辑》，第295页。

不是内外统一的。二者相比较，不难看出，拉康精神分析理论对传统哲学的现实观念的激进颠覆和解构。因此，在拉康 - 齐泽克精神分析理论看来，人们要保持现实感，就是保持这种虚假的一致性和均衡性，即必须有一道屏障把实在界与现实隔离开来。如果没有这道屏障，实在界就侵入现实，淹没现实，人就陷入了疯狂。因此齐泽克反复指出："把实在界与现实隔离开来的屏障，绝对不是'疯癫'的标志，而是保持最低限度的'正常状态'的前提条件。一旦这道屏障土崩瓦解，一旦实在界溢入现实（如同在孤独症中表现的那样），或者说，一旦实在界本身被囊括在现实之中（如'大他者的大他者'的出现，如妄想狂想象出来的迫害者的出现），'疯癫'（精神错乱）就开始了。"①

三　空洞姿势：实在界如何转化为现实

看来拉康 - 齐泽克在对社会现实进行解构时，所使用的一个最重要的范畴就是"实在界"（the Real）。要理解拉康 - 齐泽克精神分析理论里的现实概念，我们必须对其实在界范畴做一个全面细致的解读。何谓实在界？在现实上，或者说在经验上，实在界是存在的吗？它是一个实在的存在吗？我们到底如何来理解实在界？在此我们借助齐泽克在《意识形态的崇高对象》一书中对实在界的描述来说明这一幽灵般的晦涩范畴。

在"对立而重合"这一节中，齐泽克重点对拉康的实在界范畴进行了说明。小心辨识齐泽克的论述，我们也许可以从以下方面来规定实在界范畴。

其一，实在界是一个悖论性存在。在我们经验的意义上，实在界并不存在；但是，实在界能产生一系列的后果。在经验上，实在界并不存在，也就是说，它只是一个乌有，是不可能性的化身。在结构上，却必然存在这样一个实在界，如果没有这个实在界，就不会有这一系列后果。齐泽克写道："拉康所谓实在界所存在的悖论在于，它是一个实体，尽管它并不存在（在'现实存在'的意义上，即发生于现实中的存在的意义上），但

① 〔斯洛文尼亚〕齐泽克：《斜目而视：透过通俗文化看拉康》，第 33 页。

它实施了某种结构上的因果性，它可以在主体的符号界现实中产生一系列的效果。”①

其二，实在界是符号化的剩余物，是本体论上的空洞和空无，是本体论上的否定性。既然实在界在经验意义上并不存在，那我们如何知道实在界之存在？这就要从符号界说起。我们知道，符号界与实在界之间的关系乃是实在界被符号化。而符号化的过程总是会产生剩余物，即不可符号化的部分，那么这一剩余物就是实在界。齐泽克写道：“实在界在某种意义上先于符号秩序，当它陷入符号秩序网络中时，也是由符号秩序所结构的……但与此同时，实在界又是这一符号化过程的残品、残余和废料，是逃避符号化过程的残迹、剩余，因而也是由符号化过程自身制造出来的。”② 实在界是一个短缺，是一个空无，是本体论上的空洞和乌有。“实在界即惰性呈现、实证性的丰富性，实在界中什么都不缺少——短缺仅仅是由符号化引入的；短缺是引入了空隙的能指，是实在界中的缺席。但与此同时，实在界本质上又是处于符号秩序中间的一个洞穴、缺口和开口——它是这样的短缺，符号秩序正是围绕着它被构建起来的。”③ 因此，我们也可以把实在界看作本体论上的否定性。“实在界是无法被否定的，它是实证的惰性的数据，对否定感觉迟钝，因而无法陷入否定辩证法之中；但我们必须立即补充一句，之所以如此，是因为就其实证性而言，实在界本身不过是某一空缺、短缺、根本否定的赋形而已。”④ 齐泽克认为，这是拉康理论中实在界的全部意义之所在。实在界只是用来表征、命名不可能性、绝对的否定性、绝对的短缺和空无的一个名称而已。“拉康的全部观点就在于：实在界不过是对其进行铭写的这一不可能性而已：实在界不是超验的实证实体，在符号秩序的彼岸持存，像一个符号秩序无法通达的硬核一样，不是某种康德式的自在之物——本质上它什么都不是，只是一个空隙，是标志着某种核心不可能性的空无。”⑤

---

① Slavoj Žižek, *The Sublime Object of Ideology*, p. 183.

② Slavoj Žižek, *The Sublime Object of Ideology*, p. 191.

③ Slavoj Žižek, *The Sublime Object of Ideology*, p. 191.

④ Slavoj Žižek, *The Sublime Object of Ideology*, p. 192.

⑤ Slavoj Žižek, *The Sublime Object of Ideology*, p. 195.

其三，实在界是对立两极的直接重合。对抗、对立是齐泽克经常使用的词语。在《意识形态的崇高对象》一书中，其中一节的标题就是“作为实在界的对抗”，还有一节的标题是“coincidentia Oppostitorum”，意味着“对立的重合”或“对立的一致”“对立的融合、和解”等。这里包含两重意义。第一，实在界即对抗。在符号界的中心，存在不能符号化的硬核，它抵御符号化，而这一硬核即是不可能性。齐泽克说，在拉克劳和墨菲的社会意识形态理论中，对抗就是社会意识形态的实在界。第二，实在界是对立两极的直接重合。齐泽克写道：“对立的甚至矛盾的规定之间的直接重合，正是界定拉康所谓实在界的东西。”① “最终，实在界被界定为对立两极的直接重合点：每一极都直接进入其对立的一极，每一极本身都成了自己的对立面。”② 我们如何理解齐泽克这些谜一样的话语？实际上，他在此指出的是实在界本身乃是一个矛盾的、对立的一致性，某种意义上可以被看作黑格尔辩证法的变形。实在界是对立的两面构成，而这个对立的两面又是直接一致的。对此我们也许可以用拉康齐泽克对菲勒斯能指的解读作为例证来阐释。菲勒斯就是一个悖论性的存在，一方面，它表征着一无所能——因为它逃避我们的意志，我们的意志无法完全掌控它；而另一方面，菲勒斯同时又是无所不能的表征——我们只需用意念就可以使之变化。“用传统的黑格尔的术语说，‘菲勒斯’是‘对立的统一体’：它不是（在某种相互补足意义上的）‘辩证的综合’，而是从一个极端向另一极的直接通达。”③ 正因为实在界本身就是对立两极的直接重合，所以内在地包含了一种裂变的可能性，随时都会穿透符号界而现身。所以，实在界也是原初的创伤，是快感居住之所，是对象 a 栖居之地。而我们的意识形态则致力于将其符号化，用能指网络将其包裹起来，使其陷入符号的捕获之中。如此，我们的社会现实才得以保存，我们在现实中有一致感。

如何将实在界转化为现实？这个符号化的过程是怎样的？在我们上面的论述中，可以看出，实在界的符号化即将实在界置于幻象框架之中，这

---

① Slavoj Žižek, *The Sublime Object of Ideology*, p. 193.

② Slavoj Žižek, *The Sublime Object of Ideology*, p. 194.

③ Slavoj Žižek, *The Sublime Object of Ideology*, p. 254

样就使实在界转化为现实（符号界）。齐泽克的论述使我们非常惊奇，他认为，实在界转化为现实的过程并不复杂，它是通过一个空洞姿势得以解决的。这一空洞姿势恰恰也是我们将实体转化为主体的空洞姿势。对此我们可以通过解读齐泽克意识形态的崇高对象中的下面一段话来予以解读：

> 这些初看起来纯粹思辨的沉思对于精神分析的意识形态理论而言的意义，无论如何估价也不为过。什么是这一空洞姿势呢——正是通过这一空洞姿势原始的、无意义的现实才被假定为接受为我们的作品——如果它不是最基本的意识形态运作，不是实在界的符号化，不是实在界向意义整体的转化，不是实在界向大他者之中的铭写？我们可以严格地说，这个“空洞姿势”设置了大他者，使大他者存在：构成这一姿势的纯粹的形式转化仅仅是前符号的实在界向符号化现实的转化——向被能指网络所捕获的实在界的转化。换言之，经由这一空洞姿势，主体预先假定了大他者的存在。[①]

这个齐泽克所极为重视的“空洞姿势”到底是什么？这一空洞姿势，乃是最根本的意识形态运作，正是通过这一空洞姿势，实在界被符号化，无意义的原始的粗野实在变成了有意义的整体，实在界被铭写进大他者之中，被能指网络所捕获。这就是实在界被符号化转化为现实的过程，同时也正是实体转化为主体的过程。这个过程是如何实现的？在此，齐泽克将我们引到了黑格尔那里。在我们改变世界时，或者说，在我们采取能动的姿态对世界实施一个具体的行动时，我们必须设定一个前提，即世界本身就是我们的作品。这才是一个真正的行动：“真正的行动具有严格的符号性，它预先存在于我们结构世界和感知世界的模式之中，以使我们能够干预世界，为我们的活动（或非活动）开辟空间。因而真正的行动先于（具体-事实的）行为，它存在于对我们的符号宇宙的预先结构之中，而我们的（事实的、具体的）行为被铭写进符号宇宙之中。”[②] 这个真正的行动乃

---

① Slavoj Žižek, *The Sublime Object of Ideology*, p. 262.

② Slavoj Žižek, *The Sublime Object of Ideology*, p. 245.

是一个对前提的设置，即设置前提或设置预先假定（positing the presuppositions）。

这个真正的行动到底如何？我们只能说，它是一个纯粹的形式上的转换。也就是说，人们通过这一纯粹的形式转换，将世界设置为自己行为的前提，将世界设想、体验为自己的作品，对其负有责任。“这种行动前的行动——通过它主体设置了其行为前提——具有严格的符号性；它是纯粹的形式转化，它将现实转化为被感知、假定为我们行为之结果的某种东西。”① 葬礼就是一个例子，它是一个纯粹形式。死亡本身只是自然事件，我们活着的人并不能对其负责，但我们必须为死者举行葬礼，以便将其符号化，似乎我们对其负有责任。

毫无疑问，这一空洞姿势、纯粹形式转化，这一将原本属于实在界的粗野原初的实在转化为我们行为之结果的过程，乃是一个幻象的建构，正是通过这一幻象建构过程，实在界被能指网络所捕获，我们逃避了实在界之深渊，而拥有了一个内在一致的、和谐的现实感。而这一过程，恰恰也是齐泽克对黑格尔那个著名的唯心主义命题“实体即主体”的精神分析解读。那么，齐泽克是如何解读黑格尔的？这是我们下一节所集中讨论的主题。

第四节　拉康化辩证法阐释：作为能指逻辑的黑格尔辩证法

齐泽克不仅是一个卓越的拉康的解释者，而且是卓越的黑格尔的解释者。传统的观点认为，拉康的思想和黑格尔的思想是不可通约的，一个是精神分析理论，强调的是创伤性的内核和无法符号化的剩余，而另一个却是自我意识的哲学，是绝对精神的自我圆圈，在绝对精神之内可以化解任何异质性的存在。因此，拉康反对黑格尔，这似乎是思想界的普遍看法。但是，在齐泽克看来，这样一种区别是虚假的。齐泽克以自己雄辩的论述

① Slavoj Žižek, *The Sublime Object of Ideology*, p. 247.

向我们说明，拉康和黑格尔乃是隐蔽的同路人。

一　黑格尔与拉康：隐秘的同路人

在齐泽克那里，拉康与黑格尔的关系到底是怎样的呢？齐泽克的简短的论文《拉康：在何种意义上是黑格尔主义者?》[1] 给予了我们较为清楚的阐述。齐泽克指出，黑格尔与拉康正是隐秘的同路人，二者并不存在尖锐的对立，而是可以相互阐释的。齐泽克对黑格尔辩证法进行了重新解释，最关键的就是将黑格尔的辩证法与拉康的能指逻辑联系起来，把黑格尔辩证法解读为能指逻辑的辩证法。齐泽克写道："按照我们的观点，拉康根本上就是黑格尔主义者，但是他本人不知道这一点。他的黑格尔主义当然不是在人们期待的地方——就是说，在其对黑格尔的公开参照中——而是确切地存在于其教学的最后阶段，在其非-全逻辑中，在对实在界和大他者的短缺的强调中。——并且，相互的，对黑格尔的拉康解读给予我们一个完全不同于（一般所认为的）泛逻辑主义者的黑格尔的形象。它使能指逻辑学的黑格尔，使自我指涉过程——这一过程被表达为核心空洞的重复实证化——的黑格尔变为可见的。因此，如此解读将影响这两个术语的定义。它将划分出一个从泛逻辑主义和/或历史主义的残余中解脱出来的黑格尔，一个能指逻辑的黑格尔。结果是，清晰地理解拉康教义的最为颠覆性的内核，即大他者的建构性短缺得以可能。"[2] 齐泽克所指出的是，拉康是一个黑格尔主义者，不是因为拉康仍然在传统的黑格尔主义之内来理解，而是从晚期拉康的视角看黑格尔，把黑格尔理解为能指逻辑的黑格尔的意义上，拉康是黑格尔主义者。也就是说，不是把黑格尔理解为泛逻辑主义的、历史主义的黑格尔，而是能指逻辑的黑格尔。

很显然，这里的问题在于从拉康的视角来重新解读黑格尔，同时也用黑格尔的视角来重新理解拉康，因此，齐泽克把这种解读方法和观点称为交互学的（diatogical）："这就是为什么根本上我们的观点是'交互学的'：

---

① Slavoj Žižek, "Lacan: At What Point is He Hegelian?" in *Interrogating the Real*, London: Continuum, 2005, pp. 22 - 36.

② Slavoj Žižek, "Lacan: At What Point is He Hegelian?" in *Interrogating the Real*, p. 29.

发展出一个不包含与其对立主题的思想的实证线索是不可能的，也就是说，事实上，那些关于黑格尔的已经提及的常识，它们在黑格尔主义中看到‘理性帝国主义’的最好例证，理性帝国主义是封闭的机制，在那里概念的自我运动扬弃了物质过程的全部差异和消散。这种老生常谈在拉康中也可以发现，但是它们伴随着另一种概念的黑格尔，人们在拉康的显性陈述中不能发现的黑格尔——正由于这个原因，我们默默地错过了这些陈述的大部分内容。"① 这就是齐泽克对拉康和黑格尔之间关系的基本观点，关键在于在拉康对黑格尔的参照中伴随着另一种概念的黑格尔（能指逻辑的黑格尔），这是隐含在拉康的显性陈述下的隐性的黑格尔，这一黑格尔的形象被所有的论述者忽视了。

不难看出，齐泽克这一解读的关键在于把黑格尔的辩证法解读为能指逻辑的辩证法。只有在这一精确的意义上，才能够说，拉康是黑格尔的真理。齐泽克指出，在黑格尔那里存在的所谓“回溯性取消”的逻辑（一般所说的辩证法的扬弃）实际上等同于拉康的能指逻辑。那么，何谓回溯性取消？何谓拉康的能指逻辑？我们先来看第一个问题，即所谓“回溯性取消”在黑格尔那里意指什么。我们从齐泽克对拉康符号界的三个阶段的论述中对之予以说明。在拉康那里，符号界的第一个阶段，齐泽克称之为“现象学的”；第二个阶段，齐泽克称之为“结构主义的”；第三个阶段，则是与前两个阶段的断裂，齐泽克未说明是什么阶段，在笔者看来，可以称之为“短缺的大他者”的阶段。在第一个阶段，“占主导地位的主题是斗争和在主体间性认识的中介中的最终调和，即言语”；第二个阶段，是对第一阶段的某种补充，强调了结构对主体的绝对作用；第三个阶段则引入了大他者的短缺。齐泽克指出，前两个阶段基本上类似于黑格尔的绝对知识，但第三个阶段就颠覆了前两个阶段，引进了大他者的短缺。

我们重点来看第三个阶段。齐泽克写道：

第三个阶段必须与这个共同大厦（这个言语的补充关系被意义和

---

① Slavoj Žižek, “Lacan: At What Point is He Hegelian?” in *Interrogating the Real*, p. 29.

自足的结构所充满）断裂，通过设置一个划杠的大他者，未完成的、非全部的，一个在空缺基础上链接的大他者，一个在其内部携带着外密性的、非－可符号化内核的大他者。只有从被划杠的大他者出发人们才能理解能指的主体（＄）：如果大他者不是断裂的，如果它是一个完整的安排，主体与结构的唯一可能关系就是完全的异化，无任何剩余的服从；但是，大他者之短缺意味着在大他者中存在一个剩余，一个非－可整合的残余，对象 a，并且只有主体把自己设置为这个剩余物的相关项时，主体才能逃避完全的异化：＄◇a 。在此意义上，人们能够设想一个与自我区别的主体，想象误认的地点：一个没有迷失在结构联合的无主体的过程中的主体。人们也可以从欲望问题出发来解决这个危机：被划杠的大他者意味着不仅仅是一个匿名的机器，结构联合的自动机制，而毋宁说是欲望着的他者，一个缺乏欲望的对象－原因的他者，一个向主体索要某物的大他者。就问题的这一维度在大他者之中持存而言——不是作为面对大他者之谜的主体问题，而是作为从大他者自身浮现的问题，人们也许会说能指的主体外－存在（ex-sist）。①

齐泽克对符号界第三个阶段的论述虽然十分艰涩，但其基本意思是明确的。只有在第三个阶段，对于一个具有自身短缺的大他者而言，主体才有可能存在，如果大他者没有短缺，即大他者是自身封闭的，那主体只能是完全的异化。大他者的短缺是主体存在的条件。从欲望角度看，大他者是欲望着的他者，他欲望着主体，主体对这一大他者的欲望的应答恰恰就构成了主体。如前面所已经提及的，初看起来，这个被划杠的大他者，短缺的大他者，即具有核心空洞的符号秩序，似乎是对黑格尔的绝对知识的完美的、最佳的反对者。齐泽克说："拉康的第三个阶段的概念领域因此是一个大他者的领域，大他者在各个方面反抗符号化的达成，一个被实在界的－不可能的假想内核所清空的大他者，这个内核的惰性阻碍了辩证

① Slavoj Žižek, "Lacan: At What Point is He Hegelian?" in *Interrogating the Real*, pp. 30 – 31.

化，即在符号中和通过符号进行的扬弃——简言之，一种最好的反黑格尔的大他者。"[①] 但是事实果真如此的话，前述齐泽克所谓拉康与黑格尔关系的论断就是不正确的。

但是，齐泽克接下来的论述就完全颠覆了这种观点。他指出，在屈服于上述拉康反对黑格尔的观点前，要探讨拉康的符号界三个阶段之间的逻辑，对应于三个阶段的死亡驱力的变化最好地说明了三个阶段之间的逻辑。第一个阶段的死亡驱力是词语对事物的谋杀，符号对事物的消除；第二个阶段，死亡驱力与符号秩序同一；第三个阶段，死亡驱力"意指着被符号化/历史化的过程所揭示和包含的非历史化的可能性：彻底抹除这一过程的可能性"[②]。

正是在第三个阶段，大他者的短缺这一阶段，回溯性取消的逻辑出现了。这是一段至关重要的论述，为我们理解拉康和黑格尔之间的联系提供了钥匙。

> 在第三个阶段，拉康强调了作为不可能的/非－可符号化的内核的实在界，死亡驱力变成了（追随萨德）"第二次死亡"的形式的名字：符号死亡，意指网络的歼灭，主体在其中铭写自己、现实通过它而历史化的文本的消灭——在神经病的经验中，显现为世界的终结，符号世界的崩溃和黄昏的名字。用另一种方式说，死亡驱力指明了符号化/历史化的过程所展示和包含的非历史化的可能性：彻底抹除这一过程的可能性。最好地指明了这一消除行动的弗洛伊德的概念是取消（unmake，das Ungeschehenmachen），在这个行动中，一种行动被第二个行动所取消，以便看起来似乎什么行动也没有发生。或者，更简单地说，回溯性取消。并且，人们在黑格尔的文本中也发现了这一术语，这绝不仅仅是巧合，黑格尔将 das Ungeschehenmachen 界定为精神的最高力量。这种取消过去的力量只有在符号层次上才是可理解的：在直接的生活中，在生活的循环中，过去就是过去，且本身是不容置

① Slavoj Žižek, "Lacan: At What Point is He Hegelian?" in *Interrogating the Real*, p. 32.

② Slavoj Žižek, "Lacan: At What Point is He Hegelian?" in *Interrogating the Real*, p. 33.

疑的；但是一旦人们处于作为文本的历史的层次上，在符号踪迹的网络中，人们就能够倒转已经发生的事情，或者删除过去。由此人们就能够将*Ungeschehenmachen*——否定性的最高证明——看作“死亡驱力”的黑格尔版本：它在黑格尔的大厦中不是偶然的或边缘因素，而毋宁说是指明了辩证过程的关键环节，所谓否定之否定环节，是对立向“综合”的倒置：综合的调和不是在更高层次上断裂的超越或悬置（无论是不是辩证的），而是回溯性颠倒，这意味着从一开始就没有任何断裂——综合回溯性地取消了这个断裂。这就是如何理解黑格尔的百科全书中令人迷惑然而极为重要的段落：因此，无限目的的达到存在于扬弃它还未能被达到的幻觉之中。①

理解这一回溯性取消逻辑的关键和秘密就在对死亡驱力的理解中。在拉康那里，第三个阶段的死亡驱力是符号性死亡；只有符号性死亡是真正的死亡，它是符号化和历史化本身所蕴含的和揭示的非历史化（符号性的历史之消除）的可能性。弗洛伊德用取消来表示这一行动，即回溯性取消，就是说，后一个行动抹除了前一个行动的痕迹。在黑格尔那里，同一个词“取消”表示的就是否定之否定环节。拉康和黑格尔在这里相遇了：黑格尔的取消概念（否定之否定）恰恰是拉康的死亡驱力（符号性死亡）的另一个名字。这个阶段回溯性地消除了前面的环节，使前面的环节非历史化了，使整个过程不可见了，似乎前面的断裂从未发生过。这也是黑格尔的“无限目的的达到存在于扬弃它还未能被达到的幻觉之中”这个谜一般的话语所表达的意思。这里至关重要的一点在于理解所谓回溯性取消这个逻辑。齐泽克继续对这个逻辑进行了解释。

人们不是通过获得而达到其目的，而是通过证明人们已经获得了它而达到目的，即使当其实现的方式还未显现的时候。在前进中，人们还未达到那里，但突然间，人们已经在那里了——没有对转化的确

---

① Slavoj Žižek, “Lacan: At What Point is He Hegelian?” in *Interrogating the Real*, pp. 33 – 34.

> 切环节的探查，“太早”突然间变成了“太迟”。整个事情因此具有一种错失了的遭遇的结构：在道路上，我们尚未获得的真理，像幽灵一样推动我们向前，许诺我们在道路的尽头等待着我们；但是突然之间，我们发现自己已经处于真理之中。这一逃逸的、在“恰当时刻”的错失遭遇中将自己揭示为不可能的悖论性剩余，当然就是对象 a：推动我们追求真理的纯粹的假象，正当它在我们身后出现的时刻，同时我们就已经在它的前面了，一个没有其“恰当时间”的荒诞的存在，它只在过早和过晚的间隙中持存。①

这就是齐泽克反复提到的回溯性取消的逻辑，它恰恰就是对象 a 的逻辑。对象 a 作为对象的欲望 - 原因，在我们追求它的时候，它似乎在前面诱惑着我们，但是突然之间我们总是已经处于它之中了。这是对时间先后顺序的一种颠覆，从尚未（not yet）到总已（always already）的一个跳跃，没有任何中间环节。或者说，尚未本身已经是总已了。如何理解这个关键的转换呢？从尚未到总已的转换，是回溯性取消的逻辑在起作用。所谓回溯性取消，是结果对原因的回溯性决定，原因并不存在，它是由结果所回溯性地设定的，没有这个结果，就无所谓原因。也就是说，结果回溯性地为以前的一系列东西赋予了理由，使以前的那些杂乱无章的东西成了原因，换言之，使其符号化了。这种符号化掩盖了前面的那些断裂（反对其结果的东西），使这些断裂消失不见，甚至似乎根本就没有存在过。这种符号化/历史化恰恰是反历史化的，是对历史的一种取消。举个经验中的例子，某个政党在取得了胜利之后，就会发现，一切都是必然的，而不是偶然的，以前那些偶然的甚至可能导致失败的种种环节，都变成了胜利途中的微不足道的甚至不可见的。这种历史化完全是符号性的，而不是经验的（经验事实的）。在经验事实中，历史当然还是存在，但在符号叙事中，经验事实的历史性不见了。在齐泽克看来，这一回溯性取消的逻辑，就是黑格尔辩证法的否定之否定环节所精确地意指的东西。

---

① Slavoj Žižek, “Lacan: At What Point is He Hegelian?” in *Interrogating the Real*, p. 34.

在齐泽克的论述中，回溯性取消的逻辑不是偶然的，而是支配了他对黑格尔的整个解读，黑格尔辩证法的正—反—合的三段论，黑格尔的本质逻辑从现象到本质的演变，黑格尔的肯定—否定—否定之否定，黑格尔的由偶然性向必然性的过渡，都是这一回溯性取消之逻辑的实例，并受其支配。这一回溯性取消的逻辑就是拉康的能指逻辑，在此意义上，黑格尔的辩证法与拉康的能指逻辑就是同一的。这就是齐泽克把拉康看作黑格尔主义者的原因。

二　拉康的能指逻辑与意义的回溯性

齐泽克将黑格尔的辩证法与拉康的能指逻辑结合或等同起来的合法性究竟在何处？我们从拉康的能指逻辑开始，对这一艰深的问题做一个大致的探讨。众所周知，拉康发展了索绪尔语言学的能指所指的理论，提出了自己独特的能指理论。拉康能指理论的最大特点就在于，能指超越了所指，能指具有优先性，能指决定所指，能指可以是没有所指的能指，即一个虚空能指。齐泽克认为，最好从拉康的欲望图来理解拉康能指理论。拉康的欲望图的第一个图，即最简单的图，实际上是一个能指和所指之间的关系图。这一个图与索绪尔的能指所指的关系图最大的不同之处在于，索绪尔的能指与所指关系是两条平行的波浪线，或同一图中的两个曲面，能指与所指的关系表现为一种平行的状态。能指和所指是相互依存又相互制约的，能指离不开所指，总是指涉一定的概念内容即所指，而所指也离不开能指，因为没有所指的能指就不再是语言符号的思考范围了。这就是索绪尔语言学理论中能指与所指的基本关系，简言之，能指和所指必须是相互依赖、相互指涉的。拉康的能指逻辑来源于索绪尔的能指与所指关系，但是对其进行了激进的重写和改写，可以说，它完全不同于索绪尔的语言学领域内的能指与所指关系。

拉康对能指和所指之间的关系的改写，最重要的一点就是能指对所指在逻辑上的优先性。拉康以一个简单数学式重写了索绪尔的能指与所指关系即$\frac{S}{s}$，在这个公式中，S 在上，s 在下，中间用“—”隔开，成一个分数式的样子。这个代数式所表达的意义首先是能指对所指在逻辑上的优先性；而横线“—”则代表的是能指和所指之间的意义抵制，即能指和所指之间不能直接等同和联系。对于拉康的能指逻辑，吴琼曾经从以下四个方面进行了分析。第一，能指就性质而言，它是没有意义的，能指的所谓物质性就是其无意义性，就是说能指实际上是虚空的能指，它不能与任何所指绑定。就此而言，任何能指都是虚空能指。第二，就能指与所指的关系而言，二者的关系是纯粹任意性和偶然性的。不存在一个等待能指去指涉的所指，能指和其所指涉的所指之间的关系是偶然的、不确定的关系。用拉康的话来说，能指是用缝合点来缝合所指。吴琼总结说：“能指不表征所指，所指是能指运作的意义效果；能指优先于所指，能指的运作独立于所指；能指与作为意义效果的所指是不确定的、临时的、偶然的。说得更明确一点，拉康所理解能指是没有所指的空洞能指，拉康所理解的符号是没有意义的能指符号，拉康所理解的意义是众能指运作的临时产物。”① 第三，能指的运作是一种差异性运作。能指的差异性运作所意指的是，在众多的能指中，存在意义的滑动，因而构成能指的网络，这些能指的意义的具体规定不是能指本身所决定的，而是由能指所处的符号网络所决定的。第四，能指的意指效果。能指是无所指的能指，是一个虚空能指，那么能指的意义从何而来呢？拉康指出，能指的意指效果是回溯性地产生的。

齐泽克最为看重的就是意义的回溯性。在《意识形态的崇高对象》中，齐泽克对拉康的欲望图进行了解读，特别提出了意义的回溯性问题。一般而言，人们在对拉康欲望图的理解中，强调的是完整图式的重要性，即第四个完整的欲望图。但是，齐泽克认为，完整地理解拉康的欲望图必须从第一个最简单的图开始。通过这一个图，齐泽克强调了回溯性机制，并认为这一回溯性维度乃是拉康能指逻辑中至关重要的。在第一个图中，齐泽克指出这就是拉康能指逻辑在欲望机制中的表达。拉康对能指逻辑的建构与索绪尔完全不同。齐泽克写道：“拉康对这双重运动的结构相当不同：某些神话的、前符号的意图（标记为△），‘缝合’了能指链——标记为矢量 S—S’的能指系列。这一缝合的产物（它出自另一边，被指在神

① 吴琼：《雅克·拉康：阅读你的症状》（下），中国人民大学出版社 2011 年版，第 339 页。

话－实在－意图超越了能指之后而超出的部分)，即是被标记为数学符号＄的主体（被切开、撕裂的主体，同时是被抹除的能指，能指的短缺、裂隙，能指网络中的空位)。"[①] 这就是拉康的欲望图中作为被划杠的阉割主体出现的逻辑。这里的主体既是一个能指，又是一个主体，即所谓能指主体。这个能指是通过一个缝合点而出现的。

齐泽克的解释强调了意义的回溯性。他写道：

> 在图表的这个基本层次上，一个至关重要的特性是下列事实即主体的意图这一矢量以回溯性的方向向后缝合了能指链的矢量：它在某一点上超出了能指链，而这一点先于它所刺穿的那一点。拉康强调的重点恰恰是关于能指的这一回溯性特征，强调的是关于能指链的进程的所指滞留在后的特征：意义的效果总是向后产生，即事后（apres coup)。依然处于漂浮状态的能指——其意义尚未固定——一个接着一个。因此，在某一个点上——确切而言是在意图刺穿了能指链，超越它的这一点上——某些能指回溯性地固定了能指链的意义，缝合了能指的意义，终止了意义的滑动。[②]

齐泽克强调，能指回溯性地决定了所指，也就是说，能指本身是漂浮的能指链，其意义并不是确定的，能指的确定意义是事后回溯性地建构起来的，即所指总是在后的，能指是在先的，这一回溯性逻辑乃是能指的基本逻辑。通过拉康的能指逻辑的能指的优先性和回溯性决定的逻辑，齐泽克论证了拉康能指逻辑的意识形态意义。例如，在意识形态的空间中漂浮着自由、正义、国家等能指，构成了滑动的能指链，而其中一个能指回溯性地决定了这些能指的意义。例如共产主义这个能指就回溯性地确定了以上那些能指的意义。这就把能指逻辑与意识形态理论联系起来了。在此我们不做进一步的探讨。关键在于齐泽克对拉康能指逻辑的这一回溯性特征

---

① 〔斯洛文尼亚〕齐泽克：《意识形态的崇高客体》，季广茂译，中央编译出版社 2002 年版，第 140 页。译文有改动。

② 〔斯洛文尼亚〕齐泽克：《意识形态的崇高客体》，第 141 页。译文有改动。

的强调，齐泽克认为，这构成了拉康能指逻辑的基本特征。“关于能指和所指的关系，这就是拉康的基本命题：意义的产生，并不是一个线性的、内在的、必然的进程，意义不是从某些最初的内核中自我展示出来的；意义是回溯性产生的，其产生的过程也具有强烈的偶然性。”① 由此我们可以推断，齐泽克把拉康的能指逻辑看作一种回溯性逻辑，即能指回溯性地确定其意义的逻辑。

三 拉康化的黑格尔：作为能指逻辑的黑格尔辩证法

那么拉康的能指逻辑与黑格尔的辩证法又在哪里统一起来了呢？在此我们应该对黑格尔的辩证法进行一个简要的论述。当然，我们的论述在某种意义上只是齐泽克对黑格尔辩证法的一种解读，它与我们传统哲学中对黑格尔辩证法的理解既相同又不同。齐泽克对黑格尔辩证法的解读十分复杂，我们关注的仅仅是如下一点，即齐泽克是如何把黑格尔辩证法解读为能指逻辑的。对这一问题较为集中的阐释是在《快感大转移：妇女和因果性六论》中，在那里，齐泽克明确地提出了“黑格尔的能指逻辑学”这一命题。我们越过齐泽克庞杂繁复的对黑格尔精神哲学的这一部分的探讨，直接来看黑格尔所谓能指逻辑学指的是什么。

在哪里发现黑格尔的辩证法与拉康能指逻辑之间的相似性或者对应性呢？齐泽克指出，正是在黑格尔的《哲学全书》的第 451～464 段中，我们初步看到了黑格尔的辩证法与拉康的能指逻辑之间的相似性。在这一部分中，黑格尔的论述从对再现（表象）语言的批评开始，提出了词语的述行性问题。所谓再现（表象）语言，是一种标准的语言观念，即认为在一个符号中，总是包含三位一体的东西，正如我们通常所说的，一个词语乃是音（声音）、形［符号的实体，作为实体（body）的符号］、义（符号所指涉的实际内容）三者的结合。齐泽克指出，直觉告诉我们这并不是真正的活的语言。那么，这种标准的语言观遗漏了什么？齐泽克写道：“在此遗漏的主要是两种东西：一方面是符号之间的句法和语义关系——自我

① 〔斯洛文尼亚〕齐泽克：《意识形态的崇高客体》，第 142 页。译文有改动。

指涉的圆圈，凭借它人们总是能够说，一个词的意义是一系列其他的词；另一方面是同说话主体的关系——说话者自己如何被铭写在‘再现的语言’中，作为符号、精神观念和现实三种标准的反映之镜，这一点尚不清楚。"[①] 对于黑格尔而言，这里遗漏的关键是符号［词语（word）］的述行性维度。齐泽克指出："在黑格尔那里，表象语言的致命弱点正在于它的表象特点，即如下事实：它仍然停留在表象的、外在的和有限的表象水平上，这种表象指涉某种超验的外在的内容。用今天的话说，表象语言是表象－传递某种仍然外在于这种中介普遍的观念性内容的自我抹除的中介：中介本身承担着一个漠不相关的传递独立的内容的工具职能。在此遗漏的是一个词语，它不仅表象其外在内容，而且建构它，使其产生——通过这个词语被指示的内容成其所是——简言之，这个词是‘述行的（Performative）’。"[②] 表象词语缺乏了述行性维度，因而不能达到无限思想。

那么，从表象词语如何过渡到无限思想呢？黑格尔在这里，出人意料地在口头记忆与严格意义的思想即无限性思想之间插入了机械记忆。齐泽克称之为"机械记忆之谜"。所谓机械记忆就是抛弃了其思想内容，完全是对词语的机械记诵，而不附加任何意义，简言之，就是对精神的抛弃。机械记忆在某种意义上是一种返回，返回到了无意义的最贫瘠的语言范畴。黑格尔把这种机械记忆阶段中理智称作"存在，名称本身即无意义的词语的普遍的空间"。对于机械记忆阶段的词语，黑格尔认为，它完全不同于表象词语，它"是一种纯粹的生成（becoming），一种发出的声音的无意义的个体之流，将其一体化的唯一之物是理智自身的空洞的联系纽带"[③]。正是这个层次才表明了语言的否定性。齐泽克写道："在这一意义上，一个名称的意义仅仅能够存在于这个事实中，即它继续并且/或者触发其他这样的名称。只是在这里，语言学符号的真正的、具体的否定性才出现了：为使这种否定性出现，词语被还原为自我删除之纯粹之流是不够的——它的彼岸自身，即意义，也必须被铲平，它必须失去其所有的实证

① 〔斯洛文尼亚〕齐泽克：《快感大转移：妇女和因果性六论》，第 52 页。译文有改动。
② 〔斯洛文尼亚〕齐泽克：《快感大转移：妇女和因果性六论》，第 52 页。译文有改动。
③ 〔斯洛文尼亚〕齐泽克：《快感大转移：妇女和因果性六论》，第 53 页。译文有改动。

内容，以致保留下来的唯一事物就是作为主体的虚空的否定性。”① 从表象语言到机械记忆，词语失去了其丰富性和普遍性，成为纯粹的空无的否定性，而这恰恰就是作为主体的虚空的否定性。只有通过这样一个作为虚空的否定性的主体，才能达到思想的无限性。按照齐泽克的看法，这就是表象语言达到无限思想所必须经历的阶段。齐泽克写道：“在此存在着黑格尔的真正的辩证法的洞见：在表象的名称中构成真正无限思想行为的绊脚石的，不是它的外在视界，而正是它的内在意义的被固定的普遍性。”② 这就是说，一种语言要想达到真正的思想之无限性，就不能是表达意义凝固的普遍性的符号，而恰恰是抽空了其内在的实证意义的纯粹符号。这个纯粹符号就是一个能指。齐泽克对此进行了一段非常重要的评述，指出了黑格尔这一机械记忆的重要意义。“在此发生的空洞是双重的。首先，整个客观的 - 表象内容被清空，以致剩余的唯一的事物就是理智（主体）自身的空洞——用拉康的话说，我们从符号［它是我们为某人而表象某物（一个实证内容）］过渡到能指（它向其他能指表征主体自身）。然而，伴随着这同一姿态，主体（S）自身不再是经验的内在内容之完满性，即意义的完满性，它被划杠，被掏空，被还原为 \$ ——或者如黑格尔所说，机械记忆的工作是‘把内在性的基地铲平为纯粹存在，即纯粹空间……没有来自主观内在性的对立。’唯有这种铲平，这种向存在的还原，向词语的新的直接性的还原，才打开了述行的维度。”③ 在此我们看到，在齐泽克的理解中，这一机械记忆乃是至关重要的，在这个阶段，主体被掏空了，主体被确认为一种空洞的否定性，即被划杠的主体，拉康式的主体，而不是表象阶段的完满主体；表象语言的客观内容被掏空了，表象语言的符号（sign）过渡到拉康意义上的能指（signifier），即无内容的纯粹的记号。由符号过渡到能指，意味着述行性维度的开启。

何谓述行性维度？齐泽克通过黑格尔在耶拿时期哲学的一段有关语言学的论述来说明这一点。在耶拿时期的实在哲学中，黑格尔曾经指出了命

---

① ［斯洛文尼亚］齐泽克：《快感大转移：妇女和因果性六论》，第 53 页。译文有改动。
② ［斯洛文尼亚］齐泽克：《快感大转移：妇女和因果性六论》，第 54 页。译文有改动。
③ ［斯洛文尼亚］齐泽克：《快感大转移：妇女和因果性六论》，第 54 页。译文有改动。

名的悖论。简言之，当我们说这是某物（如大象、狮子）等，确切而言，我们所说的就是这个某物乃是从我们嘴里发出的某种毫无意义的声音、音节。拉康曾经以近似的方法探讨过这个问题。这里的关键在于，事物是什么东西，不是由事物本身的性质所决定的，而是由表达这个事物的语言符号（词语）所决定的。这就是命名的述行性维度。简言之，词语生成了事物，名字决定了事物。可以说事物是一个杂多的综合，只有我们给予其名称时，它才成为一，即一个同一体。这就是符号化的悖论，也就是述行性维度。齐泽克写道："符号化的悖论存在于下列事实之中：对象被建构为一，这种建构是通过一个完全外在于对象自身、外在于它的现实的特点进行的，是通过与对象本身没有任何类似性的名称来完成的。利用一些完全虚无的附加物，自我删除的存在，几个音节这个微不足道的事实——苍蝇生育了大象，对象成为一（the One）；正如君主这个名称，一个智障者的偶然的个别躯体，它不仅代表了作为理性总体性的国家而且建构了它，使其有效运作。这个述行性维度——凭借它，能指被作为其组成成分铭写进所指内容本身（或者，如拉康所说，能指陷入了所指）——是在表象名称中所缺少的东西。"①

从以上的论述我们已经看出，在黑格尔机械记忆这一环节中，存在表象语言中的表象名称与名称本身之间的二元性，而这一二元性又与拉康的符号与能指之间的对立相对应。齐泽克写道："我们不难看出，黑格尔在机械记忆中表现出来的'表象名称'和'名称本身'之间的二元性怎么样正好对应于拉康的符号和能指之间的对立。符号是由能指和被能指再现的所指——它的意义（signification）——之间的固定的关系所定义的，然而能指通过不停的滑动，指向链条中的其他能指，从而产生意义效果。符号是同其他实体相关的实体，能指是纯粹的流动、事件；符号指向事物的实体性完满，能指指向作为否定性的空洞的主体，它中介着意指链条的自我关系（一个能指为其他能指再现出主体）。"② 经过以上的论述之后，我们终于达到了黑格尔的能指逻辑学。齐泽克指出，就其本质而言，黑格尔的

---

① 〔斯洛文尼亚〕齐泽克：《快感大转移：妇女和因果性六论》，第55页。译文有改动。

② 〔斯洛文尼亚〕齐泽克：《快感大转移：妇女和因果性六论》，第55～56页。译文有改动。

辩证法是一种前卫的能指逻辑学。

齐泽克借用了约翰·麦克库恩伯在《词之公司》中提出的论证，来论证黑格尔的辩证法是能指逻辑学。麦克库恩伯提出黑格尔的辩证法是以符号标记进行的自我相关的运作。通过一种“直接-缩略”，我们首先达到的是正题，一系列的符号 M1……MJ 被标记为 MK，其次我们达到的是对这个系列的颠倒，MK 包含了 M1……MJ 系列，但是这个颠倒不是返回到第一个正题，为了说明这一点，麦克库恩伯以第三个系列说明，用斜线/代替横线“—”，并把斜线“/”规定为综合。这就是麦克库恩伯的三个系列：

(1)（M1……MJ）——MK

(2) MK——（M1……MJ）

(3)（M1……MJ）/MK

从（1）到（3）的系列的转化，发生了什么呢？齐泽克指出：“在（3）式中，记号 MK 是严格意义上的‘反思’：它不再代表着抽象地与说明对立的直接性，因为它说明的正是它在（2）式中说明 MK 自身的那个系列。”① 这就是（3）式的至关重要的区别，MK 本身代表的就是（2）式之全体，（2）式整个系列的内容。这里的意思是什么呢，发生了什么重要的变化？我们认为，关键在于 MK 不再是一个符号了，而是一个能指。

齐泽克运用他最常用的例子即反犹主义中的犹太人为例对此进行了进一步说明。对照以上的三个公式，齐泽克把反犹主义的记号系列用公式表示如下三个阶段：

(1)（贪婪的、奸诈的、阴险的、肮脏的……）——犹太人

(2) 犹太人——（贪婪的、奸诈的、阴险的、肮脏的……）

(3)（贪婪的、奸诈的、阴险的、肮脏的……）/犹太人

---

① 〔斯洛文尼亚〕齐泽克：《快感大转移：妇女和因果性六论》，第 57 页。译文有改动。

这三个公式说明了什么？齐泽克对这三个公式进行了再次阐释，将三个公式分别解释为：

(1) 奸诈的、阴险的……被称为犹太人的属性

(2) X是犹太人因为它（奸诈的、阴险的……）

(3) X是（奸诈的、阴险的……）因为它是犹太人

在此发生了什么？X不是因为具有一系列属性而是犹太人，而是因为他是犹太人所以具有此一系列属性。齐泽克指出："简言之，犹太人在此表明了实际属性（贪婪的、奸诈的、阴险的、肮脏的……）之现象的隐蔽基础。因此发生的是一种'实质变化'：犹太人开始作为一种隐蔽基础的记号，神秘的'难以知晓'而起作用，它说明了犹太人的'犹太性'。"①在此我们清晰地看到了（3）式中的犹太人，它说明的是犹太性，一种无可言说，难以知晓的、莫须有的属性。而正是这个莫须有的属性成为犹太人的一系列具体属性的隐蔽基础。这说明犹太人成为一个主人能指，它的所指内容是不固定的，但它都被犹太人这个能指回溯性地决定。这样，我们就不难看到麦克库恩伯的公式与拉康的能指逻辑之间的联系了。正如齐泽克所说的："因此，我们的最终观点是相当技术性的：如果我们用拉康的数学式S2，知识链的能指，来代替（M1……MJ）这个系列，用S1，即主人能指，来代替MK（这个记号系列的缩略），麦克库恩伯的公式便变得十分清晰并富有洞察力。"②

齐泽克对麦克库恩伯的公式最后做了如下解释："概述如下：在（1）中，省略-直接的记号是个简单的符号，既定系列的一个外在的命名；而在（3）中，这个记号是一个能指，它在其总体性中述行性地建立了系列。在（1）中，我们受制于完整系列是一个自在，它不依赖其符号而持存这样一种幻觉；而在（3）中，只有通过增补它的反思性标记，这个系列才能完成和建构这一点变得十分清楚——就是说，在（3）中，符号作为事

---

① 〔斯洛文尼亚〕齐泽克：《快感大转移：妇女和因果性六论》，第58页。译文有改动。

② 〔斯洛文尼亚〕齐泽克：《快感大转移：妇女和因果性六论》，第58页。译文有改动。

物自身的内在构成要素，包含在事物自身中；使符号与其指示内容之间分离的间距消失了。”①

在此我们看到的是黑格尔的符号化逻辑的再次出现，即命名的回溯性、述行性逻辑的再次出现。在（3）中，符号作为一个能指，作为一个名字，回溯性地决定了所指，决定了这一系列的内容，它既是这一系列整体的部分组成要素，又是这一系列整体组成为总体性和同一体的决定因素。这就是黑格尔所说的具体的普遍性所指的东西。

由以上分析我们看到，齐泽克对拉康和黑格尔的理解确实可以被称为交互学的，即通过拉康的能指逻辑来解读黑格尔的辩证法，并以黑格尔的辩证法来解读拉康的能指逻辑。这样，传统哲学理解中那种将拉康与黑格尔视为对立两极的做法被齐泽克颠覆了，在齐泽克那里，拉康与黑格尔不但不是相互对立不可通约的，恰恰相反，二者在根本的实质上是同一的，这一同一性在于拉康的能指逻辑与黑格尔的辩证法都遵循回溯性取消的逻辑，都遵循述行性的符号化逻辑。齐泽克对黑格尔的这一解读是齐泽克思想的灵魂，支配和贯穿了其作品的始终，成为齐泽克著作的一条主导性线索。因此，我们可以说，不理解齐泽克对黑格尔－拉康的交互性解读，就难以理解齐泽克的整个思想。

第五节　重述列宁：齐泽克的行动的辩证法及其批判

尽管齐泽克并不认为自己是后马克思主义，但我们仍然将其置于后马克思主义的总体之中，在我们看来，齐泽克提出了一种与马克思主义相关的但又不同于传统马克思主义的革命理论，试图以之来补充和发展马克思主义。在此我们不能进行全面详细的论证，而是直接对齐泽克的政治立场进行分析。在笔者看来，有两个问题非常重要：其一，齐泽克反复提及要重述列宁，这表明了其马克思主义的立场实际上主要指向对列宁的重述；

① 〔斯洛文尼亚〕齐泽克：《快感大转移：妇女和因果性六论》，第 59 页。译文有改动。

其二，齐泽克对列宁的重述与其精神分析的理论相结合，提出的是一种行动的辩证法。

一　重述列宁：齐泽克的理论策略

齐泽克多次提出其重述列宁的理论策略。我国学者对列宁当然并不陌生，但是齐泽克所理解的列宁与我国学者的主流思想中理解的列宁显然有着很大的区别。因此，不能简单地理解齐泽克重述列宁的理论策略而应该将其与其一贯的理论立场结合起来。那么，齐泽克为何提出重述列宁，其重述列宁的基本含义如何？

虽然齐泽克的论述晦涩繁复，往往使人如堕雾中，即使在论及重述列宁这个貌似明确的理论主题时，也仍然保持了这种一贯风格，但是透过其繁复的论证，我们不难找出齐泽克的理论线索。我们先来看齐泽克的一种形象的立场。齐泽克写道："让我们在最激进的意义上大声呼唤列宁吧……"可见，齐泽克重述列宁的立场实际上是一种激进的姿态。齐泽克多次引用了列宁在同孟什维克和社会革命党人论战时的激进的话语。列宁说："正因为这样，让我们枪毙你们吧……"那么，齐泽克在当代呼唤列宁的用意何在？在当代世界，这样一种回到列宁、重述列宁的姿态有无合法性？

在齐泽克看来，我们所处的时代类似于 20 世纪 20 年代列宁所处的时代。因此，重述列宁，从列宁那里寻找思想资源，或者说，采取列宁在 20 世纪 20 年代所采取的立场，就是适合我们时代的革命的唯一选择。那么，在 20 世纪 20 年代发生了什么？列宁在 20 世纪 20 年代所作所为又如何成为我们当代的左翼必须加以借鉴的？齐泽克指出，列宁的伟大之处在于，在 1914 年秋天，在第一次世界大战爆发的时候，所有的欧洲社会民主党都采取了支持爱国主义，支持战争拨款的姿态。面对这一世界局势，几乎所有的伟大心灵都向民族主义屈服了。但是，列宁在这一局势中不仅并未屈服，还在这一时刻看到了革命的可能性。齐泽克写道："他在绝望中不是沉沦，不是自我安慰'我早就告诉过你如此！'这一绝望的时刻，这一灾难开启了打碎第二国际革命历史决定论的列宁主义时代。只有列宁才是这个时代的开启者，只有列宁才是说出这一灾难真相的人。在绝望的时刻，通过阅读黑格尔，列宁觉察出革命的机遇正在孕育。……列宁主义乌托邦的内核就在1914灾难的灰烬上升起，在他对第二国际正统的批判性说明中绽放。这自然包含着碾碎资产阶级国家的激进冲动，这意味着这样一个国家，其中包含一种新的社会形式，没有常备军、警察和官僚制度，在这个社会中所有人都可以参与对社会事件的管理。对于列宁来说这不是对于某个遥远未来的理论谋划。在1917年10月，列宁宣称：'我们可以在运动中一下子建立一个由一千万人组成的国家机器，如果不是两千万的话。'对于这个时刻的期待是一种真正的乌托邦。"① 齐泽克这一大段叙议结合的文字，描述了他对列宁所肯定的重要内容。列宁在其他人认为不可能的时候，看到了革命的可能性，并且认为，这并不是一个遥远的可能性，而是触手可及的可能性。

那么，当代世界的形势与1914年前后的世界形势有何相似性吗？齐泽克认为，我们当前的时代恰恰与1914年前后相似。根据霍布斯鲍姆的说法，20世纪以1914年开始，而以1990年结束。齐泽克完全赞同这一划分，并认为我们在当代（1990年之后）应该做的，就是列宁在1914年所做的事情。何以如此？这一论断是以齐泽克对当代世界所做的诊断为基础的。在齐泽克看来，当代世界乃是一个资本主义全球化的时代，而这一资本主义全球化时代乃是以数字化为表征的，即所谓赛博时代、赛博空间。比尔·盖茨在当前时代梦想能够实现一种赛博资本主义，即"无障碍资本主义"的基本框架。这实际上是完全承认全球化资本主义的合法性，而不做任何质疑。在齐泽克看来，这是不能接受的，因为全球化的资本主义并非一个完善的时代，恰恰相反，它生产了无数的边缘人群，甚至使每一个人都变成了某种意义上的"牲徒"。那么，面对这种资本主义的全球化，人们进行抵制的形式和立场主要有以下几种。第一，正统派的列宁主义。他们认为革命可以来临，仍然存在阶级斗争，而我们所需要做的就是等待那种能够调动起革命的领导者。显然，这是一种空想。除此之外，还存在四种模式。"如果我们在这种立场之外再加上四种，我们就可以获得一个

① 〔斯洛文尼亚〕齐泽克：《为列宁主义的不宽容辩护》，周嘉昕译，《马克思主义与现实》2010年第2期。

有关今天左派困境的思想全图：将文化斗争（女权主义、同性恋、反种族主义、多元文化冲突）接受为解放政治学的主要领域；对福利国家制度成果纯粹的防御性保护；基于赛博共产主义的天真信念（那种认为新媒介将直接为新的真正的共产主义创造条件的观点）；以及最后一种，投降主义的第三条道路。”① 齐泽克对以上五种立场都是持否定态度的，它们或者是认同全球资本主义，在资本主义体制之内进行一些对抗，而对资本主义体制完全没有触动，因而不是政治的，或者是完全脱离现实，成为一种空想。面对这种情况，齐泽克提出，我们要到列宁那里寻找灵感，重述列宁。齐泽克重述列宁究竟有何意义呢？换言之，在列宁这个能指下，齐泽克要表达的所指是什么？

应该说，齐泽克对重述列宁的具体意义并未做十分清晰的解释。根据笔者的理解，齐泽克重述列宁的策略应该主要有以下几方面含义。

第一，齐泽克把列宁作为一个能指，其所指并不确定，而是指向对当代世界秩序的一种否定性态度，也指向对面对当代世界所采取的虚假批判和对抗的批判态度。正如齐泽克所说：“对于列宁的诉求应该成为这样一种能指，它代表了那种打碎在这些虚假选项中所进行的无意义循环的努力。”②

第二，齐泽克所说的重述列宁指的是在当代世界形势下激活革命冲动的一种理论努力。齐泽克写道：“对于我们来说，列宁不是一个旧教条主义的乡愁式名字；恰恰相反，用克尔凯郭尔的话说，我们想重新激活的列宁是一个正在来临中的列宁。他的基本经历是先被抛入到一个旧构架被证明是无效的灾难性环境之中，因而被迫重新发明马克思主义。……我想要说的不是返回到列宁那里，而是在克尔凯郭尔的意义上重述列宁，在今天的背景下重新激发那种革命冲动。回到列宁的目标既不是怀乡式的重置逝去的革命黄金时代，也不是机会主义－实用主义地将旧的纲领加以调整以便适应‘新的条件’，而是在当下的全球条件下重述列宁，重述那种在帝

① 〔斯洛文尼亚〕齐泽克：《为列宁主义的不宽容辩护》，《马克思主义与现实》2010 年第 2 期。

② 〔斯洛文尼亚〕齐泽克：《为列宁主义的不宽容辩护》，《马克思主义与现实》2010 年第 2 期。

国主义和殖民主义条件下制定革命规划的列宁主义态度。”① 这里可以看出，齐泽克坚持的实际上是一种理论策略，这种策略根本上只能是一种态度，即在不可能的条件下看到可能性并努力实现之的一种列宁主义态度。

第三，重述列宁实际上是坚持对乌托邦的追求。齐泽克认为，列宁在1914年就指出我们可以建立一种千万人组成的国家机器，这是一种真正的乌托邦。因此，重述列宁必须在承认列宁失败的基础上，继承列宁的乌托邦。齐泽克说：“重述列宁不是意味着返回到列宁那里。重述列宁是承认列宁已死，他的特定的解决方案已经失败，甚至是一个巨大的失败，但是其中闪烁着的乌托邦火花却弥足珍贵。重述列宁意味着我们必须在列宁的现实所为和他所开启的可能性空间中有所界划，以及列宁在现实中的作为与另一个可以称之为‘列宁的而不是列宁本身’的维度之间的张力。”②

第四，重述列宁意味着超出一切思想控制，超出当前的世界所强加的意识形态框架，完全自由的思想，对现存一切持批判态度。齐泽克写道：“今天，实质的思想自由必须意味着一种能够去质疑当下存在的自由民主的后意识形态秩序的自由——否则，它就一无是处。”“‘列宁’标志着那种超越腐朽的现存的（后）意识形态构架、那种超越我们生活于其中的去势的思想控制的斗争的自由。这就意味着我们应该重新夺回思考的权利。”③

如此看来，在齐泽克的语境中，列宁实际上成了一个纯粹的能指，我们不能对列宁进行任何实证性的理解。这正如德里达在《马克思的幽灵们》一书中对马克思的指证。在这个意义上说，齐泽克实际上把列宁幽灵化了。那么，在这一思想的指导下，齐泽克有无具体的策略呢？应该说，既有又没有。说有，是因为齐泽克提出了行动概念，以之作为他的政治立场的最终立足点，这不能不说是一种政治策略；说没有，是因为这个行动仍然是幽灵化的、乌托邦式的。这个行动乃是齐泽克评论一个政治行动的标准。下面我们就来探讨一下齐泽克的行动概念。

---

① 〔斯洛文尼亚〕齐泽克：《为列宁主义的不宽容辩护》，《马克思主义与现实》2010年第2期。
② 〔斯洛文尼亚〕齐泽克：《为列宁主义的不宽容辩护》，《马克思主义与现实》2010年第2期。
③ 〔斯洛文尼亚〕齐泽克：《为列宁主义的不宽容辩护》，《马克思主义与现实》2010年第2期。

二　行动的辩证法：齐泽克的解放逻辑

从重述列宁的理论立场，齐泽克提出了一种解放逻辑，它强调的是激进的本真行动，对于齐泽克的解放逻辑，我们或可称之为齐泽克的行动的辩证法。在齐泽克那里，行动并不是我们通常意义上的行动，而是在严格的拉康意义上来理解的行动，齐泽克称之为本真行动。齐泽克的行动辩证法乃是其理论体系的归宿——如果说齐泽克有一个严密的理论体系的话，激进行动就是这个理论体系的结论所在。但是，齐泽克的行动概念远不像这个术语看起来那样意义明确、毫无分歧，毋宁说，它是齐泽克理论诸多术语中极为晦涩的术语之一。理解齐泽克的行动辩证法，也许需要对齐泽克的整个思想体系予以完整的把握才有可能，因为行动与主人能指、对象a、实在界、幻象、不可能性、空洞等诸如此类的拉康－齐泽克精神分析理论中的核心概念都密切相关。为便于理解，我们的探讨从经验的层面开始。

齐泽克给出了几个本真行动的例子：在电影《内与外》中，凯文·克莱因在婚礼上脱口说出“是的，我是同性恋！”这个环节中；在电影《生死时速》中，主人公与恐怖分子对峙时，不是射击敲诈者而是射中同伴的腿这个行动中；在《赎金》中，梅尔·吉布森向绑架者说决不付赎金，而是利用自己的所有财力与其周旋到底的姿态中；在《普通嫌疑犯》中，凯索尔·苏文打死被绑架的妻子和女儿，并疯狂追杀对手帮派的成员即家庭、朋友将其全部杀死。[①] 齐泽克还给出了其他更具有政治意义的例子，如克林顿的医疗改革、法国密特朗政府对死刑的废除、意大利对离婚法的通过，甚至拉康解散巴黎弗洛伊德学院等。当然，最为经典的行动还是安提戈涅埋葬她哥哥的行动。

齐泽克的行动概念与马克思主义哲学的实践概念和革命概念相去甚远。马克思哲学中的实践概念是总体性的社会实践。从某种意义上说，这种实践所面对的乃是社会现实——拉康精神分析理论中所谓符号界。而齐

① 〔美〕巴特勒、〔英〕拉克劳、〔斯洛文尼亚〕齐泽克：《偶然性、霸权和普遍性——关于左派的当代对话》，第125页。

泽克-拉康的行动概念，则是建立在实在界与现实的区分之上，齐泽克-拉康的行动面对的不是符号界，而是实在界。齐泽克写道：

> 正是因为实在界对符号界的这种内在性，才有可能通过符号界来接触实在界——这就是拉康精神分析治疗概念的全部关键；这是拉康精神分析行动概念所相关的——这种行动作为一种姿态，按照定义，它触及了某种不可能的实在界的维度。这个行动概念必须在既定领域中“解决不同的部分问题”的单纯努力与颠覆这个领域的整个结构原则的更为激进姿态的区别之背景上被思考。行动并不只是发生在一个显现为可能的既定领域内——它重新定义了什么是可能的这一轮廓本身（行动所达成的是在既定的符号世界中显现为不可能的东西，而且它还改变了其条件，从而回溯性地生成了其可能性的条件）。①

按照齐泽克的理解，我们可以从以下方面来理解严格意义上的行动概念——齐泽克所谓“本真行动”具有如下特征。

本真行动是通过打击自己，做不可能之事，扭转符号坐标的行动。“在一个被迫选择的前景中，主体做出了疯狂的、不可能的选择，在某种程度上，打击他自己，打击对他来说最心爱的东西。这种行动，远不是对自己的一种无力攻击，而毋宁说是主体在改变他在这种情境中的坐标……这样一种自残的激进姿态难道对主体而言不是建构性的吗?”② 因此，齐泽克-拉康主张的本真行动乃是一种自杀式、自残式行动。而在齐泽克看来，这种自残式的姿态对主体而言是建构性的。正是通过这样一种自杀式行动，它彻底扭转了现有的符号意义上的可能性，使主体能够重新界定自己的主体地位，重新定义新的可能性，由被动挨打变为主动出击，因此这种自残、自杀绝不是一种无能的自我攻击，它所指向的是不可能性——做

---

① 〔美〕巴特勒、〔英〕拉克劳、〔斯洛文尼亚〕齐泽克：《偶然性、霸权和普遍性——关于左派的当代对话》，第124页。

② 〔美〕巴特勒、〔英〕拉克劳、〔斯洛文尼亚〕齐泽克：《偶然性、霸权和普遍性——关于左派的当代对话》，第125页。

不可能的事。不仅如此，齐泽克还指出，行动实际上使不可能变得可见了，也就是说，行动上演了这个在现存符号秩序内不可能之事，唯其如此，主体才成为真正的主体。在齐泽克看来，本真行动不是一种政治谋划或政治参与，而是一种主体直接占据了不可能的位置的行动，直接上演这个不可能性。也就是说，本真行动使大他者、符号秩序的短缺、空洞显现出来了，它就是这个空洞，这个短缺。以安提戈涅为典范，齐泽克指出："她的行动并不是与那个不可能的空白彼此泾渭分明的谋划性介入；相反，它倾向于'绝对地'上演这个不可能。……行动的观念不仅同'他者的匮乏'不相抵牾——而且，它还直接预设其存在：只有通过一个行动，我才会实实在在地设定大他者的不存在，亦即，我上演了这个不可能：也就是说，上演了在现存的社会—符号秩序的坐标中显得不可能之事。"① 而对主体来说，这种行动则重新界定了主体的内核。"对于主体的（代理的）同一体来说：在本真行动中，并不仅仅表达/实现我的内在本质——毋宁说，我重新界定自身，重新界定我的存在的内核。"②

本真行动是穿越幻象和转变生成社会征兆的丛结的行动。仅仅做不可能之事，还不是本真行动，还必须穿越幻象，转变生成社会征兆的丛结。例如，在纳粹的反犹主义中，纳粹也许做了不可能的事，但它是在维持一种幻象，因而没有穿越幻象，是一种伪革命的伪行动，它没有改变社会征兆的丛结。所谓社会征兆的丛结，乃是围绕社会征兆建构起来的虚假的幻象，即作为符号秩序的社会现实。简言之，就是说纳粹的行动虽然做了不可能之事，但并未改变社会幻象，不是本真行动。所谓穿越幻象，转变生成社会征兆的丛结，就是通过穿越幻象的激进行动，重新定义作为社会秩序的符号界。因此，行动不是从外部攻击符号秩序，而是从内部，从符号秩序的核心不可能性和空洞的立足点来干预它。这是所谓本真行动与非本真行动的界限。齐泽克写道："总之，一个本真行动相关于它所扰乱的支

---

① 〔斯洛文尼亚〕齐泽克：《伊拉克：借来的壶》，涂险峰译，三联书店2008年版，第72～73页。

② 〔美〕巴特勒、〔英〕拉克劳、〔斯洛文尼亚〕齐泽克：《偶然性、霸权和普遍性——关于左派的当代对话》，第126页。

配性符号领域，并不仅仅是外在的：一个行动是行动，仅仅相关于某个符号领域，作为一种干预介入它。这就是说，符号领域总是且严格地自在地'离心的'，是围绕核心的空洞/不可能性结构起来的；行动进入符号秩序扰乱它，并不是凭空产生的，而恰恰是从内在不可能性、障碍物的立足点上（这是符号秩序的隐藏的、不被承认的建构原则）扰乱它。与这种在建构性的空洞、失败点上干预的本真行动——巴迪欧称之为给定丛结的'征兆扭转'的东西——形成对比，非本质行动指涉既定丛结（在政治领域：种族、真正的宗教、民族等）的实体性完满的点来合法化自身：它的目标确切说来是消除扰乱丛结之平衡的'征兆扭转'的最后之踪迹。"① 我们可以看出，本真行动是革命的、颠覆性的，是对现有秩序的彻底扭转，而非本真行动则是维护现有秩序的，是保守的，是对现有秩序平衡的维护。非本真行动是错误的虚假行动，精神分析中的主体行动如偏执狂的暴力行径、歇斯底里的发泄、强迫症的自我闭塞、不正当的自我工具化都是虚假的行动。穿越幻象，做不可能之事，这是齐泽克给本真行动所提出的两个特征而第二特征更为重要。齐泽克写道："这个第二特征（一种姿态被看作行动，就必须穿越幻象）并不仅仅是进一步的补充性标准，被补充到第一特征（'做不可能之事'，回溯性地重写其自身条件）：如果第二特征不能满足，那么第一特征也实际上未满足——即是说，我们并没有实际上'做不可能之事'，穿越幻象朝向实在界。"②

以上是齐泽克的行动概念最为本质的东西。当然，齐泽克对行动的论述不止于此。齐泽克在许多著作中都提到或者有集中的论述，对行动概念予以不断的重释。通过以上的论述我们已经看到，齐泽克的行动概念是在精神分析理论的基本框架中的结论。行动穿越了幻象，它触及了实在界，而穿越幻象面对的不就是死亡驱力吗，不就是进入了驱力的领域吗？齐泽克指出，行动具有死亡驱力之维度，但又不可完全还原为死亡驱力。在

① 〔美〕巴特勒、〔英〕拉克劳、〔斯洛文尼亚〕齐泽克：《偶然性、霸权和普遍性——关于左派的当代对话》，第128页。

② 〔美〕巴特勒、〔英〕拉克劳、〔斯洛文尼亚〕齐泽克：《偶然性、霸权和普遍性——关于左派的当代对话》，第130页。

《敏感的主体》中论及巴迪欧与拉康之关系时，齐泽克指出了行动与死亡驱力之关系。在齐泽克看来，拉康的行动概念既与拉克劳相对立，也与巴迪欧相对立。他写道："在拉康看来，行动是一个纯粹否定性的范畴；用巴迪欧的术语来说，它代表打破存在之界限的姿态，代表先于填充这一空洞的对处于其内核的空洞的指涉。在这一确切意义上，行动包含了为决定奠基的死亡驱力的维度（达到霸权的同一化；致力于对真理的忠诚），但却不能被还原为死亡驱力。拉康的死亡驱力（巴迪欧所坚决反对的范畴）因而又是一种存在与事件之间'消失着的中介'：存在一个构成主体的否定性姿态，它后来被模糊在'存在'（被确立的本体论秩序）与对事件的忠诚中。"① 正因为拉康的本真行动包含了死亡驱力的维度，它总是表现为某种（非）暴力，表现为某种惊世骇俗的姿态。

齐泽克为何如此重视这个本真行动呢？关键在于，在齐泽克看来，本真行动是一个伦理行动（就个体而言）和政治行动（就社会而言）。无论如何，最能体现本真行动概念内涵的，还是安提戈涅埋葬她哥哥的行动。在对安提戈涅的分析中，有人认为，安提戈涅的行动仅仅是一种超越政治的纯粹欲望，齐泽克对此进行了反驳。他指出，安提戈涅的行动恰恰是一种政治行动的典范（尽管是否定性的）。齐泽克反驳道："首先，是否安提戈涅的行动真的外在于政治，真的是'非政治的'？她对于来自最高权力（即克瑞翁转化为为了寻常的善而行动之人）的命令的违抗，尽管是以否定的方式，难道不是政治性的吗？在特定的极端环境中，这种为了'正当性'和'古老习俗'而做出的'非政治的'违抗，难道不正是英雄式政治反抗的典范吗？其次，她的姿态不仅仅是纯粹的只求一死——假使果真如此，她就会直截了当地自杀，而不惊动周围的人。她的奋斗并不是一个以死亡为目的的纯粹象征性奋斗，而是对于特定象征仪式的无条件执着。"②

这就是齐泽克所描述的精神分析的本真行动。简言之，齐泽克的本真行动即穿越幻象，做不可能之事，执着于死亡驱力，彻底颠覆现有符号秩

① Slavoj Žižek, *The Ticklish Subject*, London and New York: Verso, 2000, p. 160.

② 〔斯洛文尼亚〕齐泽克：《伊拉克：借来的壶》，第 73 ~ 74 页。

序，建构新的符号秩序。我们看出，齐泽克的本真行动有点类似于经典马克思主义理论中的革命暴力行动。但是，齐泽克的本真行动又与传统的阶级斗争不同，它可以不顾一切地孤注一掷，革命行动似乎像手枪发射那样突如其来。在这里我们看到的似乎是青年卢卡奇的影子。

三　齐泽克和拉克劳的政治乌托邦批判

齐泽克的行动辩证法无疑是一种政治乌托邦，他和拉克劳一样都试图发展和补充马克思主义，在此我们对齐泽克和拉克劳的政治乌托邦进行一个简单的批判。拉克劳和齐泽克从不同的方向对马克思主义提出批评，又试图从不同的方向来补充和发展马克思主义。但是，两个人都认为自己是马克思主义者，而不是反马克思主义的。拉克劳明确地指出他所谓后马克思主义是解构马克思主义，而解构意味着发展。齐泽克则以激进的正统马克思主义者（列宁主义者）自居。但是，在我们看来，二者都是受到后结构主义、拉康派精神分析理论的巨大影响，同时又都对经典马克思主义进行了某种改造和发展，因而属于我们所理解的后马克思主义。拉克劳的霸权逻辑与齐泽克的本真行动，是后马克思主义的政治乌托邦理论。这里的乌托邦是在齐泽克所理解的意义上的。齐泽克认为，乌托邦就其本质而言，并不是某种难以企及的美好的社会想象，而是建构一个无空间的空间，建构一个现存社会范围之外的社会空间。齐泽克写道："究其本质，乌托邦与想象一个不可能的理想社会毫无关系；乌托邦的特征，实际上就是构筑一个无空间的空间（u-topic space）。一个位于现存的范围（即：在现存的社会性宇宙之中显得'可能'的范围）之外的社会空间。"① 在这一意义上，齐泽克的理论所指向的本真行动和拉克劳的理论所建构的霸权逻辑，都是一种乌托邦的理论，它们都试图建构一个超出现存社会空间的社会空间。

拉克劳和齐泽克的理论都是从精神分析出发，借鉴精神分析理论，使之与马克思主义相结合，用来改造马克思主义。但是，相同的出发点得出

① 〔斯洛文尼亚〕齐泽克：《伊拉克：借来的壶》，第114页。

了不同的结论。在20世纪90年代前后，拉克劳和齐泽克惺惺相惜，他们的理论看起来基本没有什么不同。但是，在2000年前后，齐泽克远远离开了拉克劳，并对拉克劳进行批评。在理论基础上，根源在于拉克劳所理解的精神分析和黑格尔主义与齐泽克对精神分析和黑格尔的理解有着某些不同之处，从而导致理论走向的结论有着根本的区别。这里不是我们对之详细探讨的地方。在此，我们对齐泽克和拉克劳的相互批评予以简单一瞥，就能感受到后马克思主义的内在裂隙。

拉克劳的霸权逻辑似乎理论上更为合理和自洽，似乎更为严密和理性，也具有可行性。但是，在齐泽克看来，拉克劳的霸权逻辑恰恰导致一个致命的缺陷，就是对当代资本主义社会的妥协姿态。然而，齐泽克并不是一般地批判霸权逻辑，而是批判霸权逻辑所导致的激进民主的结论。拉克劳的政治谋划是，现代左派不应该把任务锁定在对社会整体的转型规划上，而应该致力于偶然性的霸权建构，因而多元的革命主体在拉克劳那里都是受到肯定的。齐泽克认为，拉克劳的霸权逻辑和激进民主并未达到严格的政治行动的高度。他批评拉克劳："如果我们要玩后现代政治学的游戏，在形式上，我们就有必要不问某些问题（有关如何颠覆资本主义等等，有关政治民主以及/或者民主国家的建构极限等等……）。所以，对于拉克劳来说，政治不是特别的社会领域而是根植于社会的偶然决定，对他这个明显相反的观点，我的回答是，新型多元文化主体性的后现代出现当然并没有彻底达到严格的政治行动这一激进层次。"① 拉克劳从偶然性的逻辑出发，拒绝在一个彻底革命之后将会出现一个透明的社会的观点（如共产主义社会），齐泽克对此并不反对。但是，齐泽克认为，不能从对后革命社会的拒绝走向对资本主义的妥协，走向激进局限于对部分难题的解决而放弃整体社会转型规划。"这个对后革命社会完满性的合理拒绝并没有证明下列结论是正当的，即我们必须放弃任何一种关于整体社会转型的规划，并且使我们局限在那些有待解决的部分难题上：从一种对'在场的形而上学'的批判转向反乌托邦的'改良主义的'渐进主义政治学是一种非

---

① 〔美〕巴特勒、〔英〕拉克劳、〔斯洛文尼亚〕齐泽克：《偶然性、霸权和普遍性——关于左派的当代对话》，第98页。

法的短路。”①

齐泽克所谓严格意义的政治行动的层次就是他所说的本真行动，这种本真行动在姿态上远比拉克劳的霸权逻辑激进。二者都是激进的，然而，拉克劳的霸权逻辑仅仅指向激进民主——在终极意义上，它是对马克思主义的阶级斗争领域的重新界划与改写；齐泽克的激进行动则指向一种彻底颠覆，这倒确实貌似继承了马克思人类总体解放的那种逻辑。齐泽克激进地批判一切右翼知识分子的图谋，反对当今政治哲学中“回到伦理学”的口号，也反对吉登斯等所主张的第三条道路。齐泽克的结论是：“今天的‘疯狂舞蹈’，多元的不断转换的同一体的动态增殖，也在一种新型的恐怖中等待其解决方案。唯一‘现实’的前景是通过选择‘不可能’奠定新的政治普遍性的基础，完全占据例外的位置，没有禁忌，没有先天规范（人权、民主等），尊重阻碍我们达到‘再赋义’的恐怖的东西，即权力的冷酷无情的运用，牺牲精神……如果这种激进选择被某些软心肠的自由主义者如左翼法西斯主义者所谴责，随他们去吧！”② 对齐泽克来说，不仅仅是登高一呼，而且要孤注一掷，打破现有一切规范和禁忌，而不能畏首畏尾，畏缩不前。但是，正如拉克劳的批评所指出的一样，我们很怀疑在当今的世界形势下，齐泽克这种激进姿态到底有多大的可行性。拉克劳对齐泽克的批评不无道理。在某种意义上，齐泽克的解放主体是某种神秘的东西，以致拉克劳将其称为火星人，拉克劳批评道：“在齐泽克的解放主体中，存在某种天外来客般的东西；作为革命主体，它的条件是在如此的社会效果的严格的几何学中被详细规定的，以致没有任何经验行动者可以满足其规定。”③ 确实，齐泽克的穿越幻象，做不可能之事的这种激进姿态仅仅是一种姿态，在现实生活中很难实现，也许仅仅是某种激进的幻觉。

但是，我们看到，拉克劳和齐泽克的后马克思主义已经远离了经典的

---

① 〔美〕巴特勒、〔英〕拉克劳、〔斯洛文尼亚〕齐泽克：《偶然性、霸权和普遍性——关于左派的当代对话》，第 100 页。

② 〔美〕巴特勒、〔英〕拉克劳、〔斯洛文尼亚〕齐泽克：《偶然性、霸权和普遍性——关于左派的当代对话》，第 351 页。

③ Ernesto Laclau, “Why Constructing a People is the Main Task of Radical Politics,” *Critical Inquiry* 32 (2006): 646 - 680.

马克思主义理论。马克思的实践和解放理论，被彻底消解了，而人类解放和共产主义的理想，在拉克劳那里，被霸权逻辑所无限地延宕，在齐泽克那里，则被视为通过某种颠覆性的革命行动可以在一夜之间达成的东西。从拉康的精神分析理论来看，齐泽克所执着的是穿越幻象，拥抱死亡驱力，拥抱实在界，因而遵循的是驱力逻辑（＄◇D）；拉克劳则侧重于悬置实在界，用特殊性来填补实在界的空缺，构建符号秩序，正如拉克劳所说的，构筑一个新的社会想象，遵循的是幻象公式（＄◇a）。两极相通，齐泽克的激进行动与拉克劳的激进民主政治构成了拓扑学的结构，从一个极端可以过渡到另一个极端。齐泽克和拉克劳难道不是构成了精神病的两种典型，一个是颠覆一切的歇斯底里，另一个是无限延宕的强迫症吗?

毫无疑问，后马克思主义的解放理论具有某种合理性，值得我们深入地探讨，但是我们绝不能就此得出后马克思主义理论能够全面替代经典马克思主义理论这样的结论，最终，后马克思主义的政治谋划也是一种口头支票，一种可望而不可即的政治乌托邦。

第六节　主体的辩证法：我思与我在的悖论式纽结

主体问题是近代哲学的核心问题，这个问题在近代哲学的创始者笛卡尔那里首次得到明确的表述，并在德国古典哲学特别是康德和黑格尔哲学中得到了深入探讨。主体问题也是拉康精神分析哲学的核心问题，拉康对主体问题的思考，不仅是对康德和黑格尔主体观的批判和反思，也直接地关联笛卡尔哲学的核心原则“我思故我在”中“我思”和“我在”这对概念的深入反思。齐泽克的《在否定中滞留》被研究者瑞克斯·巴特勒称为“恢宏巨制”。[①] 这本书围绕着笛卡尔的“我思故我在”的主题展开了探讨，有助于我们进一步深入理解拉康的主体观。在此我们以这本著作为主要的依据，通过齐泽克的视角，来探讨拉康的主体理论与笛卡尔的主体

① 〔美〕巴特勒：《齐泽克宝典》，第10页。

观、德国古典哲学的主体观之间的复杂关系。

一　我思与我在：从笛卡尔到康德的主体观演变

众所周知，近代哲学的开端是笛卡尔。笛卡尔的著名命题“我思故我在”成为近代哲学的开端，并导致了近代哲学对主体的讨论，这一讨论在德国古典唯心主义那里得到延续，并以种种变化了的形式延续到当今仍然活跃的拉康－齐泽克的精神分析主体理论中。在笛卡尔那里，我思可以推出我在，我思就内在地包含了我在。因此，我们可以将笛卡尔的主体观念划分为两个层次：我思和我在。换言之，笛卡尔的主体是由以下两个层次组成，一个是我在，即现象之我、经验之我；另一个是我思，即思维之我，我思中的我。但是，笛卡尔的主体虽然包括这两个层次，但在他那里实际上我思和我在是不能区分开的，二者是一回事。笛卡尔的我思明确地将主体作为一个主题提了出来，但是，笛卡尔的我思并不是与对象世界对立的我思，而是内在于世界之中的我思。对笛卡尔的我思的作用，我们可以从两方面来理解。一方面，它是近代哲学的开启，它为混沌统一的现象界、世界打开了一个缺口，一个裂隙，这个裂隙就是“我思”。然而，笛卡尔很快就通过将我思还原为我在将我思的裂缝弥合了。我思故我在，换言之，我思可以直接推出我在，从而我思与我在就直接同一了，我思所开启的裂缝就被默默地忽视了。我思－我在之间的这种直接同一，说明了笛卡尔的主体是自我透明的主体。也就是说，我思这个纯粹的思和我在这个思维着的物并未做出区分，而是被模糊地统一在一起，换言之，笛卡尔实际上忽视了这个问题。这就是齐泽克在解读笛卡尔的我思故我在的命题时，对笛卡尔哲学主体观的主要批判。

真正突出了我思的裂隙，断言了我思之裂隙的是康德的哲学。在康德看来，从我思并不能得出我在的断言，笛卡尔的错误在于陷入了一种“实体化意识的歪曲事实”①。齐泽克说：“笛卡尔在此遗漏的是我思与思维着的物之间拓扑学的不一致性，是分析命题（在我思中包含的思的逻

① Slavoj Žižek, *Tarrying with the Negative*, p. 13.

辑主体）与综合命题（作为思着的物－实体的‘人’的同一体）之间的区别。”① 这里康德所指出的是，我思实际上是一个分析概念，是一个思的逻辑主体，它是从我的经验主体中抽象出来的；而我在是一个综合命题，是思维着的物和我思的统一体，二者不可混淆。那么在康德那里，替代这个我思的概念就是“先验统觉之我”。如何精确地界定我思？康德在我思的基础上提出了先验统觉的概念，这个先验统觉的我是康德对笛卡尔我思的关键推进。如何理解这个先验统觉之我？在笔者看来，齐泽克下面一段论述精确地界定了先验统觉之我的性质。

> 经验性的“我”的自我经验与先验统觉的“我”之间存在的裂隙与作为经验现实的存在与作为逻辑建构的存在——数学意义上的存在（存在着一个X……）之间的裂隙是一致的。康德先验统觉的我的地位是一个必要的，同时也是不可能的逻辑建构（在此“不可能”的确切含义在于先验统觉的“我”的观念从来不能被直观的经验现实所填充），简言之，拉康的实在界的地位。笛卡尔的错误就在于混淆了经验性的存在与作为实在界的－不可能的逻辑建构。②

用更为通俗的话来说，先验统觉之我是一个纯粹思想的理念之物，它是从经验之我中去除了丰富的经验性存在之后剩余的一个空洞的框架，是一个先验框架，是抽象出来的，而经验之我，现象之我则是在现实生活中具有丰富的一系列特质的实证性存在物。先验统觉的我的地位相当于数字的地位，而经验的我的地位是现实中存在的形形色色的丰富的事物，二者之间具有相同的一个裂隙。生活中并不存在所谓1、2、3这样的数字，这种数字纯粹是一种思维抽象，是逻辑建构的存在；同样，也不存在纯粹的我思，纯粹统觉的我，这个纯粹统觉的我同样是思想的产物，是逻辑建构的。这个逻辑建构的我，先验统觉的我的地位具有拉康的实在界的地位，它是必要的——任何进行思维的主体都预设了它；它又是不可能的——任

① Slavoj Žižek, *Tarrying with the Negative*, p. 13.

② Slavoj Žižek, *Tarrying with the Negative*, p. 13.

何现实生活中的直观经验的我都不可能填充这个先验统觉的我，换言之，先验统觉的我和现实经验的我被一道永远无法弥合的裂隙所隔开。这正如拉康的实在界，实在界是不可能的，但又是必要的，言其不可能，是因为它不可符号化，正是它阻止着任何符号化的可能性；它又是必然的，因为没有它，任何符号化也就终止了。以拉康的实在界概念的性质来规定康德先验统觉的我的性质，齐泽克就指明了先验统觉之我是一个思想之我，是逻辑建构的我，又是一个纯粹虚假的我，它根本不可能在现象界中找到对应。

但是，仅仅区分出现象之我和先验统觉之我，还不是康德对主体界定的全部。虽然康德的先验统觉之我似乎与笛卡尔的我思极为相似，但二者绝不是相同的。康德写道："在统觉的综合的原初统一中，我意识到了我自身，但不是对我自身显现的我，也不是自在的我，而仅仅是我在。"① 康德的这几句话中，统觉的综合原初统一即我思与我在的原初统一，我的意识即我思，我所意识到的是我在，这个我在并非对我显现之我，也不是自在的我，不是经验现实的现象的我或自身同一的我，仅仅是我在，对于这个我在，我们并不能对之有任何认识。齐泽克对此进行的分析是，在这里存在一个悖论，即我思与我在的原初统一，前一个我思是先验统觉的我，而后一个是我在，这个我在是没有任何思想规定的，但又是伴随着我的每一个先验统觉的。齐泽克认为，正是在这里，似乎康德与笛卡尔最为接近的地方，却存在二者最为激进的差异。康德写道："通过这个思着的我或他或它（这个物），所表象的仅仅是思想的先验主体 = X。只有通过是它的谓语的思我们才能知道它，关于它，除了这些思，我们不能有任何概念。"② 这个思维着的物，思之物，就是笛卡尔的我在，但它完全不同于笛卡尔那里的透明的我在，而是一个不透明的，自我意识无法通达的，关于它我们只知道其谓语，知道它在思，思什么，而不知其如何思，不知其如何结构起来。这就是康德的我在与笛卡尔的我在，思维着的物最大的差异。用更为康德式的术语说，这个思维之物是本体之我。由此，我们可以

① 〔德〕康德：《纯粹理性批判》，第 104 页。

② 〔德〕康德：《纯粹理性批判》，第 291 页。

看出，在康德那里，事实上区分了我的三个层次，即经验的我、先验的我、本体的我。经验的我即现象世界中的现实的经验世界的我；先验的我，即先验统觉的我，它是逻辑建构，是纯粹我思；而本体的我则是思维着的物，是我思所不能通达的我在。在笛卡尔那里我思是可以直接通达的我在，在康德这里则变成了一个不可通达的本体，一个类似于自在之物的自在之我。

这就是康德与笛卡尔不同之处，即康德的主体的层次中有一个不可渗透的，不可通达的本体之我，而且，只有在这个背景上，主体的自我意识才是可能的。齐泽克指出："走出这一僵局的唯一路径就是区分先验的我，纯粹统觉的我和思维着的物：我经验到的，现象地在我的直观中给出的，我个人的内容（经验心理学的对象）当然是（如同每一个现象一样）物（在此则是思维着的物）的显现；但这个物不能是纯粹统觉的我，不能是先验主体，对先验主体而言，思维着的物显现为经验的我。"[①] 这段话看起来比较绕口。这是齐泽克对康德主体三个层次之间关系的分析。经验的我，即现象中的我，我能够直观到的我，是本体的我（思维着的物）的显现（或表象），这个本体的我有别于先验的我，而对先验的我而言，本体的我显现为经验的我，这就是说，先验的我不能直观本体的我，本体的我不对先验的我直接显现，而只能通过经验的我来显现。这就进一步确定了先验的我的一个特质，即先验的我（我思）必须在现象的经验的层次上保持空无。"我思在现象层次上必须是空的。我的统觉按照定义即是被剥夺了任何直观内容的；它是一个在表象领域刻写了一个洞的空洞表象。简言之，康德被迫将先验统觉的我规定为既非现象的亦非本体的，原因在于自我触发的悖论性；如果我现象地将自身给予自己，如经验对象一样，我同时也将本体地给予我自己。"[②]

这就是齐泽克所论证的康德哲学的我思和笛卡尔哲学的我思之间的最重要和最根本不同，它也构成了康德哲学主体观的最重要的哲学成就之一。康德在笛卡尔那种我思和我在的混沌一体中区分出了先验统觉的我和

---

① Slavoj Žižek, *Tarrying with the Negative*, p. 16.

② Slavoj Žižek, *Tarrying with the Negative*, p. 16.

本体的我，并把先验统觉的我视作我思，而将思维之物，即笛卡尔那里的我在推到本体的我一边，认为本体的我是不可能被认识的。这似乎也是为人们所诟病的康德的不可知论的主要原因之一。在康德那里，对象（或客体）也被区分为三个层次，即经验的对象、先验的对象和本体的对象。先验对象对应着先验统觉的我，是先验统觉的我在对象世界中的相关物。和先验统觉的我一样，先验对象也是一个纯粹思维建构，是逻辑建构的产物，是纯粹的观念对象，类似于数学上的 X。先验对象和本体对象是严格区分开来的，先验对象是对象的纯粹形式，是使给予我们经验的感性直观的杂多成为统一体的一个先验框架。康德说："先验对象，就是说，一般某物的完全无规定的思想"，具有赋予"我们的一切经验概念与对象的一般关系，即对象的有效性"的功能。[①] 齐泽克说，先验对象是一般对象的形式，通过诉诸这种形式，先天范畴将感性直观的杂多综合为统一的对象，因此，先验对象标志着这样的点，在这个点上，每一个可能对象的一般形式恢复为"对象一般"的空洞表象。说得更为明确些，先验对象是一个认识工具，借助于它，纷繁复杂的外物才能被整合进我们的先天的认识范畴中，使对象成为一个统一体，成为"客观现实"。[②] 这就像高度近视的人所戴的近视镜，就像高度听觉障碍的人所戴的助听器，无此，我们不能认识世界，世界不能在直观中给予我们认识。正是由于这个原因，齐泽克认为，先验对象的功能是显著地反-休谟的，反怀疑论的，它为先验范畴能够指向一切可能的未来的经验对象提供了保证。[③]

以上我们主要是考察了康德对我思故我在的笛卡尔命题的推进。齐泽克认为，康德对笛卡尔主体观的关键推进就在于提出了先验统觉的我，即先验主体的提出。先验主体不同于我思，齐泽克对康德的先验主体和先验对象参照了拉康的精神分析理论进行了分析。在说明康德主体观中的先验之我时，齐泽克将其地位和特征与拉康的实在界联系起来，认为二者都是不可能的-实在界的，既是必要的（逻辑上的必然性），又是不可能的

---

① 〔德〕康德：《纯粹理性批判》，第 121 页。

② Slavoj Žižek, *Tarrying with the Negative*, p. 17.

③ Slavoj Žižek, *Tarrying with the Negative*, p. 17.

(永远阻碍着符号化的，永远不可认识的)。同时，齐泽克借助拉康的幻象公式 $ ◇a 来解读康德的自我的不透明性，解读康德的本体之我。由此康德就通过对笛卡尔我思故我在的批判，提出了先验统觉的我和本体的我的问题，这个本体的我实际上是主体不可通达的，是反对我思的，是主体晦暗的一个部分。那么，黑格尔是如何解读康德哲学的主体观的，二者之间又有什么样的关系呢？齐泽克对康德与黑格尔的主体观之间的关系做出了一种与众不同的逻辑分析。他认为，与流俗的意见相反，黑格尔恰恰是康德哲学的真正继承者。

二　否定的内在化逻辑：黑格尔之主体的空洞

一般认为，康德哲学在黑格尔那里被颠覆了，康德哲学的自在之物在黑格尔那里被扬弃，由此一般认为黑格尔否定了康德的哲学。但是，齐泽克的分析认为，黑格尔也是一个康德主义者，而且是最重要的康德主义者。[①] 如何理解这一论断呢？我们先来看一下黑格尔对康德是如何进行批判的。或者如齐泽克所说，实际上，黑格尔并不是否定了康德，而是将康德激进化了。黑格尔对康德推进的关键在于，将观念与对象，观念与现实之间的张力推进到观念之内，认为这种张力是内－观念性的。这也就是所谓否定的内在化逻辑。我们只要来看一下黑格尔对康德的自在之物的分析就能很明确地看到这一点。

黑格尔在《小逻辑》中说明自在之物（物自体）时有一段浅显易懂的评论：

> 物自体（这里所谓“物”也包含精神和上帝在内）表示一种抽象的对象。——从一个对象抽出它对意识的一切联系、一切感觉印象，以及一切特定的思想，就得到物自体的概念。很容易看出，这里所剩余的只是一个极端抽象，完全空虚的东西，只可以认作否定了表象、感觉、特定思维等等的彼岸世界。而且同样简单地可以看到，这剩余

① Slavoj Žižek, *Tarrying with the Negative*, p. 21.

> 的渣滓或僵尸，仍不过只是思维的产物，只是空虚的自我或不断趋向纯粹抽象思维的产物。这个空虚自我把它自己本身的空虚的同一性当作对象，因而形成物自体的观念。这种抽象的同一性作为对象所具有的否定规定性，也已由康德列在他的范畴表之中，这种否定的规定性正如那空虚的同一性，都是大家所熟知的。当我们常常不断地听说物自体不可知时，我们不禁感到惊讶。其实，再也没有比物自体更容易知道的东西。[①]

可以看出，在康德那里，物自体是认识之外的东西，是我们的理智所不能达到的东西，似乎是外在于我们的认识的，也就是说，外在于观念的。而黑格尔则一针见血地指出，物自体不过是思维的抽象之物，是将一个具有丰富特征的对象抽象掉之后的剩余，因而是思维的产物，只是空虚自我将自身的空虚同一性当作表象时所形成的。由此黑格尔就把观念与对象之间的紧张，思维在把握现实时的剩余物，转化为、理解为思维之内的东西，转化为内－观念的东西。

以此为基础，我们就能够更好地把握齐泽克在论述从康德到黑格尔的过渡时那些让人茫然不知所云的论述了。康德认为外在的事物刺激了（触发了）我们的知觉，从而使我们认识了事物，但是事物的触发从来都是非全部的，如果是全部的，我们就能认识整个世界，就能认识物自体。黑格尔则认为，我们认识的有限性或不足并不是这种触发的有限性导致的，而是由主体本身的有限性导致的。“正是在这一精确的点上，黑格尔对康德的‘形式主义’的批判干预了：他所确定为不足之地点的，不是触发的有限性，而是在于思想自身的抽象性质。对于这种触发的需要（为我们理智提供内容对异质性材料的需要）见证了这样一个事实：我们的思想是抽象的－形式化的，它还没有达到黑格尔所谓的‘绝对形式’的层次。”[②] 我们意识的有限性决定了自在之物的存在，外在事物的不可认识是由观念的内在限制所导致的。也就是说，黑格尔将一般意义上所认为的康德之不可知论（我们对外在事物的不可知）转化为观念内部的不一致性。这就是说，

---

① 〔德〕黑格尔：《小逻辑》，第125～126页。

② Slavoj Žižek, *Tarrying with the Negative*, p. 18.

认识论上的外在事物的不可知，转化为主体本身存在论上的不一致性，内在于主体的存在论层次的原初裂隙。齐泽克写道："在这一确定的意义上说，黑格尔的'绝对观念论'不过就是将康德的'批判'推向极端的结果：'不存在元语言'（metalanguage）；我们永远不可能不偏不倚地测量出知识的表象与知识自身之间的距离。简言之，黑格尔正是在退回到绝对的'泛逻辑主义'（panlogicism）的意义上才将康德的批判推向极端的：通过肯定对观念与现实之间存在的张力，每一个观念与观念在感性的、外观念的经验中所遭遇的显现为不可还原的他者的东西之间的关系，已经是一种内－观念的（intra-notional）张力，也就是说，已经意味着对这种'他性'（otherness）最低限度的观念规定。"① 这就是我们所通常理解的黑格尔的唯心主义的根本基点之所在。黑格尔不是把外在的紧张或外在的矛盾，理解为自然的客观现象，理解为存在于自然中的矛盾性和不一致性，而是理解为我们观念自身的不一致性的外在化的、物化的表现。齐泽克评论说："在此包含了黑格尔'观念论'的赌注：那些在我们的经验中并向我们的经验显现的为一种外在观念的剩余之物，显现为主体观念框架不可还原的'他性'，观念框架无法理解的东西，总是已经是观念与自身的不一致性的拜物教化，物化的（错误）理解。"②

由此黑格尔的主体观与康德的主体观之区别就显而易见了。黑格尔并没有消除康德的自在之物，也没有消除康德的二律背反，而是将它们激进化了。这正是齐泽克断言黑格尔是"最重要的康德主义者"，黑格尔"远非简单地治愈了康德的裂隙，而是激进化了它"的原因。黑格尔正是通过新的主体观来激进化康德的。黑格尔的主体观，我们所熟知的"不仅是实体，而且是主体"，即绝对的主体。黑格尔的主体不是别的，恰恰是那道裂隙。齐泽克的下面一段论述极为集中地将黑格尔主体观的内涵进行了详尽阐释，并与拉康的理论进行了类比。

初看起来，黑格尔在此所获致的可能会使我们认为是一种康德的

① Slavoj Žižek, *Tarrying with the Negative*, p. 19.

② Slavoj Žižek, *Tarrying with the Negative*, p. 19.

简单颠倒：不是将主体与实体性的物（原质）（substantial Thing）之间永远分离的裂隙，相反，我们获得了它们的统一。（作为实体的绝对 = 主体。）然而，黑格尔是最重要的康德主义者：黑格尔的主体——黑格尔所指明的绝对的、自我相关的否定性——只不过是将现象与原质（Thing）分开的那道裂隙，是以否定性的模式来思考的现象彼岸的深渊，即没有提供能够填充这一裂隙的任何实证内容的限定现象的纯粹的否定姿态。正因此，当黑格尔坚持将绝对设想为主体，而不仅仅是实体的时候，我们必须十分小心，以免错过黑格尔真正试图表达的东西：所谓实体逐渐生成主体（gradual becoming-subject）的标准观念（“主动”的主体在实体上留下痕迹，以主体的方式来塑造它，调节它，表达它的观念）显然在此是一个误导。第一，我们必须记住的是，黑格尔的这种客体的主体化从来都没有彻底地“实现”：总是存在实体的一些剩余，它们逃离了“主体的调和”的掌控；并且，这种剩余又绝非真的是主体完全实现的一种简单的障碍物，相反，它在严格意义上恰恰是主体之存在本身的相关物。在此我们获得了关于对象 a 的一个可能性的定义：实体的剩余，那块“头盖骨”（bone），它拒绝主体化；在与主体激进的不相容中，对象 a 是主体的相关物。第二，我们拥有了一个与之对立的观念，根据这个观念，主体是“无”（nothing）本身，是一个在实体的内容被全部“过渡”为谓语 - 规定（predicates-determinations）之后所剩下来的纯粹形式的空洞：在实体的“主体化”中，它的紧密自在（In-itself）消解于它的具体谓语规定的多元性之中，消融在“为他者而存在”的多元性之中，而“主体”就是那个 X，一个“容器”的空洞形式，它是其所有的内容都被“主体化”之后还在的东西。这两个概念是严格的相互关联的，“主体”与“对象”是这一相同过程的剩余物，或者不如说，是以形式（form）模式理解的（主体），或者是以内容模式来理解的，以质料（对象）来理解的同一剩余物的两个方面：对象 a 是作为空洞形式的主体之“质料”。[①]

---

① Slavoj Žižek, *Tarrying with the Negative*, pp. 20 – 21.

笔者之所以援引这么长的一段话，是因为这段话晦涩难解，但其内容极其丰富，且极其重要。在齐泽克看来，何为黑格尔的主体？主体即无，主体即黑格尔所指明的绝对的、自我相关的否定性，它是将现象与原质（Thing）分开的那道裂隙，是以否定性的模式来思考的现象彼岸的深渊，即没有提供能够填充这一裂隙的任何实证内容的限定现象的纯粹的否定姿态。如果说齐泽克对黑格尔主体的论述过于复杂和晦涩，我们可以简单地这样理解，主体其实就是对实体的否定。当我们面对一个实物，一个实体，试图去理解它把握它的时候，难道这不是说，我们试图否定它吗？当我们试图去否定和规定实体时，我们就是在将实体主体化。实体主体化永远不可能完全成功，永远有剩余，这就是对象 a。而主体是无，是纯粹否定，主体即在实体主体化（将实体的所有内容转化为谓语 - 规定）后仍然剩余的东西，它是一个空的容器，容器的空洞形式（将那些谓语规定容纳于其中的容器）。最后，齐泽克得出的结论是，对象 a 是作为空洞形式的主体之质料。这也是拉康的一个论断。这里包含了两个方面：其一，从形式上规定，主体是一个空洞形式，是纯粹的虚无和否定；其二，从内容上看，它的质料是对象 a，即如果说主体有什么实证内容的话，那就是对象 a 了。这就是齐泽克在对黑格尔主体的论述中最终得出的两个相互联系的论断：（1）主体是空洞（形式）；（2）主体是对象 a（质料）。由此，齐泽克就把黑格尔的主体观与拉康的主体观关联起来。

三　“我不在我思之处”：拉康的原初离心化主体

由以上的论述可见，从笛卡尔的我思故我在的原初统一的主体观，到康德的被自在之物和本体之我所撕裂的主体，再到黑格尔作为纯粹空洞、绝对否定性的主体，一个内在于主体中的原初裂隙，一个主体深渊，获得了其明确的形象。如果说在康德和黑格尔那里，这个裂隙和空洞仍然是隐而不彰，是暗中运作的，那么在拉康那里，这个主体的空洞则进一步地明确化和主题化了。如果用黑格尔的否定之否定公式来说，那么从笛卡尔到康德和黑格尔再到拉康，则经历了一个肯定—否定—否定之否定的过程，但是这个否定之否定并不是对第一个否定的否定，而是对否定的激进化，激进了的否定。拉康始终致力于对笛卡尔的我思故我在进行解读，这个解读贯穿了其教学过程的始终。他提出了一个著名的论断："我不在我思之处。"我在，则我不思，我思，则我不在，我思和我在只能是二者择一，而不可兼得。这是一种被迫的选择，齐泽克曾经反复说过，你有权做出选择，但你做出的只能是正确的选择。而拉康则以"要钱还是要命"的被迫选择来说明选择的被迫性。在要钱还是要命的选择中，其实你只能选择要命，因为如果选择要钱，你就会失去二者。在我思与我在的选择中也存在这种悖论。情境可以这样来设想：主体被逼至一个墙角，被用刀子逼着回答：快说，要我思还是要我在？快做出决定！

拉康对我思还是我在的选择摇摆于对立的两极之间。在《精神分析的四个基本概念》中，拉康选择了我思，为之付出的代价是我在。而在后期的研讨班《幻象的逻辑》中，拉康选择了我在，为此将我思降格为无意识。齐泽克认为，应该将这两个对立的解读联合起来予以理解。前一个解读是康德式的，后一个解读是笛卡尔式的，前一个解读肯定了我思，而将我在视为不可通达的本体之我，后一个解读肯定了我在，而以我思的排除为基础。齐泽克的解读更把性差异的逻辑引入了对我思的理解，将前一个解读即肯定我思的解读理解为女性我思，而后一个解读理解为男性我思，齐泽克写道："我们的看法是，要共时性地把'我不在我思之处'的两个版本解读为登记了性差异的二元论：'男性'我思来源于'实体化意识的虚假意识'；它选择了我在，并由此将我思降格为无意识（我在，故它思）；而'女性并不存在'包含了这样一种我思，它选择了思，并由此被还原为统觉的空洞点，它先于在思维之物中的它的实体化（我思，故它外 - 在）。"[①] 但是，齐泽克指出，我思和我在之间的选择并非直接清楚的选择，而是一种悖论性的选择，男性我思选择了我在，但得到的仅仅是思的在，不是真实的在，而是幻象 - 存在，是一个"个人"的存在，是在其框架被幻象所结构的现实中的存在。而女性我思选择了思，纯粹的我思，但所得到的是一个被剥夺了任何谓语的与纯粹的在重合的思。值得注意的

① Slavoj Žižek, *Tarrying with the Negative*, p. 59.

是，无论我们选择在还是思，其实我们最后得到的都是思，只是一个男性我思，一个女性我思。

齐泽克对我思的论述着实有些让人费解，但其基本理路也能够辨析清楚。在进一步的论述中，齐泽克将女性我思解释为“作为幻象凝视的我思”[①]，而男性我思则被解释为“自我意识是一个对象”[②]。所谓女性我思，如前面所说的，就是纯粹的思，没有任何谓语的思，而这个纯粹的思与纯粹的在又是重合的。对于这种纯思，齐泽克举了几个通俗文化中的例子予以说明。在电影《异形》的海报中，小女孩面对怪物异形时，陷于极度恐惧之中，她既害怕不敢看异形，但其凝视又无法从异形那里离开，齐泽克认为这就是一种最纯粹形式的我思。在爱伦坡的《瓦德摩尔案例中的事实》中，当瓦德摩尔在死亡之前突然醒来并说出“我死了”的时候，所出现的乃是一种纯粹的我思。最为典型的是在弗兰克·卡普拉的《生活多美好》中，主人公被取消了身份回到自己所生活的社区，在这个社区中，他所有的身份都丢失了，没有任何人能够认识他，他能够从一个完全外在的间距中观察这个社区；简言之，他变成了一个纯粹的我思。[③] 在电视剧《绝望的主妇》中，剧情一开始就是其中一个主妇自杀，其后的所有情节都用这个主妇的叙述展开，是在这个主妇的凝视下展开的，我们也可以说，这个主妇就变成了一个纯粹的我思，没有在的思。

这就是作为幻象凝视的我思，我思是一个被还原为不可能的纯粹的思，一个非存在的幻象凝视。不仅如此，在纯粹我思产生的时刻，必有一个外在的黏滑的、无形的快感实体与之对应。在第一个例证中，是可怕的异形，这是一个黏滑的快感实体，一个恐怖的原质。在第二个例证中，在说出“我死了”之后，瓦德摩尔突然就变成了纯粹的、无形的、黏滑的快感实体。在第三个例证中，齐泽克并未明确说出我思所对应的外在的快感实体是什么，笔者推断，这个被剥夺了其谓语的主人公就是快感实体，因为它变成了活死人，一个行尸走肉。这就是拉康的第一个选择，我思，故

① Slavoj Žižek, *Tarrying with the Negative*, p. 61.

② Slavoj Žižek, *Tarrying with the Negative*, p. 65.

③ Slavoj Žižek, *Tarrying with the Negative*, pp. 62 - 63.

它在；它不是在我之内在，而是一种“外－在”，出离的在。那么，这个在我们也可以说是对象 a。也符合齐泽克对黑格尔的主体所做的分析（如上节所论），主体一方面是空洞的形式，是纯粹的思，而其质料就是对象 a。

在说明选择了在的男性我思，“我在，故它思”时，齐泽克用“自我意识是一个对象”一节来说明。自我意识不在我自身之内，而在我之外。换言之，它是一个物，一个对象。如何理解这个明显有悖常识的论断呢？齐泽克用弗洛伊德的一个病例来予以说明。简言之，一个新娘在结婚前不小心剪破了自己的左手的无名指，出现了一点点血迹。在弗洛伊德的解释中，这个血迹，这个污斑，具有了某种征兆性含义，即这个新娘其实心另有所属，对现在的新郎并不满意。“一个微不足道的失误，在左手无名指上的这个小伤口，却凝聚了对一个主体最终命运的预示：它隐含了女孩的婚姻本身就是一个失败，它对于女孩没有能够选择自己的真爱，即那个左边的博士而表示遗憾，这个微小的血迹污点标示出了她的无意识所在的地方。”[①] 在她的正常的我在中，她不会意识到这个污斑的存在，这个污斑乃是她的无意识所在的地方，即它思所在的点。只有与在这个污斑保持其无意义的地位时，我才能保持我的存在的同一性。“正因此，拉康一次又一次地回到变形（anamorphosis）概念：仅仅就‘它思’仍然是一个无形的污斑的点而言，我才知觉到‘正常的’现实。”[②]

这就是拉康所揭示出的自我意识的真相：我真正的自我意识不在我的内部，而表现在外在的一小块污斑上，如果我要保持我的我在，我就不能对之有所认识，“我在，故它思”。正是这个污斑成为阻碍我能够自我认识的东西，成为阻止我的自我意识自我透明的东西。由此拉康就颠覆了传统认为自我意识是自我透明的观点：“自我意识本身严格说来就是离心化的；这个失误——这个污斑——见证了在某种离心化的、外在的位置我确实达到了自我意识之外－存在（弗洛伊德的病人在一个保持外在于她的自我同

---

① Slavoj Žižek, *Tarrying with the Negative*, pp. 65 – 66.

② Slavoj Žižek, *Tarrying with the Negative*, p. 66.

一性之感的地方，表达了她自身之真相，她的失败的婚姻之真相）。”① 但是拉康所强调的并不总是有某种东西逃脱了我的把握，因而完全的自我意识不可能达到，而是更为激进的、更为悖论性的东西，即这个外在对象就是我的自我意识本身。“更为悖论性的命题是，这种逃避我的把握的离心化的硬核就是自我意识本身；就其地位而言，自我意识就是我所不能达到的外在的对象。更为精确地说，自我意识是作为对象 a 的对象，作为能够知觉这个给予了关于我自身的不可忍受的真相以形体的污斑意义之凝视的对象。”② 这就是齐泽克所说自我意识是一个对象的真实意义之所在。我们由此看出，拉康－齐泽克的这种外在对象是我真正的自我意识之表达的论断，激进地反对我思故我在的传统命题，它揭示出的是主体自己所不能觉察的真相，即主体本身，就其确切的意义而言总是已经离心化的，是被从内部划杠的。自我意识的这种自我离心化在外部的对象上得到了表达，这个外部对象就是对象 a。由此我们再一次看到了对象 a 的悖论性：它是一种外密性的存在，虽然它内在于主体（它是主体的自我意识），但在主体的外部达到表达（它表现为一个无意义的污斑），因此它是某种既内在又外在的东西。这就是自我意识的双重化。正是这种自我意识的双重化提供了交互主体性（或曰主体间性）的基础。拉康－齐泽克所谓交互主体性与哈贝马斯所说的交互主体性是建立在完全不同的基础上的。在哈贝马斯那里，主体和主体之间是一个自我意识与另一个自我意识之间的互动，其目的在于求同存异，因此共同的利益和共同的追求构成了交互主体性的基础。而在拉康－齐泽克那里，交互主体性的基础则是主体与主体之间完全的异质性，是二者的不可通约性，是另一个主体对我而言乃是一个对象，一个他者，而这个对象、他者却拥有主体的自我意识所原初匮乏之物（对象 a）。齐泽克写道：“自我意识的辩证法的终极悖论是，它颠覆了标准的教条，按照这个教条‘意识’与一个异质性的、外在的对象相关联，而‘自我意识’消除了这种离心性：相反，对象严格意义上是自我意识的相关物。没有任何对象先于自我意识而存在，因为如果我获得自身的知晓的话，对象原初的就

---

① Slavoj Žižek, *Tarrying with the Negative*, p. 66.

② Slavoj Žižek, *Tarrying with the Negative*, pp. 66 – 67.

是作为一个必须被排除的不透明的核出现的。或者用拉康的话说，主体——被划杠的 $ ——的交互主体性的相关物不是另一个 $ ，而是 S，不透明的、完全的他者，拥有主体建构性的匮乏之物（存在，知识）。”①

原初离心化的主体，即 $ 的出现，是严格意义上的交互主体性出现的基础。只有就我原初的是离心化的，我的自我意识的真相是外在化在一个对象中而言，我才在另一个主体中去寻找它，因而才出现了交互主体性。因此，拉康齐泽克的主体严格地与个体（individual）区分开来，个体是相对于共同体而言的，个体直接地参与到、属于一个共同体，因而并不存在交互主体性。这也许就是拉康在论述 $ 时所讲到的，主体严格来说不是 individual（in-divide），即不可分的，而是被分裂的（divided）时候所意指的。我们对此感到非常有兴趣的是，拉康齐泽克的主体所指的恰恰是马克思人的发展的三阶段理论中的“以物的依赖性为基础的人的独立性”，而个体就是以人的依赖性为基础的个人。② 所谓以物的依赖性为基础，难道不是说，主体被物化了，其实质被外在化在物之中，而本身却被掏空了？如此看来，拉康－齐泽克的主体观实际上也是对资本主义社会中人的异化性生存状态的一种理论思考。实际上，异化也是拉康－齐泽克精神分析理论的关键概念之一。不过，在拉康那里，异化就是阉割，它首先意指主体在符号秩序，在被抛入语言中时所遭受的阉割，强调的是主体精神心理上的一种挫败。而马克思的异化概念则是从人在劳动中被自己的造物所统治，成为异化的人，更为强调的是社会历史的层面。但是，马克思所讲的异化和拉康所讲的异化在深层次上则相互关联，它们在不同的层面上阐述异化，既互相区别，又相互补充。在此，我们依稀看到了拉康－齐泽克的主体理论与马克思的主体理论的隐秘关联。

那么，是否就此认为拉康的主体观就是对笛卡尔主体观的颠覆呢？并非如此。正当我们把拉康的主体观理解为激进地反笛卡尔的时候，拉康却又一次回到了笛卡尔的命题，“我思，故我在”的更为原初的形式，即“我怀疑，故我在”。拉康将笛卡尔的怀疑与强迫症的怀疑结合起来，将

---

① Slavoj Žižek, *Tarrying with the Negative*, p. 68.

② 《马克思恩格斯全集》第 30 卷，第 107 ~ 108 页。

"我怀疑，故我在"的肯定的命题反转为我处于一种绝对的不确定之中，我存在，但是仅当我处于怀疑中我才存在，一旦这种不确定性消失了，我的同一性也消失了。"简言之，拉康对于笛卡尔的补充提出了'我怀疑，故我在'——我的极端怀疑蕴含着作为思考主体的我的存在，并提供了绝对的确定性——这一命题最终发生了翻转，颠覆了它自身的逻辑——我存在着，当且仅当我怀疑着。由此，我们获得了强迫症行为方式的基本特质：偏执地附着于他的怀疑当中，附着于他的非确定性状态当中，仅此来作为对其存在的牢固支撑。"① 笛卡尔认为我在怀疑这个确定无疑的事实为我的存在提供了证明，而拉康则认为，只有处于怀疑中，处于不确定的状态中，我才能肯定我的存在，主体就变成了一个神经质的、躁动不安的主体。

从笛卡尔到康德和黑格尔，再到拉康-齐泽克，主体被一步步肢解和瓜分，在笛卡尔那里的自我同一的主体，到康德那里就变成了先验统觉的我，而再到黑格尔那里，则成为纯粹空洞的思，拉康-齐泽克似乎将主体又充实了，但这种充实并非主体内部的充实，而是以外部的质料（对象a）予以充实（对象a是作为空洞形式的主体之质料）。由此主体就变成了某种介于既非我亦非物，但既是我又是物的东西，这就是我思与我在的悖论式纽结，是拉康-齐泽克的精神分析理论对主体之辩证法结构所做的独特理论阐释。

---

① Slavoj Žižek, *Tarrying with the Negative*, p. 69.

第八章 东欧新马克思主义的辩证法思想探索

东欧新马克思主义是马克思主义发展史上的一个独特的存在。东欧新马克思主义的学者大多经历了自己的国家由社会主义到资本主义的剧变，经历坎坷丰富，思想背景又深受西欧国家的影响，对马克思主义具有独到和深刻的理解。东欧新马克思主义的代表人物有不少对辩证法极为重视，提出了一些极为重要的看法和见解，值得我们进行深入研究。东欧新马克思思主义人物众多，著述丰富，在这里我们仅选取东欧新马克思主义的代表人物阿格妮丝·赫勒和对辩证法进行了专门论述的科西克、马尔科维奇，对他们的辩证法思想进行解读。

第一节 赫勒历史理论解读：传统哲学批判与社会主义理论

在常识性的理解中，历史哲学和历史理论是很难区分开来的，历史哲学也就是历史理论，历史理论也就是历史哲学。但是，在赫勒那里，历史理论和历史哲学并不是一个东西，二者不能简单地等同起来。赫勒的《历史理论》就厘清了这样一个问题，与我们通常所认为的不同，赫勒的基本思路是，以一种历史理论来代替历史哲学。由于以历史理论取代历史哲学，赫勒对以马克思为典范的历史哲学对社会主义理念的理解进行了修正，并提出了"历史的社会主义理论"思想。如何理解赫勒以历史理论来取代传统历史哲学的这种理论谋划？进而言之，如何理解赫勒的历史理论对马克思历史哲学的修正和对社会主义思想的修正？在这里我们以赫勒《历史理论》一书为主要依据，结合赫勒的基本思想来探讨这一关键理论问题。

一　从历史哲学到历史理论

人类是一种历史性的存在。因此，人类的每一种对象性的创造活动和创造产物，从根本上说，都具有历史性，因此对历史之意义的阐述，不仅是历史学家所关注的事情，也是所有的哲学家和思想家所关注的事情。赫勒也对历史概念和历史表达了自己的特殊关注，并提出了自己的历史观。赫勒从对四个基本概念的论述与区分入手，对传统历史哲学进行了批判，并提出了历史理论的概念，以之取代历史哲学概念。为了对赫勒的历史理论有一个宏观的把握，首先要对这四个基本概念有一个清晰的认识，这四个基本概念即历史性、历史编纂学、历史哲学和历史理论。

何为历史性？从赫勒的论述来看，历史性是人类所独有的历史意识。作为有死性的人，他不同于其他动物的根源就在于他具有历史意识，这种历史意识就是赫勒所指认的历史性。这种历史性伴随着一切的人和人类，在赫勒那里，这种历史性与康德的时间和空间的先验范畴一样具有本源性。我们即是时间，我们即是空间。而我们的历史性就是我们的存在意识。“历史性并不是仅仅发生在我们身上的某种东西。它不是我们‘随意选择’的某种癖好，犹如匆忙披上一件衣服那样。我们即是历史性；我们即是时间和空间。这两种康德式的‘知觉形式’不是别的，仅仅是我们存在的意识。我们的存在之意识就是我们之存在。”①从这里出发，我们看出，赫勒的历史性概念与康德的先验时空观的内在联系。赫勒还指出，人类的历史性必须是以人类为基础的，就个体而言并不存在历史性。历史性首先是对作为群体的人类而言的，其次才是对人类的个体而言的。正是因为我们是历史性的存在，所以我们才具有历史意识，我们总是对我们的历史进行反思，这种反思的历史意识构成了历史意识的诸阶段。历史意识的诸阶

① 〔匈〕赫勒：《历史理论》，李西祥译，黑龙江大学出版社 2015 年版，第 4 页。

段都是对历史性基本问题的回答，即“我们从哪里来，我们是什么和我们到哪里去”这个历史性的基本问题的回答。而赫勒所关注的问题在于，在经历了这一系列的历史意识的阶段之后，我们当代历史意识陷入了困惑。就是说，在经历了20世纪的两次世界大战之后，人们陷入了历史意识的困惑，那种反思的普遍性的历史哲学，那种大写的历史，普遍的历史，世界-历史被予以强烈的质疑。作为对这种普遍历史哲学的崩溃之回应，历史哲学提出了三个替代性的理论命题，赫勒将之概括为“研究机构事实性”、“大饭店深渊”和“恶之激进化的心理避难所”①。从赫勒的论述看，这三个理论命题分别是新实证主义、极端的历史虚无主义和崇尚暴力的激进主义。显然，赫勒对这三种历史哲学都持否定态度，那么她所谓历史理论究竟提出了什么样的新观点呢？我们会在后面的论述中予以分析。

历史意识具有其客观化（对象化）的形式，这就是历史编纂学和历史哲学。历史编纂学是真实知识。赫勒所指的历史编纂学，或者说历史学，是指一种严格意义上的真实知识，即作为 episteme 的知识。我们可以说，历史编纂学力求实证地展现历史，它并不涉及未来，也不意图对未来发生影响，尽管它必然对未来有影响。如果它刻意地对未来发生影响，那它就不再是作为真实知识的历史编纂学，而成为历史哲学。历史编纂学所涉及的是复数的历史，是各种具体的特殊的历史，而不是大写的普遍性的历史。与历史编纂学相比较而言，历史哲学则关注大写的历史，它并不关注过去，它立足于当下，而且认为在当下中包含着过去和未来。它关注历史存在的意义问题，并回答历史存在的意义问题。赫勒所指称的历史哲学具有以下重要特征：（1）普遍发展观念是它的核心概念；（2）它声称历史是具有普遍规律的，因而历史哲学预设目的论和必然性；（3）历史哲学关注整体的历史，是一种整体主义；（4）历史哲学总是设想一个未来的乌托邦，而这个乌托邦是可以通过努力变成现实的。

与历史哲学相比，赫勒更赞成历史理论，而不是历史哲学。那么何谓历史理论呢？赫勒的论述并不十分清晰，只是概括地说，它是一种未完成

① 〔匈〕赫勒：《历史理论》，第31页。

的（不完整的）历史哲学。那么赫勒的历史理论到底有什么特征，它如何区别于历史哲学呢？

我们认为，理解赫勒历史理论的首要之点在于，要将历史哲学与她所说的历史理论区分开来。从总体上看，赫勒基本上把历史哲学看作一种有关历史的宏大叙事，而这种宏大叙事不再适用于对当代社会历史的理解。无疑，赫勒在历史理论上对作为宏大叙事的历史哲学的否定，是在后结构主义和后现代主义的语境下，对传统的历史理论所进行的理论反思。赫勒把历史哲学的基本特征归纳为九点。① 赫勒归纳的这九个要点彼此之间划分并不是很清楚，我们可以较为简略地总结为以下几点。（1）历史哲学所关注的是大写的历史。就是说，历史哲学并不涉及特殊的、具体的民族和人类的历史，相反，一切具体人类的历史都隶属于这个大写的历史。与此相关，历史哲学只关注普遍的历史，整体的历史。（2）历史哲学把历史理解为连续的、发展的，把当下理解为过去历史的产物。（3）历史哲学是一种哲学，这就是说，历史哲学遵循哲学的普遍模式，它从是中推出应该。在历史哲学中，就是从历史中推出应该的未来历史。因而，历史哲学总是关注最高价值，它具有价值维度。（4）历史哲学所关注的乃是未来，而不是过去。历史哲学的历史并不是现实的过去之历史，而总是包含了过去和未来的当下。由此，历史哲学就从根本上区别于关注过去的现实历史的历史编纂学。我们看到，赫勒所概括的历史哲学的基本特征实际上也包含了马克思的历史唯物主义，就其本质而言，历史唯物主义也就是马克思的历史哲学。但是，历史哲学并不是赫勒所主张的，而恰恰是赫勒所批评的，是她试图以历史理论取代的。那么，历史哲学有何谬误，赫勒要以历史理论来取代之呢？

赫勒指出，历史哲学包含了两种不可规避的基本缺陷。（1）“历史哲学从非历史的观点历史地反思历史存在”②。这就是说，从历史哲学的特征我们就了解到，历史哲学的所谓历史，即大写的历史实际上是非历史的，而历史哲学从这种非历史的观点出发来应用于对现实历史存在的反思，并

---

① 〔匈〕赫勒：《历史理论》，第222～224页。

② 〔匈〕赫勒：《历史理论》，第270页。

试图制定出具体的关于未来的谋划，这是一种非法僭越。赫勒说：“历史哲学涉及的是当下，但是它也声称（错误地声称）解决‘历史之谜’——一个不能被解决的谜，因为这个谜根本不存在。”① （2）最高价值（自由）和同一价值（与其他相关价值一起的）本体论化之间的矛盾。这里的关键问题在于，如果人们将历史看作普遍发展的，或普遍退步的，或是必然性的，那么人类就丧失了自由，这个最高价值就永远不可能实现。这就是说，历史哲学实际上堵塞了通向自由的道路。赫勒认为这就是历史哲学“超越了善和恶”的原因。所谓超越了善和恶，是人们不再具有自由，不再能够进行自由选择。

正是由于历史哲学的局限性，赫勒提出用一种历史理论来取代历史哲学。在赫勒的想象中，历史理论其实仍然是一种历史哲学，但是一种未完成的历史哲学，我们也可以说是开放的历史哲学。那么，赫勒所谓历史理论究竟是什么，它与历史哲学又有什么不同呢？赫勒的论述并不是很清晰，在这里我们从她对马克思历史哲学的分析中可以窥见二者之间的区别。赫勒认为在马克思那里，既存在历史哲学，也存在历史理论，但总的来说，后者是从属于前者的。例如，赫勒说，如果坚持历史理论，那么共产主义就会被认为仅仅是一种运动，从来不会是历史之谜的解答。进一步说，从整个马克思理论看，如果马克思坚持历史理论，而不是历史哲学的话，也就不能推出无产阶级是历史发展主体的结论。而在我们的时代，时代的现实需要我们用历史理论来取代历史哲学。赫勒写道：

> 尽管历史理论对历史哲学是一个替代性的理论解决并且对后者是高度批判的，但这种批判性态度并不意味着敌对性，首先是因为历史理论家非常清楚他们自己理解的限度。历史理论也是一种历史哲学，但却是不完整的历史哲学。它并不像历史哲学那样从是中推出应该。在历史理论中，应该仅仅是作为理念而不是作为最高的现实性推出的：它拒绝了传统历史哲学的完美主义和现实主义的同一。它是一种

① 〔匈〕赫勒：《历史理论》，第270页。

怀疑的哲学，而一切怀疑哲学都是不完整的。就历史理论的实践相关性而言，理论家们也同样（至少是应该）意识到他们的限度。人们必须知晓这一事实，并非所有意图对压迫、剥削和统治的超越做出贡献的人们都是以完全理性的方式行动——并且历史理论包含了对出发点的自我反思。历史哲学也许会充当拐杖，但历史理论对那些意欲抛弃一切拐杖的人具有吸引力。正是因为这最后的一点我才提出对历史理论的接受。[①]

从这些表述看出，赫勒的历史理论是对历史哲学的一种否定，实际上也就是对传统马克思主义哲学历史理论的一种否定，它与盛行于20世纪的语言哲学、后现代思潮和后结构思潮一致，拒绝那种宏大叙事，对未来的确定性持一种怀疑态度。赫勒的历史理论实际上是对理性主义历史观的一种否定。在此基础上，赫勒提出了对她的历史理论进行基本概括，提出了一种历史理论的导言。

二 赫勒历史理论的基本维度

赫勒的历史理论是狭义上的历史理论，而不是广义的历史理论。这种历史理论是历史哲学的一种，但不是完整的历史哲学。换言之，赫勒的历史理论概念从历史哲学中截取了部分内容，而悬置或抛弃了部分内容，简言之，我们可以说历史理论接受了历史哲学的某些前提，却悬置了历史哲学中的目的论和实体化的成分。具体说来，赫勒的历史理论从以下维度来理解历史，对历史哲学进行了重述和改写。

其一，赫勒重新说明了历史理论中的大写历史概念的含义。我们知道，历史哲学所关注的是“大写的历史”，这种大写的历史并不关注具体的现实历史，它是普遍化的、整体化的历史。在一定意义上，赫勒是反对这种“大写历史”的思想的。但是，赫勒又沿用了“大写历史”这个概念，并在历史理论的视野中重新界定了其意义。赫勒的“大写历史”与现

---

① 〔匈〕赫勒：《历史理论》，第285～286页。

实历史无关，它主要强调的是，作为大写历史的历史乃是现代文明的一种心理建构。赫勒写道："'**大写的历史**'本身因此不是人类之历史。转化为包含过去、当下与未来的人类之历史的'大写的历史'只是我们历史的**心理建构**，是存在及其历史之现代形式的**心理建构**。……我主张大写的历史乃是现代文明的心理建构；大写的历史是整个时期的心理建构，在作为这一时期的表达，并因此作为其构成成分的能力的意义上。"① 赫勒的历史理论关注的仍然是大写历史，但这个大写历史是狭义的大写历史，是专指自资本主义产生以来的作为一种现代文明思想建构的历史。从这个大写历史的概念出发，赫勒所关注的是当代社会，赫勒称之为不稳定平衡的社会。实际上，赫勒所谈论的大写历史，就是资本主义产生之后的历史，这是赫勒狭义的历史理论所论及的历史。这种"大写历史"是我们历史意识的一种表达，也是我们存在意识和存在形式的表达，是我们的生活经验，生命体验的表达。在资本主义出现之后，社会就产生了一种动力机制，或者说一种逻辑，这个逻辑包含了两个方面，赫勒称之为市民社会的第一逻辑和第二逻辑。第一逻辑是市场的普遍化逻辑，与此相应的第二逻辑是民主化和平等化逻辑，而第二逻辑将导向社会主义。赫勒之所以反对历史哲学，而强调历史理论，是因为历史哲学从是中推出应该，而这个应该是单数而不是复数的。就是说，历史哲学只给出了一种选择，实际上取消了我们的选择权，但历史理论在承认市民社会的第一逻辑和第二逻辑的同时，也承认存在其他的逻辑，正是这些相互矛盾的逻辑赋予了我们选择的可能性。只有如此，我们才能把大写历史建构为一个谋划，一个人类未来的理念。由此看来，与历史哲学中的大写历史内涵不同的历史理论的大写历史构成了赫勒历史理论的核心概念。

其二，赫勒的历史理论对进步观念做了修正，提出了历史理论所特有的进步观念。赫勒以反问的语气问道：进步是一种幻觉吗？显然，赫勒并不完全否定历史哲学的进步概念。但是，赫勒所指称的进步与我们一般理解的进步有很大不同，她所指的进步是基于上述大写历史的概念的。在赫

---

① 〔匈〕赫勒：《历史理论》，第289页。

勒看来，只有在现代，才谈得上进步或退步，因为进步或退步的概念是在现代才产生的。赫勒写道：“历史理论使我们相信下列理论命题的有效性：在没有发展出进步和退步观念的社会中，根本没有进步和退步，因此我们也没有资格‘认识’它。进步和退步的观念只能与说明了进步和退步观念的文明相联系。”① 如果只有存在着“无失去的获得”才能够谈论进步，那么进步的理念在现代的产生就是一种无失去的获得，由此得出的结论是只有在这样一个进步理念产生的社会中才存在进步。

在进步和退步的理念中，赫勒毅然选择了进步的理念作为我们现代文明的存在形式，这是因为只有进步的理念才能给予我们创造进步的规范，只有进步的理念才能普遍化。“因此进步的理念比退步的理念以更恰当的形式表达了我们现代文化的存在形式。因此，即使我拒绝承认在我们的（现代的）社会中的任何现实的进步，我也可以说在它产生了作为价值、作为规范理念的进步理念的意义上（既在其理论的使用上，也在其实践的使用上），在它之中存在着进步。”② 因此，赫勒所强调的进步是一种理念，它既不是一种既定事实，也不是一种幻觉，而是一种理念，在此意义上它也是现实。从进步的理念出发，赫勒认为，现代社会（不稳定平衡的、矛盾发展的社会）是一个普遍不满的社会，但正是这种普遍的不满指示出现代社会是进步的社会。而这种不满的普遍化乃是一种获得，因而不满的普遍化预设了一个有权利不满的社会，这是现代社会的进步。因此赫勒的进步观念并不是社会的必然性和现实性，它不是历史哲学的那种必然性假定，而只是一种可能性。因此，进步是我们所必须致力于的东西，是我们每个人都应该为之做出贡献的东西，因而赫勒的进步观念也必然导向一种价值取向，一种伦理学。她写道：“未来的进步不是一种必然性，但却是一种我们所致力于的价值，并且正是通过这种致力于的行动，它变成了可能性。”③

其三，与赫勒的进步理念相联系，赫勒重新阐释了在历史理论视域中

---

① 〔匈〕赫勒：《历史理论》，第 307 页。

② 〔匈〕赫勒：《历史理论》，第 310 页。

③ 〔匈〕赫勒：《历史理论》，第 315 页。

乌托邦的意义。我们知道，历史哲学也具有乌托邦的观念。那么，历史理论的乌托邦与历史哲学的乌托邦有何不同呢？历史哲学从是中引出应该，但历史哲学的应该是一种可以实现的，而且是必然实现的未来，也就是可以实现的乌托邦的未来。历史理论拒斥了这种乌托邦理念，在历史理论中，乌托邦是未来的理念，但并不是未来。赫勒写道："并不是未来被从是中引出来，而是未来的乌托邦被引出来。这个乌托邦是事实的普遍化和根植于市民社会第二逻辑的价值本身之实现的想象。它是一种整体论的想象。尽管它包含了所有普遍价值的实现，但它并不意味着它们将事实上实现。"① 这就是说，未来的乌托邦仅仅是一种理念，它在事实上实现与否是悬而未决的。换言之，乌托邦是我们的行动力求趋近和实现的东西，但永远不能保证其实现，它是一种理念，我们的任务就是尽我们所能地去接近它，至于能不能实现它，则不在历史理论的思考范围之内，也就是说，历史理论悬置了乌托邦实现的可能性。这样，赫勒的历史理论中的乌托邦就主要作为一种理念起作用，它发挥着规范我们行动的功能，换言之，它可以规定一种伦理准则。每一个接受了这个乌托邦理念的人都应该按照这个乌托邦来行动，至于这个行动能否实现，则并非历史理论所关心的。因此，历史理论视域中的第二个应该就成为一种类似于康德的绝对命令式的东西："我应该按照我们的理想（乌托邦）行动，以我们的行动可以导向每一个人对我们的乌托邦自由接受这样的方式来行动。再次地，我们的乌托邦是否将被每个人接受，不存在任何保证（因此也没有事先的知识），但是我们应该以我们的理论阐述和行动能够导向每个人对乌托邦的自由接受这样的方式来阐述理论和行动。"②

其四，赫勒历史理论的伦理学维度。由以上的论述我们已经看到，赫勒的历史理论的最终落脚点是伦理学。赫勒认为，伦理学的维度是内在于历史理论之中的。一切历史哲学都必然承诺一种伦理学，而一切历史理论同样也必然做出伦理学的承诺。赫勒将自己的历史理论提出的伦理学称为"积极的斯多葛主义－伊壁鸠鲁主义的伦理学"。她写道："历史理论提出

---

① 〔匈〕赫勒：《历史理论》，第 320～321 页。

② 〔匈〕赫勒：《历史理论》，第 322 页。

了一种积极的斯多葛主义－伊壁鸠鲁主义的伦理学。它意味着决心进行价值理性的行动，无论它们是成功还是失败。失败是痛苦的，成功是享受的，但无论在受苦还是享受中都必须拥有相同的决心。我们应该承担我们的职责，我们应该仿佛某种程度上更乌托邦的社会可以出现那样行动，如果我们的意愿能普遍化为每个人的善的意愿。任何灾难都不能说服我们这种行动是没希望的，因为只要我们努力，希望就存在，并且在这些行动之中并通过这些行动表现出来。”① 所谓斯多葛主义，我们知道它主张一种禁欲、苦行的伦理学，而伊壁鸠鲁主义则主张一种享乐主义的生活态度，这二者的矛盾的连接，恰恰说明了赫勒的伦理学是一种激进主义的行动哲学，它只问耕耘，不问收获，享受过程，认为结果并不重要，过程、行动才是最重要的。赫勒这种激进主义的伦理学与其基本思想是一致的，也是其思想发展脉络的必然结果。实际上，在比《历史理论》较早的著作《激进哲学》中，赫勒就靠近了这种思想。在这本著作中，作为激进哲学的最终结论，赫勒写道：“哲学，激进哲学必须变成实践，以便使实践变成理论的实践。哲学家不是作为一位哲学家而是作为一个人在实然和应然之间作出调解：作为千百万人中的一员，作为那些想要世界成为人类家园的人们中的一员。”② 在此已经隐含着赫勒这种伦理学的根苗了：“是”和“应该”之间的和解只有通过普通人的实践才能完成。这种实践是千千万万人的个体行动，而与社会总体革命无关。在赫勒看来，社会总体革命隐含了循环论证，并不能真正解决实然和应然之间的矛盾，换言之，根本不可能发生社会总体革命。这样，赫勒已经将马克思的总体实践的革命话语转化为个体的伦理实践了。

毋庸讳言，赫勒以历史理论来取代历史哲学的这样一种理论谋划具有其重要的现实意义和理论价值。它反思了现代性的谋划，反思了与20世纪的历史哲学思想具有隐秘关联的现实历史灾难，并在一定程度上合理地指出了马克思历史哲学的某些缺陷，因而对于我们理解20世纪的现实历史，思考未来社会历史的发展走向都具有重要的借鉴意义。但是，就其实质而

① 〔匈〕赫勒：《历史理论》，第341～342页。

② 〔匈〕赫勒：《激进哲学》，赵司空、孙建茵译，黑龙江大学出版社2011年版，第165页。

言，赫勒用历史理论来替代历史哲学的这样一种理论图谋是一种折中主义，它并未能真正克服历史哲学，而只是摇摆于传统的历史哲学与这种反对历史哲学的历史理论之间，并且在实践中也容易导致人们的左右摇摆。赫勒试图在是与应该、事实与价值之间进行调和，而不是将二者统一起来。在对于马克思的历史哲学和社会主义理论的批评中，我们也可以看到这种倾向。

三 赫勒的历史理论与社会主义

我们从上面的论述中已经看到，在一定意义上，赫勒的历史理论提出的背景是对20世纪以来的马克思主义发展史和20世纪以来的共产主义运动史的反思，对传统马克思主义的缺陷和不足以及在实践中的误解的反思。因此，我们也看到，赫勒对马克思的历史哲学和社会主义理论多有批评之语，因而我们可以把赫勒粗略归为广义的“后马克思主义”的大家族之中。但是，与拉克劳、墨菲的后马克思主义的明确态度不同，笔者认为，如果我们把拉克劳、墨菲称作“自觉的后马克思主义”，赫勒则是“不自觉的后马克思主义”。在这里，我们来概要地论述一下赫勒在社会主义问题上对历史哲学的批评，以及赫勒所谓“历史的社会主义理论”的主要内容。

社会主义作为一种理念，也是现代社会的产物，是社会历史发展的产物，它与历史哲学具有亲缘关系。赫勒指出：“社会主义通常被视作历史过程的产物，它的产生是这个过程本身的内在趋势，两者都是由人类（革命或变革的）行动加速和实现的。即使没有历史哲学的理论杠杆，这个理念也可以被论证，但是它与历史哲学具有亲缘关系。”[①] 社会主义作为一种理念实际上主要是相对于现实社会的批判，因此社会主义的历史哲学都是关注未来的，这种未来与当下形成对比。赫勒列举了对当下社会批判的几种典型模式，这也是社会主义的几种主要类型。

类型A 批判的主要标靶是：个体主义、自我主义、以压迫为基

① 〔匈〕赫勒：《历史理论》，第272页。

础的生活方式。新社会的模式包含：以共同体为基础的生活形式、直接性、共同体、个人之间关系的人化、直接民主、每一种劳动分工的取消（包括性别分工）、统治制度和国家的消亡、农业的优先性、工业发展的限制（或其完全停止），民族的消亡、公共财产对私有财产的替代。这种概念可以以这样的方式来修正，以至于工业发展不必被阻止，国家也不必消亡，相反却应该成为共同体的唯一组成，并且以直接民主的方式由它们所控制。[一个例子就是戈维奇（Gurwitch）的"集体主义民主"。]

类型 B　批判的主要标靶是财富的不平等。新社会的模式包含了下列要素：财产的平等化或私有财产的消灭，消灭贫穷，消灭市民社会，控制需要的分配和需要的满足（由国家或准国家进行），强调农业生产（基于集体或个人的所有权）。

类型 C　批判的主要标靶是商品生产。新社会的模式包含：通过以下之一种来消灭市场：

类型 C1　国家的取消，伴随着劳动分工的保留；技术和科学的发展；日益增加的需要；实质的理性；生活的"平等起点"；教育机会的平等；精英统治等。

类型 C2　劳动分工（除去技术上的）和国家的取消；商品拜物教或管理的结束；文化对市场的代替的结束；个性的自由发展；个人能力的展开等。

类型 D　批判的主要标靶是政治统治。新社会的模式包含下列因素：通过下列方式之一来消除政治统治：

类型 D1　国家和一切政治制度、自我支持和自我管理的共同体的消除；无论如何没有核心的权威；个性的完全自由发展；共同体的共生，或

类型 D2　权力的离心化，被要求重新分配的国家，和/或作为所有公民意志执行者的国家；被民主舆论所控制的市场；被自我压制所限制的个体性的自由；参与的真正平等。[1]

---

①〔匈〕赫勒：《历史理论》，第 274 页。

赫勒认为，社会主义的历史哲学虽然存在各种不同的模式，但最为典型的是马克思的历史哲学，而马克思的历史哲学是一切社会主义历史哲学中最伟大的。“马克思的著作是社会主义所产生的历史哲学最伟大的体系。它提出了历史哲学一般所提出的一切问题，并将其综合在很少的他人所能相比的大厦中（也许只有黑格尔、克尔凯郭尔和弗洛伊德的体系能与之相比）。它通过做出有力的承诺（和警告）结论性地回答了关于我们历史存在的意义问题。”① 虽然马克思的历史哲学是一种自洽的理论体系，但是存在不可解决的内在矛盾，由此导致的结果是，马克思本人常常摇摆于历史哲学与历史理论之间，而往往最终的结果是历史哲学战胜了历史理论，将历史哲学强加于历史理论。最为典型的就是在论述共产主义理论时，如果坚持历史理论而不是历史哲学，共产主义就只能被看作一种运动，而不是社会形态，不是历史之谜的解答。在对马克思的《资本论》第一卷的分析中，赫勒认为《资本论》第一卷的主要内容是对异化的重构，也就是说，它延续了《1844 年经济学哲学手稿》的主题。而《资本论》的结论是“私有财产的积极扬弃”，而这又必然联系着商品生产的消除。这说明马克思的理论是一种强有力的历史哲学。赫勒反对这种历史哲学，她致力于发展马克思思想中的另一方面，即历史理论的方面。在历史理论的视域中理解社会主义理念，则是一种完全不同的图景。对于历史理论中的社会主义，赫勒在不同的地方称之为“历史的社会主义理论”。

赫勒的“历史的社会主义理论”并不是一个严格的概念，但表达了其在历史理论视域中对社会主义的理解。赫勒“历史的社会主义理论”对社会主义的理解主要包含了以下几个方面。第一，社会主义是市民社会的第二逻辑发展的结果。也就是说，从历史理论的视角看，市民社会的第二逻辑（人的自由、平等、民主化的发展等）本身就是社会主义的发展。社会主义也是现代社会的产物。因此，历史的社会主义理论通过市民社会的第二逻辑做出了它的两种应该（应该成为和应该做），这两种应该是“是”本身的应该。“任何致力于市民社会第二逻辑的人也将致力于其两种应该；

① 〔匈〕赫勒：《历史理论》，第 275 页。

在这种致力的精神下设置和实现目标，无论这种逻辑被突破与否。”① 第二，历史的社会主义理论接受了进步的理念，它本身就是未来社会的理念，所以，历史的社会主义理论也是一种乌托邦的理念。这样，赞成和支持历史的社会主义理论的人就应该致力于这个未来的乌托邦，虽然并不期待它的实现。“我们应该设定适合乌托邦理念的目标，不是期待这种乌托邦的实现，而是产生一个比我们所生活的世界更为接近它的世界。”② 第三，历史的社会主义理论可以而且应该多元化。由于未来的乌托邦主张人们生活方式的多元化，它在承认人们不平等的前提下追求社会上的平等，两种应该都可以而且应该多元化，与此相应地，历史的社会主义理论也可以而且应该多元化。第四，历史的社会主义理论的信徒要按照乌托邦来行动，并为这个理念而论证。但是，历史的社会主义理论并不能断言这个乌托邦的实现，也不能像历史哲学那样指定一个实现乌托邦的承担者。在这个意义上，它是未完成的，但它是故意未完成的。第五，“任何历史的社会主义理论都必须把人类学激进主义与政治现实主义相结合”③。这意味着，赫勒的历史的社会主义理论实际上是一种折中主义。人类学激进主义意味着对乌托邦的确信，对人类能够联合起来的确信，而政治现实主义又意味着只能以一种客观的、渐进的方式来达成对乌托邦的接近。确实，如同赫勒所说，历史理论包含了一种怀疑主义。

赫勒历史理论视域中的社会主义理论试图弥补历史哲学社会主义理念的不足，匡正历史哲学中某些极端的倾向，因而强调社会主义的乌托邦向度，强调历史的社会主义理论的价值导向作用，在一定意义上，将选择的权利交付给人，而不是诉诸普遍必然性。但是，赫勒的历史理论中的怀疑主义、折中主义大大损害了其理论中的革命意义，有时甚至退回到了犬儒主义的立场上去，在一定意义上接近于卢卡奇在《历史与阶级意识》中严厉批评的伯恩施坦“和平长入社会主义”的修正主义立场，这不禁使我们对她的理论谋划感到失望。

---

① 〔匈〕赫勒：《历史理论》，第320页。

② 〔匈〕赫勒：《历史理论》，第321页。

③ 〔匈〕赫勒：《历史理论》，第332页。

作为卢卡奇的学生，赫勒起初自认为是一个马克思主义者。在《激进哲学》中，虽然赫勒已经表现出某种偏离马克思的倾向，但仍然把自己看作马克思的继承人，她明确地说："我把自己理解为马克思哲学的接受者。"① 但是在建构其历史理论时，她却自觉地把马克思的历史哲学，特别是马克思历史哲学中对社会主义的理解作为其主要论战的目标了。虽然我们不能断言在《历史理论》中赫勒走到了反马克思主义的立场上去，但我们确实看到了在这部著作中她的思想在一定程度上偏离了经典的马克思主义。然而，通过对赫勒历史思想的深层解读，我们又不能不说，她对历史问题的论述确实为我们理解社会历史发展开启了一个新的路径，值得我们深长思之。赫勒的历史观体现了她对传统马克思主义的历史哲学的批判，同时也是对马克思主义辩证法理论的补充。我们可以从辩证法的角度对赫勒的哲学思想进行进一步的解读。

第二节　赫勒历史理论的辩证法解读：大写历史的辩证法

从赫勒的论述中，我们很少看到有关辩证法的论述。但是从对赫勒文本的阅读中，我们又深切体会到，赫勒的思想深处具有深刻的辩证法维度。从某种意义上说，赫勒对传统哲学进行的批判，包括对传统马克思主义进行的批判，都包含着深刻的辩证法维度。《历史理论》是赫勒论述其历史思想的重要著作，在这部著作中，虽然赫勒本人较少直接论及辩证法，但是我们在解读赫勒的著作时，可以看到赫勒对历史理论的论述贯穿了辩证法的维度，因而也可以理解为一种大写历史的辩证法理论。在此我们试图从辩证法的维度来解读赫勒的《历史理论》，深化对赫勒历史理论的理解，并与马克思的历史哲学进行比较和辨析，从而进一步理解马克思的历史辩证法思想。

① 〔匈〕赫勒：《激进哲学》，第 124 页。

一　历史意义的缺失与历史存在意义的生产

正如我们已经论述过的，在《历史理论》一书中，赫勒试图以历史理论来取代历史哲学，而其所谓历史理论，只不过是一种未完成的、开放的历史哲学。[①] 从这一角度看，赫勒的历史理论提出了一种不同于传统历史哲学的历史理论，而这种历史理论认为并不存在传统哲学的普遍发展的进步逻辑，并不存在普遍历史规律。在此基础上，赫勒认为不存在一个人们可以为之奋斗并确实能够实现的乌托邦。在这个意义上说，赫勒的历史理论是否定和反对黑格尔和马克思意义上的历史辩证法的。正是在这一点上，笔者认为赫勒的历史理论和拉克劳的后马克思主义历史观有共同之处。如笔者所论述过的，拉克劳也是激烈的反对黑格尔和马克思意义上的历史辩证法的，其反对的主要矛头所针对的就是黑格尔和马克思主义的理性主义传统，就是反对认为历史发展是一个有规律的、向前发展的过程的黑格尔和马克思的历史观。[②] 显然，赫勒的历史理论所阐述的历史观与黑格尔和马克思有着显著不同，而更加接近于阿多尔诺的否定辩证法之后的后现代的历史观，接近于拉克劳后马克思主义的历史观。但是，我们能否就此认为赫勒并不认同辩证法，从而完全拒斥辩证法呢？笔者认为并非如此。从赫勒的历史理论看，赫勒受到了后现代的辩证法思想的重要影响，而其历史理论本身就是一种历史辩证法。

在对历史发展规律的论述中，赫勒较为明确地表达了辩证法思想。传统历史哲学将历史或者视作进步的，或者视作退步的，或者视作永恒重复的，因此也就有三种历史理论：进步理论、退步理论和永恒重复理论。与马克思一样，赫勒选择了进步理论。但是，赫勒拒绝将进步本体论化的历史哲学。她写道："可能替代历史哲学的历史理论包含了进步的**价值**，但是，与各种历史哲学相比，它没有将进步本体论化。另一方面，一切历史

① 参见李西祥《赫勒的历史哲学批判与对社会主义的新理解》，《苏州大学学报》（哲学社会科学版）2015 年第 2 期。

② 参见李西祥《精神分析与后马克思主义的隐秘链接——以拉克劳为例》，《马克思主义与现实》2015 年第 4 期。

哲学都本体论化了‘进步’、‘退步’和‘永恒重复’。”[①] 实际上，我们看到，赫勒不仅拒绝将进步本体论化的历史哲学，而且拒斥一切本体论化。赫勒还认为，在拒绝本体论的前提下，仍然可以论述历史的发展。她写道：“理论上，不陷入本体论，不建构所谓的历史发展‘规律’而详细论述发展的辩证概念并不是不可能的。”[②] 在此意义上，我们可以将赫勒的历史理论看作一种不同于传统历史哲学的历史辩证法的表述。

我们已经指出，赫勒的历史理论是一种未完成的历史哲学。那么，作为一种历史观，赫勒的历史理论实际上拒斥了那种统一性的、具有一个确定发展方向的历史哲学，因而强调其未完成的特征，赫勒认为正是这种未完成性使其历史理论始终保持了向未来的开放性，因而在我们看来是一种历史辩证法理论。赫勒的历史理论与马克思主义的历史哲学的区别非常细微，但非常重要。赫勒将历史哲学概括为以下几个方面。历史哲学的核心范畴是大写的历史；大写的历史被理解为变化的；大写的历史被视作整体；大写的历史本身是由因果联系、最终联系或二者兼有来解释的；存在的起源等同于历史的起源；当下被理解为历史的产物；历史哲学从是中推出应该；历史真理在未来揭示自身；历史哲学把当下视为一个转折点。[③] 在这个总结的基础上，赫勒把历史哲学与历史编纂学的特征进行了对比。虽然赫勒这些对比包含了多个方面，但最重要的一个方面就是，历史编纂学并不满足我们的好奇心，并不提供知识。那么历史哲学关注的是什么，或者说，历史哲学的独特之处在哪里呢？赫勒认为，历史哲学关注的是意义，即人类存在的意义和历史的意义，而最终是历史的意义，因为历史哲学把人类存在的意义归结为历史的意义。

但是，赫勒对历史意义的存在持一种极端的怀疑态度。哲学回答人类存在的意义问题，而历史哲学则回答历史意义的问题。那么，如何界定所谓意义呢？人是一种意义的动物，人们一出生就进入了历史当下，这个历史当下是被决定的，是由以往的历史的传统所决定了的。人本身就具有一

① 〔匈〕赫勒：《历史理论》，第 237 页。

② 〔匈〕赫勒：《历史理论》，第 244 页。

③ 〔匈〕赫勒：《历史理论》，第 223～224 页。

种历史意识，这个历史意识决定了人总是要把自己所遇到的事物、事件放置在自己的历史当下中。简言之，就是赋予其意义，或者说，使之有意义。这样，一个无意义的事物就成了有意义的事物。赫勒写道：“使某物有意义意味着将现象、经验以及诸如此类置入我们的世界；它意味着把未知的转化为已知的，把无法阐释的转化为可以阐释的，并通过不同起源的有意义的行动加强或改变世界。”① 那么，如何将事物置于我们的世界中，置于我们的历史当下中呢？赫勒指出，这种赋予意义的基本的形式就是命名。正是通过命名，我们赋予了事物意义。“它是给予某物名称的程序。名称具有一种魔咒，一种知识的神奇。我们可以通过给予名称使某物有意义，因为我们借此把未知的知识归类在众所周知的范畴之下。”② 我们还可以通过类比、因果关系、模式范畴（诸如偶然性与必然性、原因与结果、可能性和现实性等）来使事物有意义，还可以通过“一般素描”使事件有意义。通过这种使事物有意义的方式，我们不仅使事物纳入我们的世界，我们的已知的知识中，而且还赋予我们的生活以意义。赫勒这样写道：“使有意义不仅是把事件和行为方式纳入我们的宇宙。把未知的东西转化为已知的自然地增加了自我知识。……通过不同——但是总体上是相互联系的——使有意义的程序，人们使自身的生活有意义了。”③ 如此说来，“使有意义”的方式，或曰赋予事物意义的方式，就是人的基本的存在方式，为人的存在奠定了基础，而人的存在是一种历史存在，所以历史的意义也是通过这种使有意义的方式来赋予的。

正如赫勒已经指出的，历史哲学就是追问历史意义的哲学。但是，历史是否有意义呢？按照笔者的理解，赫勒首先设定了历史是无意义的这样一个前提。就是说，历史发生的形形色色的事件，实际上是绝对偶然性的，并不存在一种必然性或目的性。认为历史有意义，就与说历史是目的论的一样。赫勒分析了历史意义的两种版本，一种版本是黑格尔的版本，即认为历史的意义是被设定好的。“唯一的‘历史的意义’已经被设定好

① 〔匈〕赫勒：《历史理论》，第 69 页。
② 〔匈〕赫勒：《历史理论》，第 69 页。
③ 〔匈〕赫勒：《历史理论》，第 73 页。

的历史哲学是黑格尔的历史哲学，黑格尔成功地把陈述的意义和行动的意义结合在一起。他把历史设想为设置和实现自己目的的主体，同时设想为逻辑的推论。”① 另一种陈述是“我们使历史有意义”②。赫勒把前一种版本称作强版本，而后一种版本称作弱版本。然而这种弱版本仍然是可疑的。它的问题在于，使事物有意义是一种个体的经验，对于个体是适用的，然而把它放到集体，放到人类历史中，却是一种不合法的僭越。赫勒写道：“事实上，这个理论包含了一种个体的生活经验向‘人类的生活’的不可允许的延展。”③ 我们即使能够赋予意义，但我们能够改变历史吗，我们能够改变历史中的人类在其切身体验中所遭受的痛苦吗？赫勒对此并不赞成。在赫勒看来，它是一种羞羞答答的黑格尔主义。“它是羞羞答答的，因为它缺乏原创者的坦率和一致性。它是黑格尔主义的，因为它假定——尽管是有条件的——我们可以证明我们是历史的目的和结果，并因此回溯性地确证了过去发生的一切。但是认为如果我们使我们的生活有意义，我们就能够使历史有意义却是亵渎神明的。”④

这里我们确实遭遇到了赫勒的历史哲学反思中非常微妙的地方。既然历史没有意义，而且我们也不能赋予其意义，那么历史哲学就成为不可能的。这里的关键是，赫勒区分了历史和历史存在。我们不能使历史有意义，但我们能够使历史存在有意义，也就是使人类存在有意义。赫勒的意思是，我们不能使作为一个人类整体的历史有意义，而只能使作为个体存在的人类存在即历史存在有意义。这就是赫勒对历史哲学的批判，无论是认为历史具有隐含意义的历史哲学还是我们使历史具有意义的历史哲学，都是不可能的。这种历史哲学试图从当下推出未来，从是推出应该，而这是不可能完成的任务，是一种虚假意识和过度决定。由此赫勒提出了历史理论的必要性：“如果哲学只是回答关于历史存在的意义的问题，它将克服虚假意识和过度决定。它也将不会给我们提供虚假的承诺和警告。它将

① 〔匈〕赫勒：《历史理论》，第 227 页。

② 〔匈〕赫勒：《历史理论》，第 227 页。

③ 〔匈〕赫勒：《历史理论》，第 227 页。

④ 〔匈〕赫勒：《历史理论》，第 228 页。

拒绝对历史意义进行思考的企图。然而，它将不能从是中推出应该；它将成为‘不完整的’哲学。不再是历史哲学，它将会变成历史理论。”①

在《历史理论》的结尾一章中，赫勒再一次回到了历史存在的意义问题上，对历史存在的意义进行了专门评述。那么，到底何谓赫勒的历史存在的意义呢？赫勒再一次地回到了历史的社会主义理论或社会主义的历史理论这个命题并再次强调了历史的社会主义理论的伦理学维度。这就是赫勒对历史存在（人类存在）意义的回答。赫勒写道：“社会主义历史理论的基本轮廓再次肯定了关于历史存在的意义问题的相关性，并认识到回答它的义务，假定这个回答是已经由伦理领域所要求的，而且很可能是在伦理领域之内的。这种伦理学的基本框架已经被提出了。”② 那么，要使历史存在具有意义，就是要按照这种伦理要求去做。正如笔者已经指出的，赫勒把这种伦理学界定为“积极的斯多葛主义－伊壁鸠鲁主义的伦理学”③。这种伦理学实际上就是一种乐观主义的进取性的生活态度，这种态度使我们在生活中采取一种积极向前的进取倾向但并不期待实际上能够达成其目标，因为没有任何事物能够保证我们实现我们想实现的目标。这种伦理学在赫勒的伦理学著作中得到了进一步的阐述。

二　大写历史之辩证发展：现代社会的历史发展逻辑

马克思的历史辩证法认为，历史的发展是一个辩证的过程。赫勒的历史理论也把历史发展看作一个辩证发展的过程，但是与传统马克思主义哲学不同，赫勒并不把现实的历史，即从过去到现在的历史看作一个发展过程，而仅仅强调大写的历史。正如前文所指出的，赫勒的大写历史有其独特的含义。在对历史哲学的论述中，赫勒就指出了历史哲学所针对的是大写的历史。在历史哲学语境内，所谓大写的历史，实际上就是作为一个整体的人类历史。与历史编纂学的历史不同，历史哲学的大写历史并不关注

---

① 〔匈〕赫勒：《历史理论》，第 230 页。

② 〔匈〕赫勒：《历史理论》，第 341 页。

③ 李西祥：《赫勒的历史哲学批判与对社会主义的新理解》，《苏州大学学报》（哲学社会科学版）2015 年第2 期。

过去，而是关注当下和包含在当下之中的未来。赫勒写道：“历史（H大写的历史）不是过去，它是在当下中的过去和未来。因此，历史哲学并不为我们补充关于过去的信息。”① 因此，和历史编纂学不同，历史哲学并不讲故事，并不满足我们对过去的好奇心。如前所述，赫勒把历史理论看作未完成的或不完整的历史哲学，因此，历史理论也使用了大写的历史的概念，也就是说赫勒的历史理论也是针对大写历史的，但历史理论中的大写历史不同于历史哲学的大写的历史。这个大写的历史被赫勒界定为现代文明的一种心理建构。赫勒写道：“历史理论必须从大写的历史出现的地方开始；概言之，在18世纪末开始。历史——大写的历史——是现代文明的一个谋划。它表达了这一文明的生活-经验：它的希望与绝望、它的奋斗、它的胜利与失败、它的憎恨与喜爱、怀疑与信仰、尊严与屈辱、紧张与矛盾；它的灾难与克服灾难之能力；它的罪恶与惩罚、英雄主义与卑鄙龌龊、诗歌与散文，以及它们的价值。”② 大写的历史并不是实证的历史，而是一种18世纪末以来人类所经历历史的反思和经过这一反思之后立足当下（包含了过去的当下）对未来的谋划。因此，大写的历史这一面向未来的谋划是赫勒的历史理论的核心部分。正如赫勒上面那段充满诗意的文字所表述的，历史理论的大写历史是对现代以来经历的一系列复杂而辩证的历史经验的总结反思。

从历史理论的大写历史概念出发，赫勒指出了现代社会的发展逻辑理论。根据我们的理解，可以把赫勒关于现代社会的发展逻辑称为不稳定平衡社会发展的逻辑。赫勒认为，社会的发展具有其内在的逻辑。而现代社会的出现是建立在三种成分的基础上的，即市民社会、资本主义和工业。这一时期基本上对应于法国大革命、美国独立战争和工业革命时期。现代社会具有其自身的发展逻辑。现代社会即资本主义以来的社会，实际上内在地具有两种内在逻辑，或者说是受到双重动力机制的制约的。这两种逻辑或动力机制，按照赫勒所说，可以概括为市场的普遍化逻辑和人权的自由逻辑。赫勒写道：“它的逻辑之一就是市场的普遍化，私有财产排他性

① 〔匈〕赫勒：《历史理论》，第224页。

② 〔匈〕赫勒：《历史理论》，第289页。

特征的普遍化，统治与不平等增长的普遍化。与此同时，它确立了个体否定性的，但却平等的自由，由此，它的第二个逻辑即在权力的民主化、平等化和去中心化过程中（人类权力的）自由的展开和实施。”① 赫勒的这两个逻辑实际上是两个相互矛盾的方面，一方面是物的方面，另一方面是人的方面。从物的方面说，市场、私有财产、统治和不平等日益普遍化，这实际上对应于马克思在人的三阶段理论中所说的物的依赖性的阶段。关于人的方面，赫勒指出，和这种市场的普遍化相对应的，是人逐渐的独立和自由。除了以上两种逻辑之外，赫勒还提及了第三种逻辑，即通过国家资源配置而进行中心化的市场的限制。现在社会的发展就是这三种逻辑交织进行所决定的。正是由于现代社会的发展是由不同的逻辑交织所决定的，所以，现代社会呈现为一种不稳定的平衡状态，赫勒称之为不稳定的平衡的社会。这种不稳定并非阻碍社会发展，而是为社会发展提供了动力。赫勒写道：“不稳定性不是这个社会的功能失调，而是它的生命要素之一。”② 我们认为，虽然赫勒并未着重谈到历史的辩证发展这个命题，但是，这个不稳定平衡的社会的发展必然呈现为一种辩证发展的状态。这也就是赫勒在对不稳定的平衡社会的发展时所指出的领队船长的双面性、不稳定的平衡的社会的未来导向时所隐含着的意义。

从赫勒的论述来看，正是现代社会是一个不稳定平衡的社会，才赋予了人们以选择的权利。这个社会的发展并非遵循一种严格的普遍性规律，而是给予了人们以选择的自由。对于作为领队船长的普遍，赫勒写道：“普遍是声称要建构人类的一般。它是领队船长（captain forward）。在它必须再生产的框架中，稳定的平衡有其限度。不稳定的平衡没有这种限度。它的同一性保持在其非同一性中；事实上，它的同一性只能被其非同一性保存。并且恰恰是这个普遍化过程，这个不断的自我超越，这个通过自我超越进行的自我保存，是普遍的进步或普遍的倒退。”③ 从这些论述中可以看出，赫勒强调了现代社会发展中非同一性的优先性，同一性是受非同一

① 〔匈〕赫勒：《历史理论》，第 292 页。

② 〔匈〕赫勒：《历史理论》，第 296 页。

③ 〔匈〕赫勒：《历史理论》，第 296～297 页。

性制约的。这也正是阿多尔诺以来的否定的辩证法的一个核心的内容，而赫勒将之应用到现代社会发展的分析中。不稳定的平衡的社会，领队船长的双面性，赋予了人类以选择的自由。赫勒指出："在不稳定平衡的世界中，命运之剑并未悬在生物们的头上；它存在于相信其无限可能性的行动者手中。"① 赫勒强调人的主体性力量，强调人们能够通过自己的行动来改变自己的命运。因此，赫勒的历史理论是一种主动地介入现实生活和社会历史发展的理论。

不同于传统的历史哲学，赫勒的历史理论强调，这个不稳定平衡的社会导向了变化，导向了未知的未来。因此，变化，无休止的变化，不同于当下的未来的发展，构成了赫勒历史理论的激进的辩证法维度。赫勒坚决拒斥那种认为历史是一成不变的沿着既定的方向进步或退步的历史哲学，而是认为未来是一种激进变化着的，具有彻底的不确定性的未来，而这也是人们所想要的未来。赫勒写道："不稳定平衡的社会是未来导向的。当下被理解为必须取代、超越和消除的一系列事物：领队船长是朝向未来的，永远不会上岸。未来不仅被设计和概念化为一个不再是当下的世界，而且是一个完全不同于当下的世界：它是未知事物。……变化的框架本身必须被改变。前所未有的事物必须发生，因为只有这种不可预见的东西才被接受为真正的未来。"②

与这种面向未来的历史理论相联系，赫勒拒斥历史哲学的逻辑，提出了历史理论的逻辑。传统历史哲学是从是中推出应该，而历史哲学在对社会历史发展的逻辑的分析中，总是把当下的逻辑作为未来发展的逻辑。历史哲学为了说明未来，把历史发展逻辑之一作为本质的逻辑来看待，而忽视了现在社会的不稳定平衡和现代社会历史发展的多重逻辑的可能性。无论是进步还是退步，发展还是堕落，灾难还是救赎，历史哲学总是选择了一个逻辑作为本质的逻辑。赫勒尖锐地批判道："为了证明我们的历史中只有一个逻辑，或者为了保证对'历史的未来'做出真实的陈述，我们的社会只有一个逻辑是本质的，我们的历史的这个单一逻辑在心理上必须转

① 〔匈〕赫勒：《历史理论》，第 297 页。

② 〔匈〕赫勒：《历史理论》，第 297～298 页。

化成整个人类历史的‘逻辑’。简言之，（按照价值）被选择为一个的这个逻辑，必须被证明为唯一的。人类的历史（尽管有所不同）因此变成了当下历史的前历史，按照当下的逻辑本身来排队和安排，历史哲学家想要证明这个当下的逻辑是决定性的。”① 然而，历史哲学的这一程序正是历史理论所必须拒斥的。历史哲学的这种单一的本质逻辑在现代社会历史遭遇了挑战，因为现代社会不是单一文化的当下，而是不同文化的当下，而且它变成了人类的当下。换言之，我们可以说，赫勒认为我们所身处其中的世界是一个多元文化交流的世界。因此，在这个世界中，人们之间的交往不仅靠经济和政治的纽带联系，而且靠道德的纽带来联系。那么，在面对这样的世界的当下时，我们应该如何来建构大写的历史，进而言之，如何建构一种不同于历史哲学的大写历史的大写的历史呢？赫勒指出，我们应该把大写的历史理解为一种谋划，一个理念，即它不是一种自然而然的线性发展，而是人类主动参与其中的谋划。赫勒再次强调了现代的不稳定平衡社会的自由和理性逻辑，即导向社会主义的逻辑。赫勒写道：“这个历史具有一系列矛盾的动力，并且至少其中之一可能导向社会主义。没有任何强有力的证据来使我们相信同样的逻辑根植在我们分享共同性的其他文化中，然而如果我们承诺去促使这个特殊的逻辑（潜在的导向社会主义的逻辑），我们必须意愿我们分享共同性的一切不同的文化应该发展不相同的逻辑。因此，历史变成了一个谋划，一个人类未来的理念。不用说，对那些所有致力于现代社会的另一个逻辑的人而言，大写的历史以相同的或相似的方式代表了谋划。为了实现我的承诺，我们将从市民社会第二逻辑的观点出发带来历史的谋划一方。”② 通过把大写历史界定为一种谋划，一种理念，赫勒的历史理论拒绝对过去的历史进行事实上的重构，也拒绝对未来的历史进行事实上的发展。这就是说，赫勒的历史理论拒斥一种存在论或本体论上的历史建构。从这个意义上说，赫勒把大写历史的选择权交给了人们自己，即不存在一种确定无疑的、必然的历史，存在的是人们选择的历史，至少从现代社会的发展逻辑上说，人们具有历史的选择权。赫勒

---

① 〔匈〕赫勒：《历史理论》，第 299 ~ 300 页。

② 〔匈〕赫勒：《历史理论》，第 300 页。

把自己的历史理论称为从市民社会的第二逻辑，即社会主义的逻辑出发来建构的历史，而这样一种历史是最为接近人类的。这样，赫勒就强调，从人类自由和理性出发的历史理论，导向价值理性和道德承诺。“如果‘大写的历史’的谋划是与市民社会的第二逻辑一致的，被说明的（激进民主、自我管理的社会等同于社会主义），那么价值理性在理性的阐释中必须具有首要性，并且因此自由的概念必须包含道德承诺。”①

赫勒的历史理论赋予了人们以选择的自由，而她的历史理论所强调的是一种基于现代社会逻辑的现代社会的发展的辩证法。由此，赫勒坚决拒斥倒退和退化的历史哲学，而不完全反对进步的历史哲学，甚至把自己的历史理论称为进步的历史哲学中的一种。由此，我们理解赫勒的历史理论的辩证法维度的一个重要方面就是，赫勒所谓进步的意义如何，赫勒如何仍然将乌托邦理解为历史理论的一个重要部分。

三　进步与乌托邦：大写的历史之辩证法的价值旨归

历史是进步的还是退步的，抑或是永恒重复的呢？赫勒坚定地选择了前者。然而，赫勒所谓进步，和我们通常所认为的历史发展的进步观有很大的不同。简言之，进步不是存在论意义上的，而毋宁说是一种价值选择。这样，赫勒所指的历史的进步不是整个自古至今的发展，而是特指作为现代社会的大写历史的谋划中的进步。赫勒明确地将进步看作一种规范理念。她写道：“现代将被主要从进步的观点来重构，仅仅因为我将论证的历史理论是由进步的规范理念引导的，无论是理论上还是实践上。”② 赫勒对进步的界定是非常严格和微妙的，在这一概念上她接受了柯林伍德的思想，认为进步是一种没有失去的获得，只有存在无失去的获得时，人们才能谈及进步。因此，现实社会中的文化、社会的发展就不能被看作进步，因为进步总是伴随着相应的失去。那么，有没有这种无失去的获得呢？赫勒认为，由于现代社会产生了进步和退步的理念，这种理念本身标志着现代社会的进步。因此，即使从现实上看没有任何进步可言，我们仍

① 〔匈〕赫勒：《历史理论》，第305页。

② 〔匈〕赫勒：《历史理论》，第308页。

然认为现代社会存在进步。赫勒写道："因此，即使我拒绝承认在我们的（现代的）社会中的任何现实的进步，我也可以说在它产生了作为价值、作为规范理念的进步理念的意义上（既在其理论的使用上，也在其实践的应用上），在它之中存在着进步。创造进步的意愿即是进步。进步理念和创造进步的意愿是现实：它们存在；它们现在存在；它们在这里存在——它们代表了一个获得。如果进步的理念被以'没有失去的获得'的规范的理念之精神来思考，它自身就变成了无失去的获得。事实上，这就是一种真实的社会理论相关的或应该相关的东西。"① 因此，赫勒的进步与其说与事实相关，不如说与价值规范相关，与理念相关。只有在进步作为一种理念的意义上，它才是现实的。

赫勒还从现代社会作为一种不满的社会的角度，对现代社会的进步做了说明。现在社会是一个不稳定平衡的社会，而这个社会是一个不满的社会。赫勒所说的不满不仅仅是一般的不满意，还是一种原初的、本源的，存在论意义上的不满。这种不满推进了现代社会的进步。赫勒写道："我们所说的现象是对作为整体的生活世界的不满；对价值本身的不满，而不是对其不能实现的不满；对现存的一般经济和政治制度的不满，而不是仅仅对它们应用的不充分的或腐败形式的不满。因此，它是整体论的不满，而不是具体不满。它强调的不是恢复以前秩序的愿望或修正现存秩序的意图，而是在其整体性中超越社会和个人特征的限制的愿望。"② 赫勒的不满或可从精神分析的角度被理解为一种原初的欲望。在她看来，正是这种不满的普遍化的社会才是一个进步的社会。这种普遍化的不满，或者说不满的普遍化的理念，恰恰标志着现代社会是一个进步的社会。赫勒写道："以这种或那种方式，不满意的社会是进步的社会。整体的不满意，是普遍的不满意。……历史理论必须把不满的普遍化作为一种获得来接受。而且，普遍化的理念必须被看作一种无失去的获得，即使这个理念的实现不仅产生获得也产生失去。"③ 赫勒从女权主义的角度论述了现代社会是一个

① 〔匈〕赫勒：《历史理论》，第 310 页。

② 〔匈〕赫勒：《历史理论》，第 311 页。

③ 〔匈〕赫勒：《历史理论》，第 312 页。

有权利不满的社会，因而是一个进步的社会。在以前的社会中，人类的另一半从来没有作为完整的独立的人存在过，她们只是被作为男人的财产来看待。赫勒指出：“我们的文化是第一个女人有权利不满的文化。它是第一个给予了人类的一半创造历史可能性而不是仅仅忍受它的文化。尽管在实现这个可能性的过程中可能发生实际的失去，但这个可能性的实现是无失去的获得，因此它是进步的。正是与包含所有人类自由的和平等的新概念相联系，所有社会阶层、阶级、民族，以及两个性别，以及所有他们的不满的权利表明了进步是对每个人的进步，并且每个人都可能对之有所贡献。”①

与历史进步论概念相联系，赫勒进一步强调了乌托邦理念在历史理论中的重要性。赫勒把它称为“历史理论的理性乌托邦”。历史理论是一种不完整的或未完成的历史哲学，因此，同历史哲学一样，它也应该从是中推出应该，即从当下中推出未来。但是，赫勒所谓未来不是真实的实际的未来，而是未来的理念，是未来的乌托邦的理念。如前面我们所提到的，赫勒在历史进步的基础上提出了历史的社会主义理论，而历史的社会主义理论当然是接受历史进步理论的。关于历史理论的乌托邦，赫勒进行了较为详细的阐释，她写道：“在断言整个社会本身的一种真实逻辑的时候，历史的社会主义理论接受了进步的理念。它自身致力于进步，然而没有假定迄今为止有任何进步，除了它所致力于的进步理念的出现。因此，进步的理念（阐释为没有相应失去的获得）是这个历史的应该 - 成为。它是一个价值，因而它是未来社会的理念。一般而言，没有未来的理念，进步的理念就无法思考。但是乐于创造进步的历史理论拒绝说明关于未来的真实陈述。这就是为什么未来的理念采取了乌托邦的形式。并不是未来被从是中引出来，而是未来的乌托邦被引出来。这个乌托邦是对事实的普遍化和根植于市民社会第二逻辑的价值本身之实现的想象。它是一种整体论的想象。尽管它包含了所有普遍价值的实现，但它并不意味着它们将事实上实现。它所提出的是，当下和未来的冲突应该而且能够以一种我们越来越接

① 〔匈〕赫勒：《历史理论》，第 314 页。

近这个想象的方式一次又一次地解决。”①

那么赫勒的历史理论的乌托邦理念到底有什么含义，其目的是什么？仔细辨析赫勒的论述，可以看出，赫勒的乌托邦理念有以下几点主要的规定。第一，乌托邦是未来社会的理念，而非未来社会本身，即并非可以实现的未来社会。所以它是一种应该，而不会成为是，进一步说是永远不能变成是的应该。第二，乌托邦作为一种未来社会的理念，对我们当下的行动有所规范，可以说是规范我们行动的价值维度。“乌托邦，作为一个可能未来的理念，作为应该成为什么的理念，包含了一个承诺并因此规范着行动（什么是应该做的）。”② 第三，未来社会的乌托邦理念提倡一个多元化的社会，提倡多元化的生活方式。因为社会的乌托邦理念是完全自我管理的社会，所以必须促进生活方式的多元化。第四，遵循乌托邦理念的行动，预设了人与人之间关系的平等。而这个平等的地位，要求人们在行动时必须进行理性论证，接受理性的论证。第五，历史的社会主义理论的信徒有义务按照乌托邦的规范来行动，创造相应制度，并为他们的理念论证。但是，他们并不能确定他们所争取的东西会实现，对此没有任何保证和承诺。

从以上论述可以看出，赫勒的历史理论的乌托邦坚决拒斥那种把乌托邦视为对未来社会的实体性预言的观念，而是将乌托邦仅仅视作一种理念，这种理念虽然可以而且应该实现，但事实上不能真正实现。乌托邦就像对儿童而言的明天一样。对于儿童而言，明天永远不会到来，因为当它到来的时候，它就已经是今天而不是明天。但是，“明天总是今天，即使明天永不到来”③。即使乌托邦永远不能实现，但是作为一种理念，乌托邦永远指导着当下，是当下的一个维度。值得注意的是，赫勒对乌托邦进行阐释时的对明天和今天关系的理解，包含了深刻的辩证法。这也是赫勒历史理论与传统历史哲学的一个重要区别。在传统历史哲学中，明天将会到来，今天将会变成明天。就社会而言，将会确立一个满意的社

---

① 〔匈〕赫勒：《历史理论》，第 320 页。
② 〔匈〕赫勒：《历史理论》，第 321 页。
③ 〔匈〕赫勒：《历史理论》，第 324 页。

会，即一个人们一切需要都得到满足的社会。而在赫勒的历史理论中，明天是今天的明天，并且，如果没有已经是今天的明天，就将没有明天。在赫勒的历史理论中，今天和明天，当下和未来是互相规定的，今天本身是成为今天的明天，而明天是已经是今天的明天。这样，明天对今天的制约就要求一种当下行动的伦理规范。赫勒郑重地指出："历史理论的乌托邦迫使所有接受它作为一个理念的人在道德上把它作为规范来接受。"① 赫勒得出的结论是，历史理论由于强调乌托邦的理念，而这种乌托邦的理念要求一种当下行动的价值规范，因此，历史的社会主义理论要求把人类学激进主义和政治现实主义结合。所谓人类学激进主义，就是确信人类之间可以互相合作，人类能够达成共识。所谓政治现实主义，意味着人们在采取的行动上要在乌托邦理念的指引下采取一系列特殊步骤渐进地接近乌托邦。在这种框架下，革命就变成了一种渐进式的改良运动。赫勒写道："在这个场景中，革命被阐释为通过市民社会的不断增加的第二逻辑的倾向对矛盾逻辑社会的超越；被阐释为只有当人类学的激进主义和政治现实主义能够联合起来时，一个可以变成我们未来的过程。"② 这就又进入了赫勒哲学思想理论的核心处，赫勒的历史理论只能由传统哲学的激进革命理论退回到政治现实主义，而这种政治现实主义指导下的理论取向只能是采取一种伦理态度，即斯多葛主义－伊壁鸠鲁主义的伦理学。

对赫勒而言，抛弃传统马克思哲学的人类革命和社会实践而乞灵于伦理维度，并非偶然，而是贯穿了其整个理论思考。早在《日常生活》中，赫勒就认为革命无法仅仅在宏观尺度上进行，而必须进行日常生活批判，主张一种微观层次上的社会变革，提出日常生活的人道化。③ 在《激进哲学》中，赫勒明确反对社会总体革命的观点，认为"只有一件事是哲学可以做的。它可以给世界提供一个规范，而且它可以希望人们想要给规范一

---

① 〔匈〕赫勒：《历史理论》，第 330 页。

② 〔匈〕赫勒：《历史理论》，第 332 页。

③ 参见〔匈〕赫勒《日常生活》，衣俊卿译，黑龙江大学出版社 2010 年版，中译者序言。

个世界”①。在《一般伦理学》中，赫勒致力于为好人（善良的人）的存在奠定理论基础。② 而在《超越正义》中，赫勒致力于论述一种超越正义的良善生活。③ 赫勒自己把“历史的社会主义理论”标榜为历史唯物主义的一种新版本，然而，马克思的历史唯物主义对社会历史发展的未来是确信的，是持乐观和坚定的态度的，因而提出，人类只能提出自己能够完成的历史任务。而对赫勒而言，人类的未来是不确定的，因而乌托邦只能作为一种理念，永远不可能实现，因而对社会发展的未来是怀疑的，甚至是悲观的，因而人类只能退回到伦理学上，从价值维度上来规范人的行动，提出人类只能遵守和坚持自己所预设的价值。④ 这意味着，赫勒从根本上远离了马克思的历史哲学的辩证法，陷入了空想社会主义的乌托邦。

第三节　科西克的具体的辩证法：实践、世界与人的历史

科西克的《具体的辩证法》是东欧马克思主义的代表性著作之一。关于这本著作，国内学者已经进行了较为广泛和深入的研究。赞成者有之，认为科西克的《具体的辩证法》是对马克思主义辩证法的发展和深化，贬斥者有之，认为科西克的《具体的辩证法》更多受到海德格尔和现代西方哲学思潮的影响，背离了马克思主义的基本思想。但是总的来说，科西克的《具体的辩证法》的思想仍然不受重视，对其思想的解读和评价仍然有待进一步深入。在本节中，我们就科西克辩证法的历史维度进行解读，理解科西克在《具体的辩证法》中所提出的历史观。笔者认为，这是一个被大部分研究者所忽视了的重要问题。

---

① 〔匈〕赫勒：《激进哲学》，第 164 页。

② 〔匈〕赫勒：《一般伦理学》，孔明安、马新晶译，黑龙江大学出版社 2015 年版，第 205 ~ 209 页。

③ 参见〔匈〕赫勒《超越正义》，文长春译，黑龙江大学出版社 2011 年版，第 332 ~ 338 页。

④ 参见〔匈〕赫勒《历史理论》，第 319 页。

一　何谓具体的辩证法

对于辩证法，哲学史上有着种种不同的解释。科西克也对辩证法提出了自己的解释，正如本书的标题所标示的那样，科西克用“具体的辩证法”来命名自己所理解的辩证法，并认为具体的辩证法就是马克思主义的辩证法。科西克的具体的辩证法含义如何，其提出具体的辩证法的原因又何在呢？

科西克开宗明义地提出了自己对辩证法的理解：“辩证法探究‘物自体’（thing itself）。但物自体不直接呈现在人类面前。要把握它不仅要付出一定的努力，而且要迂回地进行。”① 科西克在这里清晰地告诉我们的是，辩证法的目的是理解和把握事物自身，而事物自身并非直接呈现，换言之，我们所看到的事物表象可能是虚假的。科西克的辩证法或可等同于事物的本质，而我们所看到的往往是现象，而这个现象是不可能告诉我们事物的本质的。科西克把这种现象的世界称为“伪具体的世界”。在我们的日常生活中，我们就生活在这样一个伪具体的世界中。科西克解释说：

> 充斥于人类生活的日常（everyday）环境和日常氛围中的各种现象以其规律性、直接性和自明性（self-evidence）渗入行动着的个人的意识中，并给人们带来一种自主和自然的假象，这些现象聚集在一起构成了一个伪具体的（pseudo-concrete）世界。这个世界包括：纷呈于真正本质过程表面的外部的现象世界。获取与操控的世界，即人的拜物教化的实践的世界（它与人类的革命的－批判性实践不同）。日常理念（routine ideas）的世界，日常理念是投射到人的意识中的外部现象，是拜物教化实践的产物；日常理念的世界是这种实践活动的意识形态形式。固定的客体的世界，这样的客体给人一种它们是自然的环境，不能直接把它们当作人的社会活动的结果来认识的印象。②

仔细阅读科西克的这些解释，可以看到，所谓伪具体的世界实际上就

---

① 〔捷〕科西克：《具体的辩证法》，刘玉贤译，黑龙江大学出版社 2015 年版，第 1 页。
② 〔捷〕科西克：《具体的辩证法》，第 3 页。

是我们生活于其中而不自知的现象世界，是其本质被遮蔽了的现象世界。辩证法恰恰就是这样的一种认识方式，它通过揭示现象来达到其本质。这是科西克对辩证法界定的首要的方面，即辩证法是一种认识事物的方法，或者说是思维方式，在这一意义上，辩证法就是辩证思维。科西克对辩证思维的一个重要界定就是，它分割原一。科西克写道："认识的最恰当的特征是对原一（the one）的分割。辩证法不是从外部（without）或是作为一种后思（afterthought）进入认识的，它也不是认识的一个属性。相反，在认识的一种形式，即认识就是对原一的分割中，认识就是辩证法本身。"[①] 具体来说，辩证法的所谓分割原一如何理解？科西克认为，分割原一就是把我们所看到的现象的认识分割为两个部分，对我们置身其中的现象世界，我们就分割为本质和表象；对于获取和操控的世界，即那个人们置身其中的实践的欲望的世界，则划分为表象世界和现实世界，相应地，实践也被划分为日常功利主义实践和人类革命实践。从这个角度出发，科西克强调了辩证法的批判性，即作为一种批判性思维，它和非批判性思维是严格区分开来的。作为批判性思维，辩证法不把现实作为抽象的现实不加分析地予以接受，即不是将现象世界、日常生活的现实和抽象理念看作原初自主的东西，而是扬弃这种伪具体，达到真实的具体。那么，人们的辩证思维为何能够摧毁或消解伪具体的世界呢？科西克认为，这只是因为人们的现实世界本身乃是人们建构出来的。既然人们的现实世界是人们的建构，那么人们当然可以在其思想中摧毁这种伪具体。科西克写道：

> 现实之所以能以革命的方式加以改造，只是因为我们建构了现实，而且知道现实是我们建构的，并且只能在这样的范围内改造现实。在这方面自然现实与社会-人类现实之间的区别在于，尽管人们改变并改造自然，他能以一种革命的方式改变社会-人类现实；但他能这样做，只是因为他自己建构了这一现实。[②]

---

① 〔捷〕科西克：《具体的辩证法》，第6页。
② 〔捷〕科西克：《具体的辩证法》，第10页。

从这里可以看出，辩证思维依赖于人们的革命实践，即人们现实地改造事物的实践活动。因此，伪具体是人们建构的产物，人们也能够用其革命实践来摧毁伪具体。关于伪具体的摧毁方式，科西克指出：

> 伪具体是以下述方式摧毁的：（1）通过以社会革命作为其关键阶段，与人的人化完全相同的人类的革命的－批判性实践来摧毁；（2）通过消解拜物教化的表象世界以便透视现实、洞悉物自体的辩证思维来摧毁；（3）通过在个体发生过程中真理的实现以及人类现实的建构来摧毁，因为真理的世界也是作为一个社会存在的每个个人自身的创造。每个人必须占有他自己的文化，必须自己而且是无代理地引导自己的生活。①

在此，科西克从三个方面来说明摧毁伪具体的路径：革命实践、辩证思维和个人生活。应该说，摧毁伪具体的生活世界，达到具体的总体，是科西克的辩证法思想的关键。我们可以看出，科西克对伪具体的现实世界的摧毁这种思想，在一定意义上切合了马克思的实践辩证法思想，强调了马克思实践辩证法的革命性和批判性，对于我们理解马克思辩证法的实践维度具有重要的意义。正如马克思在《关于费尔巴哈的提纲》中所指出的："社会生活在本质上是实践的。凡是把理论诱入神秘主义的神秘东西，都能在人的实践中以及对这种实践的理解中得到合理的解决。"② 科西克摧毁伪具体的这种思想并不局限于认识论范畴，也就是说，不仅仅是在认识论上通过实践来破解理论的神秘性，更重要的是对社会生活的一种全面革命性的改造。科西克从对伪具体的摧毁出发，提出了"具体总体的辩证法"，这也就是科西克这本著作的标题"具体的辩证法"的来源所在。科西克写道：

> 具体总体的辩证法不是一种天真地认识现实所有方面，并渴望呈

---

① 〔捷〕科西克：《具体的辩证法》，第 11 页。

② 《马克思恩格斯文集》第 1 卷，第 505～506 页。

现一种包括现实无数方面和属性的“总体”图像的方法。具体的总体不是一种用来把握和描述现实的所有方面、特征、属性、关系和过程的方法。确切地说，它是关于作为具体总体的现实的一种理论。现实作为具体的现实，作为一个结构化的整体（因此是非混乱的整体）是进化着（因而不是不变的和一劳永逸的整体），处于形成过程中的（因而不是只有它的部分和结构会经受变化，而整体却是现成的），这样一个现实的观念具有一定的方法论意义，它会成为研究、描述、理解、说明和评估这些现实的某些专题具有启发性的指南和方法论原则……①

可见，科西克的具体总体的辩证法并不是试图一劳永逸地把握现实的所有方面和所有部分的认识论方法，而是把握作为具体的总体的现实的一种方法论。其意义首先在于把现实把握为具体的总体，即辩证地把握现实，把现实理解为总体的、发展的、变化的、有结构的，而这正是辩证法应有之义。科西克把具体总体的辩证法和认识论以及思维方式的辩证法区别开来，强调辩证法的存在论和方法论意义，即把现实本身理解为辩证的，理解为具体的总体，同时强调这种具体的总体理解之方法论意义。

科西克把哲学史上关于总体的理论概括为三种。第一种是原子论－唯理主义的概念，这是从笛卡尔到维特根斯坦的一条路线，把现实认为是最简单的要素和事实的总体。第二种是有机的或有机论－动态概念，把整体形式化，并强调整体优于且先于部分，这一路线以谢林和斯潘为代表。第三种是辩证的概念，把现实理解为结构化的、进化着的，处于自我形成中的整体，这是赫拉克利特、黑格尔、马克思的一条路线。② 科西克坚持了黑格尔－马克思的辩证法传统，并坚决捍卫马克思的总体性的辩证法的传统。面对20世纪以来的经验主义、存在主义和后结构主义对总体观的挑战，科西克指出，这种对消解总体理论的关键就在于对主体的消解。他们没有认识到，主体总已经是一个社会主体，而对这个社会主体而言，现实

---

① 〔捷〕科西克：《具体的辩证法》，第25～26页。

② 〔捷〕科西克：《具体的辩证法》，第32页。

本身总是作为总体，作为主体的认识对象和实践活动的对象而存在。科西克写道："按照唯物主义的观点，当社会现实的性质得到揭示时，当社会现实被当作基础与上层建筑的辩证统一，而人则被当成它的客观的社会-历史主体时，就认为现实处于它的具体总体中。只要从根本上或仅仅把人直觉为总体框架中的一个客体，只要作为客观-历史实践的主体的人的重要性没有得到承认，就没有把社会现实当作具体的总体。"① 科西克的具体的辩证法从具体总体的观念来认识社会现实，把人置于社会现实的中心，产生了一种对人与社会革命性的认识。

从以上对科西克具体总体的辩证法的粗浅的探讨可以看出，科西克的具体总体的辩证法实际上是对脱离人的自然辩证法和脱离人的传统辩证唯物主义的一种批判，某种意义上说，科西克的具体总体的辩证法是对马克思历史唯物主义的一种维度的认识。由此就不难理解，科西克通过对日常生活的批判，提出了人类实践基础上的历史辩证法思想。

二　科西克具体的辩证法视域中的历史观

在科西克那里，历史是与日常相对立的一个哲学范畴。要理解历史，就必须理解日常，因为历史是对日常的打破和中断。那么，什么是日常，日常具有什么样的哲学意义呢？科西克对日常的解释实际上接近于他在前面所说到的伪具体的世界。可以说，日常生活就是世俗之人生活在其中的浑浑噩噩的世界，所以，科西克从"烦"入手来解释日常生活世界，这不是偶然的。科西克对日常世界的解释主要有以下几个方面：(1) 日常是重复性的生活。人们的日常包括了千篇一律的重复性的生活，这种日常也包括了日常之中可以预见和安排好了的节日、庆典等。(2) 日常是人们居于其中而不自觉的世界，即是本能的、无意识的世界。"在日常里，活动与活动方式都转变为本能的、下意识的，无意识的和未经思考的活动和生活的机制：物、人、运动、工作、环境、世界，所有这些的可靠性和真实性都没有得到认识，它们未经考察，未被发现，而只是简单地在那里，被当

---

① 〔捷〕科西克：《具体的辩证法》，第33页。

成存货，被当成已知世界的组成部分。”① （3）日常是一个个人生活于其中的可操控，可算计的生活世界。人们在日常中能够达到自己的意图，能够获取自己所想要的东西。即“日常是一个个人能够用自己的才能与资源来控制并计算其维度与潜能的世界”②。

历史是与日常相对立的东西，是日常的断裂。科西克指出，最明显的与日常相对立的历史表现为战争。战争就是历史。历史与日常之间具有激烈冲突的性质。一方面，战争会打断日常，或者说，战争征服了日常。另一方面，日常也会征服战争，征服历史，因为即使战争也具有它自己的日常。科西克提出了日常与历史的矛盾，提出了二者的冲突，并在这种冲突中理解历史，具有重要的意义。但是，科西克在这里并未真正解释清楚历史是什么，或者说并未解释清楚历史如何发展。这里至关重要的问题是，历史和人的关系，或者说，怎样认识人在历史中的地位和作用。

在探讨“实践与总体”部分中，我们看到，科西克用很大的篇幅探讨了“历史与自由问题”，在这里，科西克较为清楚地论述了自己的历史观。科西克首先讨论了历史中的天意问题。无论怎么看，历史都似乎表现为一个合乎天意的过程，也就是说，历史发展具有一种合理性的特征。如果没有这种天意，历史将变得不可理解，将变成漆黑一团或者是混乱状态。科西克写道：“历史上的天意以不同的名义出现，但问题却是相同的：没有天意，没有‘看不见的手’，没有‘理性的狡黠’或‘自然意图’，历史将是不可理解的：它将表现为个人、阶级和民族之分散行为的混乱状态；表现为宣布人的每项工作都将消灭的永恒变化；表现为善与恶，人道与不人道、积极与消极的永恒交替，而且不能确保善良与人道在这场斗争中最终一定获胜。天意是历史理性的基础与保证。”③ 不难看出，科西克所谓天意，是历史规律性的一种表达。如果历史是有这种所谓天意，即历史规律性的，那么人在其中就变成了无关紧要的，因为人只不过是历史的工具，人们所做的貌似为自己，其实是为了一个更高的天意。“人们在历史中行

① 〔捷〕科西克：《具体的辩证法》，第 54 页。

② 〔捷〕科西克：《具体的辩证法》，第 54 页。

③ 〔捷〕科西克：《具体的辩证法》，第 177 页。

动，但他们只是看上去在创造历史：历史是必然（天意计划，先定和谐）的实现，历史人物则是它的工具和操作臂。”① 显然，这是不符合马克思对历史问题的论述的，因为在马克思那里，历史什么都没有做，历史只不过是人创造的。但是为什么在历史中，人反而像是被动的历史的代理者或执行者呢？如果历史理性像黑格尔以前的历史哲学所思考的那样，只是历史合理性的展开，是天意的某种展示，那么历史就变成了不可思议的东西，变成了荒谬的、无意义的。

科西克指出，很显然，这是一种唯心主义的理性。与之相对的就是唯物主义的历史理性，或者说是唯物主义的历史辩证法。这种历史辩证法不是把理性看作先定的，而是看作在历史发展中生成的，确切地说，是人在历史活动中生成了历史理性。科西克写道：“按照唯物主义观点，理性最初只能在历史中形成，历史并不是预先注定就是合理的，而是变为合理的。历史中的理性既不是先定和谐之天意理性，也不是形而上学地预先决定的善之胜利。相反，它是历史辩证法的冲突理性，在历史辩证法中，不仅合理性是斗争的目标，而且理性的每个历史阶段都是在与历史的非理性斗争中实现的。在历史中，理性是在实现其自身时变成理性的。并不存在在历史事件中显现自身的现成的超历史理性。历史理性通过其现实化达到它的合理性。”② 我们从这里看出，科西克的历史辩证法的思想基本上合乎马克思的历史辩证法思想。

科西克的历史辩证法是人创造历史的历史理性，人在其中起着决定性的作用。那么，人与历史之间是怎样的关系，二者是如何关联的？科西克认为，人在历史中实现了自己。“人在历史中实现了他自己。在历史之前或之外人不仅不知道他自己是谁，而且甚至只有在历史之中，他才是一个人。”③ 这就是说，人与历史相互规定。没有脱离人的所谓历史，也没有脱离历史的人。历史是人的创造，同样人也只能是历史的产物。

那么，人如何创造历史，如何实现其自身？科西克的回答是人类实

① 〔捷〕科西克：《具体的辩证法》，第179页。

② 〔捷〕科西克：《具体的辩证法》，第182页。

③ 〔捷〕科西克：《具体的辩证法》，第182页。

践。遵循马克思的基本思想，他指出："历史的第一个基本前提是它是人创造的，它的第二个前提具有同样重要的基础性地位，那就是这种创造必须具有连续性。"[①] 第一个前提已经无须赘言。而这第二个前提就是人只能作为一个类来行动，必须继承前人留下的成果，因此，人类的行动是一种人类实践。这种人类实践是超个体的，但又必须依赖于个体而存在。而正是在这种实践的基础上，人才能实现自己的自由。这就是说，自由本身就是人的实践活动，是历史活动。

可以说，科西克提出的历史辩证法思想就是对其具体总体的辩证法的深化，也是对具体总体的辩证法在社会历史领域的应用。从具体总体的辩证法到历史辩证法，科西克的辩证法始终围绕着一个问题，即在具体总体的辩证法，或者说科西克的辩证法思想中，他所谓物自体是什么。

三　辩证法的物自体：世界、实践与人

这将我们再次带回到科西克的《具体的辩证法》的开篇第一章。在那里，科西克明确地写道："辩证法探究物自体。"我们知道，物自体是康德哲学的一个概念。在康德那里，我们所理解的只能是一个经验的世界，现象的世界，在这个世界之外，存在一个我们所不能认识的世界，即物自体。这是康德先验哲学的基本思想，也就是说，物自体是不可认识的。但是，科西克认为，物自体就是哲学辩证法所探究的对象。也就是说，物自体不是不可认识的，而是可以认识的。那么，物自体是什么？科西克在《具体的辩证法》的结尾给我们以明确的回答，他写道："辩证法探究物自体。但这个物自体并不是平常之物，实际上它根本不是一个物。哲学研究的物自体是人及其在宇宙中的位置，或者，换句话说，它是人在历史中发现的世界总体以及存在于这个世界总体中的人。"[②] 科西克认为物自体就是人和人的世界，这个世界不是作为部分的世界，而是总体的世界，这个人也不是作为客体的人，而是作为主体建构了总体世界的人。在笔者看来，科西克所理解的物自体，颠覆了康德作为外在的自在之物的物自体，而把

---

① 〔捷〕科西克：《具体的辩证法》，第 183 页。

② 〔捷〕科西克：《具体的辩证法》，第 192～193 页。

物自体看成人及其建构的世界总体，这既继承了黑格尔的思想，又超出了黑格尔的思想，而基本达到了马克思的理解。在黑格尔那里，物自体是我们对事物的性质进行理解之后所剩余的一种思想抽象物，是我们的思想建构。黑格尔显然把物自体看作理念的产物。在人建构物自体这一点上，科西克与黑格尔是一致的，但不同之处在于，科西克强调了世界总体作为物自体是人通过历史实践所建构的。因而，我们可以说，人及其实践正是理解物自体的核心，也是理解科西克辩证法的核心。

科西克认为，实践概念虽然在古希腊那里就有了，并在哲学史上一直延续着，但实际上并不是自明的概念，而是一个被弄得模糊不清的概念。从唯物主义的视角如何理解实践？科西克写道："唯物主义哲学中的实践问题，既不是建立在对人类活动的两个领域进行区分的基础上，或建立在一种人的普遍意向的类型学基础上，也不是从与自然和与人的实践关系的一种形式（在这种形式中，人和自然都会成为操控的对象）中产生出来的。相反，它是对下面这个哲学问题所做的哲学回答中形成的：人是谁？社会-人类现实是什么？这个现实是怎样形成的？"① 也就是说，科西克对实践的界定离不开对人的理解，对社会-人类现实的理解。从实践概念来看，社会-人类现实，简言之，社会现实不是一种既定的产物，不是人类遭遇到的环境，而是一种生成的产物，是人类实践的创造物。仔细解读科西克对实践的规定，我们可以从以下几个方面予以说明。

第一，实践是构造现实的活动，人的存在是一个构造现实的过程。他写道："就其本质与普遍性而言，实践是对人作为一种处于形成中的存在，作为一种构造现实（社会-人类现实）的存在，并因而作为把握和解释现实（人类与超人类现实、总体现实）的存在这一秘密的揭示。人的实践不是与理论化相对的实践活动，这就决定了人的存在是一个构造现实的过程。"②

第二，实践既是人的对象化和对自然的控制，又是自由的实现。科西克引用黑格尔的主奴辩证法，并把主奴辩证法看作实践的基本模式。在主

① 〔捷〕科西克：《具体的辩证法》，第169~170页。

② 〔捷〕科西克：《具体的辩证法》，第170页。

奴辩证法中，主人胜利，奴隶失败了，奴隶成为从事劳动实践以满足主人需要的人。正是在奴隶的劳动中，才开启了自由的可能性。奴隶的劳动面对自然世界，改造自然世界，从而也改变了自身。正如科西克所说：“实践既在人的客观活动中又在人类主体的形成过程中展现自身。”①

第三，实践形成了人对现实的开放性，由此构成了人类理解现实的可能性。这就又回到了人与世界总体的问题：人能够认识世界总体吗？科西克把这个问题还原为：人能够认识社会现实吗？对此科西克做出了肯定的回答，其理由就是，社会现实是人类实践的生产和创造。因为世界是我们构造的，是我们在实践活动中开启和创造的，因而我们必定能够理解它认识它。这种建构的理论和康德的先验建构理论有着显著的区别。康德的先验建构把世界理解为我思想的产物，是我内在的先验框架构造了现实。而科西克的这种建构是人类实践的建构，人们现实地改造自然和改造自己的活动的建构。科西克写道：“只有以在实践中发展出来的开放性为基础，人才能理解事物及其存在，才能理解世界的特性及其总体。在实践中并且以实践为基础，人超越动物界与无机自然的封闭性，构建自己同世界总体的关系。人作为一个有限的存在，在其开放性中超越有限性并与世界总体建立联系。人不仅仅是世界总体的一部分：没有作为现实组成部分的人及其认识，现实以及对现实的认识都将是不完整的。但是，世界总体的运动既包括这个总体向人展现自己的方式，也包括揭示这个总体的人。”②

在科西克那里，世界最终被归结为人的世界，而人的世界是通过人的实践来生成的，因此实践构成了人和世界之间关联的中介。科西克强调了作为辩证法的物自体的人的意义。在《具体的辩证法》的最后一节，科西克专门论述了人的概念。科西克指出，神是人的建构的产物。超出了承认它的人，神就一无所是。无论是脱离人的唯心主义，即把意义与人分离的，还是唯物主义神秘论，即把物质世界和人分离的，都是神秘化的。“因为越完全地从现实中排除人与人的意义，就会认为这种现实越真实。”③

---

① 〔捷〕科西克：《具体的辩证法》，第172页。

② 〔捷〕科西克：《具体的辩证法》，第175页。

③ 〔捷〕科西克：《具体的辩证法》，第187页。

从现实中排除了人，或者是一种单纯的意义世界，或者是一种单纯的物质世界，这只能是神秘化的虚构。因为只有人才是沟通这二者的东西。“人类意识是构造作为存在与意义、现实与感觉相统一的社会人类 - 现实的主体的一种活动。”① 科西克强调的是社会人类 - 现实。这个现实概念其实类似于卢卡奇的现实概念，就是与纯科学的事实相区分的现实，是一种人类所建构的社会现实。“没有人，现实是不真实的。”科西克的世界只是人类的世界，是被人类中介和建构的世界，而不是纯粹自然的物质世界。科西克的现实是社会现实，而不是脱离人的世界。他写道：“只有把人包含在关于世界的构想中，并把现实当成自然和历史的总体来把握时，才为解决关于人的哲学问题创造了条件。没有人的现实是不完整的，同样，没有世界的人也只是一个碎片。”② 那么人类存在具有什么特征？科西克指出，人类存在以实践为其基本特征。人类存在是一种实践活动的存在。“人是一种存在，这种存在以对社会人类 - 现实的实践生产为特征，也以对人类和超人类现实以及一般现实的精神再生产为特征。”③ 当然，科西克这里所指的实践，不仅是指物质生产活动，也指人类的精神生产活动。笔者认为，科西克将现实归结为人，将人归结为实践活动，合乎马克思关于历史唯物主义的“现实的个人”的基本界定，坚持了马克思主义的基本原则。

从以上论述不难看出，虽然科西克所说的辩证法的物自体（或者说自在之物）是康德哲学的一个概念，但在其论述中，这个物自体绝对没有什么不可知的神秘性质，而只不过是人类总体和人类创造的世界总体。把世界总体归结为人类的事件活动的产物，物自体的神秘性就消解了。

那么，从科西克的具体的辩证法到科西克最终得出辩证法的物自体乃是人的实践活动所创造的世界总体和人的总体，其中一以贯之的是什么？或者换个说法也一样，科西克的具体辩证法贯穿的主要理念是什么？我们认为，是科西克的人道主义思想，或者说，科西克试图在哲学图景中给人以地位。从辩证法的理解角度看，人们一般把辩证法理解为一种思维方

① 〔捷〕科西克：《具体的辩证法》，第 187 页。
② 〔捷〕科西克：《具体的辩证法》，第 192 页。
③ 〔捷〕科西克：《具体的辩证法》，第 192 页。

式，或者是与人无涉的世界普遍规律。科西克坚决否定这一点。与人无涉的世界恰恰就是科西克用“伪具体”“伪总体”来表达的东西。只有摧毁伪具体、伪总体，才能得到真正的具体和真实的总体，而这样一种摧毁，只不过是把人之创造归还给人自己。那么对这种伪具体、伪总体的摧毁的手段或途径是什么？科西克的回答是人类的实践。这个实践是广义的，既包括社会革命实践、物质生产活动实践，也包括人类思想认识实践以及个体生活实践。由此可见，科西克整个具体总体的辩证法的思路具有一种人道主义色彩，但是不能简单认为这种人道主义色彩是偏离了马克思的。通过对科西克文本的理解，笔者认为，科西克的具体总体的辩证法实际上贯穿了马克思在《关于费尔巴哈的提纲》中的思想，其精神尤其暗合了《关于费尔巴哈的提纲》所言“社会生活在本质上是实践的。凡是把理论诱入神秘主义的神秘东西，都能在人的实践中以及对这种实践的理解中得到合理的解决”。可以说，具体总体的辩证法思想乃是对马克思这个精神的具体展开。

四　具体的辩证法的历史意义及局限性

在这样一个简单的述评中，我们很难对《具体的辩证法》进行全面的论述。就我们所关注的中心看，具体的辩证法在一定意义上是实践辩证法的某种展开，其关注的焦点是如何使人们从异化状态中解放出来。我们可以从科西克《具体的辩证法》一书在内容上表现出的所受到影响的几个方面的分析，来进一步理解科西克具体的辩证法思想的历史意义。单就科西克《具体的辩证法》一书的内容来看，科西克的思想大概受到以下几个方面的影响。第一个方面，马克思哲学思想对科西克具体辩证法的规范作用。而在马克思的思想中，科西克关注的核心仍然是早期的马克思思想，即从 1844 年到 1852 年的马克思思想。我们看到，所谓伪具体的世界，实际上是马克思的异化了的世界的另一种说法。科西克特别重视实践，其很多表述和思想都受到《关于费尔巴哈的提纲》和《德意志意识形态》的思想的规定。例如，他在讲到现实的时候，强调现实的实践性，强调改造世界和解释世界的统一性。他强调，解释世界也是以改变世界的实践为基础的。当然，科西克的《具体的辩证法》中一个突出的特点是对《资本论》进行了比较多的解读。但是我们应该注意的是，科西克对《资本论》的解读和理解实际上是在上述所说的《德意志意识形态》之前的马克思哲学思想的规范之下的，或者说，科西克对《资本论》的解读立足将它解读为哲学著作，其关键在于从历史和人的发展维度来理解《资本论》及其结构。由于我们的论题所限，我们未对科西克的《资本论》解读进行分析，但我们应该注意的是，科西克对《资本论》的解读与其整个思想保持了一致性。第二个方面，康德和黑格尔的德国古典哲学传统。很显然，科西克所谓物自体，就是康德的自在之物。自在之物是康德哲学的一个关键概念，是指在我们的现象经验领域所不能认识到的东西，由于超出了我们的感性直观，我们对之是不能有任何理解的，即我们不能通达物自体。而这个物自体在黑格尔那里，则被视作一种思想的产物，只是我们思想的构造，因而只是说明了我们思想内在的局限性，或者说是我们思想局限性的一种外化而已。康德的二律背反和物自体，都是辩证法思想在康德那里的特殊表达，而在黑格尔那里，物自体和二律背反都被内在化为思想的内在局限性。因此，科西克说，辩证法研究物自体。而在马克思那里，物自体被马克思用实践消解了，人们在实践中不仅改造世界，也可以认识世界和解释世界。科西克追随马克思，进一步将辩证法研究的物自体界定为人和人的世界。第三个方面，海德格尔存在主义哲学的影响。这里突出的表现在科西克对海德格尔存在主义的一些范畴的借用上，例如，将人的现实存在界定为“烦”这个明显地具有海德格尔色彩的术语。但是我们认为，海德格尔对科西克的影响只是显性的，而不是深层次的，就其本质而言，科西克仍然遵循了马克思主义哲学的路线。第四个方面，科西克的具体辩证法是在南斯拉夫实践派的大背景之下，对马克思主义哲学进行的反思，其批判的锋芒指向苏联的庸俗的马克思主义，以及当时在思想界泛滥的对人的蔑视，因此，科西克强调实践，强调人在世界中和历史中的地位，反对那种严格决定论的、见物不见人的马克思主义，这在当时具有十分积极的历史意义。

科西克的具体的辩证法关注日常的社会生活，关注日常现实，主张摧毁伪具体，在实践中重建人的现实性，这在一定程度上和后现代思想对现代性的批判相符合。因此，科西克的具体的辩证法思想包含了一种对现代性的批判，同时也试图消解历史发展的宏大叙事，在某种意义上又与马克思主义保持了一种批判的间距，因而受到许多传统的马克思主义的批判。

第四节　马尔科维奇的实践-辩证法思想

在当代马克思主义发展的图景中，南斯拉夫实践派以其鲜明的理论特征而引人注目。由于他们的理论努力，实践这个概念得到了深入的阐发，也为我国学界对马克思主义哲学的实践概念的理解提供了许多有益的借鉴。在众多的南斯拉夫实践派的人物中，米哈伊洛·马尔科维奇（Mihailo Marlcovic）既是其杰出代表，又是其领导人物，他领导和推动了南斯拉夫学术界和思想界关于实践的讨论，并将马克思主义哲学关于实践的思想贯彻到对辩证法的理解中去，在对实践概念的重新界定的基础上，阐明马克思辩证法思想的理论内涵，将马克思的辩证法理解为实践-辩证法。而在马克思主义哲学的总体理解上，马尔科维奇认为，马克思主义哲学是社会哲学，而马克思的理论就是社会批判理论。虽然学界对马尔科维奇已有不少探讨，但是，未能将马尔科维奇的实践-辩证法与其社会理论统一起来，导致对马尔科维奇的理解仍然是片面的。在社会批判理论视域中解读其实践-辩证法理论，可以使我们全面地把握马尔科维奇的思想，为我们深入理解马克思主义的实践概念和社会理论提供理论借鉴。

一　马尔科维奇社会批判理论视域中的实践概念

在《实践——南斯拉夫哲学和社会科学方法论文集》一书的导论中，作为此书的主编，马尔科维奇以《实践：南斯拉夫的社会批判理论》为题，概要地描述了马尔科维奇实践派的开端、发展、形成以及斗争，并概括了南斯拉夫实践派的主要观点。马尔科维奇认为，尽管南斯拉夫实践派之间存在种种差异，但是彼此之间也存在共同点，主要表现在以下方面。

第一，南斯拉夫实践派在哲学观上存在一致性。在南斯拉夫实践派看来，哲学是一种总体性的批判意识。马尔科维奇写道："就哲学的性质而言，他们一致认为，哲学的基本职能在于提出能够指导人类在特定的历史时期中全部活动的总体性的批判意识。"① 马尔科维奇强调哲学是总体性的，因而不同于那种关注于社会的某一方面或某一领域的学科知识，而是一种总体的东西，这实际上延续了哲学是世界观的说法；它是批判意识，因而它并不是对实证的科学知识的汇总，而始终包含了一种对现实的批判的维度，这正是马克思哲学的革命性的一种表达。从这里可以看出，南斯拉夫实践派的哲学观坚持了早期马克思在《关于费尔巴哈的提纲》中所提出的哲学观。

第二，马尔科维奇指出，南斯拉夫实践派把实践作为哲学的出发点。这是南斯拉夫实践派的根本特征。我们知道，传统的（正统的）辩证唯物主义观点认为，哲学的基本问题是物质和意识的关系问题。而在物质和意识的关系问题上，传统的辩证唯物主义认为物质决定意识，意识对物质具有反作用。南斯拉夫实践派反对这种传统观点，他们认为，这种观点虽然看似是马克思主义哲学的基本观点，但是它把物质作为出发点，而物质是与人无涉的，与人的实践无涉的，因而必须予以抛弃，而应该把实践作为哲学的出发点和基本问题。他们认为，实践作为哲学的出发点和基本问题正是马克思本人的观点。马尔科维奇指出："在马克思看来，根本的问题是，在创造一个更加人道的世界的同时如何实现人的本质。这一问题中内在的包含的基本假设在于，人在本质上是一种实践的存在，即一种能从事自由的创造活动并通过这种活动改造世界、实现其特殊的潜能，满足其他人的需要的存在。""哲学的基本任务就是对异化现象进行批判的分析，并指明走向自我实现，走向实践的实际步骤。"② 可以看出，南斯拉夫实践派是在人道主义的基本框架中思考实践问题的。

第三，从哲学方法看，南斯拉夫实践派在方法论上拒斥传统的辩证法

---

① 〔南斯拉夫〕马尔科维奇、彼得洛维奇编《实践——南斯拉夫哲学和社会科学方法论文集》，郑一明、曲跃厚译，黑龙江大学出版社 2010 年版，导论，第 18 页。

② 〔南斯拉夫〕马尔科维奇、彼得洛维奇编《实践——南斯拉夫哲学和社会科学方法论文集》，导论，第 18 页。

概念，即以三大规律为核心对世界做的总体上的说明。这种辩证法因为缺失了人和实践的特有维度而遭到摒弃。因此南斯拉夫实践派分成了两种：一种坚决拒斥辩证法，而另一种则试图改造辩证法。后者是以马尔科维奇为代表的一派。

第四，南斯拉夫实践派从实践出发，重新解读了不同于传统马克思主义哲学的本体论（存在论）、认识论和价值论的解读。在南斯拉夫实践派看来，无论是存在论、认识论还是价值论，都必须被置于人和人的实践的视域下予以说明。没有脱离人的实践的存在论，也没有自在的真理和自在的价值。

第五，马尔科维奇阐述了南斯拉夫实践派的实践概念的社会意义。南斯拉夫实践派的实践概念立足对人的需要和潜能的问题的追问："在什么样的条件下，哪一种社会组织能使人类活动最大限度地发挥个人的创造力并成为满足真正的个人需要和共同需要的手段呢？""什么是人，他同其他人有什么样的关系，人究竟是利用了还是浪费了其丰富的潜能？"① 由此实践派所关注的问题就是对于一个现实的社会，如何才能使之革命化？南斯拉夫实践派提出了革命的"超越"思想，即革命不是毁灭和重建一个社会，而是超越它。因此，这就是为什么实践派的理论也是一种社会批判理论。

为了阐明实践派的现实社会批判和超越当下社会的理念，马尔科维奇从三个方面阐释了其实践概念。第一，南斯拉夫实践派的实践是哲学意义上的实践，即 praxis，而不是认识论意义上的实践，即区别于认识的实践（practice）。要把哲学意义上的实践（praxis）和归属于认识论的实践（practice）区分开来，praxis 是人类特有的理想活动，"这种活动就是目的本身并有其基本的价值过程，同时又是其他一切活动形式的批判标准"②。而 practice 是主体变革客体的任何活动，实际上包括了一般的认识、劳动

① 〔南斯拉夫〕马尔科维奇、彼得洛维奇编《实践——南斯拉夫哲学和社会科学方法论文集》，导论，第 22 页。

② 〔南斯拉夫〕马尔科维奇、彼得洛维奇编《实践——南斯拉夫哲学和社会科学方法论文集》，导论，第 19 页。

和物质生产，它可以被异化，而 praxis 不能被异化。南斯拉夫实践派的实践是指 praxis，而不是 practice，前者是人特有的一种自由自觉的活动。在这个意义上说，人并非总是在 praxis，而总是在 practice，只有部分的 practice 可以被认为是 praxis，即提升到了人的高度的实践。应该说，马尔科维奇关于 praxis 与 practice 的区分具有重要的理论意义，对于我们区分哲学意义上的实践和生活、常识意义上的实践具有重要的启发意义。第二，与哲学意义上的实践概念相联系，马尔科维奇强调了实践意义上的辩证法。马尔科维奇认为，从实践意义上看，辩证法实际上就是一种批判思维。“辩证法既不是一种绝对、抽象的精神结构（如黑格尔所说），也不是自然界的一种一般结构（如恩格斯所说），而是人类历史的实践及其本质方面的一种总体结构——批判思维。”① 这种理解为马尔科维奇的辩证法思想奠定了基础。因此，实践概念与辩证法概念紧密联系在一起，我们把马尔科维奇的这种辩证法标识为“实践 - 辩证法”，从而表示二者之间的密不可分，甚至是可以相互替代的含义。第三，在其实践 - 辩证法的基础上，马尔科维奇将辩证法的抽象否定和具体批判（扬弃）做了区分。在马尔科维奇看来，应该强调的是辩证法作为具体批判的意义而不是抽象否定的意义。“前者指向被批评对象的总体结构，后者则旨在废除被批评对象的那些基本的内在局限性方面，同时保留所有那些构成进一步发展之必要条件的其他方面（属性、因素和结构）。”② 从后者出发，实践派社会批判的目的不是破坏和毁灭这个社会，而是超越它，而这种超越就是南斯拉夫实践派特定的革命含义。这种超越意义上的革命与暴力革命不同，后者是包含了一个阶级推翻另一个阶级的暴力革命，包含了社会制度的根本颠覆，政府的推翻，夺取政权，经济制度的崩溃等。革命的超越是在社会根本制度并不改变的情况下，消除社会经济形态的本质的内在局限性。这就是说，南斯拉夫实践派对于传统马克思主义所讲的阶级斗争、暴力革命思想是持批判

① 〔南斯拉夫〕马尔科维奇、彼得洛维奇编《实践——南斯拉夫哲学和社会科学方法论文集》，导论，第 21 页。

② 〔南斯拉夫〕马尔科维奇、彼得洛维奇编《实践——南斯拉夫哲学和社会科学方法论文集》，导论，第 23 页。

态度的。他们认为，超越意义上的革命更具有普遍性的意义。

马尔科维奇的实践概念是其社会理论的基础，而马尔科维奇的社会批判被其表述为社会批判理论，这也是他对马克思理论的本质所做的独特解读。在其著作《从富裕到实践——哲学与社会批判》中，马尔科维奇具体展开了其社会批判理论。他在《以富裕到实践——哲学与社会批判》英文版序言中明确指出："本书意在建构一种现代批判的社会哲学，这种哲学继承了马克思的传统、卢卡奇的早期著作、葛兰西的思想以及法兰克福学派的思想。"① 马尔科维奇论述了马克思的理论既不是一种意识形态，也不是一种纯哲学，而是一种社会批判理论。马尔科维奇的实践理论和辩证法理论，本质上都指向了社会批判的维度，指向超越意义的社会革命。马尔科维奇对实践概念的重新辨明，对作为批判思维的辩证法内涵的强调，都是为其社会批判理论服务的。因此，马尔科维奇的实践概念与其社会批判理论是完全一致的。

二　马尔科维奇的实践－辩证法：人道主义的批判超越的辩证法

马尔科维奇思想的鲜明特征是其人道主义。在某种意义上，人道主义构成了马尔科维奇思想的底色，马尔科维奇的实践－辩证法是一种人道主义的辩证法。他立足上述对实践概念的厘定，在其著作中进一步对马克思的辩证法思想进行了梳理和说明。马尔科维奇的所有著述在某种意义上都是对其辩证法思想的说明和展开，但就我们的关注点而言，比较重要的文本有两个：一个是在《实践——南斯拉夫哲学和社会科学方法论文集》中《今天的辩证法》一文；另一个是在《当代的马克思——论人道主义共产主义》一书中的"黑格尔辩证法和马克思主义辩证法"这一部分。这里我们以这两个文本为主要依据，探讨马尔科维奇对马克思辩证法的理解。从马尔科维奇的论述来看，我们可以归纳出其辩证法思想的以下特点。

第一，马尔科维奇的辩证法是在人道主义的框架下展开的，可以说，

---

① 〔南斯拉夫〕马尔科维奇：《从富裕到实践——哲学与社会批判》，曲跃厚译，黑龙江大学出版社 2012 年版，英文版序言，第 1 页。

马尔科维奇的辩证法是人道主义的辩证法。如我们已经提到的，马尔科维奇认为，南斯拉夫实践派总体上就是在人道主义的框架中思考实践概念的，同样，他们也是在人道主义的基本框架中来理解辩证法概念的。马尔科维奇对传统教科书进行了尖锐的批评，认为传统教科书的主要缺陷就在于把辩证法变成了与人无关、与人的实践无关的纯粹的客观规律性。然而，辩证法不能脱离人，即使它确实是一种一般哲学方法或世界的普遍图景，也必须对之进行人道主义的解读。“它还必须被理解为一种研究和解决人道主义问题的方法，归根到底，被理解为一种决定人类行动的目标和适当手段的方法。这就预设了辩证法作为历史实践之确定结构的意义。这就是马克思的辩证法的全部内容。”① 这样，马尔科维奇的辩证法就与实践概念密不可分，而实践也必然是一种辩证的实践。所谓辩证的实践，其基本含义等同于马克思在《1844 年经济学哲学手稿》中所说的作为人的类特性的人的自由的、有意识的活动。马克思指出：“一个种的整体特性，种的类特性就在于生命活动的性质，而自由的有意识的活动恰恰就是人的类特性。”② 这种自由的有意识的活动是非异化的，或超越了异化的，因而是属于人的本质的一种活动。马尔科维奇写道：“辩证的理论和方法在理论预设上强调一种综合的实践活动，在这种活动中，哲学的、科学的、政治的、道德的和艺术的活动彼此渗透：在个人生活和公共生活之间，思想、语言和行动之间，目的和手段之间，现在的行为和未来的理想之间，不存在任何鸿沟。辩证的实践寻求的是超越那种片面的、残缺的和狭隘的存在模式的对立两极，即工艺人、政治人、经济人、消费人等等；它是一种说明客观状况及其一切限制的行动方式，而且在它不屈从于盲目的外部力量，而是以对最佳的客观可能性的选择为基础的意义上，它是一种自由的行动方式。”③ 正如我们前面已经提及的，在这里马尔科维奇更为明确地阐述了实践与辩证法之间的紧密关系，辩证法以实践为预设，这种实践本身

---

① 〔南斯拉夫〕马尔科维奇、彼得洛维奇编《实践——南斯拉夫哲学和社会科学方法论文集》，第 4 页。

② 《马克思恩格斯文集》第 1 卷，第 162 页。

③ 〔南斯拉夫〕马尔科维奇、彼得洛维奇编《实践——南斯拉夫哲学和社会科学方法论文集》，第 6 页。

就是总体性的，是涵盖了一切的，换言之是辩证的。实践是辩证的实践，而辩证法则是实践的辩证法，这为我们将马尔科维奇的辩证法标识为实践－辩证法再次提供了依据。

第二，马尔科维奇的辩证法概念是一种广义的存在论和世界观意义上的辩证法。它的内容极为宽泛，涵括了存在论、认识论、价值论、方法论等问题。以辩证的实践观念为基础，马尔科维奇实际上将辩证法理解为一种理解和把握世界的世界观和方法论，也就是将认识世界、解释世界和改造世界相结合的革命性的方法论与世界观。因此，马尔科维奇的辩证法是广义的辩证法，不仅仅是方法论（当然，辩证的方法论是其辩证法思想的基础），而毋宁说是一种包含理论、方法、实践观、存在论、认识论和价值论在内的总体性的世界观。马尔科维奇做出了下列论断："因此，辩证法包含着一种明确阐述了的方法论，一种无保留的方法，一种世界观，一种活动方式和'为我们'的世界。辩证法可以在这些层次及相关方面——辩证方法论，辩证理论和辩证方法，辩证实践，关于事物本身的辩证法——进行思考。"①

第三，马尔科维奇特别强调辩证法批判和超越的原则或特征。我们看到，马尔科维奇将南斯拉夫实践派的理论实际上描述为一种社会批判理论——这直接指出了南斯拉夫实践派理论和法兰克福学派之间的关联。因此，批判原则成为马尔科维奇的辩证法思想的主要原则和特征。马尔科维奇称辩证法为批判的辩证方法。马尔科维奇的辩证法的批判秉承了马克思的原则，即对全部现存的现实进行毫不留情的批判。同时，马尔科维奇指出，这种批判的目的是超越，是辩证的否定，或者是黑格尔的扬弃。正如前面我们已经概要指出过的，马尔科维奇认为一个社会首先是一个社会经济形态，同时这个社会又包含了其内在局限性。因此，革命的超越就是超越这些内在局限性。马尔科维奇认为这种超越可能是突变的，也可能是渐进的，可以采取各种不同的形式。"黑格尔的辩证思维实际上是单向的、刻板的和决定论的。马克思的辩证思维则不然，它

① 〔南斯拉夫〕马尔科维奇、彼得洛维奇编《实践——南斯拉夫哲学和社会科学方法论文集》，第7页。

绝不止向一个可能的发展方向开放。在任何既定的情况下，都存在着众多的超越形式。”[①] 马尔科维奇实际上强调了多元性在现代社会的重要性，从这个意义上，我们可以说，马尔科维奇的辩证法思想也是对现代性的批判。

为了更为清晰地解说辩证法，马尔科维奇将辩证法从结构上概括为五个原则，即总体性原则、历史性原则、自决原则、矛盾原则和超越原则。[②] 马尔科维奇继承了卢卡奇的总体性思想，认为总体性原则是辩证法结构的首要原则。马尔科维奇的总体性的辩证法思想以辩证法的实践概念和历史思想为前提，由此他实际上把历史理解为一个总体化的过程，而把总体性观点理解为实践，因而实践必须是一种总体性的实践。“唯一真正、具体和普遍的总体性的观点必须是一种发展和解放了的人的观点，即实践的观点。”[③] 马尔科维奇的总体性观点受到了科西克的《具体的辩证法》的影响，在一定意义上，马尔科维奇是在科西克所开创的伪具体总体与具体的总体的区分的基础上来展开其实践概念的。在具体总体的辩证法中，科西克把我们所处的现象世界称为伪具体的世界，而辩证法的任务就在于透过这些伪具体的世界，揭露出伪具体的世界的本来面目，呈现出一个具体的总体的世界。科西克写道：“按照唯物主义的观点，当社会现实的性质得到揭示时，当社会现实被当作基础与上层建筑的辩证统一，而人则被当成它的客观的社会－历史主体时，就认为现实处于它的具体（总体）中。只要从根本上或仅仅把人直觉为总体框架中的一个客体，只要作为客观－历史实践的主体的人的重要性没有得到承认，就没有把社会现实当作具体的总体。”[④] 历史性原则是对总体性原则的补充。尽管马尔科维奇批判了结构主义的方法，但实际上总体性原则也是一种结构主义方法。总体性原则主要是一种共时性的原则，必须以历史性原则，即历时性维度来加以补充。

---

① 〔南斯拉夫〕马尔科维奇、彼得洛维奇编《实践——南斯拉夫哲学和社会科学方法论文集》，第 42 页。

② 〔南斯拉夫〕马尔科维奇、彼得洛维奇编《实践——南斯拉夫哲学和社会科学方法论文集》，第 31 ~ 43 页。

③ 〔南斯拉夫〕马尔科维奇、彼得洛维奇编《实践——南斯拉夫哲学和社会科学方法论文集》，第 32 页。

④ 〔捷〕科西克：《具体的辩证法》，第 33 页。

历史性原则把任何一个事物置于发展历程中来予以理解，因而避免了以逻辑来宰制历史的弊端。自决原则，主要是针对刻板和机械的决定论提出的。辩证法超越了机械决定论，是一种辩证的决定论，这种决定论强调自决原则。从马尔科维奇的论述来看，所谓自决原则，实际上指的是人们自己能够决定自己的命运，在既定的情况下，能够决定自己的发展。矛盾原则注重分析具体的矛盾。马尔科维奇认为，如果我们要自觉地参与历史进程，我们就必须用矛盾原则来分析社会现实。“我们就必须努力去发现：(1) 哪些对立的力量处于冲突之中；(2) 哪些力量促进发展、自由和人类的自我实现，哪些力量阻挠和妨碍各种最理想的发展的可能性的实现。”①当然，矛盾原则不仅适用于社会历史发展，对于任何一个具体事物，矛盾原则都是适用的。超越原则，就是辩证法的否定之否定。关于超越原则，前面已经有说明。这里应该指出的是，在马尔科维奇对辩证法的理解中，超越原则并不是与其他四种原则并列的一种原则，而是核心性原则，其他几个原则构成了超越原则的基础。从这个意义上看，马尔科维奇的辩证法就是一种批判超越的辩证法。

由于马尔科维奇在人道主义的基本框架中来理解辩证法思想，并把批判超越的原则作为辩证法思想的核心性的原则，从而构成了马尔科维奇与传统哲学的唯物辩证法鲜明的差异性。我们认为，可以将马尔科维奇的实践－辩证法理解为人道主义的批判超越的辩证法。如同我们前述，马尔科维奇把南斯拉夫实践派的理论看作社会批判理论，其目的在于对社会的批判改造和超越，因而马尔科维奇的人道主义的批判超越的辩证法就为其社会批判理论奠定了哲学的基础。我们可以看出，马尔科维奇的哲学思想和其社会批判理论是完全一致的。

三　马尔科维奇论黑格尔辩证法与马克思辩证法的关系及相关论争

众所周知，马克思辩证法和黑格尔辩证法之间的关系，是理解马克思

---

① 〔南斯拉夫〕马尔科维奇、彼得洛维奇编《实践——南斯拉夫哲学和社会科学方法论文集》，第 39 页。

辩证法的一个重要理论问题，也是将马克思辩证法与黑格尔辩证法区别开来的关键。这一问题是任何研究马克思辩证法思想的人都必须面对的重要问题。马尔科维奇也对马克思辩证法和黑格尔辩证法之间的关系进行了梳理，其主要内容体现在《当代的马克思——论人道主义共产主义》一书的“黑格尔辩证法和马克思主义辩证法”这一部分中。在与黑格尔辩证法的比较中，马尔科维奇进一步阐明了他所理解的马克思主义辩证法的理论内涵。

在讨论马克思辩证法与黑格尔辩证法之间关系的时候，马尔科维奇首先肯定了马克思辩证法和黑格尔辩证法之间具有许多共同点，这些共同点也就构成了辩证法的一般特征。这些特征包括，辩证法对总体性或整体性的强调，辩证法对历史性或历时性的强调，辩证法对自决性的强调，即强调对于变化机制的内在的决定性原因，或者用我们熟悉的话说是内因论而不是外因论；辩证法的批判性特征。马尔科维奇所论述的辩证法的基本特征与上面所说的辩证法的几个结构性原则即总体性原则、历史性原则、自决原则、矛盾原则和超越原则基本是同义的。马尔科维奇强调了黑格尔辩证法和马克思辩证法的本质创新之间的差异。在马尔科维奇看来，在黑格尔那里，辩证法的本质创新在于其归纳和总结了黑格尔之前的辩证法的所有观点，将其综合进一个无所不包的辩证法体系中，由此也使辩证法成为一门科学。“辩证法就成了一门科学，它在黑格尔的术语学中意味着世界过程在其内在必然性中的一种普遍的、自我发展的知识。……如此被设想出来的辩证法是一个伟大的综合，它想要解决许多基本的传统冲突，并在黑格尔的前辈的思想中连接起许多鸿沟（bridge many gulfs）。”① 与黑格尔不同，马克思辩证法的本质创新在于它的实践－批判取向。② 马克思与黑格尔最根本的不同就在于马克思把人归结为人的实践活动，而黑格尔把人归结为自我意识。由此马克思辩证法的批判意识就是现实的，指向现实生活，现实的社会制度，目的在于超越当下，解决异化，而黑格尔的批判指

① 〔南斯拉夫〕马尔科维奇：《当代的马克思——论人道主义共产主义》，曲跃厚译，黑龙江大学出版社 2011 年版，第 24 页。

② 〔南斯拉夫〕马尔科维奇：《当代的马克思——论人道主义共产主义》，第 24 页。

向过去。马尔科维奇总结了关于黑格尔辩证法和马克思辩证法之间关系的各种观点，认为存在两种不同的乃至截然对立的观点：一种认为马克思辩证法就是黑格尔的，完全从黑格尔那里而来，另一种则认为马克思和黑格尔完全无关。第一种中又分为两种：（1）强调马克思的黑格尔化，这一派的代表人物有卢卡奇、布洛赫和马尔库塞等人；（2）强调对之进行唯物主义的改造，即在内容上马克思继承了黑格尔的辩证法，只是将其进行了唯物主义的改造，以恩格斯、列宁为代表。第二种则是强调了断裂，认为马克思的辩证法在结构上不同于黑格尔，不存在对黑格尔的颠倒之说，这一派的主要代表人物是阿尔都塞。马尔科维奇则认为，无论是强调马克思和黑格尔的辩证法的相似性，将之进行黑格尔化或唯物主义改造的观点，还是阿尔都塞的断裂之说，都没有正确理解黑格尔辩证法和马克思辩证法的关系。他认为，只有把马克思辩证法理解为对黑格尔辩证法的超越，即对黑格尔辩证法的扬弃，才能正确地理解马克思的辩证法思想。

从基本概念的角度，马尔科维奇总结了黑格尔辩证法和马克思辩证法之间的关系。在他看来，黑格尔辩证法和马克思辩证法有一些共有的基本概念，这些基本概念包括总体性、中介、自我发展和超越。但是，虽然马克思辩证法和黑格尔的辩证法理论中都包含这些概念，但其含义却不尽相同。例如，在总体性概念中，在黑格尔那里，总体性是绝对的，是绝对精神。“黑格尔的总体性是精神的，而且是在双重意义上：第一，作为一种世界精神，它是‘自在的’，即尚未意识到它自身，尚未被人所认识；第二，作为观念即自我意识，它已经达到了绝对知识的层次。”① 马克思的总体性观念与黑格尔的总体性概念不同，它主要是指人类历史的总体性。这种总体性与其说是结构的总体性，不如说更强调一种总体化的历史过程，因而是一种历史的总体性。在中介概念中，黑格尔的中介概念表明了任何一个事物都是处于与他物的关系之中，而且任何一个事物都只是作为中介而存在，它自身异化出自己的对象，并返回到自身。这也就是黑格尔所说的否定性，因此，黑格尔的辩证法必然以中介为其重要特征。在马克思那

---

① 〔南斯拉夫〕马尔科维奇：《当代的马克思——论人道主义共产主义》，第33页。

里，中介虽然没有被明确地阐述，但是在商品发展，资本发展中，乃至历史发展中，中介都起着重要作用。黑格尔的中介是自我反思性的，即总是返回到自身。换言之，每一个中介自成一个自足的整体。这种中介看上去是发展的，但实际上仍然被限制在一个规定了的体系之内。而在马克思那里，通过中介，社会真正实现了发展和创新，有新的事物的出现。这就是说，在黑格尔那里，通过中介并不能超越旧的事物，产生出新的事物，事物本质上陷入一个固有的体系之内，而在马克思那里，则通过一系列的中介超越旧事物，产生了新事物，实现了对旧的体系、旧的事物的真正超越。同样，关于自我发展和超越的概念，也存在同样的问题。黑格尔的自我发展和超越，只是一种圆圈式的循环运动，而马克思的自我发展和超越，则真正实现了批判和革命，超越了旧事物。

马尔科维奇的辩证法思想与前辈及同时代的思想家的辩证法思想既有区别，也存在着某种联系。为阐明实践–辩证法的观点，马尔科维奇对卢卡奇、马尔库塞、布洛赫和阿尔都塞等人进行了批判。在《今日的辩证法》一文中，马尔科维奇展开了其对卢卡奇历史辩证法思想的批判性解读。卢卡奇的思想对南斯拉夫实践派的思想具有重要影响，二者之间存在较多相似之处。但是，在马尔科维奇看来，对于卢卡奇的辩证法观点，南斯拉夫思想界存在较多的混乱。例如，在自然辩证法的方面，存在两种观点，一种认为卢卡奇只是强调社会历史的辩证法，而自然辩证法并不存在，强调卢卡奇对恩格斯自然辩证法的批评。另一种观点则认为，辩证法具有不同形式，必须区分自然过程的辩证法和历史的辩证法。我们知道，卢卡奇在其《历史与阶级意识》中断然否定了恩格斯的自然辩证法。马尔科维奇一方面强调卢卡奇在反对传统形而上学中起的积极作用；另一方面又指出，仅仅把辩证法理解为社会历史的辩证法，也有着不容忽视的局限性。那么，如何理解自然辩证法和历史辩证法之间的关系？能否接受卢卡奇关于自然界不存在辩证法，因而辩证法只是社会历史的辩证法的说法呢？马尔科维奇的观点是，卢卡奇在这个问题上的认识是错误的，因为在论及自然界时，人们对自然界的认识，作为社会发展和认识自然的主体的人，总是在场的。马尔科维奇写道：“不幸的是，卢卡奇不但没有批判这种自在的自然辩证法概念，而且明确地谈到了对自然界的认识以及辩证方法在自然界中的应用。在这个问题上，他的全部观点是错误的，因为在对自然界的认识中，在建构一种自然理论时，人总是在场的。”① 马尔科维奇从《1844 年经济学哲学手稿》中对人与自然的关系的理解出发，指出自然科学和历史科学二者不可分，自然科学包括历史科学，历史科学也包括自然科学。马尔科维奇指出：“自然科学和人的科学都属于一门统一的科学，所以自然辩证法和社会历史辩证法是同一种辩证法。”② 为什么卢卡奇会有这样一种错误呢？在马尔科维奇看来，主要是卢卡奇在当时的革命形势下，为了服务革命的需要，过于狭隘地设想了人类改造世界的活动，仅仅将人类改造世界的活动看作革命，而并未把人类改造自然的实践活动作为主要的方面加以考虑。因此，卢卡奇关注社会，关注历史，却忽视自然，忽视作为最基本的人与自然之间关系的辩证法。马尔科维奇的批判尽管是有力的，也命中了卢卡奇的某些错误，但是归根结底误解了卢卡奇的思想。实践的辩证法并未把自然排除在外，而把自然当成社会存在的一部分或基础，从而自然辩证法也属于实践辩证法的一个部分。但是，这里我们看到，马尔科维奇的实践辩证法思想和卢卡奇的历史辩证法思想更多的是一致性而非区别，因为在卢卡奇那里卢卡奇并非强调自然界不存在辩证法，而是说，脱离人而谈论自然辩证法是没有意义的。在这个意义上说，卢卡奇的历史辩证法和南斯拉夫实践派的实践辩证法没有本质区别。

马尔科维奇还对马尔库塞和布洛赫等人对黑格尔的马克思化解释提出了批评。在马尔库塞的《理性与革命》中，马尔库塞把黑格尔解释成一个革命的思想家。黑格尔的绝对精神不见了，到处可见的是这样的论述。在黑格尔看来，“真正的存在不存在于这个世界之外，而只存在于使之永久存在的辩证过程之中。没有哪一个最终的目标存在于这个可能标志着对世界的一种拯救的过程之外”③。布洛赫在其《主体－客体》一书中，也以一

① 〔南斯拉夫〕马尔科维奇、彼得洛维奇编《实践——南斯拉夫哲学和社会科学方法论文集》，第 13 页。

② 〔南斯拉夫〕马尔科维奇、彼得洛维奇编《实践——南斯拉夫哲学和社会科学方法论文集》，第 18 页。

③ 转引自〔南斯拉夫〕马尔科维奇《当代的马克思——论人道主义共产主义》，第 26 页。

种黑格尔式的方式解释马克思。马尔科维奇以在“辩证法和希望”一节中布洛赫的号召为例来说明布洛赫对黑格尔的马克思式解释。这种把马克思解释成黑格尔，或把黑格尔解释为马克思，实际上抹杀了二者的差别，其根本在于把马克思和黑格尔的辩证法看作用不同的语言来书写的具有同样内容的辩证法，即以唯物主义和唯心主义语言来表达的辩证法。与过多地强调黑格尔和马克思之间的联系不同，阿尔都塞则完全拒绝了黑格尔与马克思之间的相似性。阿尔都塞认为，马克思的辩证法和黑格尔的辩证法之间的不同是一种结构的不同。就是说，虽然马克思和黑格尔那里的范畴看上去是相似的，但意义完全不同了。马尔科维奇承认，在这种看法中存在正确的方面。“阿尔都塞的观点中的真理性因素在于这样一个事实，即这两种辩证法在结构上是不同的。而且它们的基本范畴不具有同样的意义。”① 但是，马尔科维奇又严厉批评了阿尔都塞思想中的许多方面都是反马克思的。例如阿尔都塞过分静止的结构主义观点、认识论断裂观点等，完全割裂了黑格尔辩证法和马克思辩证法。从马尔科维奇的观点来看，将马克思辩证法和黑格尔辩证法完全割裂开来的观点是无法接受的。正如前文所已经说明的，马尔科维奇强调了马克思辩证法和黑格尔辩证法的共同方面，认为二者具有相同的基本概念，并且在精神实质上保持了同一，尽管二者也具有显著的区别。其区别在于，黑格尔辩证法所描述的是绝对精神的发展，而马克思辩证法所描述的却是以实践为基础的现实的人及其历史的发展过程。

马尔科维奇的实践－辩证法及其社会批判理论在南斯拉夫实践派中具有典范的意义，它对南斯拉夫实践派的其他学者的思想具有重要的影响，在一定程度上代表了南斯拉夫实践派所达到的理论高度。马尔科维奇在社会批判理论的视域中对实践概念的重新界定，坚持了马克思主义的基本立场，反驳了所谓正统马克思主义思想，对于冲破教条主义束缚，重新理解马克思的思想具有重要的启发意义。马尔科维奇强调人道主义，在人道主义的背景下展开其实践－辩证法，突出辩证法的实践的、批判超越的特

① 〔南斯拉夫〕马尔科维奇：《当代的马克思——论人道主义共产主义》，第29页。

征，批判了当时的时代背景下片面强调集体主义，片面强调历史的宏观叙事而忽视个体尊严的所谓马克思主义，具有积极的历史作用。但是，应该看到，将马克思主义理论视作一种社会批判理论，将马克思主义首先看作一种人道主义，这实际上将马克思主义的理论范围狭隘化和片面化了，降低了马克思主义的理论水平。马克思主义哲学和马克思主义理论的革命维度被降低为在社会内部的批判性斗争，这就大大地削弱了马克思主义的革命性力量。因此，以马尔科维奇为代表的南斯拉夫实践派的思想尽管在一定意义上推进了我们对马克思思想的理解，但从根本上看来，他们过分夸大了马克思早期思想的重要性，特别是《1844 年经济学哲学手稿》中异化劳动批判的思想，而忽视了马克思以《资本论》及其系列著作为主要代表的后期思想，未能完整准确地理解和把握马克思的整体思想。在对南斯拉夫实践派的思想进行解读的时候，我们要立足马克思主义的根本立场，批判地认识南斯拉夫实践派的思想，分析其理论的不足和失误，为中国特色社会主义建设提供思想助力。

东欧新马克思主义包括许多具有不同背景的学者，但是其基本倾向是相似的。东欧新马克思主义特别是南斯拉夫实践派的思想对我国的马克思主义产生了深刻的影响，我国学术界在 20 世纪 90 年代前后展开了关于实践唯物主义的讨论，就与南斯拉夫实践派的实践理论具有紧密的联系。东欧新马克思主义的辩证法探索，值得我们进行深入的研究，并从中汲取教益。

第九章

当代中国视域中的马克思辩证法思想

马克思辩证法在当代中国获得了独特的表现形式。其特征在于，马克思辩证法的中国化表达与中国共产党的思想路线的表达联系在一起，因而表现出马克思主义与时俱进的理论品质，并将辩证法理论赋予中国化的语言和表现形式，使辩证法理论获得了极为鲜明的中国特色。在当代中国，马克思的辩证法集中表现为以下几个命题：解放思想、实事求是、改革开放、以人为本、科学发展。这里，仅就解放思想和实事求是的辩证法意义做一个开放性的论述。

第一节　作为哲学命题的解放思想

解放思想这一命题，是马克思主义哲学中国化的重要理论成果。邓小平指出，真理标准大讨论实质上是要不要解放思想的问题，是个思想路线问题，是个重大的政治问题。现在，作为党的思想路线之组成部分的解放思想，为广大人民群众所熟悉，也为学界所熟悉。对这个问题的讨论很多，但大多是停留在较浅的层次上，而很少进行哲学层次的阐发，或阐发得比较肤浅，似乎这个命题的意蕴是显而易见的，没有进行哲学层次讨论的必要。然而仔细思考，就会发现这是一个值得进行深入思考的哲学命题。

一　思想何以需要解放：从马克思意识形态理论看

也许第一个需要辨明的问题就是，思想何以需要解放呢？思想不是从来就是自由的吗？难道作为人之思维活动的思想还会失去自由吗？对此问题的回答，我们可以从马克思、恩格斯的意识形态分析理论得到一些启示。

马克思、恩格斯在《德意志意识形态》中对意识形态的产生作了非常清晰的阐释。这里的意识形态其实也就是思想。他们认为，思想的东西是社会历史的产物，它本身并不是独立的。因此，思想本身没有自己的地位，没有自己的发展历史，它总是与物质生产的发展相联系的。这是就思想的本质而言。但是，思想又是与现实的物质生产相脱离的。思想与物质生产的脱离是一个历史过程。随着生产的发展，出现了物质活动与精神活动的分工，这时就为思想与物质的分离创造了条件。“分工只是从物质劳动和精神劳动分离的时候起才真正成为分工。从这时候起意识才能现实地想象：它是和现存实践的意识不同的某种东西；它不用想象某种现实的东西就能现实地想象某种东西。从这时候起，意识才能摆脱世界而去构造‘纯粹的’理论、神学、哲学、道德等等。”① 思想可以与现实脱离，这实际上就造成了思想被禁锢的条件。思想本来是与现实紧密联系的，而现在思想可以独立出来了，它就可以成为某种与现实没有关系的东西，反而有可能成为一种超出现实的力量来禁锢人了。既然思想可以脱离开现实，思想就不再是现实的思想，而是所谓“纯粹的”思想了。

那么，这种所谓“纯粹的”思想难道不正是思想的最高境界吗？自由自在，无所依傍，天马行空的思想，这是不是思想的一种解放呢？在马克思看来，事情恰恰与此相反。这种思想恰恰是不自由的，是被禁锢了的思想。在马克思看来，思想尽管采取了超出现实的形式，似乎与物质完全分离了，但就实质而言，它仍然不可能超出现实，只是采取了超现实的形式而已。因此，“统治阶级的思想在每一时代都是占统治地位的思想。这就是说，一个阶级是社会上占统治地位的物质力量，同时也是社会上占统治地位的精神力量”②。在阶级社会中，统治阶级把这种思想的统治看作独立的，他们使思想独立化，精神独立化，似乎进行阶级统治的不是一定的阶

---

① 《马克思恩格斯选集》第1卷，第162页。
② 《马克思恩格斯选集》第1卷，第178页。

级和现实的人，而是完全独立的思想。实际上，这正是统治阶级进行阶级统治的一种手段。马克思揭露了这种手段，指出了精神独立化的过程，即思想独立化的过程。第一，把进行统治的个人的思想同这些统治的个人本身分割开来，从而承认思想和幻想在历史上的统治。第二，使这种思想统治具有某种秩序，证明这些统治思想之间具有某种神秘联系，这是通过把这些思想看作“概念的自我规定”达到的。第三，为了消除这种自我规定的概念的神秘的外观，便把它变成某种人物——自我意识；或者为了表明自己是真正的唯物主义者，又把它变成在历史上代表着概念的许多人物——“思维着的人”、“哲学家”、意识形态家，而这些人又被规定为历史的制造者、“监护人会议”、统治者。[①] 这样，就把思想与现实完全分离开来了，思想完全成了脱缰之马自由奔驰了。不难看出，这种思想的自由不是一种真正的自由，而恰恰是对思想的真正的禁锢，因为它完全是脱离现实的。脱离现实的思想，绝不是真正的思想。

马克思这里所做的意识形态分析，主要针对的是青年黑格尔派哲学。青年黑格尔派认为思想是真正的枷锁，因此要求同这些枷锁作斗争，即与这些思想进行斗争。而马克思认为，这种斗争完全不可能触动现实，因为他们反对的只是词句，只是思想，他们绝不可能改变现实，而只能解释现实。马克思、恩格斯写道：“这种哲学批判所能达到的唯一结果，是从宗教史上对基督教作一些说明，而且还是片面的说明。……这些哲学家没有一个想到要提出关于德国哲学和德国现实之间的联系问题，关于他们所作的批判和他们自身的物质环境之间的联系问题。”[②] 针对青年黑格尔派的这种错误，马克思、恩格斯提出要从现实的个人出发来理解历史。

由以上分析可以看出，思想确实有可能被禁锢，变为不自由的。马克思这里从最深处的根源指出了思想被禁锢的原因，这个原因就是把思想独立化，把思想与进行思想的个人，与思想所产生的物质条件割裂开来。由此也可以得出一个基本结论，即思想要解放，最根本的就是不能脱离现实，脱离社会物质关系，脱离社会实践。这恰恰也是与马克思主义哲学的

---

① 《马克思恩格斯选集》第 1 卷，第 182 页。

② 《马克思恩格斯选集》第 1 卷，第 145 ~ 146 页。

本质紧密联系的。因此，解放思想这一命题，最为本质地关联着马克思主义的唯物史观，因而是一个极为重要的哲学命题。

二 作为哲学命题的解放思想之意蕴

1978年12月13日，邓小平在中共中央工作会议闭幕会上做了题为《解放思想，实事求是，团结一致向前看》的讲话。在这个讲话中，邓小平专门用第一部分的篇幅讲解放思想的问题，小标题就是“解放思想是当前的一个重大政治问题”。以后，邓小平又在不同场合多次强调要解放思想。当时是在特殊的历史条件下适应时代的要求提出这一命题的，主要强调了解放思想作为一个重大政治问题的必要性，而对解放思想的哲学内涵没有进行深入阐释。改革开放以来，这一命题已经深入人心，起到了巨大的思想解放作用。但是，我们对解放思想的认识仅仅停留于政治问题的高度上是不够的，而应该深入阐释其哲学内涵，使之达到哲学的高度，才能赋予这个命题以永久的生命力。对作为哲学命题的解放思想之意蕴进行深入阐释，就可以说明解放思想绝不是一时的权宜之计，而是马克思主义的本质要求。

解放思想是马克思历史唯物主义的必然要求。马克思主义哲学就其本质而言就是历史唯物主义。而作为马克思主义哲学本质的历史唯物主义与以往的一切哲学的不同在于，它既不同于旧的唯物主义，也不同于唯心主义。马克思在《关于费尔巴哈的提纲》第一条中鲜明地指出了历史唯物主义与一切旧哲学的不同：“从前的一切唯物主义（包括费尔巴哈的唯物主义）的主要缺点是：对对象、现实、感性，只是从客体的或者直观的形式去理解，而不是把它们当做感性的人的活动，当做实践去理解，不是从主体方面去理解。因此，和唯物主义相反，唯心主义却把能动的方面抽象地发展了，当然，唯心主义是不知道现实的、感性的活动本身的。”① 在马克思看来，历史唯物主义（马克思的新唯物主义、实践的唯物主义）在于它不是把客体理解为感性对象，而是理解为感性活动，理解为实践，因而也

① 《马克思恩格斯选集》第1卷，第133页。

就不是直观地理解对象，而是从主体方面来理解对象。旧唯物主义对对象的理解是直观的，是脱离主体的，因而是抽象的。而唯心主义却抽象地发展了对象的能动方面，同样不能理解现实的客体。由此我们可以看出，历史唯物主义要把握住两端，即事物的主体方面和客体方面，如此理解的客体才是现实的客体。换言之，只有从人的实践活动出发来把握客体，才能正确理解客体，理解世界。因此，由历史唯物主义得出的一个基本结论就是，思想是现实的实践活动决定的，而不是脱离实践活动的。这也正是马克思、恩格斯在《德意志意识形态》中反复论述的内容。但是如前文所述，思想又经常面临着脱离实践、脱离现实的境地，因而成为事实上被禁锢的思想。从历史唯物主义的观点出发来理解思想，就必然要求思想不能脱离现实实践活动，现实的社会历史活动，只有这种紧紧与现实联系在一起的、从现实中得出的思想才是真实的思想。历史唯物主义要求从现实实践出发来理解思想，实际上就意味着把思想从脱离实际的状态中拯救出来，牢牢地与现实实践相联系。这也正是解放思想的基本要求。由此看来，解放思想这一命题，不仅不是指主观的毫无根据的臆想和幻想，而恰恰是紧密联系实际的现实的思想。这也正是为什么解放思想和实事求是实质上是紧密联系的，二者不仅不矛盾，反而正是强调的一个问题的不同方面。要解放思想，必然要实事求是，只有实事求是，才能真正解放思想。总之，从历史唯物主义来看，解放思想就是坚持现实的、实践的、历史的观点，使思想与现实、实践、历史紧密结合，思想一刻也不能脱离现实；不是以思想理论逻辑来规范现实实践逻辑，而是以现实实践逻辑来规范思想理论逻辑。这就深刻地揭示出解放思想这一命题的哲学内蕴。

问题不仅如此，我们还应该从解放思想这一命题与马克思主义辩证法的本质之间的内在关联来理解其哲学意蕴。从这一维度看，解放思想是马克思主义辩证法的必然结论。马克思对辩证法的本质内涵做了以下深刻的揭示："辩证法，在其合理形态上，引起资产阶级及其空论主义的代言人的恼怒和恐怖，因为辩证法在对现存事物的肯定的理解中同时包含对现存事物的否定的理解，即对现存事物的必然灭亡的理解；辩证法对每一种既成的形式都是从不断的运动中，因而也是从它的暂时性方面去理解；辩证法不崇拜任何东西，按其本质来说，它是批判的和革命的。”① 马克思的辩证法把整个世界的所有事物都理解为辩证的，其中当然也包括思想——人类的思维成果。思想本身的发展也符合辩证法的这一本质，就是说，思想不可能停留于一个固定的状态，而必须不断地发展变化。但是应该指出，思想的发展变化归根结底源于现实事物的发展变化。正因为现实世界是不断发展变化的，思想也就不可能停留于某一个状态，而必须根据现实世界的变化而变化。这里的深刻的原因在于，思想不是独立的，而是现实的反映。“意识在任何时候都只能是被意识到了的存在，而人们的存在就是他们的现实生活过程。”② 思想当然也是人们的现实生活过程这种存在的意识。辩证法之所以成为马克思主义哲学的灵魂与核心，也正是因为辩证法深刻地表征着世界万事万物的本源性的辩证特征。这里很容易看出，辩证法的那种批判性、革命性与解放思想这一命题之间的深刻关联。解放思想是马克思主义辩证法的应有之义。从辩证法维度看，解放思想就是坚持马克思主义辩证法，以辩证思维和历史眼光来审视世界历史，坚持全面地、批判地、革命地看待现存事物，不断使思想与现实统一起来，适应现实的需要，推进现实生活发展。

解放思想这一命题，还极为深刻地关联着马克思主义认识论。从马克思主义的认识论来看，人们的认识是从感性认识到理性认识，又从理性认识到实践的过程。我们所说的思想，也就是我们所说的理性认识。理性认识固然是一种高级的认识，它相对较为固定。但是，仅仅达到理性认识还不能说明马克思主义认识论同旧认识论之间的本质区别。马克思主义认识论同旧认识论（无论是唯心主义认识论还是机械唯物主义认识论）之间的本质区别在于，马克思主义认为，理性认识必须化为实践，并在实践中接受检验。因此，理性认识就不应被看作一劳永逸的，而是不断在实践之中检验和更正的。因此，在马克思主义认识论看来，理性认识必须不断地随现实实践而改变其内容——当然不排除相对的稳定。由此可以看出，马克思主义不能脱离实践来讲认识。毛泽东的认识论著作却冠以《实践论》的

① 《马克思恩格斯选集》第 2 卷，第 94 页。
② 《马克思恩格斯选集》第 1 卷，第 152 页。

题目，可见实践对认识之重要性。思想当然与理性认识相同，必须在实践中接受检验，并在实践中改正其错误，适应现实实践。这实质上就是一个解放思想的过程。毛泽东指出，“实践、认识、再实践、再认识，这种形式，循环往复以至无穷”，这就是认识的过程。这就指出了解放思想也是一个循环往复的过程，一个永无止境的过程。也正是在这个意义上，马克思指出：“光是思想力求成为现实是不够的，现实本身应当力求趋向思想。”① 从认识论维度看，解放思想就是在实践中检验思想的正确性，更正错误思想，使之符合实践需要，不断把思想推进到新的高度。

众所周知，马克思所心仪的社会乃共产主义社会，其孜孜以求的是人类的解放。那么，思想的解放与人类的解放之间有何内在关联呢？从马克思的历史唯物主义看，人类解放最终是由物质条件的解放、生产力的解放决定的。但是，这是否意味着思想就不需要解放，而只需要进行物质的解放就可以了呢？当然不是。实际上，马克思一直十分重视思想的力量。早在 1841 年马克思就指出：“批判的武器当然不能代替武器的批判，物质力量只能用物质力量来摧毁；但是理论一经掌握群众，也会变成物质力量。”② 理论的力量也即思想的力量。马克思甚至这样来指证了思想的作用：“这个解放的头脑是哲学，它的心脏是无产阶级。哲学不消灭无产阶级，就不能成为现实；无产阶级不把哲学变成现实，就不可能消灭自身。”③ 这里的哲学、理论当然属于思想的范围。可见，没有思想的参与，就不可能实现解放。但是，思想的力量只有通过人才能实现，“思想从来也不能超出旧世界秩序的范围：在任何情况下它都只能超出旧世界秩序的思想范围。思想根本不能实现什么东西。为了实现思想，就要有使用实践力量的人”④。

应该说，马克思很少直接谈论解放思想，他经常谈论的不是解放思想，而是解放全人类。但是，稍做深入思考就会发现，马克思虽然没有直

① 《马克思恩格斯选集》第 1 卷，第 11 页。
② 《马克思恩格斯选集》第 1 卷，第 9 页。
③ 《马克思恩格斯选集》第 1 卷，第 16 页。
④ 《马克思恩格斯全集》第 2 卷，第 152 页。

接讲解放思想，但他所做的一切理论研究工作恰恰都是在解放思想。马克思所写的文章一般都以批判命名，这充分揭示出马克思所从事的理论工作正是通过对那些为权威所制定的大众认可的一些教条进行批判，从而解放思想。实际上，马克思也高度评价解放思想的作用。例如，马克思在评价宗教批判运动时就这样写道："就德国来说，对宗教的批判基本上已经结束；而对宗教的批判是其他一切批判的前提。"① 宗教批判作为一场解放思想的运动，为其他的批判（人类的总体解放）创造了前提条件。马克思指出了宗教批判之后的任务："真理的彼岸世界消逝以后，历史的任务就是确立此岸世界的真理。人的自我异化的神圣形象被揭穿以后，揭露具有非神圣形象的自我异化，就成了为历史服务的哲学的迫切任务。于是，对天国的批判变成对尘世的批判，对宗教的批判变成对法的批判，对神学的批判变成对政治的批判。"② 在这里，马克思指出了宗教批判远远没有达到人类解放的要求，而只是一个开端，从这里出发仍然要继续进行批判，对现实的法的批判、对政治的批判，继续进行解放思想的运动，并批判尘世，批判现实社会。思想的解放直接与现实的解放联系在一起。思想解放为人类其他的解放创造了条件。但是，解放思想是人类真正解放的一个必要前提和必需阶段，而不是最终结果。认为只要解放了思想就相当于真正人类解放，恰恰是马克思所批判的青年黑格尔派的唯心主义。因此马克思强调："只有在现实的世界中并使用现实的手段才能实现真正的解放。……'解放'是一种历史活动，不是思想活动，'解放'是由历史的关系，是由工业状况、商业状况、农业状况、交往状况促成的……"③ 必须指出，马克思此处所说的解放乃人类解放。从马克思的人类解放理论来看，解放思想是人类解放的前提和基础，是人类解放的必要步骤和条件，从这个意义上说，没有解放思想的运动，也就没有人类的现实解放，没有共产主义社会的实现。

---

① 《马克思恩格斯选集》第 1 卷，第 1 页。

② 《马克思恩格斯选集》第 1 卷，第 2 页。

③ 《马克思恩格斯选集》第 1 卷，第 154 页。

三　作为哲学命题的解放思想之基本要求

由以上分析不难得出结论，解放思想与马克思主义哲学的基本原理密切相关，可以说，解放思想是马克思主义哲学的基本结论和本质要求，因此，解放思想就不是权宜之计，而是一个永无止境的过程。那么，如何才能做到解放思想呢？笔者以为，可以从以下方面来理解解放思想的基本要求。

首先，坚持实事求是，与时俱进，一切从实际出发，理论联系实际，在实践中检验真理、发展真理是解放思想的基本要求。正如前文所述，解放思想绝不是使思想天马行空，无所依傍，而恰恰是使思想时时刻刻紧密地与现实实践相联系。由此就不难理解，解放思想必须以实事求是为前提条件。邓小平在论述解放思想时，同时也极为强调实事求是，因为二者本质上是同一个问题。在讲到要解放思想的时候，他指出："实事求是，是无产阶级世界观的思想基础，是马克思主义的思想基础。过去我们搞革命所取得的一切胜利，是靠实事求是；现在我们要实现四个现代化，同样要靠实事求是。"① 实事求是，是毛泽东对马克思主义的本质所做的精要的概括，是具有中国特色的马克思主义表达。实事求是这一中国古典表述，本义是一种治学方法，但是毛泽东把它引申为一种认识论，即从实际存在的事物中发现事物的规律，进而又把它发展为一种为人处世的态度，即要一切从实际出发。实事求是，不单是一个认识论问题，更为重要的是，它极为本质地关联着马克思主义的哲学基础即历史唯物主义。同样，解放思想也不单是一个思想问题，它本质上极为重要地与马克思主义的哲学基础密切相关。二者都是以历史唯物主义为其哲学基础的，是历史唯物主义的根本要求。因此，邓小平指出，反对"两个凡是"，坚持实事求是，解放思想，"这是个重要的理论问题，是个是否坚持历史唯物主义的问题"②。

解放思想，实事求是，就必然要求与时俱进。与时俱进也是与马克思主义的哲学基础紧密联系的。与时俱进之时，既是指时间的发展演变，也

---

① 《邓小平文选》第2卷，人民出版社1994年版，第143页。

② 《邓小平文选》第2卷，第38页。

是指现实实践的发展。与时俱进，就是根据变化着的时代状况和现实实践状况，改变我们的思想，也改变我们的工作，使之适应时代和实践的发展要求，与时代和实践一起发展。与时俱进之进，指的就是发展，而发展是马克思主义辩证法的基本原则。由此看来，与时俱进这一要求，也是马克思主义的本质要求。坚持马克思主义，坚持辩证法，就必须坚持与时俱进。

坚持解放思想、实事求是、与时俱进，一切从实际出发，理论联系实际，在实践中坚持和发展真理，这是我们党的思想路线。这条思想路线的形成，是我们党在中国革命的斗争过程中，经过艰苦的斗争和理论思考总结出来的经验，是中国化的马克思主义，是马克思主义哲学在中国的出色运用和发展。这条思想路线，把马克思主义的基本原理升华为中国共产党在实际工作中的基本要求，使抽象的认识论、本体论问题融合在一起，具有非常强的可操作性。这几个方面是互相联系，互相补充的，它们构成了一个统一的整体。因此，实事求是、与时俱进，一切从实际出发，理论联系实际，在实践中坚持和发展真理，这是解放思想的基本要求。

其次，解放思想，还要求坚持马克思主义辩证法，与形形色色的形而上学思想倾向作斗争，特别是反对本本主义、教条主义。我们已经说过，马克思主义辩证法本质的批判性和革命性对思想也提出了不断进行批判的要求，它反对那种静止的、僵化的形而上学思想模式。在现实生活中，尤其是在中国革命和建设过程中，人们总是会遇到形形色色的僵化思想的阻碍，其主要的表现方式有本本主义、教条主义等。正是在与形形色色的本本主义、教条主义的斗争中，我们党的实事求是的思想路线才得以形成。而反对本本主义、教条主义本身就是一个解放思想的过程。所谓本本主义，就是遇事不看实际情况，不是根据现实发生的实际情况制定策略和政策，而是看本本上讲了什么，根据本本而不顾客观实际来制定方针政策。毛泽东同志早在1930年就对这种本本主义作了深刻批判，他指出："马克思主义的'本本'是要学习的，但是必须同我国的实际情况相结合。"[①] 教

① 《毛泽东选集》第1卷，人民出版社1991年版，第111～112页。

条主义与本本主义相似，这种思想违背了马克思主义的基本精神，不是把马克思主义看作立场、观点、方法，而是看作教条，在现实中机械地套用马克思主义理论。我们党所遭受的挫折，很大程度上就是受这种教条主义之害。因此，毛泽东反复批判教条主义，指出对待马克思主义的正确方法应该是把马克思主义与中国革命的实际相结合，把马克思主义运用到中国革命和建设中去。

坚持马克思主义辩证法，反对本本主义、教条主义，是毛泽东对马克思主义基本原理的运用。1937 年，毛泽东写下了《矛盾论》，指出："这一共性个性、绝对相对的道理，是关于事物矛盾的问题的精髓，不懂得它，就等于抛弃了辩证法。"① 毛泽东把矛盾的普遍性和特殊性原理作为辩证法的精髓，为马克思主义基本原理和中国革命实际的结合奠定了哲学理论基础。此后，毛泽东始终致力于把马克思主义与中国革命实际结合起来，用马克思主义的基本原理来解决中国的实际问题，提出了一系列光辉的思想，引导中国革命走上了胜利的道路。

真正做到解放思想，还必须在人类社会历史发展的宏观视域中，从实现共产主义和人类解放的历史过程中理解解放思想的重要作用。思想解放既是人类解放的一个重要方面，又是人类解放的现实途径和重要前提。因此，解放思想的归宿是现实的人类解放，是共产主义社会的实现。但是，这是一个相当长的历史过程，我们切不可把解放思想作为可以一劳永逸的，认为似乎解放思想只是一段时期内的任务。现实实践永无止境，历史发展永无止境，解放思想也就永无止境。因此解放思想具有一种永恒超越的维度，它永远指向对现有思想和理论的批判，指向思想和理论的创新，以防止思想的僵化与滞后。在这个意义上，恰恰只有哲学思维才能理解解放思想的深刻意蕴。解放思想深刻地关联着马克思的哲学维度的共产主义："共产主义对我们来说不是应当确立的状况，不是现实应当与之相适应的理想。我们所称为共产主义的是那种消灭现存状况的现实的运动。"②"对实践的唯物主义者即共产主义者来说，全部问题都在于使现存世界革

① 《毛泽东选集》第 1 卷，第 320 页。

② 《马克思恩格斯选集》第 1 卷，第 166 页。

命化，实际地反对并改变现存的事物。”① 从哲学维度理解马克思的共产主义理论，其本质在于把共产主义理解为一个运动过程。这一运动过程是对现实的批判，是对现实的解放，这个解放过程是永无止境的。而解放思想是这个解放过程中的一个重要环节。由此来理解解放思想，就把解放思想置于马克思主义的整个视域之中，凸显出解放思想的重大革命意义。

四 作为哲学命题的解放思想之理论与现实意义

理解作为一个哲学命题的解放思想，从哲学维度解读解放思想的重要内涵，具有重大的理论意义。通过以上对解放思想的论述，我们可以看到，解放思想不是马克思主义理论体系中的一个枝节问题，而是与马克思主义的哲学基础密切相关的根本问题，是一个世界观和历史观的问题。解放思想最为本质地与马克思的历史唯物主义理论相关联，是现实的、实践的、历史的观点在思想领域的具体体现，深刻体现着唯物史观的根本要求。在此意义上，可以说，是否解放思想是一个根本的理论问题，是真假历史唯物主义的分水岭。那些思想僵化，盲从迷信，崇拜权威，而不能独立思考，不能把马克思主义基本原理与现实实践有机结合起来的人，不是真正的唯物主义者。解放思想看似仅仅是一个思想问题，其实质却是一个马克思主义的根本立场、观点、方法问题，是世界观和历史观问题。

解放思想的过程是马克思主义中国化的过程，是中国马克思主义理论不断取得新成果的过程。整个人类历史的发展过程是一个不断解放思想的过程。综观中国革命和建设的百年历史，可以看出，中国近代历史也是解放思想的历史。就中国共产党近百年的革命史来看，我们也可以说，这个解放思想的过程其实也是马克思主义中国化的历史，是中国化马克思主义不断取得新成果的过程。择其要者而言，毛泽东思想是毛泽东和中国共产党在中国革命和建设中解放思想，突破教条主义等的束缚，把马克思主义基本思想与中国革命建设实际相结合的理论成果；而邓小平理论则是在新的历史时期突破旧的思想框架，突破个人崇拜、因循守旧等僵化思想，把

① 《马克思恩格斯选集》第1卷，第155页。

马克思主义基本原理运用于中国国情，和中国新时代的现实实践相结合的成果。由此可见，中国革命和建设的过程，是马克思主义中国化的过程，而马克思主义中国化的过程，本身就是解放思想的过程。

深刻理解作为哲学命题的解放思想，也具有重大的现实意义。从历史上看，每一次重大的社会转型必然与重大的思想解放相伴随。重大的社会转型不唯是经济体制、政治制度、生活方式、文化模式的转变，也必然伴随着思想领域的深刻的、根本的变化。如果没有思想领域的根本变化，即使经济体制、政治制度、生活方式、文化模式发生了变化，最终还会归于复辟。在中国古代由奴隶社会转型为封建社会的过程中，伴随着的是百家争鸣的思想解放运动。近代中国的社会转型中，中国人对西方文化的接受经历了一个从器物到制度再到思想的过程。这一历史过程深刻地表明，如果只有器物、制度层面的解放，没有相应的思想解放，那么这种解放就不可能是彻底的。由此看来，社会的深刻变化只有在相应的思想的变化基础上才能真正成功。

从中国革命和建设的实践来看，中国革命和建设的每一次成功都必然以解放思想为前提。中国革命事业经历了几次比较大的失败之后，才走上了胜利之路。中国共产党成立之后，没有能够解放思想，而是亦步亦趋地、教条主义地墨守苏联的革命理论，造成了 1927 年的重大挫折。1927 年之后，仍然没有摆脱教条主义的影响，结果导致了 1934 年的被迫转移进行长征。此后，毛泽东成为党的实际领袖，他坚持把马克思主义与中国实际相结合，党逐渐摆脱了苏联思想的束缚和教条主义的影响，中国革命逐步走上了胜利之路。从中国社会主义建设的经验来看，解放思想也从根本上影响中国社会主义建设事业的成败。新中国成立后，中国共产党虽然在经济上、政治上采取了一系列的措施，也取得了一定的胜利，但是没有从思想上进行根本的转变，固守革命战争年代的思想模式，最终导致了“文化大革命”。这充分说明随着社会发展的变化，如果不能继续解放思想，与时俱进，改变旧的思想模式，就会造成严重的后果。1977 年邓小平复出之后，反复强调要解放思想。而对邓小平来说，解放思想不是一个口号，而是一系列的行动。真理标准的大讨论所起的作用正在于解放思想，把人们的思想从教条主义（“两个凡是”）的束缚中解放出来，重新确立了实事求是的路线。邓小平在坚持马克思主义的立场观点方法的基础上，深刻把握世界和时代特征，对马克思主义理论作了一系列与时俱进的解读，提出了一系列新思想，其成果表现形式就是中国特色社会主义理论。由此，中国特色社会主义事业才取得了一个个的成功。解放思想构成了中国特色社会主义事业成功的深刻基础。

从当前中国国情来看，进一步解放思想是中国特色社会主义事业推向前进的关键所在。改革开放至今天，中国社会面临的形势发生了深刻的变化。当前中国经济、政治、文化已经发生了翻天覆地的变化。中国特色社会主义建设事业的进程中始终伴随着解放思想。从当前来看，中国社会虽然有极好的发展势头，但也毋庸置疑地面临着一系列严峻的挑战。这些挑战，既有来自国际上反华的敌对势力，也有国内自身发展中产生的负面效应。中国社会正面临一个新的战略机遇期，也可以说面临新一轮的挑战。要应对这些问题，一方面必须继续加快经济发展，继续进行改革开放，推进中国特色社会主义事业的继续前进，解决中国社会发展面临的经济问题；另一方面，必须正视这些问题，继续解放思想，实事求是，用马克思主义基本原理分析新情况，解决新问题，进行思想创新与理论创新。毋庸讳言，面临当今社会的实际问题，我们从马克思主义经典理论那里找不到现成答案，从毛泽东思想和邓小平理论的现有成果中也难以找到现成的解决办法。但是，从他们的探索中我们的确可以得到有益的启示和经验。这就是用马克思主义的立场、观点和方法来理解和分析当代中国社会所面临的问题，改造自己的固有传统思想，找到适应当代社会发展的道路。在新的历史时期，我们必须继续解放思想，抛弃那些社会发展的思想桎梏，打破那些束缚人的思想的条条框框，实事求是，与时俱进，坚定不移地把中国特色社会主义事业推向新的胜利。

第二节　解放思想与中国特色社会主义发展模式

中国经历了艰难曲折的道路选择，最终坚定地选择了中国特色社会主义发展模式。作为一名马克思主义哲学研究者，笔者无意对中国特色社会主义的道路做细枝末节的分析和描述，而试图从哲学的维度来思考，中国何以走上了中国特色社会主义发展模式，选择这条道路在理论和思想上的根源何在。笔者以为，解放思想与中国特色社会主义发展模式的选择具有深层理论渊源上的关联性，是一个值得深长思之的理论课题。笔者认为，解放思想构成了中国特色社会主义发展模式的思想和理论基础，也构成了沿着这条中国特色社会主义发展模式继续前进的关键。因此，我们的论述将围绕以下内容展开：从理论上来看，解放思想与中国特色社会主义发展模式之间的关系如何？从历史发展来看，解放思想与中国特色社会主义发展模式路径选择之间关系如何？从未来发展来看，解放思想如何构成中国特色社会主义发展模式之前景的关键因素？最后，笔者试图对解放思想与中国特色社会主义发展模式之间的关系做出理论总结。

一　解放思想是中国特色社会主义发展模式的思想基础

解放思想乃是马克思主义哲学的一个基本命题，它既深深植根于马克思的历史唯物主义基本原理，又衔接着中国共产党从毛泽东到邓小平艰辛的思想探索和理论成就。作为一个哲学命题，解放思想既是毛泽东思想的深层理论根源，更是邓小平理论形成的思想基础和重要成果。毋宁说，解放思想是马克思主义从马克思、恩格斯创始以来一直到当代中国特色社会主义发展模式选择的深层思想依据和理论线索。就此而言，我们有理由说，解放思想既构成了马克思主义中国化的一条思想暗线，也构成了中国特色社会主义发展模式路径选择的理论基础。

解放思想，为中国特色社会主义发展模式的选择奠定了思想基础。思想解放是现实解放的先声，没有思想的解放，当然也没有现实的解放。历史唯物主义认为，物质的东西对思想、精神的东西具有决定作用，但思想、精神的东西又具有极大的能动力量，可以反作用于物质的东西。而在马克思看来，我们对事物、现实的理解，不能限于前者，而更多的应该从后者出发。在《关于费尔巴哈的提纲》第一条中，马克思既批评了唯心主义的主观性，也批评旧唯物主义的直观性和片面性。实际上，马克思更多地侧重于批评以费尔巴哈为代表的旧唯物主义者。马克思批评费尔巴哈的核心就在于，他只是直观地把事物、现实、感性看作客体，而不能从主体维度来理解事物。马克思指出："从前的一切唯物主义（包括费尔巴哈的唯物主义）的主要缺点是：对对象、现实、感性，只是从客体的或者直观的形式去理解，而不是把它们当做感性的人的活动，当做实践去理解，不是从主体方面去理解。"① 可见，费尔巴哈所谓客观事物并不客观，它内在地包含着主体维度，即思想的、精神的维度，纯粹客观的、与人无涉的、与思想无涉的客观事物并不是马克思哲学视野里的客观事物，而是社会的现实。由此观之，社会发展道路这种重要的社会现实，在一定程度上也可以理解为人们思想的现实物。没有思想的变革，在因循守旧、故步自封的思想中，不可能生长出中国特色社会主义发展模式，而只能是或者教条主义地生搬硬套经典著作的预想，或者照搬某一国家的现成社会发展模式。马克思高度赞扬思想的积极作用，他写道："思想的闪电一旦彻底击中这块素朴的人民园地，德国人就会解放成为人。"② 思想的解放为现实的解放奠定了基础，开辟了道路。

中国特色社会主义发展模式是解放思想的社会现实体现。社会现实总是思想的社会现实，是思想在社会现实特别是社会政治经济制度上的外化的形式。中国特色社会主义发展模式的形成，以一系列的思想解放和变革为前奏，然后从思想物化为社会经济政治制度。这虽然看起来具有黑格尔主义的色彩，但在一定意义上符合中国特色社会主义发展模式从初创到形成的过程。新中国成立伊始，我国根据马克思主义经典著作中的论述和苏联的经验，结合我国国情，进行了社会主义改造。这也可以说是中国特色社会主义的探索，但更多的是一种把书本上的设想转化为社会现实的实践。但是在后来的发展中，由于现实实践本身的复杂性，这种探索脱离中国国情和现实，更多具有了教条主义和经验主义的色彩，最终走上了极左道路。中共十一届三中全会批判了"两个凡是"的错误方针，果断停止了以阶级斗争为纲的口号，而把党和国家工作重点转移到经济建设上来。

---

① 《马克思恩格斯选集》第1卷，第133页。

② 《马克思恩格斯选集》第1卷，第16页。

邓小平的一系列论述，极为深刻地突破了旧的条条框框的禁锢，起到了巨大的思想解放作用。这一思想解放的成果，表现在社会经济制度上，就是中国特色社会主义发展模式的初步形成。

解放思想为中国特色社会主义发展模式的不断发展提供思想保障。中国特色社会主义发展模式，并不是一劳永逸的，而是不断前进和发展的，从这个意义上说，我们仍然处于探索这一模式的征途上。而解放思想则是我们沿着这条道路不断前进的思想保证。可以说，没有解放思想所始终伴随的发展模式，并不能真正确立下来，而会左右摇摆，最终不能取得预期成果。近代史上晚清政府向西方学习，起先只学习器物，搞了洋务运动，失败了，后来学习制度，搞戊戌变法，也没有成功。清王朝的灭亡证明了没有思想变革的政治改革不可能取得成功，不可能持久。因此，要保证社会变革的成果，需要有思想的变革来伴随。由此看来，解放思想是中国特色社会主义发展模式不断发展和前进的思想前提和保障。

综上所述，可以断言，解放思想构成了中国特色社会主义发展模式的思想基础，要沿着中国特色社会主义发展模式继续前进，就需要不断解放思想。

二　解放思想与中国特色社会主义发展模式的历史抉择

从历史的长期发展来看，中国特色社会主义发展模式的选择始于中国共产党政权的初创时期，而确立于1978年的十一届三中全会的召开。从历史的中期发展而言，则始于新中国的成立，而确立于90年代后邓小平南方谈话和党的十四大召开。以上是从中国共产党的发展历史和中国近现代发展历史的宏观维度俯瞰中国历史所得出的分析。从微观而言，或者说，站在当代中国历史发展的尺度来看，中国特色社会主义发展模式则初创于1978年到1981年的以经济建设为中心的转型和改革开放基本国策的提出，确立于党的十四大，而延续至21世纪的当代中国特色社会主义理论和习近平新时代中国特色社会主义思想。今天我们所探讨的中国特色社会主义发展模式的选择、发展，主要局限于历史的微观尺度，即当代中国的尺度。这也是理论界所普遍认可的一种尺度。限于论题的范围，我们只拟对中国改革开放以来的历史做一回顾，来说明解放思想与中国特色社会主义发展模式历史选择的紧密联系。

解放思想是马克思主义的基本理论内涵，但真正从政治和理论高度来论述解放思想重要作用的，是邓小平。1978 年 12 月 13 日，邓小平在中共中央工作会议闭幕会上做了题为《解放思想，实事求是，团结一致向前看》的讲话。在这个讲话中，邓小平专门用第一部分的篇幅讲解放思想的问题，小标题就是“解放思想是当前的一个重大政治问题”。邓小平明确指出：“解放思想，开动脑筋，实事求是，团结一致向前看，首先是解放思想。只有思想解放了，我们才能正确地以马列主义、毛泽东思想为指导，解决过去遗留的问题，解决新出现的一系列问题，正确地改革同生产力迅速发展不相适应的生产关系和上层建筑，根据我国的实际情况，确定实现四个现代化的具体道路、方针、方法和措施。”他强调，是否解放思想，“的确是个思想路线问题，是个政治问题，是个关系到党和国家的前途和命运的问题”①。并且进一步把解放思想提高到哲学高度，指出解放思想，“是个重要的理论问题，是个是否坚持历史唯物主义的问题”②。

正是在解放思想的前提下，邓小平经过深邃的思考，提出了一系列突破前人的理论创见，升华为中国特色社会主义理论，并确立了中国特色社会主义发展模式。以江泽民同志为核心的党的第三代中央领导集体，继承了邓小平解放思想的传统，继续坚持解放思想和理论创新，提出了许多新的理论创见，进一步巩固了中国特色社会主义。以胡锦涛同志为总书记的党中央，继续坚持解放思想，提出了科学发展观和和谐社会建设的思想，在理论上发展了中国特色社会主义理论，在实践上发展了中国特色社会主义。从根本上来说，改革开放以来，解放思想经历了以下三个阶段，形成了三个重要的理论成果，基本奠定了中国特色社会主义的经济制度和政治制度，形成了中国特色社会主义发展模式。

第一，经过 1978 年的真理标准大讨论之后，明确了实践是检验真理的

---

① 《邓小平文选》第 2 卷，第 141、143 页。

② 《邓小平文选》第 2 卷，第 38 页。

唯一标准，使人们的思想从“两个凡是”的教条主义思想中解放出来，明确了解放思想、实事求是，在实践中检验和发展真理是我们党的思想路线。这是第一次思想解放。这一次思想解放主要是在哲学领域，可以说是重新认识和理解唯物史观，重新把历史唯物主义确立为我们党的哲学基础。正是在这一背景下，我国学术界也进行了广泛深入的讨论，把实践原则确立为马克思主义哲学首要的基本原则，而不是将其局限于认识论领域。由此进一步引发了实践唯物主义讨论、实践本体论的讨论和广义历史唯物主义的讨论，使我们对马克思主义的哲学基础得到了进一步的深化理解。

第二，20 世纪 80 年代末 90 年代初，国际形势风云变幻，苏联解体、东欧剧变，中国国内形势也面临着严峻的挑战。是否继续坚持中国特色社会主义发展模式，成为重要的政治问题。这一时期，关于姓“社”姓“资”的讨论成为人们思索和苦恼的重要问题。1992 年，在历史的关键时刻，邓小平在南方谈话中指出要继续坚持改革开放，继续走建设中国社会主义的道路，并提出了一系列重要的理论命题，极大地解放了人们的思想。其中最为根本的思想解放就是从抽象的姓“社”姓“资”的争论中解脱出来，重新认识了社会主义。这一时期的重要理论成果主要在经济领域和政治领域，其中最为重要的理论成果有社会主义本质理论、社会主义市场经济理论和“三个有利于”标准理论。后来，这一理论成果在党的十四大报告中得到系统的总结和发挥。十四大之后，党对上述重要理论成果又进行了进一步阐述，发展和深化了以上理论成果。

第三，是在 20 世纪末 21 世纪初期，面临着国际国内的新形势，特别是面临着经济快速发展与人类生存环境之间的矛盾问题，我们党提出了以人为本的科学发展观和构建和谐社会的思想。这是一次新的思想解放运动。这次思想解放的重要意义表现在两个方面。第一，它凸显了人在经济社会发展中的主体地位，凸显出人是经济社会发展的最终目的，这实际上是对我们党以往历史上以集体利益和社会利益来压制和淹没个人利益的做法的拨乱反正。第二，它在哲学高度上解决了发展观这一重要课题，并把科学发展观与和谐社会的建构结合在一起，从指导思想、经济制度、社会建构等方面相结合的综合维度上为中国特色社会主义的道路勾画出了壮美蓝图。如果说前两次思想解放过程分别侧重于哲学和政治的层面，那么这一次思想解放过程则是全面和综合的，涉及社会、经济、政治、生活等各个方面，因而是一场更为深刻和全面的思想变革。但是，我们应该看到，这一次解放思想的任务更为艰巨，时间也更为持久，内容更为深刻。

以上我们对改革开放以来的三次重要的思想解放过程做了一个简要回顾。可以看出，三次思想解放的过程，也恰恰是中国特色社会主义事业不断发展，中国特色社会主义理论不断完善，中国特色社会主义发展模式不断前进的过程。经过三次解放思想的过程，我们对中国特色社会主义从总体上有了较为深刻的认识，已基本形成了中国特色社会主义的经济、政治和社会制度。这一解放思想的过程，也是中国特色社会主义发展模式不断发展和完善的过程。中国特色社会主义发展模式的基本内容主要有以下几个方面。

第一，在政治制度上，中国特色社会主义发展模式坚持走社会主义道路。但是值得注意的是，中国特色社会主义发展模式中所说的社会主义，并不是原来的传统社会主义，不是苏联和新中国成立以后三十年那种社会主义，而是新的理解上的社会主义，概括言之，就是邓小平所说的社会主义的本质是“解放生产力，发展生产力，消灭剥削，消除两极分化，最终实现共同富裕”。第二，在经济制度上，中国特色社会主义发展模式坚持以经济建设为中心，以建设社会主义市场经济为主要手段，以解放和发展生产力为主要尺度。在经济制度建设上，中国特色社会主义实际上是要借鉴资本主义社会发展的经济成果，或者说在社会主义政治制度的框架下建设现代市场体系，并努力使经济发展成果惠及最广大的人民群众。第三，在社会建设上，中国特色社会主义发展模式明确提出构建社会主义和谐社会是其建设目标。我们所要建设的社会主义和谐社会，应该是民主法治、公平正义、诚信友爱、充满活力、安定有序、人与自然和谐相处的社会。构建社会主义和谐社会既是中国特色社会主义的奋斗目标，也是中国特色社会主义发展的手段。第四，在发展观指导思想上，中国特色社会主义发展模式提出以科学发展观为指导思想。胡锦涛同志指出，科学发展观，第一要务是发展，核心是以人为本，基本要求是全面协调可持续发展，根本方法是统筹兼顾科学发展观的要求。必须坚持把发展作为党执政兴国的第一要义，必须坚持以人为本，必须坚持全面协调可持续发展，必须坚持统筹兼顾。科学发展观基本解决了实现什么样的发展和怎样实现发展的问题，是马克思主义中国化的新成果，是中国特色社会主义理论的创新发展。第五，在价值取向上，中国特色社会主义发展模式坚持以人为本的价值取向。以人为本，既是科学发展观的核心要义，也是构建和谐社会目标的基本要求。提出以人为本为核心的科学发展观，凸显人的地位和重要性，这是我们党对中国特色社会主义理论的重大发展，是解放思想和理论创新的重要成果。以人为本的基本含义是以广大人民群众为根本，但却不仅仅止于此含义。应该说，对以人为本的理解也是一个历史发展过程，要与时俱进。

正是在不断解放思想的过程中，中国共产党对中国特色社会主义发展模式的认识逐步得到了深化。历史是一面镜子，由历史中可以透视出未来。笔者相信，随着中国特色社会主义发展模式的不断发展，解放思想的事业也必将继续进行下去。实践永无止境，创新永无止境，解放思想永无止境，中国特色社会主义发展模式的创新也永无止境。下面，我们就试图从透视未来的维度来对解放思想和中国特色社会主义发展模式的前景之间的关系进行探讨。

三　解放思想与中国特色社会主义发展模式的前景

进入21世纪，当代中国所面临的历史境遇是前所未有的，既面临前所未有的机遇，也面临前所未有的挑战。中国能否继续保持良好的势头，能否沉着应对21世纪所面临的挑战，抓住中国所面临的历史机遇，推进中国特色社会主义伟大事业继续前进，这至关重要地关联着我们党和我们国家能否进一步解放思想。进一步推进解放思想的事业，成为决定中国特色社会主义发展模式前景的关键。

从国际形势来看，当代中国面临着前所未有的复杂局面，中国在国际上的地位发生了新的变化，需要我们进一步解放思想。笔者以为，一方面，中国经过数十年来中国特色社会主义事业的发展，取得了世所瞩目的伟大成就，基本实现了中国在改革开放每个阶段所提出的发展目标，中国在国际社会中的政治地位有了很大提高，赢得了广大发展中国家和部分发达国家的尊重。另一方面，中国在经济发展上与西方发达国家还有很大差距，国际上敌视和反对中国的力量仍然不可忽视。中国积极应对在国际社会上所面临的错综复杂的境遇，就要进一步解放思想，继续坚持改革开放，才能与国际社会进一步接轨，提高中国在国际上的地位。毋庸置疑，只有进一步解放思想，进一步推进政治经济社会各方面在内的制度改革，才能继续推进中国特色社会主义发展，达到上述目标。换言之，能否进一步解放思想，关系着中国能否作为一个具有重要国际地位的大国在国际社会中发挥自己的作用，关系着中国特色社会主义发展模式的成败。

从国内形势来看，进入 21 世纪以来，当代中国基本完成了社会转型，面临着日益复杂和多元的社会状况，迫切需要我们党和广大人民群众进一步解放思想，以适应变化了的国内形势。毫无疑问，我们还面临着许多深刻而复杂的问题。只有直面这些问题，解放思想，深入思考，才能提出解决这些问题的方案，才能进一步推进中国特色社会主义事业发展。要解决这些问题，一方面必须继续加快经济发展，继续进行改革开放，推进中国特色社会主义事业的继续前进，解决中国社会发展面临的经济问题；另一方面，必须正视这些问题，继续解放思想，实事求是，用马克思主义基本原理分析新情况，解决新问题，进行思想创新与理论创新。毋庸讳言，面对当今社会的实际问题，我们从马克思主义经典理论那里找不到现成答案，从毛泽东思想和邓小平理论的现有成果中也难以找到现成的解决办法。但是，从他们的探索中我们的确可以得到有益的启示和经验。这就是用马克思主义的立场、观点和方法来理解和分析当代中国社会所面临的问题，改造自己的固有传统思想，找到适应当代社会的道路。如此看来，解放思想，解决我们所面临的实际问题，是推进中国特色社会主义事业发展的必经之路，是进一步探索中国特色社会主义发展模式的必由之路。

以上两个方面的问题，是相互联系相互作用的。就实际情况来看，解放思想，创新理论，集中精力办好自己的事情，改善广大人民群众的生活水平，创造性地解决国内所面临的问题，是继续发展中国特色社会主义事业的关键所在，也只有解决好了国内的问题，才能更好地应对国际风云变幻。

从世界历史来看，中国特色社会主义是具有世界性意义的事业，也是与世界和平发展紧密相连的事业，中国特色社会主义发展模式具有世界历史意义。马克思指出："无论哪一个社会形态，在它所能容纳的全部生产力发挥出来以前，是决不会灭亡的；而新的更高的生产关系，在它的物质存在条件在旧社会的胎胞里成熟以前，是决不会出现的。"①毋庸讳言，社会主义和资本主义在很长一段时期内必然长期共存，中国特色社会主义发展模式在很大程度上也借鉴了发达资本主义国家的先进成果。中国特色社会主义发展模式具有世界历史意义，就在于它超出了以苏联模式为代表的传统社会主义模式，特别是在思想上超出了姓"社"姓"资"、姓"公"姓"私"的抽象讨论和两极对立思维，为我们理解世界大势特别是理解不同社会制度国家之间的关系开辟了新的路径。面对世界纷繁复杂的变化格局，面对国内错综复杂的社会问题，要继续坚持中国特色社会主义发展模式，就要持续不断地解放思想，对内走出中国特色社会主义持续发展进步繁荣的道路；对外走出中国特色社会主义的现代化并能够与各国共同发展共同繁荣的道路。中国特色社会主义发展模式具有辉煌的前景，它必将在国际社会舞台上展现出其所具有的独特风采，为世界和平和发展贡献出自己的力量。

四　解放思想是中国特色社会主义事业前进的不竭动力

解放思想虽然是由邓小平在改革开放之初所提出的，但它实际上是我们党自成立以来不断取得理论和实践上的成就的原因。毛泽东实际上也是解放思想的代表，他的《反对本本主义》正是反对教条主义、解放思想的

---

① 《马克思恩格斯选集》第 2 卷，第 3 页。

宣言书。解放思想首要之处就在于从僵化的理论中解放出来。所谓本本主义，就是遇事不看实际情况，不是根据现实发生的实际情况制定策略和政策，而是看本本上讲了什么，根据本本而不顾客观实际来制定方针政策。毛泽东对这种本本主义作了深刻批判，他指出："马克思主义的'本本'是要学习的，但是必须同我国的实际情况相结合。"[①]正是由于解放思想，毛泽东才能够从中国实际出发，走出了中国特色的革命之路，农村包围城市，最后夺取城市，取得了中国革命的胜利。把解放思想这一哲学命题与中国特色社会主义发展模式联系起来思考，给我们提供了深刻的启示，归结起来就是，中国特色社会主义发展模式的创新和完善，需要我们进一步大力解放思想。解放思想是发展中国特色社会主义的一大法宝。持续不断地继续解放思想，是中国特色社会主义事业不断前进的不竭动力。

第一，解放思想是马克思主义基本原理的深刻体现，是马克思主义中国化的重要成果，也是当代马克思主义的重要体现。解放思想是一个深刻的哲学命题，是马克思历史唯物主义思想所蕴含的基本原理之一。笔者曾经指出："解放思想不是马克思主义理论体系中的一个枝节问题，而是与马克思主义的哲学基础密切相关的根本问题，是一个世界观和历史观的问题。解放思想最为本质地与马克思的历史唯物主义理论相关联，是现实的、实践的、历史的观点在思想领域的具体体现，深刻体现着唯物史观的根本要求。是否解放思想是根本的理论问题，是真假历史唯物主义的分水岭。……解放思想看似仅仅是思想问题，其实质却是马克思主义的根本立场、观点、方法问题，是世界观和历史观问题。"因此，坚持马克思主义的指导地位，需要我们不断解放思想，我们要用发展着的马克思主义指导实践，用当代化、现代化的马克思主义指导发展中的中国特色社会主义。正如邓小平所说："不以新的思想、观点去继承、发展马克思主义，不是真正的马克思主义者。"[②]

第二，中国特色社会主义理论的不断发展、创新和完善，需要我们不

---

① 《毛泽东选集》第1卷，第111～112页。

② 《邓小平文选》第3卷，人民出版社1993年版，第292页。

断解放思想。中国共产党已经形成了一个中国特色社会主义理论体系，深刻发展了马克思主义基本理论，拓宽了马克思主义的理论视域，为中国特色社会主义事业的发展奠定了理论基础。但是，中国特色社会主义理论还远远没有完成，需要我们在实践中根据实际问题，结合马克思主义的基本原理，进行理论创新，进一步完善中国特色社会主义理论，这实际上也就是不断把马克思主义理论继续中国化的过程。而要做到这一点，就必须继续坚定不移地解放思想。

第三，中国特色社会主义发展模式不是一蹴而就的，也不能一成不变，需要不断发展和创新。这就需要我们持续不断地解放思想。经过数十年来的改革开放的艰辛探索，我们已经基本奠定了中国特色社会主义发展模式的基本雏形。但是，中国特色社会主义发展模式特点恰恰就在于它是一个开放的、发展的模式，绝不是僵化的、固定的、一成不变的模式，这一模式同样需要在实践中不断发展和创新。而创新中国特色社会主义发展模式的必要前提就是必须打破旧的思维框架，打破旧的条条框框，就是要持续不断地把解放思想进行下去。

第四，中国特色社会主义实践的发展所提出的实际问题，要求我们不断解放思想。中国特色社会主义伟大实践已经进行了几十年，取得了丰硕的成果。但是，必须看到，在前进道路上，随着中国特色社会主义实践的不断发展和现代社会生活实践的日趋复杂性，许多前所未有的深层社会矛盾逐渐显现。仅仅依靠已有的思想理论和具体办法，不足以解答时代提出的问题，解决社会所面临的矛盾，必须解放思想，实事求是，创造性地解决这些问题，化解这些矛盾。

第五，中国特色社会主义政治、经济、文化、社会各方面的制度改革与具体实践需要有创新的思路。中国特色社会主义事业的发展历程，归根究底就是中国改革开放的发展历程。改革开放的过程，实际上就是对中国当代社会现有的政治、经济、文化、社会各个方面的制度进行改革的过程。不用说，这一过程还远未结束，改革开放的过程必须继续进行下去，就是说，必须深化改革不适应我国当前社会进一步发展的各项制度，这就需要我们必须有创新的思路，需要进一步解放思想。在这一点上说，我们所面临的解放思想的任务还十分艰巨。

中国特色社会主义事业的未来前途在于坚持和发展马克思主义，而坚持和发展马克思主义的出路在于坚持解放思想的马克思主义。解放思想，实事求是，在实践中不断推进马克思主义理论创新，这既是中国特色社会主义历史实践所得出的基本结论和重要经验，也是中国特色社会主义发展模式进一步发展和创新的关键之所在。就此而言，解放思想之伟大事业，依然任重而道远。

第三节 实事求是与马克思的辩证法思想

自五四运动前后一个多世纪以来，马克思主义传入中国与中国的革命和建设事业相结合，形成了具有中国特色的马克思主义。如果我们问，最能够概括中国化马克思主义的命题是什么，任何一个对中国的马克思主义有所了解的人都会回答说，是“实事求是”。毫无疑问，实事求是作为一个重要的马克思主义理论的中国式表达，不仅家喻户晓，而且深入人心；它不仅被写进党章，写进党的代表大会报告和人民代表大会的决议等之中，而且被镌刻在石头上，做成字画挂在很多人的书斋中。实事求是所揭示的道理似乎如此浅显易懂，以至于人们无须深究其内涵而心知肚明，实事求是所代表的意象如此清晰明了，似乎无须人们做任何解释就能把握理解，实事求是所给予人们的指引又如此正确无误，任何时候似乎只要将这个四字成语拿出来，一切问题则迎刃而解。事实果真如此吗？我们的回答是否定的。我们认为，对这个似乎具有自明性的术语，我们必须叩问其哲学内涵，深究其哲学意义，并且牢牢把握其深层底蕴，防止一切将其世俗化和简单化的倾向，如此才能真正发挥其理论指导的作用。

一 实事求是内涵的演变：从毛泽东到邓小平

毫无疑问，作为一个哲学工作者，我们关注的是实事求是的哲学意蕴，换言之，我们首先必须追问的是作为哲学命题的实事求是究竟有何意蕴。众所周知，实事求是这个具有中国特殊意蕴的成语，并非从西方翻译而来，而是中国自己古已有之的成语。“实事求是”一词，最初出现于东汉史学家班固撰写的《汉书·河间献王传》，讲的是西汉景帝第三子河间献王刘德“修学好古，实事求是”。明朝王阳明在宋代朱熹“格物便是致知”“理在事中”的基础上，提出了“知行合一”的观点，倡导“实事求是”的学风。这原本指一种严谨的治学态度和方法，是一个经学和考据学的命题，也是中国古代学者治学治史的座右铭。1941 年 5 月，毛泽东同志在《改造我们的学习》一文中对这一古语作了新的解释：“‘实事’就是客观存在着的一切事物，‘是’就是客观事物的内部联系，即规律性，‘求’就是我们去研究。”这就是实事求是作为一个哲学命题的来源。但是，在毛泽东这一语境中，实事求是仍然是一种学习研究的态度，是一种治学的态度。毛泽东使用这一古语是在《改造我们的学习》中，而对其的解释也只是说，我们要从客观存在的一切事物中，发现事物的规律性。实际上，这仍然是一个学习态度的问题，而不能被看作从哲学角度来看实事求是。后来，毛泽东多次提及实事求是的命题，但是基本上还是在反对教条主义、反对主观主义的学风问题上讲的。他指出：“所谓学风，不但是学校的学风，而且是全党的党风。学风问题是领导机关、全体干部、全体党员的思想方法问题，是我们对待马克思列宁主义的态度问题，是全党同志的工作态度问题。”① 邓小平也十分重视实事求是。他指出，实事求是是毛泽东思想的精髓，他说：“……‘实事求是’四个大字，毛泽东思想的精髓就是这四个字。”“毛泽东思想的基本点就是实事求是，就是把马列主义的普遍原理同中国革命的具体实践相结合”。但是，邓小平所指的实事求是基本上仍然是一种学风，一种治学态度，就是说，是认识论范围内的实事求是。他在高度评价实践是检验真理的唯一标准问题的讨论时，尖锐地指出，“一个党，一个国家，一个民族，如果一切从本本出发，思想僵化，迷信盛行，那它就不能前进，它的生机就停止了，就要亡党亡国”，“只有解放思想，坚持实事求是，一切从实际出发，理论联系实际，我们的社会主义现代化建设才能顺利进行，我们党的马列主义、毛泽东思想的

① 《毛泽东选集》第 3 卷，人民出版社 1991 年版，第 813 页。

理论也才能顺利发展"①。他还说："解放思想，就是使思想和实际相符合，使主观和客观相符合，就是实事求是。"② 但是这里注意的是，从毛泽东到邓小平，实事求是的内涵发生了微妙的变化。前者只强调了实事求是是反主观主义、反教条主义的学风，至多成为党的思想路线，对实事求是的认识论范围的限定是很明显的。但是到了邓小平那里，实事求是被扩展了，虽然仍然强调其认识论含义，但被扩展为毛泽东哲学思想的出发点，就是说，强调实事求是的哲学内涵，强调实事求是在整个毛泽东思想体系中的奠基作用。正如后来邓小平所说："毛泽东思想的基本点就是实事求是，就是把马列主义的普遍原理同中国革命的具体实践相结合。毛泽东同志在延安为中央党校题了'实事求是'四个大字，毛泽东思想的精髓就是这四个字。毛泽东同志所以伟大，能把中国革命引导到胜利，归根到底，就是靠这个。"③

从毛泽东到邓小平对实事求是的理解的转变，具有重要的理论意义和实践意义。毛泽东在提及实事求是的内涵时，基本是认识论意义上的，强调一种求真求实的治学态度，一种不浮躁、重事实的学风。而邓小平在强调实事求是时，赋予了实事求是以更深的哲学内涵，它不再仅仅是一种治学态度，而从哲学态度演变为一种实践态度，一种做人做事之范式，邓小平强调的是从"实事"出发，即从实际出发来确定做事的方向，强调的是理论与"实事"之结合，侧重点在从实际出发的务实态度。这并不仅仅是把治学态度用在做事态度上的一个理论应用问题，而是一个哲学范畴的根基的转变问题，毛泽东论述的是治学态度，是认识论问题，而邓小平强调的是做事态度，是实践观问题。而实践观问题的基础乃是本体论问题，这就是邓小平实际上赋予了实事求是以本体论的内涵，使实事求是转化为一个真正的哲学命题。在这个意义上我认为，如果说毛泽东在1941年前后提出的实事求是具有哲学内涵，那还只是一种认识论维度的；而邓小平所强调的实事求是才真正具有了哲学的高度和深度，使实事求是的本体

① 《邓小平文选》第2卷，第126、143页。

② 《邓小平文选》第2卷，第364页。

③ 《邓小平文选》第2卷，第126页。

论内涵和实践观内涵凸显，同时也使实事求是作为历史唯物主义的重要命题和理论结论凸显。邓小平所理解的实事求是与毛泽东所理解的实事求是的区别非常重要，其原因我们指出两点：第一，不要忘记，邓小平的实事求是是在经历了新中国成立近三十年的曲折发展之后，特别是在总结“文化大革命”的教训基础上提出来的；第二，邓小平的实事求是是在批评“两个凡是”的语境中，在理论界进行了真理标准问题大讨论之后，总结这一讨论提出来的。

二　作为哲学命题的实事求是

作为一个重要的哲学命题，实事求是之内涵仍需进行进一步的阐述。如果问题仅仅是一个术语的问题，那么我们只要遵守实事求是四个大字的教诲就无往而不胜了，但事实表明，实事求是并不能使我们无往而不胜，许多时候，我们是在实事求是的幌子下，理直气壮地走向错误的道路。如果不承认这一点，我们就无法解释为什么会以实事求是之名行虚夸浮躁之实，甚至以实事求是之名行指鹿为马、颠倒黑白之实。问题的原因当然是多方面的，但是笔者认为，在一定意义上说，实事求是的哲学内涵未得到充分的阐明是一个重要的原因。

在此我们当然无意将毛泽东和邓小平对立起来，但我们确实希望能够在二者的比较中辨明实事求是的哲学内涵。在此我们不妨采取分析哲学和语言哲学的方法，对实事求是分解开来，揭示其内涵。首先，我们看实事求是之“实事”。毛泽东说，实事就是客观存在的事物。如果我们理解不错，毛泽东所讲的实事乃客观存在，就是不以人的意志为转移的，独立于人的客观事物，列宁意义上的物质世界。这就是说，在毛泽东的理解中，存在着一个先在的本体论结构，这一结构乃是辩证唯物主义的。邓小平并未对“实事”一词进行专门界定，但他在讲实事求是时不是单独讲实事求是，而是将实事求是置于语境之中，在这个语境中，我们可以辨析出邓小平对“实事”一词的独特理解。在此我们不做详细探讨，仅举一例。邓小平说：“只有解放思想，坚持实事求是，一切从实际出发，理论联系实际，我们的社会主义现代化建设才能顺利进行，我们党的马列主义、毛泽东思想的理论也才能顺利发展。"① 这里需注意，邓小平简短的话语中包含了以下五层意思。第一，实事求是与解放思想的结合；第二，实事求是就是一切从实际出发；第三，实事求是即理论联系实际；第四，实事求是与我们的社会主义现代化建设顺利进行有关；第五，实事求是才能发展马克思主义的理论。邓小平所理解的"实事"，是实际，是社会主义现代化建设事业的实际，是与解放思想有关的实际。邓小平的实际不是客观事物，而是主观事物，是人的视野中的社会现实。其次，实事求是之"求"。毛泽东说，求就是我们去研究。很显然，在实事求是这个短语中，"求"表示了人的主观能动性，是主观和客观相结合的结点，是人与事的结合点。毛泽东把求界定为研究，再次表明了其思想前提主客二分的，事物即是事物，人与事物二分，我们与事物的关系是认识论关系，不是本体论关系，不是实践关系。在邓小平那里，这个求是什么意思呢？还是以上面一句话为例来说明，在邓小平的话语中，实事求是之"求"演化为以下几个词语：（从实际）出发、（理论联系实际的）联系、（社会主义现代化事业的）进行、（马克思列宁主义理论的）发展。我们认为，这些词语表明，邓小平把实事求是作为一种实践观看待。从对客观事物的纯主观的凝视般的态度，转向了"做"，转向了实践。最后我们再看实事求是之"是"。毛泽东讲得很清楚，"是"就是客观规律。毋庸讳言，这仍然是明显的认识论范畴内的理解，而且是在辩证唯物主义的问题式下的理解。人们实事求是只能是认识规律，进一步讲，认识规律的目的是什么，无非遵循规律。人的主观能动性在这里是牢牢地束缚在认识论领域之内的。在邓小平那里，这个"是"又如何呢？在上面一段论述中，我们显然很难找到与"是"相对应的术语。那么，邓小平的论述中这个"是"到哪里去了呢？在笔者看来，这个"是"被邓小平悬置了，取代这个"是"的是另一个更为昭彰显著的，但没有被与"是"联系起来的词语所取代了；这就是"解放思想"。换言之，如果世界仅仅是存在着"是"——客观规律——等待我们去发现的话，那么我们就可以一劳永逸地完成一项事业，但是并不存在这样一个

① 《邓小平文选》第2卷，第143页。

客观规律，所以我们要“解放思想”，不断解放思想。我们可以推论说，在邓小平那里，“是”不是作为客观规律的实证存在，而是一种理想悬设，就如共产主义不是一个实证的社会形态，而是一个人类解放的不断趋近的理想一样。邓小平在论及改革开放的时候说：“改革开放胆子要大一些，敢于试验，不能像小脚女人一样。看准了的，就大胆地试，大胆地闯。深圳的重要经验就是敢闯。没有一点闯的精神，没有一点‘冒’的精神，没有一股气呀、劲呀，就走不出一条好路，走不出一条新路，就干不出新的事业。”① 这是对解放思想、实事求是的通俗解释。至此我们就能够理解，为什么在邓小平那里，解放思想与实事求是总是联系在一起的。

在上述对比中，我们不难看到实事求是作为一个哲学命题的深刻内涵，笔者认为，这一命题由毛泽东提出和论述，邓小平赋予了其哲学高度的内涵。从哲学高度来解读实事求是，我们认为，“实事”不是客观存在的一切事物，而是历史唯物主义的社会现实，是人类所面临的现实境遇；“求”不是研究，不是对客观世界的静观的认识论态度，而是积极改变世界的实践态度；“是”不是世界的客观规律，而是人类所追求的理想状态。在此，我们根据邓小平的理解，对实事求是之哲学内涵做以下解释：实事求是，就是从我们的现实出发，积极地改变我们的现存状态，使之不断切近和符合我们的理想。这不正是马克思对实践的唯物主义者和共产主义者的阐释吗？难道这样一种对实事求是的理解不是与马克思的下述论断在精神实质上完全一致吗？马克思写道：“实际上，而且对实践的唯物主义者即共产主义者来说，全部问题都在于使现存世界革命化，实际地反对并改变现存的事物。”② “共产主义对我们来说不是应当确立的状况，不是现实应当与之相适应的理想。我们所称为共产主义的是那种消灭现存状况的现实的运动。”③从马克思在《关于费尔巴哈的提纲》中最后一节的哲学宣言“哲学家们只是用不同的方式解释世界，而问题在于改变世界”这一纲领性的论断看，邓小平不正是把实事求是看作改变世界的纲领了吗？

---

① 《邓小平文选》第 3 卷，第 372 页。

② 《马克思恩格斯文集》第 1 卷，第 527 页。

③ 《马克思恩格斯文集》第 1 卷，第 539 页。

正是基于上述理解，我们认为，把实事求是命题看作马克思主义中国化的最大的理论成果，完全具有哲学的合法性，因为这一命题的核心深处的思想内在地切合了马克思哲学的本真精神，切合了历史唯物主义和历史辩证法的本真精神，是具有中国特色的马克思主义哲学表达。

三　实事求是的辩证法意蕴

这样看来，实事求是作为一个哲学命题确实需要我们再次加以深化理解。在笔者看来，实事求是作为哲学命题之重要性，还在于实事求是的辩证法意蕴。

正如我们所注意到的，在邓小平那里，实事求是往往是和解放思想结合在一起的，在某种意义上说，解放思想构成了实事求是之思想前提，没有解放思想，就没有实事求是。如果在我们所理解的解放思想和实事求是的基础上理解，那么实事求是即从现实实际出发来改变现实的状况这样一种共产主义的实践活动，必须以解放思想为前提；就是说，任何思想的羁绊都必须被破除。关于解放思想与马克思主义辩证法之间的深刻关联，我们已经做过论述，我们指出，应该从解放思想这一命题与马克思主义辩证法的本质之间的内在关联来理解解放思想的哲学意蕴。从这一维度看，解放思想是马克思主义辩证法的必然结论。马克思对辩证法的本质内涵做了以下深刻的揭示："辩证法，在其合理形态上，引起资产阶级及其空论主义的代言人的恼怒和恐怖，因为辩证法在对现存事物的肯定的理解中同时包含对现存事物的否定的理解，即对现存事物的必然灭亡的理解；辩证法对每一种既成的形式都是从不断的运动中，因而也是从它的暂时性方面去理解；辩证法不崇拜任何东西，按其本质来说，它是批判的和革命的。"①思想本身的发展也符合辩证法的这一本质，也就是说，思想不可能停留于一个固定的状态，而必须不断地发展变化。但是应该指出，思想的发展变化归根结底源于现实事物的发展变化。正因为现实世界是不断发展变化的，思想也就不可能停留于某一个状态，而必须根据现实世界的变化而变

① 《马克思恩格斯选集》第2卷，第94页。

化。这里的深刻的原因在于，思想不是独立的，而是现实的反映。“意识在任何时候都只能是被意识到了的存在，而人们的存在就是他们的现实生活过程。”① 思想当然也是人们的现实生活过程这种存在的意识。辩证法之所以成为马克思主义哲学的灵魂与核心，也正是因为辩证法深刻地表征着世界万事万物的本源性的辩证特征。这里很容易看出，辩证法的那种批判性、革命性与解放思想这一命题之间的深刻关联。解放思想是马克思主义辩证法的应有之义。从辩证法维度看，解放思想就是坚持马克思主义辩证法，以辩证思维和历史眼光来审视世界历史，坚持全面地、批判地、革命地看待现存事物，不断使思想与现实统一起来，适应现实的需要，推进现实生活发展。

作为哲学命题的实事求是，同样具有深刻的辩证法意蕴。我们已经指出，实事求是，就是从我们的现实出发，积极地改变我们的现存状态，使之不断切近和符合我们的理想。实际上，这最为深刻地体现了马克思哲学的辩证法的本质精神。在马克思那里，辩证法的本质精神在于其批判性、否定性和革命性。正如马克思早在《1844 年经济学哲学手稿》中就已经指出的那样，作为黑格尔《精神现象学》精髓的是“辩证法，作为推动原则和创造原则的否定性”②。辩证法等同于否定，否定性是辩证法的核心原则。实事求是作为一个哲学命题，指出了“实事”即现实存在的事物不是我们应该予以认可的，而是我们实践要改变的东西，是我们实践的出发点，目的乃是“求是”，即从现实出发达到理想的状态。这就是说，要始终对这样一个给定的现实保持一种否定的态度，通过实践活动使之发生改变。在这里，实事求是表现为对现实的积极干预和改变，它既是一种主动出击和干预的实践观，也是一种对现实世界的积极改变和干预的革命态度。如此看来，实事求是实际上分为两个部分，“实事”乃客观存在的社会现实，这一社会现实既是我们实践的基础和前提，也是我们必须加以改变的对象；“求是”则意味着积极行动，干预现实，追寻自己的理想和事业。

这里，笔者冒昧提出一种对实事求是的精神分析的理解，即把实事求

① 《马克思恩格斯选集》第 1 卷，第 152 页。

② 《1844 年经济学哲学手稿》，第 101 页。

是与精神分析联系起来理解。实事求是的“实事”乃客观存在的社会现实，如齐泽克-拉康所论述的那样，是意识形态所建构的幻象符号，拉康所谓幻象逻辑（$◇a）；而“求是”则是欲望，是驱力，是符合拉康所谓驱力逻辑的（S◇D）。实事求是之“是”乃对象a，是欲望的对象成因。如果这一类比成立的话，那么实事求是恰恰表达了由欲望逻辑向驱力逻辑的转换，表达了精神分析中穿越幻象，做不可能的行动哲学的意蕴。当然，实事求是的行动哲学不是像齐泽克的行动哲学那样具有完全的颠覆性，它强调了从实事出发，即从社会现实出发，具有极强的可操作性，但它对未来的具体目的却是悬置了的，所谓实事求是的“是”并无一定之规，或者并没有一个具体的实证现象，而毋宁说是一种永远推延的变化着的想象对象。因此，邓小平在讲实事求是的时候，往往并不强调要达到什么样的具体目标，而是强调一种务实的作风。

我们认为，必须强调实事求是的辩证法意蕴，否则的话，实事求是就会流于一种浮夸的表面文章。在实事求是的名义下，人们完全可以做违反实事求是的事情。这里要防止将实事求是这一哲学命题进行通俗化甚至庸俗化的理解。要防止在常识语境中理解实事求是，将其无限降格为一种简单化静观式的认识论态度；要防止对其辩证法内涵的忽视，将实事求是看作一种主观对客观的屈从。同时，我们还应该注意，要在历史唯物主义的语境下理解实事求是，这就是说，要从历史观的维度来理解实事求是。

四　实事求是的历史观维度

在我们看来，作为哲学命题的实事求是，必须被置于历史唯物主义的语境中加以理解，而不能被置于辩证唯物主义语境中加以理解。这就是说，在理解实事求是的时候，其前提是将其置于唯物主义历史观的语境中来理解其作为实践观的内涵。我们所指的实事求是的历史观维度并不是仅仅指实事求是是一种真实客观的对待历史的态度，我们所指的是对实事求是的理解之前提必须是以广义历史唯物主义为语境和框架的，将实事求是置于这一语境和框架之中，才能恰当地理解实事求是的内涵。

我们之所以强调要在广义历史唯物主义的语境中来理解实事求是，主要的目的在于要将实事求是看作一种实践观，而不是认识论。认识论意义上的实事求是理解由于历史的原因深入人心，这虽然并不为错，但遮蔽了实事求是的实践观的意蕴。而认识论意义上的实事求是的理解的哲学前提就是主客的二元对立，客体对主体的强制性，主体对客体只能是认识的、静观的现象学态度，这说明了认识论意义上的实事求是的理解的哲学前提是狭义的辩证唯物主义，而不是广义历史唯物主义。从对马克思主义哲学的辩证唯物主义的理解范式到广义历史唯物主义的理解范式之转变，是20世纪80年代以来我国学术界论争所取得的重要成果。邓小平在重新提出实事求是，强调实事求是的时候，学术界尚未形成这一认识。但是，邓小平以敏锐的理论洞察力，实际上在思想深处是持历史唯物主义的观点的。因此，在讲实事求是的时候，邓小平讲到解放思想，实事求是，团结一致向前看，讲的是一个历史观问题。邓小平所理解的实事求是，就是历史唯物主义基础上的实事求是，或者不如说，是把实事求是看作历史唯物主义的一个中国化的表达。他在1978年就指出："按照历史唯物主义的观点来讲，正确的政治领导的成果，归根结底要表现在社会生产力的发展上，人民物质文化生活的改善上。"① 从实事求是出发，把发展生产力作为一个重要的标准，说明邓小平的实事求是观是从历史唯物主义的基本视域出发的。

从广义历史唯物主义的视域来理解实事求是，对于我们的具体理论探讨和实践活动有哪些方面的要求呢？我们认为，应该从以下三个方面来理解。第一，实事求是不能脱离对人的理解，实事求是首先应该要从现实的人出发。第二，实事求是不能脱离生产力的发展。解放生产力和发展生产力，在生产力基础上推进实践活动，推进与生产力相适应的制度变革，是广义历史唯物主义视域下实事求是的基本要求。第三，要在广义历史唯物主义的视域中理解实事求是，重新理解理论和实践相结合的含义，把实事求是作为理论和实践相结合的原则贯穿到这一原则之中，确立实践相对于

① 《邓小平文选》第2卷，第128页。

理论的优先地位。

从广义历史唯物主义的视域来理解实事求是，要把实事求是与人的问题结合起来。不管是“实事”为何，还是如何“求是”，这里都隐含着两个前提性问题。第一，实事求是的主体是谁。第二，“实事”不是与人无涉的客观自然，而是人们处于其中的社会现实。这就是说，理解实事求是，要从人出发。如果仅仅将实事求是看作一个认识论命题，那么实事求是与其说是积极进取的一种实践态度，还不如说是无视人的、忽视人的甚至是敌视人的态度，因为在这种情况下，主体的力量完全被消解了，主体完全受制于客体，受制于僵死的客观规律。这里关键是要从马克思的历史唯物主义出发，我们知道，马克思的历史唯物主义不是从物出发，而是从现实的个人出发的。如果忽视了现实的个人这一维度，任何以实事求是之名的做法，都有可能是在客观规律的幌子下来阉割人的主动性，甚至在客观规律和真理的名义下赤裸裸地扼杀人的生命。

从广义历史唯物主义的视域来理解实事求是，要把实事求是与推进生产力的发展相结合。最大的实事，最大的社会现实就是生产力的发展阶段，我们不能超越生产力的发展阶段来奢谈实事求是，而应该始终立足于生产力发展的客观阶段来把握实事求是的尺度，推进生产力的发展。不难理解，为什么在实事求是的前提下，邓小平提出了新的社会主义本质论，提出了“三个有利于”的判断标准，我们认为，这是实事求是在生产力发展为前提下的具体贯彻。

从广义历史唯物主义视域来理解实事求是，要把实事求是与理论和实践相结合的原则统一起来。实事求是很大程度上就是理论联系实际，但是理论和实践的结合要注意的是，实践始终是高于理论的。因为实践就是现实，就是实事，是我们做事情的出发点，所以理论只能是实践的产物，它指导实践的前提是正确反映实践和恰当地理解实践。如果一种理论是唯意志主义的，超越实践阶段的，那这种理论就没有可行性。毋庸讳言，在很多情况下，打着理论和实践相结合的幌子，用理论来阉割实践，行唯意志主义之实，会对我们的事业造成灾难性的后果。一种理论的恰当与否，只能是用实践来检验，并无条件地接受实践的制约和修正。在此我们指出，实践高于理论，这是历史唯物主义的基本原理之一，应该无条件地贯彻下去，一切脱离实践的理论都是无效的，甚至是反动的理论。

毛泽东提出了实事求是命题，并做了阐释和发挥，这是其在马克思主义发展史上的伟大功绩；但是，邓小平对毛泽东的实事求是命题的进一步阐释和发挥，则使实事求是命题的哲学意义更为凸显，更值得我们加以重视。学术界对实事求是命题的阐释和研究存在重前者而轻后者的现象，也存在将后者无限地还原到前者的倾向，这样的倾向不利于我们真正把握实事求是的哲学内涵。实事求是作为一个哲学命题，其内涵非常丰富，值得我们进一步发掘和阐释。

应该指出的是，笔者以上论述仅限于党的十八大以前的历史时期。党的十八大以来，习近平总书记继续坚持解放思想、实事求是的思想路线，对解放思想和实事求是做出了新的论述，创立了习近平新时代中国特色社会主义思想，丰富并发展了马克思主义的辩证法。我们将在今后的研究中探讨这一重要问题。

第十章
马克思辩证法的基本内涵及当代意义的反思

哲学的基本思维方式是反思。所谓反思，按照黑格尔的说法，包含两种意思，一是从后思考，即从结果回溯性地思考；二是反复思考。我们对马克思辩证法的认识也应当如此来从后反思，反复思考。在本章中，我们结合上文对马克思辩证法的历史语境和当代视域的考察，并总结我国马克思主义哲学学界对马克思辩证法的认识，对马克思的辩证法思想的基本内涵和当代意义进行阐述。

第一节　中国学界对马克思主义辩证法的研究进展

诚然，在传统哲学教科书的理解中，辩证法是马克思主义哲学的一个重要组成部分，甚至是马克思主义哲学的核心和灵魂，但是正如我们前面已经指出过的，教科书对辩证法的理解基本上停留在了苏联教科书的视域内，即使在20世纪90年代关于实践哲学的讨论之后，对辩证法的理解仍然未得到彻底的清理。其实，这种辩证法在人们的常识中既无基础，也无多大意义，早就遭到人们的鄙弃，以至于把辩证法贬斥为“变戏法”“诡辩法”等。

然而，这并不是说辩证法问题在当代中国遭到普遍忽视了，实际上，有不少学者对辩证法问题给予了高度关注，并做出了不少有意义的探索。笔者在此不可能将这些探索全部进行归纳评价，仅择取一些较有代表性的作者和著作，对其进行简要概括评价。

一　对马克思主义辩证法理解的思维方式路径

马克思主义哲学界对马克思主义辩证法理解的一个突出的路径就是把辩证法理解为与形而上学相对立的一种思维方式，这是传统马克思主义哲学的一种理解思路，这种思路到目前为止仍然在马克思主义哲学的理解中占有重要的地位，其突出的代表人物是孙正聿教授。孙正聿的辩证法研究始于20世纪的80年代末，其代表性著作《理论思维的前提批判》于1992年出版，后来在2010年重印。孙正聿对辩证法的理解集中体现了对马克思主义辩证法理解的思维方式路径。在学术界甚为流行和影响巨大的《哲学通论》一书中，辩证法的问题是在哲学派别的冲突一章中，作为一节来进行阐述的，即"辩证法与形而上学"一节中来进行阐述的。在这一部分中，孙正聿教授指出，一般而言，辩证法和形而上学是两种不同的思维方式，因而在理解辩证法时，我们应该从思维方式入手探讨辩证法和形而上学的斗争。在面对我国对辩证法理解所存在的问题时，这本著作指出了关于辩证法通常理解所存在的五个方面的问题。一是在经验常识的思维方式中去阐释辩证法及其与形而上学的关系，从而把辩证法的哲学思维方式变成冠以哲学名词的常识思维方式；二是离开哲学的基本问题即思维和存在的关系问题去看待辩证法，从而把辩证法变成列宁所批判的"实例的总和"；三是离开辩证法的认识史基础和认识史内容去解说和应用辩证法，从而把辩证法变成到处套用的简单公式；四是以知性思维方式去理解辩证法，从而把辩证法变成公式化、形式化的教条主义的"语录词汇"；五是仅仅把辩证法的批判性视为辩证法的理论功能，而不是把批判性作为辩证法的"本质"，因而使辩证法成为一种非反思的思维方式，从而把辩证法当作某些知识性的现成结论。[①] 对一般常识所认为的辩证法指出的这些问题，是具有十分重要的积极意义的。对这些问题的批判，将辩证法放置在宽广的哲学视域中，在与常识性思维、知性思维、教条思维和简单化倾向，非反思的倾向中理解辩证法，使辩证法的本质得以凸显。在这一部

① 《孙正聿哲学文集》第九卷《哲学通论》（下），吉林人民出版社2007年版，第403页。

分，作者对辩证法的分类做了如下的总结，即辩证法按照不同的标准，可以划分为：主观辩证法和客观辩证法；自然辩证法、社会（历史辩证法）和认识（思维）辩证法；自发辩证法、唯心辩证法和唯物辩证法，或直观形态的辩证法、反思形态的辩证法和“实践论”的辩证法。[①] 针对这各种区分，作者指出了我们对于辩证法应该从自在的辩证法和自为的辩证法这种两重性去理解辩证法。就自在的辩证法而言，通过对列宁《哲学笔记》中的论述，作者指出了所谓“自在的辩证法”就是说，“在自在的意义上，包括人类在内的整个世界就是一个辩证的运动过程”[②]。那么所谓自为的辩证法又是指的什么呢？从作者的论述看，人类世界及思维的自在的辩证法是不言而喻的，但人们在认识事物的时候就产生了对世界的不同认识和思维方式，也就是说，可以形而上学地看事物，也可以辩证地看事物。而辩证地看事物的思维方式，就是自为的辩证法。作者写道：“以形而上学的思维方式去把握世界，世界本身的自在的辩证法就‘视而不见’了，由此便构成了哲学层面的形而上学与辩证法的两种世界观的对立与斗争。很显然，这里所说的与形而上学相对立的辩证法，不是世界本身的自在的辩证法，而是作为哲学世界观或理论思维方式的辩证法。这就是辩证法的自为性或自为形态的辩证法。因此，辩证法与形而上学的对立，只能是两种世界观理论、两种理论思维方式的对立。”[③] 从这些论述可以得知，所谓自为的辩证法，就是作为思维方式的辩证法。

把辩证法作为一种与形而上学对立的思维方式，乃是传统哲学教科书中的基本思路。在影响巨大的中国人民大学出版社的高校文科教材版《辩证唯物主义和历史唯物主义原理》中，辩证法也是作为与形而上学相对立的一种思维方式来论述的。在传统的马克思主义哲学中，对辩证法的理解一般是这样的，即辩证法是一种与形而上学对立的思维方式，用普遍的、联系的、发展的方式看问题，看世界，而形而上学则用片面的、孤立的、静止的方式看问题，看世界。具体而言对辩证法的阐述则包括三大规律

① 《孙正聿哲学文集》第九卷《哲学通论》（下），第 403、411 页。

② 《孙正聿哲学文集》第九卷《哲学通论》（下），第 414 页。

③ 《孙正聿哲学文集》第九卷《哲学通论》（下），第 416 页。

（对立统一规律、质量互变规律、否定之否定的规律）和几个相联系的范畴（如原因和结果、主观和客观，等等）。诚然，笔者并不否认这种对辩证法作为思维方式的理解范式具有其一定的真理性，然而，如果仅仅将辩证法停留在思维方式的理解上，或者以思维方式的辩证法来统率其他对辩证法的理解，则将辩证法的理解窄化了，同时也导致辩证法思想的僵化和固化，反而远离了真正的辩证法。因此，随着我国马克思主义哲学研究的深入开展，随着西方马克思主义思潮在中国的逐渐引入，我国哲学界对马克思主义辩证法的理解也有了深入的变化，作为思维方式的理解范式不再作为主流。近年来孙正聿本人对辩证法理论继续进行反思，也趋近于将辩证法理解为人的存在方式和历史发展辩证法。在《辩证法：黑格尔、马克思与后形而上学》一文中，他提出了以下看法，即“马克思的工作是发现‘历史规律’，马克思的辩证法是关于‘历史规律’的辩证法。……正是这个辩证法构成作为‘大写的逻辑’的《资本论》”①。

20世纪末以来的马克思主义哲学研究中，辩证法研究虽然处于相对沉寂的状态，但仍然有不少重要的推进，其中较为重要的首先是对辩证法作为人的生存方式的确认。

二　辩证法作为人的存在方式的理解范式

对于马克思辩证法可以有不同的理解范式，而传统的马克思主义哲学一般将辩证法理解为与形而上学相对立的思维方式，这种理解范式从根本上说是哲学的认识论范式在辩证法理解上的应用，因而是辩证法的认识论范式。在贺来的著作《辩证法的生存论基础》一书中，对传统哲学的辩证法理解做了批判，突破了认识论的认识范式，提出马克思主义辩证法本质上是生存论的。该书指出，马克思对辩证法的主要贡献就在于奠定了辩证法的生存论根基。“通过对黑格尔哲学和整个传统形而上学理论范式的彻底批判，确立了与辩证法的理论本性相适应的‘生存论本体论根基’，从而实现了‘形而上学的颠倒’，这是马克思在辩证法史上实现的根本理论

① 孙正聿：《辩证法：黑格尔、马克思与后形而上学》，《中国社会科学》2008年第3期。

变革。而马克思之所以能做到这一点，最为关键的原因就在于他发现了人的本源性的存在方式，即人的‘生存实践活动’，正是在对人的本源性的生存实践活动的本体性诠释中，辩证法最本己的根基才得以彰显和展开。”①

把辩证法与人的最本己的存在方式即人的实践联系起来，把辩证法看作人的实践活动，是对马克思辩证法理解的重要推进，这种理解有利于从局限于认识论范式中的作为思维方式的辩证法的禁锢中解放出来，不仅是对辩证法范围的扩展，实际上也是思想上的深化。对于辩证法这种方式的理解，与马克思在《1844 年经济学哲学手稿》中对辩证法以及对马克思主义哲学本质的认识是一致的。在对《1844 年经济学哲学手稿》对马克思的黑格尔现象学批判的解读中，《辩证法的生存论基础》一书突出了以下一点，即辩证法抓住了人的本质，“把对象性的人、现实的因而是真正的人理解为他自己劳动的成果”。作者把这一观点解读为：“辩证法之成为关于人的存在的理论观点，关键在于抓住了劳动的本质，把‘现实的因而是真正的人理解为他自己的劳动的结果’，这实际上是说，实践活动作为人本源性的生命存在和活动方式，构成了辩证法的深层根基。”②

笔者以为，把辩证法从思维方式的理解推进到对人生存方式的理解，实际上切合了马克思主义哲学界在对马克思哲学的理解中，从认识论范式向实践论范式理解的转换。在 20 世纪 90 年代之前，我国马克思主义哲学界基本上把马克思主义哲学划分为两个部分，即辩证唯物主义和历史唯物主义，二者虽然有联系，但基本上是相对独立的两个部分。进入 20 世纪 90 年代之后，随着西方马克思主义的引入，卢卡奇、萨特、科尔施以及南斯拉夫实践派的哲学思想进入了国内研究者的视野，引发了对实践的大讨论。原来局限于认识论领域的实践观点被重新认识，提升到作为整个马克思主义哲学的基础性的建构原则，成为整个马克思主义哲学的基础，从而将辩证唯物主义和历史唯物主义统一起来，提出了广义的历史唯物主义思想，这实际上是在存在论上对马克思主义哲学的重新奠基。正是在这一背

① 贺来：《辩证法的生存论基础》，中国人民大学出版社 2004 年版，第 135 页。
② 贺来：《辩证法的生存论基础》，第 164 页。

景下，对辩证法的理解也必然由原来的思维方式的理解——实际上是认识论范式的辩证法——转变为以实践为核心的理解，因而认识论范式的辩证法就转变为存在论范式的辩证法。这一推进具有至关重要的意义，是对辩证法理论的重大的突破。与此相联系的是，国内有不少学者将马克思的辩证法理解为实践辩证法，更为鲜明地突出了辩证法与实践之间的内在关联。

三 辩证法作为实践辩证法的理解范式

20 世纪 90 年代前后，我国马克思主义哲学研究进入了一个新时代，其突出的特征就是掀起了有关实践的唯物主义的大讨论，其关键的论题就是马克思主义哲学不能从传统的辩证唯物主义和历史唯物主义的二分来理解，而应该将其理解为实践的唯物主义。这样，实践作为马克思主义哲学最为基础和根本的概念被提了出来。由此实践不再局限于认识论中作为与实践相对立的一个范畴来理解，而是被理解为世界观和本体论（存在论）。杨耕教授在《实践的世界观意义：对马克思世界观的一种新解读》这篇论文中指出，实践具有世界观意义，只有从实践出发，我们才能理解马克思的世界观的本质和特征。

杨耕教授指出："实践的世界观意义体现在，实践使世界二重化了并创造出一个与自在世界既对立又统一的人类世界。"① 在人类实践之前，当然存在一个自在的自然世界，但这个世界和人没有任何关系。只有在人类实践出现之后，人类实践将自在的自然转化为属人的人类自然，自在的世界也就被转化为人类世界。这就是说，只有通过人类实践，世界才真正变成了世界，而在此之前的世界，只是混沌的自然，而不能称之为世界，从根本上说，世界只是人的世界。"实践是人类世界得以存在的根据和基础，在人类世界的运动中具有导向作用，即人通过实践'为天地立心'，按照物的尺度和人的尺度的统一来重建世界。"② 在此基础上，他进一步将实践

① 杨耕：《为马克思辩护：对马克思哲学的一种新解读》，中国人民大学出版社 2010 年版，第 65 页。

② 杨耕：《为马克思辩护：对马克思哲学的一种新解读》，第 66 页。

在马克思哲学中的地位提升至本体论（存在论）的高度上，提出了“实践本体论”的命题。由实践的世界观意义到实践的本体论意义，这是一个自然的推论过程。马克思哲学的聚焦点不是脱离人的、与人无涉的自然界，而是属人的世界，即人类世界，是一个被实践中介了的世界，因此马克思哲学是实践本体论。正如他所指出的，“正因为人类世界对人的生存具有现实性，而实践又构成了人类世界的本体，所以实践与人的生存状态密切相关。一句话，实践是人的生存方式，是人的生存本体”①。这就是说，实践不仅在人类世界的意义上构成世界之本体，而且是作为人类存在本身的存在方式，在双重意义上，马克思哲学是实践本体论的。

关于实践的世界观和本体论思想的探讨，为实践辩证法的提出提供了前提。正是在这一背景下，许多学者将实践的辩证法作为马克思主义的辩证法的内涵进行解读，提出了许多具有创造性的见解。首先，马克思的辩证法理论既不是自然辩证法，也不是精神辩证法，而是基于实践活动的辩证法，是实践辩证法。其次，实践辩证法构成了马克思辩证法的基础和核心。辩证法诚然可以有不同的理解，如认识论范式的理解、自然主义的理解等，但就马克思主义哲学而言，根本的是实践辩证法的理解，实践辩证法的理解构成了其他理解的前提和基础。

实践辩证法是在实践唯物主义大讨论的背景下提出的，但是对实践辩证法的理解，总的来说流于空疏，没有进行进一步的深刻挖掘，因而尽管讨论不少，但不深入。

四　作为社会历史发展的辩证法的理解路径

在 20 世纪末 21 世纪初，马克思主义哲学界对马克思主义哲学的本质进行了进一步的思考，在实践唯物主义讨论的基础上，学术界达成了一种新的认识，即马克思主义哲学从根本上说是广义的历史唯物主义。正是在这样的背景下，学术界对马克思辩证法进行了重新思考，其基本的思路是，不再将马克思的辩证法理解为思维方式，而是从历史观的角度去看待

① 杨耕：《为马克思辩护：对马克思哲学的一种新解读》，第 78 页。

辩证法，在这样的意义上，将马克思主义辩证法解读为社会历史发展的辩证法，即历史辩证法。在这一方面，张一兵的《马克思历史辩证法的主体向度》一书首先将马克思主义辩证法作为历史辩证法的理解提出，而笔者的博士论文《马克思历史辩证法研究》（完成于 2007 年，并于 2012 年修改出版）[①] 可以被看作将马克思辩证法解读为历史辩证法的代表性著作。

在《马克思历史辩证法研究》中，我们所提出的看法是，从早期马克思的《1844 年经济学哲学手稿》，到中期的《德意志意识形态》和晚年的巨著《资本论》，这其中贯穿着的是马克思对历史观的新理解，也就是马克思历史唯物主义哲学的创立和发展。既然马克思主义哲学不是别的，而只是广义的历史唯物主义，那么马克思的辩证法就只能是在广义历史唯物主义基础上的辩证法，即历史辩证法。这就是说，对马克思辩证法的理解不能脱离其历史唯物主义，而对马克思历史唯物主义的理解又必须借助辩证法思想。这样看来，马克思的历史辩证法思想就是从辩证法维度来理解广义历史唯物主义的理论结论。

马克思的辩证法思想离不开黑格尔的辩证法思想，尽管在根本维度上马克思的辩证法脱离了黑格尔，但就对历史的强调这一点来说，二者是相同的。笔者在通过马克思首次对黑格尔辩证法进行全面批判的《1844 年经济学哲学手稿》的解读中得出的结论就是，马克思的辩证法实际上是人类本体的历史辩证法。这里的人类本体，其意义是指，马克思的辩证法的出发点和归宿都是现实的个人，而不是别的什么物。历史唯物主义的物是历史的物，即现实的个人，而不是脱离人的对象。在那里，笔者提出了马克思辩证法思想的几个要点："其一，辩证法具有本质的重要性，而非仅仅是形式的重要性，它是关系到整个哲学的，因而具有本体论和世界观的意义。其二，马克思辩证法主要是历史辩证法，即主体的人的现实历史是立足于劳动本质的人的自我生产的创造过程。其三，这种辩证法的根本原则是推动原则和创造原则，否定性是推动原则和创造原则的根源。其四，这种辩证法的运动承担者即主体是**对象性的、现实的个人**，其关注的中心是

---

① 李西祥：《马克思历史辩证法研究》，中国社会科学出版社 2012 年版。

现实的个人、人与人之间的社会关系、现实的个人自我形成的过程。可以看出，马克思辩证法的侧重点并不在于抽象规律和范畴，也并不在于脱离人的自然与抽象的思维；马克思辩证法的侧重点在于人的历史活动，是**人类本体的历史辩证法**。历史观的核心问题是历史主体问题。马克思把历史主体确定为现实的个人，彻底消解了原来的唯心史观和英雄史观，完成了历史观的革命，也完成了辩证法的革命。"[①]并且，只有在把从辩证法的角度对马克思哲学进行这样的解读的基础上，我们才能确认马克思主义哲学是一种当代意义上的哲学，即马克思主义哲学不可能过时，而永远对我们的现实具有指导意义。

把马克思的哲学理解为历史辩证法，其最重要的维度在于，从主体的角度来理解马克思历史观，即把历史理解为一个主体创造的过程。也就是说，贯彻了马克思将"现实的个人"作为其思想出发点这样一个关键的思想。与传统的辩证唯物主义和历史唯物主义相比，对马克思哲学的历史辩证法理解特别强调了主体的力量，也就是特别强调了实践的核心作用。笔者在《马克思历史辩证法研究》中，从以下几个方面具体展开了马克思的历史辩证法思想。就其基本内涵而言，笔者做了以下几个方面的理解：从历史主体性的角度而言，马克思的历史辩证法是历史主体创造过程论；就历史客体性而言，马克思的历史辩证法又是历史自然过程论；就历史总体性而言，马克思提出了世界历史思想；就历史发展的方面而言，马克思历史辩证法提出了社会形态理论；就历史发展的方向性而言，马克思历史辩证法坚持共产主义。就基本维度而言，笔者强调了以下几点：马克思历史辩证法的逻辑起点即现实的个人；马克思历史辩证法的理论基点是科学实践观；马克思历史辩证法的价值旨归即共产主义和人类解放；马克思历史辩证法的现实指向即在于改变世界；马克思历史辩证法的本质维度是本体论和世界观维度。笔者对马克思哲学所做的这样一种辩证法解读，将马克思辩证法思想和历史唯物主义思想结合起来，摒弃了将二者互相隔离互不相干的做法，也借鉴和吸收了学界前辈学者和研究者对辩证法作为思维方

① 李西祥：《马克思历史辩证法研究》，第6页。

式的理解，作为人的生存方式的理解，以及作为实践辩证法的理解的基本思想，并在此基础上做出了推进。

对马克思辩证法思想的理解，并不限于以上几种具有代表性的理解，实际上，还存在着其他不同的解读，但以上几种理解是最为突出的。笔者在《马克思历史辩证法研究》中所做的探索和思考，在今天看来，仍然有其积极的意义。但是，随着对西方马克思主义研究的深入，笔者逐渐意识到，辩证法思想实际上是国外马克思主义研究者所关注的重要课题，国外马克思主义学者尽管研究的思路不同，其关注的重心有所区别，但大部分研究者都从不同的路径逐步接近了马克思的辩证法，或从不同的角度对马克思辩证法有所补充和推进，而这些补充和推进对于我们进一步理解马克思辩证法理论具有重要的理论价值。因此，下面就笔者力所能及的范围对西方马克思主义学者对辩证法所做的理论贡献进行简要的论述。

第二节　西方马克思主义辩证法的理论贡献及其批判反思

20 世纪 80 年代之后，西方马克思主义的部分文本被翻译为中文出版，对于国内马克思主义哲学的研究起到了重要的推动作用，这使我们重新认识了马克思主义哲学，并对我们理解马克思主义哲学的辩证法具有重要的启示作用。从笔者的理解来看，西方马克思主义对马克思主义辩证法的理论贡献主要体现在以下方面。

第一，总体性作为马克思主义辩证法的一个重要概念进入了对辩证法的理解之中。总体性概念本来是马克思主义哲学中的应有之义，但是在马克思主义发展史上没有受到应有的重视，而是常常被忽略了。首先强调了总体性概念的是西方马克思主义的创始人卢卡奇。在卢卡奇看来，总体性是马克思主义辩证法的支柱，而辩证法又是马克思主义哲学革命性的来源，因此，忽视总体性就等于取消了辩证法，也就取消了马克思主义的革命性。卢卡奇对总体性的强调针对的是以伯恩施坦为代表的第二国际的经济决定论。第二国际的思想家们把历史唯物主义曲解为经济决定论，片面强调经济的决定性地位，导致了和平长入社会主义的结论，取消了革命。卢卡奇坚决反对这种做法，他写道：“不是经济动机在历史解释中的首要地位（Vorherrschaft），而是总体的观点，使马克思主义同资产阶级科学有决定性的区别。总体范畴，整体对各个部分的全面的、决定性的统治地位（Herrschaft），是马克思取自黑格尔并独创性地改造成为一门全新科学的基础的方法的本质。……总体范畴的统治地位，是科学中的革命原则的支柱（Träger）。”[①] 卢卡奇实际上是用总体性概念来反对那种片面地强调某一方面而忽视整体、总体的做法，例如在第二国际思想家那里，经济就成了唯一的决定性因素。但我们同时应该注意的是，这种总体性也是反对唯意志论的，换言之，意识形态的因素也是受到其他因素制约的。卢卡奇说：“辩证方法不管讨论什么主题，始终是围绕着同一个问题转，即认识历史过程的总体。所以，对辩证方法来说，‘意识形态的’和‘经济的’问题都失去了自己互有的、固定不变的异性，并相互汇合起来。”[②]由此可以看出，卢卡奇实际上把总体性当作马克思主义哲学的根本原则。正如马克思在《资本论》中把资本的发展历史放置在历史语境中进行历史的全面的考察一样，卢卡奇的总体性观点强调的是不能脱离整体的历史而片面地强调某一方面。正是在这个意义上，我们也可以说马克思的辩证法实际上也是总体性的辩证法。

卢卡奇的总体性辩证法的思想影响深远。萨特虽然对卢卡奇的总体性思想有所批判，但其主要目的是强调总体性并不是一个固定不变的情境，而是一个发展变化的过程，因此关键的不是总体性，而是总体化的过程。卢卡奇的总体性思想以各种各样的方式影响着后来的马克思主义者。我们认为，即使与卢卡奇思想看起来截然对立的阿尔都塞，在其思想中也存在卢卡奇总体性思想的影子，例如阿尔都塞提出的多元决定论的辩证法思想，实际上也是对总体性的某种强调。[③] 在马丁·杰富有洞见的著作《马克思主义与总体性——从卢卡奇到哈贝马斯，一个概念的历险》中，马

① 〔匈〕卢卡奇：《历史与阶级意识》，第 79 页。

② 〔匈〕卢卡奇：《历史与阶级意识》，第 88～89 页。

③ 〔法〕阿尔都塞：《保卫马克思》，第 76～120 页。

丁·杰提及了许多受到卢卡奇总体性概念影响的思想家，从早期的科尔施、布洛赫、葛兰西，经由法兰克福学派的思想家霍克海默和阿多尔诺，法国思想家梅洛-庞蒂和萨特、阿尔都塞，一直到哈贝马斯。[①] 在此我们无法对之进行详细探讨，但可以明确的就是总体性概念作为马克思主义辩证法的重要概念影响着我们对马克思主义的理解。

第二，西方马克思主义者所提出的另一个重要的辩证法概念是否定性概念。将否定性概念作为一个辩证法的核心概念提出的，首先是法兰克福学派的重要代表人物阿多尔诺，其代表性的著作就是《否定的辩证法》。阿多尔诺的否定的辩证法主要是对传统的哲学如黑格尔的哲学以及当时正如日中天的海德格尔的存在主义哲学进行了批判，其批判的工具就是否定性。阿多尔诺认为，黑格尔哲学主要是一种同一性哲学。在黑格尔的哲学中，否定性只是一个环节，只是在一个过程中作为环节的否定性，而否定性最终会被扬弃，因而最终的结果仍然是肯定的，是同一性，因而，否定性只是虚假的否定性。而在阿多尔诺看来，这种同一性哲学本身就应该被否定，因而阿多尔诺提出了非同一性的哲学。正如阿多尔诺在《否定的辩证法》开篇即明确地指出的："辩证法是始终如一的对非同一性的意识。它预先并不采取一种立场。辩证法不可避免的不充足性、它对我所思考的东西犯的过失把我的思想推向了它。如果人们反对辩证法，说它碰巧进入它磨坊中的一切都归并为矛盾的纯粹逻辑形式，忽视了非矛盾的、即简单被区别的东西的丰富多样性，那么，人们就是把内容的过错推给了这种方法。被区别的东西是如此歧异、不一致和否定的，以致对自身形态的意识必须迫使它追求统一；正因为如此，就要用它的总体性要求来衡量任何与它不同一的东西。这使得意识把辩证法当做一种矛盾。根据意识的内在性质，矛盾本身具有一种不可逃避的和命定的合法性特征，思想的同一性和矛盾性被焊接在一起。总体矛盾不过是主体同一化表现出来的不真实性。矛盾就是非同一性，二者服从同样的规律。"[②] 正如我们已经指出过的，阿

① 参见 Martin Jay, *Marxism and Totality: The Adventures of a Concept from Lukacs to Habermas*, Berkeley and Los Angeles, California: University of California Press, 1984。

② 〔德〕阿多尔诺：《否定的辩证法》，第 2 页。

多尔诺所建构的哲学是一种非同一性哲学。这种非同一性哲学激进地批判黑格尔以来的同一性哲学传统，并明确地宣称非同一性哲学是反体系的、反本体论（本体论）的、反形而上学的。阿多尔诺明确声称非同一性哲学是反体系的，他认为体系实际上就是人们的一种唯心主义的狂妄，即试图用思维来控制、把握现实的一种狂妄，是暴怒的唯心主义。他写道："体系，即一个使任何东西概莫能外的总体的表现形式使思想绝对化，它反对思想的每一内容并在思想中蒸发掉这些内容。在为唯心主义提供论证前它已是唯心主义的。"① 阿多尔诺对体系哲学的批判，实际上是对康德以来的德国唯心主义哲学的批判。阿多尔诺对哲学体系的批判是极为敏锐的。他看到了哲学体系中的裂隙，看到了作为一个完满自足的哲学体系只能是形式思想的产物，而不是一种坚实的现实存在，因而注定了其灭亡的命运。在这一点上，阿多尔诺超出了整个西方哲学的形而上学传统。因此，阿多尔诺的否定的辩证法还指向了对本体论和形而上学的批判，其批判的主要目标是海德格尔所谓基础存在论。

阿多尔诺的否定性概念深刻地影响了当代西方马克思主义者的思考，特别是后马克思主义的代表人物拉克劳的思考。在拉克劳那里，否定性取得了更为核心的地位，被理解为拉康意义上的实在界。正是这种实在界意义上的否定性，决定了任何一个社会都是不可能的，也就是说，作为一个和谐统一的整体的社会乃是不可能的，必然被否定性所击穿，因而处于不间断的动荡状态之中。拉克劳的结论是，正是基于这种否定性，基于任何一个整体，社会，或同一体的不可能性，所以任何一个为同一而进行的斗争都只能是部分的、阶段性的霸权斗争，这也就是拉克劳所谓霸权逻辑。由此在拉克劳的霸权辩证法中，否定性概念也是一个奠基性的概念。当然，当代著名的拉康化的马克思主义者齐泽克也坚持了否定性的概念，尽管其理论思路和拉克劳不同，但是二者对否定性的强调却是一致的。

众所周知，马克思在讲到辩证法的时候，曾经指出，辩证法在本质上是否定的和批判的，它不承认什么固定不变的东西。而正是这个否定性和

---

① 〔德〕阿多尔诺：《否定的辩证法》，第 23 页。

批判性才是马克思主义革命性的基础。由此看来，从阿多尔诺以来对否定性概念在辩证法中的基础性地位的强调，确实是与马克思的辩证法的深层思路相契合的。

第三，西方马克思主义者对辩证法的另一个理论贡献是对历史概念的强调。如果说总体性概念是结构性的，而否定性概念是逻辑上的，那么历史概念则补充了结构和逻辑，强调了辩证法的历时性维度。苏联的马克思主义和我国传统的马克思主义哲学对辩证法的理解实际上是囿于辩证唯物主义的框架下来理解辩证法，所以很少讲到时间性维度或不自觉地将时间性维度规避了。西方马克思主义者从一开始就强调了历史性维度，即不仅把辩证法看作对世界、历史的一种共时性的理解，而且从历时性维度来把辩证法看作对世界历史的历时性的理解。这突出地表现在卢卡奇的早期著作《历史与阶级意识》之中，在这本书中，卢卡奇把辩证法严格地限制在历史领域之内，而认为所谓自然的辩证法与马克思无关。西方马克思主义的继承者，包括后马克思主义者都自觉或不自觉地继承了卢卡奇的这一思想，在他们看来，马克思主义的辩证法所关涉的对象是历史、社会，而非自然，这一点是不言而喻，不证自明的。至于与人无涉的自然的辩证法，在西方马克思主义者的视域内，根本无须进行考虑。这一点对西方马克思主义者实际上是一种前提性的东西，是无须进行论证的。例如，在阿多尔诺的否定的辩证法中，其论证的主要意图也在于，不能把历史和社会看作一个同一体，而看作一个非同一性的东西，只有这样才有历史的发展，而肯定的东西，或同一的东西必然是僵死的，取消了历史的。在后马克思主义代表人物拉克劳那里，其关键的一个思想就是社会历史的内在的不可能性，即在社会历史发展过程中的内在对抗，正是这个对抗构成了其霸权辩证法的前提条件。我们认为，西方马克思主义对历史概念的强调，是符合马克思主义哲学的基本思想的，因为就其实质而言，马克思主义哲学乃是历史唯物主义，是唯物史观。恩格斯曾经指出，马克思的两个伟大发现，一个是剩余价值，另一个就是唯物史观。但归根结底仍然是唯物史观，剩余价值理论是可以归结到唯物史观之内的。因此，马克思主义哲学，乃至马克思主义，是一种历史科学，是对历史发展规律的探寻，马克思主义的辩证法，归根结底乃是历史的辩证法，这也正是西方马克思主义对马克思哲学思想的一个重要的理论贡献。

第四，西方马克思主义的另一个理论贡献是对实践概念的强调。虽然现在我们对实践概念在马克思主义哲学中的基础性地位已经成为共识，但是实践概念作为马克思主义哲学的核心概念的强调，应该说还是西方马克思主义的理论贡献。在我国的传统马克思主义哲学的框架中，我们一直把实践作为一个认识论概念，即所谓实践是检验真理的唯一标准，实践是认识的来源，实践是认识的基础。这样，谈及实践的时候，我们总是将其置于认识论的框架之中，与认识概念相联系。诚然，这并不是错误的，而且是非常重要的，但是，仅仅将实践概念局限于认识论视域之内，实际上就降低了实践的重要性。20 世纪 70 年代末 80 年代初的真理标准问题的讨论，仍然局限于对实践的认识论理解框架之下。但随着西方马克思主义的引入，人们逐渐认识到实践不仅是一个认识论概念，而且在全部马克思主义哲学中具有基础性的重要地位。在这一点上，经典的西方马克思主义者如卢卡奇、葛兰西等都有所论及，而东欧新马克思主义的南斯拉夫实践派对实践的强调研究尤为突出。马尔科维奇在其对辩证法研究的论述中，自始至终都把实践摆在重要的位置上，科西克的《具体的辩证法》的整个论述也都强调了实践的重要性。受西方马克思主义的影响，我国学界自 90 年代展开了实践唯物主义的大讨论，提出了马克思主义哲学是“实践本体论”，马克思主义哲学的以实践为基础的主体理论等。在一定意义上，马克思主义哲学的研究实现了实践转向，实践作为马克思主义哲学的最基础和最核心的概念的思想已经被广泛接受，并在对马克思主义哲学的理解和马克思主义辩证法的理解中导致一系列的革命性思考和变革。在此意义上，将马克思的辩证法理解为实践辩证法也是有一定道理的。

第五，当代国外马克思主义研究者对马克思主义辩证法的新思考。当代国外的马克思主义研究者虽然持有不同的立场，但是在不同程度上都十分重视辩证法的理解，也都在不同程度上试图对马克思主义的辩证法进行深化和补充。例如，法国著名的马克思主义者阿尔都塞在《保卫马克思》等著作中，提出了多元决定的辩证法的思想，试图以之来补充马克思的辩证法。阿尔都塞的多元决定的辩证法思想影响了当代的后马克思主义者，以拉克劳为主要代表的后马克思主义提出了霸权的辩证法。在拉克劳那里，人类的解放仍然是其理论追求的目标，因此，拉克劳将自己的辩证法总结为“解放的辩证法”，即其目标乃是人类解放的事业。拉克劳的霸权辩证法就是实现其人类解放目的的具体道路，其主要策略就是激进民主。简言之，就是在不同的领域进行争夺霸权的斗争，即拉克劳强调的是特殊领域的革命，特殊领域的斗争，而不是总体的斗争，即不是人类解放的整体性斗争，局部的斗争和特殊的斗争才是其归宿。拉克劳的意思是，这些局部的、特殊领域的斗争即是人类解放斗争的坚实的脚步。笔者以为，拉克劳的霸权辩证法对当代社会历史发展具有较强的解释力，值得我们进行借鉴。当代著名的左翼思想家齐泽克则提出了行动的辩证法。齐泽克试图将拉康精神分析、黑格尔的思辨辩证法和马克思的实践辩证法统一起来，其提出的根本策略就是行动，笔者称之为行动的辩证法。齐泽克的行动绝不是在一切条件都成熟的条件下进行的，因此他不同于经典马克思主义所说的革命，毋宁说，齐泽克的行动也是对俄国的十月革命、毛泽东领导的中国革命的一种理论总结。行动是在一种不可能的情况下发生的，而行动的发生造成了事件，这个事件回溯性地设置自己的前提条件。在齐泽克的行动中，不可能为可能性提供前提。从齐泽克的行动辩证法来看，他的思想似乎更为切近马克思在《关于费尔巴哈的提纲》中所提出的“问题在于改变世界”的革命性宣言。因此，齐泽克的思想也值得我们进行深入思考和借鉴。

国外学者对辩证法思想的理解为我们理解马克思主义的辩证法提供了有益的启示，然而，国外学者的理解也存在某些问题，存在某些误解和曲解，值得我们反思和批判。

首先，是国外学者对辩证法理解中普遍存在的黑格尔化的倾向。卢卡奇强调在对马克思主义理解中的黑格尔因素，把对辩证法的理解建立在抽象的主体－客体上，过度强调无产阶级的阶级意识，而对历史唯物主义的基本规律如生产力和生产关系之间的矛盾运动有所忽视。卢卡奇强调马克思主义的总体性思想，萨特强调把辩证法看作总体化的辩证法，阿多尔诺强调辩证法思想中的否定性概念，拉克劳把辩证法看作霸权逻辑，齐泽克强调以死亡驱力为其核心的行动辩证法，虽然都在一定意义上是对辩证法思想的正确理解，但是没有真正把握住马克思主义辩证法的本质。我们认为，从马克思主义的视角看，在理解马克思主义辩证法的时候，不应该脱离历史唯物主义的语境，不应该脱离历史唯物主义的基本原理，即整个社会历史的运动是基于生产力和生产关系、经济基础和上层建筑的矛盾运动之上的，脱离了历史唯物主义的基本原理探讨辩证法，尽管有其意义，但归根结底却将马克思主义关于人类历史发展的辩证法这一方面化解为某种与社会历史无关的文字游戏或思想运动，这就误解了马克思主义辩证法的本质，而过多地将其还原为黑格尔式的意识的辩证法。对历史唯物主义的疏离，是造成西方马克思主义辩证法未能真正把握马克思主义辩证法核心实质的重要原因，也是其未能在现实的社会运动中发挥作用的主要原因之一。

其次，从西方马克思主义对辩证法思想的理解的整个过程来看，存在从后现代主义思想来理解辩证法的基本趋向。无论是早期西方马克思主义，还是后来的法兰克福学派的代表人物，抑或当代著名的后马克思主义的代表人物，都在反对形而上学的旗帜下反对宏大叙事，反对本质主义、基础主义，实际上使辩证法概念越来越狭隘化。在此我们以齐泽克对辩证法思想的解读为例，可以看出西方马克思主义的辩证法概念与我们所理解的马克思主义具有哪些本质的区别。从对齐泽克的一系列著作的解读中我们可以看到，死亡驱力构成了齐泽克通过拉康的精神分析理论来重新解读德国古典哲学特别是黑格尔哲学，乃至重新理解马克思主义的核心概念。通过齐泽克的视角，死亡驱力实际上就是从德国古典哲学到拉康精神分析再到马克思主义中所存在的否定性概念。这也就是齐泽克的主体理论所强调的东西，即主体不是一种肯定性的存在，而是一种否定性的存在，主体总是被死亡驱力的纯粹否定所击穿了的。齐泽克在《视差之见》把死亡驱力理解为视差之见产生的根本原因。然而从马克思主义的实践看，齐泽克的视差辩证法思想仍然存在不少需要质疑的问题。其一，我们认为，被精神分析的死亡驱力所改装了的否定性，和马克思主义的辩证法所说的否定性并不完全一致。马克思主义的辩证法所强调的否定性，是社会历史前进的动力，是基于社会的历史实践的否定性，其批判的、否定的维度是革命性的，它本质上是对社会历史发展的实践的、历史的总结，是社会历史发展规律的反映。这就使马克思主义辩证法的否定性概念不是局限在主体概念之中，而更大意义上是对社会历史发展的规定。这一社会的、实践的、历史的维度在齐泽克那里是缺失的，他所描述的辩证法成了概念之间的万花筒似的转换，是局限于主体内部的仅仅是视角上的转换，而与现实的社会历史实践没有关联。因此，齐泽克尽管强调了否定性概念，试图以否定性概念来重构主体，但是其主体概念却缺乏社会历史的维度，他不能理解马克思所说的人是社会关系的总和的真正意义，因而其所理解的主体只是某种抽象的东西，完全与具体的人类历史发展无关。因此，无论在齐泽克对死亡驱力和否定性的分析中如何强调其革命的维度，但实际上他所强调的革命性、否定性却与马克思主义所说的革命性、否定性具有本质上的不同。这就可以理解为什么齐泽克在阐释其死亡驱力的概念中所举的例子大部分都是可以脱离具体的历史情境的、与具体历史无关的例子了。其二，齐泽克所理解的辩证唯物主义与我们通常所理解的辩证唯物主义有着非常重大的区别。他为辩证唯物主义所补充的物并不是某种实体之物，不是辩证唯物主义所说的客观实在之物，而是死亡驱力，是极端的空虚的某种东西。马克思主义辩证唯物主义中的物，是客观存在的物，是与具体的人类的物质生产活动相关的物，而死亡驱力则是一个无法界定的介于物和精神之间的空洞。因此，尽管齐泽克认为自己是马克思主义者，自己的哲学是辩证唯物主义，但是这种辩证唯物主义却绝不是马克思主义辩证唯物主义，而是某种绝对主观的、先验的东西，这使齐泽克更接近于德国古典哲学的唯心主义而远离了马克思主义唯物主义。因此，齐泽克所理解的辩证唯物主义同样缺失了实践的历史的维度，把历史唯物主义这个极为重要的范畴排除了。其三，齐泽克和真正的马克思主义的重要区别就在于，马克思主义总是一种社会历史的宏大叙事，是对社会历史发展规律的总结，而齐泽克却总是局限于微观的主体范畴之内，从一个概念推出另一个概念，正如其主体概念并不是现实的历史的个人，而是某种跨越历史而持存的非人的存在一样。这就使齐泽克的理论虽然看上去逻辑严密，似乎也很深刻，但并不能给人们具体的指引，无法像马克思主义那样具有深刻的穿透力。因此，齐泽克的理论建构尽管给予我们许多思想上的启发，但是从总体上却远离了马克思主义。

国外马克思主义者对马克思主义辩证法的研究并不限于以上笔者挂一漏万的总结，还有许多思想家也对辩证法进行了深入的解释，对我们具有重要的启示。当代法国著名思想家巴迪欧、美国著名的马克思主义学者詹姆逊等，都曾经对辩证法思想有过专门的论述。西方马克思主义思想家对马克思主义辩证法的研究是一个极为重要的理论课题，笔者希望以后能够对之进行专门的研究和探讨。

第三节 马克思辩证法思想基本内涵的再思考

以马克思的名字命名的哲学，与以马克思的名字命名的辩证法是紧密联系在一起的。可以说，没有马克思的辩证法理论，也就没有马克思哲学，也就没有马克思主义哲学。在我们看来，整个马克思主义哲学乃至整个马克思主义，其思想的核心乃是马克思的辩证法思想。在这个意义上说，忽视了马克思的辩证法思想，就绝不能真正理解马克思主义哲学和马克思主义，而误解了马克思的辩证法思想，则必然造成严重的后果，不但会误解马克思主义哲学，也必将误解马克思主义，将马克思主义的社会历史理论引入歧途，从而造成某种严重的后果，甚至进入万劫不复之深渊。在以上我们对马克思辩证法的较为全面的解读之后，我们有必要在以上研究的基础上对马克思辩证法思想的基本内涵进行再次思考，以求全面和深刻地理解马克思的辩证法。

笔者认为，对于马克思的辩证法思想，我们应该从以下几个基本方面予以认识。第一，马克思的辩证法是历史的辩证法，因此，马克思辩证法的首要维度是其历史维度。笔者在《马克思历史辩证法研究》一书中，曾经对马克思辩证法的历史维度进行了思考。笔者的基本思想是，如果马克思的哲学从根本上是一种历史哲学，或者说，是对过去的历史发展研究并对将来历史发展进行预测，提出对当代社会的改造和革命措施的哲学，那么，马克思的哲学显然只能是一种历史哲学，马克思的唯物主义是广义的历史唯物主义。与此相对应的是，从根本上说，我们必须将马克思的辩证法理解为历史辩证法。马克思辩证法所指涉和关注的领域是历史领域，以及社会领域，也就是说，是人类世界，这是问题的一个方面。另外，之所以说马克思的辩证法是历史辩证法，还因为马克思的辩证法中的历史性向度，即对任何事物（任何事物都是人类世界中的人类之物）都是放置在历史发展中去理解和把握，即从历时性维度把事物理解为变动发展。任何一个当下的事物，既是过去事物发展的结果，也必然是向未来发展的开端，因而它只具有暂时性的意义，任何永恒都是不存在的，永恒存在的只有变化，只有发展，也就是说，作为过程的历史。这是马克思辩证法的根本维度，也是理解马克思辩证法的关键所在。

第二，马克思的辩证法是否定的辩证法，因此，否定性概念构成了马克思辩证法的核心要素。阿多尔诺的《否定的辩证法》，坚决拒斥了同一性哲学，而认为正确的哲学只能是非同一性哲学，即否定性的哲学。因而辩证法的核心概念是否定概念，辩证法是否定的辩证法。实际上，这种作为辩证法之核心要素的否定性概念在马克思那里也是相当明确的。马克思曾经说过，辩证法不承认任何肯定的东西，对任何事物都只是从否定性方面，即暂时性方面理解。在传统哲学所说的否定之否定的辩证法中，把事物发展的过程概括为肯定、否定和否定之否定三个环节，而把否定之否定界定为对肯定的更高层次上的回归。当然，这在一定意义上解释了事物的发展，但是无形中将事物发展的过程僵化了。否定的辩证法不是把事物理解为这样一个最终是肯定的过程，而是突出了否定的核心作用，即否定构成了一切事物发展。从这个意义上说，否定即肯定，否定即发展，否定即事物本身。我们可以看到，否定概念的核心作用的凸显，构成了西方马克思主义的一条核心线索，西方马克思主义的大部分思想家，从卢卡奇到齐泽克，都在不同程度上对辩证法的否定性概念进行了强调。如果从当代中国的马克思主义哲学的发展演变来看，中国的马克思主义哲学也遵循了这样一个发展的逻辑，否定性概念也得到了深刻的强调。我们甚至可以说，作为党的思想路线的核心的“解放思想、实事求是”其根本的理论根基也是否定性。

第三，马克思的辩证法是总体性辩证法，因此，必须从总体性的角度来认识马克思辩证法思想的本质。如果说历史性概念强调了辩证法的历史性维度或历时性维度，那么总体性概念则强调了辩证法的结构性维度和共时性维度。马克思的辩证法所理解的历史是总体性的历史，马克思的辩证法所理解的社会也是总体性的世界。卢卡奇在《历史与阶级意识》中将总体性看作革命的辩证法的支柱。而一切将马克思主义庸俗化的哲学都是从马克思那里去掉了辩证法，去掉了总体性。卢卡奇所强调的实际上是马克思主义在理解任何事物的时候，都是把事物放在历史语境中，放在事物的相互联系中去理解。将事物割裂开来的理解方式，是不符合马克思主义的。总体性辩证法也是马克思对历史理解的一个重要维度。众所周知的是，马克思提出了世界历史的思想，世界历史，强调的不仅是作为一个总体性的世界之历史，而且强调了作为一个世界的历史生成，即从互相割裂的、各民族互不相关的国家民族历史，走向各民族之间、各个民族国家之间密切联系的历史，是世界生成的历史和历史生成的世界。这就是说，马克思的总体性理论也包含了总体化的思想，这也就是萨特在批评卢卡奇的时候所强调的。我们认为，总体性维度也是马克思辩证法的重要维度，没有这个总体性维度，就没有相互联系的全球化的世界的生成，也就没有人类解放的总体性构想。马克思的社会历史理论是总体性的社会历史理论，马克思的辩证法是总体性的辩证法，这一点也是马克思辩证法区别于一些固化的形而上学的理解事物的关键特点。

第四，马克思的辩证法是主体的辩证法，因此，理解马克思的辩证法，要把作为历史创造主体的人作为辩证法的代理人。在马克思那里，历史不是像某些结构主义者所说的那样是一个无主体的过程。辩证法的主体，辩证法的承载者，也就是作为历史发展创造者的人类主体。正如毛泽东所指出的，人民群众是历史的创造者。历史的创造者是作为个体的人和作为集体的人类。主体，在马克思那里是现实的个人和现实的人类。所谓现实的个人，即是从事着物质生产劳动的个人。从我们当代社会的角度来看，现实的个人是处于其一定的社会环境条件下，用自己的脑力劳动和体力劳动为社会创造价值也为自己赢得社会地位和社会价值的人。而从精神分析的角度来看，主体乃是一个空洞的容器，即主体需要生成，需要填充，也就是说，真正的主体乃是在历史过程中生成的。主体的辩证法所指出的是，作为社会历史主体的人必须用自己的双手来造就自己，在社会发展的现实历程中成就自己，因而，认识到这一点，每一个个体的人都必须执着于自己的主体地位，发挥主体的作用，同时，每一个个体的人又必须在主体间性的社会网络中才能真正成为现实的主体，也就是说，每一个个体必须将自己主动地置于社会的网络和历史发展的大环境之下展开自己的人生。马克思的辩证法绝不是消极避世、等待观望的辩证法，而是积极主动、改变世界的辩证法。

第五，马克思辩证法是批判和革命的辩证法，因此，理解马克思的辩证法，就要强调马克思对现实的批判性维度和彻底的革命维度。马克思的辩证法是马克思的革命思想的理论枢纽。马克思的革命理论固然是其历史唯物主义思想所得出的结论，但从逻辑上而言，马克思革命理论的根基在于辩证法，因为马克思辩证法乃是批判的革命的辩证法，即对任何现实事物的理解都放置在历时性的发展视域中来理解的辩证法。在这样的辩证法的理解之中，任何现存事物都是过去事物发展变化的结果，而现在事物的当下状态则必然为将来事物的出现做了准备。将来事物一旦成形，当下事物则失去了存在的依据，退回到黑暗中去，或者消失不见了。这就是詹姆逊所阐述并受到齐泽克借用的“消失中的中介”。按照这种观点，一切都不是固定不变的，唯有变化永存。这种永恒不停的变化是马克思辩证法革命性和批判性的根据。批判性和革命性是马克思辩证法的本质维度。从这一维度思考问题，就应该用开放的视野、变化的逻辑、动态的思维来衡量一切现实存在的事物，将现实存在的事物看作暂时的、否定的，因而也只能是过程中的一个部分。拉克劳的霸权逻辑的辩证法，齐泽克的行动辩证法，在某种意义上是对马克思批判和革命的辩证法的一种改写和补充。

马克思对辩证法的理解和论述贯穿于马克思的理论著作之中，也贯穿于其理论思考的过程之中。但是，马克思并没有专门的辩证法著作，因此，我们一方面要通过马克思的著作来理解马克思的辩证法思想，另一方面，我们在理解马克思的辩证法时也不能囿于一孔之见而将马克思的辩证法看作僵死的逻辑。以上我们对马克思基本内涵的再思考，在广度和深度上无法完全涵盖马克思辩证法的内容，但是我们认为以上的基本维度构成了马克思辩证法理解的大体轮廓。我们对马克思辩证法的理解，不能停留在一个固定的层面上，而是一个不断发展深化的过程。唯有把对马克思的辩证法的理解不断地深化下去，我们才能找到马克思辩证法在当代世界视域中的坐标，才能赋予马克思辩证法以真正的当代意义，从而阐释马克思主义哲学之当代意义。

第四节　马克思辩证法当代意义的再思考

对马克思辩证法的理解至关重要地关联着对马克思主义哲学的理解。马克思主义是否过时？马克思主义哲学是否过时？换言之，马克思主义哲学是否可以是一种当代哲学？马克思主义对当代社会生活是否具有其指导意义？当然，我们的答案是肯定的，即马克思主义哲学乃是一种当代哲学，其理论思想对当下的社会历史发展和社会生活都具有重要的指导意义。我们又进一步认为，马克思主义哲学的当代意义的深层依据乃在于马克思辩证法思想的当代意义，即马克思辩证法赋予了马克思主义哲学以永不过时的源头活水，因而在论说马克思主义哲学的当代意义时，我们首先应该论说马克思辩证法的当代意义。

一　如何理解马克思辩证法的当代意义

作为哲学术语的辩证法，最早出现在古希腊时期，其意义是对话。后来，辩证法所包含的思想发生了很大的变化，从柏拉图和亚里士多德到康德和黑格尔，一直到马克思和海德格尔，这些思想家都在使用辩证法这个术语，而辩证法的意蕴也不尽相同。但是，从漫长的哲学发展历史中，我们应该得到的一个基本结论就是，辩证法作为哲学领域中的一个根本范畴和重要领域，没有随着哲学的发展而消失，而是意义越来越丰富，内容越来越复杂，以致作为其根本意义的含义隐而不彰了。但是，这并不意味着其根本含义的消失，而是被多重附加的含义所掩盖、叠加，因而有了更为广泛的意义。那么，从古希腊到今天，辩证法是否还具有其鲜活的生命力；换言之，辩证法在当代社会历史发展的语境中是否还具有其意义？答案是肯定的。之所以如此，是因为辩证法所涉及的乃是社会历史和事物发展的最根本的逻辑和规律，其基本内涵永远不会过时，而是随着社会历史发展被赋予新的含义，从而获得新的形态，成为当代意义上的辩证法。

马克思的辩证法思想，是在继承了自柏拉图以降直到德国古典哲学发展历史上辩证法思想的精华基础上结出的思想果实，它既是对古典辩证法思想的继承，又是对古典辩证法思想的超越，但最为关键的还是对古典哲学辩证法的超越。马克思辩证法是建立在对现代社会的历史发展的把握基础上的，但又超越了现代社会的历史发展，对现代社会历史发展做出了合理的诊断，并指向对现代社会历史的批判性超越。马克思辩证法思想在以下方面实现了对古典辩证法的超越。第一，马克思的辩证法思想实现了对现代社会的批判性理解，并对现代社会进行了无情的批判。马克思的辩证法思想是对他所处的资本主义社会的一种客观认识，它说明了资本主义社会是历史发展的必然结果，是历史发展的产物，具有其历史的合理性，同时，马克思的辩证法思想又坚决反对将这种现代社会看作凝固不动的，或者说看作一种既定的产物，是人们必须接受的东西，而是指出这种社会也是必然会被一个更为合理的社会所超越的。以黑格尔为代表的古典哲学的辩证法尽管也承认辩证法的基本规律，但并未将辩证法贯彻到底，而是在对资本主义社会批判的面前止步不前，认为现实的即合理的，为现实社会进行辩护。以黑格尔辩证法为代表的古典哲学的辩证法是不彻底的辩证法，因而是保守的辩证法，而马克思的辩证法则彻底贯彻了辩证法的逻辑，因而是革命的辩证法。第二，从辩证法所指向的领域而言，德国古典哲学的辩证法尽管强调了辩证法的历史维度，但其历史是思辨的历史，总的来说，黑格尔的辩证法思想是局限在思想、精神的领域之内的。而马克思的辩证法立足历史唯物主义基础上，坚决地将辩证法思想的领域应用于社会历史发展领域，因而马克思的辩证法从根本上而言，是社会历史发展辩证法。这就是说，我们应该用马克思的辩证法来理解社会历史发展，判断社会历史发展的趋势和流变，而不是用它来局限于思想领域进行思维游戏，或把它用来理解与人无关的纯粹自然物质领域。马克思的辩证法是对社会历史发展规律的把握。正由于这一点，我们不能将其等同于任何的形而上学体系，而是将其理解为一种思考和把握社会历史发展的方法论和世界观。第三，与第二点相联系，马克思的辩证法是现实的人及其活动的辩证法。也就是说，我们不能脱离人而谈论马克思的辩证法理论，马克思的辩证法理论是建基在人的辩证性存在之上的。人本身就是一种辩证性的存在，它既具有主体的一面，又具有客体的一面，既是一种积极主动的存在，又是一种消极被动的存在，既具有超越性的一面，又具有异化的一面。也就是说，人本身乃是一种辩证性的存在。正是由于人是一种辩证性的存在，那么人们在面对这个世界的时候，其观点也是一种辩证法的世界观，当人们从事实际的活动的时候，人们总是处于一种辩证的态度之中，既是一个改变世界的参与者，也是一个解释世界的观察和评论者。但是，在马克思的理解中，上面所说到的两个方面并非处于永久的稳定状态，而是处于动态的平衡之中，而从总体上来说，往往是后者战胜了前者。而马克思所强调的也是前一个方面，即用一种辩证法的态度来看待世界时，人应该采取一种主动积极的进取性态度，因而人在社会历史发展中应该是主体的占位者。第四，马克思的辩证法与其对人类解放的追求和对共产主义理想的追求在根本上是统一的。众所周知，马克思将追求人类解放和共产主义作为自己的崇高理想。整个马克思主义理论体系的归宿就是人类的解放和共产主义。马克思的辩证法为马克思的人类解放理论和共产主义理论奠定了根基，构成其人类解放和共产主义理论的内在逻辑。也可以说，马克思的人类解放理论和共产主义理论是马克思的辩证法所推出的必然结论。因为马克思的辩证法是一种社会历史发展的辩证法，是当下社会现实的批判，是指向社会现实的革命化，指向一个理想的彼岸的维度，这个维度就是人类解放和共产主义。但是，对马克思所指的人类解放和共产主义不能做一种实证性的理解，而必须从辩证法的维度将其理解为一个动态的发展过程，或者理解为社会历史发展的内在逻辑和机制。从这个意义上我们可以说，人类社会历史发展始终处于向人类解放和共产主义的永恒的趋近过程之中。正因此，我们不能将现实存在的社会主义社会这种特定阶段的社会形态看作人类解放和共产主义的终点，而应该看作人类解放和共产主义的一种特殊阶段，一种表现。由这种观点来看，当代的全球化的资本主义社会不是一种实证性的社会形态，而是处于永恒的发展之中的。

因此，马克思的辩证法不是任何一种意义上的形而上学，它超越了任何对社会历史进行实证化理解的形而上学，指向对社会历史的永恒批判，这也构成了马克思辩证法当代意义的基本内涵。然而，对于马克思辩证法的理解，经常面临着实证化的、退行性的理解，这也构成了马克思主义发展史上对马克思理论进行曲解和肢解的重要原因。那么，要坚持马克思辩证法的当代意义，就必须坚持在社会历史发展的语境中不断深化和推进对马克思辩证法的理解，也就是说不断赋予马克思辩证法以当代意义。

二　坚持和发展马克思的辩证法，赋予马克思辩证法以当代意义

如何坚持和发展马克思的辩证法，使马克思辩证法保持与时俱进的思想品格，保持作为对当代世界和当代社会历史发展的敏锐的洞察力，赋予马克思的辩证法以当代意义，这是我们每一个马克思主义者特别是马克思主义哲学研究者和理论工作者面临的重要而艰巨的任务。笔者认为，为了完成这一任务，我们应该从以下几个方面进行理论思考。

坚持马克思辩证法的基本立场和基本内涵，创新和发展马克思辩证法思想。马克思辩证法的基本立场和基本内涵，包含在马克思的著作文本之中，我们要进一步对马克思的原著经典进行深入研究，通过对马克思经典著作的解读，对蕴含在马克思著作中的辩证法的重要思想进行深入发掘，从而解读出在马克思的语境中辩证法思想的理论含义。要达到这一点，需要对马克思经典著作进行深入的文本解读，不但要理解和把握马克思哲学思想的基本论断，而且要搞清楚马克思哲学思想发展的主要脉络，搞清楚马克思哲学思想的内在发展逻辑。正是在马克思哲学思想的主要论断、主要脉络和内在逻辑中，蕴含着马克思辩证法的真谛。也就是说，我们对马

克思的哲学思想不仅要知其然，而且要知其所以然，还要进一步推断出马克思思想的前景和未尽之意。由此，我们对原初语境中的马克思辩证法思想的理解将进入更高的境界。

坚持多元、开放、包容的理论态度，既要将马克思的辩证法放到西方哲学辩证法思想发展的宏观背景中进行理解，又要借鉴国外马克思主义和西方哲学辩证法研究的新成果。一方面，毋庸讳言，马克思主义哲学实际上是在西方哲学思想的基础上发展出来的，它总结和深化了自古希腊以来的哲学思想，是西方哲学思想发展的延续和重要成果。这就是说，我们不能脱离西方哲学思想发展的脉络来理解马克思的哲学思想，将马克思主义哲学看作某种横空出世的思想，这样马克思主义哲学将成为无源之水、无本之木，必然会曲解和误解马克思主义哲学。因此，在对马克思辩证法的理解上，我们也要将其放置到西方哲学发展的总体框架中予以观照和理解。从古希腊到德国古典哲学，从赫拉克利特到黑格尔的同时代人，都与马克思辩证法具有十分密切的关系，可以说它们是马克思辩证法诞生的理论母体。因此，从西方哲学的背景下解读马克思的辩证法思想，可以使我们获得对马克思辩证法更为深入的理解。另一方面，马克思主义诞生之后，经过一百多年的世界社会主义运动，马克思主义在世界上产生了重大的影响，构成了西方哲学思想发展的关键节点，马克思之后的许多伟大哲学家都对马克思的思想进行了不同侧面的反思，这里面有一些是传统意义上的哲学家，也有一些自觉地继承马克思的哲学思想。因此，坚持和发展马克思的辩证法思想，必须借鉴西方哲学和国外马克思主义关于辩证法研究的新成果，用这些新成果来反观我们自己对马克思辩证法的理解。我们不能认为只有自己才掌握了真理，盲目地拒斥西方哲学和国外马克思主义的理论成果。故步自封、夜郎自大的态度只能使我们的思想越来越狭窄。

坚持在中国特色社会主义建设实践中发展马克思的辩证法思想。近代中国历史的进程与马克思主义在中国的影响息息相关。在很大意义上，马克思主义哲学在中国的广泛传播和发展，就是马克思的辩证法在中国的传播和发展。毛泽东的著名的《实践论》和《矛盾论》，从表面看一个是讲认识论，一个是讲辩证法，但如果从深层意义看，《实践论》也有很大一部分是讲辩证法的。辩证法在中国的广泛传播和接受，与中国传统文化中的《易经》中所讲的辩证法有关系。正如我们在前面的论述中所说的，中国共产党的解放思想、实事求是的思想路线，实际上就是马克思的辩证法思想的中国版本。在当代中国，我们面临的主要任务就是中国特色社会主义事业的建设，因此我们应该把对马克思辩证法的理解应用到对中国特色社会主义的理解中去，同时在中国特色社会主义实践中及时总结理论成果，不断深化和提高马克思的辩证法思想。

作为马克思主义哲学思想核心的辩证法思想，在近现代中国的发展中有过辉煌的历史，也曾经遭受过种种曲解。人们曾经一度错误地理解马克思的辩证法，以致人民群众远离辩证法，不相信马克思辩证法的理论。坚持和发展马克思的辩证法，既是一个艰巨的理论任务，也是中国特色社会主义实践的现实需要。我们相信，对马克思辩证法思想的深入理解和阐释，不仅将至关重要地影响中国特色社会主义建设的进程，而且将至关重要地影响我们每一个个体面对生活的态度。

参考文献

一　中文文献

《马克思恩格斯选集》第 1 ~4 卷，人民出版社 2012 年版。

《马克思恩格斯文集》第 1 ~10 卷，人民出版社 2009 年版。

《马克思恩格斯全集》第 40 卷，人民出版社 1982 年版。

《马克思恩格斯全集》第 1 卷，人民出版社 1995 年版。

《马克思恩格斯全集》第 2 卷，人民出版社 1957 年版。

《马克思恩格斯全集》第 3 卷，人民出版社 2002 年版。

《马克思恩格斯全集》第 30 卷，人民出版社 1995 年版。

《马克思恩格斯全集》第 31 卷，人民出版社 1998 年版。

《1844 年经济学哲学手稿》，人民出版社 2000 年版。

《毛泽东选集》第 1 卷，人民出版社 1991 年版。

《毛泽东选集》第 3 卷，人民出版社 1991 年版。

《邓小平文选》第 2 卷，人民出版社 1994 年版。

《邓小平文选》第 3 卷，人民出版社 1993 年版。

陈先达、靳辉明：《马克思早期思想研究》，北京出版社 1983 年版。

陈先达：《走向历史的深处》，上海人民出版社 1987 年版。

高齐云：《马克思主义哲学原生形态探微》，广东人民出版社 1998 年版。

韩庆祥、邹诗鹏：《人学》，云南人民出版社 2001 年版。

贺来：《辩证法的生存论基础》，中国人民大学出版社 2004 年版。
黄克剑：《人韵》，东方出版社 1996 年版。
孔明安等：《当代国外马克思主义新思潮研究》，中央编译出版社 2012 年版。
李景源主编《马克思主义哲学与现时代》，重庆出版社 1991 年版。
李景源主编《21 世纪的马克思主义哲学创新》，江苏人民出版社 2011 年版。
李德顺：《价值论》，中国人民大学出版社 1987 年版。
李西祥：《马克思历史辩证法研究》，中国社会科学出版社 2012 年版。
马元龙：《拉康：语言维度中的精神分析》，人民出版社 2006 年版。
孙伯鍨：《卢卡奇与马克思》，南京大学出版社 1999 年版。
孙伯鍨：《探索者道路的探索》，安徽人民出版社 1985 年版。
孙伯鍨、张一兵主编《走进马克思》，江苏人民出版社 2001 年版。
孙正聿：《理论思维的前提批判》，辽宁人民出版社 1992 年版。
孙正聿：《马克思辩证法理论的当代反思》，人民出版社 2002 年版。
孙正聿：《孙正聿哲学文集》第 9 卷《哲学通论》（下），吉林人民出版社 2007 年版。
孙正聿：《哲学通论》，复旦大学出版社 2005 年版。
王东、丰子义、聂锦芳主编《马克思主义与全球化》，北京大学出版社 2003 年版。
王金福：《马克思的哲学在理解中的命运》，苏州大学出版社 2003 年版。
魏小萍：《追寻马克思》，人民出版社 2005 年版。
吴琼：《雅克·拉康：阅读你的症状》（下），中国人民大学出版社 2011 年版。
吴晓明：《形而上学的没落》，人民出版社 2006 年版。
谢永康：《形而上学的批判与拯救》，江苏人民出版社 2008 年版。
杨耕：《危机中的重建》，中国人民大学出版社 1995 年版。
杨耕：《为马克思辩护》，北京师范大学出版社 2004 年版。
杨筱刚：《马克思主义："硬核及其剥取"》，人民出版社 2006 年版。
叶汝贤、孙麾主编《马克思与我们同行》，中国社会科学出版社 2003 年版。

俞吾金:《从康德到马克思》，广西师范大学出版社2004年版。

俞吾金:《实践阐释学》，云南人民出版社2001年版。

俞吾金:《重新理解马克思》，北京师范大学出版社2005年版。

张奎良:《马克思的哲学历程》，上海人民出版社1993年版。

张曙光:《人的世界与世界的人》，河南人民出版社1994年版。

张曙光:《生存哲学》，云南人民出版社2001年版。

张西平:《历史哲学的重建》，三联书店1997年版。

张一兵:《马克思历史辩证法的主体向度》，河南人民出版社1995年版。

张一兵主编《当代国外马克思主义哲学思潮》，江苏人民出版社2012年版。

《新马克思主义评论》第一辑，中央编译出版社2012年版。

〔德〕阿多尔诺:《否定的辩证法》，张峰译，重庆出版社1993年版。

〔法〕阿尔都塞:《保卫马克思》，顾良译，商务印书馆2010年版。

〔法〕阿尔都塞:《来日方长：阿尔都塞自传》，蔡鸿滨译，上海人民出版社2013年版。

〔美〕巴特勒、〔英〕拉克劳、〔斯洛文尼亚〕齐泽克:《偶然性、霸权和普遍性——关于左派的当代对话》，胡大平等译，江苏人民出版社2004年版。

〔美〕巴特勒:《齐泽克宝典》，胡大平、夏凡等译，江苏人民出版社2007年版。

〔德〕伯恩施坦:《社会主义的前提和社会民主党的任务》(节译本)，殷叙彝译，三联书店1958年版。

〔法〕德里达:《马克思的幽灵》，何一译，中国人民大学出版社1999年版。

〔德〕费尔巴哈:《费尔巴哈哲学著作选集》(上、下)，荣震华、李金山等译，商务印书馆1984年版。

〔奥〕弗洛伊德:《弗洛伊德文集》,《释梦》，车文博主编，长春出版社2010年版。

〔德〕海德格尔:《康德与形而上学疑难》，王庆节译，上海译文出版社2011年版。

〔匈〕赫勒:《超越正义》，文长春译，黑龙江大学出版社2011年版。

〔匈〕赫勒:《激进哲学》，赵司空、孙建茵译，黑龙江大学出版社2011年版。

〔匈〕赫勒:《历史理论》，李西祥译，黑龙江大学出版社2015年版。

〔匈〕赫勒:《日常生活》，衣俊卿译，黑龙江大学出版社2010年版。

〔匈〕赫勒:《一般伦理学》，孔明安、马新晶译，黑龙江大学出版社2015年版。

〔德〕黑格尔:《精神现象学》（上、下卷），贺麟、王玖兴译，商务印书馆1979年版。

〔德〕黑格尔:《历史哲学》，王造时译，上海书店出版社2006年版。

〔德〕黑格尔:《小逻辑》，贺麟译，商务印书馆1980年版。

〔德〕黑格尔:《哲学史演讲录》第4卷，贺麟、王太庆译，商务印书馆1975年版。

〔德〕霍克海默、阿道尔诺:《启蒙辩证法》，渠敬东、曹卫东译，上海人民出版社2006年版。

〔美〕凯尔纳、贝斯特:《后现代理论：批判性的质疑》，张志斌译，中央编译出版社2001年版。

〔德〕康德:《纯粹理性批判》，邓晓芒译，人民出版社2004年版。

〔德〕康德:《判断力批判》，宗白华译，商务印书馆1964年版。

〔捷〕科西克:《具体的辩证法》，刘玉贤译，黑龙江大学出版社2015年版。

〔法〕科耶夫:《黑格尔导读》，姜志辉译，译林出版社2005年版。

〔英〕拉克劳、墨菲:《领导权与社会主义的策略》，鉴传今、尹树广译，黑龙江人民出版社2003年版。

〔英〕拉克劳:《我们时代革命的新反思》，孔明安、刘振怡译，黑龙江人民出版社2006年版。

〔英〕里德:《拉康》，黄然译，文化艺术出版社2003年版。

〔匈〕卢卡奇:《关于社会存在的本体论》（上、下卷），白锡堃等译，重庆出版社1993年版。

〔匈〕卢卡奇:《历史与阶级意识》，杜章智、任立、燕宏远译，商务印书馆1999年版。

〔南斯拉夫〕马尔科维奇、彼得洛维奇编《实践——南斯拉夫哲学和社会科学方法论文集》，郑一明、曲跃厚译，黑龙江大学出版社2010年版。

〔英〕麦克莱伦：《马克思以后的马克思主义》，李智译，中国人民大学出版社2004年版。

〔美〕墨菲：《政治的回归》，王恒、臧佩洪译，江苏人民出版社2005年版。

〔俄〕普列汉诺夫：《马克思主义的基本问题》，张仲实译，人民出版社1957年版。

〔斯洛文尼亚〕齐泽克、〔德〕阿多尔诺等：《图绘意识形态》，方杰译，南京大学出版社2006年版。

〔斯洛文尼亚〕齐泽克：《幻想的瘟疫》，胡雨谭、叶肖译，江苏人民出版社2006年版。

〔斯洛文尼亚〕齐泽克：《快感大转移：妇女和因果性六论》，胡大平等译，江苏人民出版社2004年版。

〔斯洛文尼亚〕齐泽克：《敏感的主体》，应奇等译，江苏人民出版社2006年版。

〔斯洛文尼亚〕齐泽克：《实在界的面庞》，季广茂译，中央编译出版社2004年版。

〔斯洛文尼亚〕齐泽克：《视差之见》，季广茂译，浙江大学出版社2014年版。

〔斯洛文尼亚〕齐泽克：《斜目而视：透过通俗文化看拉康》，季广茂译，浙江大学出版社2011年版。

〔斯洛文尼亚〕齐泽克：《伊拉克：借来的壶》，涂险峰译，三联书店2008年版。

〔斯洛文尼亚〕齐泽克：《因为他们不知道他们所做的》，郭英剑等译，江苏人民出版社2007年版。

〔法〕萨特：《辩证理性批判》（上、下），林骧华等译，安徽文艺出版社1998年版。

〔法〕萨特：《萨特哲学论文集》，潘培庆等译，安徽文艺出版社 1998 年版。

〔加拿大〕泰勒：《黑格尔》，张国清、朱进东译，江苏人民出版社 2009 年版。

〔澳〕辛格：《黑格尔》，张迅译，中国社会科学出版社 1992 年版。

二　英文文献

Hegel, G. W. F., *Phenomenology of Spirit*, trans. A. V. Miller, Oxford University Press, 1977.

Heller, Agnes, *A Theory of History*, Routledge Kegan and Paul, 1982.

Jay, Martin, *Marxism and Totality: The Adventures of a Concept from Lukacs to Habermas*, Berkeley and Los Angeles, California: University of California Press, 1984.

Lacan, Jacques, *The Four Fundamental Concepts of Psycho-analysis*, London: The Hogarth Press, 1977.

Laclau, Ernesto, *Emancipation (s)*, London and New York: Verso, 1996.

Laclau, Ernesto, *On Populist Reason*, London and New York: Verso, 2005.

Laclau, Ernesto, "Why Constructing a People is the Main Task of Radical Politics," *Critical Inquiry* 32 (2006): 646 – 680.

Žižek, Slavoj, *For They Know Not What They Do*, London and New York: Verso, 2008.

Žižek, Slavoj, *Less than Nothing*, London and New York: Verso, 2012.

Žižek, Slavoj, *Parallax View*, the MIT Press, 2006.

Žižek, Slavoj, *Tarrying with the Negative*, London: Duke University Press, 1993.

Žižek, Slavoj, *The Sublime Object of Ideology*, London and New York: Verso, 2008.

Žižek, Slavoj, *The Ticklish Subject*, London and New York: Verso, 2000.

后　记

时光荏苒，从2007年博士毕业至今，一晃十几年过去了。我博士期间读的是马克思主义哲学方向，博士学位论文是《马克思历史辩证法研究》。我是作为一个马克思主义哲学的研究者进入专业学习的。随着读书的深入，我发现，对于马克思主义哲学的理解，不可能脱离西方哲学的语境，而西方马克思主义者对马克思主义哲学的反思，对于我们深入理解马克思主义哲学具有非常重要的促进作用。我逐渐得出的一个结论就是，哲学要走一条通达之路，也就是说，无论是做马克思主义哲学、西方哲学，还是做中国哲学，在当代世界的全球化背景下，那种分门别类、画地为牢的做法是不可取的，过于强调学科之间的界限，会使研究之路越走越窄。哲学诚然要求精求深，但这个精深不是以拒绝通达为前提，恰恰相反，精深到了一定程度，必然会通达。因此，我在学术研究中并不强调学科的划界。但由此付出的代价也很大，因为通达之路是一条漫长的道路。

本书的主体部分是我的博士后出站报告。博士后出站报告我做得比较辛苦，当时写了33万字左右。在北京师范大学博士后流动站出站的时候，丰子义、张曙光、吴向东、马俊峰、胡敏中等教授都对我的出站报告给予了高度评价，并提出了许多重要的建设性意见。2013年，我以出站报告的内容为选题申报了国家社科基金项目，获得了国家社科基金项目的资助。因此，本书是从2010年做博士后以来研究成果的一个综合。在完成本书的过程中，我尽力吸收了几位老师给我提出的意见和建议。同时，我根据近年来研究的兴趣，对本书进行了补充和完善。虽然近年来我的研究兴趣主要集中在后马克思主义，其中关键的是齐泽克，但是我仍然关注马克思主义哲学的研究，特别是辩证法的研究。从我的研究来看，马克思主义哲学与西方马克思主义乃至西方哲学之间的一个可以贯通的研究点，就是辩证法。缺失了辩证法的马克思主义哲学不是真正的马克思主义哲学，而西方哲学家都或远或近、或明或暗地在研究和探讨辩证法。这一点不仅表现在后马克思主义的代表人物如拉克劳、齐泽克、詹姆逊等那里，也表现在传统西方马克思主义的代表人物如卢卡奇、哈贝马斯、霍耐特那里，甚至在西方学者如法国的拉康、福柯、利科、梅洛－庞蒂、阿尔都塞、德里达那里，乃至如胡塞尔、海德格尔和伽达默尔这样非常经典的西方哲学家那里，也常常看到对辩证法的论述。因此，我的研究着重从辩证法角度来解读西方马克思主义和西方哲学家，并从这个维度把马克思主义哲学和西方马克思主义乃至西方哲学贯通起来。这是一个艰难的理论任务，本书只是一个初步的探索，在将来的工作中，我希望自己能够深化这方面的研究。在中国社会科学院哲学研究所工作的 11 年里，其学术环境、研究氛围，都给了我巨大的动力，也为我完成本书提供了支持。感谢中国社科院，感谢哲学研究所的领导，感谢研究室亲如一家的同事，他们的支持和帮助为我的研究提供了良好的前提。

我想特别感谢的是，原在哲学研究所，后在中央编译局工作，现任南开大学杰出教授的孔明安老师。从 2005 年开始到 2017 年的近 13 年里，我一直参加由孔明安老师担纲召集的国外马克思主义读书班，其间我和诸多同事朋友一起，比较细致地阅读了德里达、福柯、齐泽克、拉克劳等人的一些代表著作，使我拓宽了学术视野。在此，向孔明安老师致以深深的感谢。

在本书出版之际，我向一直关注我成长的硕士生导师、曲阜师范大学二级教授张瑞甫老师，向引导我走上学术之路的博士生导师、中国社会科学院哲学所原所长、中国社会科学院学部委员李景源老师致以深深的感谢。尤其要感谢我的博士后导师、北京师范大学原副校长、教育部长江学者杨耕老师，在本书即将付印之际，杨师在百忙之中，欣然提笔，为本书作序，这一长达 2 万多字的序言，既表达了杨师对马克思主义哲学和辩证法问题的精准把握，又表达了其对本书的精准考量和对学生的要求和期许，其高屋建瓴的学术视野和文采飞扬的如椽巨笔不仅为本书增彩许多，而且在某种意义上补充了本书的不足和遗漏之处。作为其学生，感激之情无法言表，在此再次向杨师表示深深的感谢。

本书的出版感谢浙江师范大学马克思主义学院马克思主义重点学科的出版资助。同时也感谢浙江师范大学领导和马克思主义学院领导，感谢马克思主义学院的学科带头人郑祥福教授，他们求贤若渴、尊重人才、尊重学术的热情使我深深感动。

这本书要出版了，我的心情并没有多少兴奋，因为我知道，在学术研究之路上，我仍然是一个刚刚起步的小学生。本书的出版，与其说是一个研究阶段的结束，不如说是一个新的研究阶段的开始。

图书在版编目(CIP)数据

马克思辩证法的历史语境与当代视域 / 李西祥著
. -- 北京 : 社会科学文献出版社, 2023.6（2024.1 重印）
ISBN 978-7-5201-9982-7

Ⅰ. ①马… Ⅱ. ①李… Ⅲ. ①唯物辩证法-研究
Ⅳ. ①B024

中国版本图书馆 CIP 数据核字(2022)第 060208 号

马克思辩证法的历史语境与当代视域

著　　者 / 李西祥

出 版 人 / 冀祥德
责任编辑 / 袁卫华
责任印制 / 王京美

出　　版 / 社会科学文献出版社 · 人文分社 (010) 59367215
地址：北京市北三环中路甲 29 号院华龙大厦　邮编：100029
网址：www.ssap.com.cn
发　　行 / 社会科学文献出版社 (010) 59367028
印　　装 / 三河市东方印刷有限公司

规　　格 / 开　本：787mm × 1092mm　1/16
印　张：36.25　字　数：556 千字
版　　次 / 2023 年 6 月第 1 版　2024 年 1 月第 2 次印刷
书　　号 / ISBN 978-7-5201-9982-7
定　　价 / 198.00 元

读者服务电话：4008918866